Mes météores

Du même auteur

L'esclavage raconté à ma fille, Bibliophane, 2002.

Une campagne de folie : comment j'en suis arrivée là, avec Élisabeth Drevillon, First Edition, 2002.

Rendez-vous avec la République, Éditions La Découverte, 2007.

Égalité pour les exclus : la politique face à l'histoire et à la mémoire coloniales, Temps présent, 2009.

Christiane Taubira

Mes météores

Combats politiques au long cours

mémoires

Flammarion

ISBN : 978-2-0812-7895-0

À vous quatre, Lamine, Nolywé, Diawara, Djamila
pour votre courage et votre générosité,
et pour avoir veillé sur moi, tôt,
bien mieux que je n'ai su veiller sur vous.

À mes sœurs et frères qui furent toujours là, discrets et solides.

À mes compagnons de route, ceux de tous les combats,
devenus des amis, ceux d'un seul combat
qui donnèrent tant d'eux-mêmes.

Prologue

J'ai perdu mon innocence par inadvertance. Le temps n'y fut pour rien. Je ne sais plus si, pour de vrai, il fit grand soleil comme un lundi d'octobre, maussade comme un vendredi saint ou s'il fit joie comme à mardi gras. Rien qui soit à la fois plus indifférent et plus personnel que le temps. Petite fille je regarde Maman. Ce n'est pas un roseau qui plie. Ni un chêne que le vent déracine. En Amazonie, le premier façonne des flûtes, le second est inconnu. C'est un *wapa* qui craque. Il fait un bruit de fin du monde. Le soleil a détalé. À hauteur de petite fille, cette femme imputrescible paraissait indestructible. Et voilà sa parole qui déraisonne. Dépression, disent-ils. Quelques semaines puis elle revient toute neuve. Les anxiolytiques n'y ont aucun mérite. Pas plus que les remèdes créoles, les rituels et incantations. Maman a décidé seule de revenir prendre soin de ses enfants. C'est l'intuition que j'en ai alors, c'est la conviction que je conserve. En même temps qu'un insaisissable sentiment de friabilité. Et un devoir d'invincibilité.

Le jour où, avant cinquante ans, après avoir tant lutté comme si elle craignait de laisser sa marmaille exposée aux alizés contraires et aux intempérances, Maman lâche prise… l'univers s'affaisse. Je comprends que l'on n'a rien au-dessus de soi. Pas d'abri, pas de maître. Depuis, je sais que ma liberté est autant mon œuvre que mon risque.

Je ne sais pas bien quand je m'éveillai au monde. Un jour soudain, je le découvris hostile. Dans la même fulgurance, je le réalisai mien. Passerai-je ma vie à le combattre ? Il vaut tous les efforts, tous les désirs, tous les assauts… il ne vaut pas qu'une vie soit non vécue.

Il faut donc l'habiter, sachant ses macules et fondrières, le rêver amical, vouloir au moins le remodeler.

Les désagréments infligés aux femmes, les impossibles qui leur sont opposés, les capitulations forcées m'enseignèrent tôt, très tôt, petite fille mieux armée d'instinct de survie que d'outils d'analyse, ma condition de femme. Au moins, je ne serai jamais prise au dépourvu. Et nul ne me volera la saveur de mes transgressions, mes ripostes qui viennent des profondeurs, campée, pugnace et moqueuse dans cet univers d'hommes.

Imaginez, des vitupérations contre votre coiffure... Elles vous déconcertent d'abord, vous consternent, vous écrasent tandis que, sans que vous en sachiez rien dans l'immédiat et dans une volupté qui se livrera plus tard, se creuse hardiment, souterrain, un sillon de conscience révélant votre appartenance, ce que vous êtes en nature et en culture, en même temps que le refus de vous dissoudre jamais. Il y a toujours une chanson, un poème, une pensée pour vous donner raison et vous accompagner. « L'audace des femmes est bien trop enracinée pour avoir quelque chose à voir avec les shorts ultra-courts, les strings ou les appareils photo », Toni Morrison.

Parmi les portes d'entrée dans le monde, il y a celle du statut social. Plus il est élevé, plus le monde vous est complaisant et conciliant. Il vous passerait même d'être femme et noire. Effrontée de surcroît. J'ai grandi dans la pauvreté. Pas la misère qui donne cette espèce de peur organique de manquer, non... la pauvreté, la frugalité, avec sa culture, son équanimité, sa dignité, sa propreté, sa générosité paradoxale, sa fierté, son humilité... pas la modestie, l'humilité et sa joie de vivre.

Femme, noire, pauvre, quel fabuleux capital ! Tous les défis à relever. Une vie d'épuisement en promesse. Mais la vie est plus félonne qu'on ne pense. *« Who Will Revere the Black Woman*[1] *? »*, Abbey Lincoln. Sous la chape d'une histoire de « découverte » et de conquête, d'oppression et d'assimilation, il faut en plus se débattre contre la conspiration qui vous éjecte de l'Histoire, nie la geste de vos résistances, il faut conjurer cet accablement qui suggère votre complicité à vos malheurs ; et conserver d'ultimes

1. « Qui rendra hommage à la Femme Noire ? »

ressorts pour vous désengluer de persistants désarrois identitaires. Le plus fort n'étant pas qui l'on pense. Tant de blessures, tant de fêlures ont sapé, érodé, vermoulu notre assurance, l'aplomb de nos hommes, les forçant à la dureté, à des rivalités mortifères. Contre qui ? D'abord ? Notre force de femme leur est effroyable bravade. Cette force, ils la veulent chez la mère, la craignent chez l'épouse. Or, nous sommes épouse et mère. Où apprend-on à amarrer ensemble la solidité d'un rempart et une fragilité de soumission flatteuse ? Il faut donc vivre encerclée de périls et ne pas périr mille fois. Ne jamais reculer devant les coups. Les rendre. Aimer néanmoins. Jusqu'à la déchirure.

Et malgré plus de quatre siècles d'une violence ciblée et jacassée, consentir à faire corps avec le monde. Savoir qu'il n'y a pas de divorce possible. Théodore Monod, en quête d'absolu, s'est éloigné du monde bruyant et fébrile ; armé d'une gourde et d'une poignée de dattes, il prit ses quartiers dans un désert grouillant des petits charivaris d'un cosmos végétal, animal, minéral, les étoiles au-dessus. Avait-il divorcé du monde ? Une séparation de corps, peut-être… épisodique, avec retours intermittents. Faire corps avec le monde, s'accorer à ses flancs, y ficher son destin et s'escrimer à le cadencer aux hommes plus qu'aux choses, c'est acte d'amour et de lucidité. Qui offre un bien-être irremplaçable, le pouvoir de congédier. Ainsi, à intervalles imprévisibles, sans signes précurseurs, peut-on lascivement goûter le plaisir de sombrer dans une crise de misanthropie, cette exécration sucrée-salée, placide et éphémère, qui vous brouille avec toute l'espèce humaine. Avant des retrouvailles en allégresse. Pas de divorce donc, mais toutes les sensations. Une fébrile gratitude envers ceux qui ont bravé l'infortune, l'oppression, la dérive, esquissant à Haïti, dessinant à Bandung, martelant à Robben Island, pointillant à Rio les contours d'un autre monde, dont les passeurs de mémoire nous révèlent la chronique. La moiteur des accolades et l'affolement des lendemains indécis lorsque les peuples de sud-Amérique ou d'Orient décrètent par leurs insurrections la fin de la fin de l'Histoire et pour chocs de tous comptes, l'entrelacs des civilisations. Des frémissements lorsque les peuples d'Europe s'aventurent vers une indignation bruyante et tenace, parût-elle sans horizon. Des frissons d'enthousiasme lorsque des citoyens ordinaires, pareils à l'Auvergnat de Brassens, font déraison d'État et, secourant l'Étranger, commettent paisiblement le délit de solidarité. La paix des certitudes lorsque d'autres citoyens enjambent les frontières pour faire front contre les amasseurs, faire face aux matraqueurs. Les frayeurs et une inconsolable fureur lorsque des enfants poussent dans la guerre, qu'ils y rêvent, qu'ils en rêvent. L'extase lorsque Nelson Mandela, impérial comme un baobab, avance enfin libre sur sa terre, que Barack Obama, prudent et hardi comme un grand fauve, magnifie les Américains.

De quoi est-on comptable ? De la maison commune d'où l'on embrasse, de son lieu d'où l'on étreint.

J'habite ma terre d'Amérique. C'est à la fois un vieux pays et une société jeune. Ses fondations furent bâties dans l'inopiné des luttes, dans la subtilité des syncrétismes d'une culture chevauchant l'autre, dans l'imprévisible des rencontres. Avec son identité qui s'abreuve dans ses pluriels, elle cherche encore ses embases. Elle sait détenir les chances, ténues mais certaines, d'une convivialité féconde. Elle s'obstine. Malgré les œuvres et manœuvres d'arpenteurs du tribalisme ordinaire, qui divisent en devisant savamment sur un ordonnancement du monde qui leur sied, indifférents aux détresses qu'il génère. Elle persévère. Malgré les dégâts perpétrés par ceux qui s'emparent parfois de syndicats, d'associations, de radios, de réseaux pour asseoir des positions personnelles de pouvoir ou maintenir un ordre social injuste et partial. Elle survit. Malgré cette armée de fantassins de l'aliénation, parfois ignorants du rôle qu'ils jouent, pas moins dommageable. Elle vacille sporadiquement sous les assauts d'une dialectique perfide, celle de profiteurs d'un système discrétionnaire de primes et privilèges qui, sans vergogne ni délicatesse, sans génie et sans grâce, s'érigent donneurs de leçons.

Sa persistance à ne pas se perdre nous impose en retour de ne pas composer, quel que soit l'air du temps, avec ceux qui compromettent, voire rendent impossible la belle aventure de la rencontre. Ne pas céder un pouce aux agissements qui participent de l'ethnocentrisme classificatoire. Elle nous appelle à une implacable vigilance sachant combien ce système « apigmentocratique », sillage de l'aristocratie de l'épiderme[1], est fertile en pernicieuses disparités.

1. Expression datant de la Révolution française, et reprise par Florence Gauthier in *L'Aristocatie de l'épiderme*, CNRS éditions, 2007.

Dans le même temps, elle nous intime de toujours chercher à voir la personne derrière le statut social, l'origine, l'apparence, à saisir ses qualités, sa trajectoire, son récit, ses desseins. À rendre prometteur le hasard du destin partagé.

Cette fidélité endossée, il reste à choisir, par éthique personnelle, de satisfaire à ses loyautés. Et d'abord au devoir et au bonheur de l'altérité, ici et partout. Ne jamais consentir nulle part à l'insécurité identitaire. Ne pas être complice, même par mégarde, de discours, d'actes, de conditions qui entraînent des enfants, des adolescents, des adultes à douter de leur droit à l'existence, de la légitimité de leur présence. Et cultiver l'optimisme. *« Blossom in the tree you know how I feel / Butterflies all havin' fun you know what I mean*[1] *»*, Nina Simone.

Sommation absolue, ne pas se laisser dépouiller de soi. Par quelque ruse que ce soit. Éviter ainsi de se laisser abuser par les simulacres de peur comme au soir du 21 avril 2002. Peur-paravent de ceux qui, plutôt que d'affronter l'humiliation d'avoir été défaits par un bateleur sans éclat, pointent, mettent à l'index, accusent, condamnent, lapident… dans leur propre camp. Garder tête froide est une pudeur. Débusquer les feintes de prétendues victimes qui en profitent pour s'installer des années durant dans une lâche et interminable jachère, une hygiène. Poursuivre sa route, exigeante envers soi-même, traitawnt avec le persiflage qu'elle mérite la caponnerie hautaine de ceux dont la présence n'est jamais nulle part mise en question. Quoi qu'ils fassent. *« Trying to protect what I keep inside / All the reasons why I live my life*[2] *»*, Tracy Chapman.

Faire sa part. Quoi qu'il en coûte. *« Sorrow is not for ever, love is*[3] *»*, Jeanne Lee.

Se souvenir que nous venons de ces peuples amérindiens qui ont marché d'un continent à l'autre, d'Asie aux Amériques, puis de peuples africains qui ont terrassé la peur depuis la cale fétide jusqu'au grand bois de la liberté, confrontés puis mêlés à ces hommes d'Europe qui se firent conquérants, osèrent détourner le

1. « Les arbres sont en fleurs, tu sais ce que je ressens / Des papillons qui s'amusent, tu sais ce que je veux dire ».

2. « J'essaie de préserver ce que je porte au fond de moi-même / Toutes ces raisons qui donnent sens à ma vie ».

3. « L'affliction n'est pas éternelle, l'amour l'est ».

cours des fleuves, faire creuser des canaux interocéaniques, et répudièrent leur dieu.

Toujours inspirer l'envie de lire, d'exister, de batailler, d'être et de consentir à soi...

Sinon, quitter l'arène.

Chapitre I

Angela… Allende
(1969-1980)

Je suis devenue noire à Paris. C'était en 2005. À dire vrai j'avais déjà été une « sale Négresse ». Par intermittence durant mes études universitaires à Paris, dans le métro aux heures d'affluence, quelques invectives si caricaturales qu'elles en devenaient inoffensives. La conscience ne m'en était pas restée, juste un souvenir amusé et quelque peu apitoyé.

En ces années soixante-dix, il aurait fallu des déluges de calamités pour altérer mon bonheur d'être. J'étais saisie d'une sorte d'invulnérabilité. Matant les cours à volonté et sans risques immédiats, je pouvais traînailler jours impairs et pairs sur ce boulevard qui semble s'étirer jusqu'à la mer, parcouru de librairies et bibliothèques, cinémas et cinémathèques, galeries et disquaires. Avec un triangle magique entre *La Joie de lire* de Maspero rue Saint-Severin, *Le Tiers Mythe* rue Cujas tenu par ce passionné de Michel l'Alsacien qui me parlait de Schœlcher et Frances la Mauricienne qui m'entraînait vers les merveilles du sous-sol, et *Présence africaine* rue des Écoles. Gibert, c'était pour les 33 tours.

Essayez d'imaginer ce temps-là. Plus que de mes cours, je me gavais de Koestler, Brecht, Asturias, en même temps que je découvrais Achebe, Carpentier, Cortázar, Guillén. Je plongeais en apnée dans les abysses de Foucault et les abîmes d'Artaud, j'en ressortais étourdie, perplexe – un peu éméchée. Je m'égarais sans me perdre dans des comparaisons spécieuses entre les inspirations de Gershwin écrivant *Porgy and Bess* et celles de Fugard pour *Boesman et Lena*… Étonnants passeurs d'émotions et de désarroi.

À force d'acrobaties, j'avais réussi à me procurer un ticket pour le concert de Bob Marley le 10 mai 1976. J'ai pu brailler, échevelée, ces chansons que le public connaît sur le bout des doigts, le contempler, captivée, courant d'un bout à l'autre de la scène comme poursuivi par une horde de lions, reprendre en chœur dans la seule harmonie de notre ferveur *No Woman No Cry*, une note trop tôt, une octave trop haut... *« Ob-serving the hypocrites... So dry your tears... My feet is my only carriage... »* Voyage au bout du déni.

Le cinéma m'ouvrait les univers de Bergman, Kurosawa, Kubrick, Bertolucci, Van Peebles, me transportait vers tous les imaginaires du monde. Parole de cigale, rien n'entamerait mon bien-être tant que j'aurais, ô nirvana, la libre disposition de mon budget mensuel, maigre certes mais régulier, libre de troquer sans état d'âme quinze tickets de restau U contre un album – en vinyle s'il vous plaît – de Miles Davis ou de Keith Jarrett. *In a Silent Way*...m'entraînant en voyage, tirée par les pieds, la tête qui cogne, jusqu'au ventre de la terre vers l'aven des profondeurs marines. *Bremen* pour divaguer en titubant entre les étoiles... J'étais persuadée, j'avais raison, que ces merveilles n'étaient qu'un avant-goût d'inépuisables offrandes semées çà et là pour des *agoulous*[1] comme moi, une orgie à venir, à des niveaux d'éblouissements que je n'aurais jamais devinés. Brink, Bettelheim, Oum Kalsoum, et puis Scola, Preminger... Ah ! *Anatomy of a Murder* ! Et Duke Ellington ! Et Countee Cullen, la Harlem Renaissance, *« The black Christ... The first leaf in a line of trees on which a Man should swing / For all men's healing let me sing*[2]*... »* annonçant l'oppressant *Strange Fruit*... À la même époque, García Márquez et Macondo, Charlie Parker, tragique, Alvin Ailey, aérien, Wifredo Lam faisant trio avec Picasso et Césaire, Frida Kahlo l'insurgée, Ousmane Sow et le corps en démesure, tous les genres, tous les styles, tous les arts...

Et je ne savais même pas que surviendraient un jour Toni Morrison, ses héroïnes émouvantes et indomptables, Richard Powers, Percival Everett, puis José Saramago et ses situations loufoques,

1. Voraces.
2. « Christ noir... La première feuille d'une rangée d'arbres d'où balancerait un homme / Laissez-moi chanter pour tous les hommes lynchés... »

ses parias ingénus et cyniques, pris dans les rondes de vie têtue d'univers logiques jusqu'à l'absurde… Jacques Roumain plus amoureux des paysans que de la terre d'Haïti… Milan Kundera, léger et désespéré. Envie de mille vies. Tant pis s'il faut y croiser des grincheux, je ne serai jamais inconsolable.

*

Question identité flagrante, je n'étais pas vierge lorsque j'arrivai à Paris en 1972. Au lycée de Cayenne, dès 1968 j'étais *black and beautiful* par la grâce d'Angela Davis, des frères de Soledad et des Blacks Panthers. Ce n'était pas assez. En clair, ce n'était pas tout. Le swing furieux de James Brown m'a révélé une impétueuse vérité, enfouie, négligée jusqu'alors, étouffée peut-être. *Say It Loud, I'm Black and I'm proud*[1]. Scandant cette vérité, je pouvais marcher, éberluée, infatigable et indestructible, de la Terre à la Lune. Je dois dire nous, car cette métamorphose n'était pas solitaire. Plus qu'une promotion, c'est une génération qui découvrait la force et l'envoûtement des immensités qui soudain se dégagent lorsque s'ébranlent les canons esthétiques.

Nous sommes en classes de première, sections littéraire, économique, mathématique ou scientifique. À l'allure irrépressible et ruisselante de James Brown, nous effectuons un rattrapage narcissique de plusieurs siècles. Icône des communistes américains blancs, simplement splendide sous sa coiffure forestière, sensuelle avec ses dents espacées, imaginée dans des tenues de guérilla urbaine, auréolée de sa cavale et de ses amours impossibles avec George Jackson, politique et romantique, Angela Davis s'impose et incarne dans nos découvertes ébouriffées l'échappée absolue, un radeau pour l'*Amistad*, l'insoumission grandiose, l'orgueil d'être soi et le droit de dire non. Non à l'interdiction de parler créole, non à l'obligation pour paraître coiffée de se faire décrêper les cheveux, non à l'échelle sociale de la couleur. Non pareillement à la solidarité de couleur. Nous culpabilisions tout de même, schizophrènes, à détester des profs guyanais aliénés, tout en ne jurant que par Jean Ferrat et Boris Vian. En ces années

1. « Dis-le haut, je suis noir et je suis fier. »

d'idées embroussaillées, cette traversée du dehors vers l'en dedans nous a remis en ordre. En ordre, manière de dire. Confusément nous comprenons que la race n'y a pas de place. C'est à partager de loin et sans se connaître le rêve d'un monde amical que s'établissent d'insoupçonnables fraternités.

Ah ! l'enchantement des idoles ! Nous commençons à brandir nos coiffures afro, à tapisser nos chambres et les salles d'études du lycée de posters de Malcolm X, d'Angela bien sûr, de Marcus Garvey et d'Haïlé Sélassié, glorieux, hum hum, descendant du roi Salomon et de la reine de Saba. Éclectiques, nous affichons également Che Guevara, Jimi Hendrix, Gamal Nasser. Un copain de la section littéraire, tempérament d'artiste, trimbale partout un poster de Karl Marx ; il lui trouve le nez épaté et la barbe hirsute, évident métis, donc des nôtres. Plus tard, peu séduits par cette barbe à la Moïse, nous préférerons sa photo d'étudiant en 1836 avec sa tête bouclée et ses faux airs de Chateaubriand. Ce copain, Richard, nous rappelle avec emphase que Pouchkine, incomparable poète et romancier russe, le plus grand d'un des plus grands empires du monde, était le petit-fils d'Hannibal l'Africain ci-devant général des armées du tsar. *Le Nègre de Pierre le Grand.* Incorrigibles sophistes, nous répliquons que le tsar était l'ennemi du peuple et qu'il tenta d'étouffer la révolution prolétarienne ; toutefois, admettant que Pouchkine n'avait pas à en répondre, nous l'agréons comme ancêtre. D'autant plus volontiers que nous raffolons de cette histoire que Richard mimait chaque fois sur un tempo différent, et dont il prétendait qu'elle eut vraiment lieu entre Pouchkine et une Française, les aristocrates français d'alors s'étant entichés de la cour de Russie :

« Il paraît, monsieur Pouchkine, que votre sœur et vous, vous avez du sang nègre ?

— Assurément, nargua Pouchkine.

— Vous avez un aïeul nègre ?

— Non, madame, mon aïeul n'était déjà plus nègre.

— Votre bisaïeul alors ?

— Oui, madame.

— Ah bon ! mais qui était son père ?

— Un singe, madame. »

Oooooolé ! claquait notre joie devant une si belle insolence. Il nous importait peu qu'elle fût vraie ou non.

Adolescents sans guide, nous faisions au mieux avec les contradictions du monde. Nous avions déniché une effigie de San Benito, saint plus noir que noir, brillant latiniste vénéré en Italie. Il nous vengeait du Lucifer noir de la cathédrale Saint-Sauveur de Cayenne terrassé sous le talon de saint Michel archange rayonnant d'un blanc éclatant, l'épée levée, scintillante… une épée ordinaire, même pas un yatagan, remarquions-nous pour nous consoler. Il y avait aussi Melchior offrant à Marie pour la naissance de Jésus de l'or, de l'encens ou de la myrrhe, je n'ai jamais su quel présent correspondait à quel roi mage, même si ce prodige était neutralisé par le sournois Befana qui rôdait aussi ; noirci ou noir, c'est pareil faut toujours que le méchant nous ressemble. C'était une expédition patrimoniale. Nous reprenions tout ce qui nous avait été confisqué, retour de butin. La vie aime les rondes. Vingt ans s'écouleront et mon fils aîné, début d'adolescence, m'apprendra que Jésus avait les cheveux laineux et qu'il appartient au monde noir. Joli hold-up !

Notre enthousiasme de lycéens était plus modéré pour Martin Luther King. Très sensibles à son lyrisme magnanime nous ne comprenions cependant pas sa patience. Sans doute percevions-nous l'urgence… Comment concevoir de l'amour pour l'ennemi quand des milliers de personnes périssent du racisme, que des millions en dépérissent ? Comment imaginer, à l'âge où l'on rend coup pour coup, les rouges collines de Géorgie célébrant la fraternité raciale ? Comment entrevoir le Mississipi où des adultes en meute ont impunément torturé Emmett Till, plus jeune que nous, ce Mississipi où la justice est mitée d'assassins et de complices d'assassins, comment l'imaginer comme Martin Luther King en *oasis de liberté et de justice* ?

La sentence de J.-B. Lenoir résonne dans nos esprits mutins de façon plus impérieuse : « *I never will love Alabama*[1]… » Aux actualités de cinéma, nous avons vu un extrait du discours de King au Lincoln Memorial. J'ai pleuré. Je n'étais pas la seule. Mais la quadrature du cercle demeure pour nous. L'inconcevable nous taraude. Comment changer le monde sans tuer personne dans un pays où l'on tue sans risque, si facilement, si couramment, hommes,

1. « Je n'aimerai jamais l'Alabama… »

femmes, enfants seulement parce que Nègres ? Alors que pendant cette parenthèse d'extravagant espoir les conspirateurs ricanent… Ils abattront pareillement le prêcheur, Martin et l'imprécateur, Malcolm. Réconciliateur ou pourfendeur, aucune clémence. Exécution sans jugement. Savoir ce meurtre probable et prêcher l'amour, s'en aller sans en emporter aucun… comment y consentir à notre âge, malgré nos inhibitions ? Non décidément, ce chemin est trop frustrant. La loi du talion plutôt que l'impuissance.

Nous sommes loin de saisir ce que cette sagesse recèle de puissance. Ce monde nous donne envie d'en découdre. D'autres battants nous galvanisent. Max Roach, *We Insist ! Freedom Now*[1], la voix d'Abbey Lincoln. *Driva' Man*, et le solo de Coleman Hawkins. Abbey Lincoln encore, variante et funeste sur l'improbable *Triptych : Prayer, Protest, Peace.* Huey P. Newton, Bobby Seale, Stockely Carmichael sont des héros mieux calibrés pour nos piaffements. Séduisants dans leurs tenues de combat ils nous éblouissent par leur témérité.

Deuxième amendement, le droit pour chaque citoyen de porter des armes. Retourner contre l'oppresseur ses propres moyens. C'est la dialectique des arts martiaux et l'audace des héros qui affrontent les dieux. Prométhée dérobant le feu à Zeus. Les Black Panthers, le port de tête majestueux, l'assurance brasillante de leur verbe, figurent une fresque de personnages vivants exhibant leurs fusils. *Ballot or the Bullet*, dit le slogan. Le droit panaché à la force… un sorbet ! Vaillants, ingénieux, généreux, ils nourrissent les enfants pauvres. Nous les filles, nous y trouvons notre compte dans leurs égards envers Betty Shabaz, la veuve de Malcolm X, dans le rôle que joue Kathleen Cleaver à la direction des Black Panthers. Et Myriam Makeba est l'épouse de Carmichael, si ce n'est pas un brevet de bonne conduite…

Garçons et filles nous aimons qu'ils soient solidaires des nations amérindiennes, premiers peuples résidents des trois Amériques. Nous approuvons leur alliance avec les mouvements activistes blancs, y voyant de la grâce et une consistance ajoutées au charme de cette révolution qui menace d'embraser la terre entière sans ensanglanter le champ de bataille si l'Amérique

1. « Nous insistons ! La liberté tout de suite. »

blanche se montre raisonnable. Ils semblent invincibles. Ils sont invaincus. Pour l'heure.

Nous étions plus érudits que la moyenne, *up to date*, à l'affût, par tous chemins, des pulsations du monde. La télévision en noir et blanc venait juste d'arriver en Guyane. On comptait à peu près un poste par quartier, et encore... à Cayenne ; les communes rurales continuaient à vivre au rythme des lampadaires publics et des contes didactiques.

Quant à Internet, seul le Pentagone en connaissait l'existence et l'usage. Il gardera quelque temps encore le secret et la jouissance exclusive de cette exquise diablerie qui distribuera généreusement des savoirs et des arts, d'où partira la première manifestation citoyenne mondiale contre l'OMC à Seattle en 1999, mais laisse croire parfois que le savoir de surface dispense des joies des profondeurs. Cette invasion technique condamne, si l'on n'y prend garde, le doute, le mensonge de galanterie, l'absence, le silence. Il lui arrive de conspirer contre la poésie, elle est une possibilité du meilleur et du pire, variation technologique de ce que fut en rhétorique la langue d'Ésope.

Avant ce temps du village global, l'information nous venait par toutes sortes de chemins, souterrains et aériens. Nous en étions imprégnés autant que nous la collections délibérément. À domicile pour commencer. Elle jaillissait en crachotant du poste en Bakélite, pièce de collection lustrée chaque jour, seule corvée que nous exécutions sous la surveillance d'adultes qui couvaient comme un talisman ce qui, nous l'ignorions, se réparait encore mais ne se vendait plus ; en cachette nous glissions son aiguille sur des stations en anglais ou en espagnol. Puis ce furent nos premiers transistors. Nous étions devenus experts en bricolage, manipulant constamment l'antenne métallique. Ces messagers bégayaient *the Voice of America*, assez clairs entre deux grésillements. Quelques journaux et magazines que mon frère rapportait de la banque où il travaillait complétaient notre information sérieuse.

Quant à notre éducation à la subversion, d'étranges journaux étrangers gisaient à la bibliothèque du foyer Léon-Gontran-Damas de notre lycée Félix-Éboué. Nul ne savait d'où ils provenaient ; probablement des profs abonnés qui s'en débarrassaient après lecture. Nous avions *Granma* et aussi le *Times*. Nous nous les arrachions. La bibliothèque du foyer recelait d'effarantes perles littéraires et de savoureuses reliques philosophiques. Nous propageons en exultant ces choses désopilantes que nous y découvrons. Les stoïciens s'opposant à l'esclavage. Insoucieux des époques ou incurieux, nous croyons que c'est celui des Amériques, celui dont nous savons un peu, et Sénèque devient soudain sympathique. Nous découvrons les méthodistes et baptistes antiesclavagistes dans le plein sud des États-Unis. Nous savions déjà pour les quakers. La nuit se désépaissit. Séthi Ier, pharaon égyptien, dieu du Chaos et des Ténèbres, père de Ramsès II nous enchante. Dommage que malgré un règne éclairé il ait asservi les Hébreux, ça le rend moins prestigieux. Nous sommes ébahis que ses reconquêtes de territoire se soient étendues au-delà du fleuve Litani, du même nom qu'un affluent du Maroni, fleuve collant ensemble la Guyane et le Surinam. Cette proximité sémantique ne peut être de pur hasard. Le bijou de ces épisodes, ce fut Job reprochant aux chrétiens d'oublier que Celui qui a créé Jésus dans le sein a aussi créé l'homme qu'ils mettent en esclavage... L'Église avait donc ses dissidents.

Il ressort pêle-mêle de ces lectures désordonnées que Cole Porter, celui de « *Miss Otis regrets she's unable to lunch today*[1] », a servi dans la Légion étrangère française ! Qu'Ella Fitzgerald et Sarah Vaughan excellaient au scat, que nous tenions pour une exclusivité masculine. Ahuris, nous apprenons la filiation du be-bop au jazz.

C'est notre période Chester Himes. Tant pis pour ceux qui obéissent aux profs de français et d'anglais et s'en privent au motif que c'est de la mauvaise littérature, que l'argot n'est pas une langue d'écriture, que ces lectures nous seront préjudiciables. Nous nous passons les romans policiers, les commentant ouvertement, nous les lisons dans la langue où nous les trouvons, *The Big Gold Dream*, *Il pleut des coups durs*, *Imbroglio negro*, *Back to Africa*... nous raffolons de Father Divine et bien sûr de Coffin Ed Johnson et Grave Digger Jones. *If He Hollers Let Him Go*[2] nous laisse pantelants.

Pour finir, nous étions déniaisés par quelques copains originaires du Guyana, réfugiés politiques sans statut. Ils nous glissaient, dans un cérémonial de clandestinité, les tracts qu'ils recevaient de

1. « Miss Otis vous prie de l'excuser, elle ne peut vous rejoindre pour le déjeuner. »
2. « S'il hurle, lâche-le. »

Georgetown via Paramaribo. Nous étions ainsi à notre insu à l'avant-garde de la marche du monde, savants de notre continent sur lequel l'école, la radio et la télévision étaient muettes.

De cette traversée en solidarité aussi effervescente qu'inefficace, nous avons appris à élaguer. Éliminée, la mauvaise conscience d'école buissonnière. Jusque-là, c'est avec le consentement du prof de philo que nous séchions ses cours ; il en profitait pour s'installer devant une bière à la terrasse de l'un des deux bars du centre-ville. Complice, il omettait de signaler notre absence collective à l'administration ; entre lui et nous, nous n'étions d'ailleurs pas toujours les premiers à disparaître de l'établissement. Je n'ai aucun regret de ces cours sacrifiés. Aucun d'entre nous ne s'en est appauvri ni ne peut imputer à cette circonstance d'avoir raté sa vie professionnelle ou familiale. D'autant que nous fûmes quelques-unes à décrocher de bonnes notes en philo au bac, vive les annales. Dans cette émancipation qui fermentait, nous nous sommes mis à exercer nos libertés sur les cours de sciences économiques et de mathématiques.

L'un d'entre nous qui avait l'âge et le permis de conduire venait parfois au lycée en Simca break. Sur une suggestion lancée en désinvolture nous avons commencé à nous y entasser à treize, non douze, toute la section moins une élève dont le père, un gendarme détaché, devait être très sévère. Nous aimions bien cette camarade que nous ne sommes jamais parvenus à dévergonder ; l'embarras qu'elle causait aux profs devant lesquels elle se présentait seule, surtout vers la fin de l'année, nous distrayait. Nous devions être onze en réalité dans la Simca, car je me souviens d'un garçon souriant mais sérieux qui acceptait de sécher les cours mais préférait rentrer chez lui plutôt que de participer à nos escapades.

Nous partions sur la route de Montjoly, aujourd'hui proche banlieue résidentielle de Cayenne, à l'époque une commune rurale ; c'était donc une expédition à la campagne. Nous passions le carrefour de Suzini en fanfarons, sans nous signer... nous snobions la grotte de la Sainte Vierge. Nous étions des athées exubérants. Certains par bravade, d'autre par mue philosophique, moi pour avoir vainement imploré le Seigneur de nous laisser Maman. J'avais rompu avec lui et toute sa clique de saints et d'anges, je me riais des feux furieux de son enfer.

Nous soupçonnions quelques-uns d'entre nous d'expier cette témérité en se mortifiant le soir sous un flot de prières de pénitence ; nous refusions de nous mêler de leurs tourments intimes tant qu'ils participaient à ce moment sacré de jubilatoire mécréance ; en d'autres lieux et d'autres moments, c'était leur affaire s'ils cédaient aux tentations exhibitionnistes de leurs croyances. Cinq minutes avant le carrefour nous étions silencieux et tendus, craignant de rater la grotte où nous ferions ouvertement acte de liberté, électrisés par le sentiment sourd de narguer une insaisissable menace. Sitôt franchie sans la saluer la maison de Marie, nous nous détendions et, le paysage changeant brusquement, nous devenions un réceptacle de senteurs, botanistes d'occasion, sensibles à l'architecture, aux bruits et aux couleurs.

Un coup d'accélérateur et nous sommes ailleurs. Un habitat rare et dispersé, très personnalisé, révèle indiscrètement l'opulence des propriétaires, parvenus ou héritiers... leur mauvais goût aussi. De larges houppes de *yanman*, repousses touffues de forêt secondaire dispersées et discordantes, vacillent sous les alizés. Elles s'abritent sous un arbre fruitier, manguier démonstratif, avocatier prolifique, amandier royal... ou autour de grands escogriffes inutiles mais décoratifs, tels ces filaos hardis ou ce bois-canon perçant les nuages. Extraordinairement surgissait un gros arbre d'essence précieuse, un bois de rose ou un moutouchi trahissant une brève zone de mangrove. Des cocotiers fréquents sur chaque bord, un palmier-bâche signalant un modeste *pripri* [1], des *musandas* par massifs, des bougainvillées par brassées, des *folies-des-filles*, des rangées clairsemées de cannes à sucre, de bananiers, de manioc s'intercalaient aux maisons à façades chatoyantes ou pastel.

Lorsque, au lieu de passer par la route plus rapide de Baduel nous empruntions celle plus tortueuse mais plus odorante de Zéphyr, bien avant notre carrefour fétiche un gigantesque fromager nous mettait en transes. Nous exorcisions en persiflant, matamores, ces histoires de *maskililis* amazoniens, génies facétieux ou malveillants aux pieds retournés qui nous ont terrorisés à l'enfance. À dix-sept ans on a le courage bête. Arrivés sur la plage de Montjoly, notre destination, nous sortons de voiture courbaturés et toni-

---

1. Marécage.

truants. Nous allons cueillir des prunes, flirter dans le sous-bois, mater les couples, grimper aux arbres, sauter des branches, pousser le cri de guerre de Chaka.

Nous chantons à tue-tête *My Man* de Billie Holiday, *« It cost me a lot / But there's one thing that I've got / It's my man... He isn't true / He beats me too / What can I do*[1] *? »* et là nous hurlons *kill him kill him*[2]*!* Notre répertoire est codé. Pour tonitruer, *Pata Pata* de Myriam Makeba que des racistes sud-africains ont empêchée de rentrer dans son pays enterrer sa maman... Monstres ! Pour languir, *Ne me quitte pas* de Brel. Pour chahuter, *La Mauvaise Réputation* de Brassens, *« Non les braves gens n'aiment pas que / L'on suive une autre route qu'eux... »* Pendant qu'un faux indolent sifflait une ballade de Baden Powell.

Sur la route du retour, nous faisons une halte à quelques mètres de la plage de Gosselin pour ramasser des mombins au parfum âcre et capiteux. Cette escale est une sorte de sas, retardant notre arrivée en ville. Nous passons le Montjoly-Bar, vieux dancing mythique. Ceux qui avaient la chance de s'encanailler de nuit le connaissent de l'intérieur et notre infime élite danseuse se lance dans le récit pittoresque d'une nuit au Montjoly-Bar.

Ils ne sont que deux dans la voiture à jouir de ce privilège. C'est à celui qui triomphera par profusion de détails. Mieux qu'une dissertation, nous avons droit à une narration sur le quart d'heure de charme, séquence de délices distillées dans le *soukou*, une obscurité de Belzébuth. C'est un enchaînement de boléros et de slows, piège à volupté tendu sous la voix irrésistible de Barthès ou celle incomparable de Dany Play, traquenard à coups de foudre, cabale à sortilèges... une souricière. La nasse lancée, l'ensorcellement se prélasse sous les cordes d'une guitare livrée au doigté imprévisible de Daniel Nugent ou aux sonorités singulières, inimitables, de Germain Barbe. Ces subtilités sont offertes par l'orchestre des Vautours, indépassables ambianceurs.

Un samedi sur deux, l'orchestre de Georges Théolade assure l'alternance avec la voix veloutée de son chef, guitariste-chanteur,

1. « Cela me coûte beaucoup / Mais il y a une chose que je suis sûre de posséder / C'est mon homme... Il n'est pas sincère / Il me frappe / Que puis-je faire ? »

2. « Tue-le, tue-le ! »

que viennent nuancer celles de Joseph Mondésir et Rodolphe Robo. Ces musiciens confirmés sont ouverts aux influences multiples dont celle de Perez Prado, le roi du mambo. Leur spécialité indisputée, c'est le boléro. Ils embrouillent les couples en les faisant glisser sur *« Esperaré... que en mis brazos encuentres calor*[1]*... »* Les idylles se nouent et se dénouent à mesure que les cœurs s'aventurent vers un caravansérail de sentiments. Ces orchestres, ex aequo au palmarès de leur public commun, engagent leur honneur dans la ferveur qu'ils mettent à accompagner l'entreprise de séduction des garçons. Boléro, slow, slow, boléro vocal, boléro instrumental, slow, standard de boléro, boléro dernier hit, boléro à perdition. Et pour finir, la lumière, encore tamisée mais importune, moment délicat où les filles réalisent qu'elles ont succombé. L'orchestre attaque à nouveau Celia Cruz, *Te Busco*[2], *« Mis estrellas no responden*[3]*...* », pour baisser progressivement la pression, sans brutalité. Puis la bossa-nova réveille tout le monde, elle fait fureur, elle vient du Brésil, Vinicius de Moraes en est le barde, Henri Salvador, guyanais, y règne en maître. Quincy Jones y ajoute de la soul. Un cha cha cha achève l'arc-en-ciel des sensations, la sortie du quart d'heure est alerte et joyeuse, dans la voiture nous en ressentons nous-mêmes la légèreté.

Rendus en ville, nous nous dispersons et reprenons nos cours l'après-midi ou le lendemain, à la fois moins incertains et plus curieux. Ceux qui aimaient déjà lire lisent de plus en plus, les autres s'y aventurent à pas comptés. Nous discutons à perte de raison de Sartre, décortiquant « l'enfer c'est les autres », l'illustrant par la pression sociale d'une petite communauté comme la nôtre et en même temps soucieux du vide que représenterait la dislocation de notre groupe. Nous commentons le *Manifeste du surréalisme* de Breton, récalcitrants à « l'automatisme psychique de la pensée en l'absence de tout contrôle exercé par la raison », mais nous adhérons sans réserve à « l'insurrection générale contre les mots d'ordre de la société bourgeoise ».

Avec une touche de snobisme nous abordons Marcuse et finissons par ausculter l'homme unidimensionnel avec vivacité. Nous

1. « J'attendrai... que tu viennes dans la chaleur de mes bras... »
2. « Je te cherche. »
3. « Mes étoiles ne répondent pas... »

absorbons Vargas Llosa avec effroi, *La Ville et les Chiens* rendant plus charnelle la réalité des dictatures sud-américaines. Nous plongeons dans d'exténuantes considérations sur la violence légitime. Nous virons vaniteux mais restons vulnérables, ce fut notre salut. Notre rapport au savoir et à l'autorité a changé d'une manière féconde. Nous avons abandonné les insolences superficielles au profit d'impertinences raisonnées. Certains profs prennent le temps de riposter à nos irrévérences argumentées par des défis provocateurs ou de stimulantes digressions.

Étonnamment, c'est avec les plus vieux d'entre eux que nos rapports se sont le mieux détendus, sont devenus plus libres. Ils consentaient à ce que nous discutions la pertinence de certaines parties du programme ou de certains textes, nous offrant parfois des alternatives plus intéressantes, découvrir un auteur iconoclaste, construire un texte ensemble ou proposer nous-mêmes un choix de remplacement. Dans ce dernier cas, nous étions souvent confrontés à nos limites.

Bien que largement privés du prof de philo nous fouillons les nuances enivrantes entre la morale et l'éthique. La littérature et l'anglais s'y prêtent volontiers. *Caligula* de Camus fait partie de nos pièces favorites. Nous raffolons de décliner pompeusement dans les couloirs et les escaliers des morceaux de tirade de Caligula en croisière pour la démence, « qui oserait me condamner dans ce monde sans juge où personne n'est innocent ? » Nous aimons mieux encore ses défis insensés : « Qu'est-ce qu'un dieu pour que je désire m'égaler à lui ? Ce que je désire de toutes mes forces est au-dessus des dieux. Je prends en charge un royaume où l'impossible est roi. »

Nous en faisons des gammes, imaginant les bouleversements qu'un usage aussi sagace de l'autorité nous permettrait d'introduire dans les modes d'enseignement, les méthodes de travail, le lycée dans la ville, la ville au lycée, l'autodiscipline, les matières de plein air, les arts et les sports, la connaissance de soi, l'exploration du nous, des examens sollicitant le savoir, la culture, l'imagination plutôt que la mémoire. Nous y voyons un renfort à notre hostilité envers le pouvoir tel que l'exerce la direction du lycée que nous jugeons bornée, butée, balourde, lourde.

Nous aimions que Caligula nommât son cheval ambassadeur, à peine troublés par l'arbitraire que nous discernions dans ce pouvoir-là, le prenant pour une allégorie. L'indiscipline qui nous faisait goûter les excentricités de Caligula n'excluait pas la sensibilité, ni la susceptibilité. Nous sommes d'une génération prompte à laver son honneur au moindre prétexte. Et en grand, de préférence. Pouchkine n'était-il pas mort en duel pour laver son honneur compromis par la cour qu'un officier français faisait à son épouse ? C'est la version officielle. Une autre, moins attachante, insinue qu'il aurait provoqué cet imbécile pour se faire tuer en duel, le suicide étant contraire à ses croyances. Il n'avait que trente-deux ans. La première version convient mieux au personnage et à nos inclinations. Grâce à Richard, nous avions un ancêtre russe romantique.

Richard, brillant et cultivé, aura une fin tragique quinze ans plus tard. Sentimental. Amoureux éconduit. Il sera parmi les premières victimes d'hallucinations provoquées par les drogues dures, les mêmes dont on nous disait que le FBI et la CIA inondaient les ghettos noirs aux États-Unis pour vaincre les Black Panthers. Un jour Richard décidera de marcher sur les eaux. Enveloppé d'un vêtement couvrant des épaules aux chevilles, taillé dans une toile lourde, il s'élancera sur les eaux opaques de la plage de Châton. C'était hors de la saison des palétuviers. Son corps sera repêché le lendemain.

À peu de frais, les garçons arborent leur bravoure. Ainsi rapproché le Cid nous paraît encore plus romanesque, *« Rodrigue, as-tu du cœur ? /– Tout autre que mon père l'éprouverait sur l'heure ! »* Un régal !!!! *« À moi Comte, deux mots »*... Oh ! saveur, lequel d'entre nos camarades oserait défier ainsi un beau-père putatif, fût-il roturier ? Ces provocations nous laissaient quand même rêveuses. Pauvre Chimène, sacrifiée parce que les vieux, incapables de quitter la scène, encombrent leur descendance de leurs fatuités chimériques et de leur faiblesse crâneuse. Bien considéré, son sort n'était pas plus dramatique que celui d'Yseult ou de Jocaste, ou encore d'Ariane. Tout de même, quelles époques !

Avec l'insouciance de notre âge, nous butinons, naviguant dans les fulgurances de Rimbaud, son *Bateau ivre*, ses *Peaux-Rouges criards*, ses *incroyables Florides*, ses *Aubes navrantes*... À son *Dormeur du Val*, dans notre esprit comme dans une chambre aux échos, riposte *Le Déserteur* de Boris Vian. Nous passons aux mélancolies de Verlaine, à sa « chanson bien douce qui ne pleure que pour vous plaire ». Outre ma prédilection pour ces poèmes, je nourrissais une secrète attirance pour *La Mort du Loup* de Vigny : « *Gémir, pleurer, prier est également lâche / Fais énergiquement ta longue et lourde tâche / Dans la voie où le sort a voulu t'appeler / Puis après, comme moi, souffre et meurs sans parler.* » Trop emphatique pour que je le confesse. Et tant qu'à passer aux aveux, j'aimais aussi *Le Cor*, « *Ronceveaux ! Ronceveaux ! dans ta sombre vallée / L'ombre du grand Roland n'est donc pas consolée...* » Je rattrapais mes plaisirs en déclamant ces poèmes à haute voix et pour mon seul usage à la maison, sous le manguier de la cour.

En anglais nous préférons Oscar Wilde à Shakespeare, affaire de pédagogie peut-être, pas sûr ; l'heure est davantage aux séditions contre les persécutions et les ordres qu'aux royales querelles successorales ; et vu de près nous sommes assez indifférents au « *deep bosom of the ocean buried* ». Les profs de sciences physiques et de mathématiques ne sont pas en reste. Moins vieux, plus circonspects avec nous mais assez alléchés par nos curiosités neuves, ils pressentent qu'ils peuvent nous aider à grandir. Avec les états d'âme d'Einstein sur la bombe atomique après Hiroshima et Nagasaki, avec les injonctions de Rabelais sur la ruine de l'âme par la « science sans conscience ».

Nous sommes aptes à chicaner tous seuls sur le progrès et ses revers, ses inattendus néfastes. Nos contestations s'abreuvent à l'expérience de l'implantation du Centre spatial à Kourou, le gâchis de ce qui devait être une célébration de la science, une allégresse pour l'esprit... et qui finalement patauge dans l'infamie de l'expropriation brutale, injuste des habitants de Malmanoury par un État roublard. Pas de cadastre, pas de titres fonciers, pas de droits. L'État madré. Le professeur de sciences physiques, Michel Kapel, nous conduit au-delà de la critique ; il nous presse de poser clairement les termes du conflit, celui-ci ou tout autre. Avec rigueur et un peu de colère, il nous amène à nous situer et à nous inclure.

Il nous faudra encore quelques années pour parcourir la distance entre la compassion et l'empathie, pour passer de l'apitoiement envers les victimes d'injustice à l'engagement sur une cause, mais le trajet a sûrement commencé à ce moment-là. Nous étions toujours soumis aux règles mais nos récriminations étaient entendues et nos observations prises au sérieux. Nous avons poussé l'avantage et organisé une grève mémorable pour exiger l'enseignement de la littérature africaine et afro-américaine et des langues de la sud-Amérique, notre continent. Nous n'avions pas d'antécédent de grève, donc pas de référence. Nous avons improvisé dans un gai désordre. Nous avons investi le foyer. Peu nombreux attelés aux banderoles, aux affiches, aux slogans, notre dextérité et notre perspicacité s'aiguisaient en grand balan.

Les autres contribuaient à l'enthousiasme. Ils s'adonnaient aux jeux de société. Aux échecs, dernier *must.* Aux dames, indémodable. Aux dominos. Le domino, accorte socialité, est chantant ; il trimbale une histoire en haillons et une mémoire en dérive... au nombre quatre Catherine de Médicis est punie pour la Saint-Barthélemy, ou quat'macaques se chatouillent sur une branche d'icaques ; le nombre trois appelle trois chevaux à trois pattes hennissant dans la nuit ; deux mâles crabes dans un trou ça ne se peut pas ; et pour ce domino sans rien, tout blanc séparé d'un trait noir, *Blang dèrô Nèg ka pran danbwa,* les Blancs patrouillent les Nègres se replient en forêt...

L'espace du foyer est exigu mais les stridences des uns ne gênent en rien la concentration des autres. Dans toute la Caraïbe et jusqu'au Venezuela, le domino est chantant... *blanca espumà que la mar levantà... el dulce nombre de Marina... el cuaderno de la galerna del Pao... sin-cacho traiga una chiva*[1]... Ce sont les imprévus du Nouveau Monde. Les joueurs sont bruyants, mauvais perdants, réjouissants. Ils font masse, ils font joie, nous y puisons un inusable entrain.

La grève fournissait à tous une raison pour ne pas rentrer à domicile. Nous campions sur place, sous prétexte de tour de garde. Sans en avoir encore le vocabulaire nous avons organisé notre premier *sit-in.* Nous n'avons rien acquis d'immédiat sur la littérature des Amériques noires du Sud, du Centre et du Nord, non plus que sur les Afriques, celles qui écrivent en anglais, en français, en portugais ou en espagnol... pas davantage en swahili, wolof, zoulou ou afrikaans. Nous étions certains que ces littératures recelaient des trésors. Frobenius n'avait-il pas affirmé que « ces Nègres sont civilisés jusqu'à la moelle des os » ?

---

1. « Blanche écume que soulève la mer...le doux nom de Marina...le cahier de la galerne del Pao... transporte la chevrette sans carriole... »

Ce ne fut pas un échec total. Nous avons obtenu la mise en place des premières vacations de portugais, langue du Brésil voisin, et la promesse que le vice-rectorat en ferait une option officielle en langue étrangère. Nous étions en fin de cycle, nous savions que nous n'en profiterions pas, nous comptions que les petits jeunes après nous y gagneraient de lire Paulo Freire, Josué de Castro ou Vinicius de Moraes dans le texte, de voir en version originale *O Cangaceiro*, la splendeur du sertão et la beauté de l'insoumission, d'avaler les harmoniques d'Antonio Carlos Jobim et Chico Buarque, de s'emparer des paroles de Gilberto Gil qui tâtait de la prison pour « esprit subversif » sous la dictature du maréchal Castelo Branco.

C'était calculer sans l'inertie administrative, briseuse d'optimisme. Il fallut six ans de plus pour que l'option fût créée. Six ans, des milliers de jours et d'occasions manquées de nous ancrer mentalement en terre d'Amérique, d'élargir nos horizons, d'affiner nos raisonnements, de transcender nos dissemblances d'avec nos voisins, de choisir lucidement la tonalité de nos relations, nos rencontres, nos communes tribulations. Perspective inévitable entre terriens mitoyens, sauf à construire des murs. Six ans gaspillés à laisser s'entasser tracas et malentendus, à nous comporter comme s'ils étaient insolubles. Incurie bureaucratique craintive et obtuse qui, dans l'imaginaire rudimentaire des décideurs et dans l'opinion publique, résumera le Brésil au dénuement des *seringueiros*, à la transhumance de milliers de zébus escortés de *baïadas*, de *vaqueiros,* de pittoresques *gaùchos*, à l'indigence des paysans du Nordeste, à la tristesse des Indiens bororos, aux errances de la misère, aux favelas, aux enfants des rues. Carnaval et samba pour exutoires. Un désastre. Le pays de Niemeyer, Chico Mendes, Carlos Marighela ! La terre de Zumbi et de Dandarah ! Une méprise qui prendra bien trois quarts de siècle pour vieillir et s'éteindre, si elle s'éteint jamais. Rude réveil. La réalité quotidienne est heureusement un précepteur implacable. Les Guyanais les moins dégourdis ont, depuis, opéré ce réveil. L'administration, pas encore. Elle regarde tout cela au prisme des lois migratoires et de l'exotisme... quand ses fonctionnaires ne se font pas prendre aux rets de celles qui luttent pour la vie et séduisent par nécessité. Pour le malheur de ces fonctionnaires qui, souvent, perdent toute mesure, y compris celle de la loi.

Évidemment, nos revendications lycéennes ne sont pas aussi élaborées. Notre soif de connaissance et d'ancrage est cependant immense, une fabuleuse intuition. La vie et l'histoire ne nous ont pas encore enseigné que de grandes amitiés ou d'effroyables conflits peuvent naître de beaux élans ou de menues maladresses. Elles s'en chargeront plus tard.

Nous déambulons dans la poésie écorchée de Léon Damas *« Rendez-les moi mes poupées noires.../ Redevenu moi-même / Nouveau moi-même / De ce que / Hier j'étais... quand est venue l'heure du déracinement... »* Nous sommes friands de poèmes en langues étrangères, Antonio Machado, « *Caminante no hay camino / Se hace camino al andar... sino estelas en la mar*[1]... » Machado que chante Ferrat d'après Aragon... *« Il s'assit dans cette campagne et ferma les yeux pour toujours... »* Garcia Lorca nous est offert par Paco Ibáñez, *Mi Niña Se Fue A La Mar*. Langston Hughes, Claude McKay, Gwendolyn Bennett... Explorations guidées parfois par des professeurs, plus souvent par notre flair, nos débris de culture ou, délectation, les indications de spécialistes impromptus comme ce camarade, Georges, fils de républicains espagnols.

Parmi les vieux professeurs tout réjouis d'accompagner notre éveil et nos évolutions tout en affectant une grande sévérité, le professeur de français, nommé en Guyane pour trois ans, emportait nos préférences. Monsieur Lewâtre, voûté à force d'être grand. Il avait permis un jour où, prise de spleen, j'étais restée chez moi, que se tienne l'élection de la *miss* ou du *mister* de la classe. J'appris le lendemain que j'avais été élue à l'unanimité. Ce ne fut pas sur des critères de beauté évidemment. Ni d'élégance. J'étais toujours vêtue de noir, portant le deuil de Maman ; j'avais perdu goût aux coiffures sophistiquées, je gardais mes cheveux naturels et très courts ; je ne traçais même plus ce petit trait de khôl au coin des yeux dont j'aimais qu'on me dise qu'ils sont en amande. J'ignore de qui émanait l'initiative, je n'ai pas pensé à le demander à l'époque.

Mes camarades m'ont expliqué que leur désignation s'était fondée sur la bonne humeur, l'esprit de camaraderie, etc., etc., ajoutant, tout fiers comme s'il s'agissait d'eux, que le prof avait déclaré,

1. « Marcheur, le chemin n'existe pas / C'est toi qui l'ouvres en marchant... n'existe que le sillage sur la mer... »

sibyllin : « Taubira, je vous le dis, elle ira très loin. » Je trouvais cette prédiction aussi insensée que d'avoir été élue par contumace. Ma voie, à défaut de ma vie, semblait tracée. J'étais orpheline (mon père ne comptait pas, je le tenais, à raison, pour un scélérat) et j'avais cinq frères et sœurs plus jeunes. Ma sœur aînée et mon grand frère les avaient pris en charge ; j'estimais devoir apporter ma part le plus tôt possible, baccalauréat en poche. Aussi, n'ai-je pas réservé à cette double nouvelle l'accueil chaleureux qu'elle méritait. Je n'ai, grâce à cette indifférence je suppose, jamais été affublée des charges incombant habituellement aux *miss*. Nul ne s'en formalisa. Je crois que cette élection fut un geste plus qu'une attribution de responsabilité.

Étant fertiles en innovations, nous avons envisagé d'organiser un tournoi de football. Les garçons n'étaient pas assez nombreux, les effectifs des sections variant de six à treize, garçons et filles comptés, en mathématiques, sciences, économie ; ils étaient un peu plus nombreux en littéraire, deux classes pour la section.

Ainsi ramenés à nos possibilités, nous avons décidé de nous limiter à un match, LE match. Des littéraires sont allés renforcer les matheux et les scientifiques. Ce sont eux aussi qui ont fourni aux économistes les trois joueurs manquants. Ce match était une audace, car sur les deux équipes ainsi constituées six ou sept lycéens à peine pratiquaient régulièrement le football. C'était un sport de lycée professionnel ou de communes rurales. Au lycée d'enseignement général, au cœur de Cayenne, les sports prisés étaient le tennis, le judo, le karaté, la natation. Il y avait bien une poignée de pongistes... c'était justement l'autre bout de la classe sociale, ce sport étant en vogue dans la proche périphérie mal famée de la ville.

Nous n'avions aucune clairvoyance sur ces marqueurs de classe sociale. Il nous a simplement paru évident que le tournoi devait être de football. Les garçons s'y sont mis de bonne grâce. Nous les filles, supportrices en chauvinisme de filière, nous n'avons pas eu le temps d'apprendre les règles et nous nous sommes autant amusées que les garçons qui les transgressaient allègrement. Jusqu'au rôle de l'arbitre qui s'inventait sur place.

C'était une espèce de match en autogestion, entrecoupé de discussions cafouilleuses, de protestations débridées, de votes à tout bout de champ, une monomanie démocratique, et de reprises avec échauffement. L'arbitre en a eu assez de ne pouvoir asseoir son autorité, il a quitté le terrain, le match s'est poursuivi sans encombre. Il n'y eut pas de coupe en récompense, juste pour les gagnants le droit de se livrer impunément dans les couloirs, et jusqu'à la fin de l'année, à des débordements de dérision à l'encontre des perdants.

Le prof de philo n'était pas qu'une comète. Il nous avait signalé un film, magnifique, clamait-il. *Douze Hommes en colère*, de Sidney Lumet. J'ai partagé son avis et longtemps gardé le goût de ces problématiques complexes, ces situations limites, cette exigence du juré envers lui-même, ces personnages dont le caractère exécrable suggère mais ne fait pas la culpabilité. Je découvrais la différence entre la morale et la justice. Je crois que ce film m'a résolument prévenue contre tout raisonnement binaire, primaire et sommaire. Je l'ai revu quelques années plus tard ; j'en fus beaucoup moins bouleversée. N'empêche ! Paraît qu'on ne guérit jamais d'avoir été enfant. Disons qu'à défaut de nous suivre, notre adolescence nous pétrit.

Dans un genre différent, cette fois sur le conseil du professeur d'histoire, nous sommes allés voir *Z*, de Costa-Gavras. Un choc. Irène Papas, sublime. Ces enchaînements, ce jeu de versions et de revers du même événement – procédé que, je le découvrirai peu après, Kurosawa avait porté à son apogée dans *Rashomon* –, la force irrépressible du symbole qui s'incarne dans le courage d'un homme, cette nudité du pouvoir totalitaire... une révélation et un ravissement. Je ne raterai jamais un film de Costa-Gavras. Je verrai tous les autres à Paris. J'ai dû m'y reprendre à deux fois pour *Section spéciale*, rien à voir avec Pucheu, j'avais un gros chagrin d'amour et j'ai pleuré pendant toute la séance. Imperceptiblement le lycée nous ouvrait ainsi sur l'extérieur. Cependant tous les adultes ne s'étaient pas rendus.

Un vieux professeur de musique s'accrochait au Vieux Monde, lointain, déjà insaisissable, devenu équivoque depuis Mai 68, le monde de ses repères bien que l'ordre n'en tînt déjà plus debout. Il restait sourd et aveugle à nos nouvelles hardiesses. Il s'entêtait à nous réciter la vie de Liszt, Brahms et Chopin, ses préférés, s'entêtant malgré notre écœurement d'avoir à imaginer Doborjàn, Hambourg ou Vienne. Si encore il nous avait raconté les amours de Chopin et de George Sand... Trop inhibé. Il ne comprenait pas que nous puissions nous désintéresser totalement des *lieder*, nous ne comprenions pas son agacement et son repli lorsque nous lui parlions de John Lennon et des Beatles. Nous poussions à l'énerver en proposant perfidement d'étudier ensemble une partition de Joe Cocker, « *What would you do if I sang out of tune*[1] *?* », histoire de lui montrer que ce Vieux Monde auquel il semblait hystériquement attaché produisait de nouveaux prophètes. Nous l'aimions pas mal malgré tout. Peut-être serions-nous entrés dans la musique classique s'il nous avait raconté la vie du chevalier de Saint-George. Lui et nous n'en savions rien alors. C'est Barbara Hendricks qui me conduira à la musique classique bien des années plus tard.

Pour le moment, Tommie Smith a remporté le 200 mètres aux Jeux olympiques de Mexico. Il lève le poing gauche ganté de noir. John Carlos, en troisième place sur le podium, lève le poing droit, également ganté de noir. Le deuxième, Peter Norman, paraît à la fois là et ailleurs. Cette photo nous a hypnotisés. Une force incommensurable surgissait de cette image silencieuse… et tellement éloquente ! Nous en débattions indéfiniment.

« C'est la même photo, y en a un qui s'est trompé, les Black Panthers, c'est le poing gauche qu'ils lèvent.

— Non, souviens-toi de la photo de leur meeting à Oakland, regarde bien les poings à la tribune, ce sont les droits.

— Oui mais, dans la foule, il y en avait des gauches.

— Tout ça ne veut rien dire, il suffit que la photo ait été développée à l'envers, et la droite devient la gauche. (Là, c'est un adhérent du tout récent club photo du foyer qui fait son intéressant. La vanne étant ouverte, un plaisantin rallonge :)

— Et ils font comment les gauchers, vous savez qu'il y en a beaucoup aux États-Unis ?

— Ah oui ? et tu les as trouvées où ces statistiques ?

— Arrêtez vos conneries, vous avez vu Peter Norman, le regard baissé ? C'est l'Amérique blanche humiliée.

— Dégage ! il n'a même pas la tête inclinée.

— Regarde bien, il a les épaules affaissées… pour un athlète c'est un signe.

1. « Que feriez-vous si je chantais faux ? »

— Tu es naze, d'abord il est australien, ensuite il est deuxième, avant Carlos.

— La preuve que l'esprit est plus fort que le corps ! C'est Smith et Carlos les vedettes, et si c'est pas l'Amérique humiliée, c'est le remords de l'Australie blanche pour avoir volé les terres des *arborigènes.*

— Aborigènes, couillon !

— *Ar* ou *A*, c'est partout le même boxon, Césaire a dit que l'Europe est comptable du plus haut tas de cadavres de l'histoire.

— Arrête ! Ceux qui sont partis sur le *Mayflower* aux États-Unis étaient des persécutés religieux ; et ce sont des bagnards que l'Angleterre a envoyés en Australie, des criminels, des voleurs mais aussi des clochards, des paysans et des opposants politiques, ne les traite pas comme ça, toi-même !

— Ah bon ! Et c'est leur dieu qui a dit à ces WASP de massacrer les Indiens d'Amérique et de faire du commerce d'Africains ? C'est pour se venger de la reine d'Angleterre que ces rebuts anglais ont dépossédé les Indiens d'Australie... En plus ceux-là, ils sont à la fois indigènes et noirs, bingo !

— C'est de la dialectique, ça ?

— En tout cas ce n'est pas « prolétaires de tous pays unissez-vous » !

— Eh eh ! c'est bon là vous deux, on est sur la victoire du *black power* à la face du monde ; en plus, Smith, il a pris position contre la guerre au Viêt Nam comme Jimi Hendrix, Joan Baez, Jane Fonda, Bob Dylan...

— Et Cassius Clay.

— Muhammad Ali, ignare !

— Clay ou Ali, le tribunal lui a bien collé de la geôle et volé son titre ; tu gardes ton nom d'esclave ou tu prends un nom musulman, c'est kif-kif pour Amerikkka, triple K du Klu Klux Klan.

— Pour vous mettre d'accord, c'est quand même Martin Luther King, qui s'y opposa le premier, bande de *tèbè* !

— Ça, c'est pas sûr... les nouvelles elles nous arrivent en retard... réchauffées... rances même parfois...

— N'empêche que s'ils avaient tous deux levé le même bras, ça aurait fait plus harmonieux. Quand les Black Panthers sont entrés au Capitole de Californie en marchant au pas, c'était chiadé, hein ! Avec leurs mines patibulaires pour montrer qu'ils ne sont pas là pour faire des blagues.

— C'est sûrement Smith qui a raison. Carlos aurait dû regarder avant de lever son poing. Et même si Smith s'est trompé il valait mieux qu'ils soient dans l'erreur tous les deux au lieu de donner cette impression d'embrouille.

— C'est l'émotion, eh ! grand Grec, tu te rends compte de ce qu'ils ont fait ! Devant tout le stade et toutes les télés du monde en sachant que le père Nixon est vautré devant la sienne ! Toi, t'aurais fait caca sur toi. »

Nos commentaires se poursuivaient sur ce ton, nos interrogations intarissables. Jusqu'au jour où un de nos copains de la filière sciences, qui écoutait souvent nos élucubrations sans jamais y prendre part, nous a remis un article en anglais commentant l'exploit de Mexico. Nous en fûmes surpris car il était plutôt hispanisant, il connaissait par cœur les chansons de Paco Ibáñez. Nous nous sommes jetés sur l'article. Tout s'est éclairci. Y compris ce que nous n'avions ni vu ni compris. Tommie et John se sont partagé la même paire de gants, John ayant oublié les siens.

Ce qui nous avait échappé nous fut révélé. Tommie portait au cou une chaîne, John un collier, en symboles l'un de l'esclavage, l'autre des lynchages qui avaient encore cours aux États-Unis. Ils avaient tous deux ôté leurs souliers qu'ils avaient placés à côté d'eux sur le podium, pour signifier la pauvreté qui frappe les Noirs, ces *bad Niggers*, tous *bad* au pays de Lincoln. Quant à Peter Norman, en solidarité avec les deux athlètes africains américains, il arborait sur son survêtement le badge de l'Olympic Project for Human Rights.

Les yeux écarquillés, nous avons constaté qu'ils portaient tous trois ce badge, que c'est Smith et Carlos qui avaient la tête inclinée, justement pour dénoncer les humiliations infligées aux Africains américains. Nous sommes devenus silencieux. Nous n'avions plus rien à dire. Enfin instruits de ce qui nous était demeuré inintelligible, nous étions plongés dans une sorte de recueillement. Hitchcockien !

Pour retrouver un peu de légèreté, nous nous sommes engoués d'autres prouesses, d'autres courages, l'incroyable saut en hauteur de deux mètres vingt-quatre, aussi technique que plastique, stupéfiante innovation gestuelle dans la position du corps au franchissement de la barre, dont l'auteur est aussi le sauteur, Dick Fosbury, un Américain blanc.

Ce *black*, *beautiful* et *proud* nous contenait tous, jeunes pousses de toutes teintes et de toutes ascendances, noirs, marron, jaunes, beiges, blancs, *boni-aluku*, *bata-zindyen*, *bata*-chinois, *bata*-coolies, libanais, blanc-pays, métis *lapochapé*, mulâtres… tous guyanais, sans sublimation ni péjoration, dans l'informulé d'une altérité naturellement vécue, sans interrogation. Nous n'avions aucune attention à nos apparences, nous étions aveugles à ces appartenances, des ethnologues n'avaient pas encore débarqué avec leur attirail de différenciation tribaliste.

Ce sera chose faite dès le milieu des années soixante-dix. Nous n'aurons pas les plus brillants, mais ils seront là, impériaux, non contredits, subventionnés sur nos ressources propres, ils seront là farauds et pontifiants, ceux que Césaire nomme « romanciers de la civilisation, inventeurs de subterfuges, manieurs de charabia ». Nous n'avions pas tout compris du *Discours sur le colonialisme* mais nous avions retenu que de toutes les manières d'établir le contact, la colonisation n'était vraiment pas la meilleure. « Notre malchance a voulu que ce soit cette Europe-là que nous ayons rencontrée sur notre route. »

Fanon nous plaisait davantage encore. Nous n'avions lu que *Peau noire et Masques blancs* ; nous en connaissions par cœur de longs passages, fascinés par l'évidence des démonstrations. Ces postulats qui décortiquent inflexiblement ce rapport de domination, d'oppression, d'écrasement, l'ethnocide, ce meurtre par l'assimilation, les désordres psychiques qui en résultent, tout cela qui pourrit les chances de rencontre. Et nos aliénations, toutes, les nôtres, les leurs, « celui qui adore les Nègres est aussi "malade" que celui qui les exècre », toutes les névroses renvoyées dos à dos : « Le Noir qui veut blanchir sa race est aussi malheureux que celui qui prêche la haine du Blanc. » Nous approuvions cette dureté, elle était si lumineusement exposée à nos trépignations lycéennes.

Les Damnés de la terre, la subtilité sadique des mécanismes de domination, ce sera plus tard pour nos inclémences d'années d'étudiants. La proximité géopolitique nous rendra plus réceptifs. « Le colonialisme ne se contente pas d'imposer sa loi au présent et à l'avenir du pays dominé. Par une sorte de perversion de la logique, il s'oriente vers le passé du peuple opprimé, le distord, le défigure, l'anéantit. » Simultanément nous aurons connaissance des recherches fébriles d'historiens et d'archéologues qui en fourniront d'abondantes illustrations, des révélations péremptoires de cheikh Anta Diop, le déni frénétique de son jury de Sorbonne contribuant à donner force à ses thèses.

Ceux d'entre nous qui parvenaient à se défaire des entraves familiales le samedi dansaient sur les mélodies de Santana, Ray Charles, Chick Corea, sur *Les Passantes* de Brassens et sur l'incontournable *Yesterday*. Lennon et McCartney. Sentimentaux jusqu'à la moelle des os. Il arrivait exceptionnellement que j'en fasse partie. J'avais la liberté de mon malheur, Maman était morte, l'interdit permanent de sortie était donc tombé. Chaque jour pourtant j'étais prête à promettre au ciel tous les sacrifices et tous les renoncements pour parler à Maman, lui dire tout ce que dans mon cœur je lui ai tu, par orgueil. Mais je sais le ciel sourd. Un grand frère veillait sur nous, nous maintenant dans le droit chemin. Je lui échappais au prix d'ingénieuses ruses. Mes sorties étaient donc rares, et d'autant plus savoureuses. J'étais prête à grimper aux arbres pour *Filles de Kilimanjaro* de Miles qui vous larguait au mitan d'un canyon (jamais vu de canyon). Dansant sur *Samba Pa Ti* sous la guitare de Santana, j'aurais pu tomber amoureuse d'un crapaud.

Nous avions compris, empiriquement mais définitivement, que les lieux officiels du savoir, le lycée, l'université, ne sont pas les seuls où se distribuent les connaissances, où se partagent les expériences. D'autres lieux sont autrement plus prolifiques. Ce déséquilibre allait se creuser.

Partis de Cayenne après le baccalauréat, nous étions assez peu nombreux à Paris. Les villes universitaires guyanaises sont Bordeaux, Montpellier, Toulouse. Le cercle guyanais, rétréci de ce fait, s'est par contre élargi aux étudiants et travailleurs guadeloupéens. Ils se réunissaient sur le même palier que nous, chacun une pièce en vis-à-vis, exiguës toutes deux, au premier étage côté cour dans un immeuble rue Rambuteau, avec pour toute ouverture un vasistas, sans ventilation l'été, sans chauffage l'hiver.

Dans ce réduit glacial puis humide, nous recevons aux vacances les étudiants de province. Nous nous enlisons dans d'interminables débats que nous ne parvenons presque jamais à trancher, il se trouve toujours l'un d'entre nous pour revenir sur la pseudo-conclusion arrêtée de guerre lasse. Devions-nous dans notre union d'étudiants accueillir les travailleurs guyanais, et subséquemment changer le nom de l'association ? Ce sujet, éminemment politique, nous l'avons pauvrement traité comme un exercice d'éloquence.

Quelques ténors dogmatiques et vaniteux – ça va souvent de pair – péroraient sur des considérations théoriques et idéologiques mal assimilées. Ils se prononcèrent fermement pour la séparation, les intérêts des étudiants n'étant pas ceux des travailleurs. Je souhaitais, moi, qu'on les accueillît. Je plaidai avec d'autant plus de fougue que deux ou trois travailleurs assistaient déjà à nos réunions. Aussi jeunes que nous, ils avaient la supériorité du courage en travaillant dans ce pays gris et inhospitalier et, comble de vaillance, ils venaient à nos réunions au lieu d'aller se distraire le samedi après-midi. Je conviens que mes arguments n'étaient pas strictement politiques. Ce fut ma faiblesse. Encore qu'il ne soit pas établi que des arguments politiques se fussent avérés plus efficaces.

On me reprocha mon sentimentalisme et mon éducation judéo-chrétienne ; nul n'ignorant la vie des autres, nul n'ignorait que j'avais été scolarisée plusieurs années à l'externat des Sœurs de Saint-Joseph-de-Cluny. La politique, c'est plus sérieux que l'affectif, ça exige une ligne, des règles, de la discipline. Nous sommes donc restés l'Union des étudiants guyanais. Nous recevions quelques travailleurs qui peut-être fuyaient leur solitude. Leur statut professionnel et social ne fut jamais pris en compte. Nous n'eûmes qu'indifférence ou mépris pour leurs revendications spécifiques. Ce fut une faute politique, une hérésie, un schisme ouaté, une forfaiture propre à cette petite bourgeoisie infatuée et ignare, finalement suicidaire.

La plupart de ces travailleurs arrivaient par le Bumidom[1], sur billet aller simple, dupés par des promesses de formation, souvent embauchés en deçà ou en dehors de leurs qualifications. Le Bumidom vidait le pays de forces vives tandis que la surrémunération, les primes et les indemnités ramenaient par avions entiers des

1. Le Bureau pour le développement des migrations dans les départements d'outre-mer a été créé en 1963 par Michel Debré pour accompagner l'émigration des habitants d'outre-mer vers la France métropolitaine.

fonctionnaires détachés de France. Un *bourcantage*[1] de populations que Césaire nomma « génocide par substitution ». En excluant les travailleurs, nous nous sommes condamnés à tourner en rond sur nos petits bobos d'étudiants. Nous sommes passés à côté de l'attentat d'État qui allait nous désosser physiquement, nous démembrer culturellement, nous dérouter politiquement en moins d'un quart de siècle. Nous n'avons pas perçu que là se tenait la colonne vertébrale de cet attentat d'État contre la Guyane et ses habitants, dans cette double manœuvre migratoire par le Bumidom pour ceux qui partent et les primes pour ceux qui viennent. Nous avons papoté sur des sujets fictifs en passant sans voir la contradiction principale du moment entre la société guyanaise et le pouvoir français. Consciente ou non, cette exclusion fut un nombrilisme de classe, une infamie morale, une sottise politique. J'en conserve une tenace contrition.

*

Ces années soixante-dix, nos années étudiantes, ébouriffantes. Cassius Clay devenu Muhammad Ali va écraser George Foreman au Zaïre, autant par ses poings que par sa puissance mentale. Quelle superbe ! « *I'm so fast that last night I turned off the light switch in my bedroom and was in bed before the room was dark*[2]. » Un dieu ! Qu'ils fussent noirs tous les deux ne nous perturbait nullement. Son audace à défier l'Amérique ségrégationniste, sa loquacité, sa vigueur, son génie technique, son art de sublimer ce sport-ghetto impitoyable envers le *Lumpenprolétariat* de boxeurs noirs, juteux pour les imprésarios et parieurs blancs ou noirs, propulsaient Muhammad Ali à des années-lumière de Foreman, vaniteux et carriériste. C'était notre verdict. Muhammad Ali vengeait Hurricane Carter, il desserrait l'étau pour la lignée montante. Il le paiera cher. Il nous aura subjugués.

Au plus fort de ces périodes étudiantes et militantes, un camarade est venu me voir pour confesser, penaud, qu'il était amoureux d'une Française. Il me demandait conseil, que doit-il faire, il ne

1. Troc inégal, comme dans une brocante.
2. « Je suis si rapide que la nuit dernière, j'ai éteint la lumière dans ma chambre et j'ai atteint mon lit avant l'obscurité. »

voit pas clair… Ces sentiments ne semblaient pas prévus dans nos consignes officielles, par ailleurs assez peu explicites. Ce camarade pressentait que son cœur était hors la loi. Il me soumit la totalité de son tourment : arrivant au terme de ses études de médecine, il envisageait de rentrer en Guyane. Pour lui, moyennement assidu à nos travaux, la pression ne venait pas de notre devise « notre devoir à tous, le retour au pays » (nous étions quelques-uns à la prendre au sérieux au point d'avoir abandonné sans regret des débuts de carrière prometteurs pour rentrer servir le pays où nous n'étions ni attendus ni désirés, mais ceci est un autre chapitre). Il rentrait parce que c'était le schéma familial. Sa compagne, également médecin, désirait l'accompagner. Que faire ? Je le regardai, les yeux écarquillés. Je n'avais aucune autorité particulière. Ceux qui étaient assez désemparés pour me demander conseil étaient attirés par ma joie de vivre, inextinguible, et cet attachement voluptueux à la contradiction et à l'indiscipline qui m'entraînait à tenir tête plus souvent que nécessaire à nos ayatollahs en carton-pâte.

Je lui répondis tout à fait spontanément : « Mais si vous vous aimez, vous faites votre vie ensemble ! C'est quoi ton problème ? » Il se contenta de me sourire et repartit, soulagé. Je mis quelques mois à réaliser qu'il était en quête d'un avis pour le conforter dans son choix, lui donner un peu de force supplémentaire pour affronter nos grands timoniers qui ne manqueraient pas de le juger, en face ou dans son dos. Ces adjudants sans troupe étaient assez imbuvables de suffisance et d'intransigeance mais ils restaient sympathiques.

C'étaient ces années sanglantes où Pinochet, Videla, la CIA composaient le cauchemar du monde. Nos tyrans du verbe, peu portés sur l'action, impuissants à l'oppression, ressemblaient à des personnages de bande dessinée. Ils m'avaient à l'œil, offusqués que je lise *La Révolution permanente*, que je m'en réclame et propose d'en débattre ; scandalisés que je sois abonnée à *La Revue anarchiste* malgré mes faibles moyens, preuve que c'est du vice ; tétanisés que je trouve passionnantes les thèses de Trotski et celles de Proudhon, que je ne m'en cache pas ! Grande et impardonnable fantaisie, j'aime à raconter la vie et la mort de Ricardo Flores Magón, anarchiste mexicain. Je récite Mao avec délectation. Je critique – sacrilège ! – Hegel, leur référence suprême. Ah ! mais c'est qu'il a relégué l'Africain hors de l'Histoire et l'Amérindien en préhistoire, il l'a écrit noir sur blanc, euh... blanc sur noir... jeu de mots idiot mais qui ajoute à leur rage, quelle félicité ! Je cite Rosa Luxemburg, dans toute révolution c'est une minorité qui prend la direction et instrumentalise la masse. Je ne suis à leurs yeux qu'un énergumène de science-fiction, dangereuse, mauvais exemple. Je suis la preuve qu'il faut diriger avec d'autant plus de fermeté.

Certains d'entre eux ont mal tourné. Grand bien nous fit qu'ils ne disposèrent jamais, comme c'était fréquent sur le continent, de l'armée et de la justice. Il est arrivé à deux d'entre eux, des années plus tard – j'étais déjà élue députée – de vouloir m'empêcher de participer à une manifestation publique, un défilé du 1er Mai. Depuis mon retour d'études, je ne changeai pas mes habitudes. Après mon élection, j'ai continué à marcher le 1er Mai, habituellement dans le cortège des enseignants.

Cette année-là, c'était en 1998, j'étais accompagnée d'une délégation de Walwari, mon parti politique. Ce n'était pas la première fois, mais ce jour-là – piqûre de mouche à fiel ? –, ils ont voulu interdire notre banderole, pressant les deux porteurs de la plier. Je me suis interposée. Ils ont fait arrêter le cortège, menaçant qu'il ne repartirait pas tant que la banderole n'était pas repliée. Je répliquai que j'étais libre toute la journée et que je ne voyais aucun inconvénient à la passer en leur compagnie. Ils avaient dépêché pour me convaincre quatre malabars qui s'étaient contentés de sourire face à mon refus d'obtempérer et qui s'amusaient à l'écart de la scène. Je leur fis remarquer qu'ils n'étaient même pas armés d'un pistolet à eau et qu'il faudrait plus que leur caquetage pour m'impressionner.

J'ajoutai que tant qu'ils seraient incapables de cantonner la Légion étrangère dans la ville de Kourou, voire de la sortir du pays, alors que depuis deux ans elle commémore Camerone en venant défiler dans les rues de Cayenne, étendant avec provocation son territoire d'exhibition ; tant qu'ils n'auraient pas vaincu l'armée française et instauré en Guyane la privation des libertés fondamentales, ils ne m'empêcheraient de rien. L'arrêt du cortège ameuta les médias. Ce fut un petit scandale. Ils s'empressèrent de déclarer publiquement qu'ils n'avaient aucun problème avec moi, ce qui n'était pas le sujet.

Fallait-il être inepte ou amnésique pour ignorer mon aplomb, mon sens de l'exagération, mon goût cultivé pour ridiculiser le ridicule ? Ils semblaient avoir oublié mon caractère, je n'avais rien oublié d'eux. Ceux-là, juste pitoyables et cocasses, c'étaient nos ayatollahs de Paris. D'autres, ceux de Bordeaux, déjà doctrinaires, intolérants et sectaires à l'époque des études, méchants et revanchards, se sont encore détériorés depuis leur retour au pays. L'un d'entre eux, avec une cour de quelques acolytes de Paris ramasseurs de miettes, a instauré et pilote un odieux système clientéliste et parasite, le contraire du mérite et de l'effort, de la justice sociale, des libertés civiles, du respect de la personne. Et en plus, ça jacasse. Empêtré dans de sordides compromissions, ça raconte des bobards, et je reste un homme de gauche, et je suis pragmatique par-ci et j'ai des valeurs par-là, et patati et patata et tant pis pour les gamins qui prendront pour morale ce lamentable pépiement et deviendront cyniques avant d'avoir du poil au menton. Ces ayatollahs bordelais sont de ceux que Césaire appelait « les baveurs ». Ils prospèrent encore, choix d'un électorat masochiste... et un peu cupide.

La faculté, la mienne, m'est un lieu trop étroit. Je pratique le nomadisme universitaire. Il n'y a pas mieux que l'obligation d'étudier pour ôter saveur et sensualité à une œuvre. J'en avais fait l'expérience au lycée déjà avec Hugo, Mérimée, Balzac ou Beckett. Mon aversion surmontée, c'est dans l'aventure des lectures libres que je découvris le plaisir de les connaître autrement que par extraits à commenter. Avec quelques copains, nous divaguons de fac en fac à la Sorbonne, à Censier, à Jussieu, aux cours délurés de Paris VIII, à l'École des hautes études en sciences sociales, haut lieu de débats et d'organisation de la solidarité, à la Maison de l'Amérique latine en permanente ébullition. Funestes années pour notre continent. Nous avons perdu Allende. En dialectique créole toute calebasse fournit deux *kuis*, deux récipients ; tout événement présente deux versants. Nous pleurons de rage sur Allende et nous accueillons avec une indicible réjouissance *los Quilapayún*, affaiblis mais chargés d'espoir. *El pueblo unido jamàs será vencido*[1]. Nous recevons Inti Illimani.

1. « Le peuple uni ne sera jamais vaincu. »

Surpris par le coup d'État pendant leur tournée en Europe, ils se résignent à l'exil sans perdre leur détermination. *Hasta la victoria siempre*[1].

Chaque jour arrivent de nouveaux rescapés. Les témoignages se font à vif. Des photos nous enragent... celles des autodafés dans les rues de Santiago. Notre fureur fulmine contre ces militaires, souvent aussi jeunes que nous, acharnés à brûler livres, revues, journaux politiques, leur avenir et le nôtre, et même des recueils poétiques, ceux de Pablo Neruda. L'obscurantisme érigé en vertu cardinale dans un pays qui se perd, la tyrannie comme filet de sécurité pour des fossiles accrochés au pouvoir et qui ont peur de tout, de la vie, de la pensée. Nous visionnons des documentaires de tous calibres, des extraits bouleversants de *Septembre chilien*, des scènes irréelles de l'enterrement de Pablo Neruda.

Il viendra un film-reportage d'une extraordinaire lucidité, *La Spirale*[2]. C'est le démontage méthodique des intrigues ficelées autour d'intérêts convergents et d'une frousse commune à la Sûreté américaine, l'aristocratie chilienne, l'état-major d'une armée corrompue et veule, les petites professions libérales, les transporteurs routiers. Ce sont ces derniers qui assèneront le coup de grâce. Ils déclenchent et prolongent une grève que la géographie longitudinale du Chili rend asphyxiante. Cette collusion d'intérêts et de peur ne laisse aucune chance à la coalition progressiste de l'Unité populaire, elle-même piégée dans la fournaise de ses contradictions internes entre révolutionnaires et réformistes. Un documentaire limpide. Il n'est pas manichéen, il montre le crime, irrémissible. Y prenant appui, nous retrouvons l'ardeur de nos discussions sur la violence légitime. Je pleure personnellement le commandant de l'ELN[3], Arnaldo Camu Veloso, si jeune si brave et je me console avec la pugnacité de Clotario Brest, invincible anarchiste inventeur de la CUT[4].

---

1. « Jusqu'à la victoire finale. »
2. Documentaire réalisé en 1975 par Armand Mattelart, Jacqueline Meppiel et Valérie Mayoux (produit par Jacques Perrin). Il a été diffusé pour la première fois au festival de Cannes en 1976.
3. ELN (Ejercito de liberaciòn nacional) : Armée de libération nationale, dont Camu fut membre fondateur.
4. CUT : Centrale unitaire des travailleurs créée à l'initiative de Blest.

Nous commentons l'impasse des actions pacifiques des Tupamaros, leur entrée en clandestinité, leur choix de guérilla face à la féroce répression d'État et aux exactions de la police. Joli croche-patte, l'élection de José Mujica, ancien tupamaro, à la présidence de l'Uruguay en 2009 ; quarante ans après il peut en porter directement témoignage. Depuis le président Monroe en 1823, les gouvernements états-uniens ressassent *L'Amérique aux Américains.* Dans cette doctrine issue d'un pacte de non-agression avec l'Europe à l'époque des indépendances de l'Amérique centrale et de l'Amérique du Sud, ils prêchent bonne conscience et bon droit pour transformer par tous moyens – politique, espionnage, déstabilisation, invasion militaire – l'Amérique du Sud, la Caraïbe et l'Amérique centrale en arrière-cour des États-Unis. Obsédés par l'URSS, profondément humiliés par la révolution cubaine, ils jurent de pourchasser le démon communiste dans tous ses retranchements et déguisements. Ils le verront partout, imaginant toutes sortes de camouflages, une hantise, une hallucination. Ils le poursuivront jusque dans les cuisines et les caves des familles. Ils le traqueront sans merci, surtout s'il a un idéal, s'il est syndicaliste, militant socialiste ou communiste, étudiant, ou cousin de la sœur du neveu du voisin de... Il sera jeté d'hélicoptère, torturé, noyé, fusillé en masse dans les stades, ses enfants volés et offerts aux femmes de militaires stériles ou paresseuses.

Cette démence d'État laissera des kéloïdes sur les esprits lapidaires aux États-Unis. La moindre politique de solidarité fera crier au loup socialiste. Barack Obama fera les frais de cette religion de l'égoïsme.

En fait de démon communiste, les putschistes chiliens poursuivent davantage les militants socialistes, ceux-ci étant plus actifs et plus radicaux que les communistes. Le MIR, Movimiento de la Izquierda Revolucionaria, coupable d'intransigeance, paiera un lourd tribut, à commencer par l'assassinat de Miguel Henríquez. C'est la guerre froide. L'Oncle Sam met le feu partout aux Amériques, une chaleur d'enfer. En plus du Chili et de l'Argentine, Uruguay, Pérou, Brésil, Bolivie, Guatemala sont ébranlés, le continent flambe et se consume.

Nous qui avons traversé l'océan, nous en avons depuis l'Europe une vision panoramique. Partout le même attelage de possédants fonciers, de généraux piaffants, d'anciens nazis, d'agents et de mercenaires de la CIA, associés à fomenter des coups d'État pour installer des régimes militaires ou des présidents fantoches. Le Nicaragua et Grenade sont pour bientôt. Rapidement, au Chili et ailleurs, des conseillers civils prennent le relais après les instructeurs militaires. Ils viennent assurer les finitions.

C'est ainsi que les *Chicago boys* de Milton Friedman, néolibéraux purs et durs, jeunes économistes raisonnant déjà vieux, sûrs d'eux et de leurs théories anthropophages, monétaristes forcenés, aliborons de la redondance ayant compris à l'envers l'équation entre l'économie et l'homme, vont instaurer dans ces pays de sud-Amérique des mécanismes quantophréniques et antisociaux. Ils vont les précipiter, ces sociétés dépouillées et déconcertées, dans le giron glouton du marché international. Ils produiront des pauvres et de la misère en quantités industrielles. C'est l'expansionnisme du XXe siècle.

La France est un havre. Elle l'avait été pour les Africains Américains, Sidney Bechet, James Baldwin, Claude McKay, Chester Himes et d'autres... bien qu'elle eût refusé d'accorder un visa à Malcolm X pourtant coupable de rien. Elle sera un refuge pour de nombreux Chiliens et Argentins... bien qu'elle fût impliquée, dans les années soixante et principalement au Brésil, dans l'élaboration de la scabreuse et redoutable doctrine de la sécurité nationale. Régis Debray restait pour nous une figure héroïque. Et nous savions déjà qu'il y a plusieurs France dans la France.

*

Je ne suis pas tout à fait armée lorsque je me retrouve dans ce maelström de drames et de luttes. Mon bagage historique et géopolitique, quoique non négligeable, est encore modeste. Les réfugiés du Chili et d'Argentine donnent couleurs et nerfs aux sanglantes réalités qui nous étaient sujets de dissertation orale. Nous assurons des veillées à l'EHESS, collecte de dons, préparation d'expos, affichages. Nous donnons tout ce que nous avons, tout ce que nous pouvons. Ce nous est un autre nous. Dans ces circuits de solidarité internationale, je croisais très peu de Guyanais. Par contre, j'ai fait connaissance avec le monde. Certaines grandes causes en sont à leur crépuscule ou à leur sillage, elles valent nos derniers sursauts.

Des militants de Saint-Domingue et d'Haïti, rêveurs, envahissent l'espace de chants irréalistes et vertueux, clamant la réunification de l'île, l'union des deux peuples. Nous savons un peu l'état du monde ; assez pour ne pas rêver vaincre à la fois Balaguer, Duvalier et la CIA ; nous restons de furieux idéalistes, moins cependant que ces doux troubadours. Nous savions ce qu'il était advenu à la présidence de Juan Bosch. Ces chants ont néanmoins le charme phosphorescent des causes perdues mais têtues, du refus de désespérer, de capituler.

Des représentants du Front Polisario revendiquent leur territoire au Sahara. Les Kabyles réclament l'autonomie et la reconnaissance officielle de la langue tamazight. Les Algériens demandent justice pour le massacre d'octobre 1961 et pour les morts de Charonne. Je relis Fanon sur les wilaya. Je revisionne *La Bataille d'Alger*. À Alger justement, les chefs d'État des pays non alignés exigent un nouvel ordre économique mondial. Les pays arabes viennent de reconnaître l'OLP seul représentant des Palestiniens. Des militants férus de pédagogie brandissent des planches montrant l'effrayant rétrécissement de leur territoire moins d'un quart de siècle après la résolution de l'ONU partageant la Palestine. Ils tracent à gros traits les frontières de 1967. Ils reçoivent déjà le soutien d'Israéliens, précurseurs de Gadi Algazi et *refuzniks* à venir. Cette cause dévoile déjà combien elle est exceptionnelle et tragique... tant de souffrances de part et d'autre... et cette incompréhension compacte !

1973. Guerre du Kippour. Les États-Unis se rangent aux côtés d'Israël ; l'Union soviétique, guerre froide oblige, aux côtés de l'Égypte et de la Syrie ; l'ONU frôle la crise diplomatique ; l'OUA rompt avec Israël. Seules représailles à leur portée, les pays arabes producteurs de pétrole instituent l'OPEP et provoquent le premier choc pétrolier. En plus de viser l'embargo pour l'approvisionnement d'Israël, ils révèlent à l'Occident sa dépendance énergétique. Des pays d'Amérique du Sud, l'Équateur et le Venezuela, les rejoindront pour le deuxième choc pétrolier.

En pleine guerre d'Algérie, le général de Gaulle avait lancé son programme d'essais nucléaires dans le désert d'Hammaguir ; quatre ans après les accords d'Évian il va déménager la base en Polynésie ; personne ne s'inquiète encore vraiment des effets sur la santé ni des vétérans, ni des travailleurs, ni de la population. Sur décision de Georges Pompidou, la France se convertit au nucléaire civil en 1974.

Pablo Neruda meurt quinze jours après Allende. Assassiné... souffle-t-on. Mort de chagrin... soupire-t-on. À son enterrement, des centaines de milliers de Chiliens, défiant la junte et les soldats mitraillettes pointées, scandent *« Compañero Pablo Neruda, presente, ahora y siempre*[1] *». Este pueblo jamàs será vencido*[2], pensons-nous en pleurs.

Les prisons américaines regorgent d'opposants à la guerre du Viêt Nam. Muhammad Ali ayant refusé de s'engager pour cette guerre fut déchu de son titre de champion du monde, jugé, condamné, ruiné... Les accords de Paris constatent en 1973 le retrait des États-Unis du Viêt Nam. Chienne de vie !

Les aborigènes d'Australie obtiennent enfin le droit de vote... chez eux !!!

Myriam Makeba, partie d'Afrique du Sud pour une tournée de six jours, chante et chante encore en exil... Trente ans plus tard, elle chante sans se lasser *Pole M'zee.* Elle enregistre avec Harry Belafonte un disque coup de poing. Myriam et Stokely Carmichael divorcent. C'est pour nous une page qui se tourne en crissant.

Les enfants de Soweto rejettent l'enclavement linguistique et l'assignation professionnelle, ils sont massacrés. Comme seize ans plus tôt le furent les adultes qui protestèrent à Sharpeville contre les pass. Cette fois, un mouvement civique appelle au boycott de l'Afrique du Sud, à commencer par ses oranges Outspan. Steve Biko est kidnappé, torturé, assassiné... par la police. Mandela éconduit Vorster venu dans sa prison de Robben Island lui offrir la liberté contre l'exil et une déclaration de renoncement à la lutte armée. Son refus est sans appel. Le mouvement international Free Mandela prend de l'ampleur. Ce Mandela, il votera pour la première fois en 1994, à soixante-seize ans. Scélérate la vie !

Le FBI est en train de décimer les Black Panthers par infiltration, intrigues, faux courriers, commerce de drogues, assassinats. L'American Indian Movement, allié des Black Panthers, occupe le village de Wounded Knee où repose, métaphore, le cœur de

1. « Camarade Pablo Neruda, présent, maintenant et toujours. »
2. « Ce peuple ne sera jamais vaincu. »

Sitting Bull. Les Amérindiens réclament et obtiennent la révision du traité sur les Réserves. Cabral est assassiné. Des habitants du village de Mucumbura, au Mozambique, sont massacrés. La goutte d'eau… ou le battement d'aile de papillon qui entraînera la « révolution des œillets » au Portugal ; elle se fait en 3D, démocratiser, décoloniser, développer. Cette révolution ne nous console pas de l'assassinat d'Amilcar Cabral… Mais ce pays se délie lui-même en désentravant ses colonies. Il ne tardera pas à se moderniser. L'œillet au bout de leur fusil nous réconcilie avec l'armée. C'était bien nécessaire vu l'actualité en nos deux Amériques.

Cette actualité nous faisait oublier que ce continent de sud-Amérique détient une belle tradition de militaires altruistes, dévoués au bien-être de leur peuple, qui ont parfois pris le pouvoir pour libérer les opprimés, mis fin au pillage des ressources naturelles, nationalisé les multinationales, promulgué des lois favorables aux travailleurs, dépossédé les prédateurs *fazenderos* ou *haciendero*s, instauré des réformes agraires. Ils avaient pour nom Simón Bolívar, José Artigas, San Martin, Francisco de Morazán… Ils eurent pour disciples Omar Torrijos, Velasco Alvarado, Luiz Carlos Prestes, Lázaro Cárdenas, Augusto César Sandino… ils accomplirent des prouesses. Tel ce jeune colonel, Francisco Caamaño, qui tint tête à quarante mille soldats américains.

Ceux qui nous sont plus proches paraissent de moindre étoffe. Ils sont pourtant de même lignée. Le sous-commandant Marcos, Líber Seregni, Chávez, n'en déplaise à… Ils sont de tous pays, Mexique, Nicaragua, Panama, Brésil, Pérou, République dominicaine, Venezuela, Colombie, Argentine… Il aura suffi de crapules comme Branco, Pinochet, Videla… pour éclipser la saga fournie et radieuse des militaires progressistes. Amériques… Afrique… En 1983, la brève épopée de Thomas Sankara et de ses parachutistes formés à Pau va parachever en nous ce travail de résilience.

1974. La Nouvelle-Calédonie s'étire dans un réveil culturel original, Mélanésia 2000, événement culturel majeur, expose les arts mélanésiens. Démonstration d'existence politique. Les plus attentifs découvrent Jean-Marie Tjibaou qui en fut le bon génie, l'artisan minutieux.

La France qui a rejoint le club des maîtres de l'atome est devenue une puissance nucléaire sur les atolls polynésiens. Elle est une puissance spatiale depuis la ville guyanaise de Kourou protégée (de ses habitants expropriés ?) par la Légion étrangère.

Le RDA, Rassemblement démocratique africain, traîne à pousser son dernier soupir sur un panafricanisme qui n'est plus qu'un pâle succédané de celui de N'Krumah, une fade réminiscence de l'appel de Soundjata Keïta, une vague idée sans filiation. Ses militants orphelins restent attachants.

Fraction Armée rouge. Des jeunes s'érigent en juges de leurs parents, les condamnent pour complaisance envers le nazisme ; ils nous fascinent et nous effrayent ; nous aurions préféré que la sanglante aventure de la bande à Baader-Meinhof fût un roman.

L'Inde et le Pakistan ne s'habituent ni à leur séparation ni à leur proximité.

Le Mouvement de libération de la femme entretient ses années de gloire qui culmineront avec l'exploit législatif de Simone Veil sur l'avortement. Avec quelques copines nous assurons des permanences bénévoles au planning familial et divers centres de conseil aux étudiantes, une excellente formation sur le tas. Comme les autres, je suis incollable sur la contraception, heureuse de cette liberté nouvelle de femme et en même temps furieuse que les précautions nous soient réservées, les accidents aussi. J'étais assez remontée contre les garçons qu'on ne voit jamais, les candidates à l'IVG se présentant toujours seules, jamais décontractées. J'eus pourtant mon tour.

*

C'est l'époque où, par livres interposés, j'ai goûté au bonheur de deux rencontres lumineuses. Elles allaient exalter mon esprit avant de donner à ma vie un tournant gracieux et précieux. J'ai lu Oscar Niemeyer et Hassan Fathy. Coïncidences de pur vagabondage en bibliothèque. D'abord pour Niemeyer, bien sûr, les photos. Ces monuments inénarrables ! Ces rondeurs, ces lignes, ces pointes, ces courbes, ces masses et pourtant cette élégance. Il ne pouvait pas que faire… il avait forcément à dire. Je me mis à chercher fébrilement à savoir comment il racontait son art. Pour commencer, il conteste l'angle droit et affirme que la courbe est la tendance naturelle du béton. Incroyable. Et il le démontre. Une remise en cause des fondamentaux, des bases mêmes, des fondations, des idées données, reçues, bétonnées… les vérités définitives congédiées. Un gouffre, l'immensité qui s'écartèle devant moi.

Au collège, lorsqu'on nous enseigna les postulats d'Euclide, j'avais été profondément ébranlée d'apprendre qu'une matière aussi précise et exacte que les mathématiques reposait sur des conventions tout droit sorties de la tête d'un homme, formulées pour des siècles. J'éprouvai alors et pour longtemps un vertige d'allégresse. Un esprit humain, fût-il nourri de tout ce qui le précéda, un esprit humain pouvait ainsi créer des règles et conditions universelles, valables pour le monde et hors du temps ! Presque dans le même élan pourtant s'ouvrit devant moi un abîme de désespoir… mais alors si les choses sont dites et faites une fois pour toutes, que reste-t-il aux générations suivantes… sinon une vie insignifiante ?

Et voilà Niemeyer qui, tranquillement, énonce que les fondements mêmes de son métier – artistique certes mais physique surtout, imaginez un immeuble qui s'effondre –, que ce métier peut être totalement renouvelé, remodelé, repensé. Il cite Le Corbusier, « l'architecture est invention ». Il ajoute qu'il y faut de l'imagination et de l'intuition. Je saisis avec aisance son propos lorsqu'il explique puiser son inspiration dans la nature, les courbes libres des fleuves, des montagnes, de la mer, de la femme ; que l'architecture doit offrir du rêve, de la beauté, y compris à ceux qui mènent une vie misérable ; ceux-là, plus que d'autres encore, ont le droit de se repaître de cette beauté. Niemeyer est communiste. Il se contente d'un salaire de fonctionnaire pour construire les monuments de Brasilia à la demande de Kubitschek. Il travaille sur le plan urbain de Lucio Corda. Il assume ses engagements politiques dans un pays où il en coûte. Au moment où je découvre ces joyaux en bibliothèque, le Brésil est sous dictature. Niemeyer converse depuis l'exil. Il se proclame athée et bâtit des cathédrales qui font dire aux pontifes : « Cet architecte doit être un saint pour avoir ainsi conçu ce lieu de prière. » Une intimité avec le sacré, comme Pasolini, autre athée, et son *Évangile selon Matthieu*. Niemeyer est un « ancêtre de l'avenir [1] ». Ce n'est pas un rêveur, pas seulement, c'est un bâtisseur. Un visionnaire. Il a compris, et l'exprime, que l'évolution des techniques et des matériaux confère une plus grande liberté de conception. Je suis émerveillée de tout comprendre. Tant de choses s'articulent !

1. Titre d'un recueil de poèmes du Guatemala : *Les Ancêtres de l'avenir, poèmes révolutionnaires du Guatemala*, Éditions du Cerf, 1971.

Parmi les idées et les paroles qui papillonnent dans tous ces lieux où je picore savoir et plaisir, de savantes discussions démontrent comment la création cinématographique fut attisée grâce au passage du 35 mm aux 16 puis au super-16, du 9 mm au super-8, du film flamme au film sécurité, puis au polyester. Pour le son, j'entends qu'on est passé du gramophone au signal optique, je ne saisis pas tout mais je perçois bien que les nouvelles techniques et les nouveaux matériaux ont une influence sur la conception même des films en offrant de plus grandes marges de liberté aux scénaristes et réalisateurs. Ces changements paraissent plus prodigieux que le passage du muet au parlant, du noir et blanc au technicolor. Je compare la préhistoire du cinéma et son nouvel âge. Giuseppe Tornatore n'a pas encore tourné *Cinéma Paradisio*, ce sera dans quinze ans. La force de Niemeyer est de rendre limpides les nouveaux potentiels. Je regarde tout, autrement.

J'apprends à percevoir la majesté et l'originalité des premiers films en noir et blanc de Kurosawa. *Rashomon, La Forteresse cachée, Le Château de l'araignée* (quoique ce dernier doive à Shakespeare), *Les Sept Samouraïs*, chef-d'œuvre. Je sais dorénavant discerner ce que le cinémascope plus encore que la couleur offre en possibilités dans *Kagemusha* et *Ran*, œuvres d'apothéose, les grandioses et féroces batailles entre clans, l'énergie des bannières symbolisant les vertus allégoriques du vent, de la forêt, du feu, de la montagne. La fin des années cinquante permettait la magnificence des *Sept Samouraïs*, ce sont les années quatre-vingts qui assurent à *Kagemusha* cette somptuosité. La leçon est flagrante si l'on met en regard l'attaque finale en noir et blanc du *Château de l'araignée* et la bataille de clans de *Kagemusha*, où couleurs, splendeur, nuances enveloppent le spectateur, l'emportent en réflexion sur la préservation des cultures et de leurs rites, sur leur mortalité ; sur le rôle des territoires dans l'assise du pouvoir, sur la servitude consentie, sur l'individu et la communauté.

J'avais appréhendé l'importance des avancées techniques lors du passage du 78 au 45 tours. Nous connaissons depuis peu le disque vinyle à 33 tours ; une invention révolutionnaire dont la prouesse paraît indépassable, le bout ultime du progrès. Les magazines abondent d'articles sur ce progrès technique, expliquant comment il lève les limites pratiques à l'enregistrement des œuvres musicales, élargissant le champ créatif des artistes. Pour le bonheur des mélomanes.

Coïncidence heureuse, en ce milieu des années cinquante, la scène politique brésilienne est dominée par Juscelino Kubitschek, président inspiré qui, en campagne électorale, promet de rattraper cinquante ans en cinq ans. Il décide de transporter la capitale du Brésil au milieu de nulle part. Oscar Niemeyer tiendra là ses meilleures chances de magnifier ses convictions d'architecte de l'intuition et de la beauté. Ils ont déjà travaillé ensemble lorsque Kubitschek était maire de Bello Horizonte. Désormais, l'horizon s'élargit à l'échelle du territoire fédéral.

Ce n'est pas peu. Ce pays s'étale sur quarante pour cent du continent, près de la moitié de la sud-Amérique. Il contient tous les climats et tous les paysages, forêt amazonienne, plages, montagnes, fleuves, hinterland. Comme toutes les colonies côtières, le Brésil est tout entier tourné vers sa façade maritime, l'Atlantique qui le relie à l'ancienne métropole, le Portugal. L'Europe, centre civilisé du monde. Ses deux capitales successives, Salvador de Bahia aux trois cent soixante-cinq églises puis Rio de Janeiro et son Corcovado, sont des villes littorales.

Kubitschek a l'idée en 1956 d'ériger de toutes pièces une nouvelle capitale, Brasilia, au mitan de l'hinterland. Le pays doit se recentrer, définir librement son centre de gravité. Cette idée me séduit infiniment. Ce pays est jeune. Il décide par lui-même depuis moins d'un siècle et demi. Il a traîné la plaie de l'esclavage jusqu'en 1888, plus de soixante ans après son indépendance. Il n'a pas encore restitué aux Amérindiens préséance et souveraineté sur leurs terres. Il n'a pas recensé ce qu'il doit aux cultures, aux arts et savoirs africains.

Les fractures restent vives et profondes, elles suintent, mal masquées par le boniment du métissage. Si ces préoccupations n'affleurent pas encore, elles travaillent souterrainement. Les dirigeants les plus clairvoyants ressentent le besoin qu'éprouve cette société de se dire, se figurer, s'engendrer. Chaque pays choisit où palpite son influx nerveux. Plus fortement encore s'il fut démembré ou soumis ; il doit redessiner son nombril, son siège de vie, le lieu d'où surgira son énergie propre, ses desseins siens, son utopie, s'ancrer, forger sa conscience, prendre la mesure, pour le Brésil, de sa continentalité. Tandis que ma pensée trotte vers ces évidences, je perçois que cela vaut pour la Guyane. Lors de ces lectures frénétiques, les bruits alentour se dissipaient, les horaires de la bibliothèque me contrariaient.

Niemeyer va exercer sa liberté plastique, créer son esthétique des formes, lancer de Brasilia ses lignes qui veulent trouer le ciel, dégager ses courbes, concilier fluidité et solidité, éprouver ses circonférences, stimuler les calculs d'ingénieurs, défier les dessinateurs, mêler proportions et raffinement, inventer ce qui lui est personnellement inutile, églises et chapelles, s'envoler du sacré au laïque, du public à l'intime, de l'utile au frivole, traduire par une expression protéiforme les inexhaustibles émotions humaines. Il construit pour l'éternité. J'aime.

*

Hassan Fathy, c'est autre chose, presque le contraire. Il est d'Égypte, pays millénaire, dont cheikh Anta Diop a obstinément et admirablement remonté l'histoire jusqu'au peuplement kémite. Je tombe par hasard sur *Construire avec le peuple.* Je connais déjà les démonstrations de *Nations nègres et Cultures* de Diop. C'est toujours l'Égypte mais ce n'est pas le sujet. Fathy rêve d'être ingénieur agronome pour soulager la misère paysanne. Il deviendra architecte. Il conserve ses obsessions. En 1945 il est chargé de reconstruire Gourna el-Gedida, ancien village de voleurs près de Louxor, anéanti par des pluies torrentielles. Il a déjà effectué un périple dans plusieurs villages retirés, consacré une recherche pugnace aux techniques de construction, de couverture et de fabrication de courbes en briques de boue.

Il est convaincu que ces courbes furent confectionnées par les techniques traditionnelles. La preuve par les greniers de Ramasseum, grands entrepôts à voûtes en briques de boue assemblées depuis plus de trois mille quatre cents ans. À Tuna el-Gebel il voit des voûtes vieilles de deux mille ans. Au cimetière fatimide d'Assouan, des sanctuaires ouvragés remontent au XXe siècle. Voûtes et coupoles en briques de boue sont familières aux Égyptiens avant que les Romains aient commencé à édifier des arches. Car telle est la hantise de Fathy qui ne se lasse pas de tout raconter dans le détail, retrouver les techniques de construction des voûtes et coupoles en briques de boue, les méthodes de fabrication des courbes sans cintres telles qu'elles servaient à une époque où ni l'acier de Belgique ni le bois de Roumanie ne pouvaient avoir servi de charpentes. Il a pensé au procédé utilisé pour la construction des ponts et en déduit que les voussoirs doivent converger vers le centre de la courbe. Aussi épais le mystère aussi pugnace la recherche. Avec Fathy comme avec Niemeyer, je quitte la raideur de l'angle droit pour la douceur de l'inclinaison.

Fathy cultive une confiance éperdue en ce peuple miséreux des campagnes, bien qu'il habite des taudis. Ailleurs en ce même pays d'Égypte de splendides demeures familiales, ombragées de voûtes gracieuses, font témoignage. L'architecture participe de la culture, il en est persuadé : « Tout peuple qui a produit une architecture a dégagé ses lignes préférées qui lui sont aussi spécifiques que sa langue, ses coutumes ou son folklore. » Ni nostalgie ni contemplation impuissante, une espérance, une foi inébranlable dans les capacités d'une communauté rurale qui ne peut croupir dans cette gêne miteuse que par accident… après avoir été resplendissante. Il parcourt son pays d'est en ouest, de villages en hameaux ; de hasards en nécessités il arrive jusqu'en Nubie où il finit par rencontrer des artisans restés maîtres en l'art de construire.

Il sait dorénavant construire sans charpente de bois ni d'acier d'élégantes voûtes en briques de boue, matériau local abondant et pratique. Il dessinera donc des maisons pour ceux qui n'ont pas de moyens mais ont droit, comme l'a dit Niemeyer, au rêve et à la beauté. Niemeyer met dans ses monuments de la beauté à portée de regard de tous, Fathy la pétrit à hauteur d'homme en y joignant les mains de ceux qui y vivront. Tous deux construisent pour les vivants et la vie en société. Fathy réalisera à Gourna ce que les connaisseurs ont appelé « l'un des plus grands lieux architecturaux du tiers-monde moderne », une petite ville sans prétention de sept mille paysans et artisans. Ayant scrupuleusement étudié les liens familiaux et sociaux, il a pris en compte les ruptures et contentieux et conçu une agglomération agréable à vivre. On n'habite pas, on vit.

Niemeyer, Fathy, l'architecture… une célébration.

J'ai ainsi accompli un long voyage dans mes doutes existentiels. De ce passé exhumé d'une vieille société égyptienne qui croyait avoir perdu son savoir par inadvertance, à cet avenir brésilien dégagé de tout souvenir. Du passé réhabilité, revigoré en progrès, mis au service des plus démunis, passé devenu vivant et bienfaisant sous le désir opiniâtre de Fathy, à cet avenir dépouillé par Niemeyer tout entier tendu à creuser des empreintes nouvelles dans une société jeune qui se déploie à mesure qu'elle se déleste. De Fathy à Niemeyer, j'ai navigué du passé savant à l'avenir-liberté.

*

Ma terre de Guyane est à la fois un vieux pays et une société jeune. Un vieux pays apprivoisé depuis des millénaires par les Amérindiens ; une société jeune qui a posé ses fondations aux premiers débarquements de la traite négrière, s'est consolidée par la volonté lucide et farouche des Kali'nas et autres Amérindiens, des Alukus et autres Bushinengue, des Créoles de tous métissages de faire de ce pays une terre de rencontre et de dialogue, un lieu de liberté, un terreau pour toutes les espérances. Ce ne fut ni sans peine ni sans douleur. Ce fut au prix d'une solidarité de combat et de résistance, fût-ce par intermittence. L'illustre ce message écrit en créole, transporté par un Amérindien pour prévenir les Nègres marrons que les Portugais ont pris l'Oyapock et vont, comme les Français, les pourchasser. Conscience d'un destin commun nourrie au partage des connaissances, noms de lieux, d'arbres, d'animaux, d'artisanats, identiques dans les langues kali'na, aluku et créole. Des luttes communes contre l'oppresseur commun, puis cahin-caha de division en séparation, de méprises en mépris, de malentendus en malveillances, un dialogue qui s'obstine, même crachotant, une mémoire qui persiste malgré tout à plaider le rapprochement. C'est un vieux pays qui peut encore tant révéler. Une société jeune qui s'est redressée avec un glorieux entêtement après ses propres égarements ou sous les assauts de convoitises extérieures. Depuis un quart de siècle, ni le vieux pays ni la société jeune ne semblent plus guère savoir comment faire.

*

Miles Davis m'offrira le troisième enseignement essentiel, le sens de la vie qui change. Déclaré au sommet de son art à chaque nouvelle expérience de style, sans cesse il s'aventure dans des contrées inconnues, périlleuses... innovant, créant, risquant, remettant constamment en jeu sa consécration. Il entre en vibrant dans mon panthéon personnel par son chagrin d'amour, ce profond *limbé*, cet insondable *saudade* pour Juliette Gréco, ce choix incompréhensible d'un jeune homme aimant et aimé qui décide de repartir pour son Amérique raciste et ségrégationniste en abandonnant la saveur et la quiétude d'un bonheur pas si ordinaire. Une tragédie grecque. Qu'il ait tenté d'échapper à ce chagrin en se brûlant les ailes dans les artifices de la drogue et qu'il s'en soit arraché en puisant en lui-même force et volonté me le qualifie définitivement comme maître.

En ces années de découvertes, je me hasarde dans l'odyssée de sa création musicale, en circonspection, de peur de rater des pépites, mais aussi avec une certaine légèreté, ma liberté de relative ignorance. *'Round About Midnight, Miss Mabry*, valeurs sûres, me transportaient déjà au lycée. Sa trompette d'*Ascenseur pour l'échafaud* m'a déjà déchiquetée. Le reste à découvrir est cependant considérable. Be-bop, jazz Ouest Coast, opéra de Gershwin, je passe vite, je m'arrête sur d'anciennes amours, je rêvasse sur *Kind of Blue*, d'où je commence à coudre mes fidélités à John Coltrane et Bill Evans. Je pourlèche à peine les sacrilèges d'*El Concerto de Aranjuez* puis je me prélasse dans le *free jazz*, ses gueulantes et ses trouvailles, Herbie Hancock, Ron Carter, Wayne Shorter que je suivrai désormais à la trace et jusqu'à Juan-les-Pins. J'hésite sur le jazz électrique qu'il est en train d'expérimenter avant le jazz rock, la pop music et la fusion urbaine. *On the Corner* me laisse perplexe. Et j'accompagnerai jusqu'en 1991 ses innovations et ses rondes, comme si j'avais pris rendez-vous en ces années d'éveil, lors de ses shows contre les multinationales-vampires.

Pop soul, troublantes aventures d'*electronic jazz*, reprises de Michael Jackson et de Prince ; *Human Nature* sera mon visa d'un unique voyage chez Michael Jackson. Essais avec Quincy Jones, fusion improbable entre jazz et hip hop, *Back on the Block*, flirt jazz-rap… J'ouvre mes sens à tout. Je n'aime pas tout de Miles, mais j'aime tant. Même si c'est avec *Köln Concert* de Keith Jarrett que je tente d'amadouer mes chagrins d'amour. C'est dans un grand désordre que je tomberai sur *Ahead, Milestones*, son *Porgy and Bess* après celui d'Ella, *Blue Haze, Lady Bird, Tutu*, l'hommage à Duke. Et contre l'apartheid, *Let Me See Your I.D…* Miles, vous le découvrez jeune ou vieille, lui n'eut pas le temps d'être vieux, c'est toujours nouveau, toujours prodigieux. Je tiens de lui une éthique du risque.

Niemeyer et Miles, une commune audace, un égal génie.

Niemeyer citait Heidegger selon qui « la raison est l'ennemie de la pensée ». J'entends Césaire enchérir : « Parce que nous vous haïssons vous et votre raison, nous nous réclamons de la démence précoce, de la folie flambante du cannibalisme tenace. » Ces esprits indomptables m'instruisent que les mystères du monde se percent, les énigmes de la vie aussi. J'y cueille une invite aux explorations aventureuses, au rejet de la prudence, à l'enlacement du monde, ce monde auquel j'appartiens bien que j'en semble exclue, dont je suis comptable pour y avoir laissé historiquement, je commence à le réaliser, de si profondes traces. « Et je me dis Bordeaux et Nantes et Liverpool et New York et San Francisco pas un bout de ce monde qui ne porte mon empreinte digitale et mon calcanéum sur le dos des gratte-ciel et ma crasse dans le scintillement des gemmes », Césaire. Qui peut se prévaloir d'un meilleur bagage ? Je voyage en grand arroi !

Je me débrouille tant bien que mal avec ces leçons de vie. Je me donne libre arbitre pour choisir mes filiations et toute liberté sur la part qu'il me revient de prendre à la construction du monde. Attentive aux enseignements dont l'unique commandement est le doute. Fanon, « mon ultime prière, ô mon corps fais de moi toujours un homme qui interroge ». Je commence à tracer mes lignes rouges. La plus rouge de toutes, à ne franchir sous aucun prétexte, est la fidélité à celles et ceux qui ont lutté, sous quelques cieux qu'ils aient rêvés, pour les droits et libertés, souvent sans y avoir jamais goûté eux-mêmes. Mes idées ne sont pas claires, mais avec application je tends l'oreille intérieure à cette intime sommation de dignité. C'est ainsi que j'ai commencé à tisser mes loyautés.

Cette navigation à vue dans l'altérité, ces expériences irréfléchies de convivialité, ces identifications multiples par empathie, ces communions cosmiques ne m'empêcheront pas de devenir noire à Paris, pour de vrai, pour de bon. Ce sera en 2005.

Chapitre II

MALRAUX
(1958)

La rentrée n'a pas encore eu lieu. Nous ne sommes pas déjà perdus dans cet assimilationnisme forcené qui fera ployer jusqu'aux saisons. Les mois de septembre et d'octobre sont des mois de forte chaleur et nul n'a encore l'idée d'aligner notre rentrée, pas plus que notre sortie scolaire, sur le calendrier de la « métropole ». Certes, nous sommes dans l'hémisphère Nord mais la ligne de l'Équateur passe juste sous nos pieds et nos saisons sèches et pluvieuses alternent selon le rythme propre aux climats équatoriaux et tropicaux.

En ce 19 septembre 1958, les écoles sont encore en vacances. Il y aura pourtant des élèves pour accueillir le ministre. Éclaireuses et Âmes vaillantes ont été réquisitionnées. Je n'ai vu que des filles, les photos du lendemain ne montrent que des adolescentes, pas de garçons. Elles sont vêtues d'un uniforme plutôt seyant, jupe plissée bleu marine relevée d'un chemisier blanc, col à revers et manches courtes, orné d'une cravate, oui, une cravate assortie bleu marine. Elles ont la taille marquée par une fine ceinture transparente pour certaines, couleur cuir de chèvre pour d'autres. Leur chevelure tirée ou nattée est rehaussée d'un béret pareillement bleu marine. L'une d'entre elles porte ce béret agrémenté, côté gauche, d'un insigne doré dont je ne sais ce qu'il représente, un sifflet pend retenu à sa ceinture par une chaînette à la manière des goussets du temps de monsieur Honoré de Balzac.

Ces filles sont déjà en classe de quatrième comme ma grande sœur qui fait partie des réquisitionnées. Elles sont gracieuses et distinguées, si fières d'appartenir à l'élite d'accueil. Toute la ville est en effervescence depuis deux jours. À la radio, dans ce poste en Bakélite que nous n'avons le droit d'approcher que pour le lustrer et que nous pouvons écouter depuis la marche en bois à l'entrée de la maison ou depuis la chambre des garçons, l'événement est annoncé pour ce qu'il vaut : la visite en Guyane de monsieur André Malraux, ministre du général de Gaulle. Pour l'instant, il est ministre de paperasse, mais le général de Gaulle a déjà prévenu, il sera ministre de la Culture. Ce monsieur Malraux n'est pas n'importe qui.

La radio nous apprend comment il a participé à la guerre d'Espagne aux côtés des républicains, et nous comprenons que les républicains étaient les gentils ; comment il a été courageux au Cambodge lorsqu'on l'a fait prisonnier, je comprends qu'il a été prisonnier des Français puis je pense que l'animateur s'est trompé. Monsieur Malraux est Français, est-ce que ça se peut… En réfléchissant, les bagnards qu'on appelle *pôpôt* en Guyane tellement ils sont en *bililik*[1] sont aussi Français, punis par des Français, surveillés par des Français, bon, peut-être qu'au Cambodge ce sont bien des Français qui ont emprisonné monsieur Malraux, et l'animateur continue à nous raconter le destin fabuleux de ce monsieur Malraux qui, avant de devenir ministre du général de Gaulle a mené une belle vie, bref, combien il est brave et respectable.

En plus, paraît-il, il écrit de très beaux livres. Je n'en ai encore jamais vu ni lu, mais je me promets qu'à la rentrée j'irai à la bibliothèque des Sœurs de Saint-Joseph-de-Cluny pour au moins feuilleter un de ces livres. Monsieur Malraux sera ministre de la Culture. La culture, vous savez, explique l'animateur, c'est aussi bien la littérature, la peinture, le cinéma, le théâtre, les musées, l'opéra, la revue et les *french cancans*, et même le cirque, les mimes et les ballets, le travail de monsieur Malraux sera de s'occuper de tout cela. Quelle chance, je me dis ! Ce monsieur Malraux, il va se divertir en travaillant. Je crois bien que j'aimerais un métier pareil. Et l'animateur passe *Si tu vas à Rio, n'oublie pas de monter là-haut*. Je murmure : « Ce Dario Moreno il est bien chanceux de pouvoir chanter ça, “monter là-haut”… » Je sais ce que j'aurais pris si je prononçais une expression pareille, « Pléonasme, idiote !

1. En mauvaise passe.

tu veux monter où, si ce n'est là-haut », cracherait la maîtresse. Bon, ça ne m'arrive pas, en français, ça va, mais elle dirait cette phrase à l'une de mes camarades, surtout Denise qui a de vieux comptes à régler avec le français.

Mais je n'écoute plus ce Dario, ni la chanson qui suit, *Le Jour où la pluie viendra*, Maman préfère la version de Gilbert Bécaud et moi je n'aime pas la voix de Richard Anthony. Je pense à ce Malraux qui aura un métier si agréable. Vous n'imaginez pas mais moi j'imagine déjà mon travail, guider les enfants dans la visite du musée local, leur montrer des horreurs comme le gros pied difforme de monsieur Tchenbo conservé dans du formol, il a fini de faire le malin celui-là, nègre-marron de ville, effrayer tout le monde, défier les Blancs et narguer les Noirs ; dans un autre bocal de formol y a la tête bouffie d'un anaconda, bonjour les cauchemars ; pour consoler les enfants sensibles, je leur propose des devinettes sur les jolies poupées en tenues créoles, robe *gol*, titane, *nennen-batenm* ou *têtêche*, que signifie le foulard de tête *lachat* en madras, une pointe mon cœur est déjà pris, deux pointes mon cœur est libre.

Pour ceux que l'émotion a fatigués, une pause, s'asseoir, pas longtemps car ce n'est pas permis, sur une banquette *saramaka*, c'est ainsi qu'on appelle ces fauteuils pivotants taillés d'une pièce dans un tronc de bois tendre et résistant, même quand c'est un Amérindien ou un Boni qui les a fabriqués. L'animateur est intarissable sur ce monsieur Malraux qui a fait de la Résistance comme Jean Moulin et Joséphine Baker, mais lui sous le nom de colonel Berger. On peut donc changer de nom ! Une bonne nouvelle parce que le mien permet à mes camarades de classe de faire des jeux de mots débiles, Taubira le rat ; je n'aurai pas besoin d'attendre d'être mariée, il me suffira de me battre, il y aura bien une autre guerre, le temps que je grandisse.

*

Je crois bien que c'est elle qui a commencé. La propriétaire de la cour où se trouve notre maison. L'après-midi, elle aimait dodeliner sur sa galerie dans une berceuse en bois d'amarante verni, dossier en vannerie d'arouman. Chaque fois que nous passions devant chez elle, elle envoyait des paroles qu'elle comptait bien que nous rapporterions à Maman : « Des gens sans fierté ! Sûr qu'elle va voter "oui". Ça ne comprend ni A, ni Z, ni B-A-BA barrez le jour, et ça va voter ! »

Nous étions obligés de passer devant sa galerie pour atteindre le corridor et sortir par la rue Lieutenant-Becker pour aller à l'école ou à la messe, ou lorsque nous allions faire des courses chez le commerçant chinois. Nous y allions plus souvent que chez Madame Bouteselle, la boutique créole, parce que le Chinois était beaucoup plus achalandé et vendait à crédit ; à partir du 15 du mois, c'était le seul moyen pour Maman de nous procurer l'essentiel, à manger. Maman disait que le Chinois lui prenait en plus dix centimes sur chaque marchandise, qu'elle le savait, qu'il savait qu'elle savait, mais que d'une certaine façon c'était normal puisqu'il attendait la fin du mois pour toucher son argent. Il y avait bien un autre accès par la rue Trois-Cases que l'on rejoignait en quittant la maison dans l'autre sens, par le layon tracé entre les arbres et les halliers ; nous n'aimions pas beaucoup l'emprunter car il se trouvait toujours un lézard, un serpent-liane, ou une autre bête inattendue pour nous couper la route et le souffle ; sans compter que ce chemin, plus long, nous contraignait à contourner le pâté de maisons.

Avant d'arriver devant la galerie hostile, nous devions traverser un petit canal par un pont en bois, étroit, glissant les jours de pluie, raser sur notre droite un drôle de jardin composé de parterres plantés d'autant de feuillages que de fleurs, éviter les branches à épines qui n'étaient pas taillées aussi souvent que nécessaire, nous tenir aussi loin que possible des pas de porte aussi bien de la maison de la propriétaire que de celle d'une autre famille de quatre filles dont la mère, commerçante, était donc socialement plus fréquentable que nous. Nous étions en tous temps sommés de nous conformer à la plus extrême discrétion ; incorrigibles, nous étions parfois surpris à sauter, chanter, siffler avant d'être sèchement rappelés à l'ordre.

En cette période d'animosité stridente nous circulions comme des Sioux, déployant des trésors d'ingéniosité pour passer inaperçus. Ça ne réussissait pas à tous les coups ; parfois l'insulte claquait alors que nous franchissions les derniers centimètres. Nous ne répétions pas tout à Maman ; nous savions qu'elle en tirerait de la peine, bouillonnant de cette fureur que confère l'impuissance pour avoir fait vœu de paix à tout prix. Nous avions fomenté une vengeance à notre hauteur d'enfants : nous n'utilisions plus la douche commune. Cette douche était située au-delà du petit pont, face au jardin de parterres. Sans arrêt, Maman nous incitait à nous doucher dans notre propre cour au tuyau d'arrosage, mais nous avions l'impression que l'eau y était plus froide ; aussi préférions-nous la douche.

Seulement, nous étions non prioritaires. Nous devions attendre, derniers était notre place. Si par inadvertance l'un d'entre nous avait investi la douche avant le dernier retardataire, il recevait une décharge d'avanies qui le faisait se rincer en une fraction de seconde ou quitter les lieux *illico*, éventuellement tout couvert de mousse savonneuse sous la serviette. Nous avions décidé de les priver de ces occasions de nous humilier, nous avions recommencé à nous doucher chez nous, au tuyau. Nous trouvions l'eau tonifiante.

L'animateur radio avait expliqué que monsieur Malraux venait nous voir, délégué par le général de Gaulle, pour nous convaincre de voter oui au referendum du 28 septembre. Mais la propriétaire, avec son Parti socialiste, elle allait voter non. C'est ce que criait à tous les coins de rue le chef de son parti, monsieur Justin Catayée, qui l'écrivait aussi dans son propre journal, *Debout Guyane*. *La Presse de Guyane*, journal de la préfecture, disait qu'il n'était pas sérieux de refuser la nouvelle Constitution.

Maman lisait tout, donc nous aussi. Maman était gaulliste. Elle répétait que ce n'était pas de Gaulle qui avait inventé la première Sécurité sociale mais que c'était lui qui avait commencé à l'appliquer en Guyane, depuis peu de temps, à peine quatre ans, et pour des femmes comme elle avec plusieurs enfants obligée de se débrouiller seule, la différence se sent ; c'est sûr ce n'est pas la même Sécurité sociale qu'en métropole, surtout que l'État ne donne pas d'allocations familiales si on n'est pas fonctionnaire, les fonctionnaires eux-mêmes ont dû faire plusieurs grèves pour les obtenir ; mais on sait bien que la départementalisation, ça prend du temps, d'ailleurs le ministre des Colonies, monsieur Marius Moutet, l'a dit dès le début.

C'est aussi de Gaulle qui a donné le droit de vote aux femmes et qui a ouvert la Régie pour que petit à petit on ait l'électricité courante. Personne ici n'a entendu parler du Conseil national de la Résistance, normal, si la radio elle-même n'en parle pas, ce n'est pas le *Radio Presse* qui va le faire. Depuis la fin de la guerre, Maman connaît et reconnaît le chef de l'État qui, en plus, a sauvé la France, même si des Guyanais l'ont bien aidé et d'abord feu Félix Éboué, mais c'est lui le Président, point final.

La propriétaire, auparavant, obéissait à son mari, un officier de la marine que tout le monde appelait non pas Monsieur mais *capitaine*, et qui commandait tout avant qu'il meure et qu'on nous oblige à l'embrasser tout froid. Maintenant elle veut régenter le monde. C'est facile avec une pension de veuve militaire et une grande maison. Ses quatre enfants sont grands, ils travaillent déjà, une seule habite encore chez elle parce qu'elle souffre d'un handicap. Madame veuve *capitaine* ne se calme que lorsque son fils qui vit en Afrique vient passer deux mois de vacances. Lui, il est respectueux envers Maman, il a même demandé à sa mère de céder à Maman le bout de terrain sur lequel elle a construit notre petite mais si jolie maison. Elle promet chaque année mais n'en fera jamais rien. Maman ne répond pas à ses invectives, elle ronchonne ; elle évite de passer devant la maison de la sorcière, c'est ainsi que nous l'appelons entre nous ; nous ne lui répliquons pas les insolences que nous avons sur le bout de la langue car elle aurait le cran de s'en plaindre à Maman qui nous roussirait les fesses pour impolitesse inadmissible.

Maman préfère sortir par la rue arrière et faire le tour du pâté de maisons pour se rendre à son travail à l'hôpital. Cela lui évite de recevoir de plein fouet les méchantes inepties de la propriétaire. Je crois qu'elle craint soit d'y répondre et de gâter les rapports de voisinage, soit de s'étrangler de rage. Elle sait parfaitement tout ce qui se dit. C'est bien sûr de la pure malveillance, Maman Bertille est loin d'être ignorante. Elle a son certificat d'études, qui, en ce temps-là, vaut son pesant de savoir. Elle est très cultivée, toujours à lire des livres et des encyclopédies. Elle nous en remontre souvent et c'est grâce à ses explications que nous comprenons nos leçons sur la Mésopotamie, la Grèce antique, l'Égypte ancienne, Rome sous les réformes de César, Marco Polo à Cambaluc, les dieux aztèques, l'architecture inca. En littérature, elle explique Voltaire, Zola, *Madame Bovary*, Pagnol et Proust mieux que nos professeurs ; elle est incollable en mathématiques, les sciences naturelles n'ont pas de secret pour elle, elle récite les formules de Marie Curie et connaît même des histoires sur Einstein. Elle sait sur le bout des doigts la géographie de la Guyane, ses fleuves et ses inselbergs, elle raconte le prestige de Ségou et celui de Gao, la vie de Soundjata Keïta, les empires mandingue et songhay. En plus elle sait faire des pansements et des piqûres, ce qui n'est pas donné à tout le monde. La propriétaire qui fait l'aristocrate ne parle jamais, elle, que de sujets ordinaires.

*

Ma sœur est toute fébrile à se rendre à ses dernières répétitions. Les Âmes vaillantes doivent entonner en chœur un chant de bienvenue pour le super ministre. Elles sont toutes gonflées d'importance, comme des femmes de paon. Elles portent des chaussettes impeccables, ajourées de dentelle, et des souliers cirés lustrés.

Ce 20 septembre, c'est encore la radio qui caquette. « Monsieur le ministre et sa suite, escortés par les motocyclistes de service, se sont rendus sur la place des Palmistes après un court arrêt à l'hôtel de ville de Cayenne. Trois mille personnes environ l'attendaient sur la place. Monsieur le ministre a déposé une gerbe de fleurs au pied de la statue de Félix Éboué puis a gagné la tribune officielle. » C'est monsieur Sallarès qui parle. Tout le monde sait son nom et tout le monde le craint. Il est l'officier de police, chef du commissariat. Il a la réputation d'être féroce.

Entre les paroles de monsieur Sallarès et celles de l'animateur, on apprend ce qui s'est passé. Le maire de la ville de Cayenne, le docteur Roland Barrat, n'a pas eu le temps de faire son discours. Une centaine d'agitateurs, brandissant des banderoles en calicot rouge avec des inscriptions en lettres blanches, ont commencé à perturber la réunion. Les banderoles, c'est un festival de non. Non, tout court, surtout sur les fanions et les ballons. Non à l'article 73 (oh ! là, là ! c'est l'indépendance !) ; non à la dictature (ça vise de Gaulle, aucun respect ! où serions-nous, demande un adjoint au maire, s'il avait fait le père peinard pendant la guerre ?) ; non au referendum (l'animateur se moque, ils ne veulent ni la dictature ni l'avis du peuple ! faut savoir) ; non à la misère (ils connaissent la misère ceux qui vocifèrent ?). Et sur un drapeau tricolore, ces trouble-fête ont inscrit « 13 ans de misère » (les ingrats !). Enfin, une banderole décente, « Vive la République » (quand même !).

Puis c'est au capitaine Robert, commandant l'escadron de gendarmerie, d'expliquer comment il avait bien préparé l'encadrement de cette manifestation. Sur décision du préfet, c'est la police qui devait faire le travail, la gendarmerie restant en réserve à la caserne Loubère, contiguë à la place des Palmistes. Lors des réunions de préparation à la préfecture, le commissaire de police, prévoyant qu'il y aurait des banderoles, a interrogé le préfet sur ce qu'il conviendrait de faire. Le préfet a réfléchi un moment puis a déclaré qu'il s'agissait d'une réunion politique et banderoles ou pancartes, il ne faudrait intervenir que si des coups sont échangés. Le même préfet s'était enquis de ce qu'il adviendrait si la foule s'avisait de vouloir venir vers le ministre, ne risquait-elle pas des chutes et des blessures à cause des cordes installées autour de l'enceinte ? L'agent de la mairie a expliqué qu'il serait facile de passer par-dessous les cordes ; cet employé municipal a ajouté que, depuis trois jours, le service technique arrose la pelouse de la place pour lui redonner de la verdeur. Dès le 12 septembre, le capitaine commandant avait écrit au lieutenant-colonel basé aux Antilles que la situation était très tendue en Guyane et qu'il fallait craindre des incidents lors de la venue du ministre. Ça a l'air de sentir le roussi entre le commissaire et le préfet.

Il faut dire que dans la frénésie qui échauffait la ville ces derniers jours, les partis politiques s'en donnaient à cœur joie. Depuis le début de l'année les esprits sont en ébullition. Des mots compliqués avaient envahi notre quotidien, et personne ne se souciait de nous les expliquer. *Programme minimum* de monsieur Miron, *mémorandum* de monsieur Catayée, *referendum* de monsieur de Gaulle, on aurait dit des mots magiques, des sésames, des clés de mystère. Nous nous amusions, sacrilèges, à faire des rimes au chewing-gum, en mâchant le mot autant que la gomme, en cachette, rhum et Regum pour conjurer ces sandales en plastique que nous détestions, Bibendum, cruauté envers un voisin, grand et gros, juste plus âgé que nous. Ravis, nous faisions des vers, les rimes étaient pauvres mais c'étaient les nôtres.

Nous nous moquions de la balourdise des adultes qui scandaient en défilant *estatut espécial*. Nous mimions ce que nous aurions reçu en claques sonores à l'école ou à la maison à prononcer ainsi statut spécial. Des adultes qui parlent mal, d'autres qui se bagarrent, ce monde nous plaisait. Le monsieur Catayée est un fougueux. Il explique que la France doit admettre que la Guyane se débrouillera mieux si les élus commandent à la place des fonctionnaires qui ne restent que quatre ans, à peine le temps de visiter le pays et de comprendre un peu les gens ; il faut lâcher un peu de lest, et d'ailleurs partout ça gronde dans les colonies.

Monsieur Miron, professeur lui aussi, est encore plus catégorique. Non seulement les élus feront mieux, mais il faut vite changer de régime. Début septembre déjà il promettait au ministre annoncé une réception de choix. Il n'était pas du genre à avaler ses promesses, pas comme le maire de Cayenne qui ne s'est pas fait prier, un voyage en France et hop ! il a pris pour argent comptant une parole sans lendemain et dès son retour en Guyane il a quitté le Front uni autour du mémorandum. Monsieur Miron fustige les autres membres du Front qui commençent à flancher, ils se laissent berner, assure-t-il, par le gouvernement qui les reçoit séparément et promet à chacun que ses revendications seraient pleinement satisfaites. Ni Marius Miron ni ses camarades du Réveil progressiste guyanais n'étaient disposés à se laisser convaincre. Ils campaient la ligne dure du rassemblement qui s'étalait de la gauche radicale à la droite modérée.

On a dit que c'est ce Miron qui a tout organisé, les banderoles, le chahut, les pierres qui voltigeaient sur la tribune, les bouteilles qui sifflaient comme des frisbee, les tracts qui faisaient cerfs-volants, tout juste si on ne l'a pas accusé d'avoir lancé le bâton qui a atterri derrière la tête du ministre Malraux. Je crois que c'est parce qu'ils ont su assez vite que c'est un jeune avocat qui avait fait le coup et qu'il était membre d'un autre parti, il était communiste. Le ministre croyait qu'il allait maîtriser le boucan en prenant immédiatement la parole, avant le maire qui devait justement lui souhaiter publiquement la bienvenue. Malheureusement la sonorisation n'était pas assez puissante. Le ministre a commencé à parler dans le vide, puis il a dû se taire.

Monsieur Sallarès, le chef du commissariat, n'est pas content, ça se sent lorsqu'il raconte : « Nous avions saisi les banderoles mais les séditieux se livraient à du tumulte par des cris, des chants, des menaces et des injures dans leur patois vulgaire ; ils empêchaient le discours du ministre d'être entendu. » Sur ces entrefaites, monsieur André Trémeaud, inspecteur général de l'administration en mission extraordinaire, prit les choses en main. Il déclara : « À partir de maintenant je commande le département, je vous donne l'ordre de dégager la place. » Monsieur Cottin, du service du protocole du ministre, l'a approuvé. « J'ai donc dépêché une estafette motocycliste auprès du capitaine commandant l'escadron. » C'est toujours monsieur Sallarès qui explique, et là il enfonce le préfet. « Lors des réunions de préparation, j'ai proposé à monsieur le préfet de disposer des banderoles "Oui" autour de l'enceinte et dans la foule comme moyen efficace de propagande en faveur de la Constitution et pour diminuer l'effet recherché par les perturbateurs ; j'ai également suggéré de renforcer le service d'ordre ; le préfet a préféré confirmer ses ordres : n'intervenir qu'en cas de bagarres. Il y avait une dizaine de meneurs pour cent cinquante trublions. Tous les meneurs ont été identifiés et arrêtés, ainsi que l'individu qui a lancé le morceau de bois ayant atteint le ministre. Ils seront tous déférés au parquet dès demain. » On les aura désormais à l'œil. Ces bandits, ces vandales, ces traîtres à la nation ! Ennemis de la France ! Suppôts des Américains ! Où se croient-ils, à Cuba ? Heureusement, il y eut quelques contre-manifestants qui, courageusement clamaient oui à de Gaulle ; et dans son ensemble, la population réprouve ces déprédations.

La cérémonie sur la place des Palmistes, discours avortés compris, aura duré quinze minutes en tout. Le préfet Pierre Voitellier fait presque le mort, c'est lui qui parle le moins, il se contente de répéter qu'il n'y a que des blessés légers, aussi bien parmi les manifestants que parmi les forces de l'ordre. J'ai l'impression que c'est quand même le plus important.

L'animateur de la radio est tout gai, comme s'il venait de réchapper d'une catastrophe. La population, responsable, a fait une ovation au ministre ce matin à la mairie de Cayenne après son discours prononcé en revenant du monument aux morts, preuve qu'elle désapprouve totalement les dérives, les exactions, l'inconduite de ces hystériques, professionnels du chaos et du tapage public, qui utilisent la politique pour s'adonner à leur goût pour le désordre, l'incivisme et l'anarchie.

Ma sœur est rentrée à la fois bouleversée et excitée. Les adolescentes qui se trouvaient aux premiers rangs furent parmi les premiers évacués, juste après le ministre et le maire de Cayenne. On les fit sortir en file indienne par le côté droit de la tribune officielle, tandis que les gendarmes en shorts kaki et mi-bas blancs, sanglés de ceintures épaisses, fusil en bandoulière et casque de patrouille militaire, commandés par leur chef tout de blanc vêtu, même costume que le préfet avec un peu moins d'épaulettes, pourchassaient les manifestants du côté gauche. Elles n'avaient pas eu le temps de chanter, leur moment étant prévu entre le discours du maire et celui du ministre. Elles avaient eu chaud mais s'étaient amusées de voir des adultes s'agitant dans un tel raffut, c'était jouer au gendarme et au voleur pour de bon.

Dès le lendemain, le monsieur Catayée annonça qu'il avait eu un entretien avec le ministre qui lui avait promis son statut spécial ; il appelait désormais à voter oui au referendum pour une nouvelle Constitution. C'était bien la peine que l'autre, là, ait gaspillé sa salive à injurier Maman chaque fois que nous passions devant chez elle, maintenant qu'elle allait voter oui comme Maman.

*

Le ver est dans le fruit. Désormais tout le monde se mêle du referendum, toutes les conversations y ramènent. Les versions de la soirée Malraux se multiplient. Maman avait recueilli une jeune cousine qui avait maille à partir avec son père. Ils vivaient en famille nombreuse dans une petite maison à peine aussi grande que la nôtre. Maman qui portait sur ses épaules toutes les misères connues l'avait accueillie à la maison, la rémunérait pour nous garder certains soirs, puis l'aida à trouver un logement dans le quartier.

Cette cousine s'appelait Gisèle. Nous n'avions pas vraiment besoin de ses services puisque madame Philias, une Saint-Lucienne très digne, faisait déjà office à la maison de garde d'enfants, de cuisinière et à l'occasion de maîtresse d'études. Elle ne parlait pas français, s'exprimait en créole, conversait en anglais avec ma grande sœur et nous aidait à faire nos devoirs dans cette langue. La présence de cousine Gisèle soulagea cependant madame Philias qui désormais disposait d'une soirée sur deux les nuits où Maman était de service à l'hôpital. Elles s'arrangeaient. Gisèle était une passionnée de danse ; c'était la mode du rock'n'roll, cette gymnastique où il fallait passer sous la jambe du cavalier ; elle en raffolait.

Deux morceaux cassaient la baraque et les oreilles, *Johnny B. Goode* par Chuck Berry dont nous croyions que sa maman l'invitait à être sage, *be good*, afin de devenir un grand guitariste ; la deuxième, en fait la première, top et hit, c'était *Hard Headed Woman* qu'Elvis Presley chantait sans reprendre souffle. Madame Philias fustigeait cette chanson, cet Elvis, c'est lui Evil, lui-même qui traite la femme d'*« evil, a thorn in the side of a man ever since the world began*[1] *»*, une diablesse, une épine au pied de l'homme, et l'anglais qui n'est pas hypocrite dit bien *« in the side of a man »*, sur le côté, la côte, moi je ne suis la côte de personne ! Nous étions étonnés de sa fureur, ce que disait la chanson sur Ève, Delilah, Jezebel, c'est aussi ce que nous apprenions en classe. Madame Philias affirmait qu'au contraire ces femmes étaient des insoumises et c'était bien fait pour Adam, Samson et Achab qui se croyaient puissants ou malins, *tchip*[2]...

Gisèle entretenait sa souplesse au hula hoop dont elle nous faisait des démonstrations étourdissantes en ne bougeant que la taille et les hanches. Nous nous y sommes mis assez rapidement, nous avions réussi chacun à nous procurer un cerceau fluorescent grâce à la collecte et à la vente de bouteilles de soda consignées. Madame Philias libérait Gisèle les soirs où il y avait bal chez Eloi, un célèbre dancing du centre-ville. Gisèle très élégante, un peu provocatrice, se jouait des hommes trop pressés ; elle nous racontait ses péripéties avec des femmes jalouses qu'elle toisait du haut de ses talons aiguilles et de sa taille de guêpe. C'était une jeune femme épicée, exubérante, du genre qu'on appelle *Katchopine-Katrine-piquant.* Les événements du 19 septembre l'avaient exaltée.

Elles y avaient assisté toutes les deux, séparément, l'une, madame Philias, pratiquement en queue de foule, l'autre, Gisèle, tout près de l'estrade. Cousine Gisèle qui prenait un plaisir bruyant à raconter cette soirée se gardait bien de le faire en présence de Maman. Elle racontait les choses par morceaux ; certains jours l'histoire était brève, d'autres elle en faisait un roman. La police était débordée. Tu voyais des képis voler comme des

1. « Le mal, une épine dans le flanc de l'homme depuis le commencement du monde. »

2. Onomatopée féminine de mépris ou de défi.

cocottes en papier. C'était joli, les rayures blanches faisaient comme des guirlandes clignotantes, on aurait dit des bêtes à feu. On les appelle lucioles ! Ça, c'est moi qui fais ma savante. Elle m'ignore. Les policiers obéissaient à leurs chefs. Dans la police, tous les grands chefs sont blancs, la plupart des chefs aussi, et presque tous les sous-chefs. Mais pour faire les zouaves, là c'est réservé aux Ti-Nègres.

Chaque fois que leur chef hurlait, ils fonçaient en levant leurs *boutous*, je sais, leurs matraques, traduit-elle en me prenant de vitesse et en me regardant en coin. Les manifestants esquivaient et braillaient comme si on les châtrait. C'étaient des petits groupes de trois ou quatre. Un groupe à gauche criait « de Gaulle dictateur », un autre en face répondait « Non au referendum ». Et puis ça s'est gâté. C'est devenu malappris, « Malraux bonimenteur ». Un grand dépendeur d'andouilles qui aime précéder les chars de la mi-carême a sifflé *« Pa pran nou pou panzou*[1] *»* ; et alors à l'autre bout de la place tu entendais « Programme minimum » et puis comme dans un vidé de carnaval « Dignité dignité ». Pendant un court moment de silence un malin a crié « La police nous sommes vos frères » et tu entendais des tas d'autres choses encore, à droite à gauche, au sud, partout. On aurait dit que certains policiers n'avaient pas tellement envie de se trouver là, leurs *boutous* faisaient des *ziap ziap* dans le vent sans toucher personne. Pendant ce temps, leur chef habillé tout en blanc n'arrêtait pas de vociférer.

Tu as remarqué, les chefs ils commandent mais ils ne vont pas goûter aux coups ; ce n'est pas comme à l'époque de Napoléon sur le pont d'Arcole. Tant qu'elle s'adressait à des enfants, cousine Gisèle pratiquait le tutoiement pluriel, elle nous tutoyait même si nous étions plusieurs. Les gendarmes sont arrivés d'un seul coup, comme s'ils n'étaient pas loin. Ils se sont alignés devant l'estrade en prenant un air fâché. Et là, ça faisait une double ligne toute blanche, parce que chez les gendarmes, eux – chefs, sous-chefs, brigadiers, troufions, tout le monde – sont blancs. Au moins eux, même s'ils perdent leur casque, on ne va pas les mélanger avec les spectateurs.

1. « Ne nous traitez pas comme des idiots. »

D'un seul coup la foule a poussé, comme si elle voulait aller à la Maison du peuple en face. Les gendarmes et la police ont poussé dans l'autre sens, tout le monde a reculé. Cailloux, roches, bouteilles, bouts de bois, même des poignées de terre et des morceaux de gazon faisaient la fumée ! Une grosse femme était bloquée, ses poings fermés sur sa poitrine, ses yeux pliés dur, elle restait debout au milieu de tout ça en criant « Esprit saint, Esprit saint, éclaire-les ». Évidemment, avec toutes ces babioles qui voltigeaient dans tous les sens, elle a reçu de la terre sur son épaule.

Ça l'a obligée à ouvrir les yeux qu'elle a refermés aussitôt en criant Seigneur... pardonne-leur ils ne savent pas ce qu'ils font. Et elle restait là, sans bouger, rien qu'en criant comme si sa voix devait guider quelqu'un pour venir la prendre ou bien éloigner d'elle les malheurs qui cherchaient un abri ce soir-là. D'accord, elle est grosse de partout, ses bajoues et son cou grigné, ses bras trois fois plus gros que mes cuisses, ses tétés on aurait dit deux sacs de sel, son derrière énorme comme deux barriques de viande salée, tout ça coincé dans une robe en vichy dont les coutures demandaient pardon ; mais quand même elle n'était pas infirme, elle était bien arrivée là, on ne l'avait pas charroyée sur un *cabouret*[1] ou une brouette, nom de Dieu ; d'ailleurs à côté d'elle, renversé, y avait un tabouret pliant, elle était venue au spectacle, tu vois, eh bien le spectacle, elle l'avait, avec arrêt de jeux, prolongations et tir aux buts. Je l'ai laissée là, moi, je me suis dit elle va passer toute la nuit à hurler comme une chouette, elle va bien finir par se fatiguer et de toute façon, le jour lui-même finira par se lever.

Ça tournait comme dans colin-maillard et comme les gens couraient dans toutes les directions, moi-même prise dans la vague parfois j'étais obligée de courir ; je me suis retrouvée avec un groupe de personnes, des hommes et des femmes, devant la Maison du peuple ; les syndicalistes, bande de dégourdis, n'avaient même pas pensé à ouvrir les portes pour si le peuple veut se sauver. Tout le monde le sait, c'est plutôt l'équipe des Miron qui mettait la pagaille ce soir-là et la Maison du peuple n'est pas à eux ; n'empêche, ils étaient bien ensemble quand ils nous soûlaient avec leur programme minimum, ils auraient pu se soutenir ! Des policiers

1. Charrette.

sans képis sont arrivés devant nous, on était dos au mur. Ils ont mis sur leurs visages des mines soi-disant barbares.

Une dame s'est redressée, elle avait des cheveux blancs et une genouillère à gauche. Elle a regardé un policier qui avait un peu d'estomac débordant au-dessus de sa ceinture et lui a craché : « Avec ce ventre-là, tu préfères venir après nous... si tu devais courir après ceux qui mettent le foutoir, tu serais essoufflé avant le coin de la rue ! » Sa parole avait démarré calmement, et puis soudain elle a jappé « Avoue ! » Il a été tellement surpris qu'il s'est mis au garde-à-vous, ses collègues aussi. Nous avons été plusieurs à profiter de cette embellie. J'avais encore de bonnes jambes, je n'ai pas demandé mon reste. J'ai commencé à tracer pour rejoindre la petite rue qui tombe sur la cathédrale Saint-Sauveur.

C'était une débandade, ça s'éparpillait dans tous les sens, des gens qui ne se connaissaient pas couraient ensemble comme s'ils rentraient chez eux dans la même maison. Deux gendarmes arrivaient sur nous, nous avons dû bifurquer, notre virage brutal a fait glisser le plus gros, il s'est étalé sur la pelouse. J'ai couru en respirant par la bouche. J'ai buté sur une barre de bois, c'était une banderole, c'était écrit en gros caractères « Non à la misère » ; j'ai eu envie d'arracher la barre pour me défendre, puis j'ai laissé tomber. La petite rue n'était pas éclairée. Je me suis dit, c'est pas prudent d'y aller. Suis revenue sur mes pas. J'ai vu le gros gendarme qui essuyait ses mains boueuses sur son short kaki, son fusil tout de travers, son collègue debout à le regarder au lieu de l'aider. J'ai décidé de prendre l'avenue de Gaulle très éclairée ; je pouvais passer sans risque devant le commissariat de police, je savais bien que tous les policiers étaient dehors en train de faire le jacques à courir après les gens qui n'ont rien à voir ni avec les cris ni avec les cailloux.

Un homme avec une canne, appuyé contre un poteau du magasin Bata, était en train d'engueuler des gendarmes. Tu connais la réclame ? Pas un pas sans Bata. On dirait bien qu'il ne comptait pas faire un pas de plus avec sa canne. Il causait *zyeux* dans les yeux au plus jeune des gendarmes : « Tu crois que tu vas me toucher, moi un invalide de guerre, tu as fait la guerre, toi ? Non, tu es trop jeune. Et pas sûr non plus que ton père y était. Les troupes coloniales étaient plus nombreuses.

Moi je l'ai faite, et mon père aussi, réserviste il s'est engagé dans les Forces françaises libres. T'as connu les Dardanelles, toi ? » Le jeune gendarme était *estèbèkwè*[1]. Les autres aussi. Moi je connais ce gars, ce n'est pas la guerre qui l'a estropié, c'est la polio. C'étaient pas mes affaires, je les ai laissés dans leur *djopopo*[2], j'ai continué mon chemin, je suis passée devant chez moi sans m'arrêter, j'allais pas dormir seule ce soir-là ; je suis venue jusqu'ici et j'ai pu entrer à pattes de chat pour aller me coucher sans que cousine Bertille m'entende. Pour une fête de ministre, c'était plutôt un bal brésilien ; c'est toujours comme ça, ça commence dans la joie et la bonne humeur et ça finit en bagarre générale.

*

Madame Philias procédait différemment. C'est au contraire plutôt en présence de Maman qu'elle commentait cette soirée, tout en exécutant les tâches qui lui revenaient. Ses plus longues tirades étaient rythmées par le fer à repasser, un petit ustensile en fonte sombre portant en relief le nom du fabriquant, très joli mais très lourd, qu'elle saisissait, brûlant, d'un brasero à charbon posé sur trois roches ; elle le tenait bien en main grâce à un chiffon enroulé en plusieurs épaisseurs, et le promenait avec dextérité sous les cols, dans les froufrous des jabots, dans les coutures des manches, les volants de robes, les revers de vestes, dans les plis ou les fronces des jupes, dans tous les coins et replis de vêtements que la mode rendait alambiqués.

Elle en voulait particulièrement aux élégantes. Qu'est-ce qu'elles faisaient là ? À quoi elles ressemblent avec leurs corsages en satin et leurs jupes en taffetas ? Hein, et puis leurs chapeaux à mousseline, leurs fichus en cachemire. C'est tout juste si elles ne sortent pas en crinoline. Où se croient-elles, à Longchamp ? Elles ont même des parasols. Croient-elles qu'il suffit de singer les Blanches pour le devenir… et récolter du respect ? Madame Philias elle-même était très vieille Angleterre. Elle portait des robes très

1. Éberlué.
2. Conflit confus.

strictes, couleurs ternes et col sévère, et des mi-bas opaques malgré la chaleur ; ces mi-bas nous intriguaient, nous nous en moquions en douce, avant d'apprendre que c'était pour sa circulation sanguine ; on n'imagine pas, enfant, qu'un vêtement puisse être un médicament. Elle arborait une espèce de bibi en feutre gris décoré d'un ruban rose assez loufoque.

À tout prendre, l'élégance de Longchamp me paraissait plus aguichante que celle de Glasgow d'où venaient, disait-elle, ses châles blêmes et ses gants maussades. Comme si elle avait entendu mes pensées, elle nuança. Si encore ce n'était que l'extérieur, après tout les femmes ont toujours soigné leur apparence. Depuis l'Antiquité elles utilisent du henné et du khôl, elles arrangent leurs cheveux et embellissent leurs yeux, elles ont toujours mis leurs corps en valeur même si l'Église rouspétait. Mais ces aristocrates-là, c'est dans leur tête qu'elles ont basculé, c'est leur esprit qui est blanc, leurs rêves qui sont blafards, c'est leur bêtise qui leur fait croire que les gendarmes vont les prendre pour des marquises et leur faire des courbettes au lieu de les bousculer. Elles ont vite compris. Elles s'égaillaient en piaillant comme des poulettes en chaleur. Dans leur course éperdue, elles piétinaient la banderole « Non à la misère », comme si elles se foutaient bien des petites gens qui ne mangeaient pas tous les jours. Le lendemain matin sur la place des Palmistes, on pouvait récolter des morceaux de mousseline, des barrettes dorées et quelques côtés d'escarpins dépareillés.

Maman faisait mine d'être occupée et d'avoir l'esprit ailleurs, elle chantonnait *St. Louis Blues* de Sidney Bechet, *« I got the St. Louis blues, blues as I can be / Feeling tomorrow like I feel today*[1]*... »* comme si elle avait le blues mais la joie de sa voix nous rappelant le disque d'or de Sidney Bechet révélait sa bonne humeur ; écoutant madame Philias, elle riait sous cape. Madame Philias s'exprimait en créole cadencé ou en anglais châtié. Son aristocratie à elle était linguistique. Après une première tirade, elle entonnait un air de Harry Belafonte. Elle aimait beaucoup *Island in the Sun*, mais son répertoire était varié, elle alternait avec *To Wish You a Merry Christmas*, ou *Calypso*, cet air

1. « J'ai le blues de Saint-Louis, mélancolique comme je peux l'être / Éprouvant demain ce que je ressens aujourd'hui. »

entraînant, dernier tube qui passait en boucle à la radio. Elle ne manquait jamais de nous rappeler qu'il ne faut pas croire que la vie est facile pour les Noirs, Harry Belafonte est un compagnon de Martin Luther King, il se bat aux États-Unis pour les droits des Noirs ; les États-Unis ce n'est pas que les marines et la guerre de Corée. Rosa Parks n'est qu'une couturière mais son courage a fait plier la justice américaine et la compagnie raciste de bus, ce qui prouve qu'il faut respecter les gens de peu. Martin Luther King revenait souvent en vedette.

Elle manifestait, nous l'avions perçu et c'est ce que nous préférions en elle, un tendre attachement pour les personnages indociles ; toutes les formes lui convenaient pour l'exprimer. Elle prenait plaisir à évoquer l'histoire d'Anansi ; elle nous l'avait racontée avec cette délectation retenue qui la rendait énigmatique. Anansi l'araignée, avait-elle expliqué, existe dans tous les pays où vivent des gens dont les ancêtres sont en Afrique. Anansi est connue à Sainte-Lucie, son pays, mais aussi dans les pays voisins ; et n'allez pas croire, Anansi existe au Surinam, donc elle vit aussi en Guyane… Ce n'est pas parce qu'elle est restée du côté du Maroni chez les Bushinengue qu'elle n'est pas passée sur le littoral ; vous connaissez plutôt macaque, tigre et lamantin, mais soyez-en persuadés, Anansi est là. Anansi a voyagé dans les Amériques et les Caraïbes tout en restant en Afrique. Anansi était rebelle. Dans son village, le roi menait tous ses sujets à la baguette et triomphait parce qu'il possédait une horloge et maîtrisait le temps. Une nuit où il dormait profondément, Anansi s'empara de l'horloge, enleva la pile et la remit sur la table de chevet du roi. Au réveil, le roi fut désorienté ; en perdant le contrôle du temps, il avait perdu son pouvoir. C'est ainsi qu'Anansi acquit son titre, Anansi the Survivor. Il y a toujours une voie contre la force. C'était la leçon la plus courante de madame Philias, ne jamais ni se soumettre ni désespérer.

La deuxième tirade de madame Philias exécutait les hommes. Pas tous. Porteurs de banderoles, crieurs, bagarreurs jouissaient de sa sympathie. Son courroux s'exerçait sur deux catégories d'hommes en particulier, les contre-manifestants et les détaleurs. C'est quoi un pays où, quand le danger arrive, les hommes prennent leurs jambes à leur cou en même temps que les femmes ? Elle en avait vu cavaler ce soir-là. Ils culbutaient, sans s'arrêter ni regarder derrière, des femmes entravées par leurs robes ridicules et qui couraient moins vite. Des hommes en paletot qui se livraient à ce sprint nocturne… Quant aux contre-manifestants, elle les avait nommés, judas, sans vergogne. Qu'espéraient-ils comme récompense, une lettre de remerciement, une médaille, un job ? Le ministre ne sait même pas leur existence. Quant à de Gaulle, il s'en moque comme de l'an quarante… ou de ses premières savates, se reprenait-elle après avoir louché vers Maman.

Pause. Ce jour-là, elle bougonna un moment, puis, comme habitée soudain par une bourrasque, elle fulmina sans pourtant élever la voix ; elle grondait comme l'orage sans éclair, loin, lointain mais approchant. Retenez bien son nom… Emmett Till. Un petit garçon, quatorze ans, un alevin, un têtard, un coquelet. Des hommes blancs, dix, quatorze, paraît même qu'ils étaient vingt, des hommes avec des fusils, des hommes, ça ? Des hommes blancs, à plusieurs contre un enfant noir, seul. Voilà leur courage. Ils l'enlèvent, ils ont besoin d'être plusieurs. Soûls peut-être, pas sûr, soûls d'alcool ou de sang. N'oubliez jamais ce nom, Tallahatchie ! C'est la rivière où ils ont jeté son corps, tout bouffi, tout lardé, tout balafré, tout écorché, et pas tout entier, ils ont coupé ses parties, son œil pendait sur sa joue, il lui manquait une oreille. Et c'est nous les sauvages !

Elle se mettait alors à trembler sans bouger comme les enfants pris d'une crise de vers. Des Blancs à plusieurs avec des fusils, contre un enfant noir, seul. Pas au Moyen Âge ni au temps d'Attila… y a trois ans… Paraît que ça les a mis en rage qu'il refuse de demander pardon. Tout enfant qu'il était, il savait bien que « pardon » c'était en plus et pour rien, inutile, juste pour l'aplatir, pour prouver qu'il était moins qu'eux… de toute façon, ils feraient tout pareil, pardon ou pas. Des brutes… des bêtes… des monstres, quand ça commence ça s'arrête où… pardon ou pas… Ils l'ont insulté, ils l'ont torturé. Pour quels crimes ? deux crimes. Il gardait sur lui la photo de sa copine blanche de Chicago. En plaisantant avec ses cousins il avait appelé *baby* une femme blanche, une épicière femme au foyer, son foyer c'est sa caisse, l'argent des Nègres c'est bon pour le tiroir de la caisse, mais faut baisser la tête, et pas de blagues, même les gamins à l'âge où partout ça fait des blagues, là c'est pas des gamins, c'est des Nègres. Dans ces États-Unis, dans leur Mississipi arriéré une femme blanche, c'est mieux que la Sainte Vierge, faut pas regarder, faut pas parler, faut même pas respirer.

Le fer à repasser accélérait sa course contre les faux plis, butait comme enragé contre les coutures. Il lui prenait une bonne demi-heure pour se calmer. Nous avions le temps de faire cinq parties d'osselets avant qu'elle se reprenne, nous jouions mais le cœur n'y était pas.

Madame Philias était d'un chauvinisme mesuré. À Sainte-Lucie, sept fois les Anglais et les Français se sont battus pour commander l'île. C'est bien ce que je dis, commander l'île, parce que nous-mêmes les habitants, nous aurions pu être des papillons ou des zombies, c'était même bête mêmes poils. Ils faisaient leur guerre entre eux, construisaient des forts, envoyaient leurs bateaux, le reste c'était le cadet de leurs soucis. Anglais, Français, c'est kif-kif bourricot. Il faut être fou pour aimer celui qui vient commander chez toi, ratiboise les Indiens, prend la terre, installe l'esclavage, ravage ta culture et après fait semblant de te donner la liberté qu'il t'avait volée. Quand même… on sait bien ce qu'ils ont fait à Haïti… les uns et les autres. Paraît qu'on ne règle plus les problèmes entre pays avec des canons, mais eux ils ont toujours des fusils. Je ne comprends pas, quand on est un Nègre, comment on peut avoir l'idée d'aller les aider. Et quand on est un Nègre, on ne court pas devant leurs fusils, on se bat. Moi, je ne veux pas critiquer les Guyanais. Ce pays me nourrit depuis dix ans, les gens d'ici m'ont bien reçue et bien traitée, ils partagent ce qu'ils ont, je ne mords pas la main qui me donne à manger, je ne suis pas une ingrate. Je suis saint-lucienne, et ce n'est pas mieux chez moi, sinon je serais restée dans mon pays. Je dis seulement que quand le chien accepte d'être attaché, il doit comprendre qu'il peut être lapidé. Comme pour se faire pardonner, elle entamait un fox-trot, *Riquita* ou *Y avait un thé tango*, ou sur un air de charleston *Pauvre Gigolo* de Boris Vian, ça venait de sortir.

J'avais déjà mes penchants d'insubordination, j'aimais particulièrement les réquisitoires de madame Philias, d'autant que Maman n'avait pas l'air de faire grand-chose pour nous soustraire à son influence. Nous avions l'ordre formel de la respecter en tant qu'adulte, en tant qu'étrangère et en tant que personne veillant sur nous en son absence. Nous étions prêts à la respecter sans ordre ni motif officiel.

Finalement, j'ai gardé de cette soirée ministérielle l'impression que les Guyanais avaient tenu la baguette et mené l'orchestre. En dépit du déploiement des forces de police et de gendarmerie, et même du succès dix jours plus tard du oui au referendum, ce sont les porteurs de banderoles qui eurent le dernier mot. Dans les consciences. Tonton Roland lui-même, officier de police – il n'aimait pas le désordre –, ne dissimulait pas sa bienveillance à l'endroit des manifestants. Il jugeait avec sévérité le zèle de ce fielleux de Sallarès qui, non content d'avoir donné l'ordre de charger les manifestants sans faire le détail entre agitateurs et spectateurs, avait organisé des patrouilles toute la nuit contre les attroupements et les réunions.

Un guerreux ce Sallarès, il a monté un service de garde renforcé, avec un officier, deux gradés et quinze gendarmes à la préfecture ; il a installé une réserve de gardiens de la paix au commissariat de police ; posté des sentinelles, un gradé et deux gendarmes, toute la nuit auprès de l'avion d'Air France. Il se croyait dans une opération de pacification... il a planqué des agents de Sûreté urbaine de la Sûreté nationale pour des surveillances dans la ville, autour du village chinois, du quartier Chicago, aux abords du marché, près des bases de départ des ouvriers qui se rendent sur les chantiers situés hors de la ville. Il a consigné le reste du personnel en réserve à la caserne. Se prend pour un général... rejoue la bataille d'Austerlitz. Content, monsieur se vante de ses exploits dans son rapport de police ! Envoie des exemplaires partout. Pour finir, les gens disaient qu'il semblait bien contrarié. Il n'y eût que des blessés légers.

Cette bataille qui parut perdue avait réveillé un sentiment d'appartenance, soudé les Guyanais par-delà les classes sociales, révélé les antagonismes entre le pouvoir et la société, semé les germes d'une contestation qui irait s'amplifiant.

Madame Philias prédisait des années sombres, tant pis, elle fera corps, c'est ici qu'elle vit, c'est ici qu'elle affrontera l'adversité : « Je n'ai pas su remplir mon seau pendant la pluie, ce n'est pas avec le serein que je vais y parvenir. »

Maman était plus optimiste : « Hummm... *tan fètann lésé tan... sa ki dèyè pò kò touché...* », le temps prends son temps mais il fait ce qu'il a à faire, sentenciait-elle, mystérieuse. Elle annonçait une aube inévitable après la nuit, tout en convenant que nous vivions des temps difficiles qui promettaient de devenir funestes. Puis elle se mettait à fredonner *Stormy Weather* sur le tempo traînant de Billie Holiday, sans sa voix éraillée «*...Keeps rainin' all the time... Life is bare, gloom and mis'ry everywhere*[1]... » Nous tendons l'oreille pour saisir le message. Ce n'est pas la première fois qu'elle subvertit une chanson d'amour en parabole sociale.

1. « ... Il pleut sans cesse... La vie est nue, de la morosité et la misère partout... »

Chapitre III

Édouard
(Fin des années cinquante/début des années soixante)

Il est grand. Un géant. Il mesure deux mètres. Au moins. C'est l'effet qu'il nous fait chaque fois que Maman lève le bras, très au-dessus de sa tête à elle, pour le frapper. Il s'abrite des coups, assez maladroitement car il n'anticipe pas leur point de chute. Une chose est sûre, elle ne vise jamais la tête. Mon frère aîné ploie sous la volée de lianes tressées de cerisier et goyavier, les plus résistantes. Maman est une artiste. Son bras trace des arabesques qui finissent par être harmonieuses, comme si elle faisait exprès de balancer ses coups de part et d'autre de la colonne vertébrale. Mon frère saute d'abord sur un pied, puis soulève l'un après l'autre très rapidement comme un cabri qui s'essaierait sur place à une course de chevaux. Il ne crie pas, c'est mon petit frère qui s'en charge. D'abord des cris de douleur, ouille, comme si les lianes atterrissaient sur son dos, puis des cris de clémence, Maman arrête, arrête ça fait mal ! Mon grand frère, lui, se cabre, se tord, feinte. Je reste bouche bée. Maman continue son œuvre, symétrique dans ses attaques, je me demande si c'est par esprit mathématique, sa matière préférée surtout la géométrie mon ennemie jurée, ou pour équilibrer ses efforts. Elle poursuit, *ouap* à gauche, *ouap* à droite, parfois *ouap ouap* à gauche, *ouap zip ouap* à droite, *shrip ouap, ouap* pour le surprendre ou par goût des ruptures de rythme. Maman Ella, *« It don't mean a thing if it ain't got that swing do bop do bop do bop*[1] ». Les lianes chantaient. Elles ont

1. « Ça ne rime à rien s'il n'y a pas ce swing do bop. »

sifflé. Elles ronflent. Dans une espèce de decrescendo, elles quittent les omoplates pour le bas du dos plus charnu. Une façon de répartir et d'éteindre la douleur, peut-être. D'ailleurs, sitôt la correction administrée, elle le traîne elle-même sous la douche.

Nous avons l'habitude des châtiments. Nous recevons presque chaque jour le tribut de nos forfaits. Lorsque la faute est plus énervante que grave, c'est une gifle, administrée sans souci de grâce dans le geste, par l'allongée d'un arc oblique descendant de gauche à droite dans un style typiquement créole, nous l'appelons *kalôt*. Pour une bêtise plus sérieuse ce sera un *palaviré*, une *kalôt* en aller-retour. Un petit écart ne mérite pas davantage qu'un *yon*, légère taloche en surface. Un *babotchèt* se donne en aller simple du dos de la main avec une force modérément retenue, il est réservé aux insolences. Pour une impolitesse ce sera un *pêkê*, tranchant arrivant par trajectoire planante. Un *bikôk*, plus rare, la tête étant considérée, sans doute à tort, comme plus fragile que le visage, se délivre au-dessus de la nuque ; il est servi par deux doigts, l'index et le majeur lancés de bas en haut, la version adulte étant moins douloureuse et assez différente de la variante enfant ; celle-ci, pratiquée par l'espèce particulière d'adolescents « grands-profitant-sur-les-petits », est distribuée de haut en bas pour augmenter sa force à l'arrivée pile sur la bosse arrière, le poing fermé et le majeur seul en protubérance replié en cône pour provoquer par choc une brûlure fulgurante ; il est ponctué d'un *iiiiisalé* si nous sommes entre enfants ou atténué d'un *isaintbôt* si dans le champ auditif se trouve un adulte susceptible d'aller cafter aux parents.

Exceptionnellement, nous avons droit à une raclée de lianes ou de ceinture en cuir. Il s'agit de ceintures fines mais effroyablement souples, nerveuses, solides. Elles sont fabriquées par monsieur Moutien Léonce, que les adultes appellent frère Moutien, sans que l'on sût jamais pourquoi, il n'était ni diacre ni franc-maçon, du moins à notre connaissance profane, empirique et aléatoire. Maman les achetait chez les commerçants, car semble-t-il monsieur Moutien, unique et dernier bourrelier-sellier devant l'Éternel, débordé de commandes en gros et demi-gros, ne pouvait plus guère accepter de petits travaux individuels. Maman choisissait ces ceintures pour un usage courant, elle palpait, tirait, éprouvait puis se décidait selon la souplesse du cuir, sa carnation, sa façon de vieillir.

Ces ceintures étaient portées en élégance, elles étaient faites et achetées pour cela, pourtant certaines finissaient par ne plus servir qu'aux raclées. Nous étions péremptoirement invités à nous présenter, jamais pris par surprise. « Venez prendre deux coups de cuir », convocation formulée en créole, deux étant dans cette langue une quantité imprécise. Pour en arriver là, il fallait avoir fait ! Il y avait donc une gradation entre la faute et la punition. Nous pouvions deviner la gravité de l'acte ou du manquement en observant la sanction infligée. Mais cette dérouillée-là, qui se déroulait ce jour-là sous nos yeux, ne pouvait réprimer qu'un fait grave, un crime à catastrophe, un brigandage qui relevait probablement de la police.

Rien de tout cela en vérité. Mon frère était juste rentré soûl.

Soûl, c'est beaucoup dire. Il tenait droit sur ses jambes, il ne déparlait pas, ne chantait pas à tue-tête, ne vomissait pas, ne pissait pas en plein air, il n'injuria personne, il circulait à pied donc n'avait pu menacer nulle vie, mais voilà, son haleine sentait l'alcool. Or Maman a l'odorat fin. Et l'angoisse apocalyptique. Le moindre faux pas de n'importe lequel d'entre nous était le signe annonciateur d'une ruée vers une mauvaise vie ou une vie misérable, qui méritait mortification avant trop tard. Après une rossée pareille, j'aurais boudé cinq jours. Mon frère ne perdit même pas sa faconde. Il n'en voulut pas à Maman. Il suffisait de les voir et de les entendre. Deux jours plus tard, assis sur une marche devant la maison, devisant comme vieux amis, ils badinaient sur cet art du tabassage familial et la façon de bander puis relâcher les muscles pour accueillir la claque des lianes et l'empêcher de déchirer la peau. Ils en riaient et entonnaient en chœur *Petite Fleur* de Sidney Bechet, *« Quand la vie… par moments me trahit tu restes mon bonheur petite fleur… »* et Maman continuait de s'étonner que Sidney Bechet soit mort le jour de son anniversaire, quel drôle de cadeau à soi-même !

Je compris que l'amour inspire cette rage inquiète qui affole Maman, même si elle ressemble à s'y méprendre à une froide colère. Maman se préoccupait de notre avenir à en devenir brutale. Jamais cruelle. L'on n'est pas que ce dont on se souvient. Il n'a jamais été question de l'esclavage à la maison ; chez nous comme ailleurs cette histoire était morte et enterrée, ce que l'on en savait dans les familles, lorsque l'on en savait quelque chose, n'affleurait jamais. Sauf à l'insu de tous.

Quelques détours de langage, irréfléchis probablement, remémoraient ces temps enfouis. C'était l'admiration pour une forte gueule, personnalité vigoureuse, rurale, non métissée, tenant tête au pouvoir, que l'on désignait affectueusement du grade de Nègkongo, en référence aux Nègres marrons. C'était aussi ces pratiques rituelles, magiques, demeurées vivaces que l'on traitait de *bagaj vyénèg*[1] avec un mépris bruyant tout en les craignant comme source sacrée de la puissance kromanti, et en y recourant dans les situations de désespoir. C'était encore, à l'ordinaire, commentant une bagarre entre femmes, le titre honorifique de Modong attribué à celle qui l'avait emporté par morsure sanglante, allusion à cette ethnie africaine qui se lime les dents. Un savoir dont personne ne déchiffrait l'origine, une espèce de science d'imprégnation, une sorte de souvenance par inadvertance.

Ce pouvait être une injure proférée avec une manière de terreur furieuse. Commandeur ! géreur ! commandeur, va ! pour qui il se prend çuilà ? pour un géreur ? Intermédiaires sans patrie ni fratrie, commandeurs et géreurs, coincés entre le maître et les esclaves, avaient mauvaise presse, chargés d'organiser le travail, d'en contrôler l'efficacité, de sévir, de fouetter les récalcitrants. Ces contremaîtres d'un autre âge étaient pour la plupart blancs comme les maîtres, il en était des mulâtres mus par l'aspiration d'être admis en sujets du roi, hommes d'apparence libres, ce que seuls sont les maîtres. Il est arrivé que le commandeur soit noir. Comme les esclaves. Et obligé de fouetter un dos tout pareil au sien. Et de développer une habileté à faire chanter le fouet en épargnant le dos.

Cette promptitude à frapper, cette dextérité à manier la trique autant que cette adresse à esquiver, ce déchirement que fouetteurs et fouettés pansent ensemble, nous devons en tenir un peu de là. Certes, nous n'avons pas le monopole de la violence familiale, loin s'en faut, et c'est tant mieux pour nous. Et dommage pour tous. D'autres sociétés et d'autres milieux se montrent plus inventifs, plus aguerris, plus pervers que nous. Il n'est cependant pas

1. Pratique de Nègres ariérés.

absurde de présumer que cette façon d'appliquer les coups ressemble fort à une réplique de commandeur noir officiant sous l'œil du maître et contraint à des démonstrations de férocité, tout en ménageant au possible ce dos-miroir.

Mon frère nous a raconté ses déboires de ce soir-là. Il rentrait d'une soirée d'anniversaire avec quelques copains et se trouvait à environ trois cents mètres de la maison lorsqu'il entendit derrière lui un bruit régulier, *fap fap fap* ; il se retourna trois fois, trois fois il ne vit rien, trois fois le bruit se tut, trois fois le bruit reprit. Il perçut tout à coup le souffle d'une créature qui, à en juger par le sens de ses déplacements, avait pris forme de *soukougnan*[1]. Il regretta de ne pas avoir un *baclou* créole, ou un *kunu boni* ou encore un *wennsi saramaka*[2] pour le protéger contre les mauvais esprits.

Se rappelant alors les recommandations des anciens, il alluma une cigarette, mit sa chemise à l'envers, raffermit son pas et se dirigea résolument vers sa destination. Le bruit cessa presque aussitôt et il put rentrer sain et sauf. Pour se faire corriger à l'ancienne, c'était bien la peine ! En fait, n'ayant pas de clé il avait dû réveiller Maman ; il se doutait que l'accueil ne serait pas cordial et s'apprêtait à recevoir *illico* une dégelée de torgnoles, mais il préférait cette perspective à celle de passer la nuit dehors, après s'être soustrait à ce *fap fap fap*.

En fait, Maman le laissa aller au lit et le cueillit au petit matin pour lui inculquer, non comme il croyait le sens du couvre-feu, mais le goût de la sobriété. Nous étions éduqués dans le culte du respect, nous le devions à tout plus grand que soi. Aussi, ne fîmes-nous aucun commentaire au récit de ce frère aîné, mais nous pensâmes alors que, bien que marchant sans zigzag ce soir-là, il devait finalement être soûl.

Nous connaissions, comme tous les enfants de la ville, l'histoire de ce noctambule qui, pris soudain d'un pressentiment se mit à courir et entendit *tap tap tap* dans son dos. Il s'arrêta lui aussi trois fois, trois fois il ne vit rien. Pris de panique, persuadé qu'il était poursuivi par un esprit malveillant, il bifurqua et au lieu de

1. Créature surnaturelle.

2. Baclou, kunu, wennsi : esprit servile exécutant tous les ordres, bons et mauvais.

rentrer chez lui pour s'y retrouver seul, se précipita chez un autre compagnon de bombance. Il expliqua avoir reconnu l'odeur d'un camarade de jeu de *grenndé*[1] récemment décédé et qu'il avait humilié et dépouillé plusieurs fois en trichant.

Heureusement ce soir-là le compagnon de bombance était abstinent, il s'était purgé à l'absinthe, c'est lui qui comprit que le *tap tap tap* provenait de la cravate qui s'était rabattue sur l'épaule de son camarade. À quoi s'expose-t-on à ne pas être à jeun ! Aucune de ces histoires n'est probablement ni vraie ni vraisemblable, mais elles peuplaient nos imaginaires et nous comblaient de sensations… et de sagesse !

Maman n'en avait pas terminé avec cette affaire. Elle avait eu trop peur. Elle entreprit dès la semaine suivante des démarches pour obtenir à mon frère de dix-huit ans un engagement de cinq ans dans l'armée. Cette génération de parents célibataires malmenés par la vie, auxquels la société chrétienne ne pardonnait rien, s'agrippait avec foi et superstition à l'armée qu'elle croyait capable de transformer le granit en or, lorsque l'école n'avait réussi qu'à moitié et que l'Église n'avait pas accompli sa part alors que les garçons de ces familles servaient tous, plus ou moins longtemps, comme enfants de chœur.

Maman prenait acte que ses avertissements n'agissaient pas. Ce n'était pas faute de les dramatiser. Elle promettait à mon frère le sort des vidangeurs, ces hommes dont le métier consistait à ramasser les déjections des habitants de la ville, riches et pauvres, jeunes et vieux, malades et bien-portants, tuberculeux et syphilitiques, et qui, penauds, n'opéraient que de nuit, et masqués ; mais cette ville comptait trop de fêtards et de noceurs, il y en avait toujours un pour, une nuit ou l'autre, à travers la brume des vapeurs de son cinquième punch ou d'un whisky frelaté, en reconnaître un ou deux à la nuque bovine, à la cambrure des jambes, aux pieds *dikan*[2] et même à un tic de sourcil, de sorte que quoi que l'on fasse, on n'échappe pas à l'opprobre. Voilà ce qu'il advient, assurait-elle, à ceux qui n'ont pour diplôme que leur certificat de baptême. Dans la gamme des métiers dégradants, suivaient les fossoyeurs, les

1. Jeu de dés.
2. Pieds rentrés et jambes en X.

hommes de main du corbillard à charrette, les balayeurs de rue. Rien de cette litanie d'infortunes ne traumatisait mon frère.

Ce frère était une comète. Il apparaissait, jovial, par une belle après-midi ensoleillée ou tièdement pluvieuse. En vrai, il fuguait. Il habitait chez son père. Une histoire alambiquée d'ingratitude, de caprice, et d'éducation par l'expérience. Il aurait dit un jour à Maman que c'était mieux chez son père. Trop jeune sans doute pour discerner le charme discret d'une vie quotidienne sans éclats ni turpitudes, ce qu'offrait Maman, des délices tapageurs mais par nature éphémères qu'offraient les courtes visites ou week-ends de fêtes qu'il passait chez son père.

Maman l'expédia avec armes et bagages dans la famille de son père, chez une belle-mère et des demi-frères et sœurs, sans lui laisser le temps de se faire à l'idée même de son nouveau bonheur. Au bout d'une semaine il demanda en larmes à revenir. Maman se montra inflexible. Alors, il fuguait. Parfois Maman le renvoyait *manu militari*, d'autres fois elle faisait comme s'il n'avait jamais quitté la maison, elle redevenait poule couveuse, lui parlait sur le même ton qu'à nous, le servait à table comme nous, l'envoyait se brosser les dents et se doucher comme nous, au lit comme nous.

*

Maman revint un soir avec un papier sanglé de bleu blanc rouge, dont il apparut qu'il scellait le sort de mon frère. Nous aurions cru qu'elle serait triomphante. Elle semblait accablée. Mon frère montrait plus de légèreté qu'elle. À vrai dire et profondément, sans qu'il s'en fît une doctrine, il a toujours préféré l'aventure à la sécurité.

Exceptionnellement, et nous y assistions avec envie, elle l'autorisa à utiliser le vieux phonographe rutilant qui trônait dans le salon et que nous avions à peine le droit d'admirer de près. « Vous touchez avec vos yeux. » Tout d'un coup, par le miracle de ce papier bleu blanc rouge, mon frère acquit le droit de toucher avec ses grandes mains maladroites le bras délicat sous lequel il glissait les trois seuls 45 tours en sa possession, les Chaussette noires, *Tu parles trop*, Mighty Sparrow et son steel band, Roberto Carlos, *Louco por Você* ; du rock français au calypso trinidadien en passant par la variété brésilienne quasi mystique, l'éclectisme de ses goûts. Par tact, il alternait de temps à autre avec un morceau de Louis Armstrong qu'il appréciait autant que Maman, le scat de *Heebie Jeebies* ou un disque de Charles Trenet que Maman aimait écouter, *La Mer*, ses reflets d'argent, ses reflets changeants, ses blancs moutons, ces maisons rouillées.

Le jour de son départ il avait fière allure, et s'en doutait. Son visage lisse comme une feuille de tabac séché rayonnait sous son calot légèrement incliné, sa silhouette se dressait plus que de coutume dans son uniforme impeccable, pantalon aux plis affûtés, galons à l'épaule, col en pente, ses chaussures cirées, une vraie tenue de gala ! Maman le fit prendre en photo ; la photo tirée sur papier glacé, superbement contrastée d'un beau noir de charbon et d'un blanc laiteux, fut placée dans un joli cadre en bois violet et installée sur le buffet que nous devions épousseter soigneusement chaque dimanche.

Ce buffet était une œuvre d'art. Fabriqué dans un magnifique duo d'amarante et de saint-martin rouge, essences précieuses réservées aux meubles de standing, il présentait des moulures aux angles. Il était composé de deux parties. L'une, le bas, massif, abritait les assiettes en porcelaine de Limoges ornées de scènes champêtres animées par de graciles personnages aux contours bleus sur blanc cassé. L'autre, étage vitré monté sur un panneau sculpté en fond et deux piliers finement ciselés à l'avant, exhibait ses parures de verres en cristal. Nous n'avons jamais eu l'usage de cette vaisselle pas plus que de l'argenterie, même pas pour les premières communions. Maman dénichait, nul ne sait où, une autre vaisselle légèrement moins raffinée. Exceptionnellement, seuls quelques verres de cristal étaient précautionneusement extirpés pour servir le sorbet aux invités de marque. Nous n'étions autorisés à approcher ce buffet et à n'y toucher qu'avec une peau de chamois ; nous avions pris l'habitude de le considérer comme une pièce de musée dont la vie comptait davantage que la valeur.

La démarche de mon frère avait changé, il était frimeur, il devint conquérant. Il s'impatientait du jour où il embarquerait sur ce bateau qui le conduirait au Havre. C'était encore largement l'ère de la mer, et c'est du port de Cayenne que partaient ceux qui allaient découvrir la douce et mystérieuse France. Comme allèrent la défendre vingt ans plus tôt, parce qu'ils la rêvaient inviolable, ces jeunes Guyanais résistants, nos dissidents, ainsi nommés parce que de ce peuple légitimiste se levaient des jeunes gens qui osèrent désobéir aux ordres du gouverneur pétainiste.

Le bateau pouvait être un paquebot, réservé aux fonctionnaires qui repartaient après leur temps d'affectation outre-mer, aux gradés de l'armée ou aux mulâtres fortunés héritiers de terres volées ou de patrimoines de comptoirs. Comme une fantaisie de sobre mixité sociale, un petit nombre de fonctionnaires locaux jouissant de congés bonifiés pouvaient également avoir accès à ces bâtiments. Ma grande sœur adolescente y avait goûté, son père étant fonctionnaire. Elle en avait ramené des photos que l'on aurait crues découpées dans *Paris Match*.

Ce bateau pouvait aussi être un cargo, bananier ou pétrolier. C'était pour des passagers comme mon frère. Ce dernier n'en avait cure, il partait à l'aventure. Étrangement, Maman qui avait causé l'événement et la raison de telles métamorphoses paraissait à la fois heureuse et abattue, disons soulagée mais soucieuse. Peut-être se doutait-elle qu'en arrachant son fils à l'oisiveté elle le livrait en même temps à l'inconnu, d'où pourrait surgir le meilleur comme le pire. L'institution militaire, qui alors matait les jeunes rebelles par contingents entiers, percevait bien que de jeunes recrues comme mon frère, croqueur de vie, lui étaient livrées sans filet de sécurité ; ce n'est pas de ce genre de famille que seraient à craindre litiges, réclamations ou tracas judiciaires. Édouard partit dans l'euphorie. C'est ainsi qu'il sortit de notre vie pour de longues années.

Quand il revint, je le reconnus à peine. Il avait gardé ses airs de bourlingueur, d'éternel matelot sans navire, infatigable joueur, mais il manquait quelques reflets dans son regard. Son grain de peau s'était comme rugosifié ; son teint, ayant perdu son éclat de maracuja mûr, avait grisaillé ; ses pommettes étaient devenues plus saillantes, ses orbites plus creuses, ses mains me parurent moins grandes que dans mon souvenir. Il dit être en récupération de permissions accumulées, avant son élargissement. Maman lui conseilla de renouveler son engagement. Il était majeur, il pouvait décider, il le fit sans confrontation. Il ne rempila pas.

*

Notre maison est petite, modeste. Nous nous y entassons sans être incommodés par l'étroitesse des lieux. Un salon, toujours impeccable car interdit d'accès, la chambre de Maman toujours parfaitement rangée et harmonieusement agencée, draps assortis aux rideaux, table de chevet sculptée d'angelots dodus, recouverte d'un napperon ajouré sur lequel trône un soliflore dont la fleur, une rose, est changée chaque jour, le lit et l'armoire à moulures formant une parure. Pendant toute la période où je suis la seule fille de la maison, ma grande sœur résidant sans enthousiasme chez son père, ma petite sœur chez sa marraine et ma plus jeune sœur n'étant pas encore née, je dispose d'un coin-chambre longitudinal, à peine plus large qu'un lit simple, mais j'y suis chez moi et cela suffit à mon intimité. Toute cette partie de la maison est en bois.

La chambre des garçons a été rajoutée, elle est en ciment, comme la cuisine et la douche également construites après. Une évidente injure à l'esthétique architecturale, mais personne ne songe à s'en plaindre ; ni les garçons trop contents de cette chambre immense aussi large que tout le reste de la maison, qu'ils transforment parfois en aire de jeux, ni moi-même qui participe aux guerres de polochons, ni Maman trop heureuse de ne pas avoir à hurler de sortir du salon ou à les chercher dans les recoins de la cour. Comme tous les Guyanais, nous vivons davantage à l'extérieur. Les espaces communs, galeries, vérandas, balcons occupent toujours plus de place y compris dans les maisons bourgeoises.

Notre maison est sur un seul niveau. Légèrement surélevée par de courts pilotis. L'espace entre le sol et le plancher permet de faciliter l'écoulement des eaux pluviales, d'éviter que les petits reptiles, lézards, agratiches, *patkanas* y prennent leurs aises, stocker des matériaux divers, servir de refuge au chien, et à l'occasion nous mettre à l'abri d'un danger, pas seulement une raclée. Nous n'avons ni galerie, ni véranda, ni balcon, mais il ne nous vient pas à l'idée d'envier les autres, notamment la propriétaire du terrain, famille bien installée occupant une splendide maison créole en poutres de *wapa*, plafonds hauts, briques aux initiales familiales, claustras couleur crème, volets en courbaril, caillebotis en *parcouri* lazuré, persiennes en grignon franc orientées aux alizés, parquet en angélique, galerie en carreaux de glaise laquée, tuiles d'argile cuite et balcon de fer forgé, habitation remarquable où règne la propriétaire volubile, matrone prolixe en gestes et paroles, assez gourmande à nous rappeler nos différences sociales.

Nous disposons d'une vaste cour. C'est un morceau de forêt, avec des arbres fruitiers et des arbres sans fruits, des fleurs sauvages et des plantes sans fleurs, des oiseaux du matin, le parakwa, des oiseaux du soir, le moréyo, c'est aussi un repaire pour les crapauds et cigales qui donnent concert ininterrompu à partir du serein. Ce n'est pas notre propriété mais nous en avons la libre jouissance, la charge d'entretien aussi, pesante contrainte pour Maman qui, périodiquement, engage deux jobbeurs pour arracher les mauvaises herbes, élaguer les arbres et nettoyer les abords du *pripri*, un petit marécage regorgeant de *moucou-moucou*, plante aux larges feuilles que nous utilisons pour construire des cabanes. Faisant le tour de la maison une cour, que nous devons balayer trois fois par semaine, nous sert de véranda.

Derrière la maison, un pied de piment-café éloigne les esprits. Deux arbustes, chacun à une extrémité, un sinapou et un *ipéca brava*, servent de pharmacie contre les morsures de serpents, ces bêtes mystiques et répugnantes qu'il ne faut jamais nommer et qu'on désigne par un générique, *Ilong-ilong*. Devant la maison, entourant les fleurs de jasmin, des plants de citronnelle dissuadent les moustiques tout en parfumant l'air. Plus loin, un pied de *koumouri*, espèce de bambou à chaume, est censé repousser les chauves-souris, volatiles-vampires que nous sommes incapables de considérer comme des oiseaux naturels. Les premiers arbres fruitiers se trouvent à environ cinq mètres de la maison.

J'étais perchée sur une branche du prunier de Cythère lorsqu'ils se sont installés, Édouard et mon autre grand frère, son jeune frère Antoine, ils étaient du même père. Ils se sont campés au pied de l'arbre, au creux de deux racines. Je me suis bien gardée de me faire remarquer. J'avais l'habitude de faire des agapes de fruits en matinée et à l'heure du déjeuner j'étais incapable de finir mon repas, parfois même de le commencer lorsque le poisson me paraissait peu ragoûtant, c'était souvent, ou la viande trop cuite, même comme prétexte, allez allécher un estomac rassasié.

Maman se doutait que je m'étais rempli la panse autrement, mais elle manquait de preuves. Ou faisait mine. Il faut dire que les apparences étaient sauves, je m'arrangeais avec mon petit frère qui avait bel appétit. Au nom de la misère dans le monde, il nous était interdit de gaspiller de la nourriture ; la gentillesse complice et la faim de mon frère me sauvaient. Je fonctionnais à l'envers, je commençais par les mangues ; n'ayant rien eu sous le palais juste avant, j'en recevais toute la saveur ; puis c'étaient les bacoves, une espèce d'entremets, avant la douce acidité des goyaves ; je passais ensuite aux *kouzous* et aux caramboles ; enfin selon la saison, je terminais par les cerises ou les prunes de Cythère, leur goût âcre pour conclure ma faim ou clôturer mon plaisir. Je grimpais avec agilité et pour descendre, il fallait faire vite, je sautais au sol de la première branche, ou de plus haut les jours d'audace. En général j'atterrissais bien, parfois je m'écorchais un genou ; il m'est arrivé de me mordre la langue en tombant.

Ce jour-là, pour éviter un flagrant délit je me suis calée afin de pouvoir rester immobile, priant mon ange gardien pour n'être prise ni de toux ni d'éternuement. Mes frères ont commencé par rire de la dernière trouvaille de Tonton Nounoun qui, depuis deux jours, empilait derrière la maison des planches mal équarries et un rabot rouillé au motif pompeusement proclamé qu'il allait recommencer à fabriquer des guéridons de salon. Ils se gaussaient, prédisant des guéridons bancals, le plateau bosselé de grumeaux de vernis éventé, peints par-dessus en vert, jaune, rouge et bleu, dernières couleurs de prédilection de Tonton. S'affranchissant tout autant du respect sacré dû aux « grandes personnes » que de l'élémentaire compassion, ils moquaient ses radotages hoquetant et ses pas branlants, Tonton étant porté plus que de raison sur le Cœur de Chauffe, rhum à cinquante-cinq degrés.

Soudain Édouard prit un ton de confidence pour raconter que pendant ce service militaire anticipé, il a découvert de drôles de mœurs à l'armée. L'adjudant de son unité a été chargé de récupérer les armes des seuls Antillais et Guyanais, au prétexte que le général Némo, en poste à la Martinique, a inventé le service militaire adapté spécialement pour les jeunes engagés et conscrits de l'outremer qui doivent donc abandonner les armes et apprendre un métier.

Dès lors, il a voulu apprendre le dessin industriel. Malgre ses efforts de présence, de discipline et même de corvée, il a reçu une fin de non-recevoir et a été affecté à des travaux de terrassement. Pourtant, il avait évité de se mêler aux racontars, aux chuchotements, aux actes d'insoumission larvée auxquels se livraient les appelés martiniquais qui, d'après les nouvelles reçues de leurs familles, affirmaient qu'on nous enlevait les armes parce que d'anciens soldats avaient participé aux émeutes de décembre 1959 à Fort-de-France, qu'ils avaient défendu les gens que les gendarmes continuaient à tirer comme des lapins bien qu'ils eussent déjà tué trois lycéens qui n'étaient armés que de pierres.

Mon frère voulait juste apprendre à dessiner les lignes, les courbes, les perspectives et les reliefs. Il avait vu la promenade des Anglais à Nice et s'était pris à rêver de transformer en promenade des amoureux les abords du canal Laussat, cours d'eau alluvionnaire creusé à mains nues par les esclaves, qui traverse la ville et en réalité la sépare, et servant de dégrat aux pêcheurs côtiers.

« Je ne vais pas rester toute ma vie à l'armée quand même ; en sortant je voulais travailler dans un cabinet d'architecte pour dessiner le paysage, ensuite construire, décorer, fignoler une allée en ciment carrelée, la planter de buissons et de fleurs, des hibiscus, des roses porcelaine, des oiseaux du paradis, plus quelques arbustes pour accrocher des orchidées, par endroits des marie-crabe pour embaumer l'atmosphère ; on aurait mis des gardiens pour empêcher les gens d'arracher les plantes, tu connais les Guyanais, ils entrent jusque dans les corridors pour voler les plantes, alors là avec les feuillages de vivra-verra, les marie-crabe pour leurs tisanes contre la grippe, la promenade serait vite défigurée.

— Ce n'est pas chez un architecte que tu dois travailler pour ça, prétendit savamment notre frère, c'est chez un urbaniste ou un paysagiste. »

La conversation était devenue grave, il était trop tard pour que j'annonce ma présence. Je réalisai que la révélation de mon indiscrétion serait une humiliation pour nous trois. Je restai coite.

« Peu importe, architecte, urbaniste ou paysagiste, j'ai le droit de choisir mon métier ; tu vois, j'aurais tracé les bords de cette promenade avec des arrondis aux angles et j'aurais espacé les massifs de fleurs pour faire des loges pour les couples d'amoureux ; tu sais on peut donner des formes aux feuillages, une étoile, une fleur de frangipane, ou encore un ocelot ou une tortue luth. »

Notre frère avait enfin compris que ce n'était pas une discussion, plutôt une confession, il ne pipait plus mot, il écoutait consciencieusement.

« Qu'est-ce que ça leur coûtait de me donner cette formation, le groupe de conscrits inscrits pour la suivre n'était même pas complet. Non moi, ce qui est bon pour moi, c'est de trimer dehors, à pas d'heure, par tous temps et intempéries ; nous n'étions que des Nègres au terrassement, comme si on n'a pas de cervelle, que des muscles, pour eux on est tous des Serge Nubret, ils ne connaissent que ça, ils ne voient que la carcasse, pas la tête ni le cœur ; à quoi ça sert Félix Éboué qui sauve la France, à quoi ça nous sert Monnerville qui parle grand français et fait chef au Sénat, à quoi ça sert René Maran qui gagne le prix Goncourt ? »

Sans doute pris de panique par la tournure de l'ambiance, son jeune frère tenta une diversion :

« C'est quoi ce René Maran, marrant, il gagne avec un nom pareil, c'est un pseudonyme ça ?

— Marrant ? On ne dit plus marrant, si tu veux être à la page, tu dis “poilant”, et tu sais le nom du livre ? *Batouala.*

— *Batouala* ? C'est un dialecte africain ça ?

— Sais pas, y a plein de langues en Afrique. *Batouala*... plutôt bats-toi là oui ! »

Après son vocabulaire gentiment corps de garde, il retrouvait un tonus ironique. Il n'était pas apaisé pour autant.

« Je sais bien qu'ici on est spécialisés, les Syriens vendent des tissus, les Chinois des savates, du manger, du rhum et du mousseux, les Blancs sont gendarmes et ils commandent au tribunal, les Javanais sont tailleurs, les Saint-Luciens cordonniers, les coolies sont pêcheurs, mais nous, justement, on fait tous les métiers, professeurs, infirmiers, ébénistes, cordonniers, agriculteurs, vendeurs au marché, dockers, policiers, directeurs d'école, chefs à la préfecture, à la poste, à la Régie d'électricité, même prêtre, et même le commerce aussi, regarde madame Boutezelle, elle a son commerce, elle est martiniquaise mais elle est comme nous, même si elle parle *jeûteûleûleû*, madame Laguerre vend des livres, madame Gratien aussi, madame Marimoutou et sa mercerie, elle est guadeloupéenne mais elle est guyanaise aussi, et même le papa de José, Jean-Marie et Christiane, il a son épicerie et il est charpentier, on est partout ; et pourquoi moi, tout ce que je dois faire, c'est manier une bétonnière ? On dirait qu'ils veulent qu'on soit feddayin. Ce Nasser-là qui embête les Anglais et les Français, il a repris son canal pour les empêcher de circuler, c'est lui qu'a raison ; regarde ce qu'ils ont fait à Lumumba, un Premier ministre ! Et son corps a disparu, sûrement jeté aux alligators ; les officiers, ils racontent ça en buvant et en rotant ; tu vois les gendarmes en ville avec leurs shorts et leurs chaussettes, ce sont les mêmes qui sont au Congo, je te le dis, j'ai vu des photos, tout ça pour le pétrole et les diamants ; si un jour on trouve des diamants et du pétrole ici, ils sont capables de faire pareil ! Ils n'aiment pas ceux qui leur tiennent tête, ils n'aiment pas Sékou Touré, celui-là en Guinée il leur fait la nique, il a dit c'est lui le chef chez lui ; ils vont finir par l'assassiner aussi ; tu demandes ils te disent *makach*, tu prends ce qui est à toi ils te zigouillent, ce sont toujours les mêmes qui gagnent. »

Sa voix était devenue humide. Même lovée dans mon creux en *fourka*, je ployais sous la lourdeur de l'air. Au bout d'un interminable silence, par une pirouette, il congédia l'amertume et se mit à raconter des frasques, réelles ou fictives, auxquelles il se livrait avec quelques camarades dans ce qui ne devait être qu'une petite ville de garnison. Toutes ces escapades finissaient en batailles rangées ou en scènes héroïques. Je n'ai pas tout compris. J'ai senti. Il avait assurément rencontré racisme et préjugés, à la caserne et au-dehors. Il affrontait des démons. *Mack the Knife*, version Ella, *« The shark bites... What's next*[1]*... »*

C'est une expérience étrange pour une petite fille que de voir son grand frère qu'elle a toujours vu immense et d'une inépuisable joie de vivre, aussi déloyalement vaincu.

Il repartit six mois plus tard. Depuis la création du Bumidom qui expédiait à volonté en « métropole » avec un billet aller simple, tous ceux, garçons et filles, qui acceptaient de partir à l'aveugle, il savait pouvoir s'en aller sans dépendre des militaires. Il voyagerait en avion, ce serait de surcroît plus confortable que la bétaillère de l'armée. Il nous quitta de nouveau, paré de son regard plus terne, d'un rictus asymétrique, les joues sèches, une calvitie précoce, son rire jauni de morosité, et en même temps une espèce de posture bravache. Il reprenait le chemin de la conquête du monde.

J'imaginai qu'il partait à l'assaut des montagnes et des plaines, des déserts et des grandes étendues neigeuses de mon livre de

1. « Le requin mord... Quelle est la suite... »

géographie. Je pensai que je le reverrais chevauchant un étalon, seul mais lumineux, victorieux de tout. Je ne le revis pas. Lorsqu'il revint, j'étais partie étudier.

Il aura sept enfants, tous réussis, avec son épouse, un amour de jeunesse.

Je n'ai pas eu le temps de l'aimer assez pour le connaître. Ou de le connaître assez pour bien l'aimer.

Il est mort à quarante-deux ans.

Chapitre IV

CATAYÉE
(1962)

« La Légion étrangère !... Mais alors, ce statut départemental, c'est une mascarade. Ils ont raison, la bande d'excités qui racontent que la Guyane est une colonie. Comment ça, le ministre de la Marine lui-même avait dit que les légionnaires ce sont des militaires spéciaux réservés à la pacification des colonies. Il paraît qu'ils sont courageux, mais tout le monde sait qu'ils sont féroces aussi, c'est des brutaux, ils ne rigolent pas avec les indigènes, nulle part, ni en Afrique ni jusque là-bas en Indochine, chez les Javanais.

« On les a inventés spécialement pour les Arabes, en Algérie. Là, ils ont fait dégâts sur dégâts. Mais maintenant c'est fini, l'Algérie est en train d'avoir son indépendance, ils ont fini par se fatiguer les uns et les autres de se faire la guerre ; finalement tu ne sais pas qui a commencé ; quand même la perdrix ne peut quitter les bois et venir donner des ordres à la poule dans son poulailler ; mais c'est leurs oignons, là ils sont en train de signer leurs accords, ils ne me demandent pas mon avis ; c'est sûrement le ministre qui se débrouille pour fourrer ses légionnaires quelque part ; c'est remuant ces gens-là ; nous, on connaît, on a donné pour savoir, les tirailleurs sénégalais c'est comme ça qu'ils ont réussi à les énerver, en les laissant des années à ne rien faire et en leur racontant des balivernes, qu'ils vont rentrer chez eux, avec des primes et tralala ; et qui c'est qu'a trinqué lorsqu'ils en ont eu marre de se laisser balader ? Nous, un soir de carnaval. Et puis c'est quoi, entreposer chez nous la Légion étrangère, ils ne vont quand même pas nous faire ça... après le bagne. Le mépris ne s'achète pas, mais tout de bon.

« De Gaulle ne doit pas être au courant. Il y a à peine deux ans, lorsqu'il a causé sur la place des Palmistes, il a donné à moitié raison aux autonomistes ; il ne s'est même pas demandé si tout le monde était content. Votre pays au caractère particulier, votre pays si éloigné, votre pays par-ci votre pays par-là, soi-disant la nature des choses, une sorte d'autonomie proportionnée... moi, je l'ai avalé de travers. C'est facile les phrases, paroles, paroles, paroles, à donner aux gens des espoirs de papayer mâle, qu'est-ce qu'il avait déjà lui-même à faire ce théâtre en plein air, avec des mots ronflants ? On n'est pas en Algérie, y a pas de feddayin ici, il ne suffit pas de raccourcir la nuit pour croire que le soleil va se lever plus tôt.

« Mais enfin bon, il l'a dit. Et les fonctionnaires qui n'aiment pas les Nègres, ils n'ont pas aimé. Rien que pour ça, je dois dire j'ai réfléchi, je l'ai toujours mal avalé mais quand même... Je mettrais ma main au feu il ne doit pas savoir que tout ça se manœuvre dans son dos. Comme il a parlé aux Algériens, qu'ils ont le droit de choisir leur destin et tout ça... il ne doit pas savoir. Le ministre-là, moi je ne veux plus le voir ni en peinture ni en caricature. *Tchip* ! »

Maman ne bronchait pas, elle avait l'habitude des tirades de Tata Dédée. Et de son inconstance. Dès le lendemain, Tata serait capable d'avoir de larges clémences pour le même ministre, il suffirait que quelqu'un qu'elle déteste le critique ou qu'il lui arrive un gros désagrément. Elle peut aussi bien, d'un coup, se désintéresser totalement de cette affaire.

D'ailleurs, sitôt sa tirade terminée, elle s'est mise à siffler un de ses airs préférés, dont parfois elle chante les paroles désopilantes, « *My husband's inside playing guitar come back tomorrow night*[1] ». Nous devinons à qui s'adresse cette femme, c'est une infidèle ; ce mot n'a rien à voir avec la religion, seulement avec le péché, il dit joliment l'adultère. Maman fait semblant de croire que nous ne comprenons pas ce que raconte cette chanson, son sens à défaut de sa langue. Elle fait semblant car elle connaît nos notes en anglais et nous avons tout un répertoire de chansons, que je chante à tue-tête, faux, avec une cadence qui prouve que je sais bien ce

1. « Mon mari est là, il joue de la guitare, reviens demain soir. »

que je chante, la plus innocente étant « *My bonnie is over the ocean my bonnie is over the sea my bonnie is over the ocean please bring back my bonnie to me*[1] ». C'est moins lyrique qu'*Oceano nox*, moins compliqué à retenir, moins exigeant à la déclamation, moins beau mais aussi moins vague.

Maman est l'aînée, elle cède très, trop souvent devant le caractère difficile de Tata Dédée, sa jeune sœur qu'elle a recueillie à la maison depuis deux ans ; elle lui a cédé sa chambre élégante et s'est réfugiée dans la pièce longitudinale mitoyenne au salon, ma chambre. Au moins est-elle plus proche de nous et nous l'entendons plus souvent quand elle chante. Parfois, c'est *L'Orage* de Brassens, « *Le bel azur me met en rage... des cieux toujours bleus... des pays imbéciles où jamais il ne pleut...* »

Tata Dédée nous tyrannise pour ses fleurs, nous persécute en nous faisant taire sous prétexte de maux de tête, fait enrager ma sœur aînée en lui refusant des sorties que maman a pourtant autorisées, pour ne ressentir finalement aucun plaisir vengeur ni à nos protestations ni à notre soumission forcée ; sinon elle ne serait pas ainsi, de plus en plus amère. Elle entretient un carré de rosiers, elle l'appelle ainsi ; c'est en fait un rectangle qui s'étend de sa chambre au bout du salon ; elle y a planté, à l'ombre d'un frangipanier aux fleurs blanches à cœur jaunissant, diverses variétés de roses, ajouté des tulipes-gabon, des cannes-congo, des anthuriums fragiles au pistil granuleux, sa fierté, du jasmin odorant et des alpinias entourés, comme d'un paravent, d'arbrisseaux de vivra-verra et de crotons bordeaux sombre aux feuilles torsadées.

Il nous suffit de courir à un mètre de ce parterre de fleurs pour l'entendre vitupérer comme si nous nous étions roulés sur les pétales ou que nous avions dévasté les feuillages. Le pourtour en était pourtant matériellement délimité par des dizaines de bouteilles de verre vert sombre que le soleil chatouillait de reflets argentés, toutes de même taille et de même corpulence, alignées et enterrées par le goulot. Nous le savions car nous avions été réquisitionnés pour les trouver, les ramasser, les laver. C'étaient pour la plupart des bouteilles de limonade, que nous aurions

1. « Mon fiancé est parti par-delà les mers, je vous en prie ramenez-le moi. »

préféré retourner à la consigne contre dix sous la bouteille, et quelques autres de quinquina.

Nous nous étions fait traiter de colimaçons et de tortues *môlôkôy* lorsque, malgré notre ardeur à la recherche, car nous voulions nous débarrasser autant de la corvée que du commanditaire, l'approvisionnement ralentissait. Nous la maudissions, prenant bien garde de ne rien en laisser voir, elle était trop habile à nous faire rosser pour des méfaits imaginaires. Par ces secrets de famille qui s'échappent par grains de poussière ou par vapeurs intermittentes, nous avions appris qu'elle avait longtemps rêvé d'avoir deux garçons, qu'elle en avait eu un, emporté à tout juste un an par une crise de vers. Essayant d'échapper au naufrage du chagrin elle avait accouché très vite d'un deuxième garçon. Emporté lui aussi par une crise de vers. Félon de sort. Lui accorder ses deux garçons et les reprendre bébés, d'une même saleté de maladie, si petits, en l'espace de deux ans... Chienne de vie. Elle avait, disait-on, tellement pleuré qu'elle avait usé puis épuisé ses larmes. Elle ne pleurait plus pour rien mais ne riait de rien.

Elle en avait conçu une intarissable aigreur à l'encontre du monde et Maman en cultivait une inusable compassion. Nous l'avions compris, quel que fût son forfait elle était hors de tout reproche. Elle en abusait. Maman aussi avait perdu son premier fils dans sa première année de vie ; mais elle semblait devoir expier d'avoir ses autres enfants, vifs, remuants, bruyants.

Tata Dédée n'était pas qu'une boule d'amertume ; elle avait une magie, elle taillait à merveille et savait coudre les modèles de robes les plus sophistiqués. Elle me gâtait plus que mes sœurs, m'offrant parfois, sans que Maman lui en ait procuré le tissu, une magnifique robe ajustée comme si j'étais un mannequin pour *La Redoute* à Roubaix. J'aurais aimé la remercier en effusion mais ses airs grincheux m'en dissuadaient.

Le samedi soir nous étions sommés de brider notre vitalité ; à partir de vingt heures nous n'avions même plus le droit de chuchoter. Elle n'aurait pu entendre nos murmures à travers la paroi mais nous étions si terrorisés que nous marchions sur la pointe des pieds et ne respirions que par nécessité. C'était l'heure de son émission radiophonique *Les Maîtres du mystère*. Par défaut, nous avons pris l'habitude d'écouter cette émission. Mes frères s'en sont vite lassés ; c'est là, je crois, qu'est né et s'est nourri mon goût pour Agatha Christie, Conan Doyle, Edgar Allan Poe, auteurs que j'ai commencé à dévorer à l'âge de neuf ans, avant de m'enticher un moment pour James Hadley Chase et Mary Higgins Clark, puis longtemps pour Chester Himes, quelque temps pour Ellis Peters, Robert Van Gulik, Boris Akounine et deux ou trois autres infiltrés dans le champ sacré de la littérature.

Les tracts étaient posés sur un guéridon, maintenus sur le napperon brodé main par un presse-papiers en verre figurant la tour Eiffel magnifiée par les flocons de neige dispersés autour d'elle ; ce bibelot sans poésie se vendra toujours quarante ans plus tard mais alors, débridant nos imaginations, il nous suggérait un lieu inaccessible et immaculé, la France. « Nous apprenons avec stupeur que le gouvernement a décidé d'installer en Guyane un ou plusieurs bataillons de la LÉGION ÉTRANGÈRE. » Je comprends que ces majuscules ne sont pas de respect mais de colère. J'aime assez la littérature des tracts, elle est impertinente, insolente, imagée et plutôt extravagante, sympathiquement excessive.

Nous n'aurions jamais été autorisés à lire des livres ou des bandes dessinées de même facture ; mystérieusement nous avions le droit de décrypter et commenter ces feuillets à l'encre baveuse. Les ans passant, nous serons soumis à une sévère censure sur les sujets politiques. Peut-être Maman juge-t-elle la curiosité inoffensive à nos âges, dix à treize ans. Il est vrai que, contrairement aux bandes dessinées, *Tarzan*, *Hopalong Cassidy* et autres *Kit Carson* que Maman traquait impitoyablement jusque dessous les lits de mes frères, les tracts ne sont pas truffés de fautes d'orthographe. « Nous ne laisserons pas perpétrer cette nouvelle scélératesse. » J'enrichis mon vocabulaire, verbe transitif direct et injure polie, nom commun.

Le tract est signé du Front patriotique guyanais, il y est indiqué que ses membres sont l'Union du peuple guyanais, le Parti socialiste guyanais et la SFIO. Ce parti est apaisé, l'ère chamailleuse Catayée-Vignon révolue ; la section est passée sous la poigne de Tiburce Rollé, fonctionnaire guyanais exerçant en France, rentré pour un congé administratif de six mois, membre du Parti communiste français. Il dit que ce serait perdre du temps, des forces et de l'espoir que de monter un Parti communiste local ou créer une section locale du Parti communiste français ; il utilise sa disponibilité pour animer et dynamiser ce Front patriotique ; il peut le faire à partir de cette SFIO, ça doit être une dialectique créole et marxiste.

Monsieur Rollé suscite une grande fureur chez le capitaine Nicol, commandant du Groupement de gendarmerie de Guyane. Il n'en a que faire, il chante en marchant à grandes enjambées *« J'suis l'poinçonneur des Lilas... Y a pas d'soleil sous terre... »* avec une fougue qui secouerait Gainsbourg lui-même. L'éditorial du journal *Conscience guyanaise* est rédigé par son secrétaire général, Hugues Sirder ; c'est un brillant avocat au barreau de Cayenne, un intellectuel respecté, un militant exigeant.

J'aurai passé mes années collège, mes années lycée puis mes années d'université avant de le rencontrer, vieux monsieur droit comme un I, digne et fier, replié dans une retraite désenchantée, instruit de ces inévitables défaites, resté fidèle à ses combats avortés faute de forces sociales, gardant la conviction qu'il faut malgré tout toujours faire ce qu'il convient. En conférences publiques, il affiche une vigueur plus combative encore que celle des tracts. « J'élève de véhémentes protestations... Nous sommes profondément blessés par cette désinvolture renouvelée de siècle en siècle à l'égard de la Guyane et qui consiste chaque fois à transformer notre sol en réceptacle d'éléments indésirables en France. Nous considérons cette décision du gouvernement comme une nouvelle marque de mépris envers le peuple guyanais. »

À force de les lire et les relire nous connaissons ces tracts par cœur ; il en traîne toujours à la maison ; cousine Gisèle en ramène, madame Philias aussi, ma sœur en a trouvé sur le comptoir de la librairie, il y en a chez la propriétaire qui cette fois ne cherche pas querelle. Comme si cette Légion étrangère était une nuée lourde de périls plus sérieux que le referendum de 1958 qui nous avait bien divertis mais avait tellement énervé les adultes.

La propriétaire se contente de faire savoir haut et fort qu'elle se rendra à la manifestation du 14 juin à 13 h 30 devant la Maison du peuple. Seule Radio Cayenne semble douter de l'arrivée de ces légionnaires. Le capitaine de gendarmerie, qui parle presque aussi souvent que le préfet, y dénonce « une violente campagne par voie de presse, de conférences, de réunions publiques ayant pour prétexte un projet d'implantation d'une unité de la Légion étrangère. Ces informations sont de sources non connues ». Bizarre... *Conscience guyanaise* se réfère à plusieurs journaux français et à une émission de la radiodiffusion et télévision française du 23 mai 1962. J'éprouve un léger vertige à tenter de comprendre. Comment un Guyanais qui n'est d'accord ni avec le gouvernement en France ni avec le préfet en Guyane saurait-il des choses qu'ignore un gendarme, Blanc de France, qui fréquente le préfet et commande à tout le monde quand les ministres sont en visite ?

Évidemment, je n'ai ni l'âge ni la capacité d'une analyse rationnelle entre les précisions de l'un et les dénégations de l'autre ; je n'ai pas davantage de parti pris. Est-ce intuition de survie, instinct de conservation, un sixième sens signalant l'imminence d'un danger… rien de tout cela sans doute… simplement… que Tata Dédée s'en émeuve, que Maman reste silencieuse, que la propriétaire ne chicane pas… toutes ces raretés en plus des partis politiques, syndicats, cartels de services publics qui ont l'habitude de se disputer et qui, cette fois, sont ensemble… je ne parviens pas à saisir le sens de tout cela, ces signes m'inclinent cependant à penser que cette affaire de légionnaires, ce n'est pas de la fumée sans feu.

Alors, le capitaine Nicol, me demandé-je, il est ignorant ou il fait le Jacques ? La question ne passe pas mes lèvres, les règles strictes de politesse n'étant pas suspendues même en période de danger avéré, et ce capitaine ne vaut pas que je me ramasse un *palaviré*. Il s'énerve de plus en plus, « Qu'est-ce que c'est que ce ton pour commenter une décision officielle… qui d'ailleurs n'est pas encore prise… » C'est comme nous quand on a mal démarré un mensonge. Il sera de plus en plus irrité.

Ce midi du 14 juin, il rabâche que la manifestation est interdite par arrêté préfectoral, le préfet a pris cette décision la veille dans la soirée, elle a été diffusée par Radio Cayenne à 6 h 15 et à 12 h 30, elle est parue intégralement en première page du *Radio Presse*, le journal de la préfecture, elle a été notifiée ce matin par ses soins à tous les responsables, des partis, syndicats et cartels, cela fait bien une dizaine de personnes concernées ; de plus le préfet a requis la gendarmerie pour fournir les troupes nécessaires au maintien de l'ordre à Cayenne et en tant que commandant, il fera son travail sans faillir. Nous voilà prévenus.

Je suis persuadée que la manifestation est annulée. Je n'imagine pas des adultes désobéissant à cet ordre officiel, je trouve la voix du capitaine, sèche et ravie, très dissuasive. Le préfet lui-même, monsieur Erignac, adopte une voix mortuaire pour rappeler son arrêté d'interdiction et avertir qu'il fera régner l'ordre public, ceux qui contreviendront à la loi seront tenus responsables des conséquences, toutes, de leur transgression.

*

Mille deux cents personnes sont devant le siège du Parti socialiste. Il n'est pas 14 h 30. Environ trois cents autres viennent les rejoindre depuis les abords de la Maison du peuple. La population de Guyane totalise alors quarante-deux mille habitants, quinze mille vivent à Cayenne. Mille cinq cents manifestants, tant de grandes personnes pour désobéir, c'est que le préfet n'est chef de rien, le gendarme, on va rire désormais non seulement de ses sandales à chaussettes mais aussi de son nasillement quand il lance des ordres sans autorité, et finalement cette histoire de légionnaires, ça doit être bien grave tout compte fait.

Lendemain 15 juin. Le capitaine est un peu moins martial en expliquant qu'à la fin des opérations à 17 h 30, quatorze manifestants légèrement blessés ont été conduits à l'hôpital civil, sept meneurs arrêtés pour provocation à un attroupement et un pour rébellion à agent de la force publique dans l'exercice de ses fonctions – pas mal la formule, je crois que je vais m'en servir dans une rédaction – deux gendarmes ont été légèrement contusionnés d'un coup de caillou, un troisième a été blessé au front par jets de pierre. Il est moins matamore qu'hier mais il est quand même bien fâché.

« Les causes de ces événements se situent dans la campagne de dénigrement faite par les partis politiques, les personnalités et les syndicats guyanais et il est possible que des élus locaux adressent des motions au gouvernement pour protester contre la venue de légionnaires en Guyane. » Tiens, ce n'est donc plus une rumeur. Mais chassez le naturel, il revient au galop, il lui faut hâbler comme dit mon frère qui aime les mots précieux ridicules. « L'intervention des forces de l'ordre qui n'avaient pas eu à agir depuis plusieurs années à Cayenne a profondément surpris les populations et leurs dirigeants. » Ça, non seulement il nous le dit, il l'a écrit aux ministres et au préfet, et il en est tout content. Mon frère lui répond, plus offusqué qu'étonné : « Pas agi ? ! Parce que vous avez eu peur l'année dernière, oui ;

pour le nombre qu'on était on vous aurait *kayakaya*[1], en mille pièces. »

Il a treize ans. L'an dernier, c'était le 12 mars, il a échappé à la vigilance de Maman – une façon de dire car en fait Maman était de service à l'hôpital – et défilé aux côtés d'adultes qui parcouraient les rues de Cayenne avec vélos, chapeaux, *katouris*[2], casques, parasols et banderoles réclamant un statut spécial. Il répond à haute voix au capitaine Nicol, c'est d'ailleurs souvent qu'il converse avec la radio, surtout lors du journal d'informations. Pendant les jours qui ont suivi cette marche, il chuchotait ses faits d'armes, craignant une raclée en différé, puis il s'enhardit le jour où il réalisa que Maman l'avait entendu et qu'il ne s'était rien passé. Depuis, cet exploit de défilé a encore enflé. Mon frère est assez porté sur la vanité.

Il a vu *Le Pont de la rivière Kwaï* et nous serine avec la voie ferrée de la mort. Il aime l'autorité revancharde du colonel Saïto et prétend que parfois Maman, avec sa manie de nous obliger à grandir sans fauter, avec son sempiternel « qui veut du respect s'en procure », en nous donnant toujours tort devant les autres, se montre aussi bornée que le colonel Nicholson. Ayant un avis sur tout, il soutient que Kirk Douglas aurait fait un meilleur Nicholson qu'Alec Guinness, la preuve par *Les Sentiers de la gloire*. Mon frère a l'âge et le tempérament de ceux qui ne doutent jamais de leur jugement, et les nombreuses récompenses attribuées à Guinness sont paradoxalement la preuve qu'il a raison, Guinness ayant dû faire des efforts surhumains pour être bon là où Douglas eût été naturellement excellent.

Je m'en remets à son point de vue car dans mon éducation les filles ne vont pas au cinéma, sauf à Noël pour Cecil B. DeMille et ses *Dix Commandements*, puritain et maccarthyste, heureusement on en réchappe. C'est donc le 14 juin 1962, mon frère a encore traîné où il ne fallait pas et nous rapporte des versions de la manifestation bien différentes de celles de la radio. Le préfet Erignac fait sa petite épicerie sur le nombre de blessés, il n'en compte pas plus que le commandant de gendarmerie ; à l'entendre,

1. Déchiqueté.
2. Chapeau conique en liane (arouman) tressée, tels ceux utilisés par ces paysans asiatiques dans les rizières.

les manifestants se seraient jetés tout seuls sur les crosses de fusil et sous les pataugas des gendarmes. Il prend un ton de procès-verbal, « le capitaine Nicol a rendu hommage au gendarme Castel du peloton mobile numéro 50 qui a fait preuve de courage en gardant son sang-froid devant l'individu qui le menaçait avec un couteau de cuisine ».

Selon mon frère ce Castel était plutôt paralysé de peur, pris de tremblement, fixant le vaillant manifestant, un jeune homme même pas grand même pas gros, terrorisé et muet le gendarme Castel, on aurait dit un colibri figé devant un serpent grage à grands carreaux. Quant au gendarme Gravillon, félicité pour son refus d'être évacué à l'hôpital malgré sa blessure au front, mon frère assure que cette soi-disant blessure n'était pas la moitié d'une petite égratignure. Les narrations varient et courent la ville, se rajustant au coin des rues, au fil des jours. Même Tata Dédée, qui n'avait pas bougé de chez elle ce jour-là, racontait des épisodes.

Le rendez-vous était fixé à 13 h 30 à la Maison du peuple, siège de la principale centrale syndicale, pour un meeting sur la place des Palmistes. Cette place est mythique, trois hectares plantés de palmiers royaux provenant de la commune de Guisambourg à l'est de la Guyane, tout près de la frontière avec le Brésil. Ils trônent à la limite nord de Cayenne, au bas du mont et du fort Cépérou depuis décembre 1821. De ce fort, la légende dit que le chef amérindien Cépérou s'y réfugia comme en son mont Sinaï pour son ultime bataille avant, désespéré, de maudire Cayenne tant que les Français y séjourneraient.

La place des Palmistes accueille un monument en l'honneur de Félix Éboué, une haute colonne creuse à rayures horizontales orange et blanches au-dessus de deux fresques brouillonnes sculptées, abritant une statue en bronze verdâtre, colossale, représentant Félix Éboué comme un Goliath obèse, jambes massives, ventre énorme, mine sévère, une canne à la main droite tendue vers l'arrière comme dans un élan menaçant ; cette statue fait la frayeur des enfants de l'école maternelle Joséphine-Horth et du Ti-Collège Samuel-Chambaud, école élémentaire de garçons qui, de part et d'autre, enserrent la place. En évitant de regarder la statue, les enfants font la chasse aux sauterelles, tombant parfois dans les caniveaux d'évacuation qui la ceinturent.

C'était à ses débuts une savane toujours embourbée aux deux saisons des pluies ; depuis le creusement des canaux un siècle après les palmiers, la place n'est plus le réceptacle des inondations de la ville. Quand monsieur André Malraux est venu en 1958 pour le referendum et qu'il a pris son coup de bâton derrière la tête, un peu avant il avait fait inscrire deux belles phrases pompeuses sur une plaque au pied de la statue, des phrases comme celles qu'on nous obligeait à retenir de poèmes du temps jadis : « Étranger, va dire à Lacédémone que ceux qui sont morts ici sont tombés sous sa loi. » Ça, c'est la première. La deuxième dit : « Passant, va dire aux Enfants de notre pays ce que fut le visage désespéré de la France, les yeux de l'homme qui repose ici n'ont jamais reflété que les traits du Courage et de la Liberté. »

Mazette ! Les garçons, lorsqu'ils lisent ça, il leur vient des idées d'intrépidité et de vaillance. Mais comme l'avait promis le capitaine de gendarmerie, les troupes avaient encerclé le pâté d'immeubles, donc impossible d'arriver à la Maison du peuple. Des chefs politiques et syndicaux et quelques passants s'étaient rejoints là dès le matin, et se sont retrouvés isolés. Les gendarmes ont tiré un cordon, mais les chefs de la manifestation doivent connaître la ville mieux qu'eux puisqu'ils ont réussi à sortir de la zone encerclée ; ils sont passés devant le commissariat et sont allés directement au siège du Parti socialiste guyanais au 34, rue Voltaire.

Sur le trottoir, un tableau noir sur pied annonçait depuis midi que le rendez-vous était déplacé à la rue Voltaire au lieu de la place des Palmistes. Le meeting est délocalisé. Monsieur Radamonthe, le chef du plus puissant syndicat et de la Maison du peuple, marchait en tête de la transhumance. Son prénom, Turenne. J'en ris bêtement, je croyais qu'il n'y en avait qu'un, celui de mon livre d'histoire, le maréchal général de la guerre de Trente Ans, qui a eu cette drôle de mort avec un boulet de canon.

Ce Turenne Radamonthe a une voix de stentor, je la connais, je l'ai déjà entendue ; il ne crie pas mais il fait vibrer les persiennes vitrées des fenêtres comme une charge de cinquante guerriers. Ce meeting va résonner, c'est sûr. Un autre groupe d'une centaine de personnes, surtout des femmes, est conduit par monsieur Rollé. Ils marchent en chantant « Liberté aux colonies, limogez les abrutis ». Le capitaine Nicol n'aime pas monsieur Rollé, il n'arrête pas de l'appeler « le nommé Rollé Tiburce qui harangue le public ». Monsieur Rollé et sa troupe ont franchi les barrages stationnés rue François-Arago pour faire cortège jusqu'à la rue Voltaire.

Le capitaine n'aime pas non plus monsieur Ernest Curron qui dirige le syndicat des travaux publics indépendants. Il a dit à la radio que monsieur Curron s'est montré arrogant lorsqu'il s'est présenté au commissariat où il était convoqué à 8 heures, qu'il est arrivé à 9 h 45 et a déclaré : « Je suis contre la venue de la Légion étrangère et des parachutistes en Guyane, et de toute substitution massive de population... J'approuve largement l'autonomie de gestion de la Guyane. »

« Vous voyez, le sieur Curron est convoqué pour une notification d'interdiction de manifestation et, au lieu de se soumettre à la loi, il se met à inventer de fausses nouvelles pour échauffer les esprits ; il est la preuve vivante de cette campagne de protestation. »

C'est sûr, pour le commandant, monsieur Curron et d'autres en profitent pour politiser cette manifestation en ressortant leurs histoires d'autonomie de gestion. « Nous n'avons pas saisi les tracts datés du jour, que le sieur Curron portait sur lui et qui appelaient la population à participer en masse au défilé, car nous avons bien vu qu'il cherchait l'incident ; dès 7 heures du matin, des numéros gratuits de *Conscience Guyanaise* étaient distribués au marché et à tous les coins de rue. Les principaux organisateurs avaient pourtant déjà été informés par Radio Cayenne de l'interdiction de la manifestation ». Ces principaux organisateurs sont Maître Sirder et ses camarades, monsieur Léonço, monsieur Contout, monsieur Henriot, monsieur Patient, madame Euzet même. Il paraît que le commandant juge leur journal « séditieux ». Il rappelle même que certains ayant fait des études de droit, ils sont bien placés pour connaître la loi et ses rigueurs. Il n'est vraiment pas content de leur comportement et il le dit : « Aucun des dirigeants de partis et syndicats n'a, en signant la notification, déclaré qu'il se conformerait à l'arrêté d'interdiction ; même pas monsieur Thébia Thélus, président du syndicat des commerçants qui n'a pourtant pas intérêt aux grèves et manifestations qui arrêtent les affaires. » Eh bien, tout cela ressemble bien à de la préméditation !

« Les organisateurs sont allés jusqu'à écrire à la société chinoise Fa Kia Kongo pour inviter les commerçants chinois à se joindre au mouvement, et ce monsieur Thébia s'est montré actif pour persuader les commerçants créoles de fermer leurs boutiques de 15 à 18 heures et de prendre part au défilé. »

Il est vraiment bizarre, ce capitaine. On dirait qu'il aurait préféré que ces gens-là lui mentent et fassent après le contraire de leur déclaration... Ça s'appelle parjure, ça ! Dans le code moral de Maman, c'est aussi grave qu'un crime de sang.

Un autre groupe arrivait conduit par monsieur Hector Falgayrettes du syndicat des transporteurs ; ils étaient plus calmes, en majorité des hommes, la mine patibulaire au-dessus de leurs épaules de catcheurs. Quant à monsieur Marius Miron, il y a longtemps qu'il énerve le capitaine Nicol, on aurait dit plus encore qu'il n'agaçait l'officier de police chef du commissariat, monsieur Sallarès en 1958 ; maintenant, c'est monsieur Jacques Allès qui sert de commissaire à la police.

« Monsieur Miron, fidèle à ses outrances, parcourt la ville avec un haut-parleur et appelle les pauvres gens à descendre dans la rue pour leur dignité et leur sécurité prétendument menacées par l'arrivée de la Légion étrangère. Il raconte des histoires alambiquées de tirailleurs sénégalais que le gouvernement aurait exaspérés avec ses injustices et sa morgue, et qui n'étaient que des enfants de chœur comparés aux légionnaires, mercenaires sans feu ni lieu, dont la foi est la cupidité, la loi, la brutalité et la patrie, la solde. Ce monsieur Miron est toujours pire que les autres. "Nous ne serons pas un nouveau Sidi-bel-Abbès", hurle-t-il dès qu'il peut mettre la main sur un micro. »

Moi, ce monsieur Miron, je le trouve sympathique parce que ses paroles tranchent avec sa chemise blanche, sa cravate en soie et son pantalon impeccable.

Radio Djol[1], en alerte maximale, bat son plein.

Les informations circulent à la vitesse de *kayakou*, la gazelle d'Amazonie. Les femmes, les hommes arrivent de partout. Les femmes sont souvent bien mises, corsage empesé, jupe plissée ou à larges fronces, robe imprimée ou à rayures, un goût sûr dans la combinaison des couleurs. Parfois une élégante arbore un foulard noué à la Farah Diba, elle côtoie des jupes en madras ou en coton grossier, des pantalons de toile et, de temps en temps, un

1. Libre circulation d'informations et d'interprétations.

pantalon en tergal qui tombe d'une traite sur une paire de mocassins cirés.

Les plus nombreux sont cependant ces petites gens qui ne martyrisent pas leur corps, s'affichent tels qu'ils sont, libres dans des robes aux coutures épousant leur morphologie, singulière chacune, poitrine opulente ou délicate, cambrures prononcées ou discrètes, jambes fines ou jambes marteau ; quelques robes bien taillées, à l'encolure carrée, sans manches, mettent en valeur des silhouettes qui n'ont rien à envier aux mannequins de catalogues. Les jupes recouvrent les genoux. Quant aux coiffures, elles sont le plus souvent un savant entrelacs de nattes épaisses ou minces, parfois un chignon tiré de cheveux décrêpés au fer chaud, agrémenté au front d'une frange que la pluie ou la sueur s'empressera de rétracter.

Les préposés au service d'ordre sont reconnaissables, ils portent un brassard vert forêt. Plus il est posté de gendarmes avec leurs casques, leurs gros ceinturons, leurs fusils, leurs boucliers et leurs mi-bas, plus il vient de manifestants. Les arrivées alternent, tout comme les apostrophes entrecoupées de croustillantes philippiques, un concours d'éloquence qui aurait fait sourciller madame Rivierez, redoutable professeur de français.

« Camarades, nous ne nous laisserons pas intimider par la meute en uniformes, d'ailleurs voyez leurs abdomens, ce ne sont ni des coureurs de fond ni des sprinteurs. »

Deux pelotons de gendarmes sont postés au carrefour de la rue Voltaire et de la rue Lallouette. À cet angle, la librairie-papeterie Laguerre, l'une des deux librairies de la ville, accessible par trois marches étroites et rêches est une énigmatique resserre en demi-jour toute en profondeur ; véritable caverne d'Ali Baba éclairée d'une ampoule blafarde dégringolant d'un fil maussade, elle nous fournit en livres scolaires et en vieilles collections de poche, décalcomanies ternies, papier carbone tout poudreux, revues de mode avec patrons à découper pour Tata Dédée, cahiers Héraclès à spirales (nos préférés) et bandes dessinées interdites que nous achetons en cachette avec nos économies. Elle a fermé ses portes depuis midi.

« Cette manifestation est interdite. Au nom de la loi, dispersez-vous. »

La foule est compacte, attentive, elle occupe la rue et les trottoirs.

« Nous sommes debout pour notre dignité, nous disons non à la Légion étrangère, assez de forfaiture, l'État qui ment et dément est un État dément.

— Et un État démon », ajoute un manifestant d'une voix caverneuse.

Un troisième peloton de gendarmes est en position de barrage à la croisée des rues Voltaire et Lieutenant-Goinet, rendant impossible un déplacement vers la place des Palmistes, excluant tout repli. C'est une souricière. Madame Chauvette, commerçante avenante mais peu loquace, dont la boutique fait l'angle, a fermé portes et fenêtres depuis longtemps ; au moins ce n'est pas chez elle que les gendarmes qui suent sous leur chapeau, même s'ils ne sont pas tous petits et gros comme celui de Jean Ferrat, pourront se rafraîchir ; d'ailleurs son petit bar, qui forme coude avec le comptoir, d'où elle écoule ses marchandises débitées au détail, comme les portions de Vache qui rit ou les cigarettes qu'elle vend à l'unité, est réservé aux habitués.

« Dernière sommation, dispersez-vous ou je fais charger au nom de la loi. »

L'air est devenu électrique, les voix de haut-parleurs portent loin, les manifestants se rapprochent.

« Regardez-nous, regardez-les, nous sommes tous noirs, ils sont tous blancs, voyez cette maréchaussée avec armes et boucliers, serions-nous en guerre ? »

Trois gendarmes s'approchent et saisissent le haut-parleur. Soudain et sans signal, une houle, un grondement, comme rythmés par un *camougué*, font route vers les deux pelotons de Voltaire-Lallouette. La voix s'est tue, faute de mégaphone. La foule n'a pas fait cinq pas que les gendarmes, exécutant un ordre que personne n'a entendu mais dont chacun est certain, se portent en rangs tassés vers les manifestants.

Le grondement est agité de cris perçants.

« Sauvages ! Soulards ! Fils de *pôpôt*, on vous a nourris, ingrats ! Feignants ! Profitants, vous frappez les femmes, vous n'avez donc pas de mère ! Chiens enragés ! »

Un jeune homme pointe un minuscule canif devant un gendarme qui a l'air de réfléchir à la meilleure attitude en telle situation critique. Trois gendarmes encerclent et tentent de neutraliser un homme à terre, une femme tire l'un d'eux par son col arrière, tout en hurlant comme si on l'étranglait. Des vélos sont abandonnés, ils ont une barre au cadre pour la plupart, signe que leurs propriétaires sont des hommes ; un Solex gît avec ses deux sacoches arrière, le moteur ronflant le guidon tremblant, l'une des sacoches glissant déjà dans le *massigrondé*, cette bouche d'égout humide qui marque le coude du caniveau.

Deux hommes un peu fripés, dont les jambes ne sont probablement plus de toute fiabilité, sont sagement adossés au corridor de la maison familiale Laguerre, face en diagonale à la librairie ; ils s'abritent des coups et du bruit sous le balcon en bois flanqué de deux toitures en tôle avancées comme des auvents, chaque maison de la ville protégeant ainsi à la fois sa façade et les piétons dans ce pays où les averses peuvent déferler en cataractes en janvier, avril, mai, juin ou fin novembre. Les Citroën garées le long de la rue Lallouette gênent la progression des gendarmes, leurs rangs serrés finissent par se fragmenter. Un bruit de vitre. C'est une baie de l'immeuble Barasco, monstrueux édifice défigurant le cœur de ville, préfigurant le bric-à-brac architectural qui bientôt amochera la capitale.

Deux hommes et cinq gendarmes se livrent à un *tchôk* à coups de poings, roulades, *lévéfessé, gorjèt* et clés de bras comme devant le Ti-collège à la sortie des classes. Un public d'une poignée d'hommes et d'une femme ponctue et encourage, *bigasse ! isalé ! bali'l anba vant*[1] ! Quelques cailloux sifflent, la bousculade est générale, uniformes et robes s'entremêlent, cris et menaces en français et en créole servent de signaux de ralliement de part et d'autre. Le capitaine Nicol met un holà à ce chaotique fatras de kaki et de bigarrures en lançant ses ampoules lacrymogènes.

La foule se disperse. Empoignades, embrassades, accolades, le champ de bataille est jonché de chaussures féminines dépareillées, de mocassins, savates, quelques couvre-chefs *bakouas* et chapeaux de feutre, un portefeuille et un foulard, des mouchoirs à fleurs ou à rayures, même une chaussette, quelqu'un qui a dû s'enfuir en deux temps. Trois casques de gendarmes, deux ceinturons et une lanière de fusil prouvent que la lutte ne fut pas totalement inégale.

1. Onomatopées puis : « Frappe-le au bas du ventre. »

Une heure plus tard, les manifestants à peine deux fois moins nombreux et tout aussi déterminés, sont rassemblés devant l'hôtel préfectoral, jolie bâtisse coloniale contiguë au siège du conseil général. Quelques pierres et bouteilles vides constituent l'artillerie de ces contestataires qui ne veulent plus se laisser surprendre. Leurs munitions hétéroclites sont stockées sous les manguiers costauds et fournis qui dispensent de l'ombre à midi et leurs fruits en saison. Le capitaine Nicol accusera le président du conseil général, monsieur Jean Symphorien, d'avoir mis à profit le moment où lui faisait son compte rendu au procureur de la République pour prétendre se rendre à son domicile et, de connivence avec les meneurs, déjouer la vigilance des forces de police pour atteindre les abords de la préfecture.

Cette fois, il ne fait qu'une sommation. Il la fait prononcer par l'officier Allès, délégué du directeur départemental de la police ; presque aussitôt il fait lancer sur la place de Grenoble de nouvelles ampoules lacrymogènes. Il se fera critiquer par des riverains de ce quartier chic qui n'ont pas apprécié les effets des gaz lacrymogènes, mal remis de leurs frayeurs devant les enfants pris de crises d'asthme. Imperturbable, le capitaine s'est félicité d'avoir réagi avec promptitude, diligence et célérité, ce qui a permis d'arrêter le flot d'excités qui s'engouffraient dans la rue Louis-Blanc en venant de la rue de la Poste, de ramener le calme dans ce quartier sensible et de faire appréhender le sieur Cabéria Stéphane qui avait blessé un gendarme et que le tribunal de grande instance, siégeant en juridiction de flagrant délit, a condamné à deux mois de prison. Preuve que lui, Nicol, avait accompli sa mission avec clairvoyance et efficacité, sans compter les principaux meneurs appréhendés et présentés au parquet ; ceux qui stigmatisent l'action des forces de l'ordre comme violences et brutalités policières font le jeu de *Debout Guyane* et de *Conscience guyanaise* qui propagent ces calomnies dans leurs numéros spéciaux parus dès le 15 juin.

Les conférences ont en effet repris de plus belle. La guerre statistique va bon train. Une petite fille de cinq ans, hospitalisée pour fracture à la jambe après une chute à domicile, est devenue durant une demi-journée la victime des deux camps, bousculée par les gendarmes en rage et blessée par les manifestants en fuite.

Les organisateurs de la manifestation ne désarment pas. Ils expliquent que le danger n'est pas écarté, si nous laissons faire cette fois il n'y aura plus de limites aux décisions arbitraires de l'État qui a toujours considéré la Guyane au pire comme une décharge d'où le bagne, au mieux comme un territoire vide à la merci de ses excentricités et de ses lubies, comme l'expédition Choiseul. Au plus fort même de la colonisation, la France fut incapable de penser ce pays. C'est ainsi qu'elle a perdu tous les arbitrages internationaux sur les contestés frontaliers. Le Portugal puis le Brésil, la Hollande pour le Surinam, tous ont gagné contre elle, contre nous, à cause de son indifférence à l'intégrité de notre territoire.

Une longue histoire de dépossession. Du refoulement de ses premiers habitants, les Amérindiens, et de leur spoliation, à la confiscation de l'Inini contre ceux qui l'ont mis en valeur après l'esclavage, Amérindiens, Bushinengue, Créoles. La France n'a cessé de nous dépouiller, méprisant ceux qui pratiquaient l'agriculture sur abattis, la chasse sans commerce, la pêche *à la nivrée*, la pharmacopée traditionnelle, l'artisanat d'arouman, la cueillette de *way* pour les carbets, le transport en pirogue, l'orpaillage à la batée sur les placers, le culte de l'esprit des ancêtres, le respect des anciens, la protection des plus faibles.

C'est un réquisitoire en règle. Tout y passe. C'est, en flagrant délit, le procès de la longue chaîne des incuries gouvernementales. Tout y repasse aussi.

L'an dernier, souvenez-vous, nous avons marché, nombreux, nombreux, pacifiquement pour réclamer un statut spécial. La tête de la manifestation était arrivée aux Palmistes que des manifestants n'avaient pas encore quitté le boulevard Jubelin, un raz-de-marée humain emplissant rues et trottoirs. Ce 12 mars 1961, on les a pris de court. Ils ne voulaient pas croire que la population, le digne et combatif peuple de Guyane, soutenait cette revendication de statut spécial, défendait le mémorandum, réclamait l'autonomie de gestion, supportait le comité qui travaille sans relâche dans l'unité depuis trois ans. Ils n'ont pas eu le temps de s'organiser pour envoyer leurs chiens enragés. Vous avez entendu le commandant Nicol... Sous prétexte qu'en plus des gendarmes stationnés à Cayenne il a dû mobiliser trois pelotons de gendarmerie, ce qui l'a forcé à vider des brigades externes, il en profite pour réclamer une deuxième unité mobile pour Cayenne. Qui lui a demandé de sortir autant de gendarmes ? Pourquoi la police ne pouvait-elle faire l'affaire en centre-ville, c'est son domaine, non ?

C'est aussi l'avis de Tonton Roland qui insinue que le préfet a fait exprès de n'envoyer que la gendarmerie, c'était inévitable que ça prenne vite l'allure d'une histoire de Blancs contre Noirs. L'orateur est péremptoire, il est formel sur notre grande civilité. Nos manifestations sont toujours pacifiques. Nous étions deux fois plus nombreux le 12 mars, pourtant aucun incident ne fut à déplorer. Parce que la police qu'ils envoient sur le terrain, ce sont des Guyanais comme nous, ils connaissent notre culture, ils savent bien que même si on crie fort, même si on parle avec notre cœur et notre passion, personne ne cherche la bagarre.

Tout s'est bien déroulé l'année dernière. Beaucoup de femmes d'ailleurs étaient venues avec leurs enfants, car c'est pour leur avenir que nous voulons ce statut spécial, que nous voulons l'autonomie de gestion, que nous voulons conduire nous-mêmes nos affaires à la place de ces haut fonctionnaires je-m'en-foutistes, racistes, laxistes. Et pourquoi ont-ils interdit notre manifestation du 14 juin ? La Légion étrangère, c'est pas-touche ? Nous devrions accepter sans murmurer l'arrivée de mercenaires qui pour se distraire vont provoquer des bagarres en ville, vont faire prospérer les bordels afin de dépenser leurs soldes.

« Où se croient-ils, au Tonkin, à Formose, au Soudan ? Sommes-nous libres, oui ou non ?

— Non !

— Sommes-nous citoyens français, oui ou non ?

— Non !

— Sommes-nous traités selon le droit de la Constitution ?

— Non !

— Maître Sirder l'a dit, il l'a écrit, le chef de l'État mène une politique de décolonisation, la Légion étrangère est une organisation militaire qui n'a plus rien à faire ni en colonie ni encore moins en territoire départemental français, ce que nous sommes depuis la loi du 19 mars 1946. Du moins, ce que nous sommes censés être.

— Pipeau ! Pipeau ! crie-t-on dans le public.

— Darloz[1] ! » fuse une voix à l'arrière.

1. Boniment.

C'est celle, incomparable, de madame Mathilde, plantureuse revendeuse du marché, marchande de coins de rue, une maîtresse-femme aussi souple que lourde, active et joviale, qu'il vaut mieux ne pas contrarier.

« Nous n'étions pas là pour protester contre le bagne, ceux qui l'ont fait à haute et intelligible voix ne furent pas entendus ; le bagne dura plus d'un siècle et marqua notre pays d'une souillure indélébile. Nous ne laisserons pas salir à nouveau la réputation de notre beau pays. Qu'ils sachent que la mobilisation ne faillira pas. Ils pourront envoyer toutes les unités mobiles qu'ils voudront, s'ils nous cherchent nous les rendrons immobiles. Ils ne referont pas Thyaroye ici ! Nous disons non à la Légion étrangère et à ses parachutistes. Nous sommes solidaires de nos frères algériens qui luttent pour leur liberté et leur dignité. Nous vaincrons !!! »

L'ovation, soudaine et puissante, provoqua l'envolée caquetante des hirondelles qui nichaient dans les branches des amandiers. Les lampadaires arrosent à peine la place de leur lumière anémique. Ils clignotent souvent, s'éteignent de temps en temps, complices d'amours furtives et fébriles, de conspirations oiseuses, de projets éphémères. Aucune femme ne monte à la tribune, mais ce sont les femmes qui donnent le ton, elles qui sonnent l'offensive ou le repli, elles qui entretiennent la ferveur dans les quartiers, transportent nouvelles et consignes, tiennent l'intendance. Les hommes composent avec ce pouvoir et le ménagent à proportion de leur notoriété. Ils ont bien compris que ce sont les femmes qui font et défont leur réputation, leur légende et leur destinée. C'est ainsi depuis leurs pères et leurs grand-pères.

Celui qui maintenant s'empare du micro vient nuancer les mérites du général de Gaulle. Ne nous laissons pas abuser. Certes, il a entrepris, et contre son cartel de généraux à la retraite, de décoloniser l'Algérie ; mais n'oublions jamais que la décolonisation c'est d'abord la victoire de l'héroïque peuple algérien, y compris contre les crimes de l'OAS de Salan, tout comme l'indépendance de l'Indochine fut celle de l'héroïque peuple vietnamien et de l'ingénieux Hô Chi Minh.

De Gaulle est très arrangeant en paroles, mais malheur à ceux qui le prennent au mot. N'a-t-il pas martelé en campagne pour le referendum de 1958 que ceux qui ne souhaitaient pas rester dans l'Union française étaient libres de la quitter en votant non, tout comme la France était libre de rompre avec l'un ou l'autre de ces pays de son empire colonial ? Et Sékou Touré qui a pris ces grandes déclarations pour argent comptant, allez lui demander la couleur de la vérité. Non seulement de Gaulle l'a boycotté et a rappelé *manu militari* tous ses fonctionnaires du jour au lendemain, en plus il a fait inonder le marché de faux silly, la monnaie guinéenne, coulant l'économie d'exportation de la jeune république. Après ça il se plaint que Sékou Touré se soit allié aux Soviétiques !

Regardez tout ce qui se passe, aussi bien en France avec le SAC ses compères à mauvais coups, que dans les colonies… Qui a fait empoisonner le Camerounais Félix Moumié ? Qui a fait tuer Paul Momo et Martin Singap ? Ils luttaient pour la liberté et leurs prêtres étaient à leurs côtés, au moins Mgr Ndongmo. Je ne sais pas si de Gaulle est au courant de tout, mais Foccart est à la manœuvre et de Gaulle profite bien de tout. Alors, ici, dites-moi qui est assez étourdi pour prendre au sérieux ses paroles prononcées il y a deux ans sur notre place des Palmistes où il affirmait, l'air sérieux, qu'il est « conforme à la nature des choses qu'un pays qui a un caractère aussi particulier que le vôtre et qui est en somme si éloigné, ait une sorte d'autonomie proportionnée aux conditions dans lesquelles il doit vivre »…

Qui l'a cru et qui le croit encore, après le raid de la maréchaussée contre le peuple innocent ? *Errare humanum est, perseverare diabolicum*, ponctue-t-il en concluant sous un tonnerre d'approbations. *Vade retro Satana*, s'amuse l'animateur en introduisant le dernier orateur qui vient expliquer les violations de libertés et de ce droit de la Constitution qui ne nous serait appliqué que sélectivement. Il y a moins de deux ans, le 18 octobre 1960, une ordonnance scélérate limitait arbitrairement et abusivement les libertés individuelles des fonctionnaires en autorisant le préfet à muter d'office en métropole tout fonctionnaire dont il estime le comportement de nature à troubler l'ordre public.

L'ordonnance précise bien « sans autre formalité » en ajoutant que ce rappel est indépendant des procédures disciplinaires dont ces fonctionnaires peuvent faire l'objet. Double peine comme pour le bagne, dix ans de pénitentiaire, dix ans de rab en relégation. Les citoyens ne sont plus égaux par la Constitution. Un préfet qui n'est qu'un haut fonctionnaire, de passage de surcroît, peut décider sans jugement et même sans délit, du sort d'un fonctionnaire. Du jour au lendemain. Il lui suffit d'apprécier un comportement et de l'estimer susceptible – *de nature* écrivent-ils en langage administratif – de troubler l'ordre public. L'impression suffit. Voilà une belle innovation démocratique : la sanction préventive !

Telle est la conception de monsieur Michel Debré, Premier ministre de la France, des libertés constitutionnelles et de l'égalité des citoyens devant la loi. Vous le savez, cette ordonnance n'est pas restée lettre morte. De Guyane, de Martinique, de Guadeloupe, de la Réunion, de leurs quatre vieilles colonies travesties en 1946 en départements, ils ont muté des fonctionnaires, enseignants pour la plupart, mais aussi postiers, agents techniques des Ponts et Chaussées. Ils ne respectent pas leurs propres lois, ils n'ont pas consulté le conseil général sur cette ordonnance alors que la loi du 26 avril 1960 leur en fait obligation.

C'est pourtant de chez eux que Montesquieu a écrit : « Il faut que le pouvoir arrête le pouvoir. » Quel pouvoir arrête l'abus de pouvoir ? Les lois ne nous furent jamais favorables. Le sénateur Georges Guéril l'a rappelé, la Guyane a toujours eu un statut particulier au sein de la communauté française. Soumise au régime des décrets par le sénatus-consulte du 3 mai 1854, elle était la seule des quatre vieilles colonies où ne s'appliquaient pas les lois de la République après l'abolition de l'esclavage ; en juin 1930, un décret créait le territoire de l'Inini, séparant la Guyane en deux parts inégales, plaçant neuf dixièmes du pays, 80 000 km^2 sur 91 000, ses fleuves, ses terres, ses ressources minières, ses précieuses essences forestières, balata et bois de rose, son sol, son sous-sol et ses arbres sous l'autorité du gouverneur, quand la mince bande littorale désignée sous le vocable de Guyane proprement dite, appréciez l'humour, un nom pompeux pour les dix pour cent restants, relevait du conseil général. Juste un décret pour une partition territoriale.

En 1946, la colonie de Guyane devient département et pourtant le territoire de l'Inini demeure, malgré l'avis de leur propre Conseil d'État. Bien entendu, les Amérindiens et les Bushinengue n'ont pas droit de vote, ce privilège est réservé aux ressortissants français, ce qu'ils ne sont pas… Des Martiens peut-être ?… dans leur propre pays !!! Vous vous rendez compte, à l'heure où les Soviétiques envoient un homme dans l'espace ! Je me demande ce que penserait Youri Gagarine de cette situation ? Quant aux Créoles, allez allez allez, refoulés vers le littoral, les postes douaniers, neuf en tout, parsemés du sud au nord se chargent de les dépouiller de l'or gagné en travaillant.

À l'heure où je vous parle, l'Inini est un arrondissement administré sous l'autorité du préfet par un fonctionnaire désigné par décret. Ce pays est livré à l'arbitraire fonctionnaire. Voilà l'égalité constitutionnelle version mère patrie. Cette ordonnance d'octobre 1960 n'a qu'un but, museler les élites d'outre-mer, elle a deux mamelles, la délation et la méfiance. Une pourriture ! Une ordonnance briseuse de vies ! Rappelez-vous, le départ brutal en quarante-huit heures de monsieur Minne, professeur de philosophie ; celui de monsieur Linglin, instituteur, évacué en deux jours lui aussi qui, hélas, reviendra transformé, défendant l'administration, lui pour qui nous avons été si nombreux à nous mobiliser, que certains ont hébergé en clandestinité à leurs risques et périls.

Il est terrible, le pouvoir d'État. Tels sont les effets pernicieux et pervers de cette ordonnance inique. Le Premier ministre a donné des assurances formelles au sénateur, affirmant que l'ordonnance ne serait pas appliquée. Ceux qui l'ont cru ont eu tort. Comme s'il s'agissait d'une bafouille, juste histoire de noircir du papier. Monsieur Ho-A-Chuck qui présidait le cartel des services publics avait pris l'initiative en septembre 1961 de réunir partis, syndicats, parlementaires, conseil général, mairie de Cayenne, tous solidaires protestant contre cette ordonnance. Pour l'État, cette union ce n'était que du pipi d'agratiche.

Le gouvernement a encore pourchassé vingt et un fonctionnaires. En Martinique ils ont banni Édouard Glissant, brillant professeur et écrivain, Marcel Manville grand avocat ; en Guadeloupe, c'est le philosophe Yves Leborgne dont aucun fonctionnaire n'arrive à la cheville qui vient d'être expulsé, Albert Béville est interdit de terre guadeloupéenne ; à la Réunion, c'est le postier Boris Gamaleya qu'ils ont exilé ; ici, ils ont décidé de frapper Émile Loupec, fonctionnaire des finances. Mais c'est un roc, il refuse de se laisser faire. Nous savons que le professeur Marius Miron reste dans leur viseur. On voit bien qui est visé partout ! Quant au Premier ministre, il continue à faire des promesses de suspension de l'ordonnance. Méthodes de renégats ! Pure provocation.

Et avec quoi jouent-ils ? Avec les libertés fondamentales ! La liberté d'opinion et la liberté d'expression ! Nous les croyions garanties par la Constitution. Vous aussi, vous le croyiez, n'est-ce pas ? Mais voilà comment sont ceux qui nous gouvernent, sans parole, sans foi, sans loi, au propre et au figuré. Ils saisissent nos journaux, ils ont saisi *Conscience guyanaise* et *Debout Guyane* qui relataient leurs forfaits du 14 juin contre des manifestants pacifiques. Ils ne veulent pas que vous soyez informés. Allez-vous les laisser faire ?

« Nooooooon ! » gronda le torrent de voix, après une écoute extraordinairement silencieuse, à faire pâlir d'envie maîtres et professeurs.

C'est avec le même cynisme qu'ils mentent en refusant de confirmer l'implantation de la Légion étrangère. C'est avec le même mépris qu'ils font charger la maréchaussée contre de paisibles citoyens, hommes et femmes, exerçant simplement leurs libertés démocratiques, leur droit de manifester. C'est avec la même impudence qu'ils paradent dans nos rues, qu'ils déblatèrent à la radio à coups de mensonges et de menaces, qu'ils font diversion. Frantz Fanon les avait démasqués. Il savait qu'avec ces gens-là, seule vaut la rupture radicale. Leur bonjour n'est pas vrai, leur rire n'est pas la vérité, le bon sens populaire le sait bien. Fanon est mort mais sa pensée résonne encore. Nous ne céderons pas. Nous ne craignons ni leurs intimidations ni leurs coups. Nous élevons notre détermination à la hauteur de notre dignité.

« Amen », scanda étonnamment l'assistance.

Avant de se séparer ils entonnent *L'Internationale*. Ils sont une poignée à en connaître les paroles, mais la foule a vite retenu « *Du passé faisons table rase… Nous ne sommes rien / Soyons tout !* » Elle chante avec des trous comme un rideau ajouré, mais y met une inébranlable ferveur.

*

Le commandant de gendarmerie, le capitaine Nicol, continue à se réclamer du soutien de la majorité de la population. Malgré l'émoi grandissant, on dirait qu'il vit ailleurs. Aucun Guyanais remarquable, ni militant ni notable, ni élu ni même quidam, ne défend l'installation de la Légion étrangère. Ah ! si peut-être, cette dame toujours endimanchée qui habite une maison à étage en fond de cour au coin de notre rue. Elle dit qu'il ne peut rien sortir de bon de tout ce désordre dans la ville. Elle pourfend rageusement la chouannerie de cette gueusaille ignare. Elle répand au marché sa condamnation sans fard. Maman dit qu'elle se montre aussi sévère parce qu'elle a peur de retomber dans sa vie d'avant son mariage avec ce coolie de Georgetown qui a fait fortune dans l'or ; pour rester dans la catégorie des bourgeoises elle se croit obligée d'en rajouter ; seulement les vraies bourgeoises ne pardonnent pas l'origine, ce ne sont pas ses paroles de reniement qui la feront entrer dans leurs salons.

Le capitaine a une obsession, le jugement des meneurs. Lorsque tombe la décision, il est amer. Les meneurs se réjouissent d'un verdict d'apaisement. *A contrario* certains membres des forces de l'ordre et une partie de la population regrettent une trop grande indulgence du tribunal. « Le gouvernement a annoncé qu'il renonçait à envoyer la Légion étrangère, regrette-t-il à la radio (c'était donc vrai !), il commet une erreur ; il croit faire tomber la cause des revendications, mais le Front démocratique guyanais ne désarmera pas, je les connais, ils n'ont qu'une idée avec cette autonomie de gestion, ils ne la lâcheront pas. Je ne suis pas fou, j'ai entendu deux fois prononcer le mot indépendance. Ce sera l'engrenage... »

Comme s'il était devenu totalement inconscient, l'animateur passe une chanson d'Annie Cordy, *Hello le soleil brille brille...* juste après la diatribe du capitaine, sans même faire une transition. Mon frère aime cette chanson sifflée dans *Le Pont de la rivière Kwaï*. Les « meneurs » comme les appellent le capitaine saluent la sentence et la considèrent juste ; ils attendent sereinement, disent-ils, le procès en appel. Une grève générale Cayenne-ville morte est annoncée pour le 22 juin, la prochaine manifestation est prévue pour le 25 juin ; en attendant ils entretiennent l'intérêt de la population en faisant l'explication de texte d'une tribune publiée dans *Debout Guyane* du 9 juin par le député Justin Catayée, professeur de mathématiques et fondateur du Parti socialiste guyanais. Le titre a une tonalité désespérée : « Quand donc comprendront-ils ? »

Le propos est désenchanté. « Depuis 1958, le gouvernement de la République nous avait laissé entendre qu'il comprenait notre désir de changement de statut. » Telle est la première phrase. Quel aveu ! En 1958, qu'est-ce que la propriétaire n'avait pas envoyé comme paroles sur Maman parce qu'elle supposait, à partir de quoi d'ailleurs, que Maman allait voter oui au referendum, avant que son champion Catayée annonce, après avoir fait campagne pour le non jusqu'à l'arrivée du ministre Malraux, qu'il fallait voter oui parce que le gouvernement lui avait donné des assurances sur le statut spécial ! Tout ça est devenu maintenant « laissé entendre qu'il comprenait ». J'ai envie de les griffer tous en pensant à Maman qui avait serré les dents pour ne pas répondre aux provocations. Catayée dénonce le « régime colonial et ces administrateurs qui déversent sans scrupule et sans se gêner cette haine incommensurable qu'ils ont du Nègre ». Il menace. « La rébellion que quelques abrutis tentent de provoquer sera beaucoup plus terrible et plus meurtrière que celle de l'Algérie ou de l'Indochine. » Excusez du peu. Ne retrouverait-il pas là les accents guerriers de la bataille de Belfort où il se distingua et fut nommé sergent-chef pour faits de guerre ? On se demandera après si les pouvoirs publics n'ont pas pris cette menace très au sérieux.

Suit un « appel » comme la France les aime depuis 1940. « Nous demandons à tous les Guyanais, où qu'ils se trouvent, de rentrer en Guyane. Ils ne doivent pas s'adresser aux administrations racistes, ils doivent prendre contact avec nous. Nous demandons à tous les Antillais qui veulent s'installer en Guyane de s'adresser à nous. Les autorités de fait ne sont là que pour deux jours, nous, nous sommes la Guyane de toujours. » Il fustige sans dentelle. « Ils ont bien sûr des hommes de paille, des palefreniers stipendiés, à leur entière dévotion. » Il se fait imprécateur. « Ils préfèrent voir couler le sang, assister aux ravages du feu. » Il rassemble. « Guyanais, où que vous soyez, écoutez la voix de la Guyane martyre, elle a besoin de vous maintenant, demain il sera trop tard, ses bourreaux ne vous attendront pas. Laissons toutes nos divergences passées, donnons-nous la main, marchons franchement vers l'avenir. »

Il a manifestement compris la force de l'union. Il a tiré des leçons de la période où il faisait tout pour affaiblir l'UPG d'Hugues Sirder, parti d'intellectuels aux idées structurées sur des positions plus progressistes qui, lui tenant tête, a su imposer l'autonomie de gestion, plus précise et plus ambitieuse que le statut spécial. L'unité avait déjà fait ses preuves avec le comité pour le statut spécial, puis le Front démocratique autour du mémorandum. Elle venait à nouveau de démontrer sa capacité de mobilisation populaire.

Justin Catayée, informé en pleine séance à l'Assemblée nationale de la répression de la manifestation du 14 juin dont on lui dit qu'elle fut féroce, tiendra en substance le même discours à la tribune, promettant de ne plus remettre les pieds dans cet hémicycle tant que la Guyane ne serait pas dotée d'un statut spécial. Discours et tribune prémonitoires. Peut-être ont-ils compris très vite… Le 22 juin 1962, le Boeing 707 d'Air France *Château de Chantilly* – les avions ont un nom en ce temps-là – s'écrase sur une colline de la commune de Deshaies en Guadeloupe, dans la forêt de Cafetière.

Cet avion ramenait le député Justin Catayée en Guyane. À son bord avait également pris place Albert Béville. Comme Catayée, Béville est dans la fleur de l'âge, quarante-sept ans. Docteur en droit, croix de guerre, brillant, d'un charisme astral, il est nommé administrateur en Afrique, s'écœure du dédain colonial et passe la ligne, adhérant au Rassemblement démocratique africain. Il a auparavant animé avec Guy Tirolien et Léopold Sédar Senghor le Front afro-antillais, participé au deuxième Congrès des écrivains et artistes noirs à Rome en 1959, créé en avril 1961 avec Édouard Glissant, Marcel Manville et Justin Catayée le Front antillo-guyanais pour l'autonomie, dissous trois mois plus tard pour atteinte à la sûreté de l'État.

Béville est interdit de séjour en Guadeloupe. Haut fonctionnaire, il a perçu l'impasse de la départementalisation, pis, il en discerne les mystifications ; il se moque, affligé, de la seule égalité sociale d'application immédiate, l'allocation aux vieux travailleurs dans nos pays où la moyenne d'âge est de trente-cinq ans. Il écrit dans des journaux allemands, américains, belges ; sa voix porte au-delà des frontières. Elle porte aussi en deçà des frontières par ses articles dans les prestigieuses revues *Esprit* et *Partisans*, par ses essais, ses romans. Et sa poésie dénonce le système féodal et racial aux Antilles. Car Albert Béville, c'est l'immense poète Paul Niger. « Je renonce à te chanter, camarade, lui dédie Guy Tirolien. Et ce n'est point qu'un homme ne soit triste mais se levant avant le jour et se tenant avec prudence dans le commerce d'un vieil arbre, appuyé du menton à la dernière étoile, il voit au fond du ciel à jeun de grandes choses pures qui tournent au plaisir. »

Roger Tropos, vingt-quatre ans, licencié en sciences physiques était également à bord. Étoile montante de l'élite martiniquaise, il présidait à Caen la section de l'Association générale des étudiants de la Martinique. Tomy Thaly, chargé du programme d'action de l'AGEM, s'y trouvait aussi. Quelques semaines plus tôt, le préfet avait arbitrairement supprimé la bourse de quelques étudiants, dont ces deux-là. Cent soixante-dix autres personnes eurent, le temps d'une traversée de l'Atlantique, leur sort tragiquement lié à celui de ces diamants bruts qui ciselaient en allégresse une pensée belle et imparfaite comme les contours du monde.

Catayée, Béville, Tropos, Thaly. Une aubaine pour un gouvernement débordé sur plusieurs fronts pendant qu'il tente de sauver ce qui reste de son empire colonial. Une perte inestimable et irréparable pour nos pays. Accident ? Maman pleure… en silence mais sans se cacher. Elle a tant de peine. Rien ne la déride, même pas le jazz et la java de Nougaro. Elle est triste triste. Un ressort s'est cassé.

Justin Catayée est enterré le 30 juin. Son caveau fut construit en quelques jours par ses camarades de parti. Son cercueil est porté à bras d'hommes par Raymond Ribal et cinq militants, des hommes qui paraissent gigantesques et rudes, dont les larmes semblent dépaysées. Son suppléant, Léopold Héder, le dit tombé « victime de son devoir au service du bien public ». Le vénérable de la loge de la France equinoxiale, monsieur Eudoxie Vérin, explique qu'il est passé à l'orient éternel. Depuis, je regarde le lever du soleil avec un mélange de crainte sacrée et de réjouissance.

Les autorités continuent à nier.

La Légion étrangère arrive trois mois plus tard.

Les Français ont approuvé l'élection du président de la République au suffrage universel.

Par ordonnance du Premier ministre Georges Pompidou, la base spatiale est déménagée du désert d'Hammaguir à la ville de Kourou qui compte alors six cent soixante habitants. C'est le début de Kourou-la-Blanche, pour un quart de siècle.

Les familles créoles rurales de Malmanoury sont expropriées. Elles sont déplacées avec leurs nombreux enfants de leurs vastes fermes à d'étroits HLM.

Les Polynésiens s'inquiètent de l'implantation de la Légion étrangère.

Le gouvernement prend les devants, dissout le 5e régiment étranger d'infanterie et le rebaptise 5e régiment mixte du Pacifique. Il l'installe au camp d'Arue.

La base d'essais nucléaires est déménagée du désert du Sahara aux atolls de Mururoa, Fangataufa et Hao.

Les premiers essais provoquent l'effondrement du versant de récif de Mururoa.

Par la Guyane, la France devient une puissance spatiale.

Par la Polynésie, elle devient une puissance nucléaire.

Tout éternuement populaire sera dorénavant scruté avec grand soin. Et réprimé sans tarder.

L'ordonnance de 1960 est abrogée en 1972. Une trentaine d'enseignants et de syndicalistes auront été interdits de séjour chez eux. Une vilaine habitude d'expulsion. Qui se répétera. La Cour de sûreté de l'État y pourvoira.

La rue Voltaire s'appelle désormais rue Justin-Catayée.

Chapitre V

MAELSTRÖM
(1980-1992)

1992. Saison pluvieuse. Du jamais vu ! Un regroupement rassemble syndicats d'enseignants, syndicats d'étudiants, syndicats de salariés, syndicats d'ouvriers, syndicats de patrons. Sans précédent. Il a pour nom Mouvement syndical unitaire. Fallait-il une grande cause ! Comment les ouvriers ont-ils pu se persuader, malgré une vivace tradition culturelle, une solide mémoire historique, une tenace aversion politique et un coriace antagonisme économique, qu'ils pouvaient renoncer à détester les patrons ?

Mon premier réflexe est de désopiler. Je suis restée sur les analyses d'Edgar Morin pour qui les révoltes d'étudiants visent à abattre l'université féodale, celles de lycéens à briser les murs de l'école-caserne, celles d'ouvriers à subvertir ou conquérir l'usine-pénitencier. Et les patrons, que viennent-ils faire dans ces galères ? Jusqu'aux professions libérales qui entrent dans la danse. Bientôt, la Région en tant qu'institution se mêle à l'aventure qui, d'ailleurs, cela s'avère enfin, lui est une rescousse.

Voilà quelques mois que la nouvelle équipe est aux affaires ; elle passe le plus clair de son temps à se lamenter, à geindre sur l'état des finances, à s'apitoyer sur ses malheurs de gestionnaires ruinés comme si le sort lui avait infligé cette victoire électorale qu'elle a pourtant arrachée avec ses griffes, justement en faisant campagne sur l'endettement contracté par les sortants. En guise de président, la région Guyane a hérité d'un saule-pleureur quand il faudrait à ce pays la rectitude et la solidité d'un bois de charpente, goupil, angélique, *chawari* ou *gonfolo*.

C'est le Parti socialiste guyanais (PSG) qui a repris la Région, après l'avoir confiée dix ans durant à l'un de ses ténors, un homme d'affaires vaniteux, prêt à tout pour dessiner sa trace et capable, de fait, de laisser une empreinte durable, des ouvrages d'art, ponts, lycées, grands établissements conçus hors saison et financés hors de raison sur ressources propres, mais du moins calibrés aux défis d'une jeunesse qui ne demande qu'à apprendre et d'un taux de croissance démographique extravagant. L'affaire commence dix ans plus tôt. 1981. Le Parti socialiste guyanais, moribond, lesté par vingt ans de gestion aventureuse et délictueuse, est repêché par l'arrivée de la gauche au pouvoir en France. Il est pris d'assaut. Il perd quelques-uns de ses bons éléments, écœurés par l'accueil enthousiaste que les gardiens de l'âge d'or réservent aux opportunistes récemment convertis. Il gagne en nombre.

Deux hommes forts, personnalités antinomiques mais enflées toutes deux de fatuité et de jactance, qui n'avaient alors nul souci ni du socialisme ni des inégalités, font main basse sur ce parti qui ne demande qu'à se livrer. Ils ne prennent pas la peine d'y adhérer, se font investir pour les législatives et les régionales, l'un tribun hors pair venant des Jeunes Giscardiens, l'autre tout droit sorti de son cabinet d'affaires, timbre pondéré, jouant les hiérarques et apportant aux envolées de défi de son acolyte la consistance d'un protocole d'économat. Ils confèrent à ce parti agonisant un tonus extraordinaire et très vite prennent goût aux tournées de terrain, à la grande civilité rurale, à l'allégresse de ces femmes fantassins, incorrigibles faiseuses de destins d'hommes, inlassables tisseuses d'impérissables espérances.

Les rôles se répartissent. Le tribun harangue, le hiérarque met en place un *brain-trust* et mobilise le meilleur de la matière grise locale. Même moi qui ne suis pas séduite, contrairement à mon compagnon qui trépigne d'empoigner le sort commun à la première circonstance prometteuse, moi-même j'accepte de participer à l'une de ces réunions puis de rédiger le volet sur l'import-substitution. L'entreprise est confiée à un brillant chercheur guyanais, Jean Michotte, qui a fait sa carrière d'économiste auprès du gouvernement péruvien et comme conseiller du gouvernement ivoirien ; il accomplit périodiquement des missions de deux mois en Guyane pour accompagner, guider cette frénésie collective qui ressemble à une émancipation pacifique. Il reviendra plus tard comme directeur de l'IRD qui s'appelle encore l'ORSTOM, nommé par sa direction générale basée à Paris. Autour de lui, impatients de s'aérer d'une vie confortable mais morose, s'activent deux générations d'intellectuels qui s'étiolaient, soit comme nous dans le ressassement du mystérieux conservatisme d'un peuple passé sans s'arrêter à la lisière de sa libération, soit comme d'autres dans des compromissions juteuses mais peu prestigieuses.

Les deux ténors, déjà leaders, créent une profonde effervescence. L'électorat se mobilise. D'irréductibles anti-électoralistes comme le père de mes enfants vont s'inscrire pour offrir à ce pays sa chance nouvelle. Je m'obstine, refusant de me rendre, pérorant en analyses judicieuses mais importunes. Ils remportent haut la main élections législatives et régionales. Le gouvernement de la France, désormais à gauche, entretient l'emballement en lançant quelques innovations remarquables. L'abolition de la peine de mort contente nos idéaux universels, tout en laissant de marbre nos élites revirginisées. Nous comprenons vite qu'il y a désormais eux et nous. L'éthique marque la frontière.

L'abrogation des dispositions abusives et arbitraires de la législation sur la sûreté de l'État et la suppression des juridictions d'exception nous réconcilient substantiellement avec une gauche française que nous avions pesée à l'aune de sa frilosité et de ses contradictions sur les Outre-mers, que nous avions jugée matoise sur les libertés. Le décret autorisant les radios libres nous comble d'aise... nous qui avons tant à dire. Nous sortons de deux années de clandestinité pour notre leader indépendantiste (mon compagnon) et trois autres dirigeants, dont ma jeune sœur ; de semi-clandestinité pour une demi-douzaine d'entre nous dont moi-même avec un bébé de quelques mois, mon fils aîné ; d'emprisonnement à la Santé pour une dizaine de nos militants ; d'opprobre sur notre cause éructé par les rentiers de cette économie de comptoir, les larbins du pouvoir, les névrosés de l'assimilation et quelques renégats zélés.

Nous, ce sont les militants du Moguyde, Mouvement guyanais de décolonisation. Créé en juillet 1974 par des intellectuels et des leaders syndicaux, ouvriers, dockers, manœuvres, le Moguyde qui publie un journal, *Pikan Arè*, est frappé dès décembre 1974. C'est le fameux et fumeux complot de Noël qui n'est autre qu'une conspiration d'État contre des militants indépendantistes. Le Moguyde n'est pas le seul visé, même s'il fournit le gros de la fournée des emprisonnés, déportés disions-nous, à la prison de la Santé à Paris... à huit mille kilomètres de chez eux. Sans procès. Sont également réprimés le FLNG *(Fo nou libéré la Guyane)*, éditeur d'un quotidien ronéoté et d'un mensuel Kaouka, ainsi que la section « jeunes » du PSG.

Cette section, récente, a été fondée par des autonomistes impatients et des indépendantistes ayant fait le choix de l'entrisme dans ce parti structuré et dominant. Certains dirigeants du PSG s'empresseront de les renier dès les premières heures de garde à vue, en dépit de la présence parmi les prévenus du gendre d'un membre fondateur, ancien député et sénateur du moment. Ils sont treize, dont l'arrestation est décidée le 9 décembre par le préfet qui se réfère à l'article 30 du code de procédure pénale. Ils sont prévenus d'atteinte à la sûreté de l'État et incarcérés à la Maison d'arrêt de Cayenne. Huit sont transférés par avion militaire à la prison de la Santé le 21 décembre sur décision de l'avocat général dépêché de Paris. Parmi eux, celui qui avait lancé le bout de bois sur la tribune de Malraux en 1958. Ce complot, selon la communication officielle assurée par le préfet, visait à kidnapper à Noël des enfants de hauts fonctionnaires et à les assassiner.

Puis l'avocat général publia un communiqué à la fois plus précis et plus vague, évoquant des infractions de droit commun commises lors des manifestations de rue de septembre, octobre et novembre 1974, l'intention de substituer une autorité illégale à l'autorité de l'État, la saisie d'armes et de munitions lors des enquêtes, et « des actes divers de violence pouvant aller jusqu'à des attentats et des enlèvements dans le courant de la nuit de Noël ». Il n'y a dans l'histoire des luttes de ce pays aucun précédent d'actes de cette nature, qu'importe. Il est vrai, admettons-le, qu'une génération peut démarrer de nouvelles méthodes de combat.

N'empêche... ce complot semble sorti tout droit de l'imagination délirante d'un agent des Renseignements généraux, de la DST ou du SDECE, tous présents en Guyane, dont on sait par quelles machinations ils ont déstabilisé la Guinée de Sékou Touré, treize ans plus tôt. La collusion entre le préfet, le procureur, le commissaire, le commandant de gendarmerie, le commandant supérieur des forces armées, toutes gens qui se fréquentent assidûment pour les besoins de l'ordre et par penchant de caste, produira un même discours prononcé dans des lieux différents et qui, de ce fait, exercera un effet d'encerclement sur une partie de l'opinion publique, le bon sens populaire consentant à coups de « pas de fumée sans feu ».

Ce discours ne trompe probablement pas la haute société guyanaise, assimilée et complaisante au pouvoir, mais il la sert et la satisfait. Malgré tout, la solidarité s'organise sur place. Les centrales syndicales, Union des travailleurs guyanais, Force ouvrière, Fédération de l'Éducation nationale appellent à une grève générale. Le comité de parents d'élèves s'y associe. Le PSG se reprend après quelques déclarations intempestives de désaveu et se rallie officiellement au mouvement. Ce parti était mieux placé que tout autre pour supputer la nature fallacieuse des accusations. En effet, dès le 3 décembre 1974, répondant à une question écrite de son sénateur, le secrétaire d'État à l'Outre-mer, Olivier Stirn, indique que « certains dirigeants de mouvements politiques guyanais n'hésitaient pas à envisager, sinon à prôner des actes de terrorisme urbain, des prises d'otages, notamment d'enfants de fonctionnaires ». Déclaration au *Journal officiel*, avant toute arrestation et toute instruction… Voyance… ou préméditation caractérisée pour une conspiration d'État.

Le Moguyde est le plus frappé mais il lui reste assez de forces pour rejoindre l'appel et participer aux préparatifs ; ses militants ont du savoir-faire, la structure est jeune mais ses membres sont nombreux à venir de la mouvance syndicale. Manon Castale, Monique Zunève, Lina Dalphrase fondent le Mouvement des femmes de Guyane en regroupant des femmes extrêmement dynamiques qui prennent rapidement des initiatives de soutien. Bases syndicales, militantes, associatives, le spectre sociologique de mobilisation est large. Cette coalition est plus explosive que le rassemblement de 1958 à 1962 autour du mémorandum… et sera bien traitée comme telle. En France, la CGT dénonce cette « vague répressive » et le PS délègue en Guyane le député Alain Vivien pour une visite fraternelle. François Mitterrand, premier secrétaire du PS, se déplace pour aller saluer les prisonniers à la Santé, la presse nationale en parle en conséquence.

*

De la capitale et des grandes villes françaises où les sections de l'Union des étudiants guyanais sont dynamiques, nous prenons notre part à la solidarité. C'est l'hiver. Nous commençons par des visites à la prison, munis de vêtements chauds. Nous ne sommes pas tous admis au parloir, nous devons parfois nous borner à remettre nos colis utiles et nos cadeaux. Et c'est avec émotion que nous faisons lecture collective des lettres de remerciements de ces prisonniers plus vieux que nous, dont nous sommes admiratifs, qui s'en doutent, nous écrivent avec une légère condescendance, galvanisés eux-mêmes par toute cette agitation autour d'eux. Leurs messages nous transportent dans des hauteurs étourdissantes de liberté rêvée pour cette Guyane que nous connaissons si mal. Nous sommes nombreux à ne même pas avoir atteint les confins de Cayenne… (Quitter la ville était alors une expédition ; il fallait prendre un bac au port du Larivot pour rejoindre la ville de Kourou, à l'embarcadère de Stoupan pour se rendre à Roura, moins de vingt-cinq kilomètres à vol d'oiseau.)

Très vite s'impose la nécessité d'actions plus politiques, tracts, réunions, bientôt des meetings. Je prends le temps de la réflexion une pleine journée puis je fais part à la direction de l'UEG de Paris de mon intention de rentrer en Guyane reprendre le flambeau de la révolution. Personne ne rit. Pis, quelques âmes exaltées approuvent et il s'en trouve pour proposer de se joindre à mon échappée transatlantique. Mais nous avons une direction dogmatiquement raisonnable qui m'explique doctement que je suis plus utile ici que je ne le serais à Cayenne, nous n'avons pas encore réussi à établir des contacts opérationnels, la répression fait rage, les militants se protègent en se cachant, le peuple révolutionnaire fait le dos rond en attendant que l'avant-garde reprenne force…

Le verbiage ne m'impressionne pas, je le sais tout fait et prêt à servir, mais je suis sensible à l'argument du lieu où l'on peut être le plus utile. J'ai remis l'intégralité de mon salaire de mes jobs du mois, et j'ai pu nous procurer, grâce au réseau fondé sur mes vagabondages militants, de précieux messages de soutien de mouvements d'Amérique du Sud, de la Caraïbe, d'Afrique et du Maghreb, sans compter mes amis français anarchistes, très actifs… et que l'on ne snobe plus. J'ai déjà un mode de fonctionnement assez peu conventionnel. Dans quelques années on le prétendra imprévisible. Sous prétexte qu'ils ne comprennent pas quand ni selon quels critères j'abdique ma liberté alors que par ailleurs personne ne parvient à la brider.

Mon fonctionnement est tellement simple que je ne comprends pas qu'il faille l'expliquer. Je tiens pour juge suprême ma conscience et elle seule, et je m'incline devant une décision que je peux ne pas approuver par désaccord de méthode mais dont je reconnais que les mobiles ou les résultats servent l'intérêt collectif. Aussi, à l'étonnement de la direction, j'accepte de rester en exil (c'est notre vocabulaire), pour fournir tout l'appui nécessaire à ce grand moment à venir, un meeting à la Mutualité, où tous mes contacts seront présents pour lire à la tribune leurs messages de soutien.

Il s'agit de donner l'impression, à nous-mêmes d'abord, au gouvernement ensuite, et surtout au monde que nous imaginons attentif à notre cause, que c'est bien chez nous et maintenant que se joue le sort de la Liberté veillant sur les hommes. Puisque restant, c'est avec ferveur que je me consacre à ces tâches fastidieuses mais indispensables, calligraphier à quatre pattes d'immenses banderoles, tailler et coudre le drapeau vert et jaune à étoile rouge, reproduire et distribuer les tracts. Nous sommes une poignée attelée à ces corvées pendant que d'autres régentent et que d'autres encore s'apprêtent à parader.

Nous sommes plusieurs garçons et filles à arborer la coupe afro, mais la proximité plastique avec la coiffure d'Angela Davis varie selon la texture et le volume de nos cheveux. Plus la coupe est ronde et touffue, plus l'évocation subliminale est évidente, plus l'appartenance à la confrérie virtuelle des Black Panthers est avérée… ne fût-elle qu'esthétique. Et plus la tribune a de l'allure. Une école des caractères.

Un collectif d'avocats s'est constitué aux barreaux de Cayenne et de Paris. Tout va soudain très vite. Les dossiers sont consultés, leur contenu rendu public l'arsenal confisqué et qui devait servir de support logistique aux enlèvements, séquestrations et assassinats (avec ou sans rançon le préfet n'a pas pensé à le préciser), consistait en une vieille Winchester saisie au domicile de Michel Kapel.

Cette relique mal entretenue, et donc corrodée par l'implacable humidité amazonienne, appartenait à son défunt père, un notable conservateur et digne, d'une implacable sévérité, persuadé que l'individu doit, à force d'efforts et d'exploits, se hisser à hauteur d'estime. Michel était peut-être, par son engagement, un peu en parricide symbolique. La chambre de contrôle de l'instruction de la Cour de sûreté de l'État rend un arrêt prononçant la nullité de la procédure. Le complot de Noël a vécu. Les militants indépendantistes sont élargis le 26 février 1975. Ils sont renvoyés à leurs occupations sans excuses ni dédommagement. Tant pis pour ceux qui ont perdu emploi et revenus. Ils seront présents à notre meeting qui, d'emblée, élargit substantiellement sa voilure. C'est une fête, un festival. Nous parlons de victoire plus que de cabale d'État, il est hors de question d'affaiblir le mot d'ordre d'indépendance, c'est aussi le nôtre. De plus, nous sommes convaincus que la mobilisation syndicale, politique et judiciaire a forcé l'État à respecter le droit.

En dévoilant ses pratiques au grand jour, nous venions de le contraindre à réduire ses manœuvres d'exception dans l'exception. Les libérés rentrent au pays en fanfare, dans une société qui les fête d'autant plus bruyamment qu'elle a douté d'eux… et qui a déjà commencé à se laisser éblouir par le dernier numéro de prestidigitation du gouvernement : le Plan vert. La répression judiciaire a fait long feu, l'économie fera diversion. C'est un prétendu plan de développement agricole, vendu dans cet emballage en Guyane mais livré en France sur tous supports publicitaires (y compris les bus dans lesquels nous montons avec une rage impuissante), comme un plan de « trente mille migrants pour la Guyane ». Un plan de peuplement. Dans l'intention et dans les faits. Des terres sont attribuées depuis la rue Oudinot, siège du ministère de l'Outre-mer, à des candidats sans référence agricole ou rurale pour la plupart, et des familles guyanaises découvrent que la terre qu'elles travaillent depuis plusieurs générations appartient, titres en main, à des colons au sens littéral, fraîchement débarqués.

Il en reste aujourd'hui une poignée, quelques vrais agriculteurs, à avoir survécu aux plans de restructuration. L'immigration en provenance d'Haïti est fortement encouragée par les pouvoirs publics aux fins de fournir de la main-d'œuvre à ces fermes nouvelles. La manie de peuplement les a repris. Dans ses errements coloniaux, la puissance française n'a cessé d'improviser des expéditions de population. Obsédée par les révoltes d'esclaves et le marronnage sur le plateau des Guyanes couvrant le Guyana, le Surinam, la Guyane, le Nord-Ouest brésilien, le Nord-Est venezuelien, de l'Orénoque à l'Amazone, que les Nègres marrons considèrent comme l'espace géopolitique de confrontation entre le système esclavagiste et une société de liberté, la monarchie se fixe d'établir un équilibre arithmétique entre Amérindiens et Noirs esclaves ou libres d'un côté, Européens socialement et économiquement dominants de l'autre.

La légitimité d'une société de classement racial, cette « distinction des couleurs indispensables dans les pays d'esclaves », selon Napoléon, est à ce prix. La compétition entre puissances coloniales étant rude et meurtrière, les Européens appâtés par les aubaines promises, constitueront les forces susceptibles d'être mobilisées pour riposter aux agressions périodiques des Anglais, aux incursions des Hollandais, aux provocations des Espagnols, aux réclamations des Portugais. Une armée de mercenaires. De cette obsession de peuplement, la plus célèbre des opérations irréfléchies est, en 1763, l'expédition de Kourou, appelée expédition Choiseul, que l'on pourrait aussi dénommer expédition Turgot, du nom du ministre de la Marine et des Colonies et de son frère nommé gouverneur pour les besoins du projet. Les candidats à la fortune facile sont recherchés dans toute l'Europe.

Il ne leur est demandé aucun état de service ni de moralité, il suffit qu'ils soient blancs, et peut-être un peu cupides… ou naïfs, eu égard à la nature de la propagande de recrutement. Neuf mille Européens de Belgique, de Hollande, de Prusse, d'Autriche, de Suisse, de France, auxquels se joignent des colons d'Amérique du Nord, Canada et colonies anglaises, débarquent dans l'estuaire impaludé de la rivière de Kourou. Leur accueil n'étant pas organisé, ils seront plus de sept mille à périr en quelques mois. L'Eldorado ne l'est plus, il devient l'Enfer vert, le cimetière des Européens. Ceux qui font les réputations malsaines ne s'interrogent jamais ni sur eux-mêmes ni sur les qualités, la résistance et l'ingéniosité de ceux qui parviennent à y vivre, Amérindiens, esclaves, Nègres marrons et Créoles de tous métissages, toutes origines et toutes amours.

Ce drame ne s'avèrera pas dissuasif sur les autres bricolages de peuplement. Le baron de Bessner fera des pieds et des mains pour établir des familles alsaciennes dans la commune de Kaw, au cœur géométrique du territoire, puis des soldats-cultivateurs dans la commune de Tonnégrande, haut lieu du marronnage.

Un siècle et demi plus tard cette commune hébergera le « bagne des Annamites » réservé aux militants anticolonialistes d'Indochine. L'établissement pénitentiaire de Saint-Laurent-du-Maroni est officiellement établi en 1857, cinq ans après les pénitenciers de Cayenne à la pointe Buzaré, de la montagne d'Argent et des îles du Salut au large de Kourou.

En réalité cette colonie pénitentiaire commence dès 1795 avec le premier convoi de prêtres réfractaires et de prisonniers politiques du Directoire ; elle est une illustration particulière des fantasmes démographiques projetés sur cette colonie d'Amérique du Sud, et un filon pour la gestion des indésirables.

De 1852 à 1938, les bagnes en Guyane accueilleront ceux dont la France veut se débarrasser, pauvres, marginaux, opposants politiques, militants anticolonialistes hommes et femmes du Maghreb, d'Indochine, des Antilles, criminels de droit commun, rivaux dérangeants, prostituées, voleurs à la tire, nous affublant d'une réputation de dépotoir que nous partagerons avec la Nouvelle-Calédonie. Nous aurons reçu des personnes de grande valeur, Bou Maza, N'Guyen Van Dong, Dreyfus, Collot d'Herbois mort quelques mois après son arrivée en Guyane ; Louise Michel et d'autres communards seront emprisonnés en Kanakie. L'Angleterre a fait de même avec ses convicts à Botany Bay en Australie dès 1777.

Comme les Anglais, les Français enverront des femmes au bagne de Guyane. Elles viennent des bagnes de Toulon, de Brest et de Rochefort. Près de six cents femmes sont ainsi transportées à Cayenne à partir de 1858. Elles sont censées s'adonner à des travaux « de leur sexe » comme il se disait alors, sans qu'il s'agisse nécessairement du commerce de leur corps. Il est prévu qu'elles servent de compagnes aux bagnards. Accueillies par les Sœurs de Saint-Joseph-de-Cluny, elles sont conditionnées pour peupler la colonie. En cas de bonne conduite avérée, elles sont autorisées à contracter mariage avec d'anciens bagnards eux-mêmes soumis à un examen de conduite. Ces époux, encouragés à fonder famille, seront privilégiés par l'attribution de parcelles foncières de trois à dix hectares généreusement cédées par l'État en concession à ces repris de justice ; selon le décret, c'est en cette qualité qu'ils en sont bénéficiaires ; ils en deviendront propriétaires au terme de cinq années de mise en valeur. Les occupants précédents, Amérindiens,

Bushinengue ou Créoles ruraux, n'ayant aucun moyen de faire valoir leurs droits générationnels, le cadastre n'existant pas, n'auront qu'à se déplacer. C'est d'ailleurs chez eux une habitude avec leurs abattis itinérants... tant pis pour le domicile familial, qu'importe que l'itinérance ne soit pas une errance ni même un nomadisme, mais une jachère.

Un siècle et demi plus tard le cadastre ne couvre que cinq pour cent du territoire... L'État demeure ainsi propriétaire privé de quatre-vingt-dix pour cent des terres, qu'il s'est octroyés par ordonnaces royales depuis 1825 sur les « terres vacantes et sans maître » (et sans cadastre...).

Cité par Aimé Césaire dans le *Discours sur le colonialisme*, Léon Bloy « s'indignait que des escrocs, des parjures, des faussaires, des voleurs, des proxénètes fussent chargés de porter aux Indes l'exemple des vertus chrétiennes ». Analysant cette entreprise du bagne, et considérant sa composition en dehors des détenus politiques, Léon-Gontran Damas a des paroles d'une même dureté pour dénoncer ces « projets de peuplement de la Guyane avec les anormaux, les tarés, les rebuts... pour y faire naître de grandes industries ». La relégation, double peine, contraignait les bagnards libérés à demeurer en Guyane un temps supplémentaire équivalant à leur condamnation. Pour développer la colonie... sans que les pouvoirs publics se préoccupent de la mettre en chantier.

*

Le Plan vert est la dernière lubie migratoire du XXe siècle. Quelques jeunes Guyanais audacieux auront l'idée originale mais périlleuse de s'insérer dans ce plan justement conçu pour noyer démographiquement les soixante-cinq mille habitants remuants sur cet ample territoire, en particulier ceux du littoral.

Ceux-là sont toujours à remâcher l'histoire coloniale, à sublimer des épisodes de solidarité entre Amérindiens, Bushinengue et Créoles, à berlurer sur un subtil, et chimérique, syncrétisme culturel au contact des migrants plus récents et à revendiquer une souveraineté prétendument légitime sur l'ensemble du territoire. Ce faisant, ils contrarient la gestion des populations dans des périmètres maîtrisables, les Amérindiens Wayana et les Teko en pays indien sur le Haut-Maroni et les Kali'nas à Awala Yalimapo sur le littoral, les Bonis à Papaïchton, les N'Djuka à Grand Santi, les Arawaks, Palikurs, Wayampis, Maraons sur le Bas-Oyapock, les H'mongs à l'Acarouany et à Cacao... C'est tellement plus clair ainsi, à chacun ses droits et ses particularismes, c'est déjà bien assez compliqué.

Quant aux Créoles, ils se sont dispersés, ont essaimé sur le territoire, se sont rapprochés des écoles et des lieux de pouvoir, se sont déployés dans tous les secteurs de l'économie, sauf quand même, et cela mérite d'être apprécié, sauf qu'ils n'ont pas la propriété foncière (ils en furent empêchés), ils n'ont pas accumulé de capital (ils n'en ont ni les moyens ni la mentalité).

L'État cogite. Heureusement, dès l'affaire Galmot, on (hauts fonctionnaires) a vu poindre le danger. La création du territoire de l'Inini en 1930 et les contrôles successifs des neuf postes douaniers ont permis de faire refluer vers le littoral ces habitants à idéal panoramique. C'était conçu spécialement pour eux, pour les éloigner de cet hinterland ; ils auraient bien fini par prétendre à un soi-disant patrimoine historique, toute cette forêt et ces essences de bois précieux, sans compter tout le reste, l'or, la bauxite, le diamant, la tantalite... D'ailleurs, on a négocié les espaces coutumiers à l'intérieur de l'Inini avec les Amérindiens et les Bonis. Zou pour le reste.

Ce n'est pas une lubie, le risque était réel, il suffit de lire ce qu'écrivait leur Léon Damas après sa mission à l'intérieur auprès des Bonis et des Amérindiens pour le Muséum d'histoire naturelle. Il s'en est fallu de peu avant qu'ils recommencent leur cinéma de peuple guyanais soudé par des luttes communes. Au moins, ce regroupement sur le littoral illustre leur mépris pour la terre. Il faudra encore un peu de temps pour qu'ils avalent les bobards des indépendantistes qui les appellent à occuper et travailler la terre. On ne se débarrasse pas si facilement d'aversions historiques... ni du confort de la ville.

Pourtant, ces jeunes Turcs qui se sont infiltrés dans le Plan vert gagnent du terrain. Ils manifestent un sens politique hors du commun. Ils portent le fer au cœur même du projet, assurant que le développement suppose de partir des savoirs locaux et de satisfaire le marché domestique. D'abord. Très vite, ils imposent comme une évidence la dichotomie entre l'agriculture vivrière visant l'autosuffisance alimentaire, et les filières rentables du Plan vert ; ces filières, choisies semble-t-il à la roulette, sont les agrumes et l'élevage bovin. Mais les citrons tardent à fleurir et les bœufs à grossir. Les concepteurs pressés du Plan vert n'avaient pas réfléchi aux revenus des agriculteurs durant ces quatre ans de floraison et d'embouche. Ils y adjoindront une fantaisie de trésorerie par l'horticulture et l'aquaculture, plus rapide. Cette trouvaille, brillante sur papier, poussive en bassins, capotera assez vite.

Nos téméraires prennent le contrôle d'une coopérative, pas n'importe laquelle, la coopérative fruitière. Ils organisent la collecte et la commercialisation des fruits et légumes, au bénéfice d'une nuée de petits paysans du littoral, du Maroni et de l'Oyapock, Créoles, Bushinengue, Amérindiens, Surinamiens, Saint-Luciens, soutenant et renforçant la culture d'abattis et son itinérance de jachère. Ils sont dangereux. Ils sont en train d'ériger un contre-modèle à cette agriculture moderne sur grandes exploitations tournée vers l'exportation, que l'administration agricole départementale dirigée par un vieux briscard despotique et manœuvrier s'éreinte à instaurer. Duel de titans. Une rétention de subventions méthodique et persistante devrait les asphyxier… Mais voilà qu'au lieu de s'étrangler et de jeter l'éponge, ils s'accrochent, résistent, tiennent bon. Ils redoublent d'énergie et d'inventivité, étendent leur surface financière, actionnent des leviers de pouvoir professionnel, créent avec le soutien de la fédération nationale une fédération de coopératives et l'étendent aux Antilles. Avec cette surface professionnelle, ils commencent à faire contrepoids aux décisions administratives.

Après une campagne extrêmement tonique et habile, ils parviennent à conquérir la présidence de la chambre d'agriculture. Sacrilège ! Il devient urgent de rappeler qu'il y a, en ces contrées, des limites aux libertés et à la démocratie. Nul ne défie impunément l'État. La chambre d'agriculture sera dissoute. Premier et unique cas d'espèce dans toute l'histoire des institutions consulaires.

*

C'est au commencement de cet avatar du développement que reviennent nos héros fraîchement déprisonnés. Étaient-ils innocents de tout ? Certes non. Ils ne seraient pas allés bien loin avec la vieille Winchester du vénérable et défunt père Kapel… et selon toute probabilité il ne leur était pas venu à l'idée de s'en servir. Mais ils étaient armés. Et du mieux qui soit. Ils détenaient les « armes miraculeuses » d'une parole fulgurante taillée dans le granit d'Amazonie par laquelle ils dressaient un implacable réquisitoire contre les violences de la colonisation et les impérities de l'administration départementale.

D'autres avaient eu avant eux des mots terriblement désenchantés. Catayée, qui quelque temps avait cru à la parole d'André Malraux, maudissait « la triste réalité du sort qui a toujours été le nôtre : l'abandon et le mépris » et ces « administrateurs qui déversent sans scrupule et sans se gêner cette haine incommensurable qu'ils ont du Nègre ».

Il est loin le temps, 1948, où le pourtant jadfardiste Pierre Darnal fustigeait la Conférence interaméricaine de Bogota et sa motion contestant la domination des puissances européennes française, anglaise et hollandaise sur le plateau des Guyanes. « Les Guyanais sont français depuis trois siècles et ils entendent le rester », clamait-il dans son journal *Le Coq a chanté*. Fin de non-recevoir. Les Guyanais venaient d'acquitter l'impôt du sang à la Deuxième Guerre mondiale et malgré le racisme relaté par plusieurs d'entre eux, dont la voix éminemment respectable de Frantz Fanon, ils conservaient un « indéfectible attachement à la mère patrie ».

C'est au nom de cet attachement qu'ils étaient entrés en dissidence de l'autorité pétainiste du gouverneur pour rejoindre par bateau et par la Barbade, Sainte-Lucie et la Dominique, puis les États-Unis puis l'Afrique du Nord, les Forces françaises libres. Un long voyage. Ils estimaient donc avoir le droit d'être français. Trente ans plus tard, ce temps est bien révolu. La Conférence de Bandung est passée par là et les désillusions locales se sont multipliées.

La génération qui s'exprime en 1974 a rejeté comme de vieux haillons tous les complexes d'infériorité qui faisaient ses aînés trompeter à tout bout de champ l'amour de la patrie. Et elle a de la matière… Le racisme administratif, flagrant, reste pesant quoique moins brutal qu'il le deviendra vingt ans après. En effet un quart de siècle plus tard, un ministre de gauche, décontenancé par une méthode antédiluvienne d'accueil à l'aéroport à l'initiative du préfet, avec alignement sur le tarmac de tous les directeurs d'administration comme pour une revue militaire, me confia : « Ce n'est pas croyable, cela m'a fait un drôle d'effet de voir tous ces directeurs blancs alignés, je me suis demandé si j'étais bien en Guyane. Comment tu expliques ça, toi ? » Je lui répondis par un détour que j'ai voulu ironique sur un personnage déconcertant, Suzanne Amomba. Ancienne esclave née en Afrique, elle a dédié sa fortune en 1742 à la construction d'un collège à Cayenne. Heureusement qu'elle s'était mariée en 1704, Amomba, avec le sieur Paillé, militaire déchargé pour l'occasion de ses grades. Car sous la pression de la bonne société coloniale soucieuse de la pureté de la « race », une ordonnance royale de 1733 ne se contenta plus de sanctionner les mariages mixtes, elle les interdit. Ce legs pour le collège n'était pas un cadeau aux petits Négrillons, l'abolition qui d'ailleurs n'entraîna pas immédiatement le droit à la scolarité n'interviendra qu'un siècle et demi plus tard, en 1848. Mais bon, en 2000 les Guyanais vont à l'école depuis un siècle et demi ; ils réussissent brillamment, ils se distinguent en France et ailleurs, et ils ne sont toujours pas jugés dignes d'être nommés à la tête des administrations chez eux... Une citadelle avec ponts-levis.

Pourtant, dans les années soixante, il était assez courant de trouver des Guyanais numéros deux dans de grandes administrations, principaux ou proviseurs, directeurs de toutes les écoles, cadres supérieurs. Certes il n'y eut jamais de DDE guyanais, mais on sait que c'est presque une fonction régalienne... que les rond-points rendent trop juteuse. Nous avons donc connu cette société moins hostile aux cadres locaux. Depuis, insidieusement, sur des critères déguisés en objectivité, par exemple les barèmes d'enseignants, de véritables mécanismes d'exclusion ont remplacé les Guyanais dans quasiment tous les corps de métiers, y compris des catégories subalternes où ils étaient plutôt nombreux.

L'astuce est grossière mais imparable : toutes les candidatures sont brassées et traitées à égalité, celles qui viennent d'une population de soixante-deux millions d'habitants et celles provenant de la population locale de deux cent mille habitants... Cherchez l'erreur. À l'hôpital public, le procédé, moins rigoureux, produit les mêmes effets. On dirait que s'est transposée dans la gestion des fonctionnaires la hantise arithmétique qui inspira les expéditions migratoires du temps colonial. Une gestion catastrophique des populations pour qui partage les valeurs humanistes.

Certains de ces « remplaçants » sont conscients de bénéficier de l'éviction des Guyanais. Ceux qui en ont ravalent leurs états d'âme.

Ils se coulent dans le nuage artificiel. Ce qui dépasse leur est si familier, les enseignes de la Poste, des banques, des stations-service, des zones industrielles, les méandres administratifs et les contacts qu'ils y nouent, les médias et les relations qu'ils s'y créent, les réseaux et clubs et tous les avantages qui en découlent. Le lien social par l'argent, le lieu social par excellence devenant la zone commerciale.

D'autres, assez nombreux, sont atteints par ce que j'appellerais le syndrome de Priqueler, de ce matelot de Champagney embarquant à Nantes, écœuré par ce qu'il voit du trafic humain, et qui développe un taraudant mal-être avant de s'en libérer en témoignant. Le mal-être ici se traduit par l'absentéisme, la dépression, la déprime, le sarcasme ou une frénésie activiste.

D'autres enfin s'en émeuvent et se consacrent à bien faire leur métier, et même pour une minorité à se dévouer pour réduire les inégalités au sein de la profession. Ils côtoient d'imperturbables donneurs de leçons, bruyants malgré des résultats plutôt désastreux dans les domaines où ils officient, y compris l'enseignement. Nul ne sait ce qu'ils ont pu faire de bien auparavant, mais ils ont les droits de la supériorité matérielle. Il faut dire que le filtre est plutôt malsain, une surrémunération de quarante pour cent, diverses primes dont certaines atteignant seize mois de salaires, et des avancements de carrière assez spectaculaires... L'État ne prend pas ses fonctionnaires par les sentiments.

Pour dire les choses telles qu'elles furent, les fonctionnaires lui ont arraché ces privilèges. D'abord les fonctionnaires métropolitains qui, après le vote de la loi de départementalisation en 1946, menacèrent de quitter la Guyane s'ils devaient renoncer à leur « cadre colonial » sans être indemnisés au moins à l'équivalent. Puis ils exigèrent l'application à leur bénéfice exclusif de la Sécurité sociale et des allocations familiales ; ensuite ils réclamèrent d'être compensés des 50 % de cherté de vie calculée par l'INSEE.

Une proposition de loi d'Aimé Césaire leur permit d'obtenir 25 %. Une nouvelle grève leur acquit 15 % supplémentaires et diverses primes. Les syndicats partirent alors en guerre contre la discrimination et obtinrent le même régime pour les fonctionnaires locaux après une grève de deux mois dans les quatre nouveaux départements, Guyane, Guadeloupe, Martinique, Réunion. Les effets inflationnistes de ces mesures sur les cours fonciers et immobiliers, et sur le prix des biens de première nécessité sont aujourd'hui incontestés, y compris par l'État sans courage. Et tous les plans de développement ont buté sur les écarts de salaires entre la fonction publique et le secteur privé. Le SMIG accusait 79 % de différence avec l'indice de base de la fonction publique. Le SMIC qui lui succéda ne fut aligné sur le niveau national qu'en 2000.

L'État continue à supposer ses fonctionnaires sensibles au seul argument pécuniaire. Et il les largue, sans parachute, dans des classes multiculturelles et multilingues. Désespérant bien des bonnes volontés. Il pourrait pourtant faire valoir l'extraordinaire opportunité de l'expérience pédagogique et des échanges culturels dans cette société plurielle ; la qualité de vie et de relations sociales ; le privilège de contribuer à façonner, grandeur nature, ce qui préfigure la vie commune dans un monde tout de sociétés multiculturelles. Ces merveilles n'ont, semble-t-il, pas de valeur vénale.

Le système actuel, il est vrai, a démontré son efficacité. Il suffit aux intéressés de traverser l'Atlantique pour changer de classe sociale. Il reste profondément pervers car il rend suspect de cupidité sur la seule apparence ou la provenance. Une pourriture, partout, plus encore dans cette société qui brasse si facilement et depuis si longtemps les cultures de tous les continents. Ce crible laisse à l'écart ceux qui répondraient à l'offre d'une belle aventure humaine, de rencontres culturelles, d'une incomparable expérience ontologique. L'État ne veut en convenir.

Tout de même, au milieu de tout cela, l'imprévu comme d'habitude en nos terres. Par-ci par-là brillent quelques pépites, des lotus, jeunes ou vieux idéalistes refusant de devenir amasseurs ou blasés et qui, avec pugnacité, tissent une relation exigeante de connaissance et de respect mutuel, donnent aux enfants le goût d'apprendre, défendent leur métier autant que les missions du métier… servent. Ils ne sont pas foule… néanmoins ils sont. Ce qui est fabuleux chez ce peuple français, c'est qu'il s'en trouve toujours un pour en racheter dix.

*

En cette année 1974, l'administration composée majoritairement de fonctionnaires détachés est prédominante, arrogante ou paternaliste. Insupportable pour des intellectuels et des syndicalistes qui ont mené les grandes batailles sociales de 1971, connu les matraques de gardes mobiles, goûté à la garde à vue aux lendemains des nuits d'émeute, accompagné les travailleurs et mesuré leur détermination, expérimenté l'articulation entre luttes salariales et revendications politiques. Et qui, ayant étudié ou travaillé en France, peuvent faire la différence entre les traditions françaises de lutte sociale et politique et les exactions de cette aristocratie bureaucratique.

Des nuits mémorables. Ponctuant la grève générale illimitée de novembre 1971. À nouveau en septembre 1974, ces militants ont affronté les grenades lacrymogènes et les gardes à vue lors du voyage officiel d'Olivier Stirn, secrétaire d'État à l'Outre-mer. Ils savent que la société bouillonne sur des purulences… qui surgissent à l'improviste. Lors d'une nuit d'émeute après la journée de grève générale du 13 septembre 1974, un « métropolitain » propriétaire d'un restaurant tire au fusil de chasse (où se croit-il ?) blessant trois personnes dont une à l'œil, la faisant définitivement borgne. Le « chasseur » n'est pas inquiété par la justice, il va juste tranquillement s'installer à Saint-Laurent-du-Maroni à deux cent soixante kilomètres.

Deux mois plus tard, trois jeunes militants, membres du Moguyde, sont arrêtés pour avoir inscrit le 11 Novembre sur le monument aux morts, « Hier morts pour la France, aujourd'hui et demain mourir pour la Guyane ». Ils sont inculpés du chef de « détérioration de monument public », traduits en correctionnelle, jugés en flagrant délit, condamnés à six mois fermes de prison. L'impunité pour l'éborgneur, une extrême sévérité pour les jeunes graffiteurs. Les manifestations repartent de plus belle… Et l'État semble surpris !

*

C'est instruits de toutes ces expériences que les militants indépendantistes réprouvent et blâment les rémanences de l'ordre colonial. Leur vocabulaire est incisif et savoureusement imagé. Ils sont aussi durs contre le « joug colonial » que contre les départementalistes qu'ils traitent de « horde scélérate des valets du colonialisme ». Le discours indépendantiste est anticolonialiste, nationaliste et pour certains socialiste. Il repose sur une analyse politique, identitaire et sociale. Il s'interdit d'être racial mais certaines publications dénoncent la persistance de la société de couleur et les survivances du racisme.

Quelques illustrations, probantes, font mal. L'institution judiciaire où les magistrats sont « blancs » quand les avocats et justiciables sont « noirs » ; le conflit entre les fonctionnaires « blancs » de la préfecture et les élus « noirs » du conseil général ; la police de terrain « noire » et les gardes mobiles et gendarmes tous blancs réservés à la répression des manifestations de... « Noirs ». Leurs analyses demeurent cependant politiques. Ils savent déjà que ce terrain est fangeux, que la dénonciation de ces faits peut devenir aussi nauséeuse que les faits eux-mêmes.

Pour la première fois et de façon plus construite qu'en 1962, sera formulé sans ambiguïté le concept de peuple guyanais composé des Amérindiens, Bonis et Créoles. Les Créoles sont la porte d'entrée par laquelle tout nouvel arrivant peut prendre pied en ce pays d'Amazonie. Ils ne constituent pas une ethnie en tant que telle, étant justement la matrice du métissage, le lieu de toutes les combinaisons possibles pour, de partout ou de nulle part, avec ou sans bagages, s'installer en identité guyanaise. Ces militants sont appliqués à nourrir et modeler une conscience nationale. C'est une rupture. Radicale, au regard de l'ignorance qui a longtemps prévalu à l'égard des populations de l'intérieur et eu égard au discours tribaliste que des ethnologues à l'œuvre depuis quelques années ont commencé d'instiller et vont distiller avec constance, séparant les « tribus sylvicoles » des « populations du littoral ».

Dans ce retour au soi multiple, les indépendantistes valorisent le travail de la terre, persuadant les Guyanais que c'est leur droit d'en disposer et de la travailler, évoquant les moments d'histoire où l'abattis prospéra sous la créativité échangée entre Amérindiens, Bushinengue et Créoles ruraux se partageant semences et techniques. Ils provoquent un engouement inouï pour la terre. Finie la rengaine *« Depuis trente ans attaché à la terre / Je n'ai connu de la vie que misère », Prière de l'esclave* de Daniel Forestal. L'enthousiasme s'entretient avec une campagne « Consommez local » insistant sur l'agriculture comme condition première du développement.

Entretemps, le Moguyde s'est à ce point installé dans la conscience collective qu'il s'est transformé en nom commun. À *roun moguyde*, c'est un rebelle ; *pa fè moguyde a mo kaz*, ne te rebiffe pas je suis maître chez moi ; *si ou lé fè moguyde ou pé ké trapé travay*, si tu te révoltes tu n'auras aucune chance d'avoir du travail (60 % de la population en chômage total ou partiel). Et pis, *ou ka frékanté timoguyde, ou ké wè sa ké rivé'w*, tu fréquentes des voyous, tu verras ce qu'il t'en coûtera.

*

Je rentre en Guyane pou des vacances en juilllet 1975. Ce sera la seule fois durant mes sept années d'études avant mon retour définitif fin 1979. Je repartirai en larmes. C'était une époque où il n'était pas ordinaire de voyager et nos revenus boursiers nous rendaient raisonnables. Une réquisition de la préfecture accordait un billet aux boursiers. Une seule fois, quelle que fût la durée des études. Sur place, je me précipite là où je peux retrouver ceux que j'admire, les Kapel, Lamaze, Bourgarel, Donzenac, Delannon, Charlotte, Bade et d'autres. J'ai lu *Circonstances guyanaises* de Serge Patient, j'en ai été éblouie. Je savoure les poèmes d'Elie Stephenson, *Catacombes de soleil.* Je montre grand respect pour Turenne Radamonthe, le secrétaire général du syndicat UTG qui a adopté en 1971 le mot d'ordre d'indépendance nationale ; ce syndicat est la proue des grèves qui font trembler le pouvoir.

L'Union des étudiants guyanais nous fixe pour mission aux vacances d'assurer bénévolement des cours de rattrapage scolaire au bénéfice d'enfants des milieux défavorisés. J'accomplis scrupuleusement ma part tous les matins, puis j'abandonne mes doux camarades à leur paisible vie familiale et j'occupe mes après-midis, mes soirées et mes week-ends à batifoler dans tous les lieux, syndicats, partis politiques, mouvements et comités, fiefs de ces leaders dont j'ai découvert à Paris l'existence ces derniers mois et qui sont censés nous conduire à l'émancipation.

J'éprouve une nette préférence pour le Moguyde et je m'y pose d'une certaine façon. Je circule d'une commune à l'autre pour mieux connaître ce pays et l'aimer moins platoniquement. Mon frère Antoine, inspecteur de police, me prête souvent sa Renault 12... à moi les grandes virées. J'améliore ma pratique du créole à une vitesse vertigineuse ; rien à voir avec nos modestes progrès en France, l'un apprenant à l'autre. Ayant tous été bridés d'usage de notre langue par nos parents convaincus que notre salut social était à ce prix, nous n'étions pas plus savants les uns que les autres et nous passions plus de temps à torturer nos maigres souvenirs et à débattre des règles et des mots qu'à nous exprimer.

À Paris, notre créole piétinait et restait folklorique malgré nos efforts soutenus et nos incontestables mérites. En Guyane, je progresse en omnidirectionnel. Je prends des cours de chants et de danses, *grajé*, débôt, *lérôl*, *kamougué*... pour le *kasé-kô*, danse de combat, espèce de *capoeira* guyanaise, faudra un peu de patience et de meilleures dispositions physiques, je suis encore trop inhibée. J'apprends à caler un tambour entre mes jambes, à reconnaître les rythmes et à couper sur des aigus et des graves simples. J'essaie de fouler et rouler, mais il me faudra des cours plus assidus, les vacances sont courtes. Je découvre la *sanpulah* et le *kalawachi* amérindiens, le *songué*, *l'awassa*, *l'apinti*, *l'agwado* bonis. Je reçois en forêt des raclées de moustiques et de poux d'agoutis...

C'est le prix et je ne chicane pas pour le payer. Car en échange, il m'est donné de goûter aux splendeurs de l'Amazonie, ses criques en sous-bois aux eaux glacées couleur cannelle, le chant du *moréyo* au coucher du soleil, le froid humide de l'avant-jour pénétrant le hamac par le fond, le *parakwa* ouvrant le jour. Un vieux chasseur me transmet un savoir inestimable, sur des plantes et leurs vertus, sur les dangers à consommer ce qui paraît délicieux, me conseillant de vérifier d'abord si le singe, infaillible sur ce qui est comestible, en mange ; il me donne de précieux jalons, m'apprend à détecter un *kimboto* aux *racabas* longs et creux, résonnant à grande distance, idéal pour communiquer, à repérer les criques et leur cours afin de retrouver mon chemin en cas d'égarement...

C'est alors et définitivement que la forêt devient mon lieu privilégié de résidence. J'apprends à boire du *kachiri* sans régurgiter. Je m'amuse de ce que j'ai lu sur la recette traditionnelle, les vieilles Amérindiennes édentées mâchant le *kramanioc* pour lui extraire le jus qui fermentera grâce à la salive. Fadaises. Vraisemblablement une exhumation d'ethnographe zélé. Je comprends qu'appartenir à la civilisation du manioc, c'est partager ces habitudes immémoriales autour de la cassave, du couac, des *sispas*, du *chibè* et du *kwabio*, de l'igname aussi et du maïs, apprécier le *maïpouri* en l'épargnant en saison de reproduction, veiller sur les petits de tortue luth sans leur désapprendre à regagner seuls la mer, manier le *takari* et guider le canot, pêcher au *counami*, chasser par piège plutôt qu'à la chevrotine, tresser *l'arouman*, fabriquer un carbet sans clous ni chevrons et le recouvrir de feuilles de *way*... croire aux *maskililis*.

J'assiste à une cérémonie de *broko dé*, levée de deuil bonie pour libérer le défunt autant que sa famille. Je prends des bains de feuilles, même si je pressens que les rituels qui les accompagnent sont quelque peu altérés. Oubliés les coquillettes au ketchup, le cassoulet réparti sur trois jours, la soupe de petits pois, la pimentade de saucisses, le pain moisi... Je rééduque mon estomac à la pimentade *d'acoupa*, au *kalalou* de poisson boucané et crevettes, au colombo de porc, tout cela bien gras, une cure de cholestérol, flatteuse pour le palais, bénéfique au moral. Je fais les choses jusqu'au bout, tisane de pomme cannelle pour la digestion, infusion de corossol et mélisse pour un sommeil dans des bras d'ange. Immersion à domicile.

Un jour que je me promène, rêveuse, sur la plage de Montjoly, un chien qui alors me paraît aussi énorme et sombre que les ruines du fort Diamant, un mastodonte, me saute aux épaules en grognant. Je reste figée, tétanisée. Nous portons en inconscient totalement refoulé un atavisme de peur panique des grands chiens du temps des molosses lancés à la poursuite des Nègres marrons. Chaque famille guyanaise a bien son chien, mais ce sont des chiens créoles, des bâtards, souvent lourdauds et placides, gardiens de la petite ménagerie domestique, poules fugueuses, canards péteux, cochon curieux, plus que de la maison et de ses habitants, et chargés de pourchasser les rats et les *pians*, de grogner pour effrayer les ivrognes égarés. Certains de ces chiens sont des merveilles à faire pâlir les bibelots en faïence. Nul ne se souciant des accouplements, qui advenaient en pleine rue derrière un tamarinier de l'avenue d'Estrées, un manguier du boulevard Jubelin ou place de la Préfecture, certains de ces bâtards pulvérisant toute notion de pureté avaient la pure beauté de l'imprévu. Les chiens de race nous effraient. Celui-ci en est un. De ce qu'il reste dans mon souvenir, il était en fait superbe, pelage moiré, museau gracieux, probablement un berger allemand.

Deux hommes et une femme en tenue de bain s'approchent. Ils lisent probablement toute l'épouvante du monde dans mon regard. Un homme aboie : « Qu'est-ce que vous foutez là ? C'est une plage privée ! » Quoi ? Dans mon pays ? Cette plage de Montjoly où les familles guyanaises pique-niquaient à Pâques, à Pentecôte, aux grandes vacances ? Privé, dit-il, alors que rien ne le matérialise ! Je retrouve mes esprits. Cela fait beaucoup ! La veille, à la station d'essence, un abruti qui voulait être servi avant moi descend de sa voiture et vient me dire « dégage de là, Bamboula ». J'ai vu rouge et je lui ai foncé dessus.

Heureusement il a fait un bond, échappant à mes roues. Les murs de Cayenne et de Kourou sont recouverts de slogans « Les Nègres en Afrique », « Les Nègres dehors ». Des hommes, tas de muscles sans esprit, armoires à glace aux pectoraux dessinés, mais aussi des femmes à cervelle légère arborent des T-shirts traitant les Guyanais de moutons paresseux, affichant qu'en Guyane seule la forêt est vierge, seul le bois travaille, et autres mépris gratuits. Et voilà en plus la plage privée ! J'ai encaissé le racisme en France, j'ai pu en rire parce que j'avais un pays de rechange, le mien. Et voilà !

La femme qui a dû voir également l'effroi dans mes yeux lorsque le chien me tenait les épaules se montre rassurante : « N'ayez pas peur, il ne vous fera rien. » Paradoxalement, c'est sur elle que j'explose : « Ah quant à vous foutez-moi la paix ! On vous connaît les paternalistes ! » Les hommes la rabrouent comme si je venais de faire la démonstration que c'est la manière forte qu'il faut avec ces gens-là. Ma rage étant supérieure à ma peur, je les défie du regard. Et chacun de nous reprend son chemin. Je tremble... de fureur, d'un reste de frousse aussi sans doute. À la fin des vacances, je repars à Paris en larmes... je sais je l'ai déjà dit... je suis désormais initiée aux merveilles de mon pays, j'ai vu aussi ce qu'il est en train de devenir.

*

Lorsque je reviens en 1979 car « notre devoir à tous [c'est] le retour au pays », je recommence mon pèlerinage de syndicats, partis, mouvements et comités. Le procédé est inhabituel et dans une ambiance de méfiance réciproque dont je n'ai pas immédiatement conscience, je suis vite perçue comme une espionne, un sous-marin disent-ils, sans que personne sache au service de qui... forcément au service de l'un contre l'autre, la faute suprême dans un climat paranoïaque. Il ne m'échappe pas que ceux qui se réjouissaient de ma présence, de mon adhésion calculaient-ils, suspendent leurs conversations dès que j'arrive. Je finis par renoncer à faire le colibri picorant de ci de là (dommage je les trouvais complémentaires), et je me fixe au Moguyde.

Je participe à une manifestation improvisée pour protester contre la visite de Paul Dijoud, nouveau secrétaire d'État à l'Outre-mer. Étrange scène. Nous sommes une petite poignée, pas découragés, nous huons le cortège officiel. Bon, c'est le mois d'août, ce ne fut jamais un mois propice aux démonstrations de masse. Je m'installe comme on s'installe quand on a, je n'y peux rien, le karma errant. Je commence à négliger mon chagrin d'amour qui s'est bien estompé. Mon beau-frère, Victor, m'offre de prendre en charge le transport des vingt-deux caisses de livres que j'ai laissées chez un copain à Paris. Ça, c'est un cadeau !

Ces livres, c'est tant de repas de restau U sacrifiés, et pas seulement le vendredi jour de quenelles de poisson. Retrouver mes livres et mes disques, Miles Davis, Keith Jarrett, Herbie Hancock, Ron Carter, Ferrat, Brassens, Gréco, Myriam Makeba, Ravi Shankar, Maria Bêthania, Toto Bissainthe, Billie Holiday, Taj Mahal, Quilapayun, Fela Kuti... et la petite radio-alarme blanche aux chiffres rouges que mon frère m'avait offerte... la preuve que je suis arrivée quelque part.

Le Moguyde a repris ses trois publications, *Pikan arè*, *Les Textes essentiels* et la bande dessinée historique *Kromanti*. Un Kali'na qui se vit guyanais sans tergiversation, André Tiouka, érudit sur notre histoire commune, participe à la rédaction des textes, et les dessins sont d'un autre Guyanais talentueux, une perle des quartiers de Cayenne, Denis. Comme toutes les ventes militantes dans le monde, ces revues et magazines nous servent de supports pour le contact avec les gens. Je réalise les meilleures ventes.

Lors d'un *debriefing* sur les meilleurs lieux de ventes et de discussions, je fais naïvement mon compte rendu indiquant combien d'exemplaires j'ai vendu au marché aux légumes, au marché au poisson, devant l'hôpital public, devant le stade, devant le Prisunic, au commissariat de police et à la préfecture. À l'énoncé de ces deux derniers lieux, je me ramasse une engueulade carabinée, « provocatrice, inconsciente, irresponsable ». Je suis éberluée. Je ne comprends pas… j'aggrave mon cas en expliquant que je ne vois pas pourquoi certains lieux nous seraient interdits dans notre propre pays. Dorénavant, on m'aura à l'œil. Décidément !

Au lieu de me tenir coite et d'attendre que s'éteigne ce courroux extravagant, je proteste contre la répartition des tâches qui réserve aux filles la frappe des documents, la rédaction étant assurée par la direction alors exclusivement masculine. On me fait clairement comprendre que je ne vais pas mettre la pagaille dans une organisation qui marchait du feu de Dieu avant mon arrivée. Je me fais rabrouer sans ménagement pendant les discussions politiques, puisque je m'en mêle… Des femmes me disent en aparté qu'elles approuvent mon indiscipline.

Nos derniers numéros sont très offensifs. Ils dénoncent le chômage, mesure cardinale de l'échec du système colonial, fustigent l'économisme qui imprime le discours et les prises de position des élus, pourfendent l'aliénation, sermonnent les consuméristes, rappellent à la solidarité des opprimés contre toutes les formes de domination. Deux ans plus tôt sont arrivés les premiers réfugiés H'mongs.

1977. Les nationalistes, l'autre nom des indépendantistes, ont quitté le Front contre l'immigration. Ils l'avaient rejoint en début d'année pour dénoncer la politique migratoire du gouvernement entamée par le Plan vert avec ses trente mille « migrants » depuis la France et la migration organisée ou suscitée par le gouvernement de dizaines de milliers de Haïtiens, Brésiliens, Colombiens, de quelques dizaines de Réunionnais et Malgaches acheminés par le Bumidom ; Surinamiens et Guyaniens viennent de leur propre initiative, en traversant simplement le fleuve Maroni, plus nombreux à la faveur de cette dynamique favorable ; l'administration offre des parcelles de terres à ceux qu'elle fait venir. Et il y a pour les autres des embauches, pas très regardantes, pour la construction de l'Ensemble de lancement spatial et les nouvelles casernes de gendarmerie. Ce Front a fini par se transformer en tribunes anti-immigrés et les leaders du PSG y sont très actifs.

Le Moguyde fait savoir qu'il n'accuse les H'mongs de rien (les orateurs du Front les traitaient de supplétifs du corps expéditionnaire français, traîtres à leur patrie et cultivateurs de pavot). Le Moguyde dénonce et condamne la politique de peuplement du gouvernement en ce qu'elle est délibérément une agression culturelle, politique et physique du peuple guyanais, et il affirme son intention de ne pas se laisser distraire en rejetant les immigrés... ces immigrés sont des opprimés comme nous, d'ailleurs c'est l'immigration européenne qui pose problème, elle se produit dans des conditions telles que la société se stratifie sur la couleur. Le Moguyde ne participera donc pas aux dernières manifestations anti-immigration contre les « 33 % de population étrangère » ; aucun responsable connu des organisations nationalistes n'y prendra part non plus.

De son côté, le syndicat UTG organisait les travailleurs étrangers du secteur du bâtiment et des travaux publics. Cependant le PSG redora son blason en apparaissant en résonnance avec la population, inquiète de ces arrivées massives et successives, de lotissements, bidonvilles ou RHI, résorption d'habitat insalubre par nationalités, des tensions sur le marché du travail, des pressions sur les équipements publics, écoles, cantines, logements.

Cette scission consomme la rupture entre ceux qui ont déjà conquis quelques bastions de pouvoir, villes, communes réparties entre le PSG et l'UNR, et se situent dans une logique assimilationniste, et ceux qui prônent la décolonisation et le réancrage dans notre bassin régional, estimant que les migrations de la misère, suscitées ou non, ne peuvent être traitées comme les migrations d'aubaine, planifiées ou non. Cet antagonisme va tracer la ligne des appartenances et des solidarités.

Je suis toujours étudiante à Paris et l'UEG se démène. Restés en relation avec la centrale syndicale et les organisations indépendantistes, nous initions des actions d'information et de sensibilisation contre la politique gouvernementale. La tournure des événements sur place nous laisse perplexes, et nous avons des discussions animées sur les désaccords qui ont fissuré le Front.

Par notre expérience d'étudiants nous sommes plus facilement internationalistes et nous avons du mal à comprendre que des partis de gauche se trompent ainsi de cible. Nous avons dénoncé avec virulence cette politique migratoire qu'il est impossible de ne pas comprendre comme ce qu'elle est, une politique de peuplement et une contre-offensive aux événements de décembre 1974, le fameux complot de Noël ; l'empathie de la population envers les militants emprisonnés fit craindre à l'État un danger de contagion.

Mais pour nous la cible est demeurée la politique migratoire comme un des volets, cyniques de surcroît, de la domination d'État, pas les immigrés. Je m'interroge. Qu'est-ce qui a bien pu changer ? Non seulement ce pays est depuis longtemps une terre d'accueil, Indiens, Chinois, Javanais, Martiniquais de Saint-Pierre, Barbadiens, Saint-Luciens et tant d'autres, mais plusieurs générations d'élus ont proclamé, parfois d'ailleurs par paresse intellectuelle, que la Guyane avait besoin de bras. Tous les plans de développement qui se sont succédé, lorsqu'ils étaient conçus sur place, par les élus ou par le préfet, contenaient un volet immigration.

Sous le prétexte fallacieux que soixante mille habitants ne pourraient suffire à mettre en valeur ces quatre-vingt-onze mille kilomètres carrés, ils se sont toujours englués dans une espèce de syndrome de la conquête de l'Ouest, ignorant que le développement se conçoit à l'échelle de ceux qu'il doit servir. Que s'est-il passé pour déclencher un tel rejet ? Nous comprenons que l'immigration a changé de degré ; elle est massive et soutenue ; elle a changé de nature, elle ne vise pas le développement mais la submersion démographique. Ces migrations sont différentes des précédentes. Elles arrivent à flots continus, denses. Il apparaît évident que les procédures d'intégration par syncrétisme qui fonctionnent depuis deux siècles n'auront même pas le temps de se mettre en place... Caduques. Société mouvante, en constante mutation, nous allons devenir une société instable.

Pis, le pouvoir organise des rivalités entre les derniers arrivants et les Guyanais. Il le fait par l'attribution de parcelles foncières en créant de véritables lotissements ethniques, par une politique de logement sans mixité ni sociale ni culturelle, par un discours contestant l'existence d'une identité guyanaise, faisant l'éloge, à l'insu de la République, d'une mosaïque, d'une multiculturalité pétrifiée, morcelée, tellement inégalitaire que rapidement la défiance la ronge. Le piège est monumental. L'alternative, douloureuse. Ou bien nous laissons faire et nous assistons, passifs et impuissants, à un attentat contre notre existence collective, telle que nous l'avons forgée sur plusieurs générations. Ou bien nous dénonçons sans relâche cette politique de peuplement... en sachant qu'il viendra un moment où la dénonciation apparaîtra abstraite si elle ne s'accroche pas aux effets eux-mêmes.

En l'occurrence les effets, ce sont les gens. Et il surviendra un autre moment où ces immigrés étant sur place, il faudra donner toutes les chances à leur implantation pour créer les conditions de leur enracinement. Personne ne comprend l'affolement d'un peuple qui se regarde perdre pied, devenir minoritaire chez lui, s'entendre contesté dans son identité, ses cultures, ses trajectoires. Des chercheurs contribueront à cette besogne en parant d'oripeaux scientifiques cette violence d'État.

Une petite coterie d'historiens guyanais, aliénés ou opportunistes en quête d'une reconnaissance de clan, emboite cette manipulation ethniciste, apporte son écho et son écot à cet assaut tribaliste. Nous sommes devant un dilemme. Refuser la présence de ces étrangers au risque de nous perdre dans le naufrage d'un rejet aveugle contraire à notre éthique de la convivialité. Y consentir et contribuer à notre dilution. Prenant appui sur notre histoire, nous nous efforçons de reprendre confiance, nous nous persuadons que les générations suivantes sauront ouvrager une société de dialogue et de cohésion. Nous avons le courage d'admettre, c'est un déchirement mais nous l'admettons, que la société guyanaise de demain ne ressemblera pas à celle que nous connaissons. Un monde s'effondre. Ainsi va parfois la vie des peuples.

Nous supposons que pour les Brésiliens et les Haïtiens à forte identité et à fière nationalité, il ne sera pas simple de les amener à prendre fait et cause pour cette terre, faire cause commune dans nos luttes contre le pouvoir, celui-là même qui leur accorde état civil et subsides. D'autant que l'administration ne faiblit pas dans ses manigances pour gommer l'histoire des communautés et des hommes de ce territoire. Notre histoire est chargée de contradictions comme toutes les histoires humaines, mais en plus, la réalité continue à faire ce qu'elle veut. Il y a quelques années un recteur a pris la décision d'organiser une réunion d'accueil pour les enseignants affectés en Guyane.

Parmi les conseils donnés, celui-ci : « Méfiez-vous des Brésiliennes ce sont des voleuses de maris et des videuses de comptes en banque » ! Un recteur fut rappelé à mi-temps de son affectation ; célibataire, il se croyait libre de fréquenter qui il voulait ; on racontait en ville que la résidence rectorale était devenue le deuxième consulat du Brésil. Très récemment, en 2011, un fonctionnaire de la préfecture convaincu de passe-droits en faveur d'une Brésilienne s'en est absous en déclarant publiquement « si j'ai fauté, c'est par amour ». Attendrissant. Depuis plusieurs années la préfecture est secouée de scandales publics et judiciaires sur des trafics de papiers pour un réseau de prostituées dominicaines qui essaimait en Martinique, pour des

Haïtiens et pour des Brésiliens. Amérique du Sud, *lutta por la vida, a lutta pra sobvivir, struggle for life.*

Lorsque les gendarmes font des descentes surprises sur les chantiers aurifères clandestins et que la surprise est à plusieurs reprises un chantier vide, le matériel lourd manifestement planqué, souvent enterré ou enfoui en fond de rivière, des carbets désertés, en nombre laissant supposer la présence de centaines de personnes... il est évident que l'alerte a été donnée.

Il y a une dizaine d'années, j'en faisais l'observation à un commandant qui, en réponse, a regretté que parfois ses hommes soient indiscrets chez le coiffeur. Plus probablement sur l'oreiller, lui ai-je répliqué. La population des chantiers aurifères clandestins est en défense ou en conquête, par voies non militaires. Les voies de la séduction sont une alternative. Quant au positionnement politique, il n'est pas indifférent de relever que le président brésilien Lula da Silva n'a obtenu que vingt pour cent de suffrages dans l'électorat de ceux qui ont un état civil permettant l'exercice de leurs droits civiques.

Ce ne sont pas les évangélisateurs du troisième millénaire qui en viendront à bout, malgré leurs prêches enflammés, y compris dans des communes très enclavées ; le discours moral, sincère ou « tartuffard », n'a aucune prise. C'est par le droit, par des retrouvailles de fraternité autour d'un milieu commun à préserver solidairement, l'Amazonie, par des coopérations construites ensemble pour venir à bout des désordres dévastateurs, par des économies frontalières bâties sur nos complémentarités que nous pourrons réconcilier la permanence de la géographie avec les contingences de l'Histoire.

Nous constituons désormais moins de la moitié de la population en Guyane mais nous n'inspirons de compassion à personne... « Le malheur d'autrui n'est qu'un songe. » Surtout si cet « autrui », par atavisme stoïque, garde tête haute et tient tête au lieu de se plaindre. Notre part de la faute est notre incapacité à créer des lieux de rencontre, des motifs et des élans de dialogue, le goût d'un destin à modeler et partager.

*

En cette fin d'année 1979, nos tracts sont offensifs sur l'état des lieux économique et sur l'œuvre de perdition intentée sur les esprits ; mais nous persévérons opiniâtrement dans la fidélité aux principes.

Début de l'année 1980, des graffitis recouvrent les murs de la capitale et de quelques communes, dont Saint-Laurent et Kourou. Ils appellent à un sursaut de dignité, stigmatisent « l'occupation » par les forces militaires et les gardes mobiles de plus en plus nombreux, reprochent à l'État de tenir en forteresse hors de portée des Guyanais les métiers d'autorité, justice, préfecture, gendarmerie, direction de la police, administrations, directions scolaires... ; ils dénoncent le « lavage de cerveau » quotidien par la radio et la télévision publiques avec leur flot de feuilletons crétinisants et les informations locales ne renvoyant que des images négatives des Guyanais.

Il y a quinze jours, une tentative d'attentat faisait l'actualité : un dispositif visiblement désamorcé avait été retrouvé dans une gendarmerie désaffectée. Pas d'empreintes. Il y a quarante-huit heures, le même dispositif a été découvert dans les ruines d'une usine ayant appartenu à un chasseur de primes notoire, envolé au Gabon dit-on, après avoir empoché des subventions de l'État, de l'Union européenne, des collectivités locales. À Kourou, un mécanisme équivalent est repéré dans un bâtiment hors d'usage. Une femme du voisinage, blanche, déclare à la télévision publique : « Ce ne sont pas des Guyanais, mes chiens n'ont pas aboyé, ils aboient toujours quand ce sont des Noirs. » L'ambiance est telle qu'aucune autorité n'est choquée de ce reportage qui passe en boucle, même pas ceux qui exercent des métiers d'autorité...

À Saint-Laurent-du-Maroni, c'est dans une ancienne usine de grumes de bois que le même attirail est détecté. Les cibles sont toutes symboliques. Mon compagnon ne rentre pas depuis deux jours. Trois de nos militants sont arrêtés. La législation sur la Cour de sûreté de l'État permet les arrestations à toute heure et en tous lieux, la garde à vue sans avocat et sans contact extérieur, prolongeable plusieurs fois avant inculpation. Je comprends que je suis concernée.

Les gendarmes débarquent à mon domicile un soir. Ils sont vingt-deux. Ils fouillent la petite villa de fond en comble, grenier compris. J'ai des savates aux pieds ; l'air de rien je prends un petit sac à main avec mes papiers et faisant mine de promener mon fils de trois mois d'abord dans la cour devant la maison, puis dans la rue, je pars à pied, leur laissant la pleine jouissance des lieux. Je n'y reviendrai que dix mois plus tard. Un beau-frère m'héberge une nuit, mon frère me récupère le lendemain et je commence mon nomadisme de sécurité.

Le soir venu je contacte un dirigeant du Moguyde qui me confirme que je ne reverrai pas de sitôt le père de mon fils. Il me transmet les consignes : nous sommes chargés tous deux d'organiser la solidarité et de faire imprimer et distribuer notre tout dernier magazine, *Mawina*. Dans le réseau de militants encore inconnus des forces de police, deux ouvriers originaires du Guyana seront particulièrement allants. L'un d'entre eux, Christophe Thomas, est un tribun hors pair, un beau specimen de la carrure de ces hommes qui, dans la Caraïbe et en Afrique, se lèvent et électrisent les foules. Nous commençons une recherche de partenaires, et d'abord la nouvelle direction de l'UTG. Je connais bien le nouvel état-major, ses membres sont pour la plupart d'anciens militants de l'UEG. Fidèles à eux-mêmes, quoique je ne m'y attende en rien, ils nous déclarent qu'ils approuvent la lutte mais désapprouvent les méthodes et que nous nous retrouverons probablement un jour pour débattre des moyens de l'émancipation coloniale. Des phrases. Ahurissant !

La ville est quadrillée de véhicules militaires. De nouvelles arrestations ont lieu tous les jours. Les premiers départs de militants vers la prison de la Santé à Paris ont commencé. Et ceux-là nous parlent de débattre prochainement ! Stupéfiés, nous les quittons sans un mot mais dès que nous retrouvons nos esprits au contact du vent et du soleil, nous les agonissons d'injures... *alé tété rat, bann vètè*[1]... Voilà dorénavant à quoi sert ce grand syndicat, à nourrir des crapauds pour le repas des serpents. C'est le Mouvement des femmes qui, une fois de plus, analyse correctement la situation en considérant qu'il faut parer au plus pressé et que nous aurons plus tard le temps de régler nos contradictions secondaires.

Elles prennent l'initiative d'un regroupement de partis politiques et de personnalités et appellent à un meeting de soutien. Seul souci, cette solidarité prend en compte les prévenus en négligeant les militants qui sont entrés en clandestinité ; cet acte de retrait étant moins visible, il paraît sans doute moins tangible et sa signification tangible de défi à l'ordre répressif moins évidente.

1. « Allez vous faire voir, bande de vers de terre. »

Le rapport à la clandestinité, d'ailleurs, est assez insolite dans nos rangs mêmes.

Un jour que je descends à vélo la route de Montabo, je reconnais de dos un de nos militants. Je m'arrête et très brièvement je lui rappelle avec sévérité qu'il a reçu consigne d'entrer en clandestinité, que c'est un devoir de ne pas se laisser appréhender. Il me répond « et tu n'as pas vu que j'ai changé de look »… Il porte en effet un large *bakoua*, chapeau de paille ; je n'ai pas le temps de remarquer si ses vêtements sont aussi d'un autre style. Je lui crache une volée d'avanies à la figure et j'enfourche mon vélo, le plantant là. Quelques heures plus tard, il était arrêté et fera partie du deuxième convoi pour la Santé. Changé de look…

Le meeting attire foule. Il se tient au boulevard Jubelin, ce monsieur Jubelin qui s'était opposé à la scolarisation des enfants d'anciens esclaves après l'abolition considérant que déjà ils se croient vraiment libres, « Si vous les scolarisez, ils se croiront tout permis ». Je suis invitée à m'exprimer, au nom du Moguyde qui a le plus de militants interpellés ou emprisonnés ; parmi nos militants incarcérés ou en garde à vue des jeunes juste sortis du lycée, des ouvriers, des enseignants, des chômeurs, de jeunes cadres.

Disposant de très peu de temps, je rappelle la nécessaire solidarité avec les militants en clandestinité. Il est 19 heures. La direction du Mouvement des femmes déclare qu'il est temps de démarrer la marche qui nous conduira au cœur de la ville devant la préfecture, avec retour au boulevard. Nous gagnons la ville en parcourant l'avenue de Châton, passant devant une caserne de gendarmerie. Je suis en tête du cortège. Des jeunes un peu excités se mettent à provoquer les policiers qui assurent un service d'ordre officiel très voyant. Je me précipite pour les calmer en criant : « Pas la police, vous ne touchez pas à la police. »

Le clivage est net à cette époque. Les subalternes et les cadres de la police sont guyanais. Parmi eux, de brillants inspecteurs. Le commissaire et le préfet leur réservent les tâches ingrates et humiliantes alors que leur connaissance de la société les rend particulièrement opérationnels, notamment dans la prévention ; ce sont les gendarmes et gardes mobiles, tous blancs, qui sont chargés d'en découdre avec les manifestants. Plusieurs années plus tard, un policier dira à un de nos cadres militants combien il m'apprécie en souvenir de cette réaction.

Cette confession nous a beaucoup amusés, d'autant que l'un d'entre eux, trublion par excellence, nous a déclaré après l'amnistie que si sa hiérarchie, bête parce que raciste, l'avait écouté, la police nous aurait vite retrouvés parce qu'il m'avait repérée un jour et il estimait qu'il suffisait d'organiser une filature assidue pour que je les mène tôt ou tard à mon compagnon. Nous avons bien ri car, de fait, ma fille fut conçue durant cette période de clandestinité.

À notre retour au boulevard Jubelin, alors que de petits groupes s'étaient constitués et s'attardaient à bavarder, la ville fut soudain plongée dans l'obscurité. Cette coupure d'électricité parut immédiatement suspecte et l'ordre de dislocation fut immédiatement donné. J'étais à vélo. Je changeais de domicile tous les deux jours. J'avais laissé mon fils aux bons soins de la dame d'âge mûr qui aimablement m'hébergeait. Je démarrai et pédalai avec une telle vigueur que je dépassai toutes les voitures et arrivai sauve à ma planque du moment ; je la quittai le lendemain. Je fis l'expérience de la solidarité sans tapage mais sincère et efficace du petit peuple, pas forcément d'accord avec nos combats, mais fiable par dignité. Je me souviens de cette mère de plusieurs enfants qui m'a accueillie deux jours chez elle et m'a demandé : « Avec votre indépendance, je ferai comment pour élever mes enfants, y a pas longtemps que je touche les allocations familiales et si en plus je perds la Sécurité sociale, comment je fais avec tous mes enfants ? » Je lui répondis que nous allions développer le pays, que nous avions l'embarras du choix compte tenu de toutes nos richesses, agricoles, forestières, minières et marines ; que nous avons vécu sans l'aide de la France durant la Deuxième Guerre mondiale parce qu'aucun bateau ne pouvait accoster en Guyane et notre économie a connu à cette époque la prospérité ; que justement nous permettrons à chacun d'être utile à la société en ayant un emploi, et ses enfants pourront choisir leurs métiers et être des dirigeants chez eux.

Elle m'avait écoutée attentivement mais son bon sens lui soufflait que tout cela était bien lointain et bien abstrait... Je dus en convenir lorsque quelques années plus tard cette conversation me revint en mémoire. Elle me traita néanmoins avec beaucoup d'affection et prit toutes dispositions pour que deux jours plus tard je parte avec mon fils en toute sécurité. La solidarité qui manquait chez les partis politiques rhétoriciens et les syndicats empêtrés dans de lamentables exercices d'allégeance, nous accablant d'un déluge de critiques, était avantageusement compensée par celle des citoyens ordinaires.

Nous disposons sans grande difficulté de voitures en quantité et en rotation suffisantes. Il nous en faut beaucoup car nous changeons souvent de véhicules sur un long parcours. Nous déménageons également souvent et ceux qui nous laissent leurs clés d'appartement ne posent pas davantage de questions que ceux qui nous prêtent leur automobile. Deux jours après ils retrouvent tout, en bon état, à l'endroit convenu. Sans mot ni trace. Je suis chargée de me rendre au Surinam, au Guyana et à Grenade pour négocier l'asile politique pour nos quatre camarades en clandestinité.

Arrivée à Saint-Laurent, je réalise qu'il n'est pas prudent de traverser le Maroni avec mon bébé ni de l'embarquer dans cette expédition incertaine. Je le confie à une amie qui se charge de le ramener à Cayenne, à deux cent soixante kilomètres, pour le remettre à mon jeune frère que je préviens par téléphone. J'allaite encore mon fils et par cette séparation je lui inflige un sevrage brutal.

Le ministre des Affaires étrangères du Surinam me reçoit en compagnie du ministre de l'Intérieur. Il m'assure de sa sympathie envers notre cause mais m'avoue très franchement que les besoins de son pays et les rapports qu'il entretient avec la France interdisent à son gouvernement de nous soutenir et de nous accueillir officiellement. Il me précise que bien entendu, son gouvernement a autre chose à faire que de s'intéresser aux étrangers qui séjournent dans le pays tant qu'ils ne troublent pas l'ordre public. Et se tournant vers son collègue de l'Intérieur, il en sollicite l'acquiescement. Lorsque, au terme de l'entretien, je les salue avant de me retirer, il me répète qu'ils ignorent si nous sommes sur le territoire surinamien, qu'ils n'en sauront pas plus s'il advenait qu'on leur demandât de nous extrader. Je comprends le feu vert mais également ses limites.

Je poursuis par la route pour atteindre le Guyana. Le contrôle douanier à Nickerie est on ne peut plus désagréable. Il faut dire que de nombreuses pacotilleuses, vendeuses ambulantes de toutes sortes de marchandises, traversent chargées de sacs immenses qui sont de vraies cavernes d'Ali Baba. Ma tenue vestimentaire me distingue d'elles et sans doute aussi mon gabarit ; elles sont corpulentes et bruyantes ; je suis menue et discrète en la circonstance.

Suspecte. Je finis par être autorisée, au bout de plusieurs heures, à pénétrer en territoire guyanien.

Nous sommes en juin 1980. En ville, l'ambiance est au couteau. Walter Rodney vient d'être assassiné. Un attentat a détruit une aile de la prison où il était enfermé comme prisonnier politique. Il circule que le gouvernement est l'auteur de l'attentat et de l'assassinat… et que la CIA n'est pas loin. Je n'avais pas rencontré Walter Rodney mais j'avais lu *How Europe Underdeveloped Africa*, lorsque j'étais étudiante ; ce livre a participé de mon éveil ; j'avais été émue par les *Rodney riots* en Jamaïque, cette éblouissante et coûteuse manifestation de solidarité.

Notre contact politique se comporte de façon très secrète. Je ne rencontrerai personne du gouvernement. Le chef de la police me conseillera, au bout de quatre jours, de repartir sans insister. C'est une immense déception. En effet, six ans plus tôt, à l'occasion du fameux complot de Noël, à l'initiative du gouvernement du Guyana les pays de la CARICOM ont adopté une motion condamnant la présence et la politique coloniales de la France en Guyane. Autres temps… et en si peu de temps ! Du Guyana, je pars à Grenade. L'accueil du gouvernement est chaleureux, amical, fraternel mais le pays est en effervescence.

C'est le début de la crise qui mènera au schisme au sein du New Jewel Movement, puis à l'assassinat de Maurice Bishop en octobre 1983. J'en pleurerai de peine et de désespoir. En ce mois de juin 1980, il y a de grands rassemblements publics. On sait les désaccords entre Coard et Bishop. Bishop jouit de l'amour du peuple, Coard tient l'armée. Bishop apparaît fragile mais extraordinairement optimiste. C'est dans ce pays que nos camarades effectuent le séjour de plus grande sécurité et de plus grande cordialité.

En réalité, c'est en Guyane qu'ils passent la quasi-totalité de leurs dix-huit mois de clandestinité, le plus long temps sur le Maroni, hébergés par des Bonis qui sont devenus depuis des amis, bougeant sans cesse à l'intérieur du pays, reçus ou secourus par des Amérindiens, des Bonis, des Créoles. Nous expérimentons avec une certaine allégresse l'unité du peuple dont nous nous réclamions. Nous en glosions depuis notre Aventin idéologique, avec des convictions inébranlables. Les faits et comportements nous déclaraient magistralement que nous avions raison.

À mon retour à Cayenne, je récupère mon fils. Mon frère a pris l'habitude de le trimbaler partout et de lui faire boire du Seven up à la capsule. Il m'a oubliée. Il ne me reconnaît pas... ou il m'en veut et me le signifie. Je ne suis même pas effleurée par ces subtilités. Je tente tout ce que je peux. En désespoir de cause, je le remets au sein. Je le force presque. Il en récolte une diarrhée carabinée. J'ai été absente près de deux semaines, mon lait n'est pas de première fraîcheur. Impitoyable, marâtre même, car mon désespoir de mère est abyssal, je le nourris exclusivement au sein pendant deux jours. Il finit par s'y remettre. J'ai retrouvé mon petit garçon.

Je reprends avec lui mes pérégrinations car les trois militants libérés au terme d'une longue garde à vue nous informent que mon nom est le premier sur le tableau des personnes recherchées et le commandant Sinsot a juré de me mettre la main dessus. Peut-être que finalement la hiérarchie avait pris au sérieux la suggestion, félonne, de ce policier trublion.

Sans retourner chez moi, je reprends mes activités professionnelles. J'assure deux postes d'enseignement, l'un pour l'Éducation nationale, l'autre pour le ministère de l'Agriculture. Je garderai de cette période une relation durable et de grande qualité avec certains de mes élèves. Grâce à ces deux emplois, je peux verser un salaire complet pour la subsistance de nos militants en clandestinité.

Un jour, quatre gendarmes débarquent dans ma classe. Je les chasse. Et je déboule chez le proviseur pour lui rappeler l'inviolabilité de l'établissement. La grande vague des arrestations est passée et un collectif d'avocats s'est constitué et veille. Le proviseur se tient coi. La plupart des militants arrêtés, les nôtres et les autres ont été transférés à la prison de la Santé. Ils y séjourneront six à dix mois, sans procès, sans information sur l'instruction. L'État n'est même pas hors la loi, la juridiction d'exception permet.

C'est cette Cour de sûreté de l'État que François Mitterrand abroge. La même qui avait prononcé l'interdiction du recueil de poèmes *Pigments* de Léon-Gontran Damas en 1939, de l'essai brûlant de Frantz Fanon, *Les Damnés de la terre* en 1961 et de *L'An V de la Révolution algérienne* du même Fanon en 1959. On frappe la littérature car pour abattre, il faut frapper à la tête. La suppression de cette juridiction est assortie d'une amnistie en faveur des prévenus et recherchés politiques. Nos dirigeants peuvent revenir au grand jour. Nos militants, embastillés disions-nous, sont élargis. Il faudra encore dix-huit mois pour que soit prononcé le non-lieu. Sans dédommagement.

Jacques Berthelot, éminent architecte guadeloupéen, est déchiqueté par une bombe.

*

La gauche de 1981 ne fait pas que normaliser la justice, ce qui est déjà considérable. Elle engage des réformes auxquelles sont bien plus sensibles les nouveaux caciques. Indifférents aux actes de civilisation qui nous ont émus (peine de mort, régularisation d'immigrés, Cour de sûreté de l'État...), ils se montrent gloutons et réactifs aux réformes à prébendes. La gauche projette de partager le pouvoir et nos caciques sont prêts à ramasser sans vergogne le fruit des luttes de ceux qu'ils ont diabolisés, nous. Outre la décentralisation qu'elle appliquera dans l'ensemble de l'Hexagone, elle réserve aux populations d'Outre-mer quelques aménagements plus audacieux ; rien d'excentrique, assez modérément la mise en pratique de quelques évidences énoncées vingt ans plus tôt par le général de Gaulle sur une « certaine autonomie proportionnée ».

Cette gauche réformiste est sereine... elle est parvenue à arracher à Aimé Césaire la promesse publique d'un moratoire sur la revendication d'une autonomie plus conséquente. Aimé Césaire est le seul qui compte dans nos contrées. Pour l'homme de lettres qu'est Mitterrand, stratège quelque peu fourbe, Césaire constitue LA référence. S'étant annexé l'accord de cette monumentale autorité intellectuelle, politique et morale, il n'a plus rien à craindre... Il ne s'élèvera rien d'alarmant de ces territoires dispersés en trois océans et où il y a probablement quelques urgences à traiter. La figure tutélaire a cédé, la raison l'emportera. On peut donner du temps au temps.

Le traitement vaudra aussi bien pour les terres insulaires que pour nous, installés sur ce large et profond tronçon continental en sud-Amérique. La gauche n'a pas conscience de l'atout géopolitique majeur que représente la Guyane. Les autorités françaises ne savent même pas combien mesure ce « confetti ». Il faut dire que ce territoire n'a cessé de rétrécir.

Le traité d'Utrecht, signé aux Pays-Bas le 11 avril 1713 met un terme à la guerre de Succession d'Espagne et permet à Philippe V de conserver la couronne d'Espagne en renonçant à la couronne de France. Le même traité confie à l'Angleterre les bases maritimes de Gibraltar, Minorque, Terre-Neuve et Acadie, dont certaines lui confèrent aujourd'hui encore une projection territoriale qui la maintient parmi les puissances maritimes. La France et le Portugal conviennent, dans une annexe signée des diplomates Huxelles et Messager d'une part, et Tarouca et da Cunha d'autre part, de fixer la frontière de la colonie de Guyane sur l'Oyapock, la France abjurant ses prétentions sur les deux rives de l'Amazone. Jusqu'alors, la monarchie française avait institué la limite du territoire de Guyane à la rivière de l'Araguary, au sud-est de la baie de Vincent-Pinçon. Par cette signature, la France valide la perte de la moitié du territoire guyanais.

De litige en litige, elle fut à chaque fois incapable de défendre l'intégrité territoriale. C'est la rançon du bluff. Jamais un projet pensé pour les colonies, pour celle-ci en particulier. Juste de la frime. La baie de Vincent-Pinçon ! Ses émissaires ne savent même pas la situer. C'est qu'en ces temps de grande pagaille, chacun nomme les lieux dans la totale ignorance, la splendide indifférence, le superbe mépris des peuples autochtones d'abord, puis de ceux qui seront déportés par milliers pour faire prospérer les plantations. Chacun selon sa vanité comme Vincent Pinçon ou selon sa vénération, comme ce père Christophe d'Acunha qui nomma le même cours d'eau rivière Philippe. Cette pagaille géographique servira de pont flottant à la pagaille ethnographique, jusqu'à l'expédition de Claude Lévi-Strauss. La France n'a pas l'impression de perdre au change, car cette reconnaissance réciproque est assortie d'un accord avec le Portugal pour le renvoi des Nègres marrons. Les deux pays y trouvent leur compte, le marronnage étant vif dans les deux colonies.

Ces puissances coloniales sont incorrigibles. Elles se livrent périodiquement la guerre pour la possession des colonies, au nom du droit coutumier international qui établit propriétaire d'une terre celui qui parvient à y dresser son drapeau et à l'y maintenir. Les habitants ne sont pas plus considérés que les lézards du lieu. Ce sont ces cambriolages et les guerres qui s'ensuivent qui les conduisent à recourir ou à se soumettre périodiquement à des arbitrages internationaux.

C'est ainsi que les frontières du traité d'Utrecht furent révisées et bouleversées par le traité de Paris en 1797, par ceux de Badajoz et de Madrid en 1801, enfin par le traité d'Amiens de 1802 qui mit fin à la deuxième coalition de guerre entre la Grande-Bretagne et la France.

Le traité de Paris de 1763 a déjà laissé à la France un empire américain rabougri. Alors que sous Louis XV l'empire aux Amériques comprenait l'Acadie, Saint-Laurent, Terre-Neuve, l'Hudson, le Labrador, les Grands Lacs, la Louisiane en plus des colonies des Caraïbes et d'Amérique du Sud, le traité de Paris ne reconnaît sa souveraineté que sur la Martinique, la Guadeloupe, la Dominique et la Guyane. Quelques conquêtes dans l'océan Indien, Fort-Dauphin à Madagascar, l'île Bourbon qui deviendra la Réunion, et d'autres en Asie, Sourate et Pondichéry notamment, complétaient ce premier empire colonial français vaste d'un million trois cent mille kilomètres carrés.

Mais le meilleur reste à venir. De 1808 à 1817, Cayenne est occupée par les Portugais. Drôle d'occupation. Les troupes sont constituées d'Amérindiens, de Noirs, de métis sous le double commandement anglo-portugais du lieutenant-colonel Manoel Marques d'Elvas Portugal et du capitaine de mer et de guerre James Lucas Yeo. Objectif de l'expédition, récupérer l'entrée du fleuve Amazone restituée à la France par le traité d'Amiens. But de l'occupation, mystère. Le Brésil est encore sous domination portugaise jusqu'à son indépendance, le 7 septembre 1822.

L'esclavage demeure de part et d'autre de l'Amazone le système dominant, le mode de production économique, le paradigme des rapports sociaux. Les occupants promettent la liberté aux esclaves qui les rejoindront. L'esclavage a été rétabli dans les colonies françaises par Napoléon en mai 1802. Victor Hugues, celui-là même qui avait été chargé de l'application de l'abolition de février 1794 en Guadeloupe, est dépêché pour le restaurer en Guyane. Cette occupation est un acte d'hostilité envers la France. La même année, les Français sont expulsés de Martinique et de Guadeloupe par l'alliance entre les Anglais et les Békés, ces Blancs-Pays maîtres des plantations, des habitations, des distilleries et sucreries. Rusés tacticiens, Portugais et Brésiliens vont admettre mulâtres, métis et quelques Noirs libres dans la « société », ses mondanités, dîners et bals. Ces pratiques sociales sont évidemment peu conformes au système esclavagiste. Elles ont en réalité pour seul but de placer mulâtres et métis à égalité avec les colons français sur lesquels ils ont déjà la supériorité du nombre… et finalement, celle du courage, ayant plus à gagner dans les affrontements et s'y engageant avec enthousiasme.

Ce n'est évidemment pas par conviction sur l'égalité des « races » qu'agissent ainsi Portugais et Brésiliens. L'abolition de l'esclavage ne surviendra au Brésil qu'en 1888, soit quarante ans après la dernière abolition française. D'ailleurs, l'intendant de Cayenne, responsable de la police et des finances, le sieur João Severino Maciel da Costa, qui sera ministre de l'Extérieur et du Budget après l'indépendance, écrira des textes qui feront référence en faveur du maintien de l'esclavage. Pour l'heure, il occupe Cayenne et décide que Cayenne occupée demeure régie par les lois napoléoniennes.

Les Portugais agiront dans les domaines qui les intéressent. Ils instaurent de nouvelles techniques agraires, introduisent de nouveaux esclaves, favorisent la culture du girofle, du poivre, du coton, de la canne à sucre, du rocou et orientent l'activité du port de Cayenne vers le commerce international, à destination prioritairement des colonies anglaises d'Amérique du Nord. Original… la Guyane est placée sous domination portugo-brésilienne, mais régie par les lois françaises.

De cette période date probablement l'installation dans le créole guyanais de ce vocabulaire brésilien que nous avons digéré et recyclé… avec valeur ajoutée. Ainsi *fica* qui indique le lieu en brésilien désigne pour nous l'état, *a kouman to fika*, comment vas-tu, *de onde fica você*, d'où es-tu ; *fala* n'est pas pour nous la simple parole, c'est l'œuvre de séduction, la puissance du verbe, *fala djal a*, conquiers-la. Aujourd'hui, les méthodes sont différentes, elles demeurent assurément judicieuses.

Le dynamisme régional des États d'Amapa et du Pará. L'invasion des *garimpeiros* fouilleurs d'or et l'indifférence du pouvoir fédéral brésilien à cette pression destructrice sur l'Amazonie malgré ses engagements internationaux sur le poumon de la planète. L'établissement massif à Cayenne et dans des communes urbaines et rurales de ressortissants brésiliens qui restent très attachés à leur pays, y retournent fréquemment, créent de l'activité en maîtrisant le cadre institutionnel, conservent leur nationalité tout en émargeant aux dispositifs d'accueil et d'accompagnement. Le tranquille aplomb de leur représentant consulaire réclamant la reconversion sans sanction et sur fonds européens des *garimpeiros* qui dévastent forêt et fleuves, empoisonnent habitants et faune, participent à de multiples trafics. Le volontarisme brésilien pour la construction du pont sur l'Oyapock. Les proclamations de gouverneurs et de sénateurs sur l'appartenance de la Guyane au Brésil. Les cartes d'état-major qui en font foi...

Tous ces actes qui paraissent fortuits et distincts tissent une toile inspirée par un rapport de présence au territoire amazonien et une mémoire de la non-immuabilité des frontières. Avec ou sans stratégie, c'est une occupation physique et symbolique ; nul besoin d'une occupation juridique et institutionnelle ; l'état du monde ne le requiert pas, la géographie se prête au prolongement naturel. Et comme en 1808, le maintien de la législation française constitue le choix le plus pertinent.

La France n'a pas su faire face à la détermination des émissaires brésiliens devant la juridiction fédérale suisse. Que peut-elle aujourd'hui face à un peuple au mental de bâtisseurs, fort de deux cents millions d'êtres, familier d'un territoire qui s'étale sur quarante pour cent du continent, exerçant une diplomatie offensive... et quelque peu impériale ?

Que peut-elle sinon bavarder, essayer de fourguer ses Rafale, ses Scorpène et ses Vigilante, construire de temps à autre une usine d'assemblage automobile, faire mine de copier l'industrie des agrocarburants et s'incliner dans les instances internationales devant le génie et la vitalité de cette puissance émergente... Tel fut et tel demeure le déploiement majestueux de sa diplomatie. Et encore, je ne vous ai pas tout dit. Je ne vous ai pas raconté la savoureuse esbroufe de la République de Counami.

Encore un imbroglio territorial. Nous sommes en 1894. L'Amazonie est redevenue l'Eldorado. Souvenez-vous, en 1855, l'Amérindien Paoline découvre des pépites d'or dans la rivière Arataye, côté Guyane ; il donne ainsi malgré lui le coup d'envoi au premier cycle d'exploitation aurifère. Quarante ans plus tard, en 1895, c'est un Guyanais « noir », Clément Temba, qui repère un fabuleux gisement dans la rivière Carsewène. Cette rivière se trouve à l'est de l'Oyapock, plus au nord que la rivière Vincent-Pinçon, au-dessus de l'Araguary ; elle coule donc dans la région qui a déjà fait l'objet de contestation, de contestés, d'arbitrages, de pomme de discorde entre la France et le Portugal, puis entre la France et le Brésil. Cette fois, la loufoquerie va se mêler au règlement militaire.

La querelle franco-brésilienne a repris vigueur après la proclamation, le 23 juillet 1886, de la République de Counani, son drapeau bleu blanc rouge sur fond vert, ses armoiries portant une étoile jaune au centre d'une couronne de lauriers, et sa devise Liberté et Justice en surimpression sur une ancre, une houe, une pelle et une pioche se croisant. Le président a nommé ses ministres, des obligations sont émises et vendues, quoique le Trésor public ne soit pas encore constitué. Une république, pas de budget mais des mines d'or qu'aucun membre du gouvernement n'a vu ni ne verra, à l'exception des deux explorateurs sur place nommés ministres, messieurs Guigues et Quartier. Car le gouvernement siège en banlieue parisienne à Vanves. Son président, Jules Gros, est désigné à vie sous le sceau de Gros 1er. Le Brésil proteste. La France a sommé le gouvernement de se dissoudre. Gros 1er n'obtempère pas. Et il exprime son dépit en supprimant des armoiries de la jeune République les couleurs bleu, blanc, rouge ; il proclame en 1887 la République de la Guyane indépendante. Le Brésil fait connaître son fort mécontentement. La France elle-même ne goûte guère cette nouvelle déclaration de souveraineté.

La France et le Brésil s'entendent pour démanteler cette république fantomatique et pittoresque, assez inhabituelle au regard des règles de la diplomatie. Ce territoire vaut d'être occupé, son potentiel aurifère paraît considérable selon les connaissances, fussent-elles essentiellement empiriques. Il est peuplé de Nègres marrons, d'anciens esclaves et d'anciens bagnards. Ses habitants sont plutôt favorables à la France, l'esclavage ayant été aboli en Guyane en 1848 et il ne le sera au Brésil que l'année suivant cette farce, en 1888. Le Brésil y favorise l'installation d'aventuriers, de *garimpeiros*, de soldats démobilisés, de bandits de grand chemin ; il évite soigneusement d'énoncer la moindre loi, la moindre règle. Y affluent des Nègres marrons commandés par l'insurgé Cabral, terreur des *fazendeiros*.

Fin 1887, des édits concordants provenant des gouvernements français et brésilien mettent un terme à cette plaisante expérience. La belle et prospère République de Counami prendra encore trois ans avant de rendre l'âme institutionnelle.

Les nouvelles circulent déjà pas mal à l'époque. Ainsi de Martinique, de Guadeloupe, de la Barbade, de Sainte-Lucie, de Cottica et de Demerara il arrivera plus de huit mille prospecteurs candidats à la fortune, rejoints par quelques bagnards en fuite. La zone contestée, livrée à ces gaillards déterminés, se met à produire en abondance. Il en sort dix millions de francs-or, équivalant au quart du budget de la France. Le capitaine Trajane, un Noir libre, y représente la France. Il prétend mettre de l'ordre dans ce territoire peuplé d'hommes sans feu ni lieu. Trajane est le gendre de l'ancien ministre Paul Quartier du gouvernement de Counami. Il est pris en otage le 11 mai 1895 et conduit à Mapa, le poste frontalier. Sous l'autorité du lieutenant d'infanterie de marine Lunier et du commandant Audibert, un détachement part de Cayenne à bord du navire *Bengali* pour libérer l'otage, laver l'outrage et reprendre le terrain.

Les enjeux sont considérables, Temba vient de découvrir le gisement de Carsewène.

Le 15 mai 1895, à peine débarqué, le lieutenant Lunier est tué avec quatre de ses hommes. Le reste de la troupe dirigée par le lieutenant Destoup donne l'assaut et laisse sur le champ de bataille une soixantaine de morts et plusieurs blessés graves. Il comptera vingt blessés dans ses rangs. Le détachement revient à Cayenne dans la nuit du 17 mai. Les morts sont conduits sur-le-champ au cimetière. Ce sont des funérailles au flambeau, escortées par de nombreux habitants. Le gouverneur Charvein et l'état-major leur rendent les honneurs militaires. Le lieutenant Lunier fut promu capitaine à titre posthume. Le maire de Cayenne lança une souscription de reconnaissance et dès le 27 mai un monument fut érigé en hommage aux soldats et en souvenir de cette folle équipée. Le monument, un obélisque, se dresse au bout de l'allée principale du cimetière de Cayenne et reçoit encore chaque année l'hommage fleuri d'une délégation militaire.

Ainsi s'achève un épisode tragique de l'histoire tandis que commence une géographie de front pionnier. Mais il faut régler cette affaire une fois pour toutes. C'est le Conseil fédéral helvétique qui sera chargé de l'arbitrage, l'ultime sur ce territoire contesté. Le Brésil l'emportera, ses émissaires se présentant armés de cartes à échelles variées, de carnets, de gravures, de photographies, de témoignages, d'un solide argumentaire... et d'un état d'esprit résolu. Les émissaires de la France, eux, sont en promenade. Ils sont présents les mains vides, l'esprit ailleurs, l'humeur légère, à peine curieux. La France perd donc à nouveau son accès à l'Amazone, premier fleuve du monde par sa longueur, sept mille vingt-cinq kilomètres, et son débit.

La République de Counami ressuscitera pourtant en 1904 sous la forme de l'État libre de Counami. Pour huit ans, jusqu'en 1912, sous l'autorité d'Adolphe Brézet, autoproclamé président. Une manie. Mais l'Histoire ne repasse pas les plats. Cet État qui se proclame constitutionnel ne réveille pas les passions.

La Guyane s'arrête désormais à l'Oyapock, sept cent trente kilomètres de long et vingt-huit mille huit cent vingt kilomètres carrés de bassin versant. Ce n'est certes pas négligeable, mais ce territoire ne cesse de s'étriquer. Côté ouest, la France ne fait guère mieux avec les Hollandais qui, en 1723, repoussent la frontière du Surinam jusqu'au Sinnamary, cent trente kilomètres de long à l'est du fleuve Maroni. C'est presque par inadvertance qu'elle gagne cet arbitrage et la Hollande consent à reconnaître pour limite au Surinam le fleuve Maroni, six cent vingt-cinq kilomètres de long et soixante-cinq mille huit cent trente kilomètres carrés de bassin versant.

Le Surinam est devenu indépendant en 1975 et le contesté sur le cours de ce fleuve demeure, même si notre voisin fait mine de ne pas le réactiver. Il n'est pas enterré. Ce contesté *soft* concerne les affluents Lawa et Litani. Par le cumul de ces arbitrages défavorables, les régions perdues représentent deux tiers de la superficie de la Guyane d'avant 1713, de deux cent soixante-dix-huit mille kilomètres carrés à quatre-vingt-onze mille.

Pas sûr que la France sache situer les frontières de sa part d'Amazonie. Tout n'est pas perdu. Ça s'énerve encore de temps à autre à l'est et à l'ouest. Mais consolons-nous, au moins savons-nous qu'au sud le point de trijonction entre la Guyane, le Brésil et le Surinam se trouve sur les contreforts des monts Tumuc Humac. Il fut fixé en 1938 par une commission mixte.

Dernier épisode... en 2008. Subitement et sans que la moindre explication ait été fournie à âme qui vive, les documents officiels et les manuels scolaires attribuèrent à la Guyane une surface, non plus de quatre-vingt-onze mille mais de quatre-vingt-quatre mille kilomètres carrés. Sept mille de moins. Pas des mètres... des kilomètres carrés. D'un coup. Comme dans un ballet impromptu mais convenu, tout ce que la Guyane compte de gens qui causent publiquement répète cette nouvelle donnée à l'envi, relayant cette mesure acceptée comme argent comptant, sans manifester au moins une saine interrogation.

J'interpellai le gouvernement. Il me répondit un mâchouillis d'explications brumeuses sur des instruments plus sophistiqués et des explorations en cours en plus d'une mission spéciale confiée à l'Institut géographique national. Il n'avait de toute évidence pas jugé utile d'en informer ni chat ni chien... alors que le moindre recensement, même sectoriel, donne lieu à un grand tapage médiatique. Petit rappel sans malice, c'est de Kourou en Guyane que sont lancées les générations successives de SPOT, satellites d'observation de la terre. C'est sur la route de Montabo que l'IRD héberge le centre de télédétection qui réceptionne les images.

En 1982, la gauche va devoir découvrir tout cela, d'une traite. Elle a consacré si peu de temps et d'attention aux Outre-mers. À sa décharge, ceux qui se bousculent pour récolter postes, privilèges et prérogatives sans avoir rien semé, et dont c'est pourtant la terre d'origine et de résidence, n'en savent pas davantage... Ou n'ont rien envie d'en dire. Héritière de la IIIe République et de sa délirante ferveur pour les expéditions coloniales, la gauche française ne sait pas regarder en face ces vestiges d'empire. Elle les perçoit étranges, lutte avec vertige contre ses préjugés et finit par céder à l'agacement... et par se réfugier dans des échappées dilatoires.

*

Les deux nouveaux majordomes de la Guyane, vrais *majô* au demeurant, vainqueurs des élections régionales et législatives, n'ont cure ni de ces considérations ni des atermoiements. La décision se rapproche des citoyens, le pouvoir délègue, les jacobins jouent une séquence girondine, la proximité fait mode, la subsidiarité triomphe... ils sont là, ils sont prêts, et d'ailleurs c'est une vieille revendication, souvenez-vous le mémorandum de 1962, le statut spécial de 1958, et la Région dès 1960, oui nous sommes historiquement précurseurs en concepts, nous saurons faire, laissez-nous faire.

En 1991, lors d'une conférence à Cayenne sur la coopération régionale, le président de Région se laisse emporter par un lyrisme glorifiant l'action régionale malgré une collectivité déjà notoirement exsangue. Il déclame devant Michel Rocard, Premier ministre, une tirade somme toute assez pertinente et tempérée contre la recentralisation rampante, concluant par un fracassant « Laissez-nous faire ». Cette deuxième gauche est sans état d'âme. La réponse fuse, cinglante. Il siffle, le Premier ministre, à l'extrême bordure de la courtoisie républicaine, que c'est celui qui paie qui décide. La minable satisfaction des adversaires locaux, frères de parti du président de Région, sonne le glas d'une épopée commencée dans la roublardise, épanouie dans une geste de dignité et de fierté brouillonne mais sincère, avant de s'échouer sur le rivage de rivalités machiavéliquement suggérées. Incultes, ils y sautent à pieds joints.

Le règne de ces deux chefs, deux coqs *djenm* dans un *pitt* institutionnel exigu, aura duré dix ans. Cinq ans en intelligente complémentarité bouleversant les rapports de force entre la classe politique et les services déconcentrés de l'État habitués à couper-hâcher sans s'expliquer. Cinq autres enfoncés dans une guerre intestine qu'ils entretinrent avec d'autant plus de vigueur qu'ils en avaient vite perdu tous les deux souvenir de la cause.

Avec la décentralisation, la Région est devenue le principal donneur d'ordre public. L'État, trop heureux de céder la scène à ces gestionnaires ébouriffés frétillant d'essayer leurs pouvoirs tous neufs, se désengage en douceur. Les apprentis mandarins, éblouis par tout ce qu'il leur sera permis de réaliser dans ce territoire sous-équipé, ne pensent pas à établir un état des lieux et des insuffisances à opposer à l'État pour évaluer les transferts de moyens nécessaires.

Mieux, ils sont si contents de pouvoir démontrer qu'ils font mieux que l'État et de justifier ainsi cette décentralisation, qu'ils s'enivrent du dénuement dans lequel l'État livre la Guyane à la gestion locale. Un profil de colonie. Comme partout d'où la métropole est partie en laissant des taux record d'analphabétisme, de mortalité infantile, de pathologies infectieuses, un réseau routier malingre fait de quelques pistes et des routes permettant d'acheminer les matières premières pillées jusqu'au port.

La Guyane n'est pas l'exception qui confirmerait la règle. Au bout de plus de trois cent cinquante ans de présence française et de trente-six ans de départementalisation, elle compte deux routes nationales, moins de trois cents kilomètres au total. Albert Londres, déjà, raillait la propagande gouvernementale lors de sa visite du bagne en 1948. Évoquant l'état piteux des bagnards, malades, gémissant et mal soignés, il persiflait : « Vingt-quatre kilomètres dans ces conditions-là, mais c'est magnifique en soixante ans ! Dans quatre siècles, nous aurons probablement réuni Cayenne à Saint-Laurent-du-Maroni. »

C'est à très peu de chose près l'état du pays légué aux nouveaux timoniers. Qu'à cela ne tienne, haut les cœurs ! On verra qui sont les bâtisseurs. Presque tout est à faire, quelle aubaine ! Et ainsi ces gouvernants locaux se piègent-ils eux-mêmes. À part ses casernes de gendarmerie, ses rampes de lancement spatial, ses logements de fonctionnaires, l'État ne construit plus rien, ni écoles, ni collèges, ni lycées, ni stades, ni piscines, ni gymnases, ni halls sportifs, ni routes, encore moins de bibliothèques, de médiathèques, de ludothèques, de cinémathèques... Université ? Vous rêvez !

Quant aux crèches dans ce département où la natalité est vigoureuse, n'y pensez pas, ça tombe bien, la petite enfance est une compétence transférée. Non seulement nos nouveaux intendants, nouveaux régisseurs ne signalent rien de tout cela, mieux, ils ne disent mot donc consentent à ce que l'État occupe pour ses services ou son personnel, et sans le moindre dédommagement, plusieurs immeubles, bâtiments et propriétés appartenant aux collectivités et demeurant à leur charge. Comme l'amour, l'euphorie rend aveugle.

1992 nous est donc arrivé avec son changement de présidence et son intersyndicale en auberge espagnole. Les jérémiades de la nouvelle présidence régionale valent avis de morosité pour le bâtiment et les travaux publics. Cette nouvelle équipe est dépassée. C'est d'ailleurs une assemblée de professeurs qui ne compte dans ses rangs ni économistes, ni chefs d'entreprise, ni artisans, personne aux prises avec une comptabilité impitoyable et des fins de mois incontournables, des échéances bancaires, sociales et salariales.

Les syndicats de salariés et d'ouvriers ont avec le nouveau président de Région une accointance plus affective que sociale. Ils organisent donc cette mobilisation générale pour venir en aide à un président qui use sa salive à appeler au secours ; leurs intérêts convergent, la fin des grands chantiers les frappe de plein fouet. La surchauffe de l'économie par la construction, en un court laps de temps, du troisième Ensemble de Lancement d'Ariane, du barrage hydro-électrique d'EDF inondant trente mille hectares de forêt primaire, de quelques casernes nouvelles pour gendarmes et militaires, des ponts et lycées édifiés par l'équipe précédente, retombe brutalement.

Entretemps de petites et moyennes entreprises se sont équipées en engins lourds, performants et coûteux ; elles ont embauché, y compris des cadres ; les très petites entreprises et les artisans pressurés par la sous-traitance recourent à tout va à des ouvriers clandestins qui s'activent sur les chantiers au vu et au su des maîtres d'ouvrage, parfois l'État... Nécessité fait loi. Cette main-d'œuvre corvéable vient de la Caraïbe et d'Amérique du Sud. Les cadres viennent plutôt de France et d'Europe... Une défiance aussi irrationnelle que préjudiciable retient de recruter des Guyanais qualifiés qui pourtant font ailleurs la preuve de leurs performances et de leur compétitivité. Le taux de chômage s'envole. Les faillites se multiplient. De nombreux ouvriers qui étaient devenus l'aristocratie de leur classe avaient été encouragés à s'installer comme artisans. Ils auront fourni les gros bataillons de la sous-traitance...

C'est donc la grève générale. Déclenchée par les syndicats, elle est massivement suivie. Les patrons s'y joignent. Ils arrivent avec une force de frappe colossale : ils mobilisent leurs gros engins flambant neufs et bloquent les entrées de la ville ainsi que les grandes artères. Le pays est paralysé. La revendication est limpide : quelles sont les intentions de l'État pour le développement de la Guyane ? Va-t-il combler les besoins budgétaires de la Région et permettre aux grands chantiers de repartir ? Ce rétropédalage de la décentralisation et de sa logique de proximité et de décision locale révèle la mesure du désarroi des grévistes. Y a pas d'exigence, ce sera comme tu veux, l'État… routes, logements sociaux, ponts (il reste des rivières à traverser), casernes au besoin (on n'est jamais ravis de voir des gendarmes, mais il faut ce qu'il faut), tu peux même, l'État, doubler la dernière rampe de lancement (le temps est passé où l'on couvait une inusable acrimonie contre le Centre spatial) ; sinon il y a toutes ces pistes qui pénètrent la forêt, des chemins d'orpaillage, on peut les élargir, les bitumer, en faire des routes, pourquoi pas des autoroutes depuis le temps qu'on parle de la transamazonienne sur le plateau des Guyanes… Il faut désengorger l'île de Cayenne, tracer des rocades à deux fois deux voies, littoral ou intérieur, il y a de quoi faire travailler tout le monde, pas besoin d'être Kubitschek…

L'ancien président de Région, évincé aux dernières élections, au moins lançait-il des marchés publics. Les chefs d'entreprise commencent à le regretter. Il avait une vision, lui au moins, pas cette partition aux notes larmoyantes qui ne sert qu'à distribuer de la déprime depuis des mois. On le regardait avec compassion lorsqu'il radotait ses grandes envolées sur la capitale de la Guyane qui doit être transférée à Saül. Et voilà que par le miracle d'une grève en impasse, ses lubies ne sont plus objets de dérision mais sujets de conversation. Saül la capitale, ne serait-ce pas une bonne idée pour relancer l'activité ? Saül est un bourg minuscule certes, mais il se trouve au cœur du territoire, il dispose d'un microclimat optimal assurant une productivité exceptionnelle à l'agriculture vivrière ; ses écosystèmes sont remarquables, abritant des espèces de grenouilles encore inconnues. La commune est peuplée d'une vingtaine d'habitants récalcitrants. Pour y aller ? La piste de Bélizon, interdite d'accès. Sinon l'avion… quand il veut ; il peut rester trois mois sans y aller. Et même pas de fleuve pour y venir en pirogue. On l'emmènerait comment le gros matériel ? L'était finalement un peu siphonné, l'autre là, à vouloir en faire la capitale. Voulait y ramener la population agglutinée sur le littoral ? Se prenait pour Pol Pot, tous à la campagne ? Ou Mao, rééducation par le travail ? Bon, le plus urgent n'est pas de divaguer mais de trouver des solutions au marasme.

Les suggestions sont débridées. On ne cracherait pas non plus sur de grands hôtels. Ce n'est pas parce qu'il n'y a pas beaucoup de touristes… on n'attend pas qu'ils arrivent pour être capables de les accueillir… Et pourquoi pas un aménagement du port de

Dégrad-des-Cannes pour recevoir des paquebots de croisière, on drague bien le chenal tous les jours pour acheminer les bateaux à containers et les pétroliers, autant que ça serve aux touristes... Pas de préférence, vous entendez... Il faut que l'activité reparte, nous sommes endettés, des traites de BMW à régler, un train de vie somptuaire à maintenir, sans compter les dettes sociales et fiscales... Tous sur le même bateau. Ceux qui firent la cigale et ceux qui furent prospectifs, tous traités pareil, essor abattu en plein vol pour les audacieux.

Le sujet n'est pas le développement, encore moins son harmonie, le sujet c'est l'amortissement des investissements, le maintien d'une activité quelle qu'elle soit, la relance de la machine à produire... zut !

Selon mes déplorables habitudes, je cogite. Les étudiants et les enseignants qui participent à cette grande grève unitaire et disparate, c'est sûr, n'ont pas lu Marcuse. Y en a pas un là qui serait fendu d'expliquer aux ouvriers qu'en s'intégrant à la logique capitaliste ils se désintègrent, qu'ils participent à la déraison, s'abrègent et donnent corps à l'homme unidimensionnel, qu'ils se battent pour se jeter dans la gueule d'une société industrielle avancée qui ne s'arrange que de leurs infortunes ; qu'en gardant leurs distances ils pourraient s'en tenir à l'écart ; qu'une réflexion autonome pourrait les en prémunir, la culture les en vacciner. Qu'èsssssse que c'est que ce charabia-là... j'en conviens moi-même... faudra changer de paradigme... et plus sûrement encore, de manie. Les premières revendications sont formulées, on perçoit vite ce qui domine. Des commandes, des chantiers... à n'importe quel prix.

Je suis une incurable optimiste. Après avoir désopilé, je me mets à scruter, pour voir s'il en sortira une merveille. Je songe à ces grèves insurrectionnelles qui ont ébranlé l'Empire britannique dans la Caraïbe, sapé l'économie de plantation et conduit au processus d'accession à l'indépendance. Je pense à ces révolutions d'Amérique latine qui commençaient ou finissaient en insurrections sociales. Comme pour m'aider à m'enliser dans mes fumeuseries, il soufflera vite sur ce mouvement un air d'états généraux. Ce sont les patrons qui les réclament ! Au point où nous en sommes...

Mais la plate-forme revendicatrice ressemble davantage aux cahiers de paroisse de 1614 qu'aux cahiers de doléances de 1789. C'est un agrippement au passé, un retour illusoire à l'âge d'or, un maintien dans l'ancien monde. Les émissaires du président de Région sont sans imagination. Ils demandent à l'État de combler le trou budgétaire et d'indiquer ses prochaines intentions en matière d'initiatives économiques. C'était bien la peine d'avoir fait cette fête et ce cirque pour la décentralisation. Les artisans et les chefs d'entreprise sont plus rationnels et plus concrets, ils veulent l'effacement de leurs ardoises fiscales et sociales.

On commence par là… Hou là ! D'accord, les entreprises sont mises à rude épreuve et la puissance publique y a sa part pour avoir entretenu le leurre d'une activité durable. Mais quand même, cette demande c'est une prime à la fraude, une exonération *a posteriori*… Indéfendable. Dans l'absolu… et vis-à-vis des couillons de citoyens qui ont payé leurs impôts. Pour eux aussi les temps sont difficiles. *Quid* des entreprises et des artisans qui observent un civisme fiscal ? Certains ne sont pas endettés auprès de l'État. Je fais savoir mon point de vue. J'ai encore gâté la sauce.

Certains chefs d'entreprise me tiennent désormais pour une ennemie irréductible. Les plus parasites m'en veulent. Il y a cependant ceux qui souhaitent un assainissement de leur entreprise pour une viabilité pérenne ; ils savent, et le disent, qu'il vaut mieux un vrai plan de restructuration que ces cadeaux ponctuels, empoisonnés de surcroît car un moratoire ou une exonération sociale et fiscale risquent de les tenir à l'écart des prochains marchés publics. Ils réclament plutôt un engagement de l'État et des collectivités à tronçonner les marchés en lots afin de leur permettre de soumissionner directement et moins dépendre des grosses entreprises qui les pressurent par la sous-traitance.

L'unité syndicale et les milliers de grévistes et citoyens sur les barrages donnèrent du poids à la délégation de négociateurs. Les patrons obtiennent un moratoire. Gros péché gros pardon, les grosses entreprises en bénéficient plus que les petites. D'autant qu'elles savent mieux que les petits poissons s'orienter dans les dédales administratifs. Sans compter les compérages de caste. Et rien pour la Région. Qui est floué ? Qui a floué qui ? Et pour combien de temps ? La masse a ferraillé pour l'élite. Vieille arnaque. C'est le sentiment général.

La grève prend fin en s'effilochant. Les patrons satisfaits retirent leurs gros engins dissuasifs. Les grévistes chevronnés qui s'apprêtaient à tenir un long siège se sentent bernés. Ils tiennent tête quelque temps à leur direction qui, elle-même désemparée, a déjà capitulé. Des femmes pleurent assises sur les énormes pneus des barrages filtrants ou invectivent cette direction de traîtres. « *I am so awfully misunderstood / So lady be good to me* », Lester Young. La Fédération de l'Éducation nationale implose peu après. L'UTG découvre avec stupeur que ce n'est pas seulement la sociologie de sa base qui a changé, mais le rapport même à la lutte syndicale. Depuis son tournant de 1971 et l'adoption du mot d'ordre d'indépendance, ses combats syndicaux étaient également politiques. Désormais, c'est le gagne-pain, sans plus aucune place pour le territoire, qui guide la mobilisation.

D'une façon générale, et depuis l'arrivée de la gauche aux responsabilités, les Guyanais pensent que l'étau s'est desserré et qu'il n'y a plus lieu de réclamer la décolonisation. C'est cet état d'esprit qui nous a conduits, membres du Moguyde, à remiser en 1982 nos actions après un an d'obstination, considérant que nous avions raison mais que nous ne pouvions avoir raison contre tout le monde. L'UTG réalise donc que ses nouveaux adhérents les plus nombreux, les travailleurs étrangers, ont recours au syndicat pour les protéger et défendre leurs droits sociaux, en aucun cas pour s'opposer au pouvoir.

L'ambiance devient maussade. Cet échec, qui est finalement celui de la Région (l'avortement d'une manipulation que les patrons les plus dynamiques ou les plus roués ont su chevaucher), est vécu comme un revers social et politique. Le moral était déjà au plus bas, à cause de la vaste campagne nationale sur la corruption des élus de Guyane qui frappait de plein fouet l'orgueil des Guyanais. La nouvelle équipe a beau dire, tout le monde sait qu'elle appartient au même parti, le PSG, celui qui défraye la chronique dans la presse hexagonale.

On ne sait pas pour la corruption, l'affaire Pacary, etc., on n'est pas sûr, mais le clientélisme, le favoritisme, les abus de pouvoir, les promotions canapé… les gens en connaissent la triste réalité car ils l'expérimentent. Des francs-tireurs, ils sont trois : Loulou, un trouble-fête populaire, José, un artiste d'immense génie, Guy, fin analyste politique, ont commencé une campagne sur radio libre, la Radio Jam, appelant à un sursaut de dignité et visant les prochaines législatives comme rendez-vous pour afficher une autre image de la Guyane. Ces émissions sont à antenne ouverte. Ainsi, la rumeur enfle comme nos marées d'équinoxe, lentement mais jusqu'au rivage. Comme d'habitude, je suis la dernière qu'elle atteigne. Et j'apprends, bien après tout le monde car je n'écoute pas la radio, j'ai toujours préféré lire, journaux et livres, j'apprends donc que, depuis plusieurs jours, des appels d'auditeurs fort encouragés par les trois animateurs me proposent comme candidate aux élections législatives.

Je proteste vigoureusement. Jusque-là, j'ai conduit ma vie et souverainement arbitré mes choix. J'ai décidé de partir au Canada, d'ailleurs j'ai signé en août 1992 un contrat avec l'université de Montréal. Je change de vie en plus de changer d'emploi, ce que je faisais tous les quatre ans pour renouveler ma curiosité, entretenir ma vitalité intellectuelle, tout connaître de l'intérieur, agir. En ces douze années écoulées depuis mon retour d'études, j'ai mené de nombreux combats.

Je m'étais fixé de changer d'emploi tous les quatre ans, je m'y suis tenue. J'ai ainsi accumulé de l'expérience dans l'éducation, la coopération agricole, la pêche et la coopération extérieure. J'ai livré de rudes batailles politiques, j'ai eu quatre enfants, j'ai besoin d'une pause pour m'assurer que la vie que je vis est bien celle que je veux. Je ne conçois donc pas l'idée que d'autres en déterminent la prochaine étape. Je fais savoir mon agacement et je continue à vivre selon mes projets et mes activités.

La SOFIDEG, qui, cinq ans plus tôt, avait très activement poussé RFO à mettre un terme à ma chronique quotidienne sur le développement par l'agriculture et la pêche, m'invite en qualité d'économiste principal à tenir une conférence pour son dixième anniversaire.

C'est cette chronique sur RFO qui m'avait révélée aux Guyanais. Ils ne connaissaient pas ma tête mais m'entretenaient dès qu'ils reconnaissaient ma voix et me retenaient au coin de la rue, à la poste, à la banque, à l'endroit même où ils m'avaient identifiée, refaisant l'émission du jour. Cette chronique, qui a duré un an et demi, était diffusée sur RFO radio tous les matins puis bientôt rediffusée le soir du fait de son succès d'audience.

J'y rendais simplement intelligibles les enjeux du développement et j'ouvrais des perspectives par l'agriculture et la pêche en présentant les choix possibles et leurs conséquences, le développement comment, pour qui, pour quoi. Et le citoyen le moins érudit sur ces sujets comprenait que les choix de politique économique ne sont pas indifférents, et s'il est facile de faire rêver avec de grands projets pour les multinationales ou les chasseurs de primes, ces projets sont souvent les moins durables, les moins recruteurs, les plus budgétivores, les moins redistributeurs, les plus polluants. Notre histoire fourmillait d'exemples de ce genre. Il suffisait de les décortiquer pour illustrer le propos.

J'explique donc dans cette chronique comment peuvent s'articuler les projets pour construire une filière professionnelle viable. De surcroît, je mets en évidence le rôle de chaque partenaire, professionnel, administratif, financier, politique. La SOFIDEG s'inquiète de la lumière ainsi jetée sur ses missions et leur exercice. Dirigeant les services techniques de la pêche, je lui ai déjà imposé des aménagements sans précédent et sans équivalent dans aucune autre filière. Ainsi, je suis admise à présenter devant le conseil d'administration les dossiers de financement en investissement. Je pressentais bien que ces financiers décidaient sans avoir toutes les cartes en main. Puis, j'obtins que les refus de financement fussent motivés, ce qui en réduisit sensiblement le nombre.

Nous avions mis en place un dispositif de Fonds de garantie abondé sur fonds publics et géré par la SOFIDEG. Mais cette dernière avait tendance à se comporter comme une banque commerciale. Je lui rappelai que c'est nous qui constituions les dossiers pour obtenir ces fonds publics, qu'elle était une banque de développement avec pour mission d'accompagner les secteurs économiques d'artisanat, qu'elle avait deux filets de sécurité, le fonds de garantie et les prêts bonifiés adossés à la garantie interbancaire. Pour toutes ces raisons, les socioprofessionnels de la pêche devaient siéger au conseil du Fonds de garantie. J'obtins tout cela parce qu'il n'y avait pas d'arguments contre et parce que mes chroniques, par leur pédagogie, plaçaient tous ces dispositifs sous la surveillance des citoyens.

J'avais une équipe du feu de Dieu, Joël, un technicien hors pair, dynamique et performant ; Mireille, une assistante de direction très professionnelle ; Sandra, une jeune secrétaire qui faisait ses armes et un comptable au look rasta, Guy, taciturne mais efficace, un de mes anciens élèves, que les administrateurs obtus me soûlaient chaque semaine de licencier, sous le motif absurde de mauvaise image. Je ne cédai jamais. Toujours plus simple d'être jaloux que d'être efficace… La chambre des métiers nous adresse des reproches infondés, elle nous accuse de mettre la main sur tous les fonds publics et de les faire affecter à la pêche. Absurde pour qui sait la stricte affectation des fonds européens.

Avec mon équipe, nous maîtrisions tous les rouages et modes de calcul des financements européens et d'État, nous obtenions un taux d'éligibilité supérieur à 90 %. Nous avons dû démontrer que les dossiers que nous présentions n'émargeaient qu'aux fonds réservés à la pêche. Les membres du conseil d'administration en eurent assez eux aussi de mon entêtement à faire du développement. Ils étaient une poignée aux commandes, renforcés de quelques seconds couteaux. Ils se partageaient les postes de président, trésorier, secrétaire général des organismes socioprofessionnels, coopérative, école de formation, association de crédit mutuel, fonds de garantie à court terme, fonds de garantie à moyen et long terme, organisation de producteurs, comité des pêches, services techniques. Une structure pyramidale, assez ingénieuse, enserrant toute la profession. Après avoir épuisé toutes les tentatives possibles pour leur expliquer qu'il n'y avait aucune chance de consolider ce secteur d'activité par de telles méthodes, je partis en chasse contre ces pratiques. Étant à la manœuvre dans toutes les structures, ils bloquent les projets de modernisation et d'augmentation de la flottille de petite pêche côtière et de pêche côtière en changeant constamment les critères d'éligibilité à l'agrément pour le financement.

Je finis par comprendre que c'est un moyen de gagner du temps. Les subventions que nous obtenons sur les projets des petits pêcheurs sont placées en attendant d'être mobilisées. Par ailleurs, le coût de construction des chalutiers-crevettiers augmente sans que des modifications techniques le justifient.

Je leur demande de faire des appels d'offre pour éviter que toutes les commandes soient passées au même chantier naval. J'explique que les comptes d'exploitation prévisionnelle que nous élaborons sont basés, pour la rentabilité de chaque navire, de son coût de construction, de sa maintenance et de la productivité de chaque campagne de pêche, et nous ne pourrons garantir l'amortissement des investissements et le remboursement des emprunts avec cette inflation des coûts. Ils refusent de procéder à des appels d'offres. Je menace de le faire moi-même. En un week-end, le prix baisse de deux cent mille francs sur trois millions huit cent mille.

Je proteste contre l'usage des fonds de garantie qui ne servent qu'aux mêmes, une poignée d'artisans et un ou deux râleurs qu'il faut calmer. Ils s'énervent. Le président, dandy, admirateur de sa personne, débarque dans mon bureau, m'informe qu'il va mettre un terme à mes agissements, me reproche nos initiatives pour équiper et aménager les ports et coopératives de communes en me disant que je perds mon temps avec des « pêcheurs d'eau douce » (pour savourer, savoir que les pêcheurs des communes sont des artisans embarqués sur leur canot, alors que nos *play-boys* dont les navires ont émargé une et parfois deux fois aux subventions pour investissement ne mettent jamais les pieds sur un bateau). Il exige que je lui remette le chéquier.

J'ai refusé toute délégation de signature, par contre le chéquier demeure au siège et je ne le présente à la signature qu'accompagné des factures à régler, compilées par notre comptable. C'est que je les connais et j'estime que ma liberté d'expression a un prix, l'irréprochabilité. Je ne prends donc aucun risque sur les questions financières. J'ai imposé cette condition lors de ma prise de fonction pour ne pas me retrouver embarquée dans des embrouilles. Notre structure est ainsi la seule dont ils ne détiennent pas le chéquier à volonté.

Je refuse de le lui remettre. Il hausse le ton, me menace, promet de balancer mon bureau par la fenêtre et de m'expédier avec, et d'ailleurs vous verrez bientôt…

Je dépose plainte chez le procureur. Je suis convoquée par la police pour une déposition. L'inspecteur me demande si je crains pour ma sécurité. Je réponds oui. Il éclate de rire et me dit : « On sait que vous n'avez peur de rien ni de personne, comment voulez-vous que j'écrive que vous avez eu peur ? » Je réponds que c'est ma déposition et que j'ai le droit d'avoir peur quand un escogriffe de deux mètres vient me menacer de me jeter par la fenêtre.

Il prend un air compatissant et me réplique : « Madame, vous embêtez tout le monde et pour un salaire en deçà de vos capacités. Vous croyez qu'on ne sait pas tout ce qui se passe dans la pêche ? Ces cambriolages à répétition le week-end où comme par hasard le coffre est toujours plein, et nos enquêtes qui n'aboutissent jamais, pour quelles raisons faites-vous autant d'histoires ? » Je demande à signer ma déposition et je pars encore plus déterminée à enseigner à ces hurluberlus que nous ne sommes pas au Far West.

L'inspecteur a quand même fait son travail et lancé des convocations. On essaye de m'amadouer, on me demande si je veux la mort de la filière, on me dit que je sais bien que si la police et le tribunal viennent y mettre leur nez et « déballent tous les sous-vêtements de la pêche, on ne sait pas où ça va s'arrêter ». Je rétorque que personnellement je n'ai rien à craindre du moindre déballage. Ça se gâte. « Ce n'est pas vous qui faites la loi ici. » Certes non, donc la loi passera, la plainte suivra son cours. C'en est trop. La guerre est déclarée.

Entretemps j'ai alerté les présidents de collectivités, qui cofinancent investissements et fonctionnement, sur les dysfonctionnements du secteur. Le vice-président délégué et le directeur général des services régionaux m'approchent pour calmer le jeu. Je donne mes conditions : que le secteur se démocratise et que les projets des artisans soient débloqués. Je ne retirerai la plainte qu'une fois ces deux processus enclenchés.

La conclusion est évidente, il faut me neutraliser définitivement. Mais enfin c'est quoi ça ? Depuis quand une femme fait la loi dans la pêche ? On est où ? Je pourrais en rire… Ils se sentaient flattés quand je citais Platon qui disait : « Il y a trois sortes de gens, les vivants, les morts et les gens de mer. » Sauf que je les connais de près, je sais que certains d'entre eux ne sont pas des gens de mer, même pas des pirates, juste des fripouilles sur fonds publics, assez ingénieuses, il faut en convenir. Ils ont donc décidé de m'exécuter et ils le feront en public.

Ils ont circonvenu l'administration et les collectivités qui n'approuvent pas leurs méthodes mais ne veulent pas de vagues car il apparaîtrait vite qu'elles n'ont pas assuré leur mission de contrôle. Ils ont monté les petits pêcheurs contre moi en prétendant que c'est de ma faute si les dossiers de renouvellement de leurs bateaux sont constamment reportés. Ces petits pêcheurs étaient jusqu'alors fiers de la vitalité de la filière et du rapport flatteur de la Mutualité maritime sur le dynamisme du secteur ; ils narguaient les artisans d'autres métiers. Retournés par une campagne de manipulation, ils viendront servir de public autour du *pitt*.

Un conseil d'administration est convoqué, élargi au maximum. Y siègent la Région représentée par un élu et le directeur général des services ; le département dans la même configuration, la direction des affaires maritimes, la préfecture, et bien entendu un contingent de petits pêcheurs bien conditionnés et bien remontés...

Il fallait un public de choix pour assister à ma crucifixion. Bien entendu, exceptionnellement, la presse fut invitée. Le conseil commence par la demande réitérée par le trésorier au nom du président du retrait de ma plainte. Je rappelle mes conditions. Ça s'énerve, hurle, tape du poing sur la table, me crache l'insulte suprême : intellectuelle ! Je reste de marbre. Le directeur général des services de la Région me dira avoir été impressionné par mon impavidité, précisant que son opinion s'est faite à ce moment-là. La réunion se poursuit avec des accusations débridées à mon égard. Elle dure six heures.

Je présente pour ma part un réquisitoire en règle de tous les dysfonctionnements que j'ai déjà signalés, en interne puis à qui de droit, preuves à l'appui. Leur défense... Comment ai-je fait pour avoir toutes ces pièces, y compris les dates de versement des subventions sur les comptes ainsi que les produits financiers, vous êtes malhonnête, me hurle l'un d'eux, vous fouillez ! Les partenaires, État et collectivités, comprennent le danger. Ce sont eux qui demanderont la démission des responsables, pour calmer le jeu. Ils avaient voulu mon exécution publique, c'est ma victoire qui le fut.

Plusieurs petits pêcheurs sont venus dès le lendemain s'excuser auprès de moi, m'assurant qu'ils avaient été abusés, ce que je crois volontiers, même si je sais bien que quelques-uns ont obtempéré par intérêt. Après mon départ de la pêche six mois plus tard pour prendre la direction générale de l'Office de coopération et du commerce extérieur, ils se réinstalleront discrètement.

Depuis, le secteur s'est rabougri. L'école de formation a fermé. Les fonds de garantie ont fondu. Les services techniques furent dissous. La coopérative fonctionne comme une entreprise privée en conservant les avantages fiscaux de son statut juridique. L'organisation de producteurs végète. Ils sont encore une petite clique à goinfrer tout ce qui passe. Cet épisode a revigoré nombre de ceux qui regrettaient la suppression de la chronique (RFO avait cédé à la demande de gens bien intentionnés). On se mit à m'appeler « la guerrière ».

Cette conférence pour le dixième anniversaire de la SOFIDEG en juin 1992 est perçue comme une reconnaissance de compétence, une espèce d'amende honorable de cette banque de développement, d'autant que, incorrigible, je conserve ma liberté d'expression. Deux mois plus tard, je suis invitée par le Grand Orient de France à donner une conférence sur une thématique de mon choix lors du grand convent qu'il tient en Guyane. Je l'intitule : « De la lobola au fax, que perdent les sociétés en convivialité lorsqu'elles gagnent du temps en communication ? » La lobola est la dot négociée rituellement dans des communautés natives d'Afrique du Sud.

Dans le public, un intervenant déclare avec émotion : « Christiane, je suis content de t'avoir entendue, je suis venu plein de crainte en me disant, ça y est, ils vont nous la changer. » Cet intervenant, c'est Michel Kapel, mon ancien prof de sciences physiques. Mais je ne comprends pas encore que, comme issue à cette ambiance de consternation et de désolation qui les accable depuis le début de l'année, les Guyanais ont commencé à s'approprier ma personne et mon destin.

Je multiplie les interventions. J'effectue une mission à Miami pour participer à une conférence internationale sur la coopération où sont représentés tous les pays de la CARICOM. L'événement connaît un grand retentissement. L'année précédente, j'ai participé à la commission mixte franco-haïtienne à Port-au-Prince. Cette mission a joui d'une très grande résonnance aussi bien chez les Guyanais que chez les Haïtiens qui espèrent un changement profond sous la présidence de Jean-Bertrand Aristide.

À cette époque, je perds quelques amis universitaires antillais et haïtiens. Pour leur avoir dit franchement mon sentiment sur la bonne volonté mais l'efficacité toute relative d'un bon tiers du gouvernement haïtien, la nécessité de coopérer au mieux avec la ministre des Affaires étrangères et le très jeune ministre des Travaux publics qui me paraissent les deux meilleurs éléments de ce gouvernement, le ministre du Commerce m'ayant également fait bon effet ; et, par-dessus tout, ma conviction que le président Aristide ne fait pas montre dans ses interventions publiques d'un sens aigu de l'État de droit. J'en suis absolument persuadée après l'avoir rencontré puis entendu, lors d'une journée de déchoukage, livrer à une foule déchaînée le nom de personnes qu'il soupçonnait être d'anciens macoutes et faire l'apologie du supplice du père Lebrun, pneu enflammé passé au cou de « coupables ». Ils me désapprouvent, la ferveur pour Aristide étant quasi mystique, et s'éloignent de moi.

Six ans plus tard, deux de ces amis, un Martiniquais et une Haïtienne, la maman d'une adolescente sortie lauréate d'un concours académique que j'avais organisé pour choisir un nom en remplacement de celui (Rochambeau) de l'aéroport de Guyane, feront en quelque sorte résipiscence. Cette amie haïtienne me dira « on sentait bien que tu avais raison mais on ne voulait laisser personne briser notre rêve ».

*

Je le saurai bien après, ce sont deux autres événements qui marqueront un tournant décisif dans les efforts opiniâtres des trois animateurs de Radio Jam pour m'envoyer aux législatives.

Un colloque se tient à la chambre de commerce et d'industrie. Il est organisé par des chercheurs en sciences sociales. Jusqu'en 1982, les chercheurs étaient plutôt embusqués, circulant entre leur laboratoire et la parcelle de territoire qu'ils s'étaient aménagée dans une espèce de Yalta de l'exploration, chacun veillant à ne pas piétiner la juridiction de l'autre. On se spécialise sur les Tupi-Guarani et leurs hamacs tissés, sur les Arawaks et leurs arcs, les Bonis et leurs canots, les N'Djuka et leur *obiah*, les Saramakas et leur *wennsi*. Ah, oui sur la question créole également. Oui la « Question » ! « L'individualisme en est la toile de fond », affirme la sociologue. Raccourcis et généralités. N'a même pas idée de s'interroger sur la pratique collective du *mayouri* sur lequel repose l'exploitation agricole de l'abattis... anecdotique sans doute. Quant aux solidarités familiales qui, avec l'économie informelle, pallient les carences et les négligences d'État... valent pas un regard ni un doute.

Pis, les thèses de Herskovits sur la culture et ses effets liants sont invalidées, au motif de « la grande hétérogénéité des cultures africaines en présence ». À lire et à relire ! Rien compris ces gens-là. Pas compris que c'est justement cette hétérogénéité qui a produit le fait créole, ses syncrétismes inattendus, sa perméabilité aux autres, sa porosité culturelle plutôt que la reconstitution en Amazonie d'une culture africaine figée.

Pas compris que c'est justement cette nécessité de communiquer entre eux, Yoruba, Kromanti, Kongo, Bantu, Mandingues, Modong... de communiquer avec les Amérindiens, et avec le maître, et de vivre ensemble, qui a produit la langue créole. Pas idée comment ces rognures de langues, de croyances, de savoirs, ayant fourbi un bric-à-brac de cultures ont fini par trouver une cohérence et des ressorts internes. Magique ! Chargé de possibles comme un cerisier en fleur. Promesses pour d'autres sociétés confrontées à la diversité. Mériterait une exploration enthousiaste... Mais non, « l'individualisme en est la toile de fond » !

Et ces techniques de pêche collective, la nivrée empruntée aux Amérindiens, la barrière chinoise reçue des Annamites ; et la fabrication de ces canots creusés à plusieurs mains dans le tronc d'un grignon franc, transmise par les Bushinengue ; et ce piquage artisanal du riz que nous tenons des Javanais venus non de Java mais du Surinam, depuis la lointaine colonie néerlandaise de Sumatra... Fallait-il peut-être quelques dispositions au dialogue, une discipline commune, une relation solide pour recueillir ces savoirs, les exercer, les préserver, les féconder... Non, « l'individualisme en est la toile de fond ».

Et cette architecture créole, si savante du climat, de ses constances et de ses caprices, tellement soucieuse du mode de vie qu'elle soigne l'esthétique des pièces de plein air et de socialité, vérandas, galeries, balcons, en tenant compte des alizés d'est. Pure contingence ? Pure invention solitaire ces carreaux de glaise, ces tuiles et ces briques d'argile, ces bardeaux de couverture ? Pure illumination cette connaissance fine des essences de bois propres à la charpente, à l'ébénisterie, à la menuiserie intérieure, à la construction navale, à l'artisanat d'art, au coffrage, au déroulage ? Pure circonstance cet art de la construction et son essaimage sur l'ensemble du territoire, alors que l'architecture coloniale ne se retrouve que dans deux grandes villes à bâtiments publics, Cayenne et Saint-Laurent ?

Cette gastronomie aux bases amérindiennes, aux combinaisons d'ingrédients bushinengue, aux saveurs créoles, parfumée à l'indienne, allégée à la chinoise, présentée à l'européenne, purs hasards culinaires ?

Est-ce pure coïncidence ces noms communs aux langues amérindiennes et créoles d'arbres, de lieux, mais aussi d'objets artisanaux, *walwari, manaré, takari* ? Ne fallait-il pas quelque aptitude au dialogue et à l'humilité pour rendre possible un tel partage ? Somme toute, en peu de temps, deux siècles de vie et de mémoire communes. Enfin, ces *dolos*, philosophie populaire sur la solidarité, enseignements ordinaires dans une société à tradition orale, *roun lanmen lavé rôt*, chaque main a besoin de l'autre pour être propre, *ti bol alé ti bol viré lanmityé rété*, l'échange consolide le lien social, *a ban kourt ki fè gogo kontré*, on se soutient dans l'adversité... Voilà. Tant pis s'il est plus vraisemblable que de tels trésors n'ont pu être confectionnés et transmis en moins de deux siècles que par d'extraordinaires dispositions à la fraternité, on confirme l'hypothèse, la société « créole » est en soi un rallye d'individualismes. Ugh ! Le grand manitou a parlé, c'est vérité, Ugh !

Ce sont pourtant justement les Créoles qui, parcourant le monde, tombent amoureux sans préavis en n'importe quel lieu et ramènent en Amazonie un morceau d'imaginaire de n'importe quel coin du monde, se risquent ainsi, par des enfants aux origines plurielles, à transformer ce qu'ils sont eux-mêmes, diffusant de nouveaux syncrétismes comme le pollen.

N'importe. Ces savants parlent au nom de tous les groupes qu'il leur sied de découper et de disséquer, une hautaine confiscation du dire sur soi, opérée avec pareille brutalité sur quelque communauté qu'ils se gaussent d'étudier. Y compris à l'encontre des Amérindiens, sous l'apparence de la sympathie, qui n'est ni empathie ni respect. Ces chercheurs publiaient leurs travaux plutôt dans l'indifférence générale. Un lectorat extrêmement réduit, quelques intellectuels en quête d'éclairages sur notre histoire non enseignée, s'y intéresse. Comme d'autres, j'en gourmandais. Quelques historiens guyanais subjugués par le statut de ces ethnologues, sociologues et anthropologues leur font la cour, indifférents au poison instillé par ces sachants qui, après avoir segmenté la société guyanaise pour les besoins de leurs études, la fragmentent par un discours tribaliste, exhument, subliment ou supposent des rivalités entre groupes.

Leurs écrits servent également de référence aux fonctionnaires détachés qui, c'est plutôt à leur honneur, se préoccupent de collecter des éléments de lisibilité. Quelques années plus tard, sous anonymat, un fonctionnaire de la préfecture (!) va démonter les thèses dominantes de cette ethnologie de connivence.

Les Assises de la culture organisées par la gauche en mars et avril 1982 offriront à ces discours une formidable tribune de vulgarisation. Ces chercheurs vont tenir le haut du pavé durant les premiers jours. Ils régentent, orientent, déclarent, péremptoires.

Leur présence assidue auprès de certains groupes produit ses effets. « Je hais le colonialisme créole qui nous a détruits et nous empêche de parler notre langue ! » proclame à la tribune un jeune Amérindien. Ah bon ? Et qui a refoulé les Amérindiens de la côte vers l'intérieur ? Les Créoles n'existaient pas encore. Qui les a étudiés comme des bêtes de foire et a prétendu qu'ils n'ont qu'un groupe sanguin, que leur anthropophagie est avérée, que leurs superstitions tenaces sont inhibitrices et les empêchent de générer une élite ? Les Créoles n'ont jamais écrit ce genre de livres. Qui a fragilisé leurs cultures par l'évangélisation ? Les Créoles n'étaient pas missionnaires de l'Église catholique, apostolique et romaine. Qui leur apporte encore du rhum et un seul bulletin de vote à chaque élection ? Les gendarmes ne sont pas créoles. Qui est toujours interdit de circulation à l'intérieur, sauf autorisation de monsieur le fonctionnaire préfet ? Ni les chercheurs, ni les touristes, ni les missionnés. Les Créoles, oui. Qui a évacué leurs langues tandis que les Créoles se battent pour l'instant sans résultat pour l'enseignement du créole, langue vernaculaire qui servit de communication entre tous ? Ni le ministre de l'Éducation ni le recteur ne sont créoles. Cette jeunesse est ignorante de bien des choses.

Élue députée au Parlement européen douze ans plus tard, je fais inscrire les langues amérindiennes au registre des langues que la France s'engage à promouvoir en signant la Convention de l'Unesco sur la diversité culturelle. Je considère que les principes doivent prédominer sur les contentieux, et l'histoire commune ne doit pas descendre aux querelles individuelles. Je serai publiquement insultée par un de ces pourfendeurs du colonialisme créole pour avoir, moi Créole, introduit les langues amérindiennes dans le registre des langues régionales, alors que ces langues sont, affirme-t-il… continentales. Quel phénix ! Il sévit toujours à patauger dans d'infructueuses contradictions bien qu'il soit de plus en plus contesté… et ridicule. Les sociologues qui le manoeuvraient ont poursuivi, eux, leurs promotions de carrière.

Pendant la pause de cette première matinée des Assises de la culture, je retrouve le jeune Amérindien qui venait d'éructer de haine assis dans un fauteuil du hall, et sur ses genoux une jeune « Française » (« métro » pour les nostalgiques du temps colonial, blanche pour ceux que la couleur obsède). Je l'interroge : « Et ce colonialisme-là, il ne te gêne pas ? » C'est mesquin et piètre, je le sais au moment même où je le dis... mais enfin, quelle purulence ! Dès notre retour en salle, je prends à partie deux des chercheurs les plus actifs, une ethnologue et une sociologue. Je leur promets que peut-être leurs manigances tribalistes triompheront mais qu'avant d'en arriver à nous trucider entre nous, nous leur passerons sur le corps. C'est l'ambiance.

Évidemment nous menons bataille pour remettre un peu de clarté dans cette confusion orchestrée. Nous, ce sont les indépendantistes qu'ils croyaient morts et enterrés par l'emballement tout frais des Guyanais pour la gauche au pouvoir. Quelques artistes très créatifs, explorateurs émerveillés de nos patrimoines, se joignent à nous. Certes, il arrive que nos arguments soient plus politiques qu'historiques, nos démonstrations plus approximatives que scientifiques... nous n'échappons pas totalement à deux siècles d'histoire déformée ou occultée. Nous n'avons pas d'excuses, la vérité étant une exigence morale. Mais nous ferraillons avec les armes que nous parvenons à façonner sur le tas, face à cette entreprise de néantisation au service d'une tentative d'anéantissement symbolique.

Enfermés dans un fonctionnement clanique, endogame, et bientôt corporatiste, ces spécialistes ne semblent pas mesurer la violence de leurs thèses. Il est toujours réjouissant de voir des chercheurs s'aventurer dans la société, se soucier d'en entendre les demandes, en affronter les irrationalités et contribuer à les élucider. Cela ne relève pas de leur mission mais participe de leur utilité sociale. On ne peut les y contraindre ni leur reprocher de ne pas le faire mais on exulte lorsqu'ils se risquent jusqu'aux clameurs et aident à formuler une demande sociale qui s'exprime, brouillonne et impatiente, contradictoire mais pressante. Or, justement, au lieu d'entreprendre cette démarche d'explicitation, ces ethnologues surplombent la société, la jugent... sans ménager de droits à la défense. Le choc est rude.

Outre mes études de sciences économiques à Paris II où mon assiduité était minimale, je traînaillais dans des cours à la Sorbonne, à Censier, à Jussieu sur les travaux de Durkheim, les innovations de Mauss et sa critique par Lévi-Strauss, les audaces de Margaret Mead, le fonctionnalisme de Malinowski. Leur vocabulaire est parfois archaïque et insidieusement blessant, mais qu'il s'agisse de l'*Essai sur le don*, les *potlatch, kula, hau, mana*, les obligations de donner, recevoir, rendre, que ce soient les interdits sexuels ou la répartition des tâches, il y avait dans la démarche de ces chercheurs une quête des lignes de cohérence, un postulat de rationalité et de cohésion. Un présupposé d'intelligence collective.

Les prises de position de Claude Meillassoux prouvent que l'approche critique qu'induit l'engagement militant ne fragilise pas la rigueur scientifique, au contraire. Les ethnologues, sociologues, anthropologues sont donc ma parentèle intellectuelle, mon lignage cognitif… leurs outils pour comprendre la vie sociale me paraissaient avantageusement complémentaires à ceux dont je disposais pour comprendre la vie économique.

Et là, chez moi, ces préjugés, ces clichés, ces torsions, ces aversions, c'est l'intelligence de l'altérité révoquée, l'empathie aplatie, l'individu accablé par une histoire que l'on distord et dont on l'accable d'y avoir survécu.

Je n'ai pas encore lu Habermas. Cependant je pressens qu'erreur ne serait pas crime. On ne leur demande pas d'être convaincus mais on est en droit d'attendre leurs « meilleurs arguments ». Ce discours est trop construit pour n'être qu'erreur de bonne foi. Leur travail est loin d'être insignifiant. Ils s'adonnent à une réelle exploration et élaborent des processus d'interprétation. Ce travail pêche en fait par l'arbitraire et une inexplicable hostilité. Certes, durcir les contours des communautés peut mieux servir les nécessités professionnelles. Cela peut se concevoir comme procédé méthodologique. Mais peut-on ne considérer ces chercheurs que comme des professionnels lorsqu'ils sont aux prises avec une formation sociale qui est tout entière rapports de forces, dont la dynamique a été à ce point surdéterminée, conditionnée par des logiques exogènes ? Et d'ailleurs, qui sont-ils, qu'ont-ils fait de bien là où ils furent avant, qui puisse plaider pour leur crédibilité et leur bonne foi ? D'où parlent-ils ?

Ces questions sont presque aussi vieilles que l'ethnologie ellemême. Melville P. Herskovits les a traitées, Balandier les a posées. Mais surtout, Édouard Glissant vient de publier *Le Discours antillais*. Une espèce de patchwork littéraire, un *konvwé* à l'image de la société créole, profus et ébouriffant. Il y évoque la « querelle avec l'Histoire » selon la formule d'Edward Baugh et rappelle que notre « Histoire est faite de ruptures dont le commencement est un arrachement brutal, la Traite ». Ce *Discours antillais*, puissante révélation sur la densité de notre existence au monde, me donne alors le vertige, celui de la mise en abîme de nos doutes et de nos certitudes enfouies.

Notre histoire en Guyane est encore plus riche, grâce aux Amérindiens qui eurent le génie de la survie et aux Bushinengue qui symbolisèrent l'affrontement brutal avec le système esclavagiste. Amérindiens, Bushinengue, Créoles, nous avons défié le triangle maudit du commerce d'ébène pour former le trépied d'où se déploie la conscience guyanaise, identité singulière aux sources multiples.

Le festival Carifesta sort tout juste de sa quatrième édition. La deuxième, retentissante, s'est tenue en 1976 à la Jamaïque, sur le thème *A hallmark of cultural extravagance*. Sous cette hardiesse, un hommage est rendu lors de ce festival caribéen des arts et des cultures à tous les héros de la Caraïbe : Toussaint Louverture, Simón Bolívar, José Marti, Benito Juárez, Marcus Garvey et d'autres, qu'en marquant la transversalité des anciennes sociétés d'esclavage, les peuples de la Caraïbe s'approprient collectivement. Pourtant, si l'on en croit le discours de nos spécialistes en sciences humaines, la part créole de la société guyanaise serait la seule de toute l'aire créolophone à n'être que turpitudes. Alors que nous avons, outre nos singularités, de telles similitudes avec ces peuples de la Caraïbe. Comme eux et comme ceux d'Amérique du Sud, nous avons commencé à arracher à l'oubli et à l'ignorance nos héros, ceux qui ont vaincu, ceux qui furent vaincus. Adome, Jérôme, Pompée, Boni, Gabriel l'Amérindien... et combien à découvrir.

Le fait créole est autochtone. Il est né sur le territoire. Il provient des métissages qui continuent à produire cet imprévisible, ce « tremblement » que formulera Glissant quelques années plus tard. Les Amérindiens étant les premiers résidents de notre continent, ils sont notre source, notre lignage premier. Nous en provenons. Génétiquement. Culturellement. Cette évidence déroute les ethnologues et sociologues car elle pulvérise leurs catégories.

Ils sont désarmés et deviennent agressifs. Ils ne sont qu'une poignée mais leur bruit est strident.

Les anthropologues essaieront de temporiser. C'est tout de même un des fondements de leur discipline que de tenter de saisir l'homme dans sa totalité, de percevoir au-delà des particularismes culturels ce qui procède des interrogations ontologiques et l'effort accompli par une communauté humaine pour y apporter des réponses. Serions-nous seuls de l'espèce humaine à en avoir été congénitalement incapables ? Sans culture, sans histoire, sans légitimité. « Ce que la pensée ethnographique engendre de plus terrifiant, c'est la volonté d'inclure l'objet de son étude dans un clos de temps où les enchevêtrements du vécu s'effacent, au profit d'un pur demeurer », Édouard Glissant.

En réalité, les Créoles ont le tort de s'être rapprochés des lieux de pouvoir et de savoir, d'avoir cru à l'assimilation, de n'être pas assez « pittoresques » dans la nomenclature exotique pour être objets d'études et, sacrilège suprême, de se poser comme sujets de droit. Pis, ces Créoles expriment périodiquement des velléités de souveraineté, contestent le pouvoir qui garantit la carrière et la prospérité de ces chercheurs dans un système de rémunération et de primes plus sécurisant qu'en d'autres lieux où il y aurait des originalités à observer et à traduire. Une sourde rivalité donc.

Blasphème majeur, les « Créoles » ne s'appellent pas eux-mêmes créoles, ils se définissent guyanais, comme s'ils n'étaient pas une communauté parmi d'autres. Justement, non. C'est ainsi que l'essentiel leur échappe. Quels que soient les défauts, les fautes, voire les contresens d'existence de ces Créoles, le brassage même qui les a produits est la promesse et la preuve d'une société qui peut accueillir. Parce que ce sont justement ces Créoles qui s'essaient à tous les sons, toutes les rythmiques, toutes les harmonies, tous les langages car il y a toujours une résonance, une trace immémoriale et inconsciente, qui disent à la fois le tout-chaos de l'origine et le tout-monde de l'horizon. Et c'est ce que devient toute personne venue d'ailleurs et décidée à prendre pied dans cette Amazonie. Et rapidement. Elle-même ou dès la deuxième génération. Sauf à choisir de rester dans son enclave culturelle. Et c'est ce que fabriquent tous ceux qui s'acclimatent, s'adaptant au lieu, se colletant aux autres, prenant leur part d'une histoire tourmentée et tumultueuse mais prodigieusement prolifique.

Occupés à écrire leurs carnets de voyage, incapables de complaire à l'enseignement qu'ils ont reçu, sortir de soi, nos plumeux prolongent Pierre Loti... Rien à voir avec Marcel Mauss. Rien de scientifique. Et même pas de la littérature.

Des chercheurs d'autres disciplines, notamment ceux qui travaillent sur les espaces côtiers et la mangrove, des géographes, agronomes, philosophes, océanistes, botanistes, géologues, géophysiciens, mais également une ethnologue spécialisée sur les Bushinengue, jettent au contraire sur la société un regard plus chargé de curiosité que de préjugés et contribuent à son déchiffrement. Des spécialistes de la forêt savent ce qu'ils doivent aux savoirs empiriques contenus dans leurs ouvrages sur la botanique, l'éthologie, sur les plantes – médicinales, psychotropes, tinctoriales, toxiques – qu'ils recueillent auprès d'Amérindiens, de Bushinengue, de Créoles ruraux.

Malgré ces escarmouches ces chercheurs ont, depuis ces Assises, le goût du plein air. Ils fréquentent assidûment pour certains les collectivités qui leur confient missions, organisation de colloques, commandes d'ouvrages. Depuis 1982, les collectivités sont tenues par des élus diplômés, ayant cette intelligence de ruse et de tactique si efficace électoralement, mais incultes sur eux-mêmes et prompts à vénérer tout ce qui se pare d'atouts scientifiques. Ils ont besoin d'améliorer leurs rudiments de connaissance afin d'alimenter leurs discours de pouvoir, de volonté et d'unité. Les motivations n'en sont pas toujours condamnables. Ces dix années de décentralisation ont stimulé la production d'ouvrages de chercheurs appointés par leur organisme de recherche, subventionnés par les collectivités territoriales et rémunérés en droits d'auteurs. Une poignée sur le lot qu'ils sont. Et une chasse gardée. Ils se croisent dans des conseils scientifiques, conseils d'administration et divers conseils consultatifs parfois suggérés par eux-mêmes.

En ce mois de juin 1992, ils tiennent colloque. J'y vais. Je continue, par goût et par gourmandise intellectuelle, à me porter vers les savoirs et connaissances, et je conserve une attirance et une estime profondes pour ceux qui les détiennent et les distribuent. Hélas ! les thèses anticréoles fleurissent encore. J'avoue que je suis prise au dépourvu. J'étais venue en fébrile curiosité et, disons-le en empathie, et dès les premières heures j'ai l'impression de revivre un mauvais scénario. L'assistance est d'ailleurs à quatre-vingt-dix pour cent composée de chercheurs, sédentaires ou invités. Quelques Guyanais sont perdus ou dispersés dans la salle. Je me dis, abasourdie et consternée, que leurs objets d'études ne sont toujours pas des sujets de droit.

En vingt-cinq ans de règne sur ces disciplines, ils n'ont pas suscité la moindre vocation chez les Amérindiens ou les Bushinengue, pourtant scolarisés, pas une, pas un qui, par passion ou par désir de se dire soi-même, accompagné et encouragé, ait embrassé l'une de ces sciences humaines ou sociales. Pas d'émulation... Juste une rente.

J'interviens alors pour rétablir quelques faits d'histoire et pour formuler une autre lecture de la chaotique trajectoire de coexistence transculturelle en cette terre d'Amazonie. Je le fais avec moins de rage qu'en 1982, mais sans doute avec plus de rigueur. Certes, notre polyphonie culturelle est devenue bafouilleuse à force d'être contrariée par d'autres desseins que les nôtres. C'est que nous en avons vu passer !

Je m'impose un effort de pédagogie. Dans sa politique ethnique de cession d'une partie du domaine foncier qu'il s'est octroyé par des ordonnances royales que les républiques ont confirmées, l'État a servi des groupes plus que des individus, les colons européens, les anciens bagnards, les rescapés de l'éruption de la montagne Pelée de Martinique, des Malgaches, des Réunionnais, des H'mongs, des Haïtiens, par des programmes qui précisent bien que c'est au titre de leurs origines qu'ils accèdent à la terre. Un programme public de résorption de l'habitat insalubre contrarie tout autant la mixité culturelle et sociale, puisque sont relogés ensemble ceux qui s'étaient regroupés par affinités d'origine et en solidarité de survie dans les mêmes bidonvilles ou les mêmes squats. Bénéficient également des quelques largesses de l'État les vendeurs de vent et de gros projets fumistes, bassins forestiers, usine de pâte à papier, polders bananiers, conserverie de cœurs de palmiers, champs mécanisés de canne à sucre, culture de riz, Hollywood-sur-Mahury et autres bluffs. Après un siècle et demi de spoliation éhontée, l'État finira par concéder des droits d'usage collectifs aux Amérindiens et Bushinengue, sans les reconnaître en tant que communautés, sans ratifier la Convention 169 de l'Organisation internationale du travail sur les peuples autochtones. Les seuls qui ne trouvent grâce à ses yeux, ne peuvent prétendre à ces installations ou régularisations, sont expulsés d'occupations sans titres, vite repérés par les services des Domaines et les services fiscaux, les seuls… sont encore ces fameux Créoles guyanais.

Nos tentatives pour nous retrouver nous-mêmes sont aussi désordonnées que déchirantes et c'est sur nos multiples plaies que ces spécialistes viennent poser leurs savoirs péteux. Nous serions les seuls à mériter, impunément, d'être collectivement non seulement discrédités mais disqualifiés, sous prétexte qu'il y aurait parmi nous (comme s'il n'en existait nulle part ailleurs) quelques fripons et fripouilles… que nous sommes les premiers à récuser.

Cette contre-offensive solitaire, répercutée par les médias, aura un impact considérable, imprévu. À bout de sérénité, les gens n'en peuvent mais. Meurtris par tant d'outrages, ils ne supportent pas celui-ci en plus, des pataugas sur leurs écorchures, des agressions totalement gratuites, malveillantes. Je me dis que le monde est bien inattendu. J'essaie d'imaginer quelque diplômé ayant, par exemple, quitté son Iracoubo natal pour acquérir les connaissances utiles à l'ethnologie. Dans *Le Journal d'un curé de campagne*, Bernanos fait saliver sur ce qu'il reste à découvrir et à comprendre dans ces lieux-là. Il ne manque pas de groupes intéressants à explorer… les Berurier noirs, par exemple… sociologiquement et philosophiquement passionnants. Mais il ne s'agirait même pas de cela. J'imagine un chercheur venant d'Amazonie, curieux de l'exotisme du reste du monde et qui décide de se rendre en Auvergne, en Alsace, en Corse ou en Bretagne ; il procède comme ces ethnologues voyageurs sévissant en Guyane, passe quelques heures, quelques jours aux archives départementales et dans les bibliothèques de presbytères et couvents, il accumule à foison des descriptions de la vie et des gens d'antan produites par des gouverneurs ou des seigneurs sur leurs serfs. Je le retrouve écrivant le dixième de ce que recèlent les livres de nos contempteurs.

Vous ne percevez pas le tollé ? Moi non plus… C'est juste parce qu'une telle inversion est impossible. L'asymétrie du monde. Le monde est asymétrique. C'est une vérité et une évidence. Étourdissantes. Amartya Sen assure que « nous vivons dans un monde indivis ». Ce n'est pas seulement une conviction, c'est une certitude. Nous en sommes donc comptables, tous. Et chacun. Et donc coupables de nous laisser maltraiter. Avis à qui se laisse faire.

*

Les appels à ma candidature comme voie royale pour retrouver une dignité bafouée redoublent de ferveur. Je ne les entends pas encore, je n'écoute toujours pas la radio. J'apprendrai par la suite que mon époux et mon frère s'en sont mêlés. Ils ont pris contact avec les animateurs et leur ont conseillé de mettre un terme à ces appels publics car j'ai horreur qu'on me force la main. Dictées ou insinuées, les méthodes changèrent. Dorénavant, ils vont circonvenir.

En fait c'est un dernier incident qui, parce qu'il provoque des retours très directs, me conduit à prendre conscience de la nature de cette demande et de son urgence.

Parmi ses exactions, ainsi classée parce que celle-ci est particulièrement médiocre, le nouveau président de Région a commandé, peu après sa prise de fonction, un audit sur les finances de la collectivité. Cet acte est médiocre. Le PSG ne pardonne pas à l'ancien président, peu populaire en sa qualité d'hommes d'affaires, d'avoir oublié qu'il doit son élection à la mobilisation des militants du parti qui, troublant aveu, se nomme lui-même « la Machine » (entendez à gagner les élections).

Il ne lui pardonne surtout pas de leur avoir craché à la figure, ce que ce vaniteux conforme à son tempérament a fait avec délectation, les narguant publiquement, avec des mots choisis. « Je vous pisse dessus », leur a-t-il répondu, convoqué devant leur conseil de discipline. Cela nous a beaucoup amusés. D'abord parce que nous aimons les esprits récalcitrants. Ensuite parce que cet épisode était censé clore une vieille et âpre querelle entre les deux hommes forts du parti, le président du conseil régional et le président du conseil général. D'habiles agents de l'État sont parvenus à les brouiller. Cette hypothèse est tout à fait plausible. Leur querelle avait spectaculairement réduit leur force de frappe et leur capacité à mobiliser l'administration déconcentrée de l'État au service du plan quinquennal et de projets conçus par les collectivités.

Cette force de frappe avait été d'une efficience époustouflante au temps où ces deux présidents décidaient de l'action de leurs collectivités, sans « conformisme » ni sur le droit ni sur l'usage. Ils avaient pris ensemble des décisions inédites, création de l'Institut universitaire, ouverture ou modernisation de centres de santé dans les communes enclavées, équipements sportifs, usine agroalimentaire, unité de pressage de briques... Les Guyanais qui s'intéressaient à la politique et avaient assisté à cette transformation volontariste, étaient atterrés de l'absurdité et des effets de cette querelle. Pour ma part, je les avais toujours soigneusement tenus à distance, entretenant avec eux un rapport d'estime mais critique. Je n'appartenais pas à leurs cercles respectifs, je n'étais donc pas concernée par cette fracture, je n'appartenais à aucun des deux camps qui désormais se déchiraient, dans une surenchère d'allégeance suicidaire comme savent faire les courtisans, piégés par le court terme.

Cette distance m'accordait comme une espèce d'autorité et me conférait une sorte de devoir de rabibochage, l'affaire n'étant pas seulement une incompatibilité d'humeur entre deux forts caractères mais une dérive collective par l'entêtement de deux fortes têtes. La conséquence en était une régression, un recul manifeste de la période où ils articulaient intelligemment les missions et compétences des deux collectivités agissant sur le même territoire. Les fonctionnaires d'État qui avaient le sens du service public étaient plutôt contents, à l'époque du volontarisme coordonné de ces deux présidents, de mettre leur savoir-faire où il pouvait s'avérer socialement utile. Les autres étaient trop heureux de retrouver enfin leur superbe à la faveur de cette brouille. Je me permets donc de leur demander un entretien, séparément.

Le président de Région me reçoit le premier. Je lui pose très directement et très clairement la question, monsieur le président, quel motif irréductible peut justifier une pareille querelle entre le président du département et vous ? Il me répond immédiatement : « Je ne lui pardonnerai jamais ce qu'il m'a fait au Surinam, alors que nous étions en déplacement officiel. » Je n'en saurai pas plus. Lorsque je vais voir le président du conseil général, il me répond tout aussi spontanément : « Ce qu'il nous a fait sur la Comté est très grave. » Je n'en saurai pas davantage non plus. Je ne cherche pas à en savoir plus, ne me plaçant pas dans une démarche investigatrice. Je dis simplement à chacun que s'ils veulent ne plus se parler c'est leur droit, mais je leur demande s'ils se rendent seulement compte des effets qu'ils provoquent, retour de la centralisation, compétition morbide, jeux de cour, inefficacité, gaspillage en lieu et place de la coopération, la conciliation, la complémentarité qu'ils avaient initiées.

J'avoue que le deuxième entretien m'a laissée pantoise. J'y réfléchis longuement. Je repense à la spontanéité de leurs réponses et je me dis, écartant l'hypothèse d'un discours rodé, ces réponses très spontanées sont leurs croyances. Ils considéraient qu'ils n'avaient pas à expliquer pourquoi ils se détruisaient en nous emportant dans le naufrage. Ils ne se sont pas fâchés par étapes, mais d'un coup, l'un contre l'autre. Et pourtant chacun situe cet inconciliable différend en un lieu et à un moment différents. Je me rends compte qu'il y a là quelque chose de très artificiel, et même si l'idée paraît paranoïaque, elle n'est pas invraisemblable... ils ne se sont pas fâchés, on *les* a fâchés. J'en discute avec mon époux et nous sommes tous deux perplexes. Nous connaissons assez l'histoire du monde pour savoir qu'il n'y a aucune extravagance à cette hypothèse.

La querelle a accompli son œuvre ultime. Leurs dernières années aux responsabilités s'effrangent. L'un se retirera et aura maille à partir avec la justice, les bénéficiaires de largesse notoires pourvus d'avocats recrutés dans les meilleurs cabinets parisiens en réchapperont. L'autre sera platement battu.

Le nouveau président de Région issu des élections de mars 1992 donne libre cours à son esprit de revanche, et s'adonne à un exercice de dédouanement alors qu'il était secrétaire général de ce parti durant toutes ces dernières péripéties. Il a de grandes qualités, notamment une intelligence des situations politiques et une bonne culture historique et syndicale, mais il est réputé ne pas déborder de courage. Il commande donc cet audit sur les finances locales telles que les a laissées, exsangues, son prédécesseur, et fait rechercher quelques actes répréhensibles. Les inspecteurs qui mènent l'enquête sont à l'évidence bien déterminés à recueillir des témoignages accablants contre l'ancien président. Il faut l'abattre, cette morgue en a rabattu le caquet à plus d'un parmi les fonctionnaires habitués à exercer tranquillement, en surplomb, un pouvoir sans nuance. Je dirige alors une agence régionale, dont la présidence du conseil d'administration était assurée par ce président de Région avant qu'il soit battu.

Les inspecteurs m'appellent une après-midi et me fixent rendez-vous pour le lendemain matin. Nul n'ignore qu'ils sont en mission pour exécuter le président non reconduit par le suffrage universel. Il faut lui donner le coup de grâce, dissuader tous ceux qui voudraient, comme lui, jouer à l'autonomie sans avoir pris le risque de l'acquérir. Le feuilleton est public, c'est une condition d'efficacité de la manœuvre. Tout le monde sait que les directeurs d'agence et même des directeurs de la Région l'ont effectivement chargé. J'en fais donc une question de principe, et je leur dis que je ne suis pas disponible avant trois jours, ayant des contraintes que je n'entends pas annuler. Cela les indispose, mais ils s'y conforment. L'Office que je dirige a produit des documents, nous avons des rapports d'activité, les conseils d'administration font l'objet de comptes rendus, tout cela est mis à leur disposition.

L'entretien porte bientôt, et exclusivement, sur le comportement de l'ancien président de Région. Était-il dirigiste, autoritaire, abusait-il de ses prérogatives ? Je réponds un non ferme à toutes ces accusations dont je sais qu'elles sont destinées à justifier une condamnation déjà prononcée. J'avais eu des accrochages avec le président. Il m'avait reproché d'avoir recruté trop de personnel féminin, nous étions neuf femmes sur onze. Il avait essayé, sans insister de façon indécente, de me faire recruter une personne qui n'avait absolument pas le profil du poste à pourvoir. Il avait déjà, en conseil d'administration, tenté d'orienter nos actions vers des cibles mégalomaniaques. J'avais tenu tête en argumentant en faveur d'un programme d'actions plus conforme aux besoins et à nos moyens. Il l'avait validé avec la totalité du conseil d'administration. J'aurais pu en informer les inspecteurs. J'aurais eu le sentiment, à vie, d'avoir manqué d'honneur. Et comme je ne fais rien à moitié j'ai trouvé juste, et peut-être un peu amusant, de vanter les qualités de ce président qui, au moins, avait des ambitions pour la Guyane et une vision de l'avenir, a construit quelques ouvrages de désenclavement, n'a eu qu'un tort à mes yeux, celui de n'avoir pas su mettre en lumière les défaillances de l'État sur les équipements publics et d'avoir demandé aux Guyanais des sacrifices déraisonnables pour des ouvrages qui relèvent des missions régaliennes de l'État. Tout cela accompagné d'un regard de défi. Je n'ai pourtant jamais voté pour lui, contrairement à tous ceux qui l'ont enfoncé.

Ne trouvant rien de tangible à reprocher à notre Office de coopération et du commerce extérieur qui, en deux ans, avait accompli un travail considérable, les inspecteurs se sont livrés à un exercice exemplaire de mauvaise foi. Alors que pour toutes les autres agences régionales, l'analyse se résumait aux méfaits, souvent imaginaires et révélateurs de lâchetés ordinaires, de l'ancien président, pour la nôtre, l'air de ne pas y toucher, ils s'interrogent sur son utilité. Ma foi, à quoi peut bien servir un Office de coopération et du commerce extérieur dans un pays affublé d'une balance commerciale chroniquement déficitaire et un taux de dépendance aux importations de 85 % ? J'aurais cru que c'était évident.

Il n'en fallait pas plus pour que je sois invitée par un journaliste qui depuis plusieurs mois sème la terreur en Guyane. Ce journaliste officiait sur la radio publique, RFO, dans une chronique avec invité en direct juste après le journal de mi-journée. Il terrorisait chaque jour ses invités, élus et notables, et même les fortes têtes et fortes gueules se faisaient aplatir. Il était ironique, caustique, à peine poli et surtout irrespectueux. Les Guyanais avaient un rapport ambivalent avec cette émission. Ils étaient ravis de voir malmener ceux qui les malmenaient ; en même temps ils percevaient bien ce qu'il y avait de malsain dans cette façon d'écraser et de discréditer leurs représentants, alors que des fonctionnaires d'État dont il était connu qu'ils agissaient contre l'intérêt général ou faisaient l'objet de sanctions disciplinaires n'étaient jamais mis sur le gril.

Ce journaliste commence donc par accréditer les insinuations des inspecteurs. Il m'interroge sur mon salaire, je lui réponds. Il me corrige en le surestimant, suggère que j'émarge à des avantages qu'en réalité je n'ai pas, raille l'utilité de cette structure, sans considération pour le personnel qui y travaille. Gardant mon calme, je lui rappelle mes qualifications affirmant que je pourrais prétendre à bien mieux que le salaire surévalué qu'il m'attribue, je lui explique la nature et le nombre d'actions que nous avons menées, je lui rappelle qu'il est arrivé en Guyane comme instituteur et que c'est sans aucune qualification qu'il a été promu journaliste avec un statut très spécial dans ce service public, que de tels passe-droits sont monnaie courante pour les gens qui lui ressemblent, que si je lui ressemblais, avec mon niveau de qualification je percevrais bien plus que mon salaire, j'aurais des primes, un logement de fonction avec piscine et probablement ma femme de ménage rémunérée par mon employeur. Qu'ainsi vont les privilèges et les inégalités en Guyane.

Au fur et à mesure que je lui réponds et qu'il s'écrase, je vois arriver dans le studio de l'autre côté de la vitre, à côté du technicien, d'abord un journaliste, puis la rédactrice en chef radio, puis plusieurs journalistes, puis le directeur régional. Lorsque s'achève la chronique, pratiquement toutes les chefferies de la maison se trouvent agglutinées dans le studio. Je salue tout le monde et je m'en vais. Je n'ai pas encore réalisé que je viens d'abattre une icône, un sphinx. Je commence à m'en douter à la sortie... plusieurs personnes que je ne connais pas ont arrêté leur voiture dans la rue ; c'est l'heure de la sortie des bureaux, les gens klaxonnent, me félicitent, des femmes m'embrassent... j'ai lavé leur honneur ! Seul un homme me reproche : « Vous n'auriez pas dû lui répondre quand il vous a demandé votre salaire, cela ne regarde que vous. » Je suis étonnée, car je ne vois pas en quoi mon salaire, moi qui n'ai jamais compté mes horaires, serait un secret.

Dix ans plus tard, en 2002, un ami me reprochera d'avoir répondu à un journaliste qui, en début de campagne présidentielle, me demandait si j'étais franc-maçon. Je répondis non. Le reproche me fut formulé par cet ami avec le même argument que ce monsieur jadis : « Ça ne le regarde pas ! » Je croyais alors et je crois encore que, assumant tout ce que je fais, je n'ai pas de raisons de tenir ces informations secrètes. C'est sans doute cette conviction qui me confère ma tranquillité d'esprit. C'est grâce à elle que ce journaliste, blindé de saillies malveillantes, n'a pu ni me déstabiliser ni me mettre en difficulté. Il abandonnera sa chronique très peu de temps après... l'avait plus la gnaque.

Je comprends cependant aujourd'hui qu'un monde de totale transparence est un monde totalitaire et qu'il faut savoir arrêter ces inquisitions misérables et navrantes, même si on n'a rien à se reprocher.

Je réaliserai vraiment l'impact de cette émission, la secousse tectonique qu'elle a émise, lorsqu'un jeune homme de belle corpulence, beau et jovial, me dira un soir : « Madame, je suis camionneur, j'étais sur la route lorsque vous avez eu cette émission avec ce journaliste. Je pleurais à grosses larmes... de fierté, vous avez consolé mon cœur, j'ai dû arrêter mon camion sur le bas-côté, j'ai enlevé mes lunettes, j'ai pleuré mon compte puis j'ai repris la route. »

Le trio d'animation de la Radio Jam, sous l'impulsion du plus âgé d'entre eux, Loulou, me surnomme Jeanne d'Arc. Un choc pour mes références. Ils ne vont pas m'avaler !

« You took my teeth
You took my brains
Now you're trying to take my eyes
But it is finished
That is why Bob Marley died »

Nina Simone.

Chapitre VI

ZÉBRURE
(1993)

J'ai donc fini par comprendre.

J'ai tourné le sujet tout autour de ma tête. À tout bien considérer, j'ai tout fait. Touché à tout. Goûté à tout. J'ai milité, consenti à tous les risques, ceux auxquels je m'exposais individuellement, ceux auxquels m'exposaient mon appartenance collective et mon sens de la solidarité. J'ai cru à ma génération. Qu'elle entrerait en résonnance avec celles qui, ailleurs et en des temps plus douloureux, ont choisi en inventant ce qu'elles ignoraient de s'aventurer sur les chemins d'elles-mêmes.

Après l'arrivée de la gauche française au pouvoir, nous avons tenu bon une année encore. Nous nous sommes évertués à expliquer, de porte en porte, que la gauche serait confrontée aux intérêts d'État… dont certains sont antagoniques aux nôtres ; que la gauche aurait à choisir… qu'elle le ferait, avec ou sans état d'âme. Et d'ailleurs elle ne connaît pas particulièrement les Outre-mers, la preuve tantôt elle nous place en politique intérieure, tantôt, sous la pression des communistes pour le programme commun, nous baguenaudons en politique extérieure. Rien n'y fit.

Notre magazine, que nous vendions en totalité en quarante-huit heures, nous restait désormais sur les bras. Au bout d'une semaine poussive, nous n'avions vendu qu'un quart du tirage. Nous ne pouvions avoir raison contre tout le monde, même si nous étions sûrs d'avoir raison. Nous avons donc mis un terme à la vente de ce magazine *Mawina*, à la rédaction de la bande dessinée *Kromanti*, du journal *Pikan Are*, et de notre pompeuse collection de « Textes essentiels ». Nous avons abandonné le théâtre de rue et les prises de parole spontanée. Nous n'avons maintenu que les cours de soutien gratuits.

Les saisons et les déboires allaient éclairer les gens, ainsi nous consolions-nous. Optimistes, nous pensions que les désillusions arriveraient au pas de charge. Certains d'entre nous se sont reconvertis dans le syndicalisme, d'autres ont rejoint des associations, j'ai décidé de passer deux années encore à l'Éducation nationale et dans l'enseignement agricole puis j'ai pris la direction du Centre national des arts et métiers lors de sa création en Guyane et je me suis promis de changer de métier tous les quatre ans, afin de frotter au terrain mon savoir universitaire.

Avec mon époux et mes sœurs, nous avons réactivé notre association Pagra, organisant des voyages culturels et linguistiques pour les enfants défavorisés. Pagra servait également de support pour les sorties-découvertes sur l'activité aurifère, les plantes médicinales, les cultures vivrières, l'exploitation artisanale d'essences précieuses, que j'organisais pour mes élèves de lycée professionnel. À mes élèves de première et terminale économique, je dispensais des cours gratuits sur l'économie et la géopolitique, d'abord au lycée le mercredi après-midi, puis à mon domicile lorsque, alerté par le succès de ces cours auxquels assistaient librement des élèves d'autres classes, le proviseur eut décidé de me priver de salle.

Deux ans plus tard, je m'engageais dans la coopération agricole. Quatre ans plus tard, auprès de la pêche artisanale. Ma chronique sur la radio publique a rendu populaires ces secteurs d'activité, leurs enjeux devenant intelligibles à tous. Le succès public et la demande scolaire furent tels que, pour y répondre, je rédigeai et publiai un document pédagogique, « La Pêche en fiches ». Cette expérience m'avait conduite, par choix d'une politique professionnelle que le conseil d'administration n'avait pas validée, à parcourir le littoral et à intervenir dans ces communes au peuplement varié.

J'en tirai une expérience transculturelle irremplaçable. Je fus confrontée à la nécessité de penser la relation à la ressource et à l'environnement avec les Amérindiens d'Awala Yalimapo et leur coopérative la Woto Coop, avec les Bushinengue de Saint-Laurent-du-Maroni et leur gestion informelle, les Créoles de Kourou et de Sinnamary engagés dans une modernisation de leur flotille en conservant les techniques traditionnelles, les pêcheurs d'Iracoubo liés à ceux d'Awala pour la protection des zones de pêche contre les incursions intempestives et dévastatrices des canots surinamiens équipés de filets à mailles plus serrées. À Saint-Georges, les professionnels étaient aux prises avec la pêche clandestine et prédatrice des tapouilles brésiliennes.

Quatre ans plus tard, ayant quitté ce secteur après y avoir mis de l'ordre avec fracas, je me consacrai à la coopération et au commerce extérieur, dessinant pour la Région les contours d'une politique d'incitation à des coopérations, partenariats et *joint-ventures* en lieu et place des concurrences mortifères avec les pays voisins et de la frénésie importatrice qui exacerbait notre dépendance.

Pendant ce temps, j'avais eu quatre enfants, deux garçons et deux filles. Pour aucune de mes grossesses je n'avais pris de congé de maternité prénatal, j'étais restée active jusqu'au jour du bonheur. En ce temps-là déjà, je n'étais pas une mère exemplaire, mais je débordais d'amour. Lorsque, étudiante à Paris, j'avais vu *L'Incompris* de Comencini, je m'étais promis d'être très attentive aux caractères différents de mes enfants à venir, et de me soucier de leur donner de l'amour plutôt que du confort. Je les ai allaités tous les quatre, le temps nécessaire, forçant même mon fils aîné à reprendre le sein après un abandon sans préavis. Assez vite le virus de l'activité me reprenait et avant la fin du congé postnatal j'étais repartie sur mon lieu de travail.

J'évitais cependant de bousculer inutilement mes bébés et je les faisais garder à la maison jusqu'à douze mois, avant de les socialiser en crèche et de leur infliger mes horaires d'adultes. J'étais lasse. Douze ans d'une vie trépidante, multiple, impatiente, de rêves fracassés, de nique au désespoir, de refus de capituler. Et un retour sur moi-même... pas amer, mais quelque peu désenchanté.

J'avais donc décidé de m'arrêter, de me poser, de m'éloigner et de prendre le temps de m'assurer que je vivais bien la vie que je voulais vivre. Je suis partie prospecter au Canada, et je venais de m'engager auprès de l'université de Montréal lorsque cette campagne de radio libre a commencé. J'allais changer de vie, reprendre la recherche, stabiliser ma famille, me couler dans le rôle indéfini mais gratifiant d'accompagnant de mes enfants sur leurs chemins de vie. Je pensais aussi un peu que mon époux méritait quelques moments d'une compagne amoureuse et attentionnée.

Je m'en allais, et j'y étais bien déterminée. Au point que j'avais décliné l'offre de direction des services régionaux que m'avait faite le nouveau président. Je lui précisai que mon refus était irrévocable, je ne voulais connaître ni les détails du poste ni sa rémunération. Je l'informai de mon départ imminent pour le Canada (il utilisera cette information durant la campagne). J'étais affligée de voir comment cette équipe vivait au jour le jour.

J'avais rédigé à sa demande un mémoire à l'attention du Premier ministre, Pierre Bérégovoy, pour justifier l'urgence de mesures exceptionnelles telles qu'une subvention d'équilibre et la mobilisation de ressources nouvelles pour faire face aux calamiteuses finances régionales. Il m'avait commandé ce document un vendredi soir pour son départ vers Paris le lundi, l'entretien à Matignon étant fixé au mardi. Il prendra soin de m'appeler depuis Paris pour me remercier, cet entretien étant le quatrième qu'il avait avec le gouvernement et le premier qui aboutissait.

Spontanément, il m'invite avec enthousiasme à la conférence de presse qu'il donnera à Cayenne, dès son retour, pour annoncer la bonne nouvelle, il faut que tu y sois, c'est à toi qu'on le doit. Je m'y rends. Je suis traitée en totale ignorance par ses collaborateurs de cabinet, et lui-même, quoique courtois, ne fera aucun cas de ma présence. Personnellement, je n'attendais aucun hommage public pour ce travail effectué consciencieusement mais qui ne m'avait pris qu'un week-end puisque tel était le délai.

Dans l'euphorie du résultat, il avait cédé à sa nature cordiale ; dès son retour en Guyane, il fut manifestement ramené à des considérations plus pragmatiques, tout bêtement partisanes puisque nous étions d'appartenances politiques rivales. Peu m'importe, je suis déjà ailleurs… et de tels comportements me confortent dans ma volonté de voguer vers le large. Je prends cependant le temps d'attirer l'attention du président de Région sur une échéance importante qui semble totalement lui échapper, la négociation du onzième plan quinquennal qui aura lieu dans dix-huit mois. Je l'interroge, qui s'en occupe ? Personne, me répond-il, nous sommes débordés par le quotidien et les difficultés financières. Je lui propose mes services à titre gracieux, mettant à disposition le savoir-faire que j'ai acquis lors de la préparation des neuvième et dixième plans.

J'insiste sur la nécessité, pour ne pas dépendre des administrations d'État qui savent imposer leurs propres projets, de procéder rapidement à l'évaluation des actions du Plan et du DOCUP en cours. C'est la condition pour que la Région soit en mesure de proposer ses propres consolidations, correctifs ou réorientations à l'État et à la Commission européenne. Je lui indique que mon départ étant imminent, j'ai prévu de revenir pour de courts séjours pendant un an, qu'en conséquence je ne louerai pas ma maison, donc je ne lui coûterai rien ; et qu'à ces occasions je pourrai animer des séquences conclusives avec l'équipe qu'il aura mise en place.

Il paraît s'en réjouir et me dit son intention d'en charger le premier vice-président. Je les relance trois fois en un mois et demi, il ne se passe rien. Entretemps, je lui avais fait observer la vaste campagne publicitaire par panneaux géants lancée par les grandes enseignes récemment implantées en Guyane, « Achetez à Noël, payez à Pâques ». Je lui suggère de faire vérifier les indicateurs économiques, cette campagne laissant supposer d'une part que ces enseignes disposent de trésorerie, d'autre part que la consommation des ménages est déprimée. Il y aurait lieu de se rapprocher des milieux économiques pour concevoir et conduire une politique partenariale de revitalisation économique, en stimulant des productions locales pour les substituer partiellement aux importations ; et du même coup de dynamiser et varier la formation en alternance pour permettre aux jeunes sortis des circuits scolaires de correspondre aux profils d'emploi. Je vois bien que mes propos lui font l'effet d'un charabia de Martiens.

Je m'en vais. J'ai tout fait. J'ai été parent d'élèves actif alors que mon fils aîné n'avait que deux ans. Enseignante, j'ai pris des responsabilités en direction syndicale et participé à des batailles pour une éducation de qualité pour tous au service de l'émancipation de chacun, objectifs qui prirent le pas sur les revendications corporatistes. Nous n'avions pas foule d'adhérents mais nous avons engrangé de belles victoires sur l'histoire, la mémoire et la connaissance de l'environnement. J'ai écrit dans des journaux, parlé à la radio, donné des conférences sur place et à l'étranger. J'ai partagé ce que je savais. J'ai continué à apprendre. J'ai tenté de changer cette société du dehors et du dedans. J'ai contemplé ses paysages, interrogé ses cicatrices, scruté de près ses innocences et ses failles. J'ai aimé les gens à déraison.

Que me restait-il à voir, à faire, à offrir ? J'avais acquis le droit de m'en aller.

Et ces illuminés... qui haranguaient à la radio avec une telle vocation que leur bruit finit par me parvenir. Et ces pétitionnaires improvisés... qui distribuaient au coin des rues, donc à moi aussi forcément, leurs tracts me suppliant de les représenter aux prochaines élections. Et puis ces dames, dignes bourgeoises sans insécurité, ces messieurs retraités comblés dans leurs besoins et leur statut social, ces jeunes des milieux populaires à qui la société ne réserve ni strapontin ni attention, ces chômeurs pleins de vigueur et de savoirs qui vivent leur exclusion comme s'ils en étaient coupables, tous ces gens qui n'avaient pas coutume de se fréquenter et tout d'un coup s'improvisent délégués, me demandent audience et défilent dans mon bureau, mandatés par eux-mêmes, par des proches, des voisins, au nom d'un insaisissable devoir, porteurs d'une demande, d'une prière, d'une supplique... du vouloir populaire. Ils viennent en quinconce percuter ma souveraineté. Celle que j'exerçais jusqu'alors sur ma vie, changeant de métier à mon gré, parfois contre celui de mon époux qui me faisait aigrement reproche de quitter une situation enfin devenue reposante après quatre années de dur labeur pour aller m'éreinter dans un nouveau milieu, potentiellement hostile, sur de nouveaux défis, au profit de gens assez peu sympathiques, parfois pour un salaire plus modeste alors que la famille s'était agrandie.

J'ai toujours conduit ma vie. Malgré mes choix parfois moins lucratifs, j'ai toujours assuré plus que ma part. J'ai choisi mes routes, j'ai affiché mes valeurs, je les ai mises en pratique. Que puis-je bien avoir à faire dans le milieu politique que je tiens en si piètre estime ? Tout y est si sale. Justement, me rétorque-t-on, avec ta vie transparente, tu ne risques rien. Je me rebiffe, mon agacement enfle, grimpe, atteint son apogée, manque de m'étouffer... avant de s'évaporer soudain, à la conscience que c'est le corps social, divers, composite, contradictoire et divergent qui converge vers cette déraisonnable requête.

Le 17 décembre 1992, j'annonce publiquement ma décision de concourir aux législatives. Trois jours plus tard, la télévision publique diffuse un reportage montrant la file d'attente devant la mairie de Cayenne, des femmes et des jeunes principalement, venus se faire inscrire sur la liste électorale.

La dynamique est en place. Elle va s'emballer, se replier, se mettre en garde, s'arc-bouter pour se propulser, pourfendre la route et frayer. Des personnes, en position de cadres dans les collectivités locales, seront parmi les premières à me contacter et me proposer une rencontre discrète pour me transmettre informations et conseils. Puis, ce sont des militants du parti au pouvoir, écœurés, saisis de grâce, qui m'offrent leurs services. Une seule exigence de la part de tous, me voir seule, à l'abri de tout regard et ne parler qu'à moi. J'en apprends ainsi de belles. Quelques opérations financières litigieuses, plus astucieuses que celles éventées par les scandales du début de l'année. Du favoritisme à l'endroit d'une petite poignée d'entreprises. De forts soupçons de lessivage d'argent public en dépenses électorales. L'usage illicite mais ingénieux de quelques lignes budgétaires malléables. Le maintien en précarité d'une frange considérable du personnel, à quatre-vingt-quinze pour cent en catégorie C.

Pendant ce temps, la Radio Jam poursuit son office. Les animateurs considèrent, avec raison, qu'ils sont à l'origine de l'événement. Les dénonciations et les harangues font place à l'enthousiasme, les conseils fusent, se croisent, les auditeurs rivalisent d'imagination, chacun sait comment abattre « la bête », comme ils l'appellent.

Certains, certaines camouflent leur voix sous un mouchoir, prétendent avoir retiré leur dentier, se disent couchés avec une pleurésie et ainsi à demi anonymes, dénoncent le clientélisme, les promotions canapé, le harcèlement, la surveillance. Des femmes disent aussi comment elles se vengent pendant le carnaval, reines de nuit *Chez Nana* où ces hommes politiques de deux générations viennent s'encanailler ; elles leur essorent les sens… puis se font connaître. L'autorité arbitraire s'en ressent.

Elles stigmatisent le comportement du candidat du Parti socialiste guyanais, mêlant rumeurs et faits, dénonçant son train de vie, étalant les exemples de comportements dont elles se disent victimes.

Certains animateurs de la radio du Parti socialiste guyanais, RTM *Radio tout moun* subventionnée par la mairie, se vautrent dans les invectives et les cancans, menacent de foudres celles et ceux dont ils assurent reconnaître la voix malgré les camouflages. Ils sont d'autant plus vindicatifs qu'ils appartiennent au premier cercle. Incultes, immoraux, habitués au pouvoir sans partage, aux abus sans critique, aux délits sans jugement ils ne comprennent pas la fin du régime de terreur... ils ne s'imaginent pas vaincus.

Les gens ripostent. Ils ont désormais une tribune, la Radio Jam leur est généreusement ouverte. Ils règlent leurs comptes, répondant aux menaces par l'étalage d'exactions abominables. Les noms, les lieux, les dates fusent, c'est un carnage au sabre clair. Je fais savoir que je ne tolérerai pas que mon nom soit associé à une campagne de dénigrement, même si ces dénonciations étaient ou sont des vérités, peu importe si RTM nous réserve des vitupérations fangeuses. Les trois animateurs de la Radio Jam, Guy Frédéric, José Legrand, Louis Lambert exercent désormais un tri par censure ou par interruption. La campagne reprend allure et contenu politiques. Les témoignages sont moins personnels, les analyses mieux construites.

*

Je sollicite des personnalités de la société civile, de belles consciences guyanaises. Je commence par la très honorable madame Héder, grande dame et forte tête, veuve de l'ancien député puis sénateur, esprit libre et rétif à toute bassesse, caractère fort ayant su concilier son rôle d'épouse d'homme public soumise au protocole avec son tempérament vif et volontaire. Elle m'avait émue et emplie de reconnaissance lorsqu'elle avait pris la peine de se déplacer jusqu'à mon bureau à la tête d'une délégation de citoyens, l'une des premières de celles qui s'étaient liguées pour m'imposer mon destin.

Auparavant, par réflexe de génération ou tactique de contournement, elle avait approché mon beau-père pour connaître mon état d'esprit. Ce dernier lui avait affirmé qu'il n'allait pas s'en mêler : « Je la connais personne ne la fera plier. » Parce qu'elle non plus ne pliait pas, madame Nicette Héder avait forcé ma porte. Je lui demande si elle me ferait l'honneur d'appartenir à mon comité de soutien. Cohérente, elle accepte immédiatement.

J'ai également sollicité Emmanuel Donatien, mon ancien beau-père du temps de ce chagrin d'amour que j'ai trimbalé plusieurs années. Personnalité respectée, il est au bout d'une carrière admirable, reconnu et apprécié dans les cercles de réflexion. Quoique réservé jusque-là envers les circonstances électorales, il y consent sans hésiter.

Mêlant les générations, je demande à un jeune agriculteur charismatique de participer à ce comité de soutien. Edmé Zulémaro, l'un de mes anciens et plus brillants élèves au lycée agricole. Ce jeune homme est un miracle. Il est emblématique de tant de choses. C'est une victime, un rescapé, un survivant de l'expropriation collective des habitants de Malmanoury et de l'anse de Kourou pour l'implantation de la base spatiale. Il m'a raconté quand et pourquoi il a choisi de devenir agriculteur. C'était en 1984. François Mitterrand est en visite en Guyane. Edmé est à l'orée de son adolescence.

Comme tout le monde, il est dans l'effervescence. C'est le président de la République. Et pas n'importe lequel. Ce président a déjà joliment parlé des pauvres, il a desserré l'étau répressif, pris des positions courageuses contre l'avis de la majorité des Français en supprimant la peine de mort, il a régularisé des milliers d'immigrés qui croupissaient dans l'injustice et le désespoir ; il a autorisé les radios libres, on y parle beaucoup et de tout mais on y passe aussi les musiques urbaines, surtout on y parle du pays. François Mitterrand donne une conférence publique et Edmé se prépare à y aller. Il est en train de lacer une chaussure lorsque le président, interviewé à la télévision, répond au journaliste qui lui a demandé benoîtement comment il trouve la Guyane. Le président se dit perplexe, ayant appris que la salade qu'il avait consommée le midi avait voyagé par le même avion que lui. Pour Edmé, l'injure est cinglante. Il n'entendra pas le lendemain le même président déclarer qu'on « ne lance pas des fusées sur fonds de bidonville ». Il est saisi de rage. Il arrache sa chaussure qui prend la voltige.

Son père et sa mère sont agriculteurs. Des agriculteurs dignes, qui cultivent des denrées vivrières, sans offense à la nature, ni engrais chimiques, ni pesticides, ni nitrates… ni subventions. Par ce seul métier, ils ont élevé leurs neuf enfants et quatre neveux.

Pour que soit implanté le Centre spatial, ils furent expulsés de leur maison et de leur terre, dédommagés à l'arbalète, traités comme moins que fourmis. Leurs enfants, habitués aux grands espaces, ont dû se recroqueviller dans une HLM à trois pièces de deux mètres cinquante sur deux mètres cinquante, une chambre pour les garçons, une pour les filles, une pour les parents, un salon exigu et, y attenant, une cuisine minuscule incorporée à l'appartement qu'elle emplit de ses fumets et ses odeurs au lieu de les renvoyer dans la nature comme toutes les cuisines créoles détachées de la maison. Le tout est prolongé par une courette ridicule, comme on en trouve sur les toits de Paris où des ruraux nostalgiques élèvent des pigeons, plantent du thym, et trompent les urbanistes au regard oblique.

Malgré les kilomètres qu'ils devaient désormais parcourir pour cultiver leur abattis, ces agriculteurs durs à la tâche ont inculqué à leurs enfants le respect d'eux-mêmes et des autres, la grandeur d'âme, la souffrance dans la dignité, le sens de la responsabilité, la joie de vivre. Ils ont échappé à l'aigreur, ils auraient pu y macérer. Ils marchent la tête haute, ravalant leurs frustrations. Leurs enfants marchent droit, cultivant l'orgueil du nom de famille.

Et voilà que ce président, qui pourtant jouissait d'un préjugé favorable, vient leur cracher à la figure que les Guyanais sont des feignants incapables de faire pousser une salade. Pas un mot sur la débauche d'argent public englouti dans le Plan vert alors que les petits agriculteurs s'échinaient, sans aide et sans égard, à approvisionner les marchés et élever leurs enfants.

Edmé ne trouve pas sa vocation, il rencontre sa colère, la dompte et la féconde. Il décide d'être agriculteur. Nul ne le fera varier. Ni ses parents, secrètement fiers de son choix mais soucieux de son avenir, ni ses enseignants offusqués que si de belles capacités aillent se perdre dans la bouse et le purin, ni ses camarades de classe, moqueurs, ni ses copains de jeu, surpris, ni même le proviseur qui lui conseille, vu les promesses qu'il porte en lui, de réfléchir et de choisir une autre filière. Ce jeune homme est un vrai miracle. Il a une tête de pharaon, un port d'Olmèque et la beauté de sa fierté.

Après avoir vaincu sa condition de victime de la base spatiale, après avoir survécu comme nous aux ancêtres gaulois, à la vitesse des trains, à la boule de neige, aux colchiques dans les prés, au gui l'an neuf, à la liste des départements et chefs-lieux, à la bête noire, au mouton noir, au jeudi noir, aux *complots-nèg-complots-chiens*, il s'est attelé à fabriquer son propre destin.

Aujourd'hui, il est patron d'une ferme agricole édifiée à la force de ses poignets, d'un complexe sportif comprenant le premier golf homologué et ouvert à tous. À force d'obstination, il est parvenu à accomplir une prouesse inattendue, la démocratisation d'un sport aristocratique. Certaines administrations lui ont créé toutes les difficultés qu'elles ont pu. Normal ! Un jeune patron guyanais, parti de rien, qui avance sans subventions et sans entregent, ni clubs service ni ligues fraternelles, pas vice-président de ci ni trésorier de ça… pas adoubé, juste travailleur opiniâtre… Dangereux.

Car il fait sauter toute la panoplie de clichés. Il sape les fondations de la domination feutrée et de l'arbitraire. Ces administrations se montrent souvent plus arrangeantes avec des chefs d'entreprise entourés de tapages. Contre tous les vents de la bureaucratie et toutes les coalitions de jalousie, Edmé a réussi au-delà des plus extravagantes prévisions. Notez bien que ce terrain qu'il met en valeur dans son pays avec tant d'acharnement ne lui appartient pas. Propriété du Centre spatial. Par quel achat ? Nul ne sait…

*

Mon suppléant, Louis Lafontaine, est un enseignant. Membre d'une grande famille guyanaise, c'est surtout une personnalité du milieu sportif, entraîneur d'athlètes de haut niveau, fortement apprécié pour son sérieux, sa constance et les résultats de ses poulains, plutôt des pouliches d'ailleurs.

D'autres personnes de grande probité, appartenant à toutes les catégories sociales, toutes jouissant d'une réputation de droiture et de désintéressement, toutes identifiées pour leurs qualités professionnelles et leurs engagements syndicaux, associatifs ou civiques, ingénieur, artisan, conseillère pédagogique, militaire de carrière, docker, fonctionnaire, chef d'entreprise… rejoignent ce comité de soutien.

La présentation à la presse, dans une salle archicomble, de cette tablée de perles morales est d'allure somptueuse. Le public lui-même est remarquable. Les militants du Moguyde, présents et actifs sont tout en retenue, et totalement disponibles pour les besognes militantes auxquelles ils sont rompus.

Nous avons choisi un lieu symbolique, le local où se réunissait le Mouvement des femmes de Guyane, créé en 1974 en solidarité avec les militants indépendantistes emprisonnés pour le tragi-folklorique complot de Noël. Les trottoirs, plus larges que les rues de nombreuses villes, sont encore assez dégagés (bientôt les boutiques de vêtements et tissus en vrac s'étendront par l'avant, après que les cours des maisons créoles qui les abritent auront été transformés en dépôts. Des épiceries deviendront bazars étalant également sur le trottoir une bimbeloterie comme celle des boutiques d'Asmara).

Ce local est situé au cœur de la capitale. Il fait angle par une rue conduisant au marché aux légumes jusqu'à l'impasse où brusquement s'arrête la ville bordée par la mangrove de palétuviers la séparant de la mer, et une autre qui s'enfonce peu après dans les quartiers sud en proche périphérie. Ces quartiers sud, populaires, furent érigés sur des zones insalubres, impaludées, remblayées pour accueillir des barres d'immeubles juxtaposés ou posés en équerre. Leurs façades beiges encerclent les voies de circulation comme pour enfermer les habitants dans un sas ou une angoisse.

Ces quartiers sont pareils aux cités flanquant les autoroutes qui ceinturent les grandes villes de France. Comme si l'espace manquait. Faisant diversion, quelques villas s'enfilent, mitoyennes, carrées, basses, serrées… comme si, quittant la promiscuité ou la misère, les pauvres arrivant là n'avaient envie ni de lumière ni de beauté. Des feuilles de palmiers d'appartement, des tiges de crotons vert et jaune, des branches d'acacia témoignent de l'entêtement culturel et botanique des habitants, de leur refus de se soumettre.

Au centre-ville, les maisons sont alignées dans une raideur géométrique. Celle que nous occupons ce matin s'ouvre en rez-de-chaussée par de hautes portes en arcs plein cintre dont les battants bleu-vert grincent gentiment sur leurs gonds légèrement corrodés. Le balcon du premier étage est en fonte moulée, les fenêtres à persiennes sont toutes closes. La maison d'en face, de même hauteur, avec son joli balcon marron en bois tourné (probablement du *wacapou guitin*), sa véranda élevée au-dessus du trottoir par quatre marches (les marches, fréquentes, sont les pilotis de la ville), bordée d'une balustrade à lames fixes en courbaril de couleur ocre ponctuée de rappels orangés en liseré, ajoute à l'harmonie architecturale de la rue.

Au deuxième étage de la nôtre, des rideaux en voilage dansent par les volets, des impostes dessinent les rayons d'un demi-soleil, et les arômes qui s'échappent de l'étage supérieur en chien-assis font supposer un galetas où sèchent des plantes médicinales et quelques brassées de feuilles de tabac. Le débord du toit est suffisant pour protéger le plancher du balcon ; les auvents latéraux en tôle ondulée nous permettraient de parer à une soudaine averse. La journée est radieuse, comme il sied en Amazonie, même en saison pluvieuse.

Les hommes sont bariolés. Certains ont déniché une vieille veste de lin, d'autres ont osé la cravate, pour la plupart ils sont en bras de chemise bleu ciel, rose tendre, jaune beurre, mais aussi en chemise à manches longues bleu marine, en T-shirt uni, en marinière madras ou en liquette à col Mao. Leurs pantalons sont encore en tergal, en polyester et quelques fois en lin mais les jeans dominent.

Les femmes paraissent d'une sobre élégance comparées aux hommes, leurs robes en mousseline, coton ou popeline, leurs ensembles pantalon seyants, leurs tailleurs pastel sont modestes mais de bon goût. Elles exhibent l'art multiple de nos coiffeurs, chignons, choux, boucles, bananes, franges, vanilles. Elles portent juste le compte de bijoux qui convient à la circonstance. Elles sont belles d'être heureuses. Des jeunes, chômeurs pour la plupart, étonnamment sans aigreur contre la violence que leur fait cette société égoïste et vénale, encore consentants au bonheur, sont bruyants ou timides, plus ponctuels que nécessaire.

Des ouvriers rudes, gênés mais tellement gais, des cadres dynamiques, des enseignants en goguette du mercredi, des retraités actifs marquant une pause, camouflent leur émoi sous des plaisanteries sociables. Des étoupes grisonnantes, les dernières coupes afro, des cheveux longs, des bras à bracelets, des eaux de toilette et du musc, des mocassins, des escarpins et des santiags, borsalinos, bérets et feutres chamarrent cette joviale assistance. Des optimistes enchantés de ne plus jouer perso, de faux désabusés faisant mine de ne pas s'exalter, des philosophes du carnaval, des orphelins du Che et de Lumumba, des sceptiques et des bonimenteurs se côtoient, s'agacent, se congratulent.

Quelques voitures passent en klaxonnant la mélodie marteau-piqueur « ce n'est qu'un début, continuons le combat ». L'ambiance est d'une extraordinaire convivialité. Nos orateurs en semblent inspirés. Portés par l'allégresse électrique, ils offrent à tour de rôle, madame Héder la première, mais tous dans des tonalités personnelles d'où jaillit une éblouissante polyphonie, à un public émerveillé et des journalistes médusés, de courts exposés incisifs, lucides, lumineux sur les belles raisons qu'ils ont de servir leur pays, les bonnes raisons de partager leur expérience et leurs connaissances, l'impérieuse urgence de sortir de leur confort individuel pour tendre la main et le flambeau à cette jeunesse encore patiente. Et pour finir ils profèrent, tous, une sommation de dignité telle que le commande la circonstance.

Sous prétexte d'éviter le bruit, en réalité un brouhaha joyeux de fin de séance, l'équipe télé du service public tergiverse puis me demande de m'éloigner pour l'interview. À la diffusion du reportage au journal télévisé le soir, nous comprenons que nous avons un adversaire de taille. Cette magnifique présentation de candidature est réduite à un balayage extrêmement rapide de la table, un temps insuffisant pour identifier qui que ce soit, et à une interview sèche de moi avec derrière, le cadrage est soigné, une salle vide, quelques chaises ostensiblement inoccupées. L'image était trop belle ! Lamentable manœuvre.

Heureusement nous avons pris des photos. Pour l'heure, l'effet sur l'opinion publique est totalement annulé. Nous rageons, mais nous tirons vite la leçon des vigilances nécessaires et réfléchissons déjà aux moyens de contourner et neutraliser de tels sabotages.

Une femme, employée de mairie, syndicaliste, forte tête et grande faiseuse d'opinion en ce temps-là, Léodate Saïbou, femme *djôk*, égérie ayant emporté à la ville le bagage culturel de sa commune rurale, Iracoubo, prend l'initiative de créer une association, *Fanm dibout*.

Sa défection du Parti socialiste guyanais où elle œuvrait depuis de nombreuses années à la victoire électorale des ténors du parti est un coup dur. Cette association est présentée au public lors d'une conférence de presse. Échaudés, nous parvenons à éviter les gros pièges sur les images qui seront diffusées.

Je décide d'effectuer quelques visites de courtoisie. J'écris à tout ce que la Guyane compte de personnalités institutionnelles, de notables, d'autorités formelles ou établies, pour solliciter une rencontre aux fins de présenter les motifs de ma candidature et partager quelques appréciations sur ce qu'est en train de devenir ce pays. Le candidat du Parti socialiste guyanais m'emboîte le pas. Il se met à en faire autant.

Pour la première fois, un candidat de ce parti ne se contente pas d'attendre les résultats du scrutin, qui habituellement sont connus presque la veille, 78 % au premier tour pour la mairie, 53 % dès le premier tour pour les législatives. Il suit, il imite. C'est sa première défaite.

Ses thuriféraires continuent cependant d'annoncer dans leur journal partisan ressuscité pour les besoins de la campagne, un raz-de-marée électoral, un destin national, une raclée à l'impudente, une consécration populaire bien naturelle et bien prévisible. Ces articles sont signés. Les plumes dégringoleront de quelques crans dans les tracts anonymes me traitant de putain, assurant qu'au lieu de faire des études à Paris je faisais le trottoir à Pigalle, m'inventant de toutes pièces des détournements de fonds publics, affirmant que j'ai volé la moitié du budget de l'agence que je dirige (tant pis si le budget est exécuté par le Trésor public, la calomnie n'est pas une science exacte), exhibant des photos d'hôtels que j'aurais prétendument construits au Brésil avec l'argent public détourné (l'image prouve, n'est-ce pas ?), et autres insanités à l'avenant.

Un éminent dirigeant du Parti socialiste guyanais prend les devants et prévient mon suppléant, lui demandant de nous en avertir mon époux et moi, qu'un « tract dégueulasse » va sortir sur Christiane, « Dis-leur bien que je ne suis pas d'accord ». Il ne fait manifestement rien pour l'empêcher. J'avoue que ces tracts infâmes m'ont secouée sur le moment. Mes premières protestations contre les sollicitations de ma candidature avaient été « Que voulez-vous que j'aille faire dans ce milieu malpropre ? ». On m'avait répondu qu'avec ma vie transparente, je ne risquais rien. Heureusement !

Sur leur radio RTM, deux animateurs en particulier multiplient les émissions à mesure qu'approche le scrutin, et relaient ces avanies pour bien en faire profiter ceux qui ne les auraient pas lues. Nous saisissons le CSA pour exiger un temps de parole sur cette radio. Ils s'en étranglent de rage mais sont contraints de me recevoir.

Je m'y rends à l'heure fixée par eux, accompagnée de deux militants. Ils nous font poireauter plus de deux heures. La radio occupe un grand bâtiment désert (qui sera démoli dix ans plus tard après avoir été longuement squatté, et qui témoignait déjà de la gabegie de fonds publics perpétrée par cette équipe qui nous procure honte et serrages de ceinture). C'est un vaste centre culturel municipal à l'entrée sud de la ville ; il n'aura servi à rien d'autre qu'à héberger cette radio, les certificats de sécurité et de conformité des travaux n'ayant jamais été délivrés par les organismes agréés.

Toutes les demi-heures quelqu'un vient nous emmener dans une autre aile, sous prétexte de studio déplacé, de panne technique et autres billevesées. Je fais savoir que nous sommes prêts à passer la nuit sur place si nécessaire. Je finis par accéder au studio. Avant de partir, je réclame la K7 d'enregistrement que j'ai demandée en entrant. En riposte, ils invitent les autres candidats dans leurs émissions polémiques, j'y demeure la cible commune.

Un vice-président de la Région, qui a été mon prof au lycée, me dit avec un sourire apitoyé : « Dommage pour une personne de ta valeur, tu te feras écrabouiller, nous avons deux ans d'avance dans la campagne. » Je lui réplique : « Et moi j'ai douze ans d'avance sur vous, je connais ce pays mieux que vous depuis que j'y suis revenue. » La compassion va vite se dissoudre. Sur une radio de commune, celle de son acolyte le maire de Macouria, le président de Région déclare : « Madame Taubira est trop brillante, la Guyane n'a pas besoin de gens aussi brillants, elle aurait mieux fait de partir au Canada. » Propos d'intellectuel ! Pitoyable. Quel message pour la jeunesse !

*

Nous n'avons aucune référence de campagne électorale. Nous innovons totalement. J'ai achevé l'écriture d'un livre, *Cap sur l'horizon*, où je démonte méthodiquement le discours morose et défaitiste des bavards, candidats déclarés ou non, qui se succèdent sur les médias à nous expliquer qu'avec la crise la Guyane est au bord de l'apoplexie. Je resitue la Guyane dans son environnement physique, plaidant pour un réancrage dans notre bassin régional avec le Brésil et le Surinam, et je présente les enjeux géopolitiques d'une gestion solidaire des espaces communs contre l'économie interlope des armes, alcools, drogues, médicaments, ainsi que les opportunités extraordinaires de construire des économies complémentaires par le partage des savoir-faire et la mutualisation des moyens, en lieu et place de nos rivalités maladives.

J'y développe pour la première fois la thèse, indéniable mais alors incongrue, que la Guyane est sud-américaine, en témoigne notre sociologie en plus de la géographie, et qu'à ce titre nous sommes ou serons confrontés aux problématiques sud-américaines sur l'économie informelle, les migrations ordinaires, le déracinement et le désarroi culturel, les pathologies sociales, l'insécurité urbaine.

Ces situations seront aggravées chez nous par l'exiguïté du territoire occupé, du fait du regroupement de la population sur le littoral, et la dualité d'une société où la prospérité, l'opulence, la performance technologique côtoient la débrouille, la misère et l'exclusion. Je vois venir le problème aurifère, j'en parle, la réalité surpassera mes anticipations. Trois des candidats déclarés tiennent des discours fangeux contre les immigrés, expliquant qu'en période de crise il faut arrêter l'immigration et attendre le retour de la croissance. Comme on attend Godot ? Le discours ambiant est insalubre. Je suis à contre-courant.

Une jeune femme, employée de la mairie de Cayenne, réalise la mise en page du livre. C'est un vrai travail à cette époque, les ordinateurs ne sont pas encore autonomes. Le service ainsi rendu gratuitement en dehors de ses heures de travail par cette jeune femme, madame Degras, qui sait ce qu'elle risque professionnellement et nous dit tranquillement qu'elle le fait pour son pays, nous donne une idée des forces insoupçonnables, latentes dans ce pays, dotées de vraies compétences et n'attendant que l'occasion de les mettre au service de belles causes.

Le livre est édité dans l'État brésilien voisin d'Amapa où les prix sont quatre fois inférieurs à ceux des imprimeurs de Guyane. Il en résultera deux conséquences totalement inattendues. La première est assez navrante. Les Cassandres qui jouaient les chiens savants s'emparent des thèses du livre et comme tous les menteurs sans mémoire, se mettent à dire l'exact contraire de leurs jacasseries de la veille. Guéris de leur sinistrose, ils sont devenus les champions de l'optimisme. Cocasse ! Nous en déduirons cependant qu'il nous faut maîtriser le moment où nous présentons nos analyses et arguments, car ces pillards d'idées volent sans vergogne le bénéfice de nos réflexions, se transformant, prestidigitateurs de savanes inondées, en rieurs creux après avoir été des gémisseurs éplorés. Lors du premier débat télévisé, je ne donnerai qu'au compte-gouttes les éléments contenus dans la Charte pour un souffle nouveau, document programmatique conçu de façon originale sous forme de protocole de principes et d'action. Et j'invite le public à se rendre à notre meeting prochain pour en savoir plus.

La seconde conséquence est nettement plus intéressante. Un imprimeur guyanais, Alain Chaumet, nous appelle lors d'une émission radio interactive et s'étonne que des « nationalistes » qui dans leurs paroles de campagne répètent leur attachement à la Guyane, commandent leurs travaux à l'étranger au lieu de faire travailler les entreprises guyanaises. Il y dénonce une contradiction. Nous avons alors publiquement un échange passionnant. Nous répliquons que les prix des prestations locales d'imprimerie indexés sur les budgets des collectivités, leurs principaux clients, exercent un effet inflationniste rédhibitoire pour un budget comme le nôtre, nos propres sous.

Il répond que la législation sociale enchérit considérablement les coûts de revient, réduisant leur compétitivité par rapport aux pays voisins et que les retards de paiement des collectivités, effectivement grosses consommatrices mais pas seules, induisent des surcoûts. Cet imprimeur se montre très professionnel, l'échange est cordial, il nous propose en fin d'émission de passer le voir, se dit prêt à faire un geste, pour son pays. Nous éditerons effectivement chez lui nos autres documents.

Nous sommes bien campés dans la campagne. Aussi, l'ambiance va-t-elle durcir. Pour commencer, le président de Région explique suavement à la télévision que « tout le monde parle de madame Taubira-Delannon, mais quand "la machine" se mettra en route, il n'en restera plus rien ». Quelques jours plus tard, il m'est donné de m'exprimer sur la même télévision, je ne m'en prive pas. J'explique les rouages de la « machine » du Parti socialiste guyanais.

Le budget communication et réception des collectivités qui explose les années électorales. L'imprimerie départementale qui tourne à plein régime pour les documents de campagne et les journaux partisans, et probablement les tracts signés ou anonymes. La radio municipale propagandiste RTM. Le service de transport départemental qui véhicule les militants en campagne. Le parc automobile des collectivités mobilisé le dimanche du scrutin pour transporter les électeurs, notamment les personnes âgées exfiltrées de leurs hôpitaux et résidences. Les procurations qui atteignent vingt-cinq pour cent de leur score électoral. Et l'essaim d'agents, volontaires ou contraints, qui répand les rumeurs et calomnies, distribue les tracts, apporte aux électeurs, les vieux mais aussi des jeunes désœuvrés et désargentés des cités, des enveloppes contenant, pas seulement, le bulletin de leur candidat.

Je fais savoir que nous sommes en train de relever l'immatriculation des véhicules, que nous en avons demandé la liste à la préfecture et que nous allons en prévenir les juges électoraux. À ma sortie de la station, de nombreuses personnes m'attendent ; elles sont venues spontanément ; certaines disent haut et fort leur fierté devant mon courage, d'autres, la plupart en fait, disent leur terreur. Ils craignent pour ma vie.

Une véritable psychose va s'emparer de quelques personnes qui se mettent à ressasser les « accidents » qui, dans notre histoire récente ou lointaine, ont éliminé de hautes et claires voix, les embrassant toutes dans une même martyrologie. Jadfard, Galmot, Catayée, Bade, Radjou…

De ce jour, des volontaires passent tous les matins vérifier les pneus et les freins de mon véhicule. Des femmes viennent me supplier d'abandonner, c'est trop dangereux. Des groupes œcuméniques de prière se constituent et se retrouvent une fois par semaine pour appeler sur moi bénédiction et protection. J'explique vaguement aux gens qu'aucune vie n'est sans risques, que ces risques-là sont les miens, à ce moment de ma vie. Nous poursuivons la campagne, assez peu impressionnés nous-mêmes. Nous devons nous démultiplier pour démonter les rumeurs qui font peur, plus dangereuses que celles qui salissent. L'adversaire est passé maître en calomnie, des années de pratique efficace, un classique des campagnes électorales.

Le candidat du Parti socialiste guyanais n'est pas n'importe qui. Ancien dirigeant de l'Union des étudiants guyanais à Bordeaux, passant du cabinet du président du département à celui du président de Région, premier adjoint au maire de la capitale, il est réputé être le pivot de ce parti qui détient les collectivités principales et les deux postes parlementaires. Sous divers surnoms moqueurs ou grossiers, les personnels de ces collectivités le craignent. Des femmes de ménage nous disent qu'elles ne peuvent accéder au bureau des élections parce qu'il y travaille souvent. Nous réalisons que, bien que candidat, il est resté l'adjoint chargé des élections. Nous écrivons au ministre de l'Intérieur et le faisons savoir publiquement. Il démissionne aussitôt de cette charge.

Nous courons, exténués, après les ragots. Ils envahissent les quartiers sud comme de l'herbe à crapauds. Ces quartiers sont des bastions électoraux, avec un fort taux de mobilisation. Les habitants subissent de plein fouet les effets de l'impéritie des maîtres du moment, ils sont les premières victimes de l'incurie des politiques publiques. Plus vulnérables donc plus dépendants, ce sont eux aussi qui apportent les gros contingents de voix. Ils voudraient s'en défaire mais demeurent indécis. Et si tout ce qu'ils racontent sur *Madanm an* « la dame », était vrai ?

Nous multiplions les conférences de quartier au rythme de quatre à cinq par soirée. Souvent il est très difficile de partir d'un quartier, les gens veulent continuer à discuter, ils ont du mal à rentrer chez eux, ils n'ont pas l'habitude de la politique ainsi et c'est ainsi qu'ils l'aiment. J'y traite de questions ardues et dérangeantes.

Je nous interroge à voix ferme sur nos lâchetés lorsque nous cherchons toujours des coupables à nos malheurs, sur nos complicités lorsque nous sommes si complaisants envers ceux qui, élus par nous, élus par eux, provoquent nos malheurs. Je n'absous pas l'État. Je dis au contraire la haute idée que je me fais de l'État en tant qu'institution et ce que nous sommes en droit d'en attendre. Mais il ne mène à rien de lui imputer tous nos déboires, toutes nos déconvenues, tous nos tracas.

Je parle du principe de responsabilité. De notre pouvoir sur notre vie personnelle et sur notre destin collectif. Les habitants de ces quartiers sont exposés à des tensions contradictoires. Des étrangers y résident, là ou aux abords. Au quotidien, la solidarité l'emporte, mais les difficultés matérielles rendent ces familles vulnérables, réceptives par moments aux discours xénophobes, déchirées cependant entre leurs élans et ces manœuvres.

Parmi ces étrangers, certains ont acquis la nationalité française et exercent leur droit de vote. Aussi, le parti qui fut champion des manifestations « Non à l'immigration » varie-t-il selon les lieux et les auditeurs. Dans certains quartiers, il m'accuse d'être contre les étrangers, dans d'autres il m'accuse de les favoriser.

Sur les conseils de résidents très dynamiques, je parle aux étrangers dans leurs langues et je parle aux Guyanais des étrangers. Je parle de notre histoire de rencontres culturelles. De notre tradition d'hospitalité. Je dis que les temps de misère que nous avons connus ou que nous connaîtrons ne peuvent servir d'excuses à un égoïsme qui nous rendrait insensibles à la détresse d'autrui. Les attaques du candidat ne sont plus allusives, elles deviennent catégoriques, affolées. Mon discours ne varie pas. C'est sa deuxième défaite.

Puisque c'est ça, nous allons voir. Les jeunes les plus dynamiques de ces quartiers nous rejoignent. L'un d'eux, très actif sur le terrain social, travaille à la mairie. Agent vif et efficace dans ses fonctions, il sera pourtant mis au placard. Ces pratiques, connues depuis longtemps, ne terrorisent plus grand monde. Ceux qui se sont levés ne se couchent pas. Mais la peur s'est évaporée.

Une de mes jeunes sœurs travaille depuis peu dans un service du conseil général. Devant elle, le chef de service s'entend dire : « Ah ! c'est sa sœur ! eh bien on va s'occuper d'elle. » Le regard de ma sœur est ironique et plus méprisant que toute parole.

Le candidat circule dans les quartiers populaires, notamment au village chinois, quartier de la Crique, zone déshéritée et insalubre. Il y déambule comme un coq en sa basse-cour, histoire de rappeler aux uns et aux autres que c'est la mairie qui finance le très peu dont ils disposent. Le manège émeut peu.

Nous organisons une rencontre avec les habitants du quartier. Elle est prévue dans la salle Jean-Small, un local qui sert de maison de jeunes, quasiment nu, un baby-foot rouillé trônant au milieu. L'animateur de quartier, qui nous a rejoints, s'est chargé de nous réserver la salle. Nous avons informé la presse. Bonne idée. Car à notre arrivée, le local est inaccessible. La serrure a été changée dans l'après-midi. À l'insu du responsable du local. Ce dernier assume devant les médias avoir pris toutes dispositions pour que nous y tenions notre réunion. Cette audace est une première.

Nous tenons la réunion devant la porte. Les participants sont nombreux, malgré une pluie fine. Ils se montrent encore plus sévères que nous et fustigent cette privation de liberté. Ils la vivent comme une agression à leur encontre, un mépris, et promettent que cela changera. Le candidat est ouvertement accusé. C'est sa troisième défaite.

*

La nouvelle rumeur enfle, enfle. Elle tétanise mes meilleurs soutiens dans les milieux populaires. Ils me pressent de la démentir. Il faut faire vite, il faut faire fort. Sinon nous risquons de voir ruinés tous nos efforts. Quel sale coup ! Ils sont décidément trop vicieux, ça, ça va vraiment faire mal. « Taubira-Delannon est une indépendantiste, elle va vous mener à l'aventure. » C'est la première version, celle du PSG. Ils s'y mettent tous. Le PRG, Parti républicain de Guyane, dont le candidat est Serge Patient, brillant intellectuel, hispaniste, écrivain, poète, essayiste qui méritait une plus belle campagne, mais allez raisonner les secrétaires de partis aigris, le PRG sort donc aussi son tract : « Derrière le masque de madame Taubira-Delannon se cache l'aventure, la rupture avec la France et à brève échéance l'indépendance. »

Parmi mes soutiens, certains tentent une riposte de diversion. Ils rappellent avec force que le candidat du PSG était un virulent indépendantiste du temps où il militait à l'UEG, qu'il le fut encore quelque temps avec même rage après être rentré de ses études. L'intéressé commence par nier puis s'empresse de faire publiquement une déclaration de repentance : « C'était une erreur de jeunesse. »

Mes amis me supplient de ne plus tarder, de faire vite amende honorable, de ne pas laisser pourrir cette cochonnerie, de consentir aux regrets. Je sais le risque réel. Je prends la mesure de l'inquiétude. Je perçois le vacarme que produiraient tous ces espoirs en s'effondrant. Je vois bien le péril qui guette ceux qui ont osé se redresser et se dresser face à leurs oppresseurs. Je sais cette fébrilité fondée. Mais ma limite c'est ma conscience, mon seul maître, mon seul juge.

Alors je vais à la radio, et j'explique. Oui, il y a encore dix ans, je militais pour l'indépendance de la Guyane. C'est une période de ma vie dont je suis fière. (Dans l'éducation que j'ai reçue, le mensonge par omission est aussi grave que le péché par action. Dans mon éthique personnelle, celle que j'ai forgée en me colletant à la vie et en faisant le tri, ce n'est plus un péché, c'est une lâcheté, une trahison envers soi-même. J'aurais pu m'arrêter à ces considérations sur le passé.) J'ajoute qu'aujourd'hui encore je pense que les Guyanais sauraient conduire leurs propres affaires, mais que personne ne peut décider seul du destin collectif. Nous avons cessé de militer pour l'indépendance en 1982 lorsque le mot d'ordre a perdu sa résonance dans l'esprit et le cœur des gens. C'est notre honneur et notre crédibilité.

Je traite les gens en adultes. Je leur dis ce qu'ils savent sans forcément savoir qu'ils le savent. Les relations entre la Guyane et la France sont vieilles de quatre cents ans, les liens avec l'Europe sont institués depuis trente-cinq ans. Seul un referendum permettrait de rompre ces liens historiques, économiques et culturels. Un député ne pourra à lui seul les effacer. Je le dis, je l'écris dans une lettre ouverte. Ça passe ou ça casse. Nier ou renier eût été ma faillite morale.

Le PNPG, Parti national populaire guyanais, fort de trois rescapés idéalistes, ne trouve rien de mieux, à ce moment-là, que de venir à ma rescousse… comme la corde secourt le pendu. Leur porte-parole solitaire déclare publiquement que je suis la meilleure candidate. Ils n'ont pas d'électorat, pas d'opinion publique à éclairer, mais le média public est trop content de passer en boucle cette déclaration, probablement sollicitée d'ailleurs. Je suis sommée de rejeter publiquement ce soutien, insidieux selon mes partisans, probant selon mes adversaires.

Moi, je le crois sincère. Je les trouve en plus attachants, ces trois-là, le dernier carré. Non seulement je ne rejette pas, je remercie, c'est un soutien comme d'autres, bienvenu. Je sais que le bénéfice électoral en sera nul, autour de moi on pense qu'il sera pire, négatif. En les rejetant j'aurais eu l'amer sentiment de capituler. Mon adversaire se gaussa de ma contre-offensive et de ses effets imprévus, sûr et certain qu'inexorablement je m'enfoncerais. Ce fut sa quatrième défaite.

Le soulagement dans nos rangs est palpable. Ça n'a pas cassé, c'est passé. Ce fut un saut à l'élastique. Mais au moins, en paix avec moi-même j'ai conservé toutes mes capacités. Nous décidons de tenir grand meeting sur la place des Palmistes. Les rompus aux campagnes électorales usent autant d'arguments que d'hystérie pour nous en dissuader. C'est trop risqué. C'est une vaste place, c'est ridicule de parler sans public, et les gens ne viendront pas, ils ont encore trop peur. Nous tenons bon. Nous, c'est la direction de campagne, principalement des militants du Moguyde, trop ravis de cet activisme au grand jour. La place des Palmistes est magique pour nous. Elle a accueilli de grands débatteurs du temps où les campagnes donnaient lieu à des joutes oratoires, les candidats ne craignant pas de s'affronter devant leurs partisans. Nous avons envie de nous inscrire dans la lignée de ces hommes politiques cultivés qui nourrissaient des ambitions pour ce pays et goûtaient l'exercice démocratique de la confrontation d'idées.

Tenir meeting sur cette place, c'est comme reprendre possession de son espace, retourner en son lieu. La mairie commence par nous la refuser, prétextant qu'elle est déjà réservée. Nul n'ignore pourtant que depuis plus de vingt ans personne n'ose tenir meeting en si grand air, la médiocrité du discours politique et la télévision ayant provoqué la désaffection du public et détruit sa curiosité.

Nous décidons de passer outre, nous le faisons savoir publiquement. Nous avons équipé une voiture de haut-parleurs. Cela nous permet d'échapper aux silences du média public et de diffuser nos informations. Une télévision privée, KKC, Kanal Kréyol Cayenne extrêmement dynamique, prend une part active à la campagne ; elle est plus présente sur le terrain et organise plus de débats que le service public. Grâce à cette chaîne, l'étouffement des informations est contrarié. La mairie se ravise et nous accorde l'autorisation de tenir ce meeting mais ne fournit ni estrade ni électricité, alors que les autres sites sont offerts clés en main au candidat du PSG.

Nos militants qui couvrent toute la palette des métiers y pourvoient. Nos déplacements sont devenus extraordinairement festifs. Une trentaine de jeunes en mobylette précèdent notre caravane d'une dizaine de voitures. Nous en viendrons bientôt à des caravanes d'une soixantaine de voitures. Nous serons obligés d'éviter le centre de la ville où nos dix voitures créent déjà des embarras. Nous louons le discomobile space canon, un équipement récent acquis par un jeune chef d'entreprise guyanais, René Cicéron. Avec ses rayons laser et notre sono gorgée de *kasé kô* endiablés et de reggae du feu de Dieu, nos meetings mettent une ambiance sismique dans la ville. La place est noire de monde, des centaines de personnes ne craignent plus la pleine lumière.

Des voitures sont garées tout autour. Ceux qui s'y dissimulent ne sont plus déjà qu'en demi-peur, sachant que des sbires passent relever les numéros d'immatriculation. Ceux que les puissants traitaient en zombies sont redevenus hommes et femmes. Ils ont rompu avec la terreur autant qu'avec l'indignité. Ils ne sont plus larbins d'un système humiliant mais maîtres en devenir d'un destin encore ébouriffé.

Il ne reste plus guère, encore engoncé dans la frayeur que le dernier essaim de ces employées précaires des collectivités, certaines alignant vingt-cinq ans d'ancienneté, ni titulaires ni sur le point de l'être, tenues en laisse par des arrêtés annuels d'embauche, vissées à ce despotisme par leur nombreuse charge d'âmes, femmes seules élevant sans recours des enfants de pères errants. Elles rasent les murs des lieux publics et n'osent toujours pas accepter ouvertement au marché notre journal, *Tchô dèrô*. Elles sifflent en serrant les dents et en créole : « Apportez-le chez moi. » Juste un déplacement du risque.

Nous tenons meeting jubilatoire.

Par mille conseils on me suggère, me supplie de prononcer mon discours en français, le français reste la langue du respect, surtout pour cet électorat populaire, les gens savent que vous êtes une intellectuelle, leur parler créole signifie que vous ne les croyez pas capables de comprendre un long discours en français… et vous savez qu'en face ils disent que vous êtes arrogante…

Raisonnement tête en bas ! Parler la langue du peuple, c'est être arrogante ! De toute façon, je prends trop plaisir à habiter le créole, ce parler mien. J'ai déjà trop encaissé de coups pour renoncer à cette fidélité de vingt ans de lutte romantique et culturelle. J'aime trop la saveur subversive de cette langue. Et je suis persuadée que mon auditoire apprécie ses sonorités, ses pertinences, ses dépassements, ses audaces, qu'il se régalera de l'escorter dans des champs interdits.

C'est mon tour. J'ai le micro bien en mains. Et je musarde d'une langue à l'autre, et je bifurque de temps à autre sur un chemin de traverse, parlant aux Brésiliens qui prennent part à la fête, aux Dominicaines qui caressent l'espoir comme si c'était les cheveux de leurs enfants, aux Guyaniens et Surinamiens qui s'engouent de nos hardiesses, et je reviens, si naturellement au français, au créole, et nous sautons ensemble, et nous éructons de concert, et nous défions en chœur la déveine, les abus de pouvoir autant que nos couardises que nous savons désormais fanées.

Dans un meeting de plus de quatre heures de pédagogie, de raillerie, de gravité, de serment, tantôt sous une pluie fine qui ne chasse personne, ou sous un bon grain de pluie que l'on prétend bénédiction, puis sous le ciel dégagé et scintillant, enfilant l'enthousiasme à la solennité, je passe une heure et demie le pas ferme et cadencé à l'unisson, parcourant nos désirs et nos possibles sans broncher au gigantesque, mêlant les prémonitions de Victor Segalen envoûté par le divers, tourmenté par l'unité, aux échappées lyriques de Pablo Neruda sur ses cinq racines dont la première est l'amour sans fin. Puis je reviens, ma main enfouie dans celle, massive et veineuse, de ce peuple qui connaît son chemin mais faisait mine de ne plus le reconnaître, l'ayant dissimulé derrière la bruine mince de ses faiblesses et de ses renoncements.

Je suis une branche que le tronc propulse au plus loin de sa puissance, sans arrachement car prolongement de lui-même.

Un journaliste du *Monde* qui a couvert la campagne mais a quitté la Guyane avant le scrutin m'a saluée à Paris d'un « Et vous avez été élue quand même ! » Devant mon air ahuri, il expliqua : « Vous n'entendiez pas ce que vous serviez aux gens ? » Ah bon ! Les gens, eux, ont dû entendre l'écho d'eux-mêmes.

*

Depuis que ce parti s'est encanaillé, et cela date quand même d'avant ces législatives, de belles figures comme Jean Ho You Fat ont pris leurs distances. C'est la victoire, provisoire, des fripouilles. Leurs méthodes sont rodées, nous allons les éroder. Il y aura encore quelques tentatives polluantes. Des pétards mouillés. « Vous n'allez pas envoyer à l'Assemblée nationale une femme avec des tresses ! »

Les capons qui croient que le résultat électoral se joue à chacun des jappements de l'adversaire et les frénétiques qui pensent avec leur estomac noué, se précipitent pour me conseiller de me faire décrêper les cheveux. Il ne me vient pas à l'idée que je pourrais obtempérer. « Regardez, elle ne sait même pas se tenir, vous avez vu ses pieds nus ? » Et ils diffusent en boucle une vidéo extraite d'une émission de la télévision publique où j'ai effectivement enlevé mes chaussures.

Ce soir-là, dès mon arrivée, j'avais demandé aux cameramen s'ils feraient des plans entiers. Non, me répondirent-ils, nous ne filmerons que les bustes. Je prends la peine de préciser que ma demande est motivée par le fait que dès que je m'installe quelque part, mon premier geste est d'enlever mes chaussures, j'aime le contact avec le sol, tous les sols (avec une préférence pour la terre humide et tendre), et s'ils doivent faire des plans entiers, évidemment je garderai mes chaussures. Un cameraman me confirme, non, nous avons des consignes pour ne filmer qu'au-dessus de la table. J'aurais dû me méfier, sachant, et c'est de notoriété publique que cette télévision publique est infestée des partisans, copains et coquins du pouvoir local, une cohorte de pistonnés aussi incompétents que vaniteux et malfaisants. D'où le succès des radios libres, généralistes ou spécialisées.

Ceux de ma génération ont couru sur les plages, marché sur la terre battue, pilé la terre craquelée de la place des Amandiers, piétiné la pelouse humide de la place des Palmistes, ils connaissent comme moi le sensuel frisson que procure le contact du sol. La vidéo de mes pieds nus est ainsi projetée dans leurs meetings. Cet épisode fait rire, sans plus. Tout cela fera malgré tout son office. Je consentirai moi-même à quelques concessions. Jusqu'alors je ne portais que jeans et T-shirts, je passe au tailleur-jupe pour les circonstances officielles. J'avoue que là, je cède. Je n'aime pas mais je cède. J'y mets cependant de belles couleurs, vives, j'inaugure les ensembles fleuris.

Puis ils passent aux boules puantes. On m'octroie des amants à la pelle, on me traite de bacchante. Ils ne le disent pas ainsi, pas assez cultivés, ils utilisent en créole et en français tous les synonymes, en mots et en périphrase. Je ne nie rien. À qui devrais-je des comptes de conduite ? À moi, d'abord et toujours. Et en l'occurrence, vu le sujet, à mon époux. Mais il sait que tout cela est faux. Et s'il ne le sait pas, c'est son problème, ce n'est pas mon affaire. Je dois aussi à mes enfants de n'être source d'aucune honte ; heureusement ils sont encore hors de ce champ. C'est du moins ce que je crois.

Ce qui est glauque attire la curiosité et requiert des détails. Mes contempteurs, dépassés par leur succès, n'ont pas le temps d'en fabriquer. Non seulement ces accusations retombent mais elles offusquent. Des voix s'élèvent, parmi elles des électeurs notoirement de droite s'insurgent, se disent scandalisés, dans ce pays, dans nos cultures, nous respectons la femme, la mère, cette femme est mère de quatre enfants, vous n'avez donc aucun respect. Et quelques-uns s'engagent ostensiblement à nos côtés.

Enfin ils pensèrent avoir trouvé la pierre philosophale. La candidate est arrogante. À quoi cela se voit-il ? Inutile de le voir, il suffit de le savoir. D'ailleurs, vous verrez, si elle est élue, elle fera comme tout le monde (le monde élu, cela va de soi) elle roulera dans une grosse voiture à vitres teintées. Ah ! C'est que c'est un attribut d'élu, la voiture à vitres teintées, un signe extérieur d'édilité, la marque d'un statut social plus encore qu'un symbole de classe. Elle est arrogante. Tel est mon défaut suprême.

Rendez-vous compte ! Jamais dans l'histoire de ce pays une femme n'a osé se présenter aux élections législatives. Et comme si cette grave impudence, cette effronterie allochtone, ce précédent répréhensible ne suffisaient pas, elle tient tête. Car je tiens tête. Aux calomnies sur ma vertu et mon intégrité. Aux attaques politiques. Aux rumeurs, aux manœuvres, à la cabale de démoralisation. Je résiste aux tirs groupés. Je ne cède pas alors qu'ils frappent mes partisans et mes proches. Je ne flanche pas... Je n'ai donc pas de cœur, pas de pudeur, peut-être même, pas de hanches... Certes on sait les femmes de ce pays *poto mitan,* piliers solides, recours ultimes et fiables. Mais cela vaut pour les « emmerdations » familiales, les tracas de la vie, pas pour l'arène politique, ce *pitt*, le terrain des coqs *djenga*, un lieu où les femmes n'ont rien à faire. Que fait-elle là ? Quelle arrogance !

Arrogante. Ce mot a une magie. Il résume sans expliquer. C'est si commode. Et ils sont si nombreux les colporteurs de cancans et d'injures. Qu'importent analyses, désaccords, démonstrations. Elle est arrogante. Cela suffit à me disqualifier. Quel danger pour notre société, pour l'image de la femme, pour sa sécurité, pour sa féminité, pour la normalité du monde ! Le mot court la ville. Autour de moi, certains, non, certaines sont ébranlées. Et c'est épouvantées que des femmes me demandent de marcher la tête moins haute ! Ainsi, ma fierté est arrogance. Ma dignité est arrogance. Ma probité est arrogance. Mon honnêteté est arrogance. Mon goût du travail bien fait, mon rejet de la médiocrité, arrogance. On me supplie de cesser de fustiger la médiocrité. On m'enseigne savamment que les gens votent pour ceux qui leur ressemblent ; qu'en prétendant vouloir me hisser à la hauteur des meilleurs d'entre nous j'exclus la grande masse de la populace ; en rejetant la médiocrité je renvoie avec mépris la majorité des gens à leur condition. Inouï !

J'explique que la médiocrité est souvent chez les puissants, que l'on peut être instruit, diplômé et médiocre parce qu'égoïste et méchant ; que l'on peut être illettré et lumineux, resplendissant de bon sens, de sagesse et de générosité. Personne ne veut comprendre. Certaines, zélées, tentent une réplique au judo. Elle n'est pas arrogante, elle est *majorine*. Les *majô* sont ces hommes qui n'ont peur de rien, protègent les faibles, cherchent la bagarre. J'en serais le pendant féminin. Piège. Comme va souvent l'histoire des mots qui charroient ce que les idées doivent au pouvoir, le masculin est glorieux, le féminin péjoratif. Pourtant, à force d'efforts, elles parviennent à anoblir *majorine*, fournissant une bouée aux désemparés qui veulent arrêter la course folle de la réputation d'arrogance.

Mais l'arrogance est une vraie trouvaille marketing ès dénigrement électoral, elle n'expire pas de si bon gré. Et d'ailleurs, je n'en veux pas, de cette échappée-là. Je la vis comme unc forme d'excuse, une sorte de contrition. Je réaffirme rejeter la médiocrité. J'explique la médiocratie, ce système qui organise la promotion des médiocres, ce pouvoir qui ne repose que sur les passe-droits au bénéfice d'incompétents ; je donne des exemples ; je maintiens que c'est exécrable ; je dis que c'est une purulence sociale contraire aux valeurs de notre société ; je me réfère à l'éducation que j'ai reçue de ma maman, génération de grande rectitude morale ; j'évoque des proverbes qui exhortent à l'excellence et à la droiture. Je profère n'avoir aucune obligation de connivence ni même de complaisance envers les feignants et les corrompus, les courtisans et les tricheurs, les renégats, les parjures, les dépravés de la morale publique… Je sonne la charge à la mesure de l'attaque.

Ce pays est devenu une béance malodorante où tout n'est que faveurs et privilèges, vénalité et pusillanimité. On ne tolère pas ma fierté ? J'affiche mon orgueil ! Je me proclame totalement disposée à payer le prix de ma liberté d'expression, l'exemplarité. Que les voleurs et les menteurs courbent la tête et marchent les épaules affaissées, moi je ne baisserai pas le regard.

L'arrogance connaîtra un reflux. La vague ne mourra pas.

*

J'ai rédigé une Charte pour un souffle nouveau. C'est ainsi que je l'ai intitulée. C'est un contrat, un pacte proposé. Après le livre

Cap sur l'horizon qui situe, analyse, projette, la Charte commence par un prélude présentant l'articulation des responsabilités territoriales, nationales et européennes pour mieux circonscrire la fonction et le rôle du député, rétablir la place des forces socio-économiques, tracer les priorités et les urgences ; elle s'achève sur un épilogue consacré à l'éducation au développement et au rôle de la culture pour éviter de sombrer dans l'aliénation techniciste. Entre les deux, deux parties ; l'une sur nous-mêmes, la convivialité, l'éducation, la santé, ingrédients pour faire société ; l'autre sur nos ressources, un capital physique phénoménal, des rentes forestière, minière, maritime et spatiale, qu'il faudra réorienter au service de la jeunesse à former, des activités à irriguer, des solidarités à nouer.

Vingt pages sont dédiées à ma conception des missions de l'élue, rappel des valeurs qui continueront d'inspirer mon action, discours sur la méthode, énoncé des injustices historiques à réparer, restitution du foncier d'État (une famille, une terre), implication de la recherche sur la demande sociale, projet d'économie endogène à soumettre au développement durable (oui déjà ! j'ai lu Dumont, Bruntland, Sachs) ; une doctrine de coopération qui nous réinscrive dans notre bassin régional et active nos complémentarités avec nos voisins.

La rupture est totale d'avec les pratiques électorales. Ce n'est pas le ramassis habituel de serments et d'errements, de promesses rutilantes déjà prêtes pour le placard. C'est le moins que nous devions à ce pays où l'économie s'étiole, où le chômage galope. Une économie d'expédients est en train de s'installer comme moyen de subsistance ou source complémentaire de revenus. Les inégalités se creusent. La connaissance de nos ressources naturelles et des procédés d'exploitation reste insuffisante, mais nous en supposons le potentiel… car les prédateurs ne se cachent plus guère. En effet, l'an dernier, une compagnie sud-africaine, la société GENCOR, a postulé à des titres miniers. Début 1992, elle était sur le point de les obtenir.

La plupart des élus sont prêts à croire au développement venu d'ailleurs, à prétendre que c'est une question d'opportunités. Ils feignent d'imaginer les opérateurs multinationaux sociables malgré leur notoire rapacité. Allons-nous faire cela à Nelson Mandela ? Y a-t-il un sens à vivre dans un monde, à un temps de grande conscience, où l'on apprend en temps réel ses horreurs, et agir comme à l'époque des cavernes ? Nous ne pouvons faire cela à Nelson Mandela. Nous avons organisé une agitation par radio libre, tract, prise de parole dans les quartiers, projection de documentaires sur Steve Biko, films militants, diaporamas sur Sharpeville et Soweto.

Les gens comprennent que l'État est en train de rendre la Guyane complice d'un tel forfait, avec le consentement formulé ou silencieux d'élus. Une voix autorisée par le suffrage universel, celle tonitruante d'Élie Castor, député et président du conseil général, maire de Sinnamary, relaie nos protestations. Sa voix porte. Laurent Fabius et Jacques Lang avaient enfin engagé la France dans l'embargo de l'ONU contre l'Afrique du Sud, et le boycott des produits sud-africains bat son plein. GENCOR n'obtient pas de titre minier.

Pour nos réunions de campagne, nous avons construit à la hâte, mais dans les normes, un local en bois au fond d'une cour. Toute la journée, des gens défilent, réclamant la Charte. Très vite nous devons faire un nouveau tirage de cinq cents exemplaires. Paraît que les gens de ce pays ne lisent pas, et n'aiment pas la politique.. Nous préservons à temps dix exemplaires pour nos archives.

Dans nos rencontres de quartier, désormais, les gens en débattent, nous interrogent ; des pages sont écornées, des paragraphes entiers sont en arc-en-ciel, surlignés en bleu, vert, jaune, rose fluo, mauve ; des vieux et des pas si vieux brandissent de vieux tracts et de vieux journaux des années soixante, évoquant une période de grande combativité. D'autres, modernes troubadours, apportent des poèmes, des chansons, des œuvres lyriques de belle envolée, des acrostiches avec mon nom. L'un d'entre eux, Prosper Brachet, nanti d'une voix profonde et ronde, déclame en conférences de quartier de magnifiques poèmes qu'il écrit lui-même ; il prononce en meeting des anathèmes bien sonnés sur les forfaits de notre adversaire.

Les débats autour de la Charte familiarisent les citoyens ordinaires avec toute une série de sujets qu'ils croyaient indéchiffrables et ennuyeux. La jeunesse de Guyane représente plus de la moitié de la population, nous expliquons qu'il faut des politiques publiques vigoureuses et ambitieuses dans l'éducation, en formation et pour la création d'emplois dans les secteurs productifs.

Le foncier que l'État s'est approprié en spoliant Amérindiens, Bushinengues et Créoles ruraux doit être restitué. Le bien-fondé de certaines occupations de terres est expliqué.

Ils comprennent et discutent de tout ce qu'il reste à faire, qu'il est temps de faire… Revaloriser l'agriculture vivrière et la pêche côtière. Favoriser la coopération dans les métiers du bois. Travailler avec les pays voisins sur les maladies d'environnement. Définir les conditions d'exploitation de l'or et les précautions à prendre pour un développement qui épanouisse plutôt qu'une croissance qui dépouille. Contraindre le spatial à se désenclaver et le réclamer dans la ville et dans la vie. Traiter les gens comme les acteurs de leur sort, entrer dans leur quotidien, non pour les y enfoncer mais pour l'éclairer d'une perspective historique et le projeter dans une dynamique collective.

Mes adversaires sont largués. L'un s'enferme dans la fonction de représentation et rabâche son profond désir de l'assumer. C'est le poète. On lui mène une campagne très en deçà de sa valeur, de sa plume, de son esprit. Le temps est loin de son étincelant essai *Circonstances guyanaises* et de ses irrévérences dans *Conscience guyanaise* où, par un article au titre drôle et cruel, « Pitié pour les singes », il fustige les aliénés.

Un autre, médecin, ressasse sans rire que la Guyane est malade et a besoin d'un médecin. Renouant avec sa sinistrose maniaque, oublieux de l'optimisme subit qui l'avait saisi à la lecture de *Cap sur l'horizon*, il reprend ses ritournelles. Il a un acolyte qui se dégrade à distribuer au coin des rues des tracts anonymes et diffamatoires… contre moi, bien sûr, il n'y a pas d'autres candidats ! Nous l'avons pris en photo et nous avons archivé le tract. Ils commettent ensemble l'erreur de croire que la députation peut redevenir affaire de notables. Puis comprenant qu'ils n'ont guère de chance d'être au deuxième tour, ils acceptent misérablement, alors qu'individuellement ils valent bien mieux que lui, de réorienter leur campagne dès le premier tour et de devenir les forces supplétives du candidat du Parti socialiste guyanais.

D'anciens dirigeants ou militants de base du Parti socialiste guyanais demandent à me rencontrer, en exigeant une extrême confidentialité. Je m'y conforme. J'apprends ainsi comment se gagnent les élections. Jusqu'alors. Des signatures sont précautionneusement apposées à l'avance sur les cahiers d'émargement.

Ces cahiers d'émargement, rapprochés de la liste électorale et de l'état civil, permettent de repérer les abstentionnistes chroniques, ceux qui ont quitté la Guyane depuis plusieurs années et n'ont pris aucune disposition pour se faire radier. Hospitalière, la municipalité les maintient sur le registre électoral. Je me présente à la mairie pour réclamer, comme m'en fait droit le droit, une copie de la liste électorale. Elle m'est refusée. J'effectue la même démarche auprès de la préfecture, qui me renvoie à la mairie. J'explique le refus de la mairie, la préfecture se ratatine et le fonctionnaire me réplique, sans réfléchir, que si la mairie ne me la donne pas, il ne peut le faire. Je suis estomaquée.

Cela ne ressemble même pas à de la connivence, plutôt une espèce de crainte, la peur d'une discorde ! J'écris au ministre de l'Intérieur. J'obtiens copie de la liste aussi bien de la préfecture que de la mairie. Dernier subterfuge, la mairie prétend que pour des raisons techniques elle ne peut délivrer immédiatement la liste. Qu'à cela ne tienne, nous louons un photocopieur et nous faisons nous-mêmes les copies sur place. Grand bien nous en a pris. À la comparaison, les listes de la mairie et de la préfecture ne sont pas rigoureusement les mêmes.

Lors d'une réunion préparant une tournée d'affichage, une personne habituée des campagnes électorales nous déniaise en nous expliquant doctement comment procéder pour le collage d'affiches. Il faut quatre personnes par voiture ; le chauffeur reste à bord, moteur ronflant, le copilote fait le guet, les deux passagers arrière, en cagoule, sortent rapidement, badigeonnent de colle et apposent les affiches avant de regagner la voiture qui aussitôt redémarre. L'opération doit se dérouler en trois minutes maximum.

Je suis perplexe. Je n'ai jamais participé à une campagne électorale. D'ailleurs, je fais partie de ces femmes qui se sont rendues à la mairie en décembre pour s'inscrire sur la liste électorale. Tout de même. Je me dis qu'il y a une logique dans la démocratie. Si les élections sont officielles, le collage d'affiches doit quand même être autorisé. Je me renseigne, et il appert que le code électoral autorise bien le collage d'affiches, limité aux panneaux prévus à cet effet.

La compréhension nous vient de multiples témoignages sur les tabassages entre les nervis du PSG et les gros bras du RPR lors d'affichages superposés. Trente ans qu'ils se combattent, vingt-cinq ans qu'ils s'affrontent et s'envoient réciproquement à l'hôpital. Éclairés, nous organisons des équipes « normales » pour coller nos affiches.

J'apprends également, par des aveux spontanés de femmes, qu'elles votent plusieurs fois. L'une d'elles me raconte, avec une verve digne de nos conteurs, qu'elle vote plus de dix fois. Je vote en robe de ville, je vote en robe traditionnelle, je vote en pantalon, je vote avec chapeau, je vote avec perruque, je vote tête nue, je vote avec lunettes, je vote dans deux communes, m'affirme-t-elle en créole, probablement en en rajoutant un peu.

Nous décidons d'imposer la présentation d'une des pièces d'identité prévues par le code électoral. N'ayant pu faire nettoyer la liste électorale, nous pensons limiter ainsi l'ubiquité de Guyanais émigrés. Une âme charitable, venant également de leurs rangs, m'informe que le créneau de bourrage d'urnes se situe entre 14 et 16 heures, lorsque les uns et les autres quittent les bureaux de vote pour aller déjeuner, les électeurs étant eux-mêmes à table.

Nous décidons de maintenir nos assesseurs et délégués dans les bureaux et pour ce faire, nous organisons trois distributions de casse-croûte et repas, à 10, 13 et 17 heures. Contre les pré-signatures sur les cahiers d'émargement, nous imposons le tirage au sort de ces cahiers, tel que prévu par la loi. Le sort nous gratifie de huit cahiers sur dix. En réponse globale à tout ce que nous avons appris sur les techniques de fraude, nous décidons de nous battre d'abord avec les armes du droit.

Nous organisons trois séminaires de formation auxquels participent cent cinquante personnes. Nous avons conçu trois thématiques. Le premier séminaire est consacré au code électoral. Animé par ma jeune sœur Georgina, il sert à préparer nos assesseurs et délégués à se familiariser avec le droit, à répondre juridiquement à toutes les situations litigieuses, à repérer les actes contestables.

Le second séminaire a nécessité plusieurs formateurs. Ayant été la seule récipiendaire des informations, selon la volonté des informateurs j'ai d'abord formé un groupe de cadres aux techniques de fraude qui m'avaient été dévoilées, sans divulguer mes sources. Ces cadres sont devenus eux-mêmes formateurs pour les assesseurs, délégués et suppléants que nous allions placer dans les bureaux de vote. Ils leur ont communiqué les techniques et le moyen de les repérer. Ce séminaire a nécessité plusieurs séances, s'agissant d'un univers totalement inédit pour la plupart des participants.

Enfin, le troisième séminaire que j'ai personnellement souhaité mettre en œuvre, fut animé par un ami ceinture noire de karaté à qui j'ai demandé d'enseigner les attitudes à adopter en situation de tension. Nous avions été prévenus que des perturbateurs étaient chargés d'intimider les observateurs des autres candidats, de vitupérer, de provoquer des incidents comme de fausses disputes, des bousculades, le renversement d'urnes. Ils effectuaient également des accompagnements intempestifs dans l'isoloir. Nos représentants ayant reçu consigne de noter au procès-verbal tout incident, mineur ou majeur, ils constatent que, dès lors qu'ils émettent un doute sur une pièce d'identité, sur l'inscription dans ce bureau ou toute autre raison et en demandent l'inscription au procès-verbal, plusieurs personnes renoncent à voter plutôt que de voir leur nom mentionné sur un document officiel.

Nous avons alerté les juges électoraux qui, pour la première fois dans l'histoire démocratique de ce pays, vont sillonner, suant sous un soleil de plomb, les bureaux de la circonscription où nous signalons des incidents. Ainsi, dans chaque bureau est installée une table avec deux personnes qui relèvent les numéros d'enregistrement des électeurs à mesure que le président du bureau, représentant de la mairie, les dit à haute voix.

Nous ne comprenons pas à quoi rime cet exercice. À notre demande, les juges les font quitter les bureaux. Désorientés durant deux heures, ils reçoivent manifestement l'ordre de se réinstaller, à l'extérieur cette fois ; ils prennent leurs quartiers près de l'entrée du bureau et le président se met à crier les numéros. Nous découvrons en milieu d'après-midi que ce procédé sert par déduction à établir la liste de ceux qui n'ont pas voté, soit pour les rappeler à l'ordre, ainsi va le clientélisme, soit pour s'assurer que les abstentionnistes notoires le sont bien encore cette année. Vérification qui permet de voter avec et sans perruque...

Les procurations sont encore nombreuses, mais nous en avons quelque peu tari la source. De novembre à février, j'ai tenu une chronique hebdomadaire par téléphone sur Média Tropical. À l'image de mes chroniques sur le développement quelques années plus tôt, j'exposais la situation macroéconomique de la Guyane à partir d'indicateurs économiques et sociaux, tout en fournissant des repères sur l'état de santé des filières de production, le tout relié aux enjeux culturels et à l'évolution sociologique. Cette chronique que j'ai interrompue de mon propre chef quelques semaines avant le scrutin a connu un vif succès, et les Guyanais vivant en Île-de-France, mieux informés et encore plus accablés que nous par la campagne médiatique nationale sur la corruption, se sont montrés plus réticents à remettre des procurations aux deux émissaires du PSG, un homme et une femme qui, depuis plusieurs années, effectuaient le déplacement de Cayenne à Paris pour collecter ces précieux formulaires remplis et signés, contingent supplétif mais décisif dans le score électoral.

*

Nous avons appelé les électeurs à être présents lors du dépouillement dont tout le monde ignorait que la loi en faisait un événement public. Avisés d'opportunes coupures d'électricité à ces moments, nous nous sommes massivement munis de lampes de poche et entraînés à dégainer plus vite que Lucky Luke. Nous sommes ébahis par tout ce que nous découvrons. Nous plaisantons sur la tradition. La Guyane a connu de grands fraudeurs électoraux dans les trente premières années du siècle, élus et gouverneurs s'en mêlaient. Le phénomène est attesté par la mémoire orale et les recherches historiques... Serait-ce la source de telles méthodes ?

La nuit précédant le vote, nous faisons une veillée d'armes, passant en revue les batailles livrées, les victoires sans bavure, les ambivalences demeurées, vérifiant le dispositif de vigilance mis au point pour la journée cruciale, celle du scrutin le lendemain. Les angoisseux nous expliquent à force de sophismes tout ce que nous avons raté, les optimistes font des raisonnements, les plus nombreux s'empoisonnent au café.

Des brigades de femmes conduites par Léodate Saïbou et Rolande Bolivar, munies de seaux, de Crésyl et de balais font à deux heures du matin la tournée des bureaux de vote. Elles récurent l'entrée des écoles où sont affectés les bureaux, les nettoyant de toutes sortes de maléfices et de sorcelleries sous forme d'herbes fraîches, de tibias d'agoutis ficelés en croix, d'os crâniens, de foie de *kayakou* déshydraté, d'effigies, de bouts de tissus, de plumes, d'objets mystérieux emballés et amarrés.

Durant la campagne, j'avais été alertée à maintes reprises par des fébriles m'enjoignant sur un ton alarmiste ou tragique de faire attention, m'intimant que je devrais me protéger, porter sur moi des prières, faire dire des messes pour l'Enfant Jésus de Prague, mettre de l'ail et de *l'assa fetida* aux coins de ma chambre, garder une lumière toujours allumée à mon domicile et mille autres recommandations que je me suis gardée d'appliquer. Vous les *intélektyels*, vous ne croyez qu'à la science des Blancs, et vous voulez combattre des gens qui fréquentent les *gadô* (nos sorciers locaux), et pratiquent le *pyaye* (nos sortilèges maison) ; vous avez tort de prendre tout ça à la légère, ce que vous ignorez est toujours plus fort que vous. Je n'ai jamais été portée à croire ni même à réfléchir à ces affaires-là, et j'estimais que ce que nous avions appris sur les techniques de fraude suffisait bien à assurer leur victoire, complémentant les effets de la peur par laquelle ils gouvernaient les personnels précaires des collectivités.

Le dépouillement est une fête démocratique. Malgré l'angoisse qui nous étreint au début, nous sommes heureux de voir la masse de personnes présentes à cette heure dans les bureaux de vote. Du jamais fait. Mis à part une enveloppe dans une école de la banlieue sud qui contenait cent bulletins d'un même candidat, ce qui en probabilité est mathématiquement impossible et statistiquement invraisemblable, nous constatons que nos formations et dispositions se sont avérées efficaces. Nous avons endigué la fraude. Nous l'avons même manifestement foudroyée.

Je suis en tête avec 42,81 % des suffrages et le candidat prétendument favori arrive derrière avec 37,12 % des voix. Notre local est pris d'assaut. C'est une ambiance de grand soir. Les gens sont volubiles. Les anxieux tentent de refroidir la ferveur. J'apprendrai plusieurs mois après qu'un agriculteur et conteur de la commune de Macouria, Fortuné Courat, ancien syndicaliste très tonique, s'est présenté dans l'euphorie générale muni d'un drapeau vert et jaune avec l'étoile rouge, bannière du syndicat indépendantiste, l'UTG. Il s'est fait rabrouer et chasser, accusé d'irresponsabilité, jugé coupable de nous faire risquer la défaite. Je le supposai meurtri et j'en étais tellement marrie que j'allai à Macouria lui présenter mes excuses personnelles.

Pour l'heure, ce résultat galvanise nos équipes et nos troupes. Chacun comprend qu'il a pris sa part dans cette victoire annoncée.

Celles et ceux qui avaient encore la peur au ventre s'enhardissent, le public est de plus en plus nombreux dans nos meetings, les gens viennent en famille, des femmes montent témoigner, elles disent que leurs enfants leur demandent de *voter pour la dame* ; les jeunes en mobylette font des virées dans la circonscription sans même avoir de caravane à escorter ; ils distribuent tracts, journaux de campagne, professions de foi, autocollants, ils fixent les banderoles, collent les affiches, montent et démontent les estrades, se bousculent pour tenir les bureaux de vote.

Des cars entiers viennent de communes proches appartenant à la deuxième circonscription, des non-électeurs rivalisent d'enthousiasme pour nous prêter main-forte. Le découpage des circonscriptions est absurde, c'est un découpage Pasqua. Ma circonscription comprend donc la capitale, passe deux communes résidentielles mitoyennes et fait un grand saut pour raccorder une commune rurbaine. Résultat infirme d'un accord intime entre la droite et le Parti socialiste guyanais alors représentant exclusif de la gauche institutionnelle. Il vient également de nombreux non-électeurs de communes éloignées. La campagne du deuxième tour est en même temps une réjouissance et une guerre.

En face, nos adversaires sont à la fois décontenancés et remontés. Ils fulminent. Ils ne croyaient pas la chose possible. Cela fait trente ans que ce parti ignore la défaite électorale. Tous les ténors se mobilisent, ceux qui s'étaient tenus quelque peu en retrait s'époumonent. Les candidats éliminés, multipliant les communiqués de presse et confiant leurs pamphlets aux troupes du Parti socialiste guyanais, appellent à me barrer la route.

Un tract, signé cette fois, me traite de social-fasciste, rien de moins. L'accusation tombe à plat, elle ne correspond à aucune référence pour la grande majorité des électeurs. Ils multiplient les meetings, vocifèrent sur leurs tribunes, mentent effrontément, menacent de représailles. Elles auront lieu, d'abord sur mes proches, dont mon époux qui, chef de service au conseil général, sera licencié quelques semaines plus tard, et sur des militants travaillant dans des agences de collectivités.

Mais la peur s'est envolée. Des employées de collectivités osent maintenant accepter notre journal au marché. Le débat du deuxième tour, malgré de flagrants mensonges, toute honte bue, du favori devenu challenger, creuse la différence. À la sortie de ce débat, un groupe de personnes très énervées, partisans de mon adversaire, sont à l'entrée du siège de la télévision et s'égosillent en invectives et en injures à mon apparition.

De nombreux militants et sympathisants sont également là pour moi. Je vois venir la bataille rangée. Mais non. Peut-être les effets de notre séminaire de karaté mental pour situations de tensions… L'un des plus fervents soutiens du candidat, une jeune femme un peu forte mais de belle prestance, colle son visage à la vitre de la voiture jusqu'à laquelle mes amis m'ont frayé un passage. Son joli visage ravagé par la haine est devenu laid en cet instant. Je lui fais un grand sourire et nous nous en allons.

Les prieuses œcuméniques, anxieuses, s'enflamment, elles se sentent comptables de ma sécurité. Ignorant superbement les divergences de leurs religions respectives, elles redoublent de ferveur pour, ensemble, confier ma personne à leur Seigneur commun. Les escouades qui alternaient pour vérifier mes pneus et mes freins font mieux encore, hommes et femmes se relaient pour me servir de chauffeurs.

Les brigades d'amazones rééditent leur œuvre nocturne de désinfection et de démystication. Nos représentants dans les bureaux de vote ont pris de l'assurance. Ils mesurent bien la part que leur vigilance a jouée dans le résultat du premier tour. Notre quartier général centralise les signalements d'incidents en provenance des bureaux. Il est coordonné par deux de mes sœurs, Nicole et Monique, qui, avec une troupe de fantassins, mènent de front l'approvisionnement des bureaux, la gestion des équipes, la collecte des incidents et sollicitent autant que nécessaire les juges électoraux. Ces juges, ils sont quatre, suent encore ce dimanche sous le soleil ardent.

*

Je l'emporte avec 55,47 % des voix. Net. Sans appel. Sa déroute. Un vidé monumental traverse la ville. L'allégresse est explosive.

Ainsi commence pour mes enfants une vie d'absences. D'absence aux anniversaires, aux rentrées scolaires, aux fêtes de fin d'année. D'absence les soirs où il ferait bon être bordé par Maman… cette maman qui traverse si souvent l'Atlantique pour apprendre consciencieusement son nouveau travail, pour être très vite efficace… pour les autres. Je n'ai aucune lucidité sur cette violence. Pis, lorsque je suis à Cayenne, je me fais aspirer par les urgences, happer par les requêtes, assaillir le jeudi, jour d'audience libre, envahir à mon domicile, à toute heure, n'importe quand dans la semaine, dimanches inclus.

Je pressens que je devrais édifier des remparts, d'autant que j'ai aussitôt ouvert une permanence parlementaire, chose inhabituelle en Guyane. Mais je laisse empiéter sur notre dernier abri d'intimité familiale, obsédée par la peur de rater la grande détresse, le désespoir fatal. Je crois que je suis atteinte d'une espèce de syndrome de Parker. Je n'ai jamais réussi à regarder Count Basie sans lui reprocher silencieusement de n'avoir pas accueilli Charlie Parker dans son orchestre illustre, au moment où ce jeune prodige s'éveillait à la musique avant de sombrer dans l'enfer de la drogue. Je déguste sa musique, *In the Evening, What I Am Here for*, ses swings incomparables *Everyday I Have The Blues*… Mais je ne parviens pas à le dissocier des errances et de la fin tragique de Charlie Parker.

Quelle part peut-on avoir pour avoir dit non un jour, peut-on jamais le savoir ? Quelle part pourrais-je avoir, un jour, dans une désolation sans retour… J'ai ainsi permis tous les abus. Je mettrai plusieurs années à comprendre que j'ai eu tort. Qu'il faut traiter l'autre selon une éthique de responsabilité, même si l'autre la récuse.

Les enfants apprennent à résister comme ils peuvent, avec leurs petits corps, parfois par des bronchites et des otites à répétition. Commence également pour eux une douloureuse période d'agressions gratuites. Des enseignants indignes et revanchards, une minable minorité, sévissent sournoisement, à l'étonnement d'autres enseignants loin de supposer dans quelles rivalités puise cette sévérité obtuse et sélective. Avec la cruauté propre aux innocents, des camarades de classe répètent dans la cour de l'école ou en sourdine dans la classe, les infamies qu'ils entendent chez eux. Aucun de mes enfants n'y est préparé, nous les parents, pas mieux.

Mon fils aîné, mon p'tit bonhomme de onze ans, deviendra le champion des « gare ta gueule à la récré ».

Chapitre VII

Zones sombres
(1996)

Novembre 1996. La Guyane flambe. Pardon, Cayenne. Dans la presse nationale, ce sera la Guyane. Dans la réalité, c'est Cayenne. Aucun journaliste n'a fait le déplacement. Pas encore. Cependant les médias racontent dans une débauche de précisions et de commentaires comment la ville est tombée aux mains des voyous et des immigrés qui cambriolent, incendient, saccagent, pour le plus grand bonheur d'un quarteron d'indépendantistes. Leurs analyses relaient les déclarations du député de la deuxième circonscription, seul à s'exprimer hors de Guyane.

La grève des lycéens a déflagré en exaspérations de rue. Sur place, les événements sont couverts jour et nuit, et le président de Région, de caractère assez mollasson (il dit de lui qu'il est une main de fer dans un gant de velours, on ne voit que le gant) habituellement du genre accommodant, personnifie la fermeté. Des cocktails Molotov ont enflammé le rez-de-chaussée de l'hôtel régional, il demande que la force publique rétablisse l'ordre public. En fond sonore, son directeur de cabinet trônant parmi un petit cercle de fonctionnaires territoriaux atterrés, entonne *Alé di yé nou la nou pa mouri*, rengaine populaire du dernier carnaval, qui défie « faites-leur savoir que nous sommes encore là et que nous tenons bon ».

À la télévision, ça vous a une allure d'équipes d'*Intervilles* préparant la finale de corrida. Le même président de Région, complaisamment filmé dans un documentaire quelques années plus tard, expliquera que ce mouvement était presque une révolution, et surtout… qu'il était légitime. Résipiscence sans contrition. Pays sans mémoire.

Dommage d'ailleurs, car ce président qui a de solides références historiques présente un parcours syndical, politique et une vie sociale qui lui confèrent plus d'étoffe que le rôle consensuel qu'il veut se donner et la façade lisse par laquelle on le dépeint. L'efficacité électorale en est garantie, mais le personnage perd en consistance et la signification de son action publique en est poncée. Son ambition pour ce pays est modérée, mais au moins est-elle ancrée.

La ville flambe donc. Cibles et attaques semblent improvisées, incontrôlées, l'expression débridée d'une colère ou une opportunité attrapée au vol plutôt qu'une intention, un plan ; aucune stratégie de rapports de force. Quelques militants politiques et syndicaux, vieux et jeunes anciens, encadrent ou accompagnent le mouvement. Ils ne s'en cachent pas. Au contraire, quelle aubaine pour ressusciter ! Ils sont exclusivistes, féodaux, cette grève est leur territoire, leur fief, elle leur revient de droit depuis le temps qu'ils braillent au grand soir.

Je vois venir l'impasse. Je vois aussi comment l'opinion publique française est préparée à approuver les convois de gardes mobiles que le gouvernement a commencé de dépêcher. Ces Outre-mers, c'est toujours pareil, ça ne sait pas rester tranquilles longtemps, jamais contents, c'est pas assez les allocations familiales, assistés et râleurs, d'ailleurs on n'en parle que lorsqu'il faut leur voter un budget, une aide exceptionnelle pour un cyclone, un raz-de-marée, un tremblement de terre ou quelque autre fléau, c'est notre tiers-monde ces endroits-là, et voilà qu'une fois de plus ils mettent à sac leur propre territoire. Grands enfants, disait le Général.

Je prends sur moi. Telle qu'elle est partie, cette histoire finira plus grave qu'un bal brésilien. Chacun doit faire sa part où il se trouve, en dépit des divergences. Notre-Dame des exaspérés m'en soit témoin, ce sont des montagnes de divergences qui me séparent de ces gens-là.

Je décide de partir à l'Assemblée nationale poser une question d'actualité. Depuis un an, la séance est transmise en direct par la télévision publique ; parler au ministre, c'est informer tout le monde. François Bayrou est le ministre de l'Éducation nationale. Je commence par lui faire une piqûre de mémoire, la revendication principale est la création d'une académie de plein exercice, ce sont les lycéens qui occupent les bâtiments publics et la rue, le sujet n'est pas l'ordre public mais l'éducation. Cette interpellation suscite plusieurs demandes d'interviews. J'éclaire ; certes il y a du vandalisme, des pillages, mais ces événements périphériques ne changent ni la nature ni la pertinence des doléances ; le silence buté du gouvernement tient une large part dans la dégradation d'un mouvement que les lycéens ont repris à la rentrée de Toussaint tel qu'ils l'avaient laissé avant les vacances.

L'interminable cahier de réclamations sur les dysfonctionnements, profs absents non remplacés, salles de sciences non équipées, Abribus délabrés, canalisations nauséabondes... s'est considérablement allégé. Maintenant ils veulent un rectorat, point. Je ne m'en ouvre pas au ministre, mais personnellement je déplore ce resserrement de revendication. Il ne revient pas aux lycéens de sacrifier leurs cours pour réclamer un meilleur fonctionnement administratif.

*

Je l'ai dit à haute voix en Guyane, je me suis fait agonir d'injures par les quelques parasites qui jubilent aux dépens des adolescents énervés. Je persiste, c'est la responsabilité des syndicats et des élus que de faire entendre au gouvernement l'impérieuse nécessité de rapprocher la décision des usagers, en l'occurrence de remplacer le vice-rectorat rattaché aux Antilles par un rectorat en Guyane.

Il est vrai qu'élus et syndicats, nous nous y étions tous essayés, avec une ténacité inégale, mais tous et sans succès. Ce n'est pas que les gouvernements soient contrariants... quelle que soit leur sensibilité, ils demeurent sous l'influence de l'administration centrale, immuable, exerçant la continuité de l'État, fichée sur deux préjugés solides.

Le premier vient d'une connaissance lointaine et sans relief de la géographie. Ces trois DOM-là sont tout près l'un des autres, de toute façon loin de nous et de tout, le mieux est de les administrer ensemble. Sur une carte il n'y paraît pas mais vu de près, la distance de l'un aux deux autres, c'est tout de même deux mille kilomètres.

L'autre préjugé tient à leur vision expéditive de l'histoire. Ces trois colonies sont devenues départements ensemble, rationalité et raison dictent de les gérer en économies d'échelle. Sauf que ces économies sont dissemblables, les sociologies incomparables, et dans le domaine de l'Éducation en particulier, la Martinique ferme des écoles du fait d'une courbe démographique qui se tasse alors que la Guyane devrait ouvrir chaque année plusieurs écoles, plusieurs collèges, plusieurs lycées pour accueillir une population scolaire dont la croissance est tonifiée par un taux de natalité sud-américain et une immigration qui s'étend tout le long de l'année.

Vu de loin, c'est bonnet noir et noir bonnet, même budget, mêmes ratios, même rectorat. Néanmoins l'insuccès syndical et politique ne justifie pas que les élèves prennent en charge des revendications à caractère administratif. Leurs exigences doivent porter sur les conditions de transmission des savoirs, les choix de filières et de métiers offerts, la fidélité de l'école républicaine à sa mission de correction des inégalités sociales. Las ! Le rectorat est devenu panache de ralliement. Revendication maximale et mot d'ordre minimal, il fait slogan.

À la tête du mouvement, une poignée de lycéens. Plus ou moins brillants, mais à cet âge-là on porte en soi toutes les promesses. Parmi eux de possibles leaders. Ils en avaient le tempérament et les capacités. À la rigueur d'un combat de génération, ils ont préféré les flatteries pressantes d'une poignée d'adultes tout occupés à réhabiliter leur propre jeunesse frustrée. Deux ans plus tard, ces jeunes dynamiques avaient tous disparu, rangés, silencieux, manœuvrant pour certains aux fins d'une reconnaissance, d'une place, d'un privilège. Dommage.

Deux d'entre eux, dont une jeune femme, auraient pu bâtir une destinée personnelle en phase avec le destin collectif. Pour cesser de vivoter, la Guyane a besoin de transformation en profondeur ; elle requiert l'œuvre de grands réformateurs, elle n'en fabrique pas assez. Paradoxalement, alors que ces jeunes leaders se sont évaporés, les avaleurs qui ont fait une cure de jouvence à travers ce mouvement, déjà anciens combattants devenus vétérans, se font toujours entendre, radotant, chevrotant encore des formules magiques du XIXe siècle dès que pointe l'embryon d'une contestation sociale. Contrairement aux jeunes, ils ont survécu à l'événement, ils bougent encore.

J'avais, hélas !, raison. Cette lutte qui s'acheva sur la création de l'académie de Guyane se résume avec le temps à l'ouverture de postes administratifs pour fonctionnaires détachés. Et une persistante instabilité. Six recteurs en douze ans. Parmi eux, aucun Guyanais. Nous avons déjà eu un Guyanais recteur, Bertène Juminer, quinze ans plus tôt lorsque l'académie couvrait encore les trois territoires. Preuve que pour toutes responsabilités à haute qualification, il est toujours possible de trouver un Guyanais. Mais le portique est devenu électronique, biométrique, Guyanais s'abstenir…

Ces six recteurs en douze ans sont de tous profils. Érudits, fureteurs, casaniers, promeneurs, grisailleux, jusqu'à un recalé du suffrage universel sans antécédents éducatifs. Le système d'affectation des enseignants s'est encore centralisé ; ses effets mécaniques ont provoqué une réduction drastique du nombre d'enseignants guyanais.

L'attribution des postes sur la base du barème, pour transparent que soit le dispositif, crée d'extravagantes distorsions de concurrence entre le corps enseignant d'une population de deux cent mille habitants et celui d'une population de soixante millions. Le concours d'entrée à l'IUFM s'est déroulé, des années durant, après le concours national ; tout naturellement les retoqués d'autres académies se rabattaient sur cette deuxième chance ; profitant là encore de la loi du nombre, s'agissant d'un concours.

Ce processus pernicieux s'est enclenché lorsque le niveau d'accès à la formation des maîtres a été relevé à la licence, sans que les cursus universitaires soient disponibles en Guyane. Ceux qui fournissaient l'effort et le sacrifice de partir pour obtenir une licence se retrouvaient pour la plupart dans une trajectoire de formation qui ne facilitait pas le retour immédiat. Ce fut la première barre d'élimination des Guyanais.

La masterisation est en train d'engrener une logique analogue. Des enseignants guyanais, si peu nombreux soient-ils, s'accrochent ; ils aiment le métier, ils sont contractuels, condamnés à le rester malgré un bon niveau de qualification universitaire, certains étant doctorants ou docteurs ; ils n'ont aucune chance d'être titularisés, leurs matières sont officiellement enseignées mais les concours correspondants ont été supprimés. Cumul d'empêchements.

Difficile d'admettre que ces empêchements ne relèvent que du hasard. La méthode est imparable ; elle sera réutilisée. Un BTS d'environnement se fera exclusivement par recrutement national ; les étudiants viendront de partout, France et outre-mer ; les étudiants guyanais ne sont même pas informés ni de l'ouverture de cette formation ni qu'ils doivent s'adresser au ministère de l'Agriculture. À ceux qui finissent par en avoir vent, le rectorat dit son ignorance des procédures.

L'ONF recrute par concours. Pour être guide forestier en milieu amazonien, il faut savoir répondre sur six pages à un QCM, questionnaire à choix multiple, prétendument de culture générale. Il porte sur des détails relatifs à des incidents mineurs survenus à la cour de Versailles... avec note éliminatoire !

Ainsi, des mécanismes apparemment vertueux exercent des effets implacablement pervers. Qui peut prétendre n'avoir pas vu venir ? Le processus fut inexorable mais progressif. Il mit plus d'un jour, plus d'un an à s'installer. Concernant la formation des maîtres, la direction de l'IUFM, basée à la Martinique, éberluée par ses propres statistiques, s'en est elle-même émue.

Les choses ont bien changé en une génération. Paraît loin le temps où les professeurs venus de France nous traitaient avec rigueur et bienveillance. Je me souviens de ces deux professeurs de sciences économiques et de philosophie venus corriger les épreuves du baccalauréat. Ils ont demandé à me rencontrer. Le proviseur m'a convoquée. Je suis arrivée, sur la défensive. Je savais mes notes bonnes, mais qui se rend en allégresse à une convocation de proviseur ? Et ces deux professeurs, enthousiastes, euphoriques même, m'expliquant que je devrais m'inscrire à HEC, non plutôt Normale Sup, et se mettant presque à se disputer sur mon destin. En ce temps-là, ceux-là ne nous avaient pas déclaré la guerre, ni ouverte ni larvée. Ils venaient en empathie. Ils étaient la règle. Aujourd'hui, leurs équivalents sont l'exception.

De nos jours, que ce soit dans l'éducation, dans d'autres emplois publics, dans le secteur privé, dans des filières classiques ou innovantes, les Guyanais sont absents ou extrêmement minoritaires. Cet état de fait est si répandu que ceux qui le pratiquent baissent la garde et ne prennent parfois même plus les précautions d'usage de camouflage. En 2011, une annonce a circulé au nom d'une grande enseigne pour des emplois réservés aux femmes de gendarmes, aux épouses désœuvrées de fonctionnaires détachés... Les jeunes en alternance ont du mal à trouver des entreprises d'accueil.

Ces mêmes entreprises reçoivent de l'Hexagone d'autres jeunes à qui ils offrent le billet d'avion, un logement, une voiture parfois. Malsaines rivalités. Le chômage touche la jeunesse guyanaise à cinquante-cinq pour cent…

En ce novembre 1996, ces vicissitudes et désagréments, encore inachevés pour certains, percent déjà. Je suis agacée par le dévoiement du mouvement, mais on ne reste pas sur son balcon lorsque la jeunesse, fût-elle fourvoyée, cherche à creuser le chemin de son destin. Tant pis si elle-même n'en prend pas la mesure, cet affrontement avec le pouvoir, c'est bien plus qu'un bras de fer pour faire plier l'autorité.

Je ferai donc ma part.

Je vais à Paris, je vise un revirement de l'opinion publique. Une notoriété naissante, une crédibilité acquise par un travail rigoureux constituent mon capital en France et en Europe. Je les investis dans la cause. Dès le lendemain de ma question d'actualité, le ton des journaux change.

Le Monde, le premier, consacre au sujet un article de fond. Le président de la République, Jacques Chirac, coupable s'il était ignorant, roublard s'il ne l'était pas, fait mine de désapprouver l'affrètement de cargos militaires pour transporter gardes mobiles et matériels. Il interpelle publiquement ses ministres de l'Éducation et de l'Outre-mer, François Bayrou et Christian de Peretti : « Il faut que les revendications des lycéens soient satisfaites », assène-t-il, et il leur demande ce qu'ils attendent pour se rendre en Guyane. Ils y arriveront peu après.

Les préadolescents s'y sont mis. Je reçois un appel m'informant que les collégiens d'Eugène-Nonnon vont marcher sur l'hôtel départemental. Ce collège est à deux rues de ma permanence parlementaire. Je décide de m'y rendre immédiatement en chargeant mon assistante d'appeler les dirigeants et des membres de Walwari pour leur demander de me rejoindre afin d'encadrer, et protéger, ces collégiens durant leur marche. Le président du conseil général Stéphan Phinéra les reçoit dès leur arrivée ; m'ayant aperçue, il m'invite aussitôt à participer à la rencontre.

Les jeunes ont conquis les rues, la nuit surtout. Ce mouvement social prend des allures d'insurrection populaire ; il ressemble à tous les soulèvements ; s'y infiltrent toutes sortes de rêveurs de révolution, de nostalgiques actifs, de passants désœuvrés, de désespérés oisifs, de militants dispersés et désappointés, d'opportunistes et de casseurs… voire quelques indics. Aux premières saisons de l'ère de la communication, il était fréquent, et efficace, de rétrécir les mouvements de protestation syndicale ou civile aux quelques exactions qui survenaient à leur marge ; c'était une stratégie d'invalidation.

Aujourd'hui, le procédé est éculé. Il ne relève plus que de la tactique, minable. Le gouvernement s'y livre, avec un réel succès quelques jours ; une fois éventée, la machination s'écroule. À la télévision, je mets en garde : « Ne tirez pas sur nos enfants ! » Je sais de quoi sont capables les femmes… ce n'aura pas été sans sommation. Nous mettrons ce pays à feu et à sang s'ils tuent des gosses.

L'opinion publique française, pas bornée, informée différemment, s'interroge. La réponse répressive lui paraît courte ; ce peuple sait ce qu'est protester et fronder. Un mouvement de sympathie éclot. Il vient de syndicats et d'enseignants de Guadeloupe et de Martinique. Cette solidarité est extrêmement stimulante, car elle intervient alors que la conséquence majeure de ce mouvement social en Guyane est de réduire la voilure de l'académie interrégionale basée à la Martinique. Ces enseignants ont compris qu'il n'y a aucun acte d'hostilité à leur égard.

Leur attitude est d'autant plus remarquable qu'un secrétaire général de fédération syndicale qui officie en Guyane, venant de Martinique, patauge dans des remarques réactionnaires sur le bien-fondé de cette revendication ; une fois le rectorat de Guyane créé, poussant son corporatisme jusqu'à l'excès sectaire, il se contorsionnera dans des exigences ethnicistes réclamant, à peine le recteur installé, le retour immédiat et massif d'enseignants martiniquais à la Martinique ; tant pis pour les élèves, après des années de formation de ces maîtres en IUFM de Guyane. Il sommait le recteur d'agir avec diligence, on eût dit de Gaulle rappelant *manu militari* les fonctionnaires français à quitter la Guinée de Sékou Touré le rebelle.

Y avait-il le feu ?

La carrière des enseignants suit même parcours d'un rectorat à l'autre puisque toutes les académies relèvent du ministère de l'Éducation nationale… La sénatrice de Guadeloupe, d'abord très critique sur le mouvement, par connivence avec le député de la deuxième circonscription de Guyane, clame que si la Guyane obtient son académie, la Guadeloupe ne restera pas seule arrimée à la Martinique, il lui faudra aussi la sienne. Elle cueillit ce bénéfice collatéral. Sans dire merci.

*

Cayenne est prise d'assaut. Quadrillée. Elle est bleu militaire, blanche de gardes mobiles, noire de monde. La ville est devenue bleue dès la première nuit blanche. Il a suffi de quelques projectiles improvisés aux abords de la préfecture – où traînent toujours, allez savoir pourquoi et comment, quelques cailloux, bouts de bois, cannettes, souliers sans maîtres... – pour que, sans qu'il soit déclaré, s'instaure un état d'urgence.

C'est comme une exposition à ciel ouvert, un salon grandeur nature de tous les modèles de véhicules de guerre et d'émeutes, bennes avec ou sans grillage, pneus doubles, marchepieds élevés, cabines-chauffeur cuirassées. Jusqu'aux abords des écoles qui ressemblent à une forteresse assiégée. Le jour a les couleurs des jours d'avant, chacun fait mine de ne rien voir et de vaquer à l'ordinaire. La nuit à peine tombée, comme dans nos contes, les créatures souples et les ombres mouvantes prennent possession de l'espace.

Le jeu recommence. Il se perfectionne. Les jeunes se sont organisés en escadrilles de mobylettes. Certains portent un casque, plus volontiers que sur la route en circulation normale ; ce casque sert à la dissimulation plus qu'à la protection. Ils se répartissent en escouades, de la place des Palmistes pour remonter la rue Lalouette, du boulevard Jubelin pour descendre l'avenue de Gaulle, du marché pour rejoindre l'avenue de la Liberté qui longe le canal Laussat. *Fair-play*, ils s'en tiennent aux larges artères qui fendent longitudinalement la ville de façon que camions et blindés puissent circuler à l'aise. Ces poids lourds bougent assez peu de jour.

Des patrouilles continues sont effectuées par des véhicules légers, quelques 4L rescapées de l'époque antédiluvienne, ou des fourgonnettes d'un modèle récent à la tôle plus rigide, deux gendarmes à l'avant, parfois c'est tout, parfois deux autres secoués à l'arrière. Les rues leur sont offertes aux heures ouvrables. La nuit est aux motocyclettes. Cet essaim de deux roues fait plus de barouf qu'une horde de Harley Davidson des Blousons noirs. Ces engins sont d'ailleurs pareillement « retouchés ». Les pièces de vélocité et de sonorité ont été remplacées par d'autres calibrées pour de plus grosses cylindrées.

Nos motocyclistes tournent en rodéo. Font des démonstrations d'adresse et d'équilibre, hèlent gendarmes et gardes mobiles, les exhortent, les agacent ; il faut des partenaires pour ce jeu, qui d'ailleurs n'est conçu que pour ces partenaires-là… qui, enfin conciliants, se mettent en route en roue ou en chenilles. Et se laissent prendre. Dès le premier carrefour, l'escouade se déploie. Trois à gauche, quatre à droite, les autres continuent à tracer la ligne droite. Camions et chars hésitent.

Lesquels poursuivre ? Ceux qui s'étalent sur la largeur de la chaussée, applaudissant de leurs mains par-dessus leurs têtes, les mobylettes tirant la course comme si elles n'avaient nul besoin d'être guidées ? Ou faut-il bifurquer après ceux qui, une poignée, ont tourné à droite ? Le temps de l'hésitation, la distance s'est creusée. Beaux joueurs, les jeunes ralentissent, exécutent des cercles et des huit, patientent le temps que camions et tanks se consultent, conciliabulent par talkie-walkie et redémarrent.

Complaisants, ils repartent calmement, laissant aux mastodontes le temps de la manœuvre. Ils atteignent progressivement la vitesse de croisière qui convient à une ville comme Cayenne aux rues droites et larges, sans surprise, aux angles d'équerre, plate, la perspective longue. Soudain, alors que les gardes mobiles et les gendarmes réfugiés dans leurs machines ont le sentiment d'être sur le point de les rattraper, d'un seul mouvement les motocycles s'enfoncent dans la rue sombre perpendiculaire. En sens interdit. Figés dans leur sens civique, et leur lourdeur, les chauffeurs pilent, pantois.

Les mobylettes bondissent comme si elles s'esclaffaient plus fort que leurs pilotes. Le manège dure une bonne partie de la nuit. C'est un divertissement de sud-Amérique. Cette habileté des adolescents nargue les voix conservatrices, aliénées, peureuses qui réclament une répression sévère, de l'ordre, plus d'ordre que l'ordre, de l'ordre comme en Europe. Le contraste est frappant entre ces forces de l'ordre tout juste débarquées et cette société encore majoritairement guyanaise. Cette société est déchiquetée par le chômage et l'exclusion. Elle est guettée – la Guyane étant sur la route des cartels – par les stupéfiants et leurs innovations. Elle est déjà sans dessein possible, composée de dizaines de milliers de jeunes éjectés de tous les circuits, éducation, emploi, formation, bannis de vie sociale dans ce pays leur qui réserve à d'autres ses offrandes de pays de cocagne.

Les occupants d'engins lourds finissent par réaliser qu'ils n'ont aucune chance de prendre l'avantage du terrain. C'est alors la police qui relaie la poursuite. Elle est plus mobile, elle connaît le terrain et ses détours. De ci de là, des feux rassemblent des badauds. On ne sait qui les allume ni les alimente. Ils durent sans faire de dégâts, provoquent des regroupements bruyants et réjouis. Ce novembre n'est pas pluvieux. Comme souvent, nous avons eu à Toussaint un ciel étoilé. Habituellement cependant, les jours suivants sont humides.

Ces soirées sont juste fraîches et ce novembre sera encore quelques jours un mois sec. Les forces paramilitaires en sont désarçonnées. Le porte-parole du gouvernement s'en excuse presque, expliquant la difficulté de rétablir l'ordre. Partout ailleurs, lorsqu'il y a des émeutes les gens (entendez le bon peuple, les bonnes gens, les gens normaux et raisonnables) se barricadent chez eux… Ici ils sortent nombreux, flânent, stationnent, ils assistent à un opéra-bouffe, inconscients, sans aucune notion ni du danger ni des conditions d'exécution des missions d'ordre public ; les policiers et les gendarmes, confrontés à la foule, sont embarrassés pour agir.

C'est de l'ethnographie ! Le père de mes enfants avait quelques théories savantes et définitives sur un trait de caractère collectif des Guyanais. « Le Guyanais est pyromane. Regarde le plaisir qu'il prend au brûlis des abattis, et cette manie de faire du feu en ville, dans sa cour, même exiguë. Et la tolérance des voisins. Ils ne supportent pas le bruit, mais pour le feu personne ne se plaint. Saison des moustiques, il fait un boucan, à grandes gerbes avant d'étouffer les flammes. Pour démoustiquer soi-disant. Puis c'est un feu contre les papillons-cendre, puis contre les serpents, puis les mauvais esprits. Écoute les vieux, ils le disent, le Guyanais est pyromane. » J'en riais à gorge déployée… n'empêche, notre deuxième fils entretenait une irrépressible passion pour les allumettes. Durant une longue période de ses trois ans, dès qu'il avait disparu de notre champ visuel, nous savions qu'il valait mieux aller voir. Presque toujours nous le retrouvions accroupi dans une armoire, occupé à tester des bâtons d'allumettes.

*

Nous habitons la commune de Montjoly, à cinq kilomètres de Cayenne. Mon fils aîné nous a demandé la permission de rester en ville, il veut participer aux réunions et à la manifestation des lycéens. Tout cela poussera assez tard en soirée, je lui confie une clé de la permanence parlementaire située dans une rue latérale d'un quartier jouxtant le centre-ville.

Je lui demande de ne pas remonter à la maison si des affrontements éclatent, la ville sera probablement ceinturée par toutes ses sorties. Je lui indique qu'il peut y inviter des copains qui, comme lui, se retrouveraient dans l'impossibilité de regagner leur domicile ; qu'ils téléphonent à tour de rôle pour prévenir leurs parents, et qu'ils s'installent pour la nuit ; il y a quatre pièces, à cet âge ils peuvent y tenir à une trentaine et même dormir quelques heures à même le sol.

Je rentre chez moi vers 20 h 30. J'ai quitté depuis peu la préfecture de Cayenne. J'y étais pour une dernière séance de travail avec une délégation de députés européens. Ces collègues ont aimablement accepté de dédier leurs crédits à une mission en Guyane pour prendre la mesure de l'incurie des politiques publiques qui produisent du non-développement, malgré l'injection de fonds européens conséquents. Catherine Lalumière, Jean-François Hory, Bernard Castagnède en font partie. Cette réunion d'évaluation avant leur départ – ils prennent le vol de 17 h 55 – est sur le point de s'achever lorsque nous entendons un brouhaha, inhabituel en ces lieux.

Nous sommes dans l'ancienne préfecture, un bâtiment de style colonial en bois massif, fenêtres à persiennes, plafond haut, large balcon, adossé entre ville et mer à une place de verdure entourant une fontaine et des bassins d'eau croupie ; elle est enchâssée dans un arc de bâtiments mêlant architectures créole et coloniale, abritant administrations, services publics, services consulaires et une banque. Elle est bordée à l'est par la place des Palmistes, une somptueuse palmeraie qui n'est plus qu'une vulgaire esplanade agrémentée d'un gazon malingre à force d'être piétiné ; à l'ouest trône une caserne militaire.

Bruits de pas précipités dans l'escalier, quelques éclats de voix, un fonctionnaire entre sans frapper, chuchote quelque calamité à l'oreille du préfet, lequel bredouille avant de s'élancer vers la sortie : « Les lycéens sont devant la préfecture, ils brûlent des pneus ; je vais devoir faire rétablir l'ordre public. »

Je remercie très chaleureusement mes collègues députés, interloqués par l'impromptu de la situation ; ils avaient beaucoup travaillé durant ce séjour, ils n'avaient même fait que cela ; j'avais concocté un programme d'enfer, sans y ménager des moments pour une découverte de l'Amazonie, une entorse aux délicatesses de l'hospitalité. L'un d'eux m'en a fait gentiment reproche en partant ; j'admis que j'avais failli. Je leur demande de m'excuser de manquer une fois de plus à la courtoisie, je ne peux les accompagner à l'aéroport ; ils comprennent que je choisisse de rester.

J'apprendrai par la suite que l'un d'entre eux a reçu un projectile perdu au moment où ils quittaient les lieux. Les esprits s'échauffaient déjà à l'extérieur. Je fais signe au préfet pour un aparté et lui déclare : « Je ne sais pas comment vous allez rétablir l'ordre mais vous ne pouvez pas faire charger les gamins. » Il me répond : « Je veux bien, mais je ne peux pas non plus laisser faire, c'est la préfecture ! » Évidemment ! Le symbole suprême du pouvoir. C'est même probablement pour cela qu'ils ont choisi d'y camper ! Lui n'a pas idée !!! Je lui suggère : « Proposez de recevoir une délégation de lycéens, ce mouvement a commencé avant les vacances, l'État n'a encore accompli aucun geste. »

Le préfet considère la suggestion, pensif, puis va parlementer avec ses proches conseillers. Je le préviens que j'ai l'intention de rester sur place. Il laisse s'écouler une bonne demi-heure. Dehors, les esprits s'échauffent de plus en plus, ou on les échauffe, peu importe cela revient au même. Je me résigne à rester encore un moment, sachant qu'il me faudra rentrer ; j'ai trois autres enfants plus jeunes que mon fils aîné, j'ai été très absente ces derniers jours et je n'ai pris aucune disposition pour les faire garder ce soir après le départ de la baby-sitter. Le préfet finit par annoncer qu'il recevra une délégation de lycéens.

Près d'une dizaine de jeunes pénètrent dans le hall. Je suis estomaquée par ce qui advient. Trois lycéens entrent dans le bureau du préfet, je ne sais si c'est leur décision ou celle du préfet, les autres restent au rez-de-chaussée à arpenter le couloir carrelé en vieille céramique locale, douce et patinée. L'entretien est bref. Manifestement le préfet n'a pas fait tous les efforts nécessaires, mais vraisemblablement, les jeunes n'étaient pas préparés à cette rencontre. Ils rejoignent leurs camarades restés dans le hall et se mettent à rire, papoter et déambuler comme les autres.

Je m'approche de l'un d'eux et je conseille qu'ils aillent au moins présenter un compte rendu à ceux qui attendent à l'extérieur. Aucun ne bouge. Au bout d'un moment, un lycéen m'interpelle et me dit : « Et vous madame, qu'est-ce que vous pouvez faire pour nous ? » Je commence à lui expliquer que je ne peux rien directement, n'ayant aucun mandat local, mais je propose une rencontre à ma permanence parlementaire pour mettre sur pied un plan d'action que je suis prête à accompagner.

Ils sont plusieurs à acquiescer ; soudain, une hystérique qui cumule trois fois leur âge se met à hurler qu'il ne faut pas me croire (en quoi, je n'en sais rien) et se lance dans un flot d'invectives. Elle a cassé l'ambiance. Cette haine ! Ça consume forcément. Et la pauvre, ça lui dure encore et ça la dessèche. Elle ne cesse de rabougrir. Je répète aux lycéens que s'ils le souhaitent, je les attends à ma permanence le lendemain à 8 heures. Ils ne viendront pas.

Il est déjà 19 heures. Ils ont repris leur déambulation. Trente minutes plus tard, il ne se passe toujours rien ni d'un côté ni de l'autre. Si ça leur chante ils peuvent attendre Godot, moi je décide de m'en aller. Je quitte la préfecture avec une impression assez désagréable d'entre-deux. Je repasse par la permanence parlementaire puis je rentre chez moi.

Le préfet fait charger la foule des lycéens et consorts en fin de soirée.

Je suis rentrée. La nuit tombe d'un coup sous l'Équateur, au plus tard vers 18 h 45. J'ai quitté une ville déjà nocturne. Elle exsude la morosité et déjà l'émoi. Elle est plus calme qu'à l'accoutumée. Elle semble se souvenir de ses dernières échauffourées. C'était en 1992, un mouvement social initié par les patrons. Il faut en convenir, nos territoires sont étranges. Il ne s'agissait pas de salaires, ni à la hausse ni même à la baisse. Les patrons protestaient contre la fin des grands chantiers, réclamaient l'effacement de leurs dettes fiscales et sociales, rien de bien original. Mais tant qu'à être l'avant-garde inattendue d'une révolte, autant s'emparer des symboles insurrectionnels… Ils organisèrent des états généraux.

Cayenne a l'air de méditer ces séquences baroques. Tout, y compris les centres commerciaux, a l'air de fermer plus tôt ce soir. L'atmosphère est renfrognée, sans souffle, sans goût. Je roule, absente à la route, encore éberluée par les drôles de scènes vécues à la préfecture, convaincue que ce mouvement virevolte sur lui-même. Mais ma bonne humeur revient vite. Je suis heureuse de rentrer et de retrouver mes diablotins. Ce séjour des députés européens m'a éreintée ; de ma faute, j'ai voulu trop leur montrer. Je peine sur mon indisponibilité familiale.

Les gens ont pris l'habitude d'apporter leurs problèmes à la maison, n'importe quel jour à n'importe quelle heure. J'ai pactisé avec mes remords sur mes absences pour me rendre à l'Assemblée nationale ; travaillant sans répit, je déculpabilise et m'arrange mentalement avec les nécessités de cet éloignement. Je vis par contre douloureusement, comme une injustice superflue, une violence aride, une adversité infructueuse, d'être aspirée sur place, dans des réunions et des obligations de toutes sortes… Je m'en veux de nous laisser envahir jusqu'à l'intime.

Je sais trop que je ne devrais pas le tolérer puisque j'accorde facilement des rendez-vous à la permanence, et que je reçois librement le jeudi. Mais voilà, je suis habitée d'une obsession idiote, la peur de rater la vraie, la grande, l'unique, l'ultime détresse. Cette peur *m'engoule*, elle me livre au premier venu qui m'appelle à l'aide, fût-il sans gêne, sans peine, égoïste. Ineptie.

Comment me défaire de ce sentiment absurde mais tenace de vitale urgence, comment réfréner mes élans de compassion, raisonner cette niaise ingénuité rousseauiste, me dépêtrer d'un sens exacerbé de la bienséance, d'une dévorante métaphysique en faveur du prochain, hantée par la terreur de laisser pendre une main désespérée. Ils sont si nombreux à en abuser que j'y mettrai encore quelques années, mais je finirai par me raisonner un peu.

Ce soir je suis chez moi, finalement tôt par rapport à d'habitude. Je formule à voix haute quelques inquiétudes pour mon fils aîné ; son père m'apaise et plaisante, le palmier *d'awara* ne produit pas de *maripas*, quand père et mère sont palmiers *d'awara*, les fruits sont semblables… nous n'aurions pas su fabriquer des images. Quand même, ils grandissent vite ces mômes. Les trois autres, tout surpris de cette soirée familiale, nous accaparent rapidement, finassant avant d'aller au lit.

23 heures, le téléphone sonne. Je décroche, je sens vibrer l'appareil, j'entends déjà la voix enflammée de mon fils racontant combien de gais lurons ils sont, vingt-cinq ou quarante entassés à la permanence, dispersés jusque dans les escaliers, comment ils ont vécu leur baptême de gaz lacrymogènes, combien de temps ils sont restés toussant, hoquetant, pestant avant de retrouver une voix claire pour appeler chez eux deux par deux, j'ai oublié de leur dire qu'ils pouvaient également utiliser la ligne directe de mon bureau ainsi que la ligne de fax, ça irait plus vite quatre par quatre pour rassurer les parents, et il n'y a rien à boire, je n'y ai pas pensé, ils se contenteront de l'eau du robinet, ils n'ont pas à manger mais ils tiendront, ce n'est qu'une nuit. J'entends déjà sa voix, excitée et souriante, une nuance de bravade pour la joie de la prouesse, ils ont tous réussi à se dégager et…

C'est la gendarmerie. « Votre fils mineur est au poste, pouvez-vous venir ? »

Seules les mamans savent ce qu'est un ventre en bouillie, un cœur-tambour, des poumons affolés, un estomac en torsion, une tête qui se diffracte puis se survit, un dos qui explose et se bloque… puis l'instinct animal qui fait trouver la clé de la voiture, attraper deux côtés de chaussures dépareillés, et sur des jambes devenues insensibles, s'envoler vers le fruit de ses entrailles.

J'arrive à la gendarmerie après un arrêt crissant dû à une marche arrière intempestive en sens interdit, en excès de vitesse – j'avais dépassé le poste. Le commandant m'accueille ; probablement choqué par mon air hagard et pour s'éviter le tracas d'une crise d'apoplexie, il me déclare très vite sans aucun préambule : « Votre fils a été contrôlé sur l'avenue Voltaire pour non-port de casque ; il était seul ; les gendarmes l'ont fouillé et ont trouvé sur lui ces deux objets. Il ne fait pas partie des pilleurs, nous en avons arrêté toute la soirée. Mais des jeunes se regroupent au boulevard Jubelin et font circuler ces objets, la plupart sans valeur. » Je regarde, ahurie. Effectivement, il y a là deux bibelots, une montre qui ressemble davantage à un jouet qu'à un bijou et un gadget dont je ne comprends même pas l'usage.

N'ayant jamais eu affaire à la justice je ne connais aucun avocat suffisamment pour en avoir les coordonnées personnelles, le joindre en pleine nuit et demander conseil. Pour tout dire, à ce moment-là je n'y pense même pas. Je n'ai pas le droit de voir mon fils. Je l'aperçois. Il se tient dignement. Du coup, je me ressaisis. Le commandant me dit : « Si vous reconnaissez ces objets, évidemment, il n'y a plus d'infraction. » Je le regarde, ébaubie. Je comprends qu'il me tend une perche. Le « corps du délit » est en effet tellement dérisoire.

En même temps, je crois flairer un piège. Si je reconnais ces objets comme étant miens, mon fils se trouvera dégagé de tout, mais j'aurai menti. J'ai élevé mes enfants dans une rectitude spartiate. Dès qu'ils atteignent trois ans je leur serine qu'en toutes circonstances et quoi qu'on risque, il faut dire la vérité. Que le mensonge est une lâcheté.

Évidemment, mon fils aîné a entendu ce sermon d'inflexibilité plus longtemps que les autres. Bouffie de cette philosophie, marrie, je n'ai alors aucune finesse sur la latitude utile aux enfants pour s'accommoder des faits, composer avec ce qui menace de les submerger, conclure des compromis avec les réalités qui les déconcertent. Nourrir leur imagination, aiguiser leurs capacités logiques.

En ce temps-là, je n'ai pas cette sagacité. Prétentieuse et convulsive, je leur infligeais une obligation d'absolu totalement insensée à leur âge. Colossale connerie. Pour leur chance, pour la mienne, je n'ai pas stérilisé leur imagination. Pour l'instant, dans cette gendarmerie, je refuse de mentir. J'avoue qu'aujourd'hui je le regrette. Profondément. Je repars avec mon fils, puisqu'il est mineur pénal. Son dossier suivra son cours et sera transmis au parquet.

Au réveil le lendemain, je lui demande dans quelles circonstances il a acquis ces deux babioles. Ils étaient en groupe à la Tour, un terrain de basket au bout du boulevard Jubelin, à proximité de tours HLM ; des jeunes un peu plus âgés qu'eux les ont rejoints, leur ont montré des tas de petites choses du même genre, ils en ont rigolé ensemble. C'était sans valeur, ça les amusait de se les passer, ça leur a semblé sans importance de les garder.

Cette version est parfaitement plausible, mon fils était aussi propre et présentable que s'il sortait tout droit du lycée. Je lui fais observer que sa chambre est tapissée de posters de Bob Marley, de Malcolm X, de Che Guevara, ce n'est pas par hasard qu'il a choisi ces hommes d'une grande probité. Il connaît par cœur les paroles de *Get up Stand up* ; il a lu une biographie de Marcus

Garvey après avoir découvert que le Klu Klux Klan avait incendié la maison du petit Malcolm (X) avec toute la famille à l'intérieur parce que son père, pasteur baptiste, était garveyiste ; il s'insurgeait déjà contre les violences faites aux Amérindiens, il s'était appris à rester critique envers les westerns, son genre préféré… En acceptant ces objets, par ailleurs sans intérêt, il a piétiné ces valeurs.

Bref, je lui fais une leçon de morale que je crois magistrale mais qui, j'en juge avec le recul, n'était que malséante et oiseuse. Finalement, je crois que la seule chose intelligente que j'aie faite et dite en ces vingt-quatre heures a été que cette affaire méritait une paire de claques, mais parce qu'il est mon fils ce sera une affaire judiciaire. Je lui répétai qu'il avait eu tort d'être désinvolte mais nous allions nous battre, nous serions à ses côtés, nous affronterions ensemble le tribunal.

Tôt dans la matinée, mon beau-frère arrive à la maison, fébrile lui toujours si placide. Une rumeur court en ville, ton fils a été arrêté avec les pilleurs. Mon beau-frère trépigne, il faut absolument démentir. Nous apprenons que le neveu d'un président de collectivité a également été arrêté dans la nuit et qu'il a été aussitôt élargi.

Mon frère, inspecteur de police, dit qu'il serait bien étonné que le procureur donne suite à cette affaire ; le vice de procédure est flagrant car si, comme consigné dans le procès-verbal, mon fils a été arrêté pour non-port de casque, il s'agit d'une infraction de catégorie cinq donnant lieu à une contravention et une amende ; la fouille dont il fut l'objet n'était donc pas légale. Soulagement, bien que j'estime le moyen peu élégant pour s'en sortir. En même temps c'est un tel raffut pour si peu de choses !

Mon beau-frère insiste, il faut démentir publiquement, on raconte pis que pendre sur ton fils en ville, c'est toi qu'on vise, c'est évident mais c'est lui qu'on salit, tu ne peux pas laisser faire. Il en discute avec mon époux. Je n'ai pas d'avis. Je suis K.O. Il ne leur a pourtant rien fait, ce gamin ?

Déjà à l'âge de six ans, il avait payé pour cet oncle. Un directeur d'école mesquinissime, voulant venger son fils, un adulte de trente ans révolus en conflit professionnel avec mon beau-frère, a sanctionné mon fils en le séparant de tous les autres enfants de son cours préparatoire et en l'envoyant dans une classe d'initiation ; l'enseignant m'avoua ne pas savoir comment occuper cet enfant qui n'avait rien à faire dans cette classe d'enfants qui ne savaient pas lire et n'étaient pas francophones, alors madame je le laisse lire et dessiner. Si, si, il y a des directeurs pour faire des choses pareilles. Nous avions pu le changer d'école grâce à un directeur qui l'a accueilli sans livret scolaire, le précédent ayant exigé pour me remettre ce livret que je livre le nom du directeur bienveillant.

Je me résigne. Je fais savoir à la presse que je souhaite faire une déclaration. Je proclame que quoi qu'il se dise, mon fils n'est pas un pilleur, qu'aucun usage de quelque incident que ce soit ne me fera taire. C'est un fait que je dérange. Je parle clair, je parle fort et je sais que je parle juste. Je suis un mauvais exemple pour les femmes qui se mettent à croire qu'au lieu de bâtir des destins d'hommes comme elles le font depuis des générations, elles peuvent accomplir le leur. Je poursuis en disséquant avec méthode et de façon irréfutable les actes de politique publique contraires à l'intérêt général et qui accroissent notre dépendance ; je pointe les sujets stratégiques, l'emprise foncière abusive de l'État, l'activité minière et son opacité, la gestion cachottière de la forêt, l'exploitation désordonnée de nos ressources marines, les décisions susceptibles de détériorer nos relations avec les pays voisins et de nous fragiliser. Rien ne m'empêchera de combattre tout cela. Je conclus que les jeunes désespèrent dans ce pays où les richesses communes servent à bâtir des fortunes personnelles.

Hors sujet. Mais je suis un zombie.

Deux ans après l'avoir faite, je sus que cette déclaration fut une faute. Une grande. J'ai contribué à transformer en débat public ce qui serait resté une diffamation, avant de s'éteindre, comme c'est le sort des rumeurs. Ce fut en plus une erreur. Mais où s'inspire-t-on lorsque son enfant est injustement frappé ?

Ce n'est pas tout. La Guyane, c'est l'Eldorado. Comme ça, sans sommation, il nous tombe de temps à autre un individu dont la vie antérieure fut sans relief et qui soudain, grisé par tous ces avantages matériels et psychologiques alloués sous le cinquième parallèle par la seule magie d'une mutation professionnelle, se prend pour un esprit caustique et brillant, s'imagine qu'il saura créer un *Canard enchaîné* tropical.

Ayant le sens pratique, l'individu épargne le pouvoir local, une subvention est toujours bienvenue sur un marché aussi exigu et versatile. Je suis une proie facile. Grande gueule et forte tête, je m'expose. N'ayant aucun sens des conventions, je touche aux sujets tabous. Facteur aggravant, j'élève une voix d'un lieu où il est coutume de s'écraser, les élus ayant mauvaise presse. Il n'y a pas de pouvoir sur place à part celui de saupoudrer l'argent public, et je n'ai même pas un mandat local, je ne distribue ni prébendes ni billets d'avion, je ne risque pas en cas de mécontentement de couper des crédits. Par contre, je casse les pieds de tout le monde, de l'État sur place et plus encore d'une classe politique locale unanime, qu'on ne peut mieux flatter qu'en me critiquant. Et pour bien faire je me gargarise de principes pompeux, « mieux vaut une mauvaise presse que pas de presse du tout » et autres maximes pour démocraties de pacotille.

De nos jours, c'est sur Internet que s'exercent de tels tordus frustrés et vénaux. À l'époque, c'est sur papier journal. Ainsi un plumitif, journaliste à RFO et manifestement peu débordé, s'est installé rédacteur en chef et rédacteur d'articles sans renoncer à son activité au sein du service public audiovisuel. Il s'empare de l'incident, en fait une affaire Salengro. Il déroule un article truffé, à défaut de faits, d'hypothèses toutes plus outrageantes les unes que les autres contre un gamin de quinze ans. Quinze ans peut-être, mais quel crime d'être mon fils !

Il va se trouver des Guyanais, militants de partis ectoplasmiques, foulant toute dignité, pour photocopier cet article et le distribuer en guise de tracts aux coins des rues. Ce journal qui ne pratiquait l'impertinence qu'à doses sélectives et au service de l'ordre ne vécut qu'une petite année et son rédacteur en chef a continué à se promener dans les territoires à primes pour le compte de son administration audiovisuelle. Il est parti dans le Pacifique où la surrémunération est le double de chez nous. Quant aux anciens distributeurs de tracts, certains font de grandes démonstrations d'amitié en me saluant aujourd'hui. Je les regarde, j'essaie de ne pas gaspiller mon mépris. Parmi eux, un ou deux se livrent encore à des bavardages occasionnels sur des radios libres. La plupart mènent une petite vie ordinaire et navrante. Ils se sont absous tous seuls. Une telle morale de vie, c'est de la camelote.

Je vois bien que cette histoire va pourrir. Mon époux demande à son frère, brillant avocat à Paris, redoutable technicien du droit, de venir se charger de la défense. Il nous fait une démonstration limpide de la facilité avec laquelle il démontera le dossier pour vice de procédure. Je l'en crois capable, pourtant je n'arrive pas à me faire à cette victoire procédurière. Je cogite. Il me faut trouver le moyen d'accéder à la meilleure qualité de conseil.

Je demande audience à Me Georges Kiejman. Il me réprimande : « Depuis ce temps vous ne pouviez pas faire classer ce dossier ? C'est dur un procès pour un adolescent, votre fils n'a pas besoin de cette expérience pour commencer dans la vie. » Je lui explique que je paie très cher ma liberté d'expression, le malheur c'est qu'on commence à la faire payer également à mon fils ; néanmoins je ne peux pas nier que par cette faute, qui n'est qu'une faute et pas un délit, mon fils s'est exposé.

Il insiste et conclut : « Faites ce qu'il faut pour votre fils, soyez une maman juive. » Je lui réplique : « Je suis une maman créole, c'est déjà assez grave, nous étouffons nos enfants, singulièrement nos garçons. » Il me conseille juridiquement et refuse tous honoraires. En me raccompagnant il me confie m'avoir remarquée dès 1993 et avoir suggéré au président Mitterrand de m'appeler au gouvernement. Il regrette que cela n'ait pas eu lieu. « C'était déjà tard dans l'ère Mitterrand », soupire-t-il.

*

Mon fils est convoqué au tribunal. Ça tombe le jour de son départ. Il a réussi à un concours et part en formation. Cette convocation est précipitée, l'avocat n'a pas le temps de se rendre en Guyane ; il propose de demander un renvoi. Je m'y oppose. Je préfère que l'affaire soit jugée et que mon fils parte en la laissant derrière lui. D'ailleurs, les chances de combat procédurier se sont amenuisées.

En effet, la gendarmerie a vu venir. Quelque temps avant le procès, nous apprenons que les gendarmes ont identifié le commerce d'où provenaient ces bibelots et qu'ils ont poussé le commerçant à porter plainte, afin de constituer juridiquement le délit. Nous contactons un avocat sur place la veille au soir pour le lendemain.

Exceptionnellement, la justice a eu les moyens et le personnel pour conduire scrupuleusement et rapidement cette instruction. Nous avons eu droit à tout un cirque, avec juge des enfants diligentant une enquête en plusieurs étapes pour savoir si mon fils était dans un milieu familial propice à son maintien en famille ou s'il convenait d'envisager un placement !

L'éducateur affecté à cette monumentale investigation de moralité, un fonctionnaire détaché, consciencieux et responsable, présente sobrement son rapport disant qu'il avait confiance à la fois en cet adolescent et en son cadre familial. Mon fils, appelé à la barre, s'exprime clairement, avec grande dignité. Moi je tremble. Verdict, rappel à la loi et inscription au casier pour trois ans. À la sortie, c'est moi qui, timidement, glisse ma main dans la sienne. J'éprouve pour ce bout d'homme une admiration et un respect que personne d'autre ne m'inspire.

*

Les meneurs et grévistes qui ont obtenu le rectorat croient qu'ils ont gagné. Je sais que nous avons perdu. Nous, parce que malgré l'ostracisme que tentent de m'infliger ces minables condamnés à racheter leurs vies ratées, je connais mon camp ; c'est celui des gamins qui ont cru à un jeu, s'aperçoivent qu'ils n'ont rien à préserver dans cette société qui ne leur réserve aucune place, pressentent qu'ils peuvent la regarder s'abîmer. Mais ces gamins ont été fichés par dizaines, peut-être par centaines.

Vous croyez que c'est fini pour mon fils ? Je le croyais. Me Kiejman avait raison, il n'y a aucun besoin d'une pareille épreuve pour un adolescent. Pas dans un système aussi sournois et rancunier.

Mon fils a choisi son métier. Un vrai rêve… pas une lubie, un caprice, une berlue… non un rêve, pesé, retourné, malaxé, éprouvé, lâché, repris. Il veut être chef mécanicien en aéronautique. Il consent à tous les efforts pour y parvenir ; il suit une formation dans une petite ville en Bretagne, un sacrifice qui l'éloigne de sa fille et de sa compagne, pour une rémunération maigrelette. Il parcourt des centaines de kilomètres un week-end sur quatre dans une vieille guimbarde pour rejoindre Paris et passer quelques heures avec sa famille.

Comme d'habitude, je suis occupée à sauver le monde qui n'en demande pas tant. Je ne réalise que tardivement la somme de ses efforts. C'est une formation par alternance qui exige des stages en entreprise. Une galère bien connue de ces jeunes gens et jeunes filles largués sur un marché du travail dont ils ne connaissent ni les contours, ni les règles, ni les codes, dont ils n'imaginent même pas qu'il ne fonctionne qu'en réseau et en cooptation, qu'il faut en être déjà pour y être. Largués à la lisière, dans la marge, dans cette zone imprécise à califourchon entre l'éducation et l'emploi, ils ignorent que la chasse au trésor est vaine, perdue avant que d'avoir commencé. Je le sais d'avoir tant aidé d'adolescents éperdus par le silence obstiné des entreprises sollicitées, d'en avoir tant accompagnés dans cette recherche, appuyés dans leurs démarches, recommandés. Il est arrivé que mon appui permette d'extraire le CV de la liasse destinée au classement vertical en poubelle.

Toutes les filières sont concernées, gestion d'entreprises, secrétariat, communication, génie civil, et bien d'autres. Tous métiers espérés, les jeunes sont jetés dans la jungle du pré-emploi. À force d'écrire ces lettres de recommandation, de constater leurs effets aléatoires sur l'avenir de gosses qui dépensent une énergie phénoménale pour entrer en société et rester dans le droit chemin, je sais la perversion du dispositif, je sais que ce droit chemin est un layon bien rocailleux, bien tordu pour les dérouter, qu'il protège une communauté qui se barricade par défiance envers sa jeunesse.

Il serait logique que les établissements qui assurent ces formations conventionnent avec un groupe d'entreprises qui seraient ainsi fidélisées pour accueillir les étudiants de promotion en promotion. Mais c'est que ce serait l'égalité ! Ce serait conforme à la devise républicaine ! Et si contraire aux mœurs !

Ces jeunes auraient les mêmes chances que ceux dont les parents dînent en ville, connaissent chefs d'entreprise, directeurs de ressources humaines, chefs de service. La sélection se ferait aux capacités et talents, pas à l'entregent. Quel chambardement ! Et quelle valeur attribuer à une sélection qui ne serait plus censitaire ? Une vraie révolution mentale… et sociale.

C'est ainsi que sont éliminés de la formation ceux qui n'ont ni piston ni relation. Toujours les mêmes. Ils résident dans les périphéries enclavées. Ils sont souvent la première génération à oser d'autres métiers que balayeurs ou peintres en bâtiment, à s'évader des filières garage qui pullulent dans leurs lycées professionnels. Mon fils ne me demande jamais rien, se débrouille avec ses soucis, cherche son entreprise, butte, tente une fois, deux fois, dix fois, refuse de s'écœurer, renouvelle ses demandes, s'incline.

J'apprends après coup qu'il était chaleureusement recommandé par son maître de stage qui lui trouve de belles qualités personnelles, en plus de ses bonnes notes, et se donne la peine de l'écrire sur son bulletin. Il a obtenu son baccalauréat professionnel pour être mécanicien aéronautique, avec la mention bien, une note époustouflante, 19 sur 20, dans une matière capitale, la détection de panne. Un chef d'entreprise finira pas confier ses regrets au maître de stage, dommage, cette candidature nous aurait bien intéressés, dommage, nous ne pouvons le prendre, le fichier général... Cela fait plus de trois ans, mais il reste toujours un dernier fichier où les péchés véniels sont inscrits à vie. *No redemption.*

*

Ni rédemption ni répit. Je suis en réunion. Mon assistante me fait parvenir un message. Ma voisine, en larmes, a appelé à la permanence parlementaire, elle m'informe qu'une dizaine de gendarmes ont embarqué mon fils. Je me rends à la gendarmerie. Jacqueline, une assistante sociale qui accueillait la réunion m'accompagne aimablement. Il est bientôt 15 heures.

J'aperçois mon fils. Je lui fais un sourire et je demande au gendarme de quoi il s'agit. Il appelle le chef de brigade qui m'explique que mon fils est gardé à vue parce qu'il est le copain d'un jeune homme reconnu par une jeune fille comme étant le voleur de son scooter. Les gendarmes se sont rendus au domicile de ce jeune homme et la maman a déclaré que l'intéressé est en formation hors de Guyane. Elle a ajouté (allez savoir pourquoi) que son fils fréquente le mien. De condition modeste, ayant probablement un rapport inquiet aux institutions, voyant débarquer des gendarmes (ils circulent en essaim), a-t-elle cru que ce signalement de fréquentation allait protéger son fils ou la préserver, elle ?

Les gendarmes y ont-ils vu la chance de ne pas rentrer bredouilles ? Ils se sont autorisés à se présenter à mon domicile en mon absence, à embarquer mon fils sans autre charge que d'avoir été déclaré copain d'un jeune homme résidant provisoirement hors de Guyane. Faisant semblant d'être conciliant, ce chef précise : « Nous pourrons le laisser partir s'il y a un arrangement avec la famille de la victime, voilà leurs coordonnées. » Ubuesque.

Je regarde mon fils. Je m'apprête à appeler un avocat quand je saisis son regard implorant. Je le sais mal à l'aise. Ce n'est pas la première fois qu'il a maille à partir avec les gendarmes. Trois ans plus tôt, s'étant présenté à la même gendarmerie pour porter plainte pour le vol de son scooter, il s'était retrouvé en garde à vue, un gendarme l'ayant reconnu pour l'avoir contrôlé quelques semaines plus tôt sans casque et lui reprochant de n'être pas repassé à la caserne comme convenu. De plaignant, il fut gardé à vue. Pour avoir eu confiance en la gendarmerie au point de s'y rendre sans attendre le retour de ses parents. Il avait quatorze ans, il croyait qu'on pouvait y trouver justice. Un an plus tard, à la faveur des manifestations lycéennes, il avait connu arrestation, garde à vue, procès ; il avait su comme tout le monde pour le neveu du président, il avait appris aussi pour les tracts d'article photocopié ; il savait le monde des adultes impitoyable.

J'ai cru apercevoir ces mauvais souvenirs dans son regard. Mon élan en fut scié. Je compris que le plus urgent était de le sortir de là, nous verrions après pour la procédure. Je me rends donc chez les parents de la victime.

Le père me reçoit, oui, les gendarmes l'ont appelé pour l'informer de la garde à vue de mon fils, il est prêt à retirer sa plainte pour vol si, comme le lui ont indiwqué les gendarmes, je lui verse de quoi racheter un scooter neuf. Bouche bée… je marque mon étonnement. Sa fille, une fraîche adolescente, adopte alors une attitude extraordinaire. Elle affirme que mon fils n'a rien à voir avec cette affaire, qu'il n'était pas présent lorsque son scooter a été volé, quelle maintient que c'est l'autre le coupable, qu'elle ne voit pas ce que mon fils vient faire là, que cette histoire n'a pas de sens.

Souhaitant arracher mon fils aux pattes de gendarmes aussi fantaisistes, je propose, la lumière étant faite sur son innocence, de payer deux tiers de la valeur du scooter qui n'était pas neuf. J'ai vu cette belle enfant accablée par l'acquiescement de son père. J'étais en rage. Ayant sorti mon fils de ce guêpier, je lui fais part de mon intention de porter plainte pour abus de procédure contre ces gendarmes qui se croient autorisés à débarquer dans un domicile privé et à embarquer un mineur sur des motifs fallacieux. Mon fils s'était fait voler trois fois un scooter, nous n'avions eu droit ni à un tel zèle, ni même à une recherche ordinaire, pas le moindre suivi. Mon fils ne fit aucun commentaire sur mes intentions.

Le lundi suivant ce vendredi funeste, je rencontre le substitut du procureur de la République. Le lendemain samedi, à l'occasion d'un colloque que j'avais organisé autour de la parole des femmes sur l'identité et la cohésion sociale, j'avais commencé ma communication en avouant à l'assistance que j'étais très énervée. J'en avais indiqué la raison : Barbara Hendricks avait enregistré un message à l'intention des conférencières et de l'assistance. Elle s'était compliqué les choses pour tenir sa parole à mon égard. J'avais souhaité l'avoir avec nous mais elle était en tournée en Europe. Elle trouva le temps, vingt minutes avant un concert à Oslo, de se rendre à un studio pour enregistrer un message sur une cassette qu'elle expédia à Paris avec une semaine d'avance. Une mauvaise coordination entre Paris et Cayenne n'a pas permis la livraison de la cassette vidéo dans les délais ; nous n'aurions donc que le son. J'en étais furieuse.

Le substitut du procureur me fait savoir qu'elle était dans la salle ce samedi matin : « Je comprends pourquoi vous étiez énervée. J'ai reçu le procès-verbal de gendarmerie sur la garde à vue de votre fils vendredi. Qu'est-ce que c'est que cet imbroglio ? Pendant longtemps, ils se sont inclinés devant le pouvoir, et maintenant, ils font n'importe quoi dans le sens inverse. Vous auriez dû m'appeler, cette histoire est insensée ! » Je lui confirmai que mon énervement était bien dû à l'affaire de la cassette de Barbara, j'ajoutai que je n'avais aucune raison de l'appeler, que je n'en avais pas non plus les moyens ne sachant pas comment la joindre un vendredi après-midi, le tribunal étant fermé. C'était une professionnelle rigoureuse. J'ai apprécié son indignation.

Finalement, obéissant à mon fils, je n'ai pas porté plainte. « Je ne veux plus avoir affaire à ces gens-là », m'a-t-il soufflé. Je sais maintenant que j'ai eu tort. J'aurais dû faire un foin d'enfer. J'aurais probablement guéri mon fils par la même occasion de la rage qu'il nourrissait contre ces institutions dirigées par des gens aux pratiques abusives et médiocres. C'était ma responsabilité de parent. Je n'aurais pas dû tenir compte de son aversion, de ses appréhensions, si légitimes fussent-elles.

Je sais comment on forge à certains un passé de *bien connu des services de police*. Aujourd'hui, je peux vous dire que celui qui fait la même chose à l'un de mes enfants, je l'aplatis. Mais la vie n'a pas de marche arrière, inutile de courir à la recherche du temps perdu. Savoir qu'on n'a pas su suffit. Et pour le reste, se montrer attentif et ne rien céder.

Deux ans après cet épisode désagréable, ma fille de quatorze ans a été agressée une après-midi à 14 heures en revenant du lycée. Deux malfrats lui ont volé son *booster* en la menaçant d'un couteau sous la gorge. Elle en a pleuré pendant dix jours et fait des cauchemars pendant un mois. Des gendarmes se sont présentés à mon domicile pour me demander d'emmener ma fille au poste aux fins qu'elle identifie les agresseurs à partir d'un album de portraits. Je leur répondis que c'était hors de question et que si, par extraordinaire, ils retrouvaient le *booster*, ils pourraient le garder.

Cinq ans plus tard à Paris, de mon balcon vers 23 heures, je flashe au portable une équipe de quatre policiers à l'œuvre, deux hommes deux femmes. Ils ont demandé le renfort de quatre collègues qui sont arrivés promptement sirène hurlante, voitures arrêtées en crissant en travers de la rue, portières ouvertes, débarquement à la Shaft… pour encadrer trois adolescents, maghrébins, bavardant au bout d'une allée publique, ne dérangeant personne, postés à plus de vingt mètres des immeubles.

Plaqués contre la barrière, fouillés, et autant que je puisse en juger de loin sur les mimiques, copieusement invectivés. Pour faire savoir qu'il y a au moins un témoin à la scène, je prends des photos avec flash. Je me fais sommer de décliner mon identité, avec menace de monter saisir les photos. Je n'obtempère pas et pardi, je leur fais un rappel à la loi. Il est encore permis de photographier des agents de la force publique opérant sur la place publique dans une mission de contrôle censée relever de l'ordre public à l'encontre de gamins qui ne semblent avoir commis comme délit que de stationner sur la place publique.

Il y a dans la police des hommes et des femmes qui ne jouent pas à la guerre civile. J'ai déjà parlé d'Erik Blondin, je connais aussi Sihem Souid. Se battent à l'intérieur. Doivent se sentir bien seuls par moments.

Quant aux gamins… c'est ainsi qu'après ils sont *bien connus des services de police.*

Chapitre VIII

MAN CÈS
(Vers 1960)

J'ai grandi dans une cour des Miracles.

Un jour, sans que rien la veille ne nous le fît pressentir, Man Cès s'installa à la maison. Elle arriva munie d'un *pagra* oblong contenant ses maigres affaires et d'un *croucrou* en *arouman* tenant lieu de trousse de toilette. Nous nous demandions, malgré son imagination astucieuse, comment Maman ferait pour la loger, l'espace à la maison semblait saturé. Maman réussit à lui aménager un coin-chambre, en isolant le fond de la vaste chambre des garçons par une cloison en contreplaqué et, en guise de porte, un rideau aussi épais qu'une tenture.

Man Cès consacra ses premières soirées à trouver ses marques, y compris avec les cigales qui stridulent à tue-tête et les crapauds qui coassent sans harmonie, compagnons familiers de nos débuts de soirée, dont nous découvrons à ses remarques qu'ils ne sont que des braillards de ville, absents ou silencieux en forêt. Elle s'occupa également à conclure un pacte avec les *maskililis* et autres visiteurs de la nuit.

Elle tenait les *maskililis* en grand sérieux. Elle prétendait qu'ils appartenaient à une tribu de pygmées qui s'était enfoncée dans la forêt au temps de l'esclavage et organisait des rapts d'enfants et de femmes, pour rester en nombre. Elle les traitait de pilleurs d'abattis s'empiffrant de toutes les variétés de *bacoves*[1]. Elle assurait qu'ils n'étaient pas seulement facétieux, ils pouvaient être féroces ; et ce disant, elle refermait son gilet de laine légère en frissonnant,

1. Bananes-fruits.

comme si la brise était soudain rendue glaciale. Elle ne savait cependant expliquer pourquoi ils avaient les pieds à l'envers. Nous pouvions donc continuer à croire que c'était bien pour égarer les promeneurs nocturnes en les enfonçant dans la forêt quand ils croyaient en sortir.

Elle prit soin du pimentier qui fructifiait derrière la maison, lui parlant aimablement dès son réveil, c'était notre protection contre les esprits errants.

Aux quatre coins de sa chambre, elle avait placé de l'anis étoilé, une boule de bleu de linge enveloppée dans de la gaze, une gousse d'ail et une image de saint Michel archange. Peu à peu, elle parut se poser. Elle avait apprivoisé l'espace et le milieu. Lorsque son humeur se faisait mélancolique, après avoir fredonné *When the Saints Go Marching in* ou *Let My People Go*, elle nous racontait la vie dans les placers d'or où elle avait été colporteuse, achetant et revendant tout ce qui peut être utile à ces hommes rudes exilés dans le grand bois ; du *corned beef* argentin Target brand, des boîtes d'allumettes décorées d'un négrillon et d'un palmier, du tabac à rouler ou à priser, de la margarine et pour ceux qui, mieux que des paillettes, avaient quelques pépites dans les poches, du beurre en conserve La Vache noire ou Sovaco, du saindoux, du chocolat Y'a bon Banania, du saucisson truffé de petits carreaux de gras emballé dans de la paraffine, des *bakwas*[1] et des panamas, du tafia et du rhum distillé au Rorota, à Sinnamary ou sur l'Approuague, du sucre brut ou terré, du lait Nestlé dont les boîtes en fer blanc décorées par leurs soins servaient de gobelets, de la gazoline et des huiles lubrifiantes, du savon carbonique, des savates, des chemises en coton, des harengs saurs, de la morue séchée et salée, de la queue de cochon en saumure ; ils fabriquaient sur place le couac et la cassave.

Elle en ramenait de l'or, en pépites ou en poudre, de quoi régler son loyer à Mana, la scolarité de son fils à Cayenne, ses menus besoins. Mana, ville pieuse et lépreuse. De loin, nous n'en savions que les exploits de la bienheureuse Anne-Marie Javouhey et l'existence de la léproserie de l'Acarouany. « Nous sommes déjà à l'Acarouany, n'ayons pas peur de consommer de la tortue », enseignait

1. Chapeaux de paille.

la sagesse populaire créole dans les situations désespérées, invitant à foncer quand il n'y a plus rien à perdre.

Langue d'images et de croyances. Puisqu'on est déjà lépreux, pourquoi se priver de la saveur de la viande de tortue, censée transmettre la lèpre ? Longtemps donc que les gourmets ont découvert les délices du steak de tortue, vraisemblablement la *molokoye*. Les lépreux de tout le territoire, contraints de circuler avec une clochette signalant leur présence à l'époque où l'on croyait cette affection contagieuse, ont été regroupés dans cette léproserie à Mana, après avoir séjourné dans celle de l'îlet La-Mère proche du littoral, puis celle de l'île Saint-Joseph, l'une des îles du Diable, nos îles du Salut.

La lèpre fut longtemps une obsession. La moindre tache chez les enfants, au bras, à la nuque, sur le dos, dans les plis d'articulations, était traquée, soumise au test de sensibilité pique-touche-pique, des interdits alimentaires vite prononcés, pas de tortue bien entendu, mais pas de crustacé non plus, pas davantage de gibier sauvage ni de poisson gras. J'en fis personnellement l'expérience. J'étais contrainte à une visite mensuelle au dispensaire où le médecin en personne, pas l'infirmière, me faisait tourner la tête et répondre « pique » ou « touche » à chaque contact d'une épingle sur mon bras ou ma jambe pour deux minuscules taches dépigmentées que j'avais au bras droit et au revers du genou gauche. Ma marraine affirmait que ce n'étaient que les marques d'envie de *caïmite* que ma maman avait eu pendant sa grossesse, mais son avis ne comptait pas.

Durant toute mon enfance et mon adolescence, je dus regarder les autres se régaler de crustacés et de cochon-bois, et j'avais le devoir, que je respectais scrupuleusement, de refuser poliment lorsque, hors de chez moi, on me proposait une brochette de crevettes ou un crabe farci. Depuis, je me venge…

La Mère Javouhey avait construit cette léproserie mais c'est pour la prospérité qu'elle assura à la commune, par le travail de captifs saisis sur les navires négriers en infraction et d'esclaves élargis par le roi, que les Mananais la vénèrent.

Ces captifs provenaient de bateaux négriers surpris avec leur cargaison de « bois d'ébène » alors que la traite négrière était interdite depuis 1815 par le congrès de Vienne et que la loi de 1831 attribuait les captifs au roi contre sept années de travail gracieux avant que ne leur soit reconnue la liberté. La révérende Anne-Marie Javouhey avait d'abord accueilli des paysans et des orphelins de France, dont la plupart sont partis au bout de trois ans.

C'est alors que sa mission périclitait qu'elle reçut cinq cents Africains d'une cargaison saisie. De mémoire orale et de traces écrites élogieuses, il paraît que cette mission était un régal pour les sens. Tous comblés. La vue par les couleurs chatoyantes des fruits, verts, jaunes, rouges, marron, gris, bordeaux, orangés, roses, noirs, mauves brillant des mangues aux aubergines et à la groseille. L'odorat était flatté par les fragrances mêlées sans écœurement de vétiver, muscadier et niaouli fricotant ensemble. Le toucher s'exerçait de la rugueuse écorce du *touka* à la douceur des *loucés* et la robe bosselée de *l'abriba.*

Jusqu'à l'ouïe caressée par les oiseaux, *l'araçari* vert que les enfants appellent *tikulik,* le grand tinamou dont le mâle couve les œufs bleus pendant que la femelle s'occupe à batifoler, une petite volée de *tuyuyu,* cette variété rare de jabiru qui persécute les grenouilles, gazouillant, ricanant, sifflant. Le *kikivi* et le *papegeai* maillé n'étaient pas en reste qui se gavaient d'hibiscus, de jacarandas, de goyaves, de merises, d'olives-pays, de pommes d'amour, et chantaient d'aise.

C'était pourtant une terre vite effarouchée. La vase et les bancs de sables durs à l'embouchure et les caprices de la crique Alimichiri prévenaient que ce fleuve de trois cents kilomètres revenu en serpentant depuis les hauteurs de Saül au cœur du pays, ne se laissait pas apprivoiser sans *dominus vobiscum.* Ses contours varient à fantaisie. En quelques mois, vous ne reconnaissez guère les formes aperçues de cette terre d'alluvions, de savanes et de forêt.

Les *awaras denndé* voudront bien vous servir de repère si vous n'êtes pas obnubilé par les miroitements aurifères de Délices, Désirade et Espérance. Ces arbustes donnent une belle huile de palme bien grasse bien poisseuse, comme au Sénégal et en Gambie. Ici cette huile arrose les salaisons et la viande de bois, *pak, kabyaï,* tatou, *aïra,* qu'il vaut mieux accompagner d'une tisane de pomme-cannelle ou de *lockes* de feuilles de séné si vous voulez dissoudre, avant trop gros, les caillots de sang qui se promènent dans les artères en direction du cœur pour le molester, ou du cerveau pour le culbuter. Cette terre imbibée, c'est bien ce que toutes les sortes de riz auraient aimé.

Man Cès n'avait pas rompu avec cette vie. Elle l'avait embarquée dans sa chatte, mouchoir de tête en madras dont nœuds et plis recelaient des sous, des onguents, des médailles de la Vierge du Bon Secours. Mille fois, nous refaisons avec elle le trajet en canot de la Haute-Mana à Kokyoko après avoir passé les rapides du saut Ananas pour atteindre les chantiers aurifères de Réveil, Repentir, puis glisser jusqu'à saut Bief sur la Comté. Direction sud-est vers Dieu-Merci, Palò-Fini, puis nous bifurquons en direction des sites Pas-Trop-Tôt, Boulanger, Enfin. Nous voici à l'orée de Roura. Plus loin à Adieu-Vat, nous scandons en riant niaisement ces noms pittoresques des placers qu'elle fréquenta, chantiers taillés à Sinnamary, Ouanary, à Saint-Élie où travaillait Urbain Yves Éboué, le papa du gouverneur Félix Éboué qui n'a jamais gouverné en Guyane. Puis nous dévalons les talus vers Régina aux rives du Haut-Approuague, nous traversons vers l'ouest pour gagner Maripasoula en enjambant le mitan du pays par la crique Sapokaye, bras de l'Inini.

Vers l'est, descendre à Carsewène, c'est comme changer de pays. Cette zone était encore considérée comme territoire contesté entre la France et le Brésil, malgré l'arbitrage suisse. Elle est habitée par Brésiliens et Guyanais et par ces Caribéens venus de Sainte-Lucie, Barbade, Dominique, Martinique, travailleurs acharnés, rêveurs impaludés, inlassables prospecteurs de fortune.

Nous revenons par l'autre versant, franchissant Langa Tabiki, Déboulé, Sparouine, Yaou. Ces noms nous ravissaient. Ces expéditions imaginaires guidées par les souvenirs de Man Cès étaient un régal. Au départ de Mana, les Amérindiens nous approvisionnent en gibier et en poisson séché, du *machoiran* et du mulet ; nous leur achetons un *manaré* pour séparer par ce tamis les gros grains de couac, des *katouris* pour nous protéger de la pluie et du soleil, et une couleuvre qui servira à extraire l'acide cyanhydrique du manioc pour le rendre comestible.

Sitôt quittée la plage des Hattes devenue depuis plage de Yalimapo, évitant par mille précautions ses immenses tortues luth, les plus grosses au monde, étrangement sans écailles, qui parcourent les océans pour revenir pondre sur nos rivages, nous nous aventurons dans une téméraire randonnée fluviale pour pénétrer la forêt. La nature dans la cour autour de nous, énigmatique, rendue cordiale par les reflets du quartier de lune, s'y met de bonne grâce et nous escorte dans ce voyage imaginaire.

Le chant du vent sous les feuilles du pommier de Cythère tout près de la maison s'étire pour nous transporter au nord-ouest du pays et se confondre avec le balancement des branches de *moutouchis* aux contreforts sinueux. Nous longeons cette haie sombre et murmurante, tapis dans le canot en grignon franc, à peine réconfortés par le ciel étoilé. Des palétuviers rouges campés sur leurs *racabas* invasifs, racines-échasses luisant d'un éclat métallique, s'avancent dans l'eau du fleuve comme pour l'agripper.

Il arrive qu'une soudaine averse se déverse avec une rage incompréhensible. Nous nous abritons sous une bâche qui finit par s'alourdir, l'eau s'écoulant mal par les bords. Le canot accoste, nous demeurons recroquevillés dans le fond de la pirogue, prenant asile sous les larges feuilles de cacao-rivière. Un *wapa* majestueux, imputrescible, nous offre l'hospitalité ; nous le reconnaissons à ses gousses plates dessinant la faucille du drapeau soviétique. Guélingué l'écureuil saute d'une liane à l'autre, jouant de la queue comme d'une parure.

Nous n'étions pas sûrs de voir des singes *saki*, discrets et craintifs, mais nous comptions sur le *saïmiri*, dont nous savions par un livre de leçons de choses de Maman qu'il est franc et sociable. C'est sans surprise que nous repérons les singes hurleurs, babounes bruyants et extravagants, gibier facile et, disent les adultes, viande savoureuse, qui semblent s'amuser à se signaler aux chasseurs. Le chuintement d'iguanes détalant nous fait sursauter et craindre l'irruption d'un jaguar. Ou d'un puma. Ce n'est qu'un *maïpouri*.

La narration saccadée de Man Cès ponctue, parfois à contretemps, les péripéties de notre périple mental à destination des placers. De temps à autre surgit le tronc frêle mais opiniâtre d'une ébène verte, projetant vers le ciel la gerbe jaune vif de ses fleurs de cime qui en forciront la sève et en feront un arbre majestueux. Par endroits, la rivière Approuague est coupée en son milieu par un îlot submergé à marée haute qui, à marée basse, laisse danser les magnifiques pétales violets de la salade *koumarou*, plante aromatique dont se délectent les poissons et qui attise la convoitise des parfumeurs.

Du fleuve Oyapock, pour gagner la Sikini ou l'Alikéné, criques prolifiques, nous passons le saut Maripa, étalement gracieux de rochers dessinant des paysages pour fusain. Le long de la rive, entre les palmiers *maripas* et les pinots de *waséy*, les orchidées alternent avec les lianes échelles-tortues pour habiller la canopée d'ornements arc-en-ciel. Sur le Maroni, les sauts, plus fréquents, sont aussi plus redoutables. À Boni-Doro, là où la tête de Boni a sauté des mains des félons qui l'avaient piégé et décapité pour toucher la rançon offerte par les maîtres esclavagistes, l'eau tourbillonne et bourdonne comme si le chef de guerre des Bushinengue continuait à commander ses troupes, sous l'autorité d'Aluku, leur chef spirituel.

Plus en aval, le saut Poli-Gudu, *marchandises perdues*, dont les roches serpentent d'une rive à l'autre du fleuve, rappelle la source de son nom. Ceux qui se sont obstinés à le passer ont inexorablement et irrémédiablement perdu leur chargement. Ils s'y résignaient, remerciant leur dieu Masa Gadu tant que nul n'y perdait la vie.

Le canot vide étant plus facile à manœuvrer, nous déchargeons la pirogue ; équipés de bagages, chacun selon ses capacités, nous contournons le saut par un bistouri, layon ouvert dans la forêt le long du fleuve. Nous rejoignons le motoriste qui, guidé par le takariste, a conduit la pirogue dans les étroits passages où l'eau, frénétique, dispute chaque pouce aux intrus. Après de tels efforts, le bivouac au clair de lune autour de l'*aymara* grillé accompagné d'*apen kuzu*, c'est de l'ambroisie arrosée d'hydromel.

À force d'écouter Man Cès et grâce à une vieille brochure légèrement cartonnée, couleur sépia, écrite par un géologue du temps de Jean Galmot, et faisant partie des trésors littéraires de Maman, nous sommes devenus savants sur les techniques aurifères. Des plus artisanales comme la batée, la lance-monitor, le *longtom* ou le *sluice* à riffles, aux plus sophistiquées, draglines, dragues à godets, pelles mécaniques, barges.

Nous reconstituons sans mal une journée ordinaire sur un flat ou un *barranque*. Nous voyons sans peine ces hommes qu'elle nous décrits, torse nu, chaussés de bottes en caoutchouc jusqu'aux genoux, coiffés de leur *bakwa* ; ceux qui travaillent à la batée accroupis des heures durant dans ces marais boueux qu'ils concoctent en détournant les criques ; ceux qui brutalisent le lit de la crique et l'embase des arbres à la lance-monitor, s'éclaboussant de sables et de graviers ; ceux qui manœuvrent le *sluice*, suant comme bourreaux à confesse, lessivant les boues à grands gestes pour leur arracher par gravimétrie pépites et paillettes.

Nous entendons presque la toux de ceux qui, affectés à la *retorte*, respirent le mercure à pleins poumons en le distillant pour séparer l'amalgame. Nous sursautons au cri strident révélant une découverte juteuse.

Nous percevons les sons plaintifs du banjo découragé, les soirs où ces hommes râpeux sont envaporés par le blues.

Les fêtes données en ville les consoleront de ces efforts, ces sacrifices, cet isolement. Ils sont toujours très courtisés lorsqu'ils arrivent en ville munis de quelques grammes d'or, maîtres du monde lorsqu'ils sont lestés de kilos d'or.

C'est l'histoire vraie, à peine enjolivée de Léon le pâtissier qui, bien avisé d'avoir abandonné ses fours, a récolté en quelques mois quarante kilos d'or ; celle de Jadfard qui en ramène dix de plus, de ce Mérange qui réussit à amasser cent kilos d'or en moins d'un an. Dans nos esprits enfiévrés, les robinets dorés de la demeure monumentale de monsieur Vitalo, richissime exploitant aurifère guyanais, sont rutilants. Sceptiques et médisants, nous chuchotons que, pour s'enrichir si vite sur les nouveaux placers, Élysée, Courriège, et rouler en ville en tilbury, il doit bien avoir à son service un ou plusieurs *baklous*, ces mauvais génies de la richesse qui lui déroberaient son âme en paiement et l'emporteraient dans un étourdissant vacarme le jour venu. Nous échafaudons nos hypothèses malveillantes alors que monsieur Vitalo était mort et enterré depuis plus d'un demi-siècle.

Certains soirs, Man Cès était taciturne. Taiseuse, même. Son regard se perdait comme s'il transperçait la muraille d'arbres et de *yanman* d'où partait l'obscurité épaisse qui métamorphosait notre cour hospitalière de jour en univers hostile la nuit. Ces soirs-là, elle vidait par petites lampées le bock de tafia qu'elle nous avait chargés de lui acheter dans la journée. Maman lui avait ouvert un carnet de crédit chez l'épicière, madame Boutezelle, une Martiniquaise qui tenait boutique aux heures de bureau.

Les commissions pour Man Cès variaient peu, du *pinnda* épicé roulé dans du parchemin de bambou, de la chandelle de Sainte-Lucie, du *tiger baum*, de l'huile pour sa lampe votive, du sucre roux, trois feuilles de tabac. Elle nous commandait parfois une boîte de Pilchard, conserve ovale métallique qui, ouverte, libérait un parfum aigre-doux de poisson confit dans des tomates confinées. Répulsif. Répugnant.

Elle les mangeait en sifflotant des airs de chants des bois, martelant du pied le son d'un tambour, usant de sa fourchette et de son couteau comme de baguettes *tibwa* tapant sans fausse note *takpoutakpoutaktak*, se sauvant de son spleen. Elle avait à l'occasion la nostalgie guillerette. Elle se mettait alors à danser en tenant le bas de sa robe, tournoyait, virevoltait, cassait le corps à gauche pour se rabattre sur la jambe droite, chantait aigu des chansons traditionnelles en *bélia* et *kanmougué*, chants et danses de travail, riait en rejetant la tête, soufflait puis, rassasiée et provisoirement consolée, se rasseyait en zigzaguant, avant de bourrer sa pipe et d'en aspirer le tabac avec une vigueur inattendue.

Certains soirs, elle exécutait une danse plus lancinante. C'étaient les soirs de souvenirs térébrants. Pliée comme cassée en deux, la tête rentrée, les pieds joints bougeant à peine, elle se penchait vers l'avant puis revenait sans jamais se dérouler totalement, chantant une mélodie de gorge. C'était la *sanpulah* amérindienne.

Man Cès partit de chez nous comme elle était venue, sans le moindre signe avant-coureur. Elle déménagea pour une chambre dans la même rue, une pièce assez spacieuse, en arrière-cour de la maison Chong Wa. Nous avions consigne et obligation de nous relayer pour lui rendre visite chaque jour, de nous exécuter immédiatement si elle commandait une course ou un service. J'ai su, des années plus tard, que c'est Maman qui payait ce loyer alors qu'elle tirait déjà le diable par la queue pour assurer nos existences. Cet éloignement visait autant à offrir à Man Cès plus d'intimité qu'à nous soustraire au spectacle épisodique de ses soirées de mélancolie et d'ivresse.

Je demandai un jour à Maman pourquoi nous l'appelions Man Cès. Son prénom est Cécile, la patronne des musiciens, et c'est votre grand-mère. Grand-mère ? Et comment on devient grand-mère ? Une grand-mère, c'est la maman de votre maman ou de votre papa, Man Cès est la maman de votre papa. Vertigineux. Mon père ne vivait pas à la maison. Je ne l'y ai jamais connu. Je l'ai toujours vu, et sans plaisir, hors de chez nous. D'abord dans son épicerie-bazar de la rue Becker, celle même où nous habitions un pâté de maisons plus loin, puis à Faubourg-l'Abri, l'une des premières extensions de la ville, où il avait transféré sa boutique et sa maison.

Maman nous imposait de passer un dimanche sur quatre chez notre père, vieux grincheux tenant boutique. Nous n'aimions qu'un moment de la journée, celui où nous lui piquions des bonbons avec des ruses de Sioux, sans produire le moindre bruit en dévissant puis revissant les bocaux. Ce divertissant exploit accompli – nous opérions toujours à l'heure de la sieste –, nous détestions tout le reste du temps passé aux côtés de cet individu antipathique.

C'est sans doute d'intuition et de vibrations fétides que je l'exècre. Je ne le sais pas encore, je l'apprendrai longtemps après par l'indiscrétion d'une tante – Maman nous interdisant de nous mêler des affaires des « grandes personnes » –, il facturait à Maman le lait de nos biberons. J'espère qu'il grille en enfer.

Dès le dimanche de supplice suivant, je l'interrogeai, la question me tracassait et me démangeait. Man Cès, c'est ta maman ? Cette femme est folle, ce n'est pas ma maman. J'étais prête à le croire. C'était tellement invraisemblable qu'elle fût sa maman. Et sa réponse semblait tellement définitive. Mais Maman nourrissait une religion pour la vérité. Ma curiosité y puisait un motif vertueux. Je voulus en avoir le cœur net. J'entrepris Man Cès. Papa, c'est ton fils ? Oui, c'est mon fils, mon seul enfant. Je résolus de ne rien lui dire des paroles de son fils.

Je présume avoir compris obscurément que Maman avait recueilli cette femme sans en avoir l'obligation, ni légale ni morale, que cette femme, ma grand-mère, avait un fils avec qui toute relation avait été rompue, mais sa réponse laissait entrevoir son espoir, secret sans doute, d'un retour de flamme filiale. Lui, l'avait déjà reniée. Je flairai que je devais faire barrage à cette violence putride, infâme, obscène. Étouffer cette parole cruelle, enragée, l'étrangler, l'asphyxier, la tuer. J'avais huit ans. Ce fut probablement mon premier acte de solidarité de femme, mon premier geste féministe. De survie.

Deux ans plus tard, Man Cès tomba malade. Le diagnostic fleurissait en mots insolites. *I tonbé léta* (c'était une syncope). Elle reprit connaissance. Delirium. *Lenbé*, chagrin. Langueur. Désolation. Abattement. Man Cès s'éteignit comme une bougie au matin.

Maman, sa tristesse en bandoulière, s'occupa de l'habiller avec élégance et s'activa dans les démarches pour les obsèques. Qu'elle régla seule. Quand tout fut prêt, elle nous envoya prévenir notre père avant la diffusion publique de l'avis d'obsèques. Ce gredin ne fut pas présent à l'enterrement de sa maman. De ce jour je le tins, et définitivement, pour un scélérat. J'espère que l'enfer n'a pas de fin.

*

Tonton Nounoune est un autre pensionnaire de la maison, sporadique, lui. Il ne séjourne jamais plus de deux jours, habituellement pour cuver une cuite. Il arrivait titubant, oscillant dans le long couloir bordé d'arbres menant de la rue à la maison, chantant à tue-tête un répertoire de son service militaire. Nous le saluions, comme s'il était en état de sobriété, pas fous de risquer une raclée pour moquerie ou manque de respect envers un adulte. Nous nous rattrapions en l'imitant derrière la maison. C'était entre nous un concours d'équilibristes sur sa démarche, ou de ventriloques pour les hoquets.

Maman ne nous a jamais surpris, quoique, avec le recul je n'en sois pas si sûre. Elle le contraignait à se coucher. Il ronflait comme le camion-benne de ramassage d'ordures en arrêt prolongé. Lorsque dans des rêves tourmentés il avait sué et éructé les vapeurs des mauvais vins ingurgités, il reverdissait, plaisant et spirituel, prolixe en historiettes, devinettes, charades, anecdotes et enseignements.

Tonton Nounoune était ébéniste. Un métier d'art, disait-il. Tu vois, tous les bois ne vont pas avec tout le monde. Le bois est vivant, il te choisit. Il peut tourner dans tes mains, comme un parfum tourne sur des femmes qui ont des robes pimpantes et des dessous crasseux. Il peut refuser le rabot. Moi, tu vois c'est l'acajou. Je te parle de l'acajou de Guyane, pas de ces cochonneries qui viennent des petits îlets de la Caraïbe où les gens font semblant d'avoir une forêt et donnent n'importe quel nom à leurs arbres inutiles, bande de voleurs.

Notre acajou est tendre, et en plus il est amer, le dégoût des termites. Attention, il ne se laisse pas faire ! Il est tendre mais il n'est pas souple. Mais, mes amis, quels meubles tu fais avec ça !

Les aristocrates en France, ils en veulent pour fabriquer des boîtes de cigare, c'est te dire !

À part de ça, tu as l'angélique. Là, voilà un bois récalcitrant, il fait rouiller les clous que tu mets dedans. Mais ça, c'est pour les gaspilleurs qui utilisent ce bois précieux comme pilotis, sous prétexte qu'il résiste même à l'eau de mer, alors la boue de la campagne, ce n'est évidemment pour lui qu'un chatouillement de *patkana*.

Moi, dans mon métier, c'est colle, chevilles et chevrons, pas de clous. Même le ciseau à bois peut caler devant l'angélique. En plus faut savoir choisir ; tu as l'angélique noire, la rouge, la blanche. Mais pour te dire, si tu veux vraiment qu'un bois il chante pour toi, pour toi seul comme ton horoscope, qu'il accepte ta main derrière la scie, tu le prends tout vert, tu le laisses sécher et se *corer* derrière ta maison pendant le temps qu'il faut pour que le carnaval recommence à empiéter sur le carême, ça fait cinq ou six ans. Là tu commences à lui donner des courbes, des rondeurs, des pointes, des traits, des angles, des moulures, des ajours et aussi sûr que le jour suit la nuit, il chante pour toi sans faire radin.

Ébéniste, ce n'est pas un métier pour ignorants. Est-ce qu'on t'apprend à l'école que des bâtiments de guerre ont été construits en France avec de l'angélique venant de Cayenne ? Vingt-sept ans après ils ont vérifié tous les bois des bateaux, le chêne était tout pourri, l'angélique était toute neuve.

Remarque bien, ils auraient pu prendre du wacapou ou du *tchò dèrò*, c'est la même résistance ; mais non, ces comparaisons, ces péteux, c'est l'angélique qu'ils veulent. Ce n'est pourtant pas le choix qui manque. Pour les navires de guerre ou de la marine marchande, ils pourraient prendre du rose femelle ou du *taoub*, même le *shawari* peut faire l'affaire.

Pour les meubles aussi il y a du choix. Regarde les guéridons du salon de ta maman, ils sont en satiné rubané. Ça aussi c'est un bois ! Tu as vu ses veines ? Et son brillant ? On fait aussi des guéridons en bois violet, en bois serpent, en courbaril, en balata ; j'en ai fabriqué, je préfère le courbaril à mille à l'heure.

Le buffet de votre salon, le bas est en amarante. C'est un bois qui vit sa vie ; il se balade dans les couleurs, il est gris, il est mauve, il devient gris et rose en fraîcheur, puis il vire au violet, après ça devient foncé. Tu vois ce buffet il est increvable. Une petite caresse à la peau de chamois arrosée de quatre gouttes de cire à bois une fois chaque semaine, ça suffit à son bonheur.

Là-bas dans le coin près de la fenêtre, tu vois la table où ta maman a posé le poste radio ? C'est du *saint-martin* rouge. Observe bien ses veines, on dirait celles d'un débardeur, un docker, un déménageur, c'est un bois de gros travailleur, robuste mais le cœur fragile, c'est son aubier qui est périssable. Nous, on dit c'est comme les costauds au cœur tendre, un petit chagrin d'amour et voilà toute la chair qui fond.

Encore, là je ne te parle que des gros travaux ! Les bois délicats aussi ont leur chance. Pour les instruments de musique, l'ébène verte c'est pour les pianos ; le *patawa* fait de belles cannes pour les dandys et des parapluies de collection pour les snobs ; les sculpteurs, eux, ils aiment le *boco*.

Nous l'écoutions plus éblouis qu'attentifs. Il y avait la distance d'une planète entre le pré-clochard titubant arrivé la veille, soûl comme une tortue *tawarou* de Kaw, et ce savant aux yeux ardents, la langue leste. Il nous défiait, nous toisant l'un après l'autre. Tu vas à l'école tous les jours mais tu sais pas tout ça, hein !

Nous devions en convenir.

Il récompensait notre docilité par d'amusantes charades sur les communes de Guyane. Laquelle a pour devise « le plus roué rouera toujours les autres » ? Silence et embarras, hein ? Et « n'est beau regard sans âme claire », c'est où ? Motus encore ! Vous êtes ignorants de votre pays. Les Sœurs qui vous font l'école elles connaissent rien du pays. Et tu sais pourquoi « Crabe n'a plus de tête » ? Parce qu'il avait trop de défauts en même temps : bon cœur, goût des camarades, étourderie, c'était fatal qu'il perde la tête.

Nous restions pantois devant ses devinettes impossibles. « Comment crapaud a-t-il perdu sa queue ? » Nous étions sidérés par ses *masak* tirés par les cheveux. « L'eau debout », c'est la canne à sucre ; « les pelures de cacahuètes devant la porte du Bon Dieu », ce sont les étoiles ; « je suis ici et là-bas en même temps », c'est le regard ; « plus je cours plus je rétrécis », le fil dans l'aiguille… et autres in-trouvailles qui nous déconcertaient.

Il finissait par nous lâcher une confidence douloureuse. Une fois c'était d'avoir eu un grand-père coolie, sournoisement méprisé, honteusement exploité sur les chantiers, victime de la connerie sans âge, et que lui-même a failli renier pour ne pas perpétuer le prétexte au mépris. Il en avait hérité cette superbe chevelure ondulée, le cheveu épais et souple d'un noir étincelant que les femmes aimaient bichonner quand j'étais un jeune homme *bòdzè* et que mes poches ne coulaient pas la glace. Ce pays a oublié qui a apporté le colombo ici ? Et parfumer la pimentade au lait de coco ? Et les *baklous*, c'est qui les maîtres à *baklou*, ça sort d'où les *baklous* ? Mais c'est comme ça, les gens sans culture et sans instruction, ils imitent les péteux de la haute société, ceux qui veulent tellement macaquer l'aristocratie blanche qu'ils ont fait grand récurage dans leur cerveau. Z'ont plus de racines. Leurs arbres généalogiques, rien que des lianes suspendues sur les troncs des autres. Malheureusement, ça ne donne pas des orchidées.

Une autre fois, c'était une amertume de destin contrarié. Je voulais être ingénieur botaniste. Un maître de travaux pratiques, galeux, en plus il était laid comme l'escalier du diable la nuit de demi-lune, il a décrété que j'avais la tête dure comme du bois *gaïac*, la cervelle sans plis comme une graine *d'awara*, et que je ne pourrais jamais retenir tous les noms des plantes et des arbres. Moi, je te dis, lui, il était plus couillon que moi, parce que sa femme, elle est partie sur lui avec son propre camarade. Sans avertissement. *Bondjé pini pa ka rété lwen*, le châtiment des mécréants est toujours proche.

S'étant ainsi consolé, il nous plantait là, ébahis. Il nous quittait en braillant une chanson d'Henri Salvador, *Faut rigoler pour empêcher le ciel de tomber*, en faisant semblant cette fois de tituber. Nous en sortions émus. Pourtant, nous recommencerions à rire sous cape à sa prochaine beuverie. C'était en fait un buveur solitaire, un cabossé de la vie, bouleversant et attendrissant.

*

Monsieur Alène était un artiste. Aujourd'hui on aurait dit avec brutalité un SDF, avec un peu d'élégance ou d'hypocrisie, un marginal. Il jouait de la guitare et dormait sous un porche en ville ou sur un banc de la place des Amandiers. Il s'allongeait dos à la mer, le chapeau posé sur le visage comme un voilage pour l'abriter des regards.

Quelques petits malandrins qui manifestement ne craignaient pas de prendre une raclée en rentrant chez eux, lui lançaient des pierres, mesurant leurs gestes pour le déranger sans l'atteindre. Nous n'étions pas assez écervelés pour nous mêler à ces méchantes facéties. Maman l'aurait su et elle nous aurait strié le dos pour nous rappeler ses règles de respect dû aux adultes, qu'importe leur situation, quand le *wapa* tombe, les bouches frivoles le traitent de bois pourri, ce que vous ne connaissez pas vous dépasse.

Lorsque monsieur Alène surgissait à la maison en passant la tête par le corridor, dès qu'elle en était prévenue, Maman l'invitait à entrer. La première fois qu'il s'est présenté, il était tout couvert de boue, de vase plutôt, décoré de taillades, certaines profondes, sur les bras et le dos. C'étaient les traces, avouées bien après, d'une rixe entre clochards qui, s'étant défiés comme des coqs de combat, avaient fini par rouler, entremêlés, sur le versant fangeux du canal Laussat qui borde le sud de la ville. Pour une vétille !

L'adversaire de monsieur Alène avait prétendu que depuis qu'il loge dans la rue, ce dernier n'a pas connu de femme ; et que pour calmer ses ardeurs il boit en tisanes le cœur des racines de papayer ; autrefois, au contraire, pour être à la hauteur, c'est l'écorce des racines de papayer qu'il ingurgitait à grandes goulées comme le jus de *couac* avant une purge. Monsieur Alène avait donc dû laver son honneur… dans la vase.

Maman lui avait proposé de se rincer au tuyau, ce qu'il pouvait faire pudiquement derrière la maison. Elle lava ses vêtements et lui offrit en rechange un pantalon kaki et une chemise blanche qu'elle retira, comme par prestidigitation, d'une valise marron rangée sur le haut de son armoire. Maman désinfecta les plaies avec de l'alcool à quatre-vingt-dix degrés, lui arrachant des sifflements asthmatiques, avant de le badigeonner à l'éosine. Il ressemblait à un ocelot repeint au *roukou*.

Cette première fois, monsieur Alène s'était montré peu loquace. Ce fut la seule fois. Les autres jours où il nous rejoignait, habituellement après trois ou quatre jours de dèche et de diète, Maman lui composait un repas avec ce qui lui restait et l'agrémentait du parfum d'une feuille de menthe. Après s'être restauré, il exprimait le contentement de son estomac en nous gratifiant de cours de médecine-feuilles.

Nous étions portés à ne pas traiter à la légère ses affirmations car dès le lendemain de la rixe, passé remercier Maman, il avait exhibé ses plaies cicatrisées sous des croûtes, affirmant que ce n'était pas l'œuvre de l'éosine mais de ses cataplasmes de *féy pès* cueillies dans le fond du jardin botanique à côté du petit pont. Il les avait posés et alternés avec de la résine fraîche de tamarin récoltée d'une entaille faite au tronc d'un des courbarils plantés le long du cimetière.

Nous traînions parfois des jours entiers des plaies suintantes sur lesquelles nous faisions silence sous peine d'avouer nos forfaits. Nous étions donc très intéressés à recevoir cet enseignement, promesse d'autonomie sur les conséquences physiques de nos intrépidités. C'est ainsi que nous reçûmes avec reconnaissance un savoir transmis dans le sympathique désordre d'une pédagogie de plein air.

Nos échauffures entre les orteils furent vaincues par les feuilles de *radyé-pian* ramollies à la flamme. Nos foulures, prix de nos courses et de nos culbutes, s'évaporèrent sous l'effet du safran saupoudré de sel et avachi au rhum. Pour ne pas avoir à déclarer des blessures au clou rouillé ramassées dans des expéditions interdites, nous nous faisions des emplâtres de racines fraîches de *kaloudjab*, jusqu'au jour où un adolescent amérindien, adopté par la patronne d'une grand-tante employée de maison, succomba à une crise de tétanos, nous laissant interdits. Comment peut-on mourir en si peu de temps, si jeune, sans avoir fait de mal à personne, et d'une si petite blessure, malgré un corps râblé mais musculeux ?

Sans renoncer totalement à notre nouvelle science de guérisseurs, nous nous sommes pliés de bonne grâce à nos rappels de vaccins… syncrétisme médical latent. Nous entretenions une profonde fascination pour la séquence surnaturelle de ces enseignements clandestins. Nous étions naturellement terrorisés par le fromager, tronc géant et sommet dépoitraillé, branches déferlantes et feuilles en éruption, *bwa-djab*, arbre sacré, arbre de vie, refuge d'esprits bienfaisants mais susceptibles. C'est la première leçon de superstition. Vous la retrouvez dans tous les pays rescapés de l'esclavage.

Monsieur Alène confortait notre effroi. Il donnait corps et forme à notre épouvante en évoquant le chant lugubre des branches de ce fromager-là qui fait angle entre le boulevard Jubelin et l'entrée du quartier Laro Saint-Quentin les soirs de pleine lune. Il valait mieux ces soirs-là porter sur soi, professait-il, dans un étui de satin rouge vif épinglé à l'intérieur de la poche arrière gauche du pantalon ou du bonnet gauche du soutien-gorge, de la poudre de *douvan-douvan* pour chasser les esprits et éloigner les chauves-souris ; à défaut du mimosa *radyé-lanmò* peut convenir pour se protéger des malveillants, pour les femmes, des violeurs.

Notez bien, ajoutait-il, en cas de besoin le *médecinier* rouge est également efficace contre les maléfices. Attention, je parle de choses réelles. Pas des divagations de gens qui ne tiennent pas la *guildive* mais veulent à tout prix la fréquenter. Ni des olibrius qui se prennent pour des chamanes, vont fumer l'écorce séchée de *grenn-makak* ou boire le jus de *takini* et puis après ils se laissent désorienter par des apparitions qui ne sont que des farces de leur cerveau.

À Sinnamary y a tout le pays, claironnait-il. Y a les savanes sèches et les savanes qui sont noyées pendant la saison où le ciel se fâche tellement que même les quatorze stations du calvaire sont inondées. Nos bœufs sont plus gros que ceux de Saint-Georges. D'ailleurs ceux de Saint-Georges viennent du Brésil. Ils sont grossis à la farine, chez nous leur manger c'est que du pâturage et du fourrage. Sur la côte, là où pousse la mangrove maintenant, y avait des champs de coton, blan-an-an-an-an... qui s'étalent jusqu'où tes yeux sont forcés de *kayer* même si tu fais dix sur dix chez l'oculiste !

À présent, ce sont les palétuviers rouges qui font la loi. À leurs pieds ça grouille de crevettes, sarcelles, aigrettes bleues, *sawakous*, ibis verts, flamants roses. Si tu surveilles, tu peux voir chien crabier qui n'est jamais bien loin en train d'épier les insectes, les alevins, les crustacés ; chien crabier c'est un vorace. Le *makawa* lui-même il guette et puis hop, il avale les petits serpents qui traînent dans les parages.

On plante le manioc, on est les rois du *couac* et des *sispas*. Les *awaras tchou fandé* c'est chez nous ; les *parépous* gras, chez nous ; les *waséy* vitaminés, chez nous ; le *komou* juste à maturité le vendredi saint pour le repas de fin de carême avec morue grillée et *couac* trempé, c'est encore chez nous. On a la montagne Amaïbo, les marais de Yiyi, ça, c'est le royaume du *moucou-moucou* ; y a chez nous *l'awérou*, c'est notre tantale créole ; on a les plages de sable doré et depuis le Courcibo, on traverse sept sauts, à commencer par le saut Kawène, pour atteindre le bout de la commune qui est plus grande que la Martinique tout étalée.

À n'importe quelle saison, tu peux être indien, boni, bosh, saramaka, tu peux être créole, tu peux être n'importe quel spécialiste international du canot, tu ne passes ni le saut Jupiter, ni le saut Lucifer même si tes pagaies sont en acier. Tu peux même essayer avec des pagaies taillées dans du bois béni au pèlerinage de saint Michel à Matoury, rien à faire, tu ne passes pas. Avant ça, on a le saut Trois-Îlots où on débarque tout le chargement pour les placers. Après y a Amadis et Macibo. Faut pas compter naviguer là en saison sèche, depuis août jusqu'à novembre, *nating*. Plus loin, tu as le saut Va-Ta large comme une planète *dékartyé* avec des îlots à tribord et à bâbord et plein d'arbres bien campés qui ne demandent aucun bichonnage à personne.

Si tu veux te prélasser comme un *agratiche* au soleil tu as la crique Canceler. Le seul problème c'est que les bœufs et les cochons aiment venir *driver* par là. Et tu connais leur travail, c'est manger, déféquer et grogner. Sinon y a la crique Toussaint. C'est un peu moins sauvage mais c'est très joli aussi. Ce n'est pas un *darloz*, je te dis et je te répète à Sinnamary, y a tous les paysages. Ce n'est pas le plus long fleuve, d'accord il fait que la moitié du Maroni, mais c'est le plus profond. Ils ont fini par construire un pont. Avant ça, ils croyaient que ça aurait suffi un bac comme sur la rivière de Cayenne au Larivot ou sur le Mahury à Stoupan. Macache, la vase et tout ça, ça ne prend pas. Ils ont construit un pont en bois et à peine quatre ans après, ils ont mis du béton. Au moins comme ça, on va d'un bord à l'autre sans attendre.

À part de ça, on a les battures de Malmanoury. Aïe ! aïe ! aïe ! Malmanoury, y avait encore plus de bœufs et de cochons que de gens. Si on ajoutait toutes les bêtes à cornes, madame Deschesne à elle toute seule en avait presque cent, madame Madeleine soixante-dix, plus tu mets les bêtes sans cornes, les bêtes à plumes ou à poils, raboutées avec les bêtes à deux pieds que sont les couillons de Malmanoury qui se sont laissés *vergler* et sont allés déménager sans nouvelle adresse pour laisser la place à la fusée, ça faisait plus de mille vivants.

Malmanoury, en ce temps-là, c'était tout bonnement le pays du café, du cacao, du *roukou*, du bois de rose. Y avait une carrière de roches pour construire les maisons. On fabriquait la gomme de balata et l'huile d'*awara*. À Saint-Élie, à côté y avait une voie ferrée. Les Malgaches étaient tout le temps dessus, et tous ces gens-là mangeaient le riz des Javanais. Ce riz poussait tellement qu'on pouvait le récolter deux fois en douze mois, grâce au canal que les esclaves ont creusé jusqu'à Corossony. Les Javanais, c'est le maire Verderosa qui les avait fait venir même pas dix ans avant leur base de fusée là.

Leur doyen c'était Papa chef, père Danestro, cuisinier comme pas un. Franchement y a pas comme les plats javanais. Papa Chef a ouvert un restaurant, tout Cayenne va manger là. Cuisine indonésienne, c'est écrit. C'est presque aussi bon que notre pimentade de bœuf et nos *atipas* aux lardons et au lait de coco. Quand les Javanais sont arrivés du Surinam, on les a installés sur la savane Manuel. Après ils sont allés sur l'îlet Wara. Avant eux, les Annamites étaient dans le bagne de Saut-Tigre. Les Annamites, ils se révoltaient contre les Français qui occupaient leur pays.

La France n'avait pas plus tard inventé une loi pour accaparer le territoire de l'Inini qu'elle a fait venir plus de quatre cents Annamites par le bateau à vapeur *Lamartinière*. Elle les a mis d'abord à Tonnégrande, près de la crique Anguille et à la Forestière sur le Maroni ; après, elle a transféré certains à Sinnamary. Et qui les surveillait quand ils devaient abattre des arbres et ouvrir des pistes dans la forêt pour que les surveillants et les ravitailleurs ils circulent entre le bourg et le camp ? Des tirailleurs sénégalais.

Ceux qu'on avait fait venir pour mater les restes d'émeutes après le soi-disant empoisonnement de Galmot, ces mêmes Sénégalais de plusieurs pays qui vont se comporter comme des fripouilles et massacrer des gens, saccager la ville, ils font une nuit sanglante de carnaval à Cayenne en février 1946. Comme quoi quand les sourcils de ton voisin brûlent tu ferais bien d'arroser ta barbe.

Au début, presque tous les bagnes du pays portaient des noms de saints, Saint-Georges, Sainte-Marie, Saint-Augustin, Saint-Philippe, Saint-Jean, Saint-Laurent. Nous, c'était Saut-Tigre. Les autres bagnards, ils venaient de Brest, de Toulon et de Rochefort où la France voulait fermer ses bagnes. Nos Annamites, ils étaient passés par l'île de Ré, sans doute qu'il n'y avait pas de bateaux pour aller directement de l'Indochine à Cayenne.

En Nouvelle-Calédonie, ils n'envoyaient que les Blancs. En Guyane, ils envoyaient tous leurs métèques, d'Afrique, d'Indochine, d'Algérie, mais au début des Blancs aussi. Et d'ailleurs, ils envoyaient les Algériens comme Bou Maza et compagnie ici, pourtant quand ils ont commencé ils avaient Lambessa en Algérie. Mais c'est d'autres qu'ils mettaient dans ce bagne-là. Pour les prisonniers, on dirait qu'avant de les faire souffrir sur place, fallait les faire voyager.

Votre livre d'histoire, il vous renseigne que des révolutionnaires de la France ont été déportés ici à Sinnamary ? Qu'ils sont arrivés sur la frégate *La Décade* ? Non, notre livre d'histoire ne le disait pas mais le vieux livre de Paul Laporte, *La Guyane des écoles*, qui appartenait à Maman, avec ses vieilles pages marron épaisses et défraîchies comme un biscuit oublié sur une feuille de tôle sous la pluie, racontait bien tout ça, dévoilait leurs noms, Billaud-Varenne, Collot d'Herbois, Barbé-Marbois, Pichegru et même Ange Pitou, pas celui d'Alexandre Dumas, le vrai… il paraît qu'il était royaliste.

Ce livre parlait aussi d'Alexandre Marius Jacob, anarchiste, voleur qui redistribuait aux pauvres. Il paraît que c'était lui le vrai Arsène Lupin. Il a épargné la maison de Pierre Loti au motif qu'il ne volait ni les pauvres ni les gens utiles. Nous, Pierre Loti, on n'aime pas ce qu'il a fait avec ses soldats à Thouan-An. Il y avait également un chapitre sur les prêtres réfractaires. Pendant longtemps on a cru que ceux-ci avaient donné à cette commune son nom, *nihil sine Maria*, rien sans Marie, très connue pour son pèlerinage de Notre-Dame-des-Douleurs en septembre, avant les grandes chaleurs.

Maintenant, on ne croit plus à cette fable de nom latin. Il paraît que le nom de Sinnamary vient de l'égyptien pharaonique et signifie « frère aimé » dans l'écriture sacrée *medu netcher*, que les Grecs appellent hiéroglyphe. Avant ces débats et leurs disputes, ces histoires de révolutionnaires bagnards remontaient au 18 fructidor de l'an V, et c'est monsieur Alène qui nous a traduit le calendrier, 4 septembre 1797. Il était presque aussi calé que Maman, ça devait être plus facile à comprendre au temps de leur jeunesse.

Barbé-Marbois, il a une rue à Sinnamary, poursuivait monsieur Alène. Il a fini gros *tchap* dans son pays, la France, comme quoi faut pas peser les gens par les yeux. Un siècle après, il restait par là des descendants de la famille du chef coutumier amérindien Kali'na. À cette époque, ils s'appelaient Galibi. Des gens venus de France *espécialement* pour ça ont pris le chef et sa famille pour les emmener à l'Exposition coloniale.

C'était le chef Kavanaya Tuseya. Il venait de remplacer comme chef son papa Ayeramo qui était mort depuis pas très longtemps. Kavanaya est parti avec toute sa famille, même sa mère que tout le monde appelait Bibi, ça veut dire grand-mère. Ils sont restés des mois au Jardin d'Acclimatation. Apparemment, ils ne se sont pas acclimatés car, parmi eux, pas mal sont morts sans retourner en Guyane.

À Sinnamary y a toute la géographie de la Guyane, toute l'histoire de la Guyane, même les rescapés de l'expédition de Kourou sont venus se refaire une santé tellement notre climat est salubre. Et je n'ai même pas raconté la distillerie de madame Léon. Y a tous les artisanats. Y a qu'à voir comment on travaille les plumes d'ibis ; ce sont les Sœurs du Sacré-Cœur et du Rosaire qui ont commencé avec ça.

Et tous ces bois, l'*amourette*, le *moutouchi*, le *maho* rouge, le *satiné rubané* pour les sculptures de bancs et de masques. Toutes ces lianes pour la vannerie, *l'arouman*, le *wadé-wadé*, le *kérété*, le *kanari-makak*. Sans compter les couleurs qu'on tire de l'indigo, du *génipa*, de la *gomme-gutte*, du curcuma, du *balourou*...

Quant à nos abattis, malgré les ravages des agoutis et des fourmis-manioc, on peut nourrir toute la Guyane en *ignames*, *dachine*, *tayove*, patates douces. *Sinnamary a roun bèl péyi*, chantait-il en rythmant un *grajé*. Une nuit de grajé qui se respecte se finit par deux heures de *kasé-kò*, sentenciait-il, esquissant un *nika* en mimant d'abord le tambour *koupé*, ce son bien aigu qui gicle de la peau de *kayakou*, puis le tambour foulé à peau de biche, et en final le tambour plombé à peau de veau. À lui seul, il faisait danseur, soliste, choriste, *tanbouyens*.

Avec monsieur Alène, nous effectuons notre découverte des régionalismes. Ils sont d'autant plus vigoureux que l'enclavement rendait chaque commune mythique ; pour ses ressortissants d'en être partis sans pouvoir aisément y revenir ; pour ceux de la ville de ne pouvoir s'y rendre et devoir s'en remettre aux souvenirs embellis de ses migrants. C'était un arrangement tacite pour s'évader de Cayenne où la misère se dissimulait mal et qu'un assainissement affligeant privait de poésie.

Un jour, je surpris Maman prenant l'air affairé mais écoutant, émue, monsieur Alène déclamer Victor Hugo : *« Oh ! N'insultez jamais une femme qui tombe ! / Qui sait sous quel fardeau la pauvre âme succombe ! / Qui sait combien de jours sa faim a combattu ! / Quand le vent du malheur ébranlait leur vertu / Qui de nous n'a pas vu de ces femmes brisées / S'y cramponner longtemps de leurs mains épuisées.* » Au ton et au rythme qu'il y mettait, on parlerait aujourd'hui de slam. C'était peut-être là leur troc.

*

Tonton Armand était invariablement élégant. Toujours impeccable dans son costume-cravate à fines rayures dans les tons unis gris clair ou gris sombre. Il était peu disert. Il en imposait par cette discrétion même et par le mystère du métier que, trop vieux, il n'exerçait plus, quelque chose comme clerc de notaire. À regarder de près, il ne semblait pas si vieux, juste défraîchi et stoïque comme une encyclopédie jaunie.

Il connaissait des histoires de terrain et de familles, des drames et des vols, des secrets qui explosent et des manœuvres qui avortent, il ne les racontait toujours qu'à demi-mot, ne donnait jamais de noms sauf quand l'affaire était publique ou, sans l'être, connue de tous. Je scrutais de biais ses mains, veinées au dos, les doigts noueux à peau lisse, les ongles propres taillés ras, une chevalière en or et onyx à l'annulaire gauche retenant une alliance.

Il ne portait jamais chapeau. Les cheveux, longs à l'avant, très courts à l'arrière, étaient parfaitement disciplinés, grisonnant chic. Ils lui venaient, racontait Maman, de sa maman mulâtresse, une *chabine* à cheveux plats enjouée et serviable qui périt d'amour pour un grand séducteur de la haute société. Il y a des gens qui ne savent pas peser la charge d'amour qu'ils mettent dans leur cœur pour quelqu'un qui ne le vaut pas, après leur cœur devient trop lourd.

Depuis qu'il est adolescent, Tonton Armand traîne l'accablement de n'avoir pas connu longtemps sa maman. Il avait passé toutes sortes d'écritures de ses doigts nerveux et encore impatients. Il avait tracé des pleins et des déliés sur toutes espèces d'eldorados, au temps du bois de rose, de son essence et de la gomme de balata, du caoutchouc pour fabriquer des marteaux de piano et de la glu marine.

Il avait connu la longue saison de l'or natif et des briques de kaolin, le temps florissant où s'exportaient par goélettes longeant

3 générations

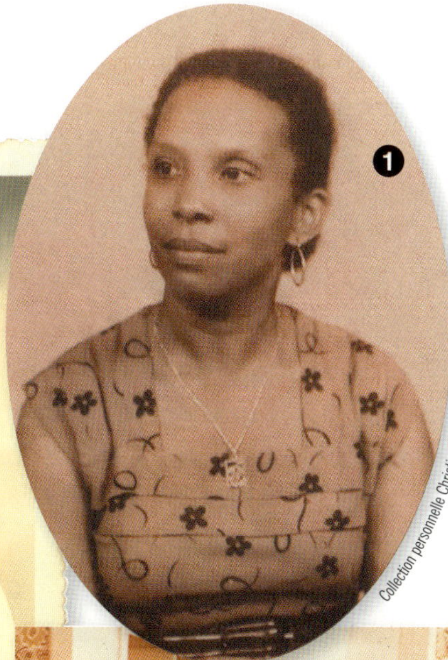

Collection personnelle Christiane Taubira

Collection personnelle Christiane Taubira

Collection personnelle Christiane Taubira

1. Maman. Ce *wapa* indestructible qui, un jour, craque dans un bruit de fin du monde.
2. J'admets, je n'étais pas une pré-ado sexy, et mes plus jeunes sœur et frère qui regardent la vie avec grand sérieux n'arrangent pas le tableau.
3. Ça se voit que je fréquente un chagrin d'amour.
4. Mes quatre galopins. La plus belle œuvre de ma vie (et hommage à leur père).

Collection personnelle Christiane Taubira

Sur tous les fronts !

1. Zébrure. Je pars à la conquête du monde. Mes enfants ne me verront plus guère. L'embardée n'est pas loin.

2. Assemblée nationale. C'est bien ça, les hommes sont plus de cinq fois plus nombreux que nous !

3. Quelle vitalité ! En visite au musée de l'espace à Kourou. Quelques années et, d'inactivité en inégalité, combien de regards s'éteindront...

Collection personnelle Christiane Taubira

4, 5. Avec des lycéens préparant le concours Sciences Po-ZEP. Je crois vraiment que j'aime ça !

6. Paris. Vélo avec lequel j'ai démarré ma campagne présidentielle.

7. Cayenne. Celui avec lequel j'ai coupé, pas tout à fait par mégarde, le cortège du ministre de l'Intérieur.

Collection personnelle Christiane Taubira

© S chov / Sipa

© Henri Griffit

Présidentielle

1. Poser les mots sur l'histoire d'un crime contre l'humanité, et dégager le chemin des jeunes générations. Abysse.
2. Palais de la Mutualité, 2002. Je mène une vie dangereuse ! Plus risquée entre ces deux « protecteurs » que dans les bras de la foule.
3. Matignon. Je remets mon rapport sur l'or à Lionel Jospin. Il n'est pas si raide…

1
© Yvan Marcou / AFP Photos

2
© Jobard / Sipa

3
© Ludovic / REA

© Jack Guez / AFP Photos

© Jack Guez / AFP Photos

© B. Tessier / Maxppp

4. La patrie, boire le café de sa mère et rentrer au soir (Darwish). Contrée périlleuse !

5. Ma fille Nolywé, 18 ans, étudiante au Canada, a traversé l'Atlantique aller-retour en 24 heures pour m'offrir son premier vote.

6. Ce soir, je vais vous faire aimer la République…

Mes combats

1. Première journée de commémoration nationale (loi de 2001-Abysse). « La France s'incline », avait titré le journaliste. Oui, devant son Histoire et sur son propre courage.
2. Avec les parents de Zyed et Bouna à Clichy-sous-Bois, en 2005. Dignité. Insurrections.
3. Nantes. Dixième anniversaire de la loi «Traite et esclavage, crime contre l'humanité». Près du Mémorial avec Jean-Marc Ayrault.

© Patrick Kovarik / AFP Photos

© Mehdi Taamallah / Abaca

© Sébastien Salom-Gomis / Sipa

Je fais ma part

1. Ségolène, *fanm dibout*. Elle en prenait plein la figure ! Nous allons à un spectacle de hip hop.
2. Arnaud veut démondialiser, je veux reprendre le monde aux amasseurs voraces et aux métreurs de civilisations.
3. Et ce n'en est que le début !

© Axelle de Russe / Abaca

© François Lafite / Wostok Press / Maxppp

© Jody Amiet / Sipa

Ces monuments de la pensée

1. Toni Morrison. Contre « le langage buveur de sang ».
2. Aimé Césaire. Avouez que mes yeux savent parler aux grands hommes !
3. Édouard Glissant. Quelqu'un, peut-être moi, a trop remonté mon siège : je parais à sa hauteur. Impossible, intellectuellement… et physiquement, même si je l'appelais mon chat-tigre.
4. Nelson Mandela, acclamé lors de l'investiture de son successeur Thabo Mbeki, en juin 1999. Et voilà comment, dans la cohue, je me fais projeter. Prochaine réincarnation, je veux mesurer 2 mètres et peser 100 kilos, sinon rien.

© Marlene Awaad / IP3 Press / Maxppp

© Fernand Bibas / France-Antilles Martinique

© TV5 Monde

© Shaun Harris / PictureNET Africa

le littoral atlantique bijoux en or et en écailles de tortue. Il évoquait les bateaux à vapeurs lestés de roches phosphatées extraites sur l'île du Grand-Connétable – où niche la frégate-goéland – et transportant en vrac cacao, café, coton, cannelle, muscade, poivre, girofle. Il avait rempli des tonnes de formulaires pour des cargo *boats* chargés de grumes de bois, de planches et de meubles, de plumes de *rapapa*, d'ibis rouge et d'aigrette blanche qui serviraient à orner les étoles de mondaines et les képis d'officiers.

Il avait vu passer sur papier tout ce que la Guyane vendait à l'extérieur. La colle de *machoiran* pour les capsules pharmaceutiques, les rouleaux d'imprimerie et les hélices ; des peaux de bœuf ; des cornes pour les manches de poignard et les tabatières, du rhum à cinquante-cinq degrés, cœur-de-chauffe et brûle-microbes. Il avait vu s'édifier et s'écrouler des fortunes à la cadence des révocations de gouverneurs sous la IIIe République.

Tandis que les uns ferraillaient contre les *agoutis* qui dévastaient leurs abattis, que d'autres luttaient contre les fièvres qui ravageaient les placers, des oiseux de la ville, sans soucis ni vergogne, se perdaient dans le luxe et le lucre, consommant spiritueux et vins millésimés, se parant de soieries et bibis, d'ombrelles et de gibus, exhibant dans leurs salons toiles de chasse à courre et animaux empaillés, vivant ici mais rêvant d'ailleurs. Tonton s'habillait presque comme eux, mais de toute évidence il ne les aimait pas.

« Ce sont des gens qui vivent par procuration. Papa Galmot. Ce monsieur est arrivé, il avait à peine vingt-sept ans, il est resté douze ans en comptant ses longs voyages dans son Périgord natal. Mais combien de gens qui ne respectent pas leurs propres cheveux blancs l'appelaient Papa ! Papa de quoi, papa de qui ? Il versait des salaires aux ouvriers, pas des miettes d'accord, mais c'était normal, soixante ans que l'esclavage était aboli. Et tous les gros bénéfices qu'il a faits avec l'or, le balata, le rhum, surtout le rhum ? Sa fortune était parmi les vingt premières d'Europe, pas de France, d'Europe !

« Mais la roue tourne. Lorsque le gouvernement a contingenté la production d'alcools dans les colonies, il n'a pas pu continuer à exporter ses milliers et milliers d'hectolitres. Sans compter l'escroquerie dans ses ventes à l'armée. Il faut être soit braque, soit brigand pour avoir l'idée de truander l'armée. C'est pour cela qu'il a purgé neuf mois de prison, pour corruption et bénéfices il-li-ci-tes dans les rhums vendus à l'armée française. Avec le contingentement du rhum, la faillite des banques, l'effondrement des prix du bois de rose, sa fortune a dégringolé aussi vite qu'elle avait grimpé.

« Les gens ont raconté qu'on l'a empoisonné, que son cœur a disparu, qu'il y avait de l'arsenic dans ses viscères, que c'est sa bonne, Adrienne, qui l'a intoxiqué avec du bouillon de soupe. Tout le monde sait qu'il souffrait du foie depuis longtemps et qu'il a fait une crise de paludisme. Monnerville lui-même, dont la grandiose plaidoirie a fait acquitter ceux que les grands journaux métropolitains ont appelé les "Insurgés de Cayenne" comme s'il s'agissait d'un feuilleton exotique, l'a reconnu à la fin de sa vie.

« Ce qui me gêne le plus c'est qu'on ne fait aucun cas de ceux qui sont morts lynchés. On ne les nomme même pas, les Thébia, Bourgarel, Jubel, Clément. Quel fut leur crime ? Simplement d'être partisans de l'ancien maire Gober, lequel villégiaturait jusqu'au Gabon à faire des affaires d'avocat. Il y avait des fraudes électorales, tout le monde le savait, les gouverneurs eux-mêmes y trempaient.

« Galmot aurait-il été élu sans ça ? Pas sûr. Il n'y a qu'ici qu'on le prenait pour un ange ou un dieu. Dans son pays, ils savaient qui il était. Il a dit et il a écrit de belles choses, c'est certain, des gens l'aimaient, c'est sûr, il n'a pas traité les petits orpailleurs comme d'autres rapaces français et américains le faisaient, des vautours, ceux-là. Est-ce une raison pour mettre le pays à feu et à sang, assassiner des gens comme si c'étaient des cabris ?

« De toute façon, qui était responsable des fraudes électorales ? Chacun ? Tous ? Ce n'est pas la furie populaire qui doit le dire dans la rue, c'est la justice. Et d'ailleurs, qu'est-ce qu'il a fait comme député ce Galmot ? Rien. Zéro pointé. Sauf une couillonnade de loi pour créer une loterie, ça n'a même pas marché tout de suite, il était déjà mort quand ils ont créé la loterie en 1933. Ça prouve bien ce qui l'intéressait, faire fortune, amasser, vite vite. »

Maman n'abondait pas à cette diatribe. « Son prénom ce n'est pas papa, c'est Jean, tout à fait d'accord et les adultes n'ont pas à s'inventer des papas en *crysocal.* » C'est tout ce qu'elle concédait. Elle désapprouvait tout le reste. L'esclavage était peut-être aboli, mais beaucoup de gens n'avaient pas l'air de le savoir. Elle avait à peine huit ans mais elle se souvient encore de ces hommes au pantalon rapiécé cent fois qui traînaient leur indigence sur les quais, sur la Levée ou au dégrat. Comment faisaient-ils pour élever leurs enfants avec un salaire anémié comme un sein flasque qu'un enfant déjà sur pattes tire pour tromper sa faim ?

Même les *pôpôt*, les bagnards ont au moins de quoi vivre ; plus un héritage pour leurs enfants puisque le gouvernement leur donne de la terre. Regardez la vie aujourd'hui, c'est déjà tellement difficile ; qu'est-ce que ça devait être à cette époque ! Évidemment ce sont les femmes qui se débrouillaient avec leur marmaille. Mais si on donnait aux hommes la valeur de leur travail, parmi eux certains seraient devenus casaniers et auraient agi en bons pères. Donc Galmot avec ses salaires normaux, c'était un bienfaiteur quand même.

D'ailleurs il n'était pas seul à faire fortune avec l'or, le bois de rose, le balata et le rhum. D'autres aussi s'empiffraient, avec tout ce qu'ils importaient de Paris et des États-Unis. Mais lui, au moins, ceux qui travaillaient pour lui n'étaient pas à tirer le diable par la queue comme si le Bon Dieu avait condamné la vie des Noirs à la noirceur de la misère et de la déveine. Et cette histoire d'escroquerie à l'armée, qui peut croire ça ? Si c'est vrai, des militaires se sont laissé berner par un négociant ! Et c'est ça qui défend la patrie ? Comment ! On ne parle pas du dernier soudard enrôlé dans le dernier contingent de goumiers. On parle des chefs et de l'intendance, des colonels et des généraux. Ceux qui montent les tribunaux militaires, ceux-là mêmes qui ont comploté contre Dreyfus.

Pour Galmot c'est pareil, soit c'est un coup monté soit ils étaient dans le coup. Corrompu, corrompu, il faut être deux, non, pour la corruption ? C'est qui l'autre larron, on peut nous dire peut-être ? La justice qui condamne Galmot, c'est la même qui doit faire la lumière, révéler la vérité, toute la vérité. Bien malavisé celui qui va se mêler des histoires des gens fortunés et puissants et prendre parti dans leurs querelles. Quand deux tortues se battent, elles savent où elles se frappent.

Tonton Armand ne bronchait pas tout de suite. Il n'a jamais aimé contrarier Maman. Il prenait l'air entendu de celui qui compte sur le temps pour lui donner raison. « En attendant, bougonnait-il néanmoins, dans ce pays on est toujours accroché à la romance des autres. Monsieur Galmot arrive, il fait fortune, il fait un serment, il fait une crise de malaria, et voilà le pays écartelé, fendu en deux. « Pas en deux parts égales, non, fendu comme un tronc de *parcouri*. L'aubier mince, c'est la bande littorale pompeusement appelée Guyane proprement dite réservée aux Nègres et au conseil général. Tout le reste, la masse ligneuse, le cœur du pays, sa forêt, ses richesses, ses fleuves et ses montagnes, ses rivières et son or, tout le reste, ses oiseaux et ses mammifères, ses serpents et ses mygales, ses papillons morphos, ses palmiers et ses marais, tout pour le gouverneur et pour la France. Voilà ! Monsieur Galmot est passé, il a joué sa pièce, il est sacré martyr et le résultat est clair : le gouvernement qui peut faire ce qu'il veut dans une colonie a écrit son décret comme ça lui chantait et il a séparé le territoire de l'Inini de la Guyane. Les continents ne dérivent plus alors le gouvernement, il n'a même pas besoin d'une guerre pour fendiller un pays. Il prend la hache de sa loi et voilà, les habitants, ouste ! Merci, papa Galmot. »

Maman avait beau protester que le pauvre cadavre de Galmot ne pouvait répondre des forfaits du gouvernement, Tonton Armand n'en démordait pas. Sachant pertinemment que ce qu'il faisait n'était ni normal ni licite même si c'était légal, le gouvernement a pris cent cinquante tirailleurs africains à Fréjus et les a débarqués *manu militari* à Cayenne. Pour maintenir l'ordre. Normal, nous sommes un pays de sauvages. Cela faisait déjà un bout de temps qu'on les esbroufait, ceux-là.

Depuis la fin de la Première Guerre mondiale, ils attendaient de repartir chez eux. Leur général et leur colonel n'arrêtaient pas de le leur promettre. Finalement, ils embarquent pour chez nous. Et ils s'ennuiuiuiuiuient ! Quelle histoire d'ordre à maintenir, il n'y a rien à faire, juste des journées à regarder s'écouler en laissant couler la tristesse et l'amertume, le mal du pays, le souvenir des mamans à qui ils ont dit au revoir, je reviendrai de la guerre couvert de médailles et tu verras, tu n'auras plus besoin de te casser le dos à piocher la terre malingre, je te ferai une case bien confortable et aérée.

Certains se sont retrouvés à Sinnamary à garder les bagnards. Ça devait leur paraître amusant au début, des Africains gardant des bagnards blancs, c'était la colonie à l'envers. Je ne suis pas sûr qu'ils aient trouvé ça rigolo longtemps. Sinnamary a beau être large, au bout d'un moment il n'y a plus ni secret ni mystère, on connaît par cœur. Et puis tout ce qu'ils voulaient c'était rentrer chez eux. La Deuxième Guerre mondiale les a surpris à soi-disant maintenir l'ordre en Guyane.

On dit que ce sont les mêmes qui ont cherché des histoires aux Guyanais en 1946, le dimanche 24 février pendant le bal Titane qui clôture le vidé de carnaval au *Ti-Balcon*. Il savait bien, ce tirailleur sénégalais, qu'en enlevant son masque au *touloulou* il commettait un sacrilège. C'est tout naturellement que le cavalier du *touloulou* lui a cassé la figure, une question d'honneur. Bien brave, le tirailleur, il est parti la queue basse pour revenir en force avec copains, fusils, ceinturons, matraques, barres de fer. Toute la nuit, ils ont semé la brutalité et la désolation, ne regardant ni l'âge ni la hauteur des passants.

Le gouverneur Peset a soi-disant envoyé l'armée pour les calmer et les ramener à la caserne. Mon œil. Les soldats n'ont rien fait, ils savaient bien pourquoi les tirailleurs se défoulaient sur la population, mieux vaut une bastonnade en ville qu'une mutinerie à la garnison. Des témoins ont dit que les soldats ont même aidé les tirailleurs à frapper les innocents. Ce n'est pas impossible. Soixante personnes ont échoué à l'hôpital ; parmi elles, dix tirailleurs… bien fait, cela prouve que dans ce pays il y a des hommes qui ne s'égaillent pas en piaillant devant fusils et ceinturons.

Vous croyez que ça les a rendus raisonnables ? Ils ont remis ça lundi matin. Huit morts. Ils ont tiré comme les barbares qu'ils sont, sans prendre la largeur des gens. Tran Van Ho le violoniste, tué ; Hidaire démobilisé, pas mort à la guerre, tué ; madame Kérel, veuve Horth, tuée ; madame Présent, tuée dans sa berceuse ; monsieur Derdou dit Chabin, boucher de son état, tué ; monsieur Diombi, tué ; monsieur Rosville, tué ; monsieur Pelage, blessé, tué. Un carnage. Voilà comment la Guyane a payé l'ingratitude de la France envers ces tirailleurs sénégalais qui n'étaient pas que sénégalais. C'est cet épisode tragique que raconte la chanson, *Gadé, vini mo di to sa, gadé là-bas, sinégalé dèrò.*

Sans capituler, Maman lui laissait cependant l'épilogue.

*

Cousine Gisèle avait recommencé à venir à la maison. Ses visites étaient devenues rares lorsque Maman a installé Tata Dédée dans sa chambre. Il faut dire que, d'une façon, Tata Dédée la persécutait. Sans compter sa manière de prendre pied et de s'installer tout en chantant une envie de départ, *Mes deux amours* de Joséphine Baker. Elle répétait en tournis le même bout de couplet : *« Au lointain j'aperçois / Un paquebot qui s'en va / Vers lui je tends les bras / Le cœur battant d'émoi / Je dis emporte-moi »*. Elle sifflait la suite. Je n'ai jamais entendu personne, ni homme ni femme, siffler comme Tata Dédée ; ni Sybil Fagan ni Guido Gialdini ; peut-être Toots Thielemans avec son harmonica, et encore...

Cousine Gisèle avait deux fils, Michel et Jean-Daniel. Tata Dédée lui avait pratiquement pris Michel. En tout cas, elle avait pris l'autorité. Michel était remuant comme le sont les enfants de son âge, quatre ans, peut-être un peu plus. Sa maman avait toujours tort de le réprimander, plus encore de le corriger. Un jour qu'elle lui avait servi une malheureuse fessée, Tata Dédée lui a fondu dessus, munie d'un long bâton fin et souple et lui en a cinglé le dos. En public.

Cousine Gisèle a cédé, elle lui a laissé Michel. « Chut ! Tata a mal *au* tête », nous intimait-il lorsqu'elle était terrassée par l'une de ses migraines infernales qui duraient trois jours. Tonton Roland murmurait que c'était toujours à la pleine lune.

Cousine Gisèle n'était pas née sous une bonne étoile. Jean-Daniel avait à peine six ans lorsqu'il fut happé au bord de la route par la voiture d'un chauffeur de taxi. Nous étions désorientés de comprendre que Jean-Daniel ne reviendrait plus, et de voir les adultes éperdus.

Maman elle-même, si commandeure, vaquait aux besognes comme un fantôme, consolant les autres femmes avec une mine de naufragée. Deux cents fois dans la journée, je fis le trajet entre la maison et celle de cousine Gilberte, la sœur de cousine Gisèle, où le petit corps de Jean-Daniel, à peu près rafistolé, gisait sur une table à tréteaux presque trop haute.

Avant qu'il ne fût exposé, j'ai prié, prié avec une ferveur toute neuve, suppliant le Seigneur, la Vierge Marie et tous les saints du Paradis, les âmes du Purgatoire, les anges et les archanges, de lui redonner souffle, le ramener à la vie. J'ai promis d'être sage désormais. J'ai pensé qu'il fallait offrir un sacrifice, j'ai proposé qu'ils me prennent la parole, que je devienne muette et Jean-Daniel vivant.

Je ne sais lequel d'entre eux me prit au mot. Tout à coup, aucun son ne sortait plus de ma gorge. J'essayai de crier, rien ; de murmurer, rien ; de tousser, toujours rien ; je secouai la tête, j'ouvris grands la bouche et les yeux, je me mis à courir, le visage inondé de larmes, oh ! je dois l'avouer, j'étais terriblement malheureuse d'avoir perdu la parole, de ne plus jamais chanter, ni répliquer aux remarques désagréables, ni même réciter ces horribles poèmes en français ancien, « Prince n'enquérez de semaine où elles sont ni de cet an », ne plus commenter ces obscurités sur l'astre du jour ou la *gaye demoiselle*. Arrivée chez cousine Gilberte, je vis Jean-Daniel immobile, calme comme il était toujours, plus muet que moi. Je ne trouvai rien à dire mais je sentis que ma voix était revenue. Longtemps m'engoua, vorace et tenace, le remords de n'avoir pas voulu assez fort devenir muette ce jour-là.

*

Madame Philias nous était revenue. Elle était repartie à Sainte-Lucie, son pays, deux ans plus tôt. Elle avait estimé avoir fait son temps en Guyane, elle rentrait chez elle où elle avait encore de la famille, une fille de mon âge et sa maman qui commençait à se faire vieille. Elle est revenue avec sa fille, nous a dit que sa maman était partie se reposer, qu'elle l'avait mise en terre et s'en irait à chaque Toussaint fleurir la tombe.

Elle était revenue pour donner ses chances à sa fille qu'elle a inscrite à l'école publique. Elle aurait bien aimé que sa fille soit dans la même classe que moi et que nous fassions nos devoirs ensemble, mais elle ne pourrait pas, disait-elle, payer chaque mois l'école et la cantine chez les Sœurs de Saint-Joseph-de-Cluny. Elle fréquentait deux églises, la catholique et la *Church of God*, et apprenait à sa fille à prier chaque soir pour appeler la bénédiction du ciel sur les Guyanais qui accueillent si bien dans ce pays et partagent si facilement ce qu'ils ont.

Elle répétait qu'elle n'avalerait jamais son drapeau et ne demanderait pas la nationalité française, mais sa fille devait comprendre que la Guyane serait son pays. Madame Philias avait conservé son goût pour la belle musique de la Caraïbe ; elle nous a ramené *Carnival Boycott* de Mighty Sparrow et prédisait un grand et bel avenir à un gamin, un prodige, Willie Colòn. Elle envoya sa bénédiction sur Calypso Rose, encore adolescente qui, quelques années plus tard, se faisait remarquer avec *Fire in me Wire* devenu un standard depuis. En créole ou en anglais, avec Madame Philias, la Caraïbe était archipel.

*

Nous nous savions placés sous la vigilance des adultes qui gravitaient autour de notre vie familiale, sans autorité formelle mais avec sur nous l'empire de la responsabilité. Nous avions appris à discerner la marge de tolérance chez chacun d'entre eux, la limite au-delà de laquelle nous serions dénoncés à Maman, et juste en deçà celle où nous risquions un châtiment immédiat par délégation implicite. Nous évitions, freinant nos audaces des quatre fers, juste à la limite.

D'autres adultes nous avaient à l'œil. Ces vieilles dames dans la ville à qui Maman rendait visite quotidienne ou hebdomadaire, pour panser une plaie variqueuse ou un ulcère, faire une piqûre, remplacer une main de dieu, masser une nuque raide et rétive. Ces vieilles dames étaient souvent postées derrière leurs persiennes, sentinelles volontaires d'une impitoyable perspicacité. L'une d'entre elles, amie Henriette, était une patiente de longue, longue durée. Elle était habituellement d'humeur rieuse, nous cajolait comme si nous étions ses petits-enfants, nous offrant bonbon au caramel ou dragée en dehors des étrennes, mais elle ne ratait jamais l'occasion de nous demander, hilare, en présence de Maman, à quoi nous jouions hier après-midi à pousser une boule dans le caniveau sec.

Nous étions bons, de retour à la maison, pour une leçon d'hygiène sur tous les microbes invisibles que certes la pénicilline de Fleming sait guérir, mais un médicament reste un médicament, il est toujours dangereux d'en abuser. Au moins Maman évitait-elle de nous réprimander en présence d'Amie Henriette, une façon peut-être de ne pas encourager cette délation souriante. Nous avions fini par connaître les adresses des cafteuses.

Maman étant à la fois mère Thérésa et l'abbé Pierre, il nous fallait simplement actualiser régulièrement notre carnet virtuel d'adresses. Les rues de Cayenne sont tracées au cordeau, parallèles et perpendiculaires comme dans nos exercices de géométrie ; ces maisons étaient donc faciles à contourner pour échapper à leurs regards et ne pas nourrir leurs rapportages.

*

Madame Hadrienne était d'une autre trempe. Elle ne cancanait pas sur nous. Elle passait quelques après-midi à confier à Maman ses peines de cœur. C'est une époque où les foyers monoparentaux sont légions, surtout dans les milieux humbles. Les femmes sont seules face à leurs enfants, les hommes s'enorgueillissent de multiplier leurs traces dans plusieurs familles.

En telles situations, Maman c'est Bayard et Du Guesclin. Elle se postait en rempart et sans répondre aux injures, munie d'un tuyau d'arrosage, faisait mine de nettoyer le trottoir, l'herbe et la rue aux moments où passait l'injurieuse. L'homme-coq, que même nous les enfants avions fini par identifier – un fonctionnaire légèrement bedonnant circulant à vélo – avait réduit ses visites chez madame Hadrienne depuis cette après-midi de réjouissance où sa maîtresse était venue l'en sortir en grande harangue. Je me demandais ce qu'en pensait l'épouse. Maman intrigua pour faire embaucher madame Hadrienne à l'hôpital public, un emploi sans qualification, fille de salle, mais un début d'autonomie. C'était son genre de conseiller sinon la rupture au moins la liberté, et d'aider à la mettre en pratique.

*

Tonton Roland était le plus doux et le plus conciliant de tous. Il était pourtant chef à la police nationale. Grâce à lui puis plus tard à mon frère Antoine qui sera un inspecteur de police avisé, efficace sans cesser d'être bienveillant, même au plus fort de mes contestations de l'ordre social injuste en Guyane ou en France, j'aurai toujours une retenue envers la police.

Tous ces adultes servaient de paratonnerre contre les grands périls de la vie qui nous guettaient, l'œil concupiscent et les dents effilées. C'est du moins ainsi que nous nous figurions les menaces sourdes dont nous prévenait Maman. Ils prenaient très au sérieux ce rôle qu'ils rendaient plus répressif que préventif. Nous n'en attendions jamais de particulière compréhension. Nous n'étions donc guère portés à la confidence.

Ce jour-là, j'ai lâché négligemment mon cartable sur la marche d'entrée de la pièce sacrée, le salon. Le traversant en trois enjambées, je me suis précipitée d'abord dans ma chambre boyau. Je l'ai fouillée de fond en comble. Pouce par pouce. Puis j'ai attaqué la chambre de mes frères. J'ai retourné chaque matelas. J'ai tiré de sous le grand lit la paillasse de dépannage pliée dans une housse et dédiée aux hospitalités inopinées, je l'ai tâtée millimètre par millimètre. J'ai déplacé chaque bibelot de chaque étagère. J'ai passé la main dans chaque chaussure. J'ai renversé chaque pot, chaque bol, chaque corbeille contenant épingles, trombones, crayons, chaque boîte répandant petites voitures, avions, soldats métalliques, tour Eiffel en plastique, porte-clés Notre-Dame. J'ai fouillé toutes les poches puis replié soigneusement chaque vêtement. J'ai soulevé chaque pile de livres, glissé l'auriculaire dans chaque encoignure. J'ai commencé à prier, l'esprit en désordre, évoquant saint Antoine, le patron des objets perdus, mais aussi saint Christophe, le chef des chauffeurs, allez savoir pourquoi.

Tous ces hommes restant silencieux, j'ai appelé à la rescousse sainte Thérèse de Lisieux, humble et serviable qui loue le Seigneur de lui accorder tant de grâces à elle si imparfaite. Le désespoir me *scrofugnait* l'intérieur sur la paroi du cœur. Je ne pouvais me résigner. J'ai passé la cuisine au peigne fin, séparant les assiettes, écartant tasses et verres, vérifiant à quatre pattes le fond du placard et le dessous des tables, plongeant la main sans réticence dans les marmites qu'à tour de rôle nous dissimulions sous l'évier, ne répugnant à aucune des eaux poisseuses et fétides que je touillai, vérifiant le fond, les bords et les rebords. Je me suis jetée sur tous les sachets empilés dans la cour attenante, attendant d'être tassés dans le bidon faisant office de poubelle, je les ai ouverts l'un après l'autre et fouillés à mains nues.

C'était l'œuvre du diable, je n'avais plus de doute. Aux grands maux les grands remèdes. Prenant cependant des précautions de survie, je m'aventurai sur la pointe des pieds dans la zone interdite, le salon. J'inspectai chaque tiroir. Je secouai chaque napperon. Je vidai chaque vase à fleurs. J'aérai serviettes et nappe, j'osai la boîte d'argenterie. Je me posai. Allais-je me hasarder ? Quand même ! Et puis tant pis, je suis déjà à *l'Acarouany*... je pris d'assaut la chambre de Maman. Je n'avais pas la placidité du commissaire Maigret. Plutôt la méticulosité de Sherlock Holmes et la circonspection des fouilles clandestines.

Défaite, je me rendis derrière la maison et je commençais à ramper sous le plancher pour chercher parmi les planches entassées, les barres de fer superposées, entre les paquets de son, sous les tôles, dans les sacs de sable, les sachets de clous, lorsque Tonton Nounoun s'avisa de ma présence. « *Mé ki sa ka rivé'l ?* Mais qu'est-ce qui lui prend ? Et pourquoi tu n'es pas à la cantine ? Ta Maman n'a jamais dit que tu rentrais ce midi, t'as pété l'école, elle va péter ton derrière, tu la connais. » Ce fut un émoi général. Il y avait là cousine Gisèle, madame Philias et madame Hadrienne.

Man Cès était encore parmi nous. Elle s'était installée entre deux racines d'un manguier et, chose rare en plein midi, elle fumait sa pipe. J'avais autre chose en tête, je ne m'en formalisai pas. Le quatuor, interloqué, me regarda, les trois femmes la bouche ouverte. J'avais pourtant lancé un bonjour à la cantonade en arrivant, pas par désinvolture mais préoccupée. Leurs regards compatissaient déjà à mon malheur, c'est certain, Maman allait me tuer.

Je m'expliquai. Cette après-midi, nous construisons une crèche géante. Mère Agnès trouvait qu'il n'y avait pas beaucoup d'animaux et que ce serait bien que l'on puisse en ajouter. J'ai aussitôt proposé d'apporter ma petite tortue, verte et creuse, un jouet qui peut aussi faire moule à sable, mais je ne la retrouve pas. Mère Agnès qui d'habitude ne m'aime pas parce que je n'aime pas la couture était tellement contente de mon offre de tortue qu'elle a dit aux autres élèves : « Si vous avez des animaux, de France ou des tropiques, vous pouvez les apporter aussi. » Je m'enhardis à interroger cette assistance médusée par mon inconscience.

« Elle est toute jolie cette tortue, vert pâle, avec ses écailles bien dessinées sur son dos, elle n'est pas grande, juste longue comme mon index et large comme un coquillage, tu ne l'as pas vue ? »

Ma détresse était palpable. J'allais m'en retourner sous la maison explorer les derniers lieux quand cousine Gisèle, qui ne manquait jamais de bon sens mais souvent de sens pratique, a suggéré « prends tes économies et va acheter une autre ». L'idée ne m'en était pas venue.

J'ai vite fait le calcul, je ne disposais pas d'économies à cette hauteur. Ayant vacillé sur mes jambes l'une m'emportant vers l'achat et l'autre vers la recherche, je me dirigeais vers le pilotis avant gauche pour gagner le dessous de la maison lorsque Man Cès m'appela. Elle défit son madras de tête, en extirpa un petit mouchoir qu'elle dénoua de quatre doigts étrangement habiles et me tendit une pièce de deux francs. Une fortune. Je restai figée. D'une main agacée elle me fit signe de ne pas lui barrer la lumière du soleil. Cousine Gisèle cria : « Va vite avant que ça ferme, sotte, il est déjà presque midi passé. »

J'embrassai Man Cès sur le front et me précipitai par le corridor à la chasse à la tortue verte. À dire vrai, j'étais tellement soulagée que je la prendrais même rouge vif, invraisemblable, de toute façon je ne l'avais pas décrite, j'étais seule à savoir qu'elle était verte, d'un joli vert de *ramikin*, vert doux comme un sucre d'orge, vert tendre comme un scoubidou, vert grenouille, vert d'aloès, vert caca jacquot, je fredonnais ainsi en sautillant, légère sans pot au lait, jusqu'à la première boutique, un Libanais qui vendait toutes sortes de jouets en plus des tissus et des voilages. En ce temps-là, on disait magasin syrien.

Il n'avait pas de tortue. Le suivant non plus. Pas plus que le sixième.

Je me rabattis chez les commerçants chinois, que ne trouve-t-on chez les commerçants chinois, quelle sotte je suis, vrai, que n'y ai-je pensé avant de perdre tout ce temps à courir la ville, voilà ce que c'est que d'être snob, une tortue de Libanais, ou Syrien, évidemment c'est plus chic, alors que la tortue de Chinois, de vrai, si on réfléchit elle doit être toute pareille.

Le premier n'en avait pas, ni le deuxième, ah ! peut-être, non monsieur Ayou, ne ferme pas j'arrive, je cherche une petite tortue en plastique, ou même en bois si tu as, ou en verre, si c'est plus cher, je reviens vite je demande à Man Cès de rajouter un peu sur les sous.

Mais même monsieur Ayou n'a pas de tortue.

Je suis rentrée, déconfite. Je rendis à Man Cès ses deux francs. Madame Philias fut la première à proposer de m'aider à chercher. Elle descendit du haut de l'armoire un *tray* de linge de maison d'un blanc éclatant, promis au repassage. Pendant que cousine Gisèle faisait mine de chercher dans le linge, elle-même passait la main dans le fond du *tray*, puis sur le haut de l'armoire. Elle ouvrit le compartiment supérieur du buffet, cherchant scrupuleusement dans tous ces endroits qui m'étaient inaccessibles, négligeant ceux qui étaient à ma portée, comme si elle avait deviné mes investigations précédentes. Me sentant inutile et nerveuse, je repartis pour le dessous de la maison. J'en sortis poussiéreuse et décomposée. Je n'avais plus que le temps de me doucher et de repartir pour l'école. « Mais tu n'as rien mangé », me cria Tonton Nounoun quand je passais déjà la porte.

Je ne pris pas le temps de lui répondre qu'un gros sanglot me barrait la gorge, je crois que c'est par le même chemin que passe le manger, c'est donc chemin barré. Je longeais les rues sans m'intéresser à rien. Il tombait une petite pluie de décembre, annonciatrice de trombes équatoriales, celles qui tambourinent sur les toits de tôle comme si elles déclaraient la fin du monde. Je ne fis pas mon escale habituelle à l'énorme *massigrondé* devant la boutique de Mano Karam pour lancer des cailloux et tendre l'oreille jusqu'au *plouf !* signalant le contact avec l'eau. Je traversai, mécaniquement, à l'angle François-Arago-de-Gaulle, mais je ne songeai même pas à faire saute-mouton sur les marches du magasin Siguier.

Je ne claudiquai pas sur le long trottoir échancré qui ourle la muraille du tribunal. Je ne jetai même pas un œil distrait sur les vitrines de Léo Agnou. Akok était ouvert mais peu m'importait. Je passai indifférente devant l'étal des vendeuses de *krétik* au coco et de pistaches. J'avais la vue brouillée de larmes. Lorsque j'entrai dans la classe, Mère Agnès était penchée par-dessus le papier kraft qu'elle modelait en lui moulant des bosses de rocher.

Sans même me regarder elle ordonna : « Christiane vous déposez la tortue sur le bureau. » Je me statufiai, comme la femme de Loth, sauf que je fixais droit devant moi. Ce fut comme si elle avait pressenti l'apocalypse ou qu'un mauvais génie lui avait soufflé que j'avais arrêté la ronde de la terre autour du soleil. Elle se retourna, me regarda. Je ne sais ce qui m'a pris à ce moment précis, je lui dis d'un air léger : « Ah, la tortue ? Je l'ai oubliée. »

Le regard de mépris qu'elle me jeta était plus épais que les murs de Jéricho. Sans bouger, je me recroquevillai. Elle m'avait déjà regardée de cette façon, c'était peu après la rentrée. Madame Philias avait voulu gentiment me faire une coiffure fantaisiste, elle m'avait confectionné quatre gros choux, très élégants mais protubérants. Je me suis trouvée jolie. Pas Mère Agnès. J'étais encore dans les escaliers quand elle m'intima : « Vous irez au piquet à côté du tableau pour bien montrer à tous votre coiffure de Négresse. »

Mes camarades de classe n'avaient pas été méchantes, aucune ne s'était moquée. Je crois que cette fois-ci, Mère Agnès avait franchi la ligne. Peut-être que, confusément, les filles avaient toutes ressenti, Blanches, métisses, Amérindiennes, Indiennes, Noires aux cheveux lisses ou crépus, que cette humiliation était trop lourde pour une enfant, trop injuste, à huit ans on ne sait pas coiffer soi-même la forêt que l'on porte sur la tête, trop vile.

Pour comble de déveine, le dimanche suivant, j'avais oublié mon missel et ma mantille sur le banc à ma place à l'église. Je n'avais pas avoué spontanément. Mais les objets du délit avaient été ramenés et confiés à l'accueil de l'externat. On ne garde pas ce qu'on trouve à l'église, on n'attire pas sur soi le malheur spirituel, d'ailleurs inutile d'être mystique, il suffit d'être honnête. Qui a oublié sa mantille et son missel et ne s'en est même pas aperçue ? La place de la trouvaille désigne déjà la coupable, une roustée est à prévoir à la maison car Maman a autre chose à faire que racheter missel et mantille, au prix où c'est. « C'est moi, Mère Agnès. Tête de linotte », me cracha-t-elle. Je comprenais bien que je ne l'aidais pas à m'aimer, mais d'être plus attentive n'aurait pas changé grand-chose, j'avais trop de tares à rattraper.

Noire, pauvre, de mère non mariée, portant le nom du père donc qui sait bien ce qu'il a fait, vive, la langue bien pendue par-dessus le marché, n'a rien compris à l'état du monde ni à son ordre. Elle m'avait déjà menacé trois fois de me priver de faire ange. Je me calmai provisoirement, tout en sachant que je ne risquais pas si gros que cela. J'étais première de la classe. Imbattable en français, mathématiques, anglais et latin, indécrottable en couture.

Je crois bien qu'elle forçait un peu en baissant ma note de conduite ; « bavarde », ajoutait-elle en commentaire de son 7 sur 10 ; le même 7 sur 10 qu'elle me mettait en instruction religieuse ; pourtant je connaissais toutes mes prières sur le bout des doigts, en français et en latin, je savais mes cantiques, je ne ratais jamais la confession même si, par instinct de survie, je me sentais libre de trier mes aveux. J'acceptais les Dix Commandements sans rechigner. J'avais juste un petit problème avec les mystères ; pas l'Immaculée Conception, je n'en savais pas assez pour trouver étrange que Jésus fût conçu sans péché, mais le Dieu en trois personnes avec trois noms différents et trois destins assez dissemblables, cela me perturbait. Qui appeler au secours en cas d'urgence ? Faut-il passer par Jésus-Christ et risquer une étape donc une perte de temps fatale... N'est-il pas impertinent d'interpeller directement son Père ? Quant au Saint-Esprit, franchement, je ne le sentais pas. Je n'en faisais pas ouvertement état mais mes questions devaient me trahir, comme cette résurrection qui ne marche jamais chez les humains, j'aurais bien aimé pour Jean-Daniel.

Ma participation au cours de catéchisme ne me valait rien, j'avais droit à 7 sur 10, la fausse note sur mon carnet et une raclée garantie à la maison. Tous les moyens de sévir étaient bons, y compris menacer de me priver de livres. Elle savait que je prenais ma revanche dans les trésors de la bibliothèque. Et elle voulait me faire croire qu'elle me priverait de faire ange.

Je ne ferai jamais Marie, ça, je le sais. Pour être la Vierge, il faut être blanche comme Marie mère de Dieu, blonde même. Non qu'il y eût des anges noirs ! Le seul Noir est ce Satan, Lucifer, ange de lumière déchu pour insolence et rébellion justement, que saint Michel archange écrase impitoyablement sous son talon pour en débarrasser le monde. On ne connaît pas d'anges noirs, mais dans la masse on est moins regardants, et de toute façon, comment faire autrement, dans ce pays il y a encore pour l'instant beaucoup plus de petites filles noires que de blanches.

Je ne ferai donc jamais Marie, par contre je suis presque sûre de faire ange, malgré ses avertissements. Et je serai belle dans mon aube blanche resplendissante avec mon ourlet surpiqué d'un biais brillant et mes ailes dorées, ma couronne parsemée d'étoiles et mes jolies ballerines blanches, décorées de petites étoiles d'or et d'argent.

Chaque année Maman s'endette sur plusieurs mois pour que je sois un ange pareil aux autres. En attendant, Mère Agnès me fixe d'un mépris épais comme les murs de Jéricho. Je ne sais pas dire combien je suis malheureuse de n'avoir pas retrouvé ma tortue, de n'en avoir pas trouvé dans toute la ville. Elle ne saurait pas entendre, je crois.

De n'avoir pas su lui dire ce jour-là, je crois en avoir gardé un enchaînement maladif à ma parole, un enchaînement sans nuance ni mesure, qui m'entraîne parfois à manquer de discernement au point de compromettre un impromptu important pour tenir un engagement antérieur et moins crucial. Dans ma vie politique, j'ai souvent raté de belles occasions de visibilité plutôt que de sacrifier un petit rendez-vous à forte charge humaine. Absurde, car le combat politique prend sa mesure, et souvent sa force, dans sa publicité. Mais la mort plutôt que le parjure. Comme un rhinocéros, je ne vois, je n'entends que l'engagement pris. Ma parole.

Chapitre IX

Embardée
(1998)

Seul le silence apaise. Lorsque soudain fusent les cris, que gronde la fronde et voltigent les menaces, quand les hurlements couvrent les pleurs, que même le calme est orageux… Si chacun s'imagine assiégé, perché en marée haute et houleuse sur la pointe d'un rocher battu par des vents hostiles, tandis que la vapeur qui monte de ces écumes de rage opacifie l'horizon, que s'estompent les palpitations de l'œuvre commune, que rien ne compte plus hors les rancœurs à solder, les blessures à rembourser, les ego à préserver… sous le regard éperdu de ceux qui cherchent les causes d'une telle fureur, veulent convoquer la raison dans ce chaos émotionnel, savent que l'avenir est en débat, que la confiance titube, que les jeunes trépignent, que des marchandages se concluent, des pactes sordides se nouent, des incapables respirent, des ambitieux paradent, des menteurs ricanent… que les prédateurs pillent, que vacille la flamme de l'espérance… Alors… seul le silence apaise.

C'est un moment où il faut savoir cheminer solitaire. Le temps de retrouver ses pulsations intimes, l'écho des vibrations telluriques qui pansent la détresse, le rythme du tambour qui ajuste le cœur affolé. Le temps de réapprendre à pétrir ensemble l'amour de la terre commune, le rêve du destin partagé… s'abreuver à la sève culturelle nourrie de nos racines multiples. Retrouver les convictions essentielles ébranlées par le fracas. Reconstruire ses forces intérieures. Faire silence pour que s'épuise le tapage. Laisser mourir les derniers crépitements afin que chacun se reprenne.

Il y a cinq ans, j'ai été confrontée à de sidérantes péripéties. À peine avais-je cédé à la demande sociale et consenti à me lancer dans la bataille législative que mes qualités jusque-là bruyamment encensées se sont métamorphosées en un *touféyenyen*, une bouillabaisse de défauts, péchés et vices. Les coups ne me furent pas mesurés. Je serrai les dents, j'apaisai mon âme épouvantée, j'attendris mon esprit écorché en l'amadouant, l'arrachant aux chaudes tracées de l'affect pour le conduire, encore étourdi, vers les voies plus posées de l'intellect.

Traduction des infamies. Ceux qui me traitaient de putain affirmant qu'au lieu de poursuivre des études à Paris je faisais le trottoir, pis que de me blesser ou m'insulter, exhibaient leur archaïsme, ne voyant dans la femme qu'un corps, voué au vénal.

Ils affichaient leur anachronisme, alors que dans tant de pays et d'abord dans nos aires régionales, des femmes assument de lourdes responsabilités. Ils dévoilaient leur obscurantisme. Faut-il être ignorants des ressorts de l'engagement politique pour croire faire diversion par des accusations de prostitution ! Ils révélaient leur abjection. Quel mépris pour ces femmes attelées depuis trois générations aux tâches ingrates et quotidiennes dont elles les exonéraient, leur tissant des destins d'hommes publics, trop amples. Nains politiques.

Se répandant ainsi à courte vue, ils validaient le brigandage des gouvernements qui, par le Bumidom, ont délibérément saigné nos pays de leurs forces vives, dans le même temps qu'ils envoyaient dans nos territoires par Boeing entiers, à coups de primes et indemnités, des fonctionnaires de tous métiers et de toutes catégories ; qu'ils attiraient, à coups de facilités d'état civil et de salaires gonflés par les taux de change, des cohortes de travailleurs sud-américains et caribéens qu'ils finiront par larguer à ras de bidonvilles en morte-saison économique. Résurgence de cette manie de peuplement contrôlé. Au service d'une économie cannibale.

Des voix provenant de France s'étaient élevées contre ce sordide manège, des voix de tons variés, d'autorité inégale, de portée insuffisante, néanmoins audibles. La revue *Esprit* alerta, sous la plume d'Henri Bartoli : « L'émigration déséquilibre biologiquement les groupes, perturbe l'équilibre des sexes et des âges, aboutit au dépeuplement. » L'Église s'en émut. Le pape Jean XXIII, s'inquiétant de la paix sur la terre, bonne idée, estima qu'il « est opportun, dans la mesure du possible, que le capital se déplace pour rejoindre l'homme, et non l'inverse ; ainsi on permet à des foules de travailler sans avoir à s'expatrier, démarche qui entraîne toujours des déchirements et des périodes difficiles ».

Aimé Césaire, alors député et maire de Fort-de-France, toujours orfèvre a ciselé les mots : « C'est un génocide par substitution. » Le révérend Bocquillon, qui dirige la Mission antillaise, écrit dans un éditorial : « Je dois alerter les malheureux Antillais sur le problème de l'émigration, j'en ai trop vu en grande difficulté pour ne pas leur dire “mieux vaut un peu de misère chez soi que beaucoup de misère chez les autres”. » Évoquant les deux mille prostituées des bordels et trottoirs de Paris, arrivées pour la plupart munies d'un billet aller simple du Bumidom, pour un emploi à l'Assistance publique ou comme servantes chez des aristocrates à grandes mondanités, il dit sur un ton juste leur détresse et cette odieuse injustice.

Aux femmes, le trottoir comme dernier recours, aux hommes promis à un emploi à la Régie des transports parisiens, à la SNCF ou à la Poste, souvent les docks ou les centres de tri. Les femmes plus chanceuses étaient employées domestiques dans des maisons petites-bourgeoises au budget étriqué, à la mentalité fluette. Il leur arrivait d'encaisser insultes et vêtements usagés plus souvent que leurs salaires, trop heureuses d'avoir un toit même dans un réduit humide, même avec du mépris qu'elles apprennent à écraser en silence. C'est toujours mieux que de croupir dans un taudis à tuer cafard et cafards.

Voilà ces gouvernements, qui ont exilé à tour de bras et joué au jeu pervers des permutations de populations, justifiés par des gens qui jouaient il y a seulement quelques années à se montrer rebelles à l'ordre établi. Si, alors que j'avais eu la chance d'échapper à ce sort funeste j'étais déclarée putain, les pauvres filles parties en aller sans retour avec la seule promesse d'un emploi légal et qui se sont retrouvées à la rue… elles étaient donc coupables ! Puanteur ! Pas étonnant, c'est un assaut de macchabées…

J'allais leur montrer. J'allais leur faire savoir. Pour ces femmes qui récurent parquets et planchers le dos en miettes ; pour celles dont la vue s'est obscurcie penchées de nuit en nuit sur la machine Singer ; celles qui rassemblent les légumes dépareillés à étaler aux premières heures du marché ; celles qui partagent en huit parts une demi-baguette de pain ; celles qui font des merveilles de repas avec un petit carré de viande salée ; celles qui après avoir coulé le *cachiri* s'abîment les yeux et la nuque sur des colliers de verroterie ; celles qu'on accuse de *kunu*, sorcières, plutôt que d'affronter les coups durs de la vie ; celles qui bêchent un bout de terre phtisique sans cesser de fredonner un *débòt* buté ; celles dont les entrailles se sont asséchées à force de lavements assassins ; celles qui se sont tordu les boyaux à la *rubigine* parce qu'elles ont aimé jusqu'à la déchirure ; celles dont ils font des porcelaines ; celles qu'ils transforment en catins ; pour Anacaona *Fleur d'or* pendue par les barbares ; pour Rigoberta Menchú Tum et l'Amérique malgré Colomb ; pour Aung San Suu Kyi et cette grâce à dompter la peur ; pour Adélaïde Tablon qui s'est tant débattue qu'elle en fut nue ; et pour Solitude sitôt accouchée sitôt pendue, Marthe-Rose Toto arrachée du brancard au gibet ; pour N'Zinga au talon incrusté dans la pierre, Dandarah et le *quilombo* de Palmares, Harriet Tubman maîtresse de l'Underground Railroad, Sojourner Truth et ses lèvres éclatées, Olympe de Gouges altière sur l'échafaud, Louise Michel *Viro Major* à Kanaky ; pour Marian Anderson refoulée du Constitution Hall, Leontyne Price osant Verdi et Bach, Grace Bumbry sublime Tosca ; pour Nina Simone rejetée du Curtis Institute… pour ces destins brisés ou ébréchés… et même pour cette frivole Joséphine de Beauharnais parce que c'est toujours la faute de la femme, y compris quand l'empereur rétablit l'esclavage ; et pour Tsippora l'Oiseau de Moïse, Nandi la maman de Chaka, Didon immolée pour cet ahuri d'Énée, Salomé absolue aimant ce Jean soi-disant saint pas foutu d'aimer ; pour Néfertiti, sa grandeur et ses sept filles ; pour Hatchepsout pharaonne bâtisseuse, et puis zut, pour la reine de Saba… J'allais leur montrer que nous sommes invaincues… et bien décidées à rester invincibles.

Et je leur ai montré.

Invincibles… D'ailleurs *vincible* n'existe pas. C'est invincible ou rien.

Invincible ? Je pourrais y prétendre. J'étais portée à le croire. J'avais traversé l'Atlantique pas loin de deux cents fois déjà, perdant chaque semaine une nuit de sommeil, vieillissant plus vite que tout le monde, opérationnelle pourtant dès mon arrivée, matant le choc thermique, ferraillant sans relâche, accusant les coups, les rendant au centuple, avançant résolument, obsédée par les confiances à ne pas trahir, les espoirs à ne pas décourager, les nécessités collectives à assurer.

Mon corps menu ne m'avait pas larguée. Seuls ma rétine se décollait, mon dos se dilacérait, mon système circulatoire bégayait, mon horloge biologique avait capitulé, mon horloge hormonale, désorientée, chahutait mon métabolisme. Une curiosité médicale. On soigne mes yeux au laser, on expérimente des traitements avec mon consentement. Dépassée par des menstrues opiniâtres sur plus de deux mois qui me laissent exsangue, ma gynécologue me propose de provoquer la ménopause. Je hurle : « Non ! J'ai quarante ans passés, je ne ferai plus d'enfant mais je veux avoir le choix.

— Soyez raisonnable, me sermonne-t-elle.

— Pas question, la raison sur ce sujet, c'est pour les vieux.

— Franchement, je ne pourrai rien pour vous, il faudra aller en Italie voir Severino Antinori », me lâche-t-elle dans un sourire.

J'ai envie de lui chanter *Teacher Don't Teach Me No Nonsense*[1] de Fela Kuti. Nous convenons d'un compromis.

Elle m'expose son protocole. Elle va provoquer la ménopause pour arrêter les saignements, moi je dois essayer de réduire mes déplacements, autant que possible ne pas bouger pendant quatre mois. Puis elle me rétablira un cycle normal, et je retrouverai mes menstrues puisqu'elles me plaisent tant... J'acquiesce. Elle s'y met. À pied d'œuvre, elle tâtonne. Mes va-et-vient par-dessus l'Atlantique ne l'aident pas car évidemment je n'ai pas su me convaincre de lever le pied sur mes obligations parlementaires.

Elle vainc, recule, répare, réajuste, et finit par nous faire croire à toutes deux qu'elle a eu le dernier mot. Peut-être l'a-t-elle eu, à considérer les circonstances... Saigne plus mais pas revu menstrues... Son oui au retour des menstrues, c'était comme on dit chez nous un oui pour ne pas gâcher l'amitié. *« Let it rain / Give me hope that help is coming*[2]*... »*, Tracy Chapman.

*

Je continue à courir. C'est que le temps presse ! Seigneur, cette jeunesse... sa mâchoire s'affaisse en trois ans à peine. Condamnés à tenir les murs des commerces de coins de rue, les gamins s'empâtent, font un enfant, retrouvent un peu d'assurance de ce statut de

1. « Professeur, ne m'enseigne pas des choses insensées. »
2. « Qu'importe s'il pleut / Donne moi l'espoir que les secours arrivent... »

pères, en sont vite évincés car leur présence empêche les mamans de percevoir le seul revenu régulier à leur portée, l'allocation de parent isolé... Leur enthousiasme se fane. Ils ne lèvent plus le regard... ils le baissent mais se réconfortent en se disant qu'ils demeurent encore au-dessus de ceux qui flanchent, ceux-là chaque semaine plus nombreux dans la rue, dans le renfoncement des banques ou sous le porche d'un hôpital désaffecté, glissant inexorablement de la chimérique apesanteur de la *ganja* vers les bruyantes ténèbres du crack.

Rien de plus déprimant que ces regards qui s'éteignent d'un coup. Rien de plus troublant que de se demander ce que l'on aurait pu faire. Les jeunes filles tombent dans les rets de bonimenteurs quinquagénaires égocentriques qui furètent aux abords des lycées et vadrouillent d'un puits de jouvence à l'autre. Elles en récoltent des grossesses précoces. Parfois ce sont elles qui prennent l'initiative, percevant la maternité comme le seul chemin vers un statut social ou l'autonomie économique.

Certes, des jeunes filles poursuivent un parcours plus ordinaire, celui de l'excellence dans les études... elles sont si vives lorsque la vie n'étend pas ses scélératesses sur leur adolescence effarée. Il arrive, pour d'autres, que des parents se présentent à ma permanence parlementaire et me demandent d'intervenir auprès du jury pour obtenir le quart de point manquant pour l'admission à un examen.

Je refuse. J'explique qu'il faut apprendre aux jeunes à travailler pour plus que la moyenne et à ne devoir leurs succès qu'à eux seuls. Incompréhension, colère, « on croyait que vous aimiez les jeunes ». Justement je les aime et les respecte... il y a de mauvaises façons d'aimer, je préfère les armer que les favoriser, je leur offre du temps et du savoir, gracieusement, je les reçois, je les prépare, mais ils doivent tenir leurs résultats de leurs mérites.

Dans les yeux de ces parents mal-aimants, je lis la déception, le dédain, parfois la fureur, souvent une immense désillusion, comme la révélation d'un leurre. J'explique abondamment, je vois bien qu'on ne m'écoute plus. J'ai l'air borné en affirmant qu'il faut aider les enfants à grandir au lieu de leur apprendre à tricher. J'aurai malheureusement dans d'autres circonstances à apprendre que les jurys ne sont pas tous impartiaux.

Dans une filière organisée pour tenir à distance les jeunes Guyanais, l'Environnement, aucune information ne filtre sur place. Recrutement national. Tutelle ministérielle différente du ministère de l'Éducation nationale dont le rectorat déclare ne pas savoir comment s'inscrire. Jury de deux membres. L'un venant de France, l'autre résidant en Guyane depuis peu, confiné dans le milieu endogame de cette activité. La seule Guyanaise qui soit parvenue à s'inscrire... sera aussi la seule recalée... malgré deux ans de scolarité avec un classement parmi les trois meilleures moyennes. Recalée sur soutenance de mémoire... Hasards bizarres... Un cinglant démenti aux vertus de la rigueur.

Je sais cependant que cette rigueur n'est pas partout en défaite. Dans les écoles et les collèges, les enfants invités à exprimer leurs souhaits de métiers continuent à dire « Moi, quand je serai grande, je veux être Taubira-Delannon »... J'en ris... avant d'en saisir la splendeur.

J'embrasse, j'étreins, je m'éreinte dans des audiences libres dont je chasse les effluves persistantes à coups d'aspirine la nuit. Je nous laisse envahir à la maison par des égoïstes et des sans-gêne, obnubilée par la crainte de rater la grande détresse, le désespoir ultime, l'âme au bord du gouffre. Je fais l'assistante sociale.

Je découvre une société qui livre au scalpel ses désarrois et ses renoncements. Je constate une impudeur croissante sur des problèmes personnels qu'on ne résout plus et qu'on dissimule moins encore. Je reçois, je traite, j'interviens. Je m'entête à rappeler à des personnes qui n'en ont cure que mes missions sont d'intérêt général ; je dois et je veux consacrer du temps et de l'énergie à la question foncière, forcer l'État à se dessaisir des terres confisquées par décret, les restituer aux habitants, mettre un terme à cette aberration de barres grises d'immeubles où les enfants grandissent à l'étroit dans des appartements exigus, une incongruité sur un territoire si vaste ; je dois et je veux empoigner la question minière, que laissons-nous faire de nos ressources naturelles, c'est le bien de nos enfants, nous n'avons pas le droit de nous laisser dépouiller ; voyez les échafaudages juridiques astucieux de l'État, et le mélange des genres, voyez ce BRGM qui peut à la fois acquérir des actions lucratives dans des multinationales et vendre sur le marché international l'ingénierie acquise sur fonds publics grâce à l'inventaire minier, alors que ces informations ne sont pas accessibles en Guyane. Je plaide sans souffler. Nous devrions imposer une éthique de l'économie au service de l'épanouissement individuel et du bien-être collectif... Cause toujours...

Pour convaincre, têtue, j'organise dès 1996 un colloque international sur les activités minières et le développement durable.

Je leur dis, mais ils n'écoutent guère, qu'il faut lutter contre la non-scolarisation de milliers d'enfants ; même enfants d'étrangers ils sont et resteront guyanais, nous paierons cher les négligences d'État et de collectivités... et nos inerties. J'énonce les risques pour tous liés à la déscolarisation de centaines de préadolescents que les tentations, la délinquance, les addictions aspirent comme une tornade... peut-être entendront-ils la peur s'ils sont sourds à la responsabilité morale... J'alerte avec angoisse contre l'éjection de ces adolescents que l'appareil éducatif sous-calibré expédie sans armure dans la vie active... une jungle.

Je dis qu'il faut contraindre la République à comprendre que les différences, les disparités, les inégalités sont telles sur ce territoire que l'on ne peut qu'inventer de nouvelles pédagogies ; il sera douloureux d'apprendre à faire autrement mais il faudra s'y soumettre, car il n'y a pas d'échappatoire, la mission de l'éducation est d'assurer par des moyens différents un égal accès au savoir et aux connaissances, sans violence culturelle ni meurtre identitaire. Nous ne serions pas les premiers, des expériences concluantes sont conduites au Brésil, au Canada, en Inde. Je crédibilise mes arguments en invitant des pédagogues de ces pays, qui sont heureux de se rendre dans les écoles, les enseignants guyanais heureux de les accueillir en partage d'expériences.

J'avoue mes obsessions, instruire, cultiver, émanciper, afin de pétrir une génération de citoyens libres, responsables, équilibrés, audacieux. S'il se trouve dans le village le plus reculé de Guyane un possible prix Nobel, de littérature, de mathématiques, de physique, ou de toute autre matière, notre vigilance affectueuse le détectera, nous l'accompagnerons au rendez-vous de son destin. Voyez le parcours de cheikh Modibo Diarra du fin fond de son village malien au programme de navigation interplanétaire de la Nasa... quelles belles enjambées ! Je rêve à voix haute de l'université comme lieu de permanente turbulence, mettant à portée de la jeunesse tous les savoirs du monde, toutes les hardiesses du monde, toutes ses turpitudes aussi, nourrissant l'esprit critique, le goût de la révolte, le respect d'autrui, la prégnance de son enracinement, sa conscience d'appartenance au monde, le souci du local et de l'immédiat incrusté dans une pensée globale et une empathie pour l'autre et pour le même.

Nous devons, et nous y prendrons plaisir, offrir à la jeunesse son premier flirt avec la complexité du monde, ses contradictions, ses gisements de possibles, ses incertitudes.

Je touche à tout ce qui peut y conduire. Et d'abord l'agriculture de l'avenir par l'installation de jeunes passionnés et qualifiés, en butte à une bureaucratie griffue qui ne veut rien lâcher du foncier d'État, cet État hors la loi qui ne paie aucune taxe sur le foncier qu'il a accaparé et qu'il gèle. Je trace à voix haute les layons et les mottes d'une société réhabilitant son agriculture vivrière, renouant une relation équitable avec la nature, lui soutirant fruits et sourires par la performance sans agressivité des technologies traditionnelles, retrouvant la pertinence rationnelle des circuits courts du producteur au consommateur.

Je sais qu'il n'y a là rien de candide ni de béat, mais un combiné d'intuition et de raison pour une économie qui ne soit ni une gloutonnerie ni une démence. Je reviens à mes amours pour la pêche, prometteuse locomotive si on l'arrache aux crocs de ses kidnappeurs, une poignée de parasites, pour la confier à quelques laborieux.

Je vois bien comment cette société se découd sous nos yeux. Par ignorance d'elle-même, de son histoire et de ses valeurs. Sous la force dévastatrice d'un discours sans nuances sur de factices rivalités ethnoculturelles. Affolée par les effets désintégrateurs de questions récurrentes et mortifères... qui est guyanais, l'identité guyanaise existe-telle, tout le monde est guyanais... Négation à micro ouvert de ce que des générations ont forgé, à l'ombre de leurs communautés amérindiennes ou bushinengue, ou à découvert de trajectoires individuelles et sociales créoles, en milieu rural et en milieu urbain.

Des questions radotées qui biffent les temporalités historiques, l'originalité d'histoires entremêlées, bricolent de toutes pièces une société sans attache et sans but, suspendue dans l'air. La tracée singulière révoquée. L'agrégation collective contestée. Toutes deux destituées au nom et au profit d'une généralité et d'un immédiat déguisés en universel. « L'universel, ce qui va une fois de plus nous flouer » prévient Édouard Glissant.

Il faut recoudre, vite. Retrouver les chemins défrichés ensemble d'un bout à l'autre du territoire aux périodes, épisodiques certes mais remarquablement fécondes où, mus par la même volonté d'exister nous avons, franchissant langues, cultures et croyances, affirmé notre enracinement en terre amazonienne, reconnu des antériorités diverses, mêlé des rêves germinant pour composer des lendemains à notre main.

Il faut vite dégager des ronces qui les ont envahies les bornes que nous avons posées, mains jointes. Reprendre les bols rituels et nourriciers que nous avons échangés. Nous rattraper sans nous perdre, esquiver les tentations de repli sur soi, circonvenir le risque de dilution dans une illusoire universalité. C'est une bataille épique. Nous ne pourrons pas toujours éviter qu'elle soit âpre, car les obstacles sont coriaces, profondément ancrés dans un dessein hostile, sédimentaires.

Ces obstacles sont la confiscation des terres, les négations de citoyenneté, les ruptures d'égalité, la partition du territoire, l'administration citadelle, l'assimilation par la loi, l'aliénation par l'éducation, le doute sur soi savamment instillé, la disqualification culturelle, la submersion cynique par des vagues migratoires, leur instrumentalisation puis leur stigmatisation. Il n'y a pas grand-monde, mis à part quelques entêtés conscients qu'une société qui se perd appauvrit l'humanité, pour accueillir cette angoisse, ce vouloir d'existence collective, ce rejet du sauve-qui-peut individuel. Je m'obstine.

Et je cours le monde. L'Afrique du Sud pour observer les premières élections multiraciales et fondre dans les bras de Mandela. Ah ! Nelson Mandela. Notre première rencontre est solennelle… disons plutôt officielle. Nous sommes dans le salon contigu à la salle à manger du ministère des Affaires étrangères. Je connais cette pièce et son agencement de candélabres, de fleurs et de miroirs inutiles. J'y suis déjà venue deux fois, invitée par le ministre Alain Juppé ; une fois en tant que rapporteur de l'action humanitaire de la France dans le monde, une autre fois avec la ministre des Affaires étrangères du Surinam pour un échange sur les axes de coopération après les dix ans de guerre civile dans ce pays. Ce soir de décembre 1993, le ciel est gris sans être maussade.

À Paris, on ne voit jamais les étoiles, trop de lumières artificielles… la lumière naturelle se replie. Ce salon est comme les autres pièces, vaste et harmonieux, son plafond se dérobe, un lustre monumental lance des reflets menaçants. Les draperies laissent entrevoir les arbres de la cour, sobres et raides comme le maître des lieux, quelques voitures longent les quais et les mâts blanchâtres des voiliers dodelinent sur la Seine. J'entre. Je porte sur les épaules, que je tiens droites pour qu'il n'en paraisse rien, le poids d'une désespérance fugace mais fouilleuse... et dans mon nez, la mélodie et les phrases de Clarence Carter, *« I've tried to do my best... It's up to you to do the rest*[1]*...»*

Je sors d'un moment difficile dans mon ménage. Mon époux est exceptionnellement à Paris, j'ai dû appeler mon beau-frère, brillant avocat qui, au pied levé, accepte de venir lui tenir compagnie. En pénétrant dans ce salon, je me conforme au protocole... Façon de dire, car je salue le ministre mais j'ai déjà le regard rivé sur l'astre qui, discrètement en retrait, éblouit tout l'espace.

Je ne me préoccupe pas longtemps du protocole. Je n'attends pas que le ministre s'avance pour me présenter. Je marche à la cadence d'*Amandla*, pas l'hymne zoulou, la création de Miles Davis, cet incroyable dialogue entre sa trompette, le saxo de Kenny Garrett et la basse de Marcus Miller... je passe sur toutes les autres personnes présentes, une impolitesse innocente... je ne sais ce qu'avouent mes yeux, que dit son regard, je me retrouve dans ses bras... Le Havre d'un patriarche.

Je séjournerai en Afrique du Sud en avril 1994 dans le groupe des observateurs internationaux pour les premières élections post-apartheid. Nous serons submergés de consignes de sécurité. Une bombe a explosé à l'aéroport une demi-heure avant notre arrivée, une autre aux abords du siège de l'ONU où se tiennent nos réunions préparatoires sous l'autorité de Lakhdar Brahimi.

Les consignes du ministère français et de l'ONU sont pressantes sans être anxiogènes, ne pas se tenir aux fenêtres, ne pas circuler seul, ne pas quitter l'hôtel sans prévenir, tout de la même eau. Je suis la seule femme parlementaire de notre délégation, l'autre femme est une fonctionnaire de l'équipe du service des affaires internationales qui nous accompagne ; dès le lendemain elle demande son rapatriement à Paris.

---

1. « J'ai essayé de faire de mon mieux... À toi de faire le reste... »

Le ciel, d'un bleu austral, suggère une beauté douloureuse. Dès mon arrivée et lors de nos déplacements, je reconnais les paysages… le haut *veld* et ses *kopjes*, les steppes le long des pistes de terre, les plaines d'acacias, les savanes du *thornveld*, les mimosas du *bushveld*, les gueules de canyons, la montagne de la Table au Cap.

Je les reconnais parce que je les connais, d'André Brink, de Peter Abrahams, d'Alan Paton, de Richard Rive, de Mongane Wally Serote, de John Maxwell Coetzee, de Nadine Gordimer. Je les reconnais tels qu'admirablement et précisément décrits par ces auteurs dont j'ai tout lu. Je les connais de la prose lyrique et militante de Steve Biko. Je saisis la mesure du colossal talent de ces écrivains en plus du plaisir, de la rage, de l'espoir que j'ai éprouvés en les lisant.

Je suis affectée à Pretoria mais nous visitons Johannesburg et Le Cap. Aux abords de Jobourg, dans le bidonville d'Alexandra, quartier infra-humain, je fais la connaissance d'une femme imposante de rondeurs, la plus extraordinaire qu'il m'ait été jamais donné de rencontrer, d'une culture et d'une philosophie époustouflantes, émaillant sa conversation de références grecques et latines comme le faisait Maman sans que nous ayons jamais compris d'où elle tenait son immense culture.

Cette femme était l'archange d'une petite communauté de gens démunis de tout, délaissés dans cet amas de saletés et d'indigence où chacun essaie de se ménager un minuscule coin d'hygiène et d'intimité. Elle parlait sans aigreur, avec une maturité et une générosité qui m'ont rendue à la fois honteuse et fière d'appartenir à l'espèce humaine. Nous parcourons également Soweto, disparate. L'apothéose, nous la vivons dans la nuit de samedi à dimanche, lorsque le nouveau drapeau sud-africain est hissé en remplacement du précédent, symbole de l'apartheid.

L'atmosphère est de gravité, de recueillement avant d'exploser dans une liesse torrentielle. Le lendemain, sous un soleil tellement heureux qu'il en est accablant, des électeurs de carnation et de complexion défiant tout classement, nation arc-en-ciel assemblant Blancs, Noirs, Indiens, métis, catégories imaginaires enfin dissoutes, patientent en serpentant sur des kilomètres pour offrir, sans rancœur ni rancune, toutes ses chances à leur pays commun. Nelson Mandela, 76 ans, vote pour la première fois.

Et il osera, mais qui d'autre pourrait, « le temps est venu de panser nos blessures »… Voilà ce qu'il proclame, premier président d'une Afrique du Sud qui vient de se lancer un gigantesque défi démocratique. C'est ce jour-là que je suis tombée amoureuse de ses mains, de ses doigts potelés, de ses paumes dodues. L'expérience est inoubliable, incomparable. Avec Jean Glavany, ancien ministre, nous convenons qu'elle est un privilège incommensurable. Au retour, je bourre ma valise de liasses de matériels électoraux, bulletins, affiches, fanions, programmes, des essais, des objets artisanaux, bijoux, œufs d'autruche décorés, tableaux, sculptures, articles en bois travaillés... Documents collectés et achats compulsifs. Des fétiches, comme pour conjurer... comme pour faire la fée au-dessus du berceau.

Je reviendrai en Afrique du Sud l'année d'après pour une mission sur la nouvelle Constitution et le droit des minorités. Je repasse sur les lieux de mes émerveillements, je me déplace beaucoup, je suis reçue par le roi du KwaZulu-Natal.

J'ai l'occasion d'admirer l'artisanat pictural *tswana* dans un village éblouissant où les cases sont des galeries d'art à ciel ouvert. Et j'aurai à nouveau le bonheur de saluer Madiba. Je ne le reverrai pas lorsque je passerai une journée en transit à Jobourg en direction du Mozambique pour le premier séminaire d'évaluation de la Convention internationale d'interdiction des mines antipersonnel. J'assiste en 1999 à l'investiture de Thabo M'Beki que j'avais également rencontré à Paris en décembre 1993 et revu dans son pays en 1994 et 1995.

Les chefs d'État et de gouvernement se bousculent pour serrer la main de Mandela, leur photographe posté en embuscade. Je fais partie de la délégation officielle française. J'avance discrètement, il me suffit de le voir d'assez près pour être sûre qu'il va bien. Je viens de l'écouter prononcer son discours, je sais que sa perspicacité est intacte. Il a émis les mises en garde qu'il lui incombe de formuler au titre de sa responsabilité de père de cette nation arc-en-ciel encore en émulsion.

Soudain, Madiba pose sa main gauche sur mon épaule, la droite est fermement tenue par Graça Machel. Il souffre du genou. Je suis éberluée ! Voilà quatre ans que je ne l'ai pas revu... qui suis-je pour qu'il s'en souvienne et par ce geste simple, affectueux, par ses phrases qui paraissent banales ; il me demande de mes nouvelles et quels sont mes combats du moment ; il me parle comme si nous nous étions quittés depuis peu. Je réponds, oppressée par l'émotion et en même temps gênée. Nous faisons quelques pas ensemble et j'observe comme une panique dans son service de sécurité. Ils tiennent l'oreillette, rapprochent le micro de la bouche, cette perturbation n'était manifestement pas prévue. J'aurais aimé ne pas m'en rendre compte, j'aurais mieux savouré ce moment.

En y repensant dans ma chambre le soir, je m'en suis amusée. L'année précédente, l'ambassade d'Afrique du Sud à Paris a traduit en anglais l'exposé des motifs et la proposition de loi visant à reconnaître la traite négrière et l'esclavage comme crime contre l'humanité, sitôt après sa publication par l'Assemblée nationale. Après y avoir ajouté une traduction espagnole et portugaise, l'Unesco en a assuré la diffusion dans les pays intéressés, plus nombreux qu'on n'imagine, les pays d'Europe de l'Est et le Japon manifestant un grand intérêt.

*

Je sillonne la planète en ébullition avec des bottes de sept lieues. Haïti, dix-huit mois après le retour du président Aristide. C'est mon deuxième séjour dans ce pays. La première fois, je participais à une réunion sur la coopération, c'était deux mois avant le renversement du président Aristide. J'avais assisté à une journée de *déchoukage*, de déracinement des puissants d'hier... j'ai entendu ce président face à une foule hystérique choisir, au lieu de l'apaiser en lui promettant la justice, de lui jeter en pâture des noms de macoutes, présumés ou réels, de faire l'apologie du « Père Lebrun », ce pneu enflammé que l'on met en collier aux coupables exécutés par verdict populaire. Prêtre défroqué, il vient de rentrer chez lui aux bras d'une belle. Les cancaniers prétendent que c'est la CIA qui a joué l'entremetteuse. La CIA coupable et capable de tout. Ne fut-elle pas suspectée d'être à l'origine de la peste porcine qui a décimé l'élevage dans ce pays dans les années soixante-dix, par ce qu'on a appelé le massacre des cochons créoles ? Cette fois, j'y suis pour le contrôle des élections présidentielles et pour des réunions sur la coopération entre ce pays sinistré mais vaillant et l'Union européenne.

Je passe quelques jours au Sénégal, cinq, à batailler pour améliorer les protocoles sucre, minerais précieux et bois tropicaux. Puis au Laos et au Mozambique pour l'interdiction des mines antipersonnel. Brasilia pour travailler à des politiques publiques d'égalité. Washington à la rencontre du Congressional Black Caucus. New York pour des conférences à l'Université et au Schomberg Center. Marrakech dans un réseau de femmes pour la paix. Pékin pour le Sommet des femmes. Oslo contre les bombes à sous-munitions. Durban contre le racisme…

J'épouse plus de causes que je ne peux en embrasser. Je m'engage auprès de Handicap International, de la Ligue des droits de l'homme, de Human Rights Watch, d'Ensemble contre la peine de mort. Je parraine la scolarité de trois enfants dans le monde. Je parcours le territoire aux côtés de la Ligue de l'enseignement. Je prête main-forte aux militants et institutions de l'éducation populaire. Je dénonce la barbarie des mutilations dues aux mines antipersonnel et aux bombes à sous-munitions, je dépose une proposition de loi, et serai rapporteur de la loi de ratification de la Convention internationale d'interdiction…

Et je soigne mon âme par la littérature.

Pendant ce temps mes quatre enfants, dont la plus jeune n'a que trois ans et l'aîné douze, se débrouillent pour tenir bon, s'inventent un mode de vie tribal. Ils s'appuient l'un sur l'autre, se confient l'un à l'autre, s'accommodent, éberlués, d'une maman souvent absente, souhaitant les anniversaires à distance, manquant les rentrées scolaires, les fêtes de fin d'année, les remises de trophées sportifs, et même les crises de paludisme ; une maman attentive à tous, même ceux qui font semblant de souffrir ; une maman-cerbère qui ne revient que pour sévir, rétablir les repas familiaux, écouter les professeurs qu'elle sollicite en dehors des conseils de classe pour rattraper ses absences.

Une maman sur laquelle des petits camarades disent des mensonges dans la cour de récréation. Quelques années plus tard, je demanderai pardon à mes quatre enfants. Grandioses, ils feront semblant d'être étonnés et m'offriront en réponse des paroles magnifiques sur leur fierté et tout ce qu'on a « appris en te regardant vivre ».

*

Sans m'écrouler, j'ai vécu jusque-là aux prises avec des tourments vertigineux. Je suis arrivée pour la première fois à l'Assemblée nationale, ma valise mal faite, mes dossiers ficelés, mes tenues dépareillées, une jupe à fleurs, un gilet à rayures mais une coiffure qui a fait son effet. Je suis bien déterminée à être efficace dans cette nouvelle occupation dont je ne sais rien, autant que je l'ai été dans mes activités professionnelles.

Dès mon premier séjour, je me précipite en librairie, j'achète les meilleurs ouvrages sur les institutions publiques, le parlementarisme, la Constitution, les Républiques successives, la décentralisation, l'aménagement du territoire, l'évolution du droit outremer. J'en acquiers également sur la démocratie, les libertés, l'égalité, sur la laïcité, le droit humanitaire. Je suis déjà bien armée en géopolitique. Je me réfère aux « Que sais-je » pour repérer des problématiques qui ne me viennent pas spontanément à l'esprit puis je me fournis en ouvrages de fond, réflexions philosophiques, essais économiques, analyses politiques.

Évidemment, je me fais plaisir. Les librairies ont toujours été mes lieux de péché par excès, de désir, de grand appétit. Je m'y ruine. Ce sont des grottes de félicité. Je me gâte. Poésie, je découvre Henri Michaux et « celui qui a sa fièvre en soi ». Je collectionne Pablo Neruda et « toutes les mains des hommes pour pétrir des montagnes ». Je hume Mahmud Darwish et « cette terre qui nous est étroite ». Je complète Césaire « à mesure que tout s'effondrait, je me suis, je me suis élargi ». J'accumule René Char, Derek Walcott en édition bilingue, Federico García Lorca en version originale. Je relis *Jonathan Livingston le goéland.* Je me gave. Castoriadis, Deleuze, Guattari, je reprends Zweig, je me dope à Ziegler. Je me repais. Je continue à talonner Toni Morrison, en français, en américain, happant chacun de ses nouveaux dons. J'explore Milan Kundera, j'entreprends directement Tennessee Williams sans la médiation d'Elia Kazan ou de Joseph Losey. Je peine, je l'avoue, sur Faulkner mais je suis fascinée. Je déniche Maya Angelou, Zora Neale Hurston, Edythe Mae Gordon, « Ah si les vœux étaient des chevaux ! »

L'urgence est tout de même à la compréhension des institutions, des services dus aux citoyens, du respect de la dignité, des égards pour la fragilité de la personne que le pouvoir est si volontiers porté à briser. Je fais mon possible pour mieux comprendre ce matériau humain dont on fabrique les sociétés conviviales et vivaces. « Je n'ai pour arme que ma parole, je parle et j'éveille, je ne suis pas un redresseur de torts, pas un faiseur de miracles, je suis un redresseur de vie, je parle et, attaquant à leur base oppression et servitude, je rends possible, pour la première fois possible, la fraternité. » Profession de foi, humble et ambitieuse, qu'Aimé Césaire prête à Patrice Lumumba dans *Une saison au Congo*. Elle me taraude. Je m'interdis que ma parole soit jamais inutile, qu'elle soit jamais confuse, je veux que jamais elle n'ajoute à la violence du monde. Cette France des abords du pouvoir n'a guère les atours de celle racontée de mon enfance.

Jusqu'aux quartiers de mes études qui ne sont plus les mêmes. Je réalise ce qu'est une société segmentée, ses barricades immatérielles mais infranchissables. J'aurai passé toutes ces années d'études sans avoir eu connaissance de manifs tenues devant l'Assemblée nationale. Quartier latin, boulevards Saint-Michel et Saint-Germain, à l'occasion coup de riposte aux abords de Censier et de Jussieu, tel était notre périmètre de protestation.

Dans ce VIIe arrondissement tout chic tout pavé, tout est circonscrit, hémicycles, bureaux, ministères, salles de réunion, ambassades. Je me dis, oh ! là, là ! il faudra traverser les frontières, sortir de cet enclos feutré, parcourir les faubourgs où explosent la vie et les problèmes, franchir les limites de la ville, s'enfoncer dans les banlieues, les zones zones, aller là où l'État s'affranchit de ses obligations de droit, s'exonère de ses devoirs envers des citoyens moins visibles, moins pressants, moins influents, mais néanmoins capables de colère. Et offrir de temps en temps aux barbares les clés de la forteresse.

Ainsi dans cette prestigieuse Assemblée nationale, dès la première année puis sans faiblir, je m'attelle à faciliter des visites d'élèves et d'adultes venus de tous milieux, des six coins de France et des lointains Outre-mers, de collèges d'éducation prioritaire, de lycées défavorisés ou huppés. À convoquer des réunions sur des thématiques diverses, l'avenir des Outre-mers, le Pacte européen de cohésion et de stabilité, les migrations de sud-Amérique, la littérature créole. Y introduire la fracture coloniale, débattre des services publics, discuter de la Turquie et l'Europe, traiter des conséquences sanitaires des essais nucléaires au Sahara et en Polynésie, et avec mon collègue et ami, compagnon de sujets sensibles, Paul Giacobbi, du droit des victimes de l'accident nucléaire de Tchernobyl… Je ferai place à diverses curiosités, souvent transversales, tâtant d'éducation, de santé, d'environnement, de culture, conférant sur la guerre, la mémoire, et toujours estimant ce que chacun peut faire, à sa place, seul ou avec d'autres comme Jean Ferrat, « en groupe, en ligue, en procession et puis tout seul à l'occasion ». Je veux que les citoyens ordinaires, en herbe, en fleur ou déjà à leur crépuscule, se sentent chez eux dans les institutions publiques, que leurs représentants se sentent sous vigilance civile.

*

C'est mon deuxième voyage depuis mon élection. Le Premier ministre doit prononcer son discours de politique générale. Depuis Cayenne, j'ai organisé méticuleusement ce séjour. J'ai demandé et obtenu des rendez-vous dans trois ministères, l'Éducation, l'Économie et l'Outre-mer. Le premier est à l'Outre-mer, il a été calé pour correspondre à la longue suspension de séance nécessaire au vote. Je suis reçue dans une configuration très courtoise par le ministre, Dominique Perben. Il a fait installer, au milieu de la pièce, un fauteuil en face du sien, plus bas. Je pense en souriant à la rencontre entre la reine Nzinga de N'gola et le vice-roi du Portugal, João Correia da Souza. Le protocole du vice-roi avait installé en face de l'imposant fauteuil de sa vice-majesté deux coussins de brocart brodés de fils d'or pour que la reine s'y tienne le temps des pourparlers sur les frontières du Matamba. Une figuration de vassalité qui apparut clairement à la reine dès qu'elle pénétra dans la très spacieuse salle des négociations, et qu'elle jugea inacceptable. Elle fit un signe et l'une de ses suivantes, grande et gracieuse, s'avança, posa ses genoux et ses mains sur les deux coussins pour se poster en position de siège. La reine Nzinga prit place sur son dos. Ayant restauré un rapport d'égalité spatiale, la reine Nzinga put donner libre cours à la supériorité de son intelligence diplomatique. C'était en 1622, quatre siècles après la *Dunya Makilikan*, première charte africaine des Droits de l'homme énoncée par l'empereur mandingue, Soundjata Keïta.

Le ministre, jambes croisées et mine avenante, me demande si tout ce qu'indiquent les fiches me concernant est vrai. J'éclate de rire et réplique, d'abord faudrait-il que je sache ce qu'il y a sur ces fiches. J'ajoute, s'il y est dit que j'ai été militante indépendantiste, c'est vrai et je l'ai assumé pendant la campagne. Si vous voulez savoir ce que j'en pense, mon cœur et mon esprit vibrent encore à cette ambition, la relation entre la France et la Guyane me paraît assez solide et profonde pour que des esprits audacieux et généreux de part et d'autre rendent la chose possible ; mais je n'ai clairement pas été élue sur une telle mission, ce n'est pas ce qu'exprime la volonté populaire et il ne me viendra pas à l'idée de voler à ce peuple le choix de son destin.

Nous passons alors aux dossiers brûlants, le foncier, le minier, le spatial. Il m'informe de l'intention du Premier ministre d'organiser une série de séances de travail avec parlementaires et fonctionnaires en vue de préparer une loi d'actualisation législative, de modernisation des structures, de développement des économies. Ce sera, dix-huit mois plus tard, la loi Perben. Elle aura, comme toutes les lois pour l'Outre-mer, un fort tropisme d'exonération fiscale. J'y mènerai une bataille vigoureuse pour la création d'un établissement d'aménagement foncier. Lors du débat public, je serai surprise d'être confrontée à des procédés dilatoires et je me montrerai d'autant plus inflexible que j'aurai été la parlementaire la plus assidue à ce long cycle de réunions, et qu'il ne m'aura jamais été opposé aucun contre-argument. Pour l'instant nous sommes dans le salon attenant au bureau du ministre. Nous avons fait le tour des sujets majeurs, la conversation est redevenue informelle.

Il me demande aimablement comment je vis mes premières semaines à l'Assemblée, suis-je satisfaite de mon choix de la commission des affaires étrangères, présidée par Valéry Giscard d'Estaing ? Soudain, dans un élan spontané que je ne sais pas encore réfréner, je m'écrie : « Ah ! ben je suis en train de rater le vote sur la déclaration générale du Premier ministre, bon, j'avais l'intention de voter pour, mais avec votre majorité massive, il n'a pas besoin de ma voix.

— Ah ! mais non mais non, riposte-t-il, je fais appeler une voiture pour vous raccompagner à l'Assemblée. »

J'arrive à temps pour accomplir mon devoir. Je vote la confiance à Édouard Balladur. Je n'imagine pas une seconde ce que je vais déclencher. D'abord, mon vote intéresse la presse. Tiens, juste une voix qui n'a rien changé au résultat. J'aurais dû pourtant comprendre plus vite, ayant étudié les sciences économiques et l'utilité marginale du capital… cette voix inattendue et non obligée a plus d'intérêt, et de poids relatif, que les voix « normales ». Puis le débat fait rage en Guyane.

Lorsque RFO l'annonce, je le saurai quelques jours après, c'est un coup de tonnerre. Ceux qui, ayant voté pour moi ou non, craignaient maladivement que je livre la guerre au gouvernement pour l'obliger à donner à la Guyane son indépendance sont tout aussi maladivement soulagés. Ils clament que je suis devenue raisonnable. Ceux qui font commerce de tout vilipender se livrent à des surenchères de vocabulaire, parlent de traîtrise, sans mentionner l'objet de la trahison, pas la peine le mot se suffit. Ils sont une poignée, mais les postures de démesure assurent toujours un espace, ils braillent.

Plus nombreux sont ceux qui pensent qu'il y a un temps pour la campagne et un autre pour le travail, que je ne suis plus candidate mais députée de Guyane et à ce titre, tenue d'œuvrer pour exposer et résoudre les problèmes de la Guyane. Il n'y a pas un citoyen sans avis. Les débats sont électriques sur les radios libres. Évidemment celles de mes adversaires sont débridées, le fond n'est pas le sujet, trop belle l'occasion de faire les larrons. Radio Jam connaît un regain de vigueur.

Dès mon retour en Guyane la semaine suivante, je vais m'en expliquer dans l'émission hebdomadaire en créole que nos animateurs tiennent à antenne ouverte. Les débats sont passionnants. J'explique que rien dans ce discours ne constituait un élément rédhibitoire à mon vote, dont le principe avait été décidé lors d'une assemblée générale de Walwari, après la présentation par le bureau exécutif des principes de travail avec l'État. Ce discours de politique générale était fortement axé sur la stabilité du franc et sa parité au deutsche Mark, l'objectif de baisse de la dette publique de 4 à 2,5 % du PIB, la priorité déclarée à l'emploi, l'accompagnement des PME, l'ambition affichée d'une « économie moderne et humaine ».

Il y a bien l'annonce d'un programme de privatisations, toujours inquiétant dans mon schéma conceptuel ; mais la gauche avait déjà commencé à privatiser à tour de bras sous la pression, à mon avis, de l'Acte unique européen décidé en 1986 ; et le traité de Maastricht adopté l'an dernier ne fait qu'accentuer cette dynamique. Certes, les Outre-mers n'occupent pas l'esprit du Premier ministre, c'est flagrant, je suis la première à le dire. Ils n'étaient pas davantage le souci de la gauche qui, dans ses intentions critiques, ne songea pas à lui en faire reproche. J'ajoute être persuadée que c'est à nous qu'il revient de faire prendre en compte les problématiques des Outre-mers, à nous qu'il incombe de définir la nature et le contenu de ce qui convient à nos pays.

Je prends le temps de dire, même si cela me paraît tomber sous le sens, que mon vote ne fut assorti d'aucune condition ni négociation, qu'il n'y eut à la clé ni avantage, ni faveur, ni passe-droit, ni privilège, que la seule discussion eut lieu à Walwari, qu'elle fut politique, ouverte à l'ensemble des militants, inspirée par une stratégie de positionnement au nom de la Guyane, non d'un parti politique national de tutelle, qu'elle repose sur l'intention de travailler avec les institutions.

Assez rapidement, les appels d'auditeurs abandonnent la polémique et l'émission se transforme en forum de pédagogie politique. La passion soulevée durant la campagne n'est pas retombée, elle brûle encore. Pourtant, le plus instructif ne se déroule pas là, même si ces débats contribuent à l'effort collectif pour donner sens aux actes politiques.

Philippe Seguin, président de l'Assemblée nationale, m'a déjà rappelée à l'ordre lors d'une question au gouvernement le mercredi. Il joue de cette voix profonde qu'il s'amuse à rendre caverneuse, arborant une mine sombre pour rappeler que rien ne doit entamer son autorité, qu'il met au service de l'institution pour un fonctionnement efficace et équitable. Il m'intime de clore sur-le-champ mon intervention. L'effet habituel d'une telle injonction sur les députés est saisissant ; certains députés s'interrompent au mitan d'une phrase et s'asseyent, sonnés, comme sous le coup d'une morsure. Ce jour-là, j'ai poursuivi mon propos, imperturbable, faisant une parenthèse de courtoisie pour indiquer que je vais bientôt conclure et développant ma question jusqu'au bout. J'ai vu ses yeux faussement dormants devenir perplexes puis bienveillants.

Quelques jours après la déclaration de politique générale, un fonctionnaire de son cabinet me fait savoir que si je le désire, je peux disposer d'un siège mieux placé, vers le centre de l'hémicycle. Je réponds spontanément « merci pour l'offre mais je me trouve très bien où je suis ». Je ne suis pas bien placée, je suis perchée à l'avant-dernier rang, sous l'avancée des tribunes du public ; étant à mes débuts je suis encore assez disciplinée pour toujours me mettre à ma place, même lorsque l'hémicycle est presque vide. Cette place n'est pas une maltraitance personnelle, c'est le sort des non-inscrits. Je n'appartiens en effet à aucun groupe.

En Guyane, j'ai battu le candidat du Parti socialiste guyanais qui aurait siégé au sein du groupe socialiste. Je ne m'interroge même pas sur l'accueil que me réserverait le PS, je sais qu'en Guyane personne ne comprendrait. Sur place, les socialistes sont d'une exécrable froideur, dès le premier jour. Pas un bonjour, pas un sourire… Imaginez un mot de bienvenue… L'occasion se présentera de leur en faire grief. Au bout de deux ans. Je m'en ouvre à Julien Dray : « En dépit des jugements critiques que je porte sur les gestions socialistes dans l'Hexagone et outre-mer, je croyais encore la fraternité votre vertu première, j'ai fini de macérer dans cette illusion ; votre indifférence, glaciale, m'a heurtée comme un *uppercut.* » À quoi il répond : « Je reconnais que nous étions repliés sur nous-mêmes, mais rends-toi compte, nous venions de recevoir une dérouillée sans précédent, nous étions nous-mêmes sous le choc. » Soit… dont acte. Tout de même !

S'il suffit d'un désaveu électoral pour que les compagnons deviennent cromagnons… c'est que le vernis n'était pas bien épais. Il va de soi qu'ils m'en veulent. J'ai ravi la circonscription à leur allié… pourtant pas socialiste pour deux sous. Ils n'étaient pas regardants sur leurs amitiés. Leur parti avait trempé d'ailleurs dans ce découpage Pasqua de 1982. La circonscription est composée de Cayenne, on saute trois communes et on raccroche la quatrième, Macouria. Ça, c'est le fief de la gauche. Le reste, les vingt autres communes, revient à la droite. Un partage qui ressemble à un dépeçage… après une partie de chasse. Et moi j'arrive, je prends la circonscription imprenable, je bats le candidat imbattable et, circonstance aggravante, je m'inscris chez les non-inscrits, privant le groupe socialiste d'un membre en temps de grande pénurie de députés.

Henri Emmanuelli me cueille la première semaine d'un criard « Non inscrit, c'est faux-cul ! » Je réplique : « Ça vaut toujours mieux que la vulgarité. » Surpris, il se retourne, « et de la répartie, avec ça » ; moi bien parée pour le duel, « et même du jugement, et vous concernant, il n'est pas reluisant ». Il s'éloigne avec un sourire en secouant la tête. C'est l'un des ténors socialistes que j'apprécierai le plus au fil du temps. Lorsque je m'ouvre de ces considérations auprès de Julien Dray, Ségolène Royal, plus fine que tous, m'a déjà abordée.

C'était une nuit. Dès le début, j'ai aimé les séances de nuit. J'ai commencé à y assister pour noyer mon remords d'être loin de mes enfants. Tant qu'à ne pas être auprès d'eux, j'ai choisi de faire le plein de travail. J'ai vite perçu que l'ambiance est différente la nuit, moins canaille, moins survoltée, moins survolée, plus studieuse, plus pertinente, les charges mieux ciblées, mieux argumentées, les réfutations mieux construites. Sans doute parce que les députés qui participent aux séances de nuit sont réellement impliqués sur les textes ; ils ne sont pas dans l'hémicycle entre deux réunions comme à l'ordinaire de notre quotidien entre commissions, groupes et séances de travail dans les ministères ; ils sont présents cette nuit-là pour ce texte-là.

Les nuits sont prodigues en incidents de procédure et incidents de séance. C'est pour moi comme une formation en alternance ; le week-end je potasse le règlement, j'avale tout ce qui s'est écrit de savant sur la démocratie représentative ; la nuit, c'est mise en pratique.

Cette nuit-là, Ségolène Royal mène la fronde, presque seule. Ils sont trois socialistes dans l'hémicycle face à une majorité clairsemée pour le nombre massif qu'ils sont mais une bonne vingtaine quand même, et bien remontés.

Vers 23 h 30, Ségolène, débordée, monte vers moi et me lance d'une traite : « Toi, je t'ai entendue plusieurs fois, tu es de gauche, il faut te battre avec nous. » Je lui rétorque tout de go : « Oh ! oh ! j'ai donc cessé d'être transparente ! » Je la laisse cuire un peu, cinq minutes, elle se bat comme une lionne, puis j'entre dans la bataille.

Dans ces passes d'armes, le temps de parole est moins mesuré. J'avoue y avoir pris grand plaisir. Je réfléchis néanmoins à la proposition que m'a fait parvenir le président de l'Assemblée nationale. Je veux la comprendre. Comment ai-je pu laisser entendre que je pourrais souhaiter ou accepter une place au milieu de députés de la droite ou du centre ?

Je réalise qu'un vote n'est pas qu'une prise de position, il peut être un signal. Du moins, reçu comme tel. De toute évidence, j'ai méconnu les codes. Il me faut donc procéder à des clarifications. « On ne sort de l'ambiguïté qu'à son détriment », assénait le cardinal de Retz (il paraît que François Mitterrand s'en réclamait). Je m'évertuerai cependant à sortir de l'ambiguïté. Puis c'est Martin Malvy, président du groupe socialiste, qui m'abordera pour me proposer de les rejoindre. J'attendrai encore quelques mois pour le faire. Je siège au groupe République et Liberté, deux jolies promesses dans le nom que s'est donné l'essaim hétéroclite de personnalités pittoresques qui n'appartiennent à aucun des groupes conventionnels. Il y a Jean-Pierre Chevènement, Jean-Louis Borloo, Bernard Tapie, Jean Royer, Paul Vergès, Émile Zuccarelli... décapant.

J'ai assez d'humour pour en percevoir la dimension baroque, pas assez de connaissance des uns et des autres pour le côté fantastique. Le groupe obtient et mutualise quelques moyens de travail, il s'affiche technique, pas politique. C'est le moins. Ce milieu a un code de conduite qui me désarçonne. Des députés qui s'affrontent avec férocité se retrouvent à la buvette et s'y donnent l'accolade ; cela dépasse mon entendement, je me dis que je dois être rustre. Pourtant je préfère l'extrême rigueur dans l'affrontement, sans dérapage ni débordement, et le maintien hors de l'hémicycle de la distance qu'inspirent les divergences sur des orientations de fond... sinon à quoi bon ?

Le président Seguin m'invite à un déjeuner à l'hôtel de Lassay, la résidence des présidents attenante à l'hémicycle. Il veut comprendre les grands enjeux de la Guyane et des Outre-mers. Il se montre réceptif aux grandes problématiques que je lui expose, la confiscation du foncier par l'État, le pillage minier sur fond de statut équivoque du BRGM, l'absurdité des entraves institutionnelles et opérationnelles à notre ancrage amazonien, l'inanité d'une économie hors sol où l'État se glorifie de ses missions providentielles en n'étalant les transferts financiers que dans un sens, un non-sens économique.

Il est surpris d'apprendre que la séance des questions d'actualité n'est pas diffusée outre-mer, il y voit une rupture de contrat civique et entreprendra d'y sensibiliser RFO et France 3. Je lui parle des enfants qui arrivent le samedi matin pour le Parlement des enfants et repartent le dimanche matin. Je lui explique que, traversant si souvent l'océan pour venir travailler, je sais que ce séjour de vingt-quatre heures est une grande violence physique et nerveuse faite à ces enfants de neuf et dix ans, énorme pour les enfants qui viennent du Pacifique. Il décidera rapidement d'allonger leur séjour du jeudi matin au dimanche matin, avec un programme de visites (château de Versailles, tour Eiffel) et de divertissement (Eurodisney).

Il a modifié ou entrepris ce qui pouvait l'être immédiatement. Pour les dossiers, j'ai pu compter sur son appui chaque fois que je l'ai sollicité ; il n'était pas besoin de le forcer pour qu'il soit en désaccord avec le gouvernement. Après le repas, il m'a gratifiée d'une visite érudite sur les tapisseries et les lambris de l'hôtel de Lassay. Il me dit pis que pendre sur les architectes des Bâtiments de France, non sur leurs compétences mais cette tendance à faire main-basse sur un pouvoir qu'ils ne tiennent que de leur technicité et de leur expertise. C'est au politique, investi par le suffrage universel, qu'il revient de décider en dernière instance du cadre de vie des gens, tous les politiques ne sont pas d'une inculture crasse. Il a finalement trouvé avec eux un terrain de conciliation dans sa ville d'Épinal, au prix de rudes joutes et obstructions. J'imaginais mal un architecte, si renommé fût-il, tenant tête à Philippe Seguin. Il semblait pourtant que c'était arrivé… pas longtemps, manifestement.

En commission des affaires étrangères, je fais l'expérience d'une relation de travail de grande cordialité avec trois femmes en particulier. Louise Moreau, nous nous découvrons une commune passion pour la poésie de René Char, Nicole Catala qui paraît fragile mais s'avère d'une grande fermeté, Martine Aurillac que certains présentent comme appartenant à la catégorie des « filles-de » et « épouse-de » et qui, derrière sa douceur et sa discrétion, empoigne les problèmes, traite ses dossiers avec ténacité. Jean Glavany, ancien ministre de l'Agriculture, très actif en commission, a un comportement et des attentions qui réhabilitent la gauche.

L'actualité chasse l'actualité et mon vote de confiance n'est plus à la mode. Tout le monde est passé à autre chose. Vérifications faites, il n'y eut aucune tractation… Quel intérêt donc ? Moi, je traîne encore un peu sur le sujet. Il était si simple de ne pas participer au vote, j'aurais eu une excuse publique, retenue dans un ministère. Il ne m'est jamais venu à l'esprit de m'esquiver. Je n'allais tout de même pas commencer ma législature par un acte manqué ! J'avais cependant des questions à me poser à moi-même, ai-je trahi l'une de mes loyautés ? Certes, je n'ai rien marchandé, mais aurais-je, par mégarde ou par aliénation, sacrifié quelque chose d'essentiel ou de précieux ? Après un examen de conscience sans complaisance comme je sais les pratiquer, je suis sûre que non. Rien de ma liberté d'analyse critique n'est entamé, rien de ma crédibilité.

Quelques semaines plus tard, la direction de Walwari me demande de voter certaines dispositions de la loi Pasqua sur la lutte contre l'immigration clandestine. Mes camarades dirigeants en donnent deux raisons. D'abord, les manipulations migratoires du gouvernement depuis 1975 visant notre naufrage physique et identitaire pour éradiquer nos revendications territoriales sont en passe de réussir. Nous sommes encore la plus grosse minorité mais déjà minoritaires sur notre territoire.

Ensuite ce Charles Pasqua, ministre de l'Intérieur, a déclaré, contre l'extrême droite du RPR qui se déchaîne en outrances sécuritaires et libère ses pulsions xénophobes, et contre les bavures policières – les « morts accidentelles » en commissariats étant reparties de plus belle après le raz-de-marée électoral bleu de 1993 –, que « la loi sera appliquée, toute la loi mais pas plus que la loi ». Pasqua modérateur ? Vu de loin peut-être... Mais je ne prends même pas le temps de m'appesantir sur ce strabisme insolite, cette fois je dis non, sans nuances et sans appel.

Nous n'avons qu'à nous décarcasser pour trouver le moyen de déjouer ces mauvais coups, convaincre ces étrangers que leur destin est lié au nôtre, d'ailleurs n'est-ce pas ce que nous avons dit en campagne... En tout état de cause, la cause est entendue, je me refuse, sur un sujet pareil, à laisser le moindre interstice à la moindre ambivalence. *« On n'choisit pas ses parents on n'choisit pas sa famille / On n'choisit pas non plus les trottoirs de Manille de Paris ou d'Alger pour apprendre à marcher / Être né quelque part pour celui qui est né c'est toujours un hasard »*, Maxime Le Forestier.

Ce fut la césure. Les analyses de la direction de Walwari restent de grande qualité, de toutes les forces politiques et historiquement depuis longtemps les meilleures et les plus clairvoyantes sur nous-mêmes. Elles m'aideront à comprendre ce que nous sommes en train de devenir et à nous situer dans les grands enjeux internationaux qui se jouent notre territoire. Je reconnais leur subtilité et leur pertinence, mais je prends dorénavant seule, en mon âme et conscience, toutes mes décisions de vote.

Ce sera plus clair sans être plus simple. Étant d'une nature anxieuse lorsqu'il s'agit d'œuvrer pour le bien commun, je m'abîme dans des questions spécieuses à me demander après vote, si j'ai bien fait de voter non malgré quelques bonnes dispositions ou de voter oui malgré les insuffisances. Rien n'étant binaire ni linéaire, c'est une croisière pour les migraines, un supplice qui durera cinq ans avant que je consente à l'imperfection des lois.

L'imperfection des hommes m'est déjà bien familière. Un mercredi où je pose une question d'actualité, j'entends un brouhaha sur ma gauche, à quelques bancs. Je poursuis jusqu'à la fin de ma question, sans me laisser distraire, sachant que l'ennemie, c'est l'horloge. Sitôt la réponse du ministre terminée, je demande autour de moi ce qui a provoqué ce remue-ménage. On me répond qu'un député a dit « Nique ta mère » pendant que je parlais.

À la fin de la séance, le président Seguin fait une mise au point depuis le perchoir indiquant que l'interjection prononcée ne sera pas inscrite au procès-verbal, d'autant qu'il a été impossible au personnel de l'Assemblée, sténographes et secrétariat général, d'en identifier l'auteur. Décodée, la formule signifie que l'incident est clos, que le député concerné ne mérite pas d'être mentionné au compte rendu de séance… Comme sous le régime soviétique, il est effacé de la photo. En France, NTM, le groupe de rap Nique ta mère, met le feu dans ses concerts, son audience dérange, ses membres sont poursuivis en justice. Cependant, leurs titres, *Paris sous les bombes* (les bombes à taguer) ont plus d'élégance que ce meuglement. Quel rapport possible avec mon propos ? Ma question porte sur l'éducation. Pas de rapport avec le sujet. Donc le lien est avec ma personne. On me dit, on insiste, la décision du président Seguin est un reniement public à l'encontre du député, une désolidarisation flagrante, je peux lui en savoir gré.

Je suis prête à lui en savoir gré, mais pas disposée à laisser passer. Je traverse l'Atlantique pour travailler. Je prends très au sérieux ce que je viens faire à l'Assemblée. Je m'impose en toutes circonstances des règles de courtoisie. Je ne fréquente personne hors des murs. Je veux bien qu'on m'insulte dans les couloirs où je peux riposter, je ne le tolère pas en public. Dans l'hémicycle, je re-présente. Toute insulte à ma personne en est une envers ceux que je représente, et cette injure en particulier n'aurait pas fusé sans une association d'idées, fût-elle confuse, sur ce que l'on s'imagine de ceux qui me ressemblent. Je décide donc d'en faire un incident, d'exiger des excuses. On ne sait pas quel député... qu'à cela ne tienne, on sait d'où est partie l'interjection, des bancs du centre, de l'UDF ; que le groupe prenne ses responsabilités.

J'exige des excuses. Je le fais savoir à l'AFP. Mon communiqué est repris dans la demi-heure. Grand branle-bas, on ne comprend pas pourquoi je fais tant d'histoires. Je ne cède pas. Je vais leur donner *La Fièvre*, comme chante NTM. À 22 heures, le président Seguin convoque à l'hôtel de Lassay une conférence des présidents, exercice normalement diurne. Il en sort, dans la nuit, un communiqué d'excuses de Gilles de Robien, président du groupe UDF qui, de surcroît, m'adresse une lettre regrettant l'incident et présentant les excuses de son groupe.

Je lui réponds immédiatement que je suis sensible à son geste et j'espère que ce député sera remplacé par une femme lors des prochaines investitures législatives. Je crois bien que c'est ce qui fut fait. Il fallait un président de l'Assemblée de la stature de Philippe Seguin pour convenir que l'incident était inacceptable, et un président de groupe de l'envergure de Gilles de Robien pour admettre de se substituer au coupable et reconnaître qu'il y eut injure.

Depuis, certains comportements se sont bien avilis. On ovationne Zemmour. Où ? À l'Assemblée nationale ! Qui, « on » ? Des députés UMP conduits par leur chef de groupe. Quand ? Juste après une condamnation judiciaire pour incitation à la haine raciale. Voilà les nouveaux Robin des Bois. Ils ne se livrent pas au vol de nécessité, ils propagent quotidiennement sur le service public audiovisuel, aux frais fiscaux de leurs cibles, des clichés outrageants, des stigmatisations à l'emporte-pièce, des anathèmes obscurantistes. Un crime contre la cohésion, un déni de citoyenneté fondé sur l'apparence, un attentat contre la devise républicaine. Des délinquants vulgaires et grossiers, voilà les nouvelles icônes.

*

Les cantonales de 1994 sont pour nous une drôle d'épreuve du feu. Nous présentons une demi-douzaine de candidats pour neuf cantons sortants. Nous faisons une campagne politique au lieu d'un numéro de démagogie. Campagne commune, documents communs, nous affichons un engagement solidaire, nous déclarons, ce qui jamais ne se fait, que nous postulerons à la présidence afin de mettre un terme au bricolage et au gaspillage. Nous exposons les grandes orientations des politiques publiques que nous conduirons, pour la petite enfance et l'adolescence en danger, le handicap, le logement, la sécurité et le service incendie, pour les personnes âgées, pour la sauvegarde du patrimoine architectural, pour un développement local dynamique, pour des centres de santé modernisés assurant un égal accès aux soins sur tout le territoire… Ils se moquent. Décidément ces Walwari, ils ne comprennent rien à la politique.

J'affronte le président de Région dans son canton qu'il tient comme un fief. Le duel est symbolique. J'ai longuement discuté à Walwari. Je n'avais aucune envie d'aller aux cantonales. Mon travail parlementaire m'occupait à temps plein. J'avais d'ailleurs renoncé à toute activité professionnelle, donc à un revenu complémentaire, ayant choisi d'être totalement au service des gens le temps que je consacrerais, dans ma vie, à ces engagements politiques.

J'ai fini par céder. Deux arguments. Les gens ne comprennent pas que tu ne sois pas en mesure d'agir localement. Il est vrai que j'expérimentais ces demandes protéiformes, déraisonnables, de gens qui répétaient leur fierté que je les représente, leur approbation du travail que j'effectue à l'Assemblée, et en même temps leur impatience que je ne sois pas là tous les jours… Ils n'attendent plus rien de personne, ils n'ont pas confiance. Ils se ruent donc à ma permanence parlementaire, me retiennent dans les rues (je circule à vélo), au marché, en librairie, sur la plage, sans pitié, me faisant compliments et reproches dans la même phase. Je sais donc que c'est vrai. Ce n'est pas forcément juste. Ni légitime.

Le deuxième argument était plus percutant. Tant que les collectivités seront entre les mains de nos adversaires politiques, mon travail de portée générale ira s'éteindre comme une vague molle sur un rivage las… Évidemment, c'est moi qui traduis ainsi. Mais je les entends clairement car il est vrai qu'obtenant des engagements du gouvernement après des plaidoyers serrés et irréfutables, je constate comment l'inertie des exécutifs territoriaux les rend caducs. C'est ce qu'il advint pour la convention locale de sécurité, le transfert de charges publiques ou la prime d'aménagement. Je cède sur cette logique de combat collectif. Nous en déduisons cette stratégie foireuse sur les politiques publiques.

Pas compris que les gens aiment les grands projets mais veulent leur feu de circulation, un piston pour une place en crèche, une nouvelle couche de bitume dans leur rue, une buse dans le caniveau devant leur maison…

Un soir de campagne, mon époux et un dirigeant de Walwari circulent dans la voiture à haut-parleur. Ils traversent le canton et font escale à proximité du meeting de nos adversaires. L'ambiance est électrique. Les accusations, les calomnies, les inepties sur notre compte fusent en rafale. Ça galvanise nos deux passionnés. Qu'est-ce qui leur a pris, eux qui connaissent si bien les méthodes des nervis du Parti socialiste guyanais, qui savent mieux que nul autre combien notre éclatante victoire de l'année dernière les a profondément humiliés, qu'est-ce qui leur a pris ? Mon époux et l'autre camarade attrapent leur micro et proposent, comme au bon vieux temps que n'ont connu que les Vieux, une joute oratoire pour contre-argumenter. C'est le feu aux poudres. L'orateur s'étrangle de rage, les gros bras se propulsent avec la souplesse des sumos, des femmes qui adorent jouer les ribaudes se jettent sur l'occasion et explosent en hystérie.

Des sabres surgissent de coffres de voiture, des bâtons sont maniés comme des *nunchakus*, nos deux lascars comprennent à temps qu'ils seront écrabouillés par le nombre. Ils sautent dans leur véhicule et démarrent portières ouvertes. Chaud. Ils croyaient que les esprits s'étaient apaisés. Erreur romantique. Le service public audiovisuel truffé de leurs amis n'en demandait pas tant pour en faire une psychose sur trois jours. Même dans nos rangs la désapprobation s'exprime, les *ravêts*[1] n'ont jamais raison de se trouver devant un poulailler, ils se font becqueter.

Peu importent les rôles des uns et des autres, nos deux gladiateurs du verbe ont tort d'avoir simplement été là. Nos explications sur la tradition électorale de confrontation d'idées en direct du temps de Gaumont et Jadfard, sur la cordialité de la proposition, sur le caractère pacifique de la politique, rien n'y fait… L'opinion publique n'aime pas le bruit. Elle se laisse moissonner, mûre pour

1. Insectes.

boursoufler la réprobation. Et pendant que nous gaspillons nos forces à ressusciter de chimériques traditions de débats, des livraisons de réfrigérateurs, machines à laver, ventilateurs, téléviseurs ont lieu chez les habitants du canton. Comme s'ils étaient pris d'une frénésie consommatrice.

Nous comprenons que les réseaux sont en branle. Nous ne sommes pas seuls à considérer que cet affrontement est chargé symboliquement. Si ce canton tombe, nous aurons donné le coup de grâce aux anciens maîtres de Cayenne. Comme l'année précédente pour les législatives, d'aimables décodeurs nous aident à voir et à comprendre. La ville de Cayenne est découpée en six cantons, cinq sont renouvelables en même temps, le sixième sort seul trois ans plus tard. Ce canton solitaire est la variable d'ajustement, un opportun réservoir de voix.

Vérification faite sur la liste électorale, nous constatons des centaines de déménagements. Marioles, nous plaisantons sur les constructions fantômes, immeubles invisibles abritant des électeurs nomades. L'an dernier, je l'ai emporté dans tous les bureaux de vote de Cayenne, dans ceux-là aussi forcément. Nous pérorons sur la politique, la vague législative était profonde, le peuple a bravé ses oppresseurs ; nous discourons sur la logique, oublieux de l'arithmétique.

Un parti indépendantiste fera le sale boulot. Il a encore une vie militante, il édite un journal mensuel et ses dirigeants interviennent sur deux radios, dont une syndicale. Depuis qu'il tient collectivités et circonscription, le Parti socialiste guyanais n'a plus de vie militante, et même plus un outil de propagande. Ce sont donc les indépendantistes qui vont lancer la campagne « il faut arrêter l'hégémonie de Walwari ». Nous répliquons dans notre journal de campagne par un tableau montrant les élus de chaque formation politique. Au conseil régional, au conseil général, dans les conseils des vingt-deux communes, au Sénat, nous n'avons pas un seul élu. Hégémoniques ? Nous n'avons en tout et pour tout qu'un(e) élu(e), moi !

Les indépendantistes eux-mêmes avaient eu trois conseillers régionaux. Ils ne nous pardonnent pas de leur avoir grillé la politesse. Ils présentent des candidats aux élections depuis plusieurs années ; ils instrumentalisent le syndicat ouvrier disposant ainsi d'une réelle base sociale. Pourtant c'est nous qui, mobilisant une force civique, avons réussi à mettre en échec les *conducators* du scrutin.

Nous répondons rationnellement, avec des démonstrations. Mais les tensions propres aux périodes électorales sont propices aux subjectivités embrouillées. Hégémonie fait mouche. Comme l'arrogance l'année dernière. Rien de rationnel mais encore une géniale trouvaille marketing. Parce que ma voix porte, que je suis seule sur la scène politique à poser les problèmes, que les autres fuient systématiquement tout débat, qu'aucune pensée ne s'oppose à la mienne… l'hégémonie devient vraisemblable. Nous sommes confrontés à la collusion de toutes les forces politiques. Nous avons dérangé un équilibre, troublé l'ordonnancement des rôles.

Pendant toute la campagne, les Renseignements généraux prétendent et propagent que le score sera serré, oscillant d'une semaine à l'autre, 51 % pour chacun d'entre nous, à tour de rôle. Finalement, entre les électeurs errants, l'électroménager rutilant, le pugilat manqué, les supplétifs de circonstance et notre discours inadapté, je fais un dévissage dantesque… 30 %. *Game over* au premier tour. Au deuxième tour, nous emportons cependant un canton, le seul homme parmi nos candidates.

L'enseignement majeur de ces cantonales, c'est que nous sommes encerclés. Ce constat conduit la direction de Walwari à élaborer une stratégie de contact et de partenariats pour casser cet encerclement. Nous réactivons nos relations et nos réseaux aux Antilles, dans la Caraïbe, en France. Sur ces entrefaites, Jean-Pierre Chevènement me propose une place sur sa liste aux Européennes, en quatrième position et, grand seigneur, ajoute qu'il se rendra en Guyane pour m'en faire officiellement la demande. Ce qu'il fait…

Walwari le reçoit à la hauteur de son rang d'ancien ministre d'État, avec des attentions et une disponibilité inspirées par la délicatesse du geste et par le plaisir que nous éprouvons en sa compagnie et celle de son épouse. Ayant dit à quel point nous sommes sensibles à sa démarche, nous réservons notre réponse quant à ma participation à sa liste. Nous avons entre nous des discussions houleuses. Ce n'est pas la liste de Jean-Pierre Chevènement qui provoque mes réticences, c'est que je ne vois pas ce que j'irais faire aux Européennes. Je refuse cette dispersion. Je suis élue au Parlement français depuis seulement un an, j'apprends encore mon travail ; je me suis engagée auprès des Guyanais, je n'ai aucune envie d'aller m'occuper des problématiques européennes.

En tant qu'économiste, j'ai enseigné la construction européenne, j'ai donné des conférences sur ce thème, dans des congrès de clubs service et ailleurs. Ma vision de l'Europe n'est pas celle de Jean-Pierre Chevènement pour qui, au demeurant, j'éprouve grand respect même si j'ai préféré sa période CERES. Je veux regarder l'Europe comme une aventure humaine, audacieuse et improbable, un défi prométhéen, une titubation de fraternité après la folie meurtrière de la Deuxième Guerre mondiale.

L'Europe avait déjà accompli un anthropocide avec la traite négrière et l'esclavage érigés en système économique basé sur l'exil massif forcé et le meurtre légal. Elle a récidivé sur son territoire, sur ses ressemblants. Je n'oublie pas que Césaire a accusé l'Europe d'être « comptable devant la communauté humaine du plus haut tas de cadavres de l'histoire ». Ce n'était pas qu'une idée globale du *Discours sur le colonialisme*, il la déclina en poésie, à l'échelle de l'acte : « Architecte aux yeux bleus, je te défie, prends garde à toi architecte car si meurt le Rebelle ce ne sera pas sans avoir fait clair pour tous que tu es le bâtisseur d'un monde de pestilence. » Et les chiens se taisaient... Frantz Fanon mon bien-aimé nous exhortait alors que j'avais à peine huit ans : « L'Europe a pris la direction du monde avec ardeur, cynisme et violence. Elle s'est refusée à toute humilité, à toute modestie, mais aussi à toute sollicitude, à toute tendresse... Quittons cette Europe qui n'en finit pas de parler de l'homme, tout en le massacrant partout où elle le rencontre, à tous les coins de ses propres rues, à tous les coins du monde. » J'ai bien en tête toutes ces sublimes imprécations. En sachant que c'est le même Fanon qui invite « pour l'Europe, pour nous-mêmes et pour l'humanité, camarades, il faut développer une pensée neuve ».

Je perçois d'autant mieux ce que l'Union européenne peut contenir de vulnérabilité, ce qu'il fallut de hardiesse et d'utopie à ses concepteurs. Je sais pourquoi ils ont commencé, à tort, par l'économie. J'ai compris comment l'économie, par son étrave et son veau d'or, le marché, s'acharne à la dévorer pouce par pouce, disputant chacun de ses actes à la politique et à la solidarité. C'est ainsi que je l'enseigne. Je veux faire de la vie et de la bravoure des hommes, où qu'ils soient, une fête. Je n'ai donc aucun élan pour une campagne grognon sur l'Europe. Bien entendu, mes états d'âme soûlent mes camarades de Walwari.

Nos dirigeants sont très subtils. Roland, mon époux, Hervé, principalement, mais aussi Loulou, Joël, Jean-Marie mon frère, Évelyne et d'autres. Ils ne gaspillent pas leur expérience, ils ont d'autres raisons d'être également réticents. Ayant évalué notre campagne cantonale, ils ont compris qu'on ne gagne pas les élections en faisant de la politique et ils jugent que Jean-Pierre Chevènement et moi, sur ce terrain-là, nous ferions le pire tandem, obstinés à expliquer plutôt qu'à haranguer, faisant des analyses et des démonstrations au lieu d'incriminer, choisissant une chimérique pédagogie face à d'efficaces démagogies... Et comme en plus nous ne sommes pas d'accord sur la façon de traiter le sujet, c'est le casse-pipe garanti avant démarrage. J'en récolte du répit.

Lorsque Jean-François Hory, président du Mouvement des radicaux de gauche, m'appelle pour les mêmes raisons, avec la même proposition de quatrième place, j'ai l'impression d'un divertissement... Bêtement, je m'en ouvre à la direction de Walwari ; je m'attends à une poilade générale. C'est l'euphorie. L'ambiance est aux plans sur la comète. Je suis *estébékwée*, ahurie. Ils me demandent les coordonnées du président Hory et établissent un contact direct.

Nous reprenons nos discussions. Houleuses. C'est Bernard Tapie qui va conduire cette liste d'Énergie radicale, qu'est-ce que je vais faire là ? Je ne peux pas lier mon sort à cet homme, je le connais à peine, nous sommes dans le même groupe à l'Assemblée, de même que Jean-Pierre Chevènement, mais enfin on commence à beaucoup parler de ses affaires...

« Quelles affaires ? Tu ne vois pas que ce sont des règlements de comptes ? Tu crois qu'il aurait des affaires s'il était passé à droite ? Ou s'il avait trahi son enfance à La Courneuve ? Et tu as vu la liste ? Catherine Lalumière, ancienne ministre de Mauroy et de Fabius, Noël Mamère, ce journaliste cogneur, Antoinette Fouque, fondatrice des Éditions des femmes, et le président Hory lui-même, et Bernard Castagnède, éminent fiscaliste, professeur d'université à Paris bien connu et apprécié aux Antilles, et ce médecin de Médecins du monde, Pierre Pradier, et ce syndicaliste, André Sainjon, métallurgiste CGT ! Ça, c'est une liste ! Tu ne réalises pas que nous sommes cernés. Si nous n'élargissons pas l'espace, nous étouffons. Ils nous asphyxient. Toi seule peux nous sortir de là, tu es seule à exister politiquement, personne d'autre ne perce et collectivement on ne passe pas leurs barrages. »

Je ne dirai pas que je vais à l'abattoir, mais quand même... Je pense à Maman, c'est sa faute tout ça, ce sens exacerbé du devoir. Quelques nuances inculquées simultanément nous auraient dotés d'un meilleur sens d'arbitrage.

*

Le meeting de présentation de la liste a lieu dans une salle immense à Villepinte, nue et froide comme un hangar. Une délégation de Walwari arrivée de Guyane le matin m'accompagne. J'ai voyagé toute la nuit, je rentre d'Afrique du Sud.

L'ambiance est surchauffée. Les gens ont l'air tout à la fois ravi et perplexe, se demandant sans doute comment elle va tenir, cette liste... chacun de ses membres est une planète. Je verrai plus tard sur les photos que ma jupe est relevée d'un côté (rayon vestimentaire je ne m'améliore pas). L'atmosphère est électrique. Chacun d'entre nous est invité à dire quelques mots. On commence par le quart de la liste en remontant vers le haut, la tête de liste clôturera. Je n'ai pas dormi mais la fatigue n'est pas seule en cause, je me demande encore où je me suis laissé fourrer.

C'est mon tour. J'avance, micro en main. Je m'approche de la foule. Finalement, c'est elle qui compte, c'est à elle que je peux avoir des choses à dire. Alors je lui dis. Que d'où je viens, d'Amazonie, les continents se sont rejoints, la terre en porte trace, les hommes et les femmes y sont venus, avec légers ou lourds bagages. Les Amérindiens d'Asie, à pied ! Par le détroit de Behring. Les Africains d'abord en curiosité dans des voiliers qui longeaient les côtes atlantiques avant de traverser la haute mer... puis enchaînés aux temps de la traite. Les Européens en pilleurs puis en maîtres mais aussi par milliers en espérance, en souffrance aussi, engagés ou bagnards. Les Asiatiques chassés de l'Indochine ou bernés. Les « coolies » de Pondichéry, par des contrats insincères. Les Caribéens en rush aurifère. Les Maghrébins et les Vietnamiens pour crime d'insurrection anticoloniale... Ainsi vont les Amériques, et nous voilà liant devant eux nos destins, ni sous la contrainte ni dans l'esbroufe, en partage d'idéal.

C'est une ovation. Je n'ai pourtant parlé que quelques minutes. Jean-François Hory me dira : « Je t'avais repérée sur France 3 devant Elkabbach hypnotisé, en fait tu fais du vaudou ! »

Mes premières disputes avec Bernard Tapie commencent une semaine plus tard en Guadeloupe. Je le trouve autoritaire. Mais quelle puissance ! Nous sommes sur le tarmac, nous allons prendre l'avion pour Cayenne ; je l'interroge, toutes ces affaires, une par jour, ce n'est pas possible, c'est du harcèlement ? Tu sais, je suis quand même pas un enfant de cœur. Une franchise qui me scie.

Nous tenons à la Martinique une réunion avec les producteurs de bananes. Je l'entends répondre que la banane n'est pas l'avenir des Antilles et qu'il faut travailler à la reconversion de l'économie ; les subventions européennes à la canne et à la banane ne sont pas éternelles, la compétitivité des autres pays producteurs finira par user les capacités européennes, et d'ailleurs il serait bien d'aider les autres pays à augmenter les salaires. J'aime. Un ravissement.

Il aurait été tellement simple et profitable de flatter ces industriels influents, leur promettre de défendre *mordicus* leurs dossiers à Bruxelles, s'attacher leur sympathie. Après tout, ils sont entre hommes d'affaires. Eh ben, non ! c'est de la politique à rebrousse-poil. Je me régale. On m'a tant accusée de ne pas savoir parler aux gens, de ne pas comprendre que je les agresse quand je dis refuser la médiocrité, de mal choisir mes moments pour les convier au sens de responsabilité... Cette méthode Tapie me réjouit.

Toute la campagne fut de ce goût-là. Il n'y eut pas un meeting où nous ne nous sommes pas disputés, pas une réunion préparatoire non plus. Un journaliste du *Nouvel Observateur* qui avait surpris dans les coulisses d'un meeting une de nos bruyantes prises de bec, avait titré son encart : « Elle seule lui tient tête ». De fait, bien que le maître à bord fût Jean-François Hory, Tapie avait une espèce de magnétisme mêlé d'espièglerie et de brigandage qui semblait tétaniser la plupart des colistiers et plus encore les militants du MRG. Je ne tolérais pas sa façon de prendre de haut, pas tant les petites mains que finalement il ménageait et traitait cordialement, mais les autres candidats, les cadres du parti. Seulement il avait l'habitude avant cette campagne de les malmener ; eux, le connaissant, lui passaient ses caprices et ses éructations.

Cela n'impressionnait personne tant qu'il tenait la barre. Les radicaux voulaient gagner cette élection, et certains s'amusaient que je trouve son comportement inadmissible et le fasse savoir. Nous nous querellions : « Tu n'as rien compris à la politique, tu crois qu'il y a de l'innocence là-dedans, les femmes de gauche qui ont été au gouvernement (il les nomme) ne t'arrivent pas à la cheville mais tu n'arriveras à rien parce que tu es une idéaliste. » Plus nous nous accrochions et plus nous étions branchés sur la même fréquence...

Nous faisons une campagne tonique, joyeuse, parcourant la France de long en large, faisant meetings comme des matchs de boxe, rendant sensuelle ce qui était perçu comme une grossièreté, l'Europe fédérale. Une Europe qui s'accomplisse, s'épanouisse, renoue avec ses utopies, casse son carcan, abatte ses frayeurs, rompe l'omnipotence des gestionnaires et des comptables. Une Europe forte de ses territoires, ses langues, ses cultures ; consciente des combinaisons inépuisables entre sa créativité, ses savoir-faire et ses traditions. Une Europe qui ose une véritable union des peuples, une citoyenneté enchantée, des institutions harmonieuses plutôt que ces bastilles jalouses les unes du pouvoir des autres. Quelle résonance dans nos publics !

Résultat, plus de 12 %, autant d'eurodéputés que le Parti socialiste français dont la liste était conduite par Michel Rocard, ancien Premier ministre. La cohabitation à Strasbourg et à Bruxelles n'est pas plus simple que pendant la campagne. Tapie nous propose de présenter Catherine Lalumière à la présidence du Parlement.

Elle n'a aucune chance de l'emporter, mais sûr, cela perturbera le jeu formel et bien rodé entre les deux grands groupes, PPE droite et PSE gauche qui, en un seul tour, se partagent la présidence en demi-mandats, s'offrent les principales présidences de commission, laissant les restes aux petits groupes... Un déni de démocratie. Bernard et Jean-François décident que nous devons tous partir en campagne, convaincre les députés qu'ils ont une opportunité exceptionnelle de faire savoir qu'il n'y a pas plusieurs catégories de parlementaires, nous venons tous du suffrage universel et nous n'avons aucune raison de nous laisser faire. Notre candidate est très présentable, et même très recommandable. Catherine Lalumière fut présidente du Conseil de l'Europe qui regroupe plus de pays que l'Union européenne, elle est brillante, extrêmement sociable, d'une grande aptitude au dialogue et à la médiation.

Nous nous répartissons les parts d'électorat à démarcher. Bernard déclare qu'il se charge des Italiens de la Ligue du Nord. Il y a dans notre groupe de l'Alliance radicale européenne des députés italiens, ils appartiennent au mouvement radical, ils ne fréquentent pas leurs compatriotes de la Ligue du nord. Je fais une crise. Les autres assistent, imperturbables, à nos vociférations. Est-ce que tu crois qu'on survit en politique en gardant les mains immaculées, et pour qui tu te prends avec tes « moi, j'ai des principes » toute la journée, est-ce que tu crois être la seule à en avoir ?

La question fait mouche. Je suis assez volontiers portée à l'introspection. Je me demande si je me pose vraiment ainsi en modèle face aux autres...

Je dois reconnaître que son génie étourdissant couplé à son énergie inusable va pulvériser le bel ordonnancement ronronnant du Parlement. La candidature de Catherine remporte trois fois plus de suffrages que nos voix ; la fronde s'accroît au deuxième tour, des députés désobéissent aux consignes de leur groupe et viennent gonfler nos suffrages comme s'ils se mettaient à y croire.

En ouverture de scrutin, Jean-François Hory a prononcé une lumineuse injonction aux consciences. Il faudra trois tours – une première ! – pour que soit élu le président PPE, lequel se sent contraint de s'engager à améliorer le fonctionnement du Parlement pour le rendre plus démocratique.

Bernard Tapie nous quittera quelques mois plus tard ; son immunité parlementaire a été levée, il doit répondre devant la justice d'une partie de ce qui fait l'actualité depuis bientôt un an. Nous lui rendons visite ou lui écrivons en prison ; il n'a nul besoin qu'on lui remonte le moral, il y est le roi des insoumis, adulé par de nombreux détenus et une partie des surveillants. Il paraît qu'il s'y tient bien.

*

Je sors exténuée de ces cinq années au Parlement européen... mais quelle expérience ! Loyale, j'ai pris en charge des dossiers sur des thématiques guyanaises, sur d'autres transversales aux Outremers et sur des sujets européens ou internationaux. Pour la Guyane, les secteurs liés à l'Europe ou dépendants de ses directives sont conséquents, l'activité spatiale, le riz, le bois, les crevettes, le poisson dont le vivaneau sous licence avec le Venezuela ; mais aussi l'agriculture pour les prix garantis et la restructuration des exploitations ; mais encore la délimitation des eaux territoriales, les conventions avec le Mercosur, les systèmes de préférence généralisée dans la lutte contre le trafic de stupéfiants et leurs effets sur les cultures traditionnelles ; mais toujours la recherche et la coopération, une trentaine d'organismes sont implantés en Guyane. J'en fais la pédagogie à longueur d'année.

Pour les Outre-mers, mes priorités sont la diversification agricole, les nouvelles technologies, les extraordinaires programmes de formation. Le groupe m'apporte un soutien considérable, en particulier Bernard Castagnède qui a longtemps enseigné à l'université Antilles-Guyane et Jean-François Hory qui fut député de Mayotte.

Je m'attelle également aux dossiers spécifiquement européens, la Banque postale : les *Open Skies*, la sécurité sanitaire, les services publics... J'en profite pour consolider mon action à l'Assemblée nationale contre les mines antipersonnel en faisant adopter une résolution européenne d'interdiction. Je cède à mes amours naturelles, traitant de nombreuses questions internationales dans diverses parties du monde, l'Afrique et la Caraïbe, le Maghreb, le Moyen Orient, l'Asie (l'Inde plus que la Chine), épisodiquement les PECO, pays d'Europe centrale et orientale, gagnée par la passion contagieuse de Catherine Lalumière.

Je vais fomenter deux exploits dont je serai assez fière. La volumineuse documentation sur l'exercice du mandat parlementaire m'informe que chaque député dispose de deux quotas annuels de trente-cinq visiteurs, pour une visite d'une journée du Parlement européen ; leur acheminement jusqu'à l'une des capitales, le siège à Strasbourg ou les administrations à Bruxelles, est pris en charge.

Dès septembre 1994, je présente une demande de visites. Mes visiteurs viennent de Guyane. Tollé ! Le service me répond qu'il n'a jamais fait cela. Et surtout qu'il n'a jamais payé de billets d'avion pour les visiteurs. Je compatis. Vraiment désolée qu'il n'y ait pas de trains entre Cayenne et Strasbourg. Qu'à cela ne tienne... c'est justement l'occasion de s'ouvrir... Sauf à considérer, parodiant Orwell, que les députés sont égaux, mais certains plus que d'autres. Émoi général. Jean-François Hory me demande si ça m'amuse d'affoler le personnel. Ils prendront un mois et demi pour la réponse.

Ils ont tout fait pour se sortir de ce guêpier, cherché partout. Lors de mon enregistrement, considérant que les indemnités calculées sur la distance étaient extravagantes, au lieu de me domicilier à Cayenne, ce qui m'aurait rapporté une fortune mais aurait coûté la même fortune au Parlement, j'ai opté pour que le Parlement règle directement mon billet mensuel pour la plénière au lieu de me verser une indemnité de distance. Ça lui coûtait dix fois moins cher. Et pour les semaines de commission, je ne présentais que mon billet avion ou train Paris-Strasbourg.

Le service s'est rabattu sur cette déclaration pour faire valoir que ma base se trouve à Paris et que c'est à partir de ce lieu que mes visiteurs seront pris en charge, par bus. Devant ce coup de mauvaise foi, je rétorque que ma permanence parlementaire, également déclarée dans tous les documents administratifs, adresse professionnelle de mes assistants également enregistrés, se trouve à Cayenne. Ironie du sort, rue Victor-Schœlcher, l'Alsacien. Ils capitulent.

En cinq ans, je fais découvrir le Parlement européen aux trois cent cinquante personnes auxquelles j'avais droit en quotas, à vrai dire plus de quatre cents, l'achat des billets groupés ayant toujours généré un billet gratuit pour dix et permis de renforcer l'encadrement. Mes groupes sont constitués en priorité d'adolescents et jeunes adultes exclus des circuits éducatifs, des filières de formation et privés d'emploi ; de femmes, d'artisans, de chefs de petites entreprises.

La visite du Parlement européen se déroule sur une journée ; je ne conçois pas de leur faire traverser l'Atlantique pour vingt-quatre heures. Outre cette visite, j'organise un programme thématique, avec quelques constances comme une espèce de tronc commun : la Cité des sciences et de l'industrie, le musée de la Porte dorée – c'est encore le musée des arts d'Afrique et d'Océanie –, bien sûr la tour Eiffel, les salons de l'Hôtel de Ville de Paris, et selon les thématiques retenues, l'École Boule pour le bois, l'école de céramique rue d'Arcueil à Paris, les lycées autogérés de Vaugirard et des Gobelins…

Et, de rigueur, une visite de l'Assemblée nationale. Je dénichais des financements publics complémentaires, plus souvent je contractais un emprunt, et les séjours duraient une semaine ou dix jours. Les adolescents se métamorphosaient, apprenant à vivre avec des personnes d'âge différent, se montrant serviables, et s'éveillant à des métiers impensables. À la séance d'évaluation chaque soir, surgissaient des miracles.

Ces déplacements furent une dépense dérisoire au regard des retombées, phénoménales. Un investissement, ces jeunes retrouvant confiance en leurs capacités, choisissant des formations pour les métiers découverts à cette occasion, rebondissant dans la vie après avoir cru que leur chemin était une impasse ; ces chefs d'entreprise et artisans qui ont noué des contacts, modernisé leurs méthodes, mieux compris ce qu'ils étaient en droit d'exiger de leurs chambres consulaires.

Deux ans plus tard, Jean-François fait venir un groupe d'adolescents de Mayotte. Le personnel est résigné, il ne s'affole plus. Le lien de solidarité normalement n'est pas un calcul d'apothicaire entre ce qu'on donne et ce qu'on reçoit, sauf pour Margaret Thatcher, *I want my money back.* Mais puisque l'on nous serine sans cesse le montant impressionnant des subventions de l'Europe... sans préciser qui les perçoit (majoritairement une oligarchie industrielle et des administrations adroites), ni que souvent elles retournent en Europe (captées par cabinets et intermédiaire astucieux), prenons les devants en évoquant quelques données de l'échange entre l'Europe et la Guyane : le terrain d'assiette, sans loyers, du port spatial à Kourou et à Sinnamary, sur une superficie égale à l'île de la Martinique ; le prestige de cette réalisation technologique ; sa rentabilité et sa compétitivité dont 35 % imputables à la seule position géographique du territoire ; l'unique forêt primaire et sa biodiversité amazonienne ; les accords de pêche dans la zone économique exclusive ; les inconvénients induits lorsque la Commission européenne signe des conventions internationales sur l'agriculture, la pêche, la douane ou le fret ; les atouts géopolitiques ; la coopération avec la Russie ; les impacts subis en santé publique...

Ma deuxième prouesse relève également d'une philosophie de la dépense publique. Chaque député dispose de deux lignes budgétaires, globalement destinées à faire connaître son action. D'usage courant, ces dotations servent à financer des événements de présentation des initiatives du député, des comptes rendus de mandat, une meilleure connaissance des actions du Parlement européen. Les dépenses de cocktails qui suivent habituellement ce type de réunions sont admises, de même que les frais d'imprimerie. Obligation est faite de mentionner le numéro de la ligne budgétaire mobilisée.

Je choisis de consacrer ces crédits à permettre à des enfants et des adolescents de circuler en Guyane pour la connaître. En quatre ans, plus de trois mille élèves d'écoles primaires, de collèges et de lycées en bénéficieront. Chaque sortie mobilise trois bus de cinquante places chacun. Il faut avoir participé à l'encadrement des élèves durant ces sorties pour savoir qu'un groupe de cent cinquante gamins, ce sont des comptages à répétition, à chaque montée dans le bus, à chaque descente ; qu'il faut résister à leur tendance à prendre ces sorties pour l'école buissonnière ; trouver l'impossible équation entre la décontraction et l'attention. Je crois que les enseignants me comprennent.

Pour correspondre à l'esprit de ces financements, je choisis des sujets et des lieux en rapport avec l'Union européenne, les utilisant comme supports pour expliquer les directives et règlements, le pacte de cohésion et de stabilité, les institutions européennes et les dites Régions ultrapériphériques. Le tout sous un générique mâtiné d'un clin d'œil « Amazonie/Europe : quel(s) rapport(s) ? ». Nous visitons ainsi le Centre spatial et le musée de l'Espace ; un organisme de recherche sur les cultures industrielles et l'agropastoralisme, le Cirad ; un groupement d'intérêt scientifique Sylvolab, sur les technologies du bois, la valorisation des matériaux locaux et des savoir-faire traditionnels ; une ferme expérimentale sur le café et le cacao dont je découvre que ce sont des OGM, ce qui me conduit à interroger le gouvernement dès 1997 ; le barrage hydro-électrique de Petit-Saut ; l'unité de traitement d'eau potable de la Comté ; le village artisanal bushinengue de Kourou ; une ferme agricole à Saint-Élie ; la scierie de Dégrad-des-Cannes ; les marais de Kaw, espace protégé ; les sites historiques d'esclavage et de marronnage à Tonnégrande…

La plupart des enfants et adolescents n'avaient jamais quitté leur commune, y compris ceux de Cayenne… Pour les plus âgés, je concocte une journée sur le thème « Amazonie rebelle, histoire, culture, mémoire ». Je choisis de le faire sur un site normalement interdit d'accès, sur le territoire de l'ancien village de Malmanoury évacué pour l'installation du Centre spatial. Je demande à en disposer pour la journée et j'obtiens l'autorisation du Centre spatial. Ça vaut mieux qu'une polémique…

C'est un plateau d'où s'embrasse un panorama de verdure et de relief. J'y rassemble cinq cents jeunes venus de plusieurs communes, convoyés par bus. Toute la journée nous alternons exposés et séquences artistiques. À part quelques moments de flirt plutôt attendrissants, les ados sont attentifs, réceptifs, avides de savoir, de comprendre, curieux de leur histoire… Ils font le bonheur des intervenants. Ils me mettent en joie.

Sur ces mêmes crédits, j'invite le professeur François Luchaire, constitutionnaliste, co-rédacteur de la Constitution de la Ve République, pour une conférence sur les souplesses de la loi fondamentale et des traités européens afin de nourrir nos débats sur une réforme institutionnelle adaptée à nos réalités. Treize ans plus tard en 2011, les fonds européens n'ayant rien à y voir, c'est l'éminent professeur Guy Carcassonne que j'invite à nous entretenir de la collectivité unique.

En ces années 1997 à 1999, j'ai mis en place pour deux ans deux cycles de conférences « Les mardis du savoir » et « Paroles de femmes à cœur ouvert » où les conférenciers sont tous des conférencières, histoire de faire surgir des paroles discrètes et pourtant fécondes. Je laisse totale liberté sur les thématiques, dans des domaines variés, la littérature, les arts, l'économie, le droit européen, les libertés, la traite, les technologies, les sciences… La seule contrainte pour le premier cycle est dans la période. S'agissant de préparer le cent cinquantenaire de la deuxième abolition de l'esclavage dans les colonies françaises en 1848, je leur demande de lier leur problématique à cette longue période, quatre siècles et demi, entre l'Europe, l'Afrique, les Amériques et Caraïbes, l'océan Indien.

Leur point commun pour le premier cycle, être guyanaise et avoir réussi professionnellement à l'extérieur. C'est ma fantaisie. Elles seront une dizaine. Exceptionnelles, Lydie en tête. Pour le second cycle, dix conférencières apportent un regard intérieur. Elles sont avocate, Anne, inspectrice d'académie ; Sonia, directrice d'école ; Nicole, remarquable dans un quartier prétendu difficile ; créoles comme ils disent, guyanaises surtout. Elles sont assistante sociale, Jacqueline, Blanche, comme disent les mêmes, ayant fait sa vie et ses enfants ici, donc Guyanaise surtout, co-fondatrice d'une association de protection de l'enfance, la politique de la petite enfance étant sinistrée ; chef coutumière amérindienne, Cécile, la première dans cette fonction d'hommes ; étudiante, Linda, une jeune Bushinengue en conflit d'identité…

La moitié de ces femmes ne concevaient pas de jamais prendre la parole en public. Certaines furent plus difficiles à convaincre que d'autres, elles furent toutes brillantes, chacune dans son style, exposant une pensée, une parole, sans fioritures ni feintes, une réelle conversation, instaurant une relation franche avec le public.

C'est à cette occasion que j'ai demandé à Barbara Hendrix avec qui j'entretiens depuis trois ans une amitié et une complicité ponctuées de grands éclats de rire, de parrainer cette manifestation. Ne pouvant se déplacer à l'ouverture, elle a pris le temps, vingt minutes avant son concert à Oslo, d'enregistrer sur vidéo un éblouissant message personnalisé. Le texte est reproduit dans les actes.

J'invite une délégation de femmes de Guyane à participer à une grande marche internationale qui défile à Paris pour la parité en 1998. Nous marchons avec la fondation France-Libertés de Danielle Mitterrand, échangeant nos autocollants.

J'inscris et j'emmène à Euroscola une trentaine d'élèves provenant d'une dizaine de collèges et de lycées, une dispersion délibérée afin de démultiplier les retombées lors des séances de restitution. Euroscola est un programme d'échanges linguistiques qui invite des lycéens et collégiens des quinze pays européens à travailler ensemble une journée, en trois langues, sur la construction européenne, l'économie et les affaires sociales, l'environnement, la démocratie et les Droits de l'homme, la jeunesse, l'approfondissement ou l'élargissement de l'Europe...

Pendant plusieurs semaines, grâce à la mobilisation des équipes pédagogiques à qui j'ai laissé le soin de sélectionner les élèves, nous les préparons très sérieusement. Nous en serons grandement récompensés. Sur les cinq cents élèves qui participent à l'opération, l'un des nôtres est sélectionné comme rapporteur ; il connaîtra son quart d'heure de gloire en présentant son rapport à la tribune. Nous avons conservé des photos de ce mémorable octobre 1996. Aujourd'hui, ce doit être un grand gaillard, peut-être père de famille. Sur le même principe que les voyages d'études sur quotas, j'ai trouvé des financements complémentaires et ils ont pu passer une pleine semaine à Paris après la journée à Strasbourg.

Préoccupée par le manque de sensibilisation auprès des jeunes Guyanais des opportunités liées aux métiers de l'environnement, j'ai embarqué pour une quinzaine de jours une vingtaine d'adolescents en immersion forestière. Une expérience atypique... J'ai en effet passé avec eux et mes quatre enfants ces quinze jours, moi seule adulte et mon fils aîné, quinze ans, leader naturel. C'était dans un carbet de l'ONF, partenaire habituel de mes visites de terrains pour enfants et adolescents. Quinze jours inoubliables pour ces jeunes, à l'exception d'une jeune fille qui a demandé dès le deuxième jour à repartir en ville. Mon fils, grand chasseur devant l'Éternel, initié par son père et par un vieil orpailleur-chasseur-agriculteur, agrémenta l'ordinaire. Il avait emmené son chien Dex qui pratiquait la chasse comme un divertissement snob… Ça ne courait pas n'importe quel gibier.

Plusieurs années après, j'ai croisé un de ces jeunes qui m'a dit sur un ton de reproche : « Comment madame, tu ne me reconnais pas ? Tu nous as emmenés en forêt. Ça m'a tellement plu que je suis parti faire des études sur l'environnement. Maintenant je travaille dans une réserve. » Il n'imagine pas une seconde que je ne peux reconnaître le jeune homme qui se tient devant moi alors que j'ai gardé le souvenir d'un sympathique garnement. Ces jeunes, par leur parcours, et je peux ajouter leur comportement, apportent un démenti flagrant à ceux qui bazardent la formation et à ceux qui refusent de leur faire confiance par l'emploi. Ces manœuvres apparaissent pour ce qu'elles sont, de la négligence ou de la fourberie lorsqu'on prétend qu'ils ne veulent exercer que des métiers de ville… Infâmes et impardonnables manœuvres.

J'ai forcé, pour de bonnes causes et de belles raisons, les logiques budgétaires européennes. Je l'ai fait dans la plus grande rigueur. L'habileté a consisté à proposer des usages originaux en demeurant dans la cohérence des logiques budgétaires. Toutes les prestations sont réglées directement, sur factures et après devis approuvés, par le service comptable du Parlement européen dont le pointillisme est proverbial. Ce fut une sympathique révolution bureaucratique et culturelle. J'ai pu l'accomplir grâce à une équipe fabuleuse, Jacqueline, Joël, Éric, Patricia, et de militants de Walwari très motivés. En souvenir, je caresse de splendides photos dont certaines illuminent mon bilan parlementaire, « Jalons », dédié aux jeunes pousses de mon pays.

*

Je porte en moi une sommation, intime et irréductible, dire ce qui doit l'être, quoi qu'il en coûte. Un paysan d'Iracoubo me dit un jour que ma langue est née sept jours avant moi. C'était sa mystique créole, c'est ma morale de chaque instant. Personne ne m'a rien demandé, mais j'écris au président de la République, François Mitterrand. Une lettre de trois pages. Je commence par dire le bonheur que nous avons éprouvé à l'abolition de la peine de mort, l'avocat d'assises et ministre Robert Badinter étant l'homme de la situation. Je salue la probité qui a débâillonné les paroles multiples, plurielles, volontiers libertaires, insaisissables, qui fleurissent sur les radios devenues libres, forcément critiques envers le Pouvoir.

Je loue le geste qui a régularisé plus de cent mille immigrés, sorti d'une clandestinité humiliante des hommes et des femmes fragilisés par une hostilité institutionnelle maniaque et une rude exploitation économique, étrangers enfin traités comme ils nous sont, frères en ce monde. J'insiste. J'ai entendu les Cassandres sur les risques d'afflux, les « appels d'air »... mais c'est la grandeur du pouvoir, et son sens ultime, que de préférer le pari toujours incertain de la justice et de la fraternité au confort de la peur et des égoïsmes.

Il était urgent d'abroger cette séquelle de temps obscurs que constituait la Cour de sûreté de l'État. Dans les Outre-mers, nous avons senti l'étau qui se desserre, rendant possible à nouveau d'envisager un destin à partager. Je lui dis quelle volupté nous a procuré le discours de Cancún. Je m'incline devant la clairvoyance qui a inspiré la reconnaissance des droits du peuple kanak, le respect de la dignité de tous, le courage moral et politique de chaque partie pour aboutir aux accords scellés par Jean-Marie Tjibaou et Jacques Lafleur, deux leaders s'étant hissés à hauteur de géants, ces accords ayant été parrainés à Matignon par Michel Rocard. La politique comme la faisait vivre Pierre Mendès France.

C'est une règle de courtoisie et une profession d'amicalité que de relever d'abord les grands actes et beaux gestes, avant d'en venir aux griefs. Ayant dit, je n'atténue rien de ma conviction que l'assassinat de dos d'Éloi Machoro en Nouvelle-Calédonie fut un forfait et une lâcheté d'État. Les colons trinquant à cet assassinat une obscénité, non contre la famille, non contre la Kanaky, mais contre la civilisation, toutes les civilisations. L'assaut contre la grotte d'Ouvéa et les exécutions sommaires, une entropie de la République. Puis, revenant dans l'Hexagone, je peux regretter la suppression de l'échelle mobile des salaires, coup dur pour les petits revenus… de millions de personnes. Nous ne sommes guère concernés outre-mer, le SMIC ne s'appliquant pas dans nos territoires, comme la plupart des mesures sociales. Mais nos engagements politiques sont fondés sur un idéal de justice sociale, ce que nous voulons, Césaire l'a dit, c'est pour la faim universelle, pour la soif universelle. Et parce que par Césaire toujours, chacun de nous est un homme-juif, un homme-cafre, un homme-hindou-de-Calcutta, un homme-de-Harlem-qui-ne-vote-pas, nous sommes solidaires, sans se confondre à lui, de l'homme-ouvrier-français dont le petit salaire peut être rogné par l'inflation. J'expose combien nos inquiétudes sont grandes sur ces nationalisations qui rompent avec l'esprit et les principes du programme du Conseil national de la Résistance. Je présente comme un accroc à la citoyenneté cet affaiblissement des services publics sur les biens de première nécessité. Quel risque sur les plus vulnérables !

Le programme commun de la gauche sur les Outre-mers laissait présager de son désarroi quand elle arriverait aux responsabilités si elle ne prenait garde à s'attacher des partenaires crédibles et désintéressés. Qui fut craint fut fait. La gauche s'appuya, en certains endroits, sur des relais de la onzième heure sans se préoccuper de leur pedigree, s'accommodant de tous les opportunismes. Je pouvais en parler à mon aise ; n'étant pas dans l'arène politique en ces années quatre-vingt, je ne faisais pas partie de l'offre politique locale.

En Guyane, rien de tangible n'a suivi cette profération prometteuse que « l'on ne lance pas de fusée sur fond de bidonville » par laquelle nous avons résumé son court séjour sur nos terres en 1984. Hors les sensibilités particulières, variables d'un directeur à l'autre, rien ne vint infléchir ni la politique spatiale ni son rapport à la société guyanaise, hormis une dotation par-ci par-là, fixée arbitrairement, à une municipalité par-ci par-là. L'aumône et l'arbitraire.

Près de dix ans après cette déclaration lucide, les affrontements entre jeunes Kourouciens et légionnaires gardiens de la base spatiale sont aussi brusques que féroces. Le taux de chômage comme sur tout le territoire atteint 55 % chez les jeunes. Le peu de maillage social ne provient que des efforts de la mairie. Le contraste entre la vitalité spatiale et la morosité des autres secteurs reste confondant. Les ressources naturelles, renouvelables comme celles de la mer ou non renouvelables comme celles du sous-sol, restent exposées aux prédations de toutes sortes, pillages ou rentes, couverts par une législation qui relève davantage de pays honteusement vassalisés que du droit commun français.

D'une façon générale, la gauche n'a pas su regarder les Outremers autrement que comme des confettis d'empires, des appendices coûteux et encombrants, les périphéries agaçantes et geignardes d'un centre généreux et patient, les vestiges exotiques et rassurants d'une grandeur passée mais pas éteinte.

Pas plus que la droite, elle n'en a une vision géopolitique, resituant chacun de ces territoires dans son bassin, l'Amazonie pour la Guyane, la Caraïbe pour la Martinique et la Guadeloupe, l'Atlantique Nord pour Saint-Pierre-et-Miquelon, l'océan Indien pour la Réunion et Mayotte, et pour la Nouvelle-Calédonie et la Polynésie, le Pacifique où se déplace progressivement mais inexorablement le centre nerveux du monde. Que sait la gauche de l'empreinte têtue de nos lieux sur nos mœurs ?

La Guyane, terre sud-américaine, tricontinentale dans sa sociologie, entrelace les patiences amérindiennes, l'effervescence caribéenne, les langueurs et l'ingéniosité africaines, verdoyances en cœur de ville, avec la raideur fantasque de l'administration franco-européenne. Quoi que radotent l'histoire et les institutions, quoi que leurs emplâtres tentent de camoufler, le dernier mot revient à la géographie, à la puissance physique de l'Amazonie, à l'intuition des hommes qui, depuis plusieurs générations ont appris à s'allier au pérenne, même s'ils font mine de payer tribut à l'éphémère.

Il faut s'y résoudre, nous sommes sur l'autre versant de la terre ; là où les hommes traversent les fleuves parce que les migrations demeurent le mode traditionnel de peuplement de la planète ; là où l'économie informelle assure un quotidien précaire mais digne face aux négligences et aux absences d'État ; là où l'économie interlope de stupéfiants, d'armes, d'alcools, de médicaments, de contrefaçons, de prostitution, de traite se structure pour tenir tête à la puissance publique, s'attribuer et contrôler des espaces de souveraineté ; nous sommes là où une insécurité diffuse se déplace avec des souplesses de guérilla ; là où la connaissance des lieux et les connaissances du lieu constituent patrimoine, où les savoirs empiriques se transmettent en héritage précieux et secret ; là où l'immédiat commande, où les solidarités sont encore affectives, où les identités composites, plurielles, tourmentées ou jubilantes témoignent de la rencontre des mondes.

Les échafaudages administratifs et les règles allogènes posées sur ces réalités sont juste hallucinogènes. Oui, ce continent en est un pour de vrai, et nous sommes bien, par incuries successives « les gueux les peu les riens les chiens les maigres les Nègres » de Léon-Gontran Damas ; nous risquons bien, à saturation « de faire les fous pisser un coup tout à l'envi sur cette vie stupide et bête qui nous est faite ». La gauche n'entend rien à cela. Elle est conseillée par notre aristocratie aliénée qui réclame des cartes dessinant nos terres au sud de la France, un peu plus bas que la Corse. Géographie de duperie et allégeance de pacotille.

La gauche qui n'a pas soldé sa part dans l'aventure coloniale de la IIIe République ajoute à ses contradictions les nôtres, celles de nos élites écervelées et décervelées, de nos peuples aussi, légitimistes jusqu'à déraison. La gauche politique n'a pas plus d'intelligence du monde que les fonctionnaires qui ne comprennent que les budgets, les journalistes qui font du grand reportage depuis Paris, ou cette succession de ministres stationnés à Oudinot comme dans un sas, en attendant un maroquin de plus grand panache.

Elle n'a aucune conscience… ou si furtive… de trajectoires historiques cahoteuses, d'itinéraires identitaires chaotiques, de modes de vie bricolés mais extraordinairement prolifiques, de cultures vertigineusement foisonnantes. Elle préfère, comme ceux qui l'ont précédée, s'en remettre à un caïd, à des chefs coutumiers, à un homme fort… la méthode a fait ses preuves dans la gestion des populations coloniales. Les problèmes s'agrègent, tant pis. Qu'a-t-elle fait du moratoire obtenu d'Aimé Césaire sur la revendication d'autonomie ? Gaspillé.

A-t-elle seulement pris la mesure du sacrifice ainsi consenti par l'homme de la lettre à Maurice Thorez, qui scandait un quart de siècle plus tôt qu'aucune « doctrine ne vaut que repensée par nous, que repensée pour nous, que convertie à nous » ? Cet homme illustre affirmait alors que « l'heure de nous-mêmes a sonné », prévenait que « nous ne voulons plus nous contenter d'assister à la politique des autres, à la casuistique des autres ». C'est lui qui, dans *La Tragédie du roi Christophe*, interroge le Pouvoir en essayant d'en faire le tour. Oui c'est le même Césaire qui fait confiance, accepte de patienter et de composer… un pari de Pascal. Dilapidé.

Ainsi ai-je lancé ma bouteille à la mer. La mer est vaste. J'avais vu de près François Mitterrand à l'occasion de la cérémonie du 14 juillet 1993. Il s'était donné la peine de saluer chacun et avait échangé quelques mots avec quelques-unes d'entre nous. Je l'ai revu, de loin, le 17 janvier 1995. Il était à la tribune du Parlement européen, moi à ma place dans l'hémicycle. Il était venu nous présenter le programme de la présidence française de l'Union européenne. J'ai vu entrer un vieil homme. Pas un homme accablé. Pas usé, ni fatigué… un vieil homme. Digne. Un homme à son crépuscule, portant la densité d'une vie de Titan ayant dérobé le feu sacré et inventé son propre destin.

Il entreprend son discours en lisant ses feuillets. Il commence par valoriser le Parlement en nous rappelant que nous sommes la représentation populaire ; c'est vrai, c'est plus qu'une politesse mais rien d'inédit. Il poursuit par une civilité envers Jacques Delors et un hommage à la présidence allemande sortante.

Il souhaite bienvenue aux trois nouveaux pays membres, l'Autriche, la Finlande et la Suède. Il indique les priorités de la France, l'application du traité de Maastricht, sur l'économie et pour l'emploi. Il passe à l'Institut monétaire européen qui préfigure la Banque centrale, il dit l'importance de l'écu, c'est encore l'époque du système monétaire européen et des taux de change… que Valéry Giscard d'Estaing avait voulu stables et ajustables ; il évoque les succès techniques et scientifiques de l'Europe.

Il plaide pour une Europe plus sociale… Mon attention qui avait faibli se reprend. Il en est à l'Europe des citoyens et des libertés. il s'est redressé, il jette un œil distrait sur ses feuillets mais il s'en est déjà détaché, il convoque les cultures de l'Europe, se penche comme pour nous toucher, il se tient à l'angle gauche de l'estrade, il pose le coude droit sur le pupitre, il nous parle des futures institutions et des indispensables progrès de la démocratie, et le voilà qui saisit cette idée de l'Europe qu'il veut transmettre, il se penche un peu plus vers nous et paradoxalement semble se redresser, il n'y a plus de feuillets, plus de vieil homme, plus de maladie à cet instant précis, il y a le souvenir de sa naissance à la Première Guerre mondiale, de sa participation à la

Seconde, et ces familles déchirées qui vivent dans la rancœur, parfois dans la haine de cet ennemi traditionnel, il ironise, comme pour corser la gravité du propos, « les traditions ont changé à chaque siècle, la France a combattu tous les pays d'Europe à l'exception du Danemark, on se demande pourquoi » ; il rappelle ce que cette génération doit à ceux qui ont su dépasser leur propre chagrin pour choisir le chemin de la réconciliation et de la paix. Il faut se préparer aux futurs élargissements ; il sait que les capitaux et les marchandises circulent librement depuis l'Acte unique, il voudrait qu'il en soit de même pour les hommes et les idées. Il faut affirmer la citoyenneté européenne et la solidarité, qu'auraient été les effets de la crise si nous n'avions pu nous appuyer les uns sur les autres. Au lieu de monter avec l'intensité du propos, le ton se pose… puis c'est l'apothéose : « Il faut vaincre ses préjugés. Ce que je vous demande là est presque impossible, car il faut vaincre notre histoire et pourtant si on ne la vainc pas, il faut savoir qu'une règle s'imposera. Le nationalisme c'est la guerre ! »

La phrase a claqué comme un canon qui crache, sèche et incendiaire. L'homme a grandi de deux mètres. La voix tonne, comme à Cancún. La guerre c'était hier, une époque encore récente et vive, culbutée par la folie des hommes de ces pays aux frontières irréelles, cet hier resurgit soudain bruyant comme un orage d'automne, aveugle comme la foudre, crapuleux comme une horde de trigonocéphales… et s'invite sur l'estrade. Il se joue là, d'un coup, l'avenir de millions d'hommes. « La guerre, ce n'est pas seulement notre passé, cela peut être notre avenir, la paix dépend de vous. » À cet éclat répond instantanément la salve d'ovation d'un Parlement unanimement debout.

Est-ce bien le même homme qui, quarante ans plus tôt, probablement avec une fougue égale, assénait à propos de l'Algérie « la seule négociation, c'est la guerre » ? Il y a peut-être, dans cet avertissement comminatoire lancé ce soir à une assemblée de parlementaires de trois générations, les traces du chagrin charrié par un esprit lucide et inconsolable sur une faute inoubliable.

*

Sans que même une raison déraisonnable m'eût portée à m'y attendre, je reçus une réponse de François Mitterrand accusant réception de ma lettre et me proposant, si je souhaite le rencontrer, de prendre contact avec Jean Kahn pour convenir d'une date, selon mes séjours à Paris. Délicatesse. La première rencontre a lieu rue de Bièvre. Je suis reçue d'abord par Jean Kahn, un bureau exigu, sobre mais hospitalier. Deux fois une personne y entre pour des affaires administratives. Je suis assise le dos à la porte.

Lorsque le président y pénètre, je le sais, je le sens dans mon dos, dans ma nuque, dans l'air. Nos conversations, deux en tout, seront assez singulières. Pêle-mêle, mes impressions sur le travail parlementaire et l'ambiance à l'Assemblée, les urgences à traiter en Guyane… et de temps en temps une fulgurance.

Quelle opinion ai-je de Lionel Jospin qui postule à la direction du Parti socialiste et est en train de devenir l'étendard de la gauche ? Je réponds spontanément que l'équanimité me paraît une qualité désastreuse en politique. Pour conduire le destin d'une nation il faut de la flamboyance, pour forcer les hommes à vouloir il faut de l'imagination, on ne met pas des seconds à la tête, ce n'est pas leur place, si intègres soient-ils… Je préfère encore la rugosité d'Emmanuelli…

En prononçant ma phrase, je m'en veux. À quel titre me permetté-je de dire au président de la République que son parti ne fera qu'accentuer son déclin entamé ? Et qui suis-je pour juger aussi péremptoirement ?… Ses paupières s'étirent sensuellement. Je sais depuis ce qu'est un sourire carnassier. Cet homme qu'on dit malade est immortel. Qu'il prenne si grand plaisir à si oiseuse critique, c'est qu'il lui reste une innocence. Il ne quittera jamais ce monde. Il ne saura pas s'en défaire, il ne voudra pas. D'ailleurs, il l'a dit dans ses derniers vœux : « Je crois aux forces de l'esprit, je serai parmi vous. » Ou à peu près.

En novembre, Jean Kahn me prévient que le président souhaite reporter notre rendez-vous, ce ne sera pas en décembre car il part sur le Nil en famille, pourriez-vous début janvier… J'acquiesce bien évidemment. Le 3 ou le 5 janvier 1996 je ne sais plus, il m'appelle pour me dire que le Président est très fatigué. Il ajoute : « La presse ne le sait pas encore », et me propose de passer quand même : « Si vous le souhaitez je peux vous recevoir, mais vous ne pourrez pas le voir. » J'apprécie l'offre mais je décline : « Je présume que vous avez beaucoup à faire, je n'ai pas de raison de prendre sur votre temps, j'attendrai que le président se rétablisse. »

Une fois de plus, je n'avais rien compris. L'annonce de son décès survient au matin du 8 janvier.

*

Cette année 1995 nous aura été une année de déniaisement. Je suis assignée à conduire la liste des municipales à Cayenne. Les dirigeants de Walwari commencent à me gonfler avec cette manie d'aller aux élections. Je juge grotesque leur mâchouillis sur la nécessité de consolider localement ce que nous avons commencé à reprendre avec les européennes. Nous savons bien que pour être utile à ce pays, ce sont les compétences régionales qu'il faut viser.

La Région est une institution de mission, elle agit sur l'ensemble du territoire, elle a un périmètre de compétences plus vaste que les régions de France, notamment sur l'aménagement du territoire. Il faudra attendre la loi Voynet sur l'outil Pays et les bassins de vie et la loi Chevènement sur la coopération intercommunale en juin et juillet 1999 pour que les régions et collectivités de France acquièrent des compétences partagées avec l'État. Dès les lois de décentralisation de 1982, les quatre Régions d'outre-mer et la Corse disposent, elles, de compétences larges, à travers le SAR, schéma d'aménagement régional.

Quel instrument extraordinaire pour la Guyane, où les hommes et les activités n'occupent qu'un dixième du territoire ! Que de belles choses à accomplir ! Aménager le littoral et mieux répartir la pression anthropique, concevoir des villes nouvelles autour des bourgs de communes rurales, fixer les hommes grâce à des activités adaptées à leur territoire et à leurs cultures, construire des pôles structurants pour la pratique sportive, amateur ou haut niveau, agencer des pôles de compétitivité industrielle, créer les conditions de l'excellence par un réseau universitaire, repérer les talents au sein de la jeunesse, contraindre l'État à un partenariat responsable sur la gestion forestière, l'exploitation minière terrestre et marine, le partage de son domaine foncier qui avale 90 % du territoire…

Bon, joli programme mais les prochaines élections régionales n'auront lieu que dans trois ans… Je finis cette fois encore par me résoudre à tirer une équipe. L'impatience médiatique est à son comble, notre liste n'est pas achevée que je suis pressée d'exposer sa composition qui les intéresse plus que les orientations de notre programme. La liste est en cours d'élaboration, elle rassemblera des personnalités réputées pour leur probité et leur capacité de travail, des femmes compétentes y assureront une forte présence. Ferez-vous des alliances ?

Depuis les cantonales, la société guyanaise est prise d'une espèce de psychose tétanisante. Seule l'unité permettra de donner le coup de grâce au Parti socialiste guyanais, rodé aux exercices électoraux et qui s'est refait une santé l'an dernier aux cantonales. Nos dirigeants se sont laissé gagner par cette psychose. Je vais de média en média expliquant que nous resterons sur nos positions de principe, pas d'alliances, cette chose qui vaut tractations, nous ne fabriquons rien dans le dos des électeurs, nous sommes le plus jeune parti de Guyane, nous représentons l'espoir, une alliance quelle qu'elle soit nous entraînerait à endosser le passif d'autres partis qui ont participé, à titre principal ou supplétif, à la gestion locale... Pas belle et claire la politique ?

Le secrétaire général vient me voir dans ma permanence parlementaire pour m'informer que depuis quelques mois la direction a entrepris des discussions avec deux forces politiques, assez marginales mais dont l'une tout de même compte, un ancien président de Région et sénateur, et que la constitution d'une liste commune est en cours. Je manque de m'étrangler. J'accuse le coup.

« Mais enfin, on ne va pas se mettre à faire de la politique comme les autres ! On ne va pas s'allier sur des bases opportunistes quand nos valeurs ne sont pas les mêmes, on le sait...

— Le peuple veut l'unité, tu l'entends comme nous, il ne cesse de le répéter depuis les cantonales.

— Mais enfin, c'est notre responsabilité d'expliquer au peuple qu'on ne fait pas l'unité à n'importe quel prix. Et ce peuple nous a fait confiance il y a deux ans parce que nous rompions avec les pratiques de marchandage et d'opacité.

— Ce n'est pas de cela qu'il s'agit, il s'agit de faire liste commune pour un programme que nous porterons ensemble. »

Je pense à certains reproches formulés par Jean-François Hory : « Tu n'as rien compris à la politique, tu mêles dans la même phrase arrangements, négociations, compromis, la politique c'est l'art du compromis. » Bon d'accord, je n'ai rien compris, mais je crois que je ne suis pas faite pour ce monde...

J'exige alors la transparence sur ces discussions, au moins à l'égard des militants de Walwari. Et si je n'ai rien compris à l'art diplomatique – ce dont je conviens assez volontiers –, j'ai assez compris de nos militants pour savoir que la plupart d'entre eux auront la même réaction que moi. Qu'ils doivent en être informés assez tôt pour avoir le temps de s'éloigner, de réfléchir au rôle difficile qui incombe à notre direction, tenue d'ouvrir le chemin pour nous conduire à la victoire.

Coincés entre la nécessaire discrétion tactique par rapport à nos adversaires au pouvoir et l'incrédulité des militants qui refusent de donner foi aux premières rumeurs, nos dirigeants ont traîné à informer et qui fut prédit fut fait, le gros de nos troupes prit ses distances… disparus, font pas campagne.

Néanmoins ça commence en effervescence. Parmi nous, certains veulent en découdre. Ils lancent le premier Scud : au motif que le maire de Cayenne est également conseiller régional et conseiller général, ils dénoncent : « Non au cumul des mandats ! » Je suis effarée : « Mais vous m'envoyez en cumul de mandats !

— Ce n'est pas pareil, toi tu travailles.

— Ah ! mais ce n'est pas la question, le cumul des mandats, c'est le principe. »

Marie, mère de Dieu, où suis-je ? Bon, le sujet, c'est la ville de Cayenne. À défaut d'agir sur le territoire entier, imaginons Cayenne en capitale.

Imaginons une ville de congrès, lieu de bouillonnement des intelligences, de *bourcantage* des expériences, de trocs d'imaginaires, renouant avec l'art de nous-mêmes et la saveur des autres. Redonnons aux personnels le goût du travail bien fait.

Imaginons la ville agréable à parcourir avec un parking aux deux entrées de sa ceinture et un tramway qui la traverse sans bruit ni pollution. Réveillons son espace public avec un éclairage mieux réparti, des rondes mixtes de police municipale et de police nationale, des animations culturelles, des événements de quartiers, des médiathèques et des salles de loisirs, pour refaire société et la reprendre aux voyous.

Il faudra aussi obstruer les *massigrondés*, ces gueules de trottoirs édentées et béantes dont je crains toujours en frissonnant qu'elles engloutissent ces tout-petits qui échappent en riant aux mains de leur maman. Et ce carré magique autour de la place des Palmistes !

Au fort Cépérou, jadis, retentissait la cloche qui sonna sans trêve pendant les dix jours de l'incendie qui ravagea la ville en 1888. Elle fut remplacée par une sirène qui donnait les heures d'entrée, de milieu et de sortie des journées. Depuis elle trône au musée local. L'ère moderne du chacun pour soi chez soi a amené le silence sur cette colline tant convoitée par ce Poncet de Brétigny qui forçait les ouvriers à lui raconter leurs rêves et faisait torturer ceux qui les avaient oubliés au réveil.

Fort Cépérou, fort Vauban, il n'en reste que quelques ruines. De la colline on embrasse la ville tracée au cordeau, harmonieuse avec ses poches de verdure et ses toits aux pentes franches, aux tons joyeux. Le fort ne protège personne contre rien… mais la pelouse y est toujours tondue. Autour de la place des Palmistes étincellent des joyaux d'architecture coloniale, l'hôtel préfectoral, l'ancien hôpital, la galerie d'exposition, et cette sculpture de Félix Éboué si monstrueuse que les enfants répugnent à s'en approcher.

Plus chatoyantes, des splendeurs d'architecture créole, la bibliothèque et le musée, l'école maternelle, l'ancienne gendarmerie, la très belle demeure Thémire rehaussent son cachet. Une ronde de maisons ajourées lui fait guirlande et diadème avec des balcons en fer forgé, en bois tourné ou en étain moulé. Des solives apparentes sous les balcons, des harmonies de briques, bois et poteaux en arcades ; des portes découpées en arabesques, des volets à persiennes en lames mobiles, des toits en bardeaux, des tuiles ou des tôles peintes ; des marches en pierre ou en enduit grenat ; des caillebotis en façades, des impostes en losanges ou en quartiers de lune restituent la science des matériaux et du climat, l'art des techniques et des formes de ces artisans de tous métiers qui ont donné à la ville son panache et son orgeuil. Des maisons arborent des couleurs tendres comme l'amour l'après-midi.

Il suffira de peu pour rendre à cette place son lustre terni par la tyrannie des voitures et les stationnements intempestifs sur le gazon, un éclairage intermittent, une restauration ambulante déréglée et bourdonnante dont les emballages en aluminium parsèment le macadam d'éclats non dégradables… un encanaillement du lieu.

Plus au nord, la place des Amandiers nous échappe lorsque la mangrove s'installe pour quelques années. Elle ne nous prend jamais par traîtrise car la vase avance la première et, annonciatrices, aigrettes et frégates nous préviennent en se régalant d'alevins que bientôt les palétuviers vont boucher l'horizon. Lorsque sept ans plus tard la mer revient lécher les roches et les digues, la lumière du jour se fait moins tamisée et le serein plus câlin. Les vieux amoureux reviennent et partagent allées et bancs avec les poètes, tandis que les joueurs de dominos tiennent le front face aux rouleurs de pétanques. Il manque à cette place de gazon et d'arbres quelques virgules fleuries et une aubette pour l'inspiration des chansonniers et la tentation des mélomanes.

Côté sud, imaginons le canal Laussat non plus comme un cordon nauséabond pour tenir les pauvres à distance de la ville, mais comme une rive à franchir pour relier cette belle au bois dormant à ses éveilleurs pétulants et débrouillards. La campagne est à peine plus calme que celle des cantonales l'an dernier. La nôtre est joyeuse et nous traitons de haut les coups bas. Le Parti socialiste guyanais, habitué à gagner la mairie au premier tour avec 78 % des voix, est en ballottage. Nous le talonnons. Il s'arrange pour une triangulaire avec le RPR dont la liste a tout juste atteint la barre autorisant son maintien dans la compétition. Quarante ans que ces deux partis se tapent dessus, physiquement et politiquement.

Cet accord se soldera par un siège de cinquième adjoint aux finances offert au seul élu RPR. Il y a cent cinquante voix d'écart entre la liste du PSG et la nôtre. Nos colistiers et militants sont atterrés. Tout le monde retrouve vigueur lorsque nous décidons de déposer un recours judiciaire. Nos représentants dans les bureaux de vote ont relevé et fait inscrire sur les procès-verbaux de nombreux incidents, des résurgences de ce que nous avions combattu deux ans plus tôt, aux législatives.

Le climat général est d'ailleurs redevenu exécrable. Après le vent de liberté qui avait ragaillardi les plus timorés des personnels, l'atmosphère de terreur a ressurgi. Lorsque j'entrais à la mairie ou que je venais assister à une séance plénière dans une collectivité, conseil général ou conseil régional, l'hostilité était palpable. Des remous, des grognements, des regards de peloton d'exécution. Une fois, à mon arrivée, une femme qui était adossée à un pilier s'est précipitée pour occuper le seul siège libre. Alors que j'avançais, un homme a allongé sa jambe dans le chemin, je l'ai vue à temps pour ne pas trébucher. C'est un journaliste sportif de radio libre, monsieur Duboulay, pourtant affiché de leur camp, qui s'est levé et m'a publiquement saluée : « Madame la députée, prenez mon siège. » Je n'oublierai jamais… Il fut ce jour-là l'exception qui racheta une indignité collective.

Des brigades de militants effectuent un travail de fourmis pendant deux jours en recopiant, vérifiant, photocopiant les cahiers d'émargement à la préfecture.

La moisson est belle. Procurations douteuses, adresses suspectes, quelques morts ressuscités, doubles votes dans des quartiers différents, signatures dissemblables pour un même électeur d'un dimanche à l'autre. Tout cela par centaines. Nous sommes confiants, les militants exultent. Nous saisissons donc le tribunal administratif par l'entremise d'un avocat du barreau de Cayenne qui dépose un mémoire, en procédure écrite comme il est de droit. Le Parti socialiste a requis un avocat du Conseil d'État, le cabinet Lyon-Caen basé à Paris. Connaissant la réputation de ce cabinet, ses performances et son coût, nous ricanons, ha, ha, ha, ils ont pris un marteau pour frapper une mouche.

Contre toute attente, le tribunal administratif nous déboute. Nous sommes estomaqués. Avec les preuves que nous avons fournies ! Nous décidons de ne pas nous laisser faire, nous monterons au Conseil d'État. Nous commençons à comprendre qu'ils ont de l'expérience ou du flair au Parti socialiste guyanais… ou de bons conseils en haut lieu, car ils n'ont pas l'habitude d'affronter des recours judiciaires par des adversaires organisés. Nous recherchons très vite un cabinet d'avocats à Paris.

En mobilisant un réseau d'amis, nous entrons en contact avec un jeune avocat, brillant, dynamique, Jean-Christophe Maymat. Il est confiant, notre dossier est substantiel. Il demande en conclusion, plutôt que l'annulation des élections, l'inversion des résultats. Les avocats ont entre eux des relations cordiales. Le nôtre nous raconte que l'avocat de la partie adverse lui a commenté : « Madame Taubira est sans doute la meilleure personne pour la mairie de Cayenne, mais ce ne sera pas cette fois-ci. » Une rodomontade qui nous distrait.

C'est comme les rêves prémonitoires, quand on les comprend, il est trop tard. Le Conseil d'État reconnaît la validité de quasiment toutes nos preuves. Il les sépare, les traite par catégorie et conclut, non globalement en les additionnant mais sur chaque série. Et dit que certes… mais il n'est pas prouvé que cela aurait changé le résultat et il n'est surtout pas prouvé que ces irrégularités soient toutes imputables à la partie mise en cause. Ah tiens ! Fallait y penser ! Ça ne nous a même pas effleurés que nous puissions avoir nous-mêmes trafiqué les procurations dans les réseaux contrôles par le PSG depuis des années. Quant au reste...

Il est vrai que nous faisons nous-mêmes l'objet d'un recours. La procédure n'est pas arrivée au Conseil d'État, le tribunal administratif s'est chargé de débouter le plaignant, un vieux fonctionnaire guyanais à la retraite qui s'ennuie et rumine. Et s'est résigné à ce jugement de première instance, l'affaire est donc close. Il avait rédigé un consistant mémoire de près de dix pages pour expliquer que je constitue un danger considérable pour l'équilibre des familles en Guyane. Ne voilà-t-il pas que j'ai conduit une liste dont les trois premières places sont occupées par des femmes ainsi que la moitié du reste de la liste ? Et pas en chabadabada, nous ne sommes qu'en 1995, cinq ans avant la loi sur la parité ; tout de même, cette liste Taubira, les femmes y sont aussi nombreuses que les hommes. Un crime... ou une honte, c'est pareil.

Le Conseil d'État ne statue que sur ce qui lui est soumis, il n'a donc ni cure ni connaissance de cette panique du vieux monsieur grincheux. Il se prononce exclusivement sur notre litige avec le PSG et, ayant considéré l'inocuité ou l'inimaginable coresponsabilité sur les irrégularités, il confirme les résultats de l'élection. Un doute intime et légitime... sans doute... ma foi... Probablement qu'en droit un tel jugement a ses fondements. La douche est froide. Voilà comment nous fûmes déniaisés.

*

Le président de la République, Jacques Chirac, conseillé dit-on par le scintillant secrétaire général de l'Élysée, Dominique de Villepin, décide de dissoudre l'Assemblée nationale. Il dispose d'une majorité écrasante à l'Assemblée ; ça donne à certains députés des idées de liberté et des penchants d'indocilité. Les ministres ne tiennent pas les troupes, le chef de groupe pas davantage, ça commence à faire désordre. La majorité RPR est devenue une pétaudière.

L'excitation est générale. Je ne vois pas d'un mauvais œil ce raccourcissement de mandat. La famille trinque. Mon fils aîné a déjà connu la garde à vue et sa violence institutionnelle, il a bien vu qu'il avait droit à un régime plus sévère que les autres. Il ne fait pas le lien mais on lui a déjà volé trois boosters, jamais retrouvés. Celui d'une jeune voisine juste un peu plus âgée a été retrouvé quelques jours après le vol. Moi non plus je ne fais pas le lien, je ne le fais pas formellement aujourd'hui, mais il m'est arrivé d'être effleurée par l'idée que… C'est à cette époque qu'a lieu l'agression de ma fille ; poignard sous la gorge, deux malfrats lui coupent la route, l'obligent à descendre et partent avec l'engin et toutes ses affaires scolaires dans le coffre.

Elle n'a que quatorze ans et je lui ai offert un booster pour qu'elle soit autonome. Pourquoi ai-je besoin qu'elle soit autonome alors que je pourrais l'emmener à l'école et la récupérer ? Évidemment elle est ravie, mais cet incident me contraint à admettre que, plus que la sienne, c'est mon autonomie que j'ai ainsi organisée. Et pour quoi faire ? Courir d'une réunion à l'autre, recevoir librement les particuliers, travailler, travailler sans cesse, me laisser happer dans la rue à tout moment par toute personne ayant besoin d'un service, contribuant à mon corps défendant à la montée des individualismes, du sans-gêne, de l'impudeur, des égoïsmes même. Toujours avec cette crainte, absurde, de rater la grande détresse.

Personne pourtant ne m'a intronisée Sentinelle Suprême des Malheurs en Vadrouille. Je réalise que j'ai usurpé un droit, par inadvertance mais avec une redoutable constance : j'ai mis chaque membre de ma famille à contribution dans ce dévouement aux autres, j'ai exposé chacun aux périls et aux coups. Sans jamais leur demander, avec leur permission car ils ne se sont jamais braqués, j'ai pris à mes enfants plus que les mots ne sauront jamais traduire.

Je fais rapidement savoir que j'estime avoir bien mérité la confiance qui me fut accordée, j'ai accompli mon mandat en conscience, maintenant je vais diriger ma vie vers d'autres horizons. Mon beau-frère, Christian, se fait messager de nombreux citoyens ordinaires assure-t-il : « Tu ne peux pas t'en aller, d'ailleurs tu n'as pas fini ton mandat, tu t'étais engagée pour cinq ans. »

Eh ben, bien ! il ne manquait plus que ça, c'est moi qui ai dissous ? D'ailleurs, c'est mon rythme, avant d'être députée je changeais de métier tous les quatre ans. Tant qu'à faire, face à des arguments aussi culottés… Des délégations, plus modestes qu'en 1993, l'humeur collective n'est pas à l'optimisme, se présentent à ma permanence parlementaire pour me demander de ne pas les « abandonner ». Voilà, c'est encore moi qui tiens le mauvais rôle,

« abandonner », ils n'ont jamais à répondre de leur attitude passive, de leur inertie. Ils s'absolvent de tout, y compris de ne rien faire qui vous console du prix que vous payez pour leur être rempart.

Cette fois je ne vais pas me laisser avoir. En plus, j'ai vraiment envie d'autres défis, d'un autre rythme, d'autres univers.

Puis des jeunes se présentent à ma permanence parlementaire. « Madame ne regarde pas pour nos parents, pense à nous, ne nous laisse pas... » Les jeunes, mon talon d'Achille. J'en parle à la maison. Mon époux me dit : « Pour moi tu dois arrêter... ceci dit je vois bien ta relation avec ton peuple. Tu n'as qu'à voir avec tes enfants. » Nous sommes à table. Mon fils aîné estime qu'il serait temps que je pense un peu à moi : « Mais je sais que les gens comptent sur toi, pour le reste tu sais ce que je pense de la politique. » Vu les coups qu'il a personnellement reçus, il en a bien le droit. Ma fille explique longuement : « C'est très difficile à la maison, les gens viennent ici à n'importe quelle heure, tu n'es pas souvent là, mais on sait que ce que tu fais est utile au pays... Ce sera encore dur pour nous mais je comprends que les gens te réclament... seulement tu devrais penser un peu à toi. »

Mon deuxième fils considère que ce que je fais est bien, que la vie n'est pas si dure, mais il serait bien content si je partais moins souvent. Ma dernière, enjouée comme à l'accoutumée, déclare dans un éclat : « Moi je suis très fière de toi, pour moi-même, tu peux rester députée. » Ils ont entre huit et seize ans. Et quel altruisme ! Je finis par consentir. Dix jours plus tard, mon époux revient à la charge : « Tu devrais laisser tomber, tu as vu, ils frappent nos enfants. » Je réponds : « Justement si nous larguons, ils vont nous broyer la tête. » Ai-je eu raison d'abuser comme je l'ai fait de la générosité et du courage de mes enfants ? Honnêtement... non. C'est finalement une campagne assez morose. Ceux qui viennent vous supplier ne savent plus faire que ça, ça les épuise. Plus de force pour faire campagne. Je l'emporte aisément, à 65 %, ce sera mon score constant aux législatives à venir, mais la campagne fut sans allégresse. Mon époux n'y aura pris aucune part.

*

Certaines batailles m'ont saignée. D'autres m'ont juste parfois un peu déplumée. J'ai connu le désenchantement mais je suis loin d'être vaincue. Mes grandes guerres sont à venir, je ne le sais pas encore. Il m'est arrivé de chanceler, de trébucher, de me rétablir parfois par énergie cinétique, le temps que ma volonté reprenne la bride. Mais en cette année 1998, ce qui me cueille là toute pantelante, c'est du brutal, tonton flingueur.

Février 1998. Il est 13 h 30. La clôture du dépôt des listes régionales est fixée à 14 heures. Nous sommes un petit groupe agglutiné en face de la préfecture, adossés au mur arrière de la chambre de commerce et d'industrie. Nous attendons une colistière qui vient d'une commune lointaine avec ses documents d'état civil. Elle devrait être là dans cinq minutes. Nous avons une demi-heure de marge, c'est presque un exploit, pour le moins un réel progrès. Walwari a la déplorable et stressante habitude d'arriver à la limite de l'horaire, cinq minutes avant la fermeture du bureau des élections. Nous sommes détendus d'être si exceptionnellement en avance.

La colistière attendue est arrivée, elle signe le formulaire de déclaration de candidature et remet ses pièces au directeur de campagne qui les ajoute à son dossier en soupirant d'aise. Les anxieux étant soulagés, nous traversons la rue en papotant pour aller déposer notre liste. Détendus, nous formons une colonne flottante et dispersée, mutine.

À cette heure, bureaux clos, la préfecture est calme. Les seuls mouvements sont ceux des derniers groupes venus comme nous déposer leur liste électorale. Je passe le portail de la préfecture. Je fais trois pas, quatre au mieux. J'ai un haut-le-cœur. Je connais cette nuque. Vingt ans que je la vois chez moi. Je cale. Je regarde, éperdue, j'articule… désolée mais je vous avais dit que c'était ma limite. Je rebrousse chemin. Nos rires restent suspendus. Nous ressortons tous.

La première à se ressaisir, sans un mot mais de façon spectaculaire, est notre secrétaire générale, Maria. Elle était deuxième de liste. Je n'ai pas de souvenirs précis, l'émoi sans doute a tout obscurci sur le coup. Je sais qu'il ne nous restait que quelques minutes, quelqu'un a trouvé du Tippex, peut-être à la préfecture ou à la chambre de commerce, mon nom en tête de liste est effacé, le sien a grimpé, quelqu'un d'autre avait ses papiers d'état civil, ou notre directeur de campagne, comme tous les inquiets avait été prévoyant. Tant de trous… je sais seulement qu'en un temps record, comme dans un réflexe de survie, des noms furent déplacés, je fus remplacée, la liste fut complétée, photocopiée, déposée, pendant que j'étais encore groggy.

Et tandis que mes camarades effectuent les formalités nécessaires dans une humeur devenue soudain lugubre mais crâne, je m'en retourne seule, à pied, traversant la ville pour rejoindre ma permanence parlementaire... sonnée. Je sais ce qu'est le poids du monde sur les épaules, j'en ai déjà éprouvé la sensation, celle d'Atlas... une espèce de vertige qui vous accable à chaque halte mais s'évapore sitôt que vous remettez un pied devant l'autre. Cette fois je reçois le poids du ciel sur la tête. C'est d'une autre fièvre et d'un autre ébranlement.

Cet incident est un dénouement. Plutôt une amorce de dénouement... il en reste à amortir. J'aurais dû voir venir. Des militants de base et un cadre du parti, ils furent quatre, sont venus me voir, séparément, en septembre et décembre 1997, pour me dire qu'il faut m'atteler, et vite, à mettre de l'ordre, le navire est en train de prendre l'eau... Ce qu'ils m'en disent ne me paraît pas inquiétant. Je les rassure, il est normal que nos débats soient vifs, non seulement la démocratie s'en accommode mais elle en tire une plus grande vitalité. La femme parmi eux refuse de se laisser apaiser ; je vois bien que les autres repartent sceptiques sur la justesse de mes analyses... fumeuses, je devrai m'en rendre compte. Trop tard.

Trop tard. Je participe à quelques réunions du vendredi soir lorsque je rentre à temps de Paris ou que je ne suis pas retenue par une séance de travail ou une obligation officielle ; je n'ai pas le sentiment que nous sommes au bord de la guerre civile. Les rangs sont un peu clairsemés, mais nous connaissons des reflux épisodiques depuis les municipales de 1995 et surtout depuis le verdict du Conseil d'État. Ça se comprend, c'est usant de batailler à la loyale et d'avoir le sentiment de se faire voler une victoire, de se montrer légitimiste en se fiant aux institutions judiciaires et d'avoir l'impression de se faire blouser. Je n'en suis pas particulièrement étonnée.

Les débats auxquels j'assiste ne sont pas si mordants. Forcément... les vrais débats se déroulent ailleurs. Je n'en aurai pas la perspicacité. Je suis toute à mes combats législatifs. Je suis sur le point d'aboutir, et je vais aboutir... je fais inscrire dans la loi que l'État doit rendre à titre gracieux aux personnes physiques qui en font la demande, des parcelles de son domaine foncier. Ce ne fut pas sans peine, ni sans encerclement.

Dans l'hémicycle, j'ai affronté la mauvaise volonté du ministre de l'Outre-mer avec qui la veille encore, à 21 heures, j'avais fait le point sur cette disposition. Nous sommes tombés d'accord. Et le voilà qui me propose de reporter cet amendement à un autre texte. Le sujet est grave et je déteste qu'on se paie ma tête. Cela fait des mois que cela dure. J'ai affronté toute la classe politique guyanaise ainsi que les chambres consulaires qui, sournoises, ont poussé le préfet à convoquer une réunion pour en débattre.

J'avais eu vent de la manœuvre, j'ai décidé d'assister à la réunion mais de ne pas participer. Taubira silencieuse… jamais vu. Malaise. Personne n'ose ouvrir le feu. Le préfet, dépassé, renvoie la patate chaude à Paris. Le ministre de l'Outre-mer convoque une réunion avec les grands élus, députés, sénateurs, présidents des collectivités territoriales, le président de l'association des maires, les présidents des chambres consulaires. Ça tourne encore autour du pot. Le ministre dit clairement qu'il y a des oppositions à ma demande. Les élus présents font des phrases. Ça mérite réflexion, il faut prendre le temps d'étudier les conséquences… et autres bavardages dilatoires.

Seul le président de la chambre d'agriculture ose exprimer son exaspération : « Pendant des années les Guyanais méprisaient la terre, aujourd'hui n'importe qui veut un morceau de terre pour cultiver n'importe quoi et concurrencer les agriculteurs professionnels, je ne suis pas d'accord. » Je cingle : « Je n'ai que faire de votre accord, monsieur, surtout s'il vous échappe que la répulsion envers la terre est un réflexe sain et normal dans une ancienne société esclavagiste ; une génération surmonte ce rapport douloureux à la terre et désire aujourd'hui y revenir, vous ne pouvez vous y opposer que sous un prétexte scélérat. La République peut-elle aujourd'hui se prévaloir des ordonnances royales de 1825 qui ont attribué à l'État pour son domaine privé toutes les terres prétendument vacantes et sans maîtres ; pas de cadastre pas de maître… et que dirait un cadastre sur l'usage collectif de la terre par les Amérindiens et les Bushinengue, l'itinérance pour les familles créoles rurales ? Pas de propriété individuelle donc pas de titre… pas de titre, pas de droits. Voilà les termes de l'arnaque…

Je vous le dis, celui qui voudra empêcher les Guyanais d'accéder à leurs terres devra me passer sur le corps. » Je vous propose une suspension de séance, dit le ministre. La séance ne reprendra pas, la suspension est de fait une levée.

En m'en allant sans goûter à son cocktail, je salue le ministre qui me glisse : « J'ai interrompu la séance parce que vos yeux lançaient des éclairs. » Le lendemain, dans l'avion, le président de la chambre d'agriculture m'aborde avec un air de chien battu : « Maintenant c'est contre moi que vous êtes fâchée, j'étais le porte-parole de toute la délégation, c'était la position de tous les autres. » Je lui ficherais bien à la figure quelques mesures de *Kathak* de Trilok Gurtu pour le faire taire... « Tant pis pour vous qui l'avez portée, de toute façon vous faites ce que vous voulez, moi je ferai ce que j'ai à faire. »

J'apprends ainsi que les maires sont vent debout, considérant que je vais mettre la pagaïe dans leurs communes en permettant à des gens d'être installés par cession de terres de l'État. Sûr que ce n'est pas le meilleur moyen de tenir des électeurs. Pourtant, grâce à ce travail, ils obtiendront des commissions municipales foncières, qu'ils présideront, mais nous n'en sommes pas encore là. Pour l'instant, je mène la bataille législative.

Le ministre qui avait levé la séance parce que, dit-il, « mes yeux lançaient des éclairs » avait tenté une ultime diversion. Il m'avait dit en confidence que Bercy ne voulait céder en rien ; durant cette réunion il avait allusivement évoqué ces réticences de Bercy. Qu'à cela ne tienne, je verrai Bercy. Dans l'hémicycle, je suis placée juste derrière le banc des ministres. Je passe un mot à Dominique Strauss-Kahn, ministre de l'Économie et des Finances, qui me répond de lui proposer une date où je suis à Paris. « Non, ton jour et ton heure me conviendront, s'il le faut je viendrai pour cet entretien. » Hasard, ce sera le jour de mon anniversaire... Tant pis, je prends l'avion le 1er février, pour être à Paris le 2, me rendre à mon rendez-vous au ministère des Finances et repartir en Guyane le 3 au matin. Débiellant.

« Alors, que puis-je pour ton service ?

— Je veux juste savoir pourquoi tu t'opposes à la cession des terres que la monarchie a confisquées pour le compte de l'État.

— Moi ?

— Oui, toi, Bercy. »

Il appelle trois conseillers. De quoi s'agit-il ? Ils sont manifestement gênés. « Parlez librement devant madame la députée. » Il découvre totalement le sujet. Le ministère de l'Outre-mer n'a jamais transmis le dossier. « Ah bon... Je veux une note circonstanciée dans trois semaines, une note claire, répondant aux demandes et observations de madame la députée, y compris s'il y a des obstacles, et dans trois vraies semaines, pas un jour de plus ! » Ce fut un beau cadeau d'anniversaire.

Al Jarreau entretient ma bonne humeur avec *Morning,* Cassandra Wilson aussi avec *Blue Light 'til Dawn.* Je ne récolterai de cette bataille aucun bénéfice personnel, mes enfants non plus. Je le sais. Cela me donne justement les coudées franches et je la mène avec d'autant plus de détermination. D'ailleurs, j'ai acheté de la terre au nom de mes enfants depuis déjà douze ans, bien avant d'être élue députée. Mais quel bonheur de permettre à ces familles déjà installées sans titre d'être sécurisées, d'offrir aux enfants de familles modestes de quitter leur cinquième étage d'immeuble pour un espace où ils pourront courir de toute la force de leurs jambes au lieu de devoir faire du vélo sur un balcon exigu... En me raccompagnant, Strauss-Kahn me glisse : « Tu sais, la terre c'est le service des Domaines, pas facile, il ne se laisse pas faire, mais ça ne me déplaît pas que tout le monde ait cette frousse de Bercy, ça nous permet de travailler tranquillement. »

Il n'y a plus d'obstacles, ni réels ni imaginaires. Le ministre de l'Outre-mer ne peut plus qu'acquiescer à mon amendement. J'ai la courtoisie de le lui soumettre avant le débat public. Et le voilà maintenant qui me raconte son histoire de prochain texte. J'éructe. Je menace de faire voter contre tout le texte qui contient de multiples dispositions sur des sujets variés. Je suis responsable politique du texte, c'est donc moi qui conduis les débats et propose les votes. Suspension de séance. On me propose une conciliation avec le ministre.

« Hors de question, nous avons fait le point hier soir, il était d'accord, si sa parole d'hier soir ne vaut rien, celle de cet après-midi ne vaudra pas mieux. J'ai lutté dix-huit mois avec la droite sur ce dossier, ils m'ont fait la même entourloupe ; avec vous je vais au clash tout de suite car nous nous devons franchise et loyauté, sinon les valeurs n'ont aucun sens. Ma décision est prise.

« Tu ne peux pas faire ça.

— Ah bon, et pourquoi ?

— Tu sais ce que ça veut dire, nous sommes la majorité, si tu fais ça le texte est rejeté, c'est quand même un projet de loi gouvernemental ! Propose l'abstention, me suggère-t-on.

— Non, un texte c'est oui ou non, et là ce sera non.

— Tu ne peux pas faire ça.

— Je vais le faire.

— On ne pourra pas te suivre.

— Bien, j'en prends acte, c'est sans précédent, ce sera la première fois qu'un groupe ne suivra pas les consignes du responsable politique du texte ; j'irai aux Quatre Colonnes passer l'information aux médias… Vous leur direz si c'est parce que je suis une Négresse que le groupe s'affranchit des usages.

— Tu sais bien que nous ne sommes pas racistes !

— Eh bien, vous vous en expliquerez ! »

Je sais que je leur fais là une brutalité, mais quelle violence de leur part ! Décider ainsi, de si loin, de tant d'ignorance, d'empêcher les Guyanais d'avoir accès à la terre, chez eux, après cent soixante-quinze ans de dépouillement… quelle violence ! La reconnaissance des droits fonciers relève de la légitimité historique, de l'identité culturelle, de la revendication politique, de la recomposition sociologique, de la reconquête symbolique. À cette hauteur.

Dans quelques mois nous entrons dans l'année du cent cinquantenaire de la deuxième abolition de l'esclavage. C'est l'occasion de réconcilier la République avec sa devise. Et n'est-ce pas une opportunité que d'accomplir en douceur une réforme foncière sur ce continent de sud-Amérique, où depuis deux siècles des hommes meurent pour la terre ? Les poids lourds du groupe sont rameutés pour une médiation. Le ministre dit comprendre mon mécontentement, mais il a des consignes claires de Bercy pour refuser. « Il ne s'agit pas de mécontentement, monsieur, mon humeur n'est pas le sujet, il s'agit de ma détermination sur un bon droit. Je ne sais pas ce qu'a pu dire Bercy et au point où j'en suis je ne veux pas le savoir, je vous préviens loyalement que je prescris au groupe le rejet de l'ensemble du texte. »

Les médiateurs concluent, le ministre n'a pas le choix et Christiane ne va pas céder, il vaut mieux voter l'amendement. C'est ainsi que malgré l'avis défavorable répété par le ministre à la reprise de séance, les députés de mon groupe, majoritaires, voteront mon amendement inscrit depuis dans la loi. La plus belle en bas la baille[1]... Il y a toujours un dernier round après le gong. Avec la complicité des autres élus guyanais, l'État prend sa revanche en gonflant la circulaire d'application de mille conditions restrictives, vingt-trois pages ! Ce sera dans quelques mois. Pour l'instant, j'ai le temps de savourer ma victoire. J'y ajoute une autre, bataille, moins rude dans l'immédiat, qu'il me faudra parachever en les harcelant trois ans encore pour son application réelle, le remboursement des médicaments antipaludéens. Le traitement est coûteux mais le paludisme n'étant ni endémique ni prévalent en France, il est classé maladie de confort, n'est pas remboursé par la Sécurité sociale alors que les accidents de ski le sont. Il est donc fréquent que, par économie, les malades fractionnent leur traitement pour qu'il serve deux ou trois fois, particulièrement en forêt sur les chantiers aurifères, également en ville. Ils contribuent ainsi à la résistance de l'hématozoaire. Le remboursement serait un acte de solidarité et une précaution de santé publique.

Toute à l'excitation de ces conquêtes législatives, je ne vois rien ni ne comprends rien de ce qui prépare au sein de Walwari qui, inexorablement, se fissure. Le réveil est brutal. Réunion exceptionnelle. Ce n'est pas la guerre civile mais comme ça y ressemble ! Six heures que coule la réunion... j'ai tout entendu.

Les deux camps ont vidé leurs sacs, l'aubaine était trop belle. Ils ont balayé toute pudeur, une catharsis sans rédemption et un peu aussi je crois une vengeance contre moi qui embrasse trop largement ce pays et montre si peu d'égards envers mes compagnons de route. Mon Dieu, aimer demande donc tant de preuves ! Ils se sont appliqués à me montrer un champ saccagé... des tranchées... rien ne pouvait me blesser plus profondément que ces déchirements de camarades qui avaient vécu les moments inoubliables de nos assauts, victorieux ou défaits, et qui là, sous mes yeux, détruisaient tout dans une furie abasourdissante.

Je perçois dans une fulgurance la prépotence de notre éducation occidentale, combien elle a fragmenté notre pensée. Nous ne

1. Le plus sournois est à venir.

savons plus saisir le tout, il est débité, morcelé, disséqué. Et si nous prenons le temps, ce n'est pas pour faire décanter les amertumes mais pour distiller nos ressentiments et peaufiner nos attentats contre nous-mêmes. Les contradictions nous *chiquetaillent.*

Quant à nos cultures orales et rituelles, sédimentées, refoulées, veinées de parole, de mémoire et d'expiation, elles n'ont pas abdiqué. Comme l'eau que l'on essaie d'emprisonner sous terre, de juguler, d'asphyxier, elles se fraient un chemin, percent, creusent, écartent, élargissent et explosent dans un raz-de-marée affectif dévastateur. De notre éducation à nos soubassements culturels, un syncrétisme sismique. Sur la pensée du morceau l'émotion du tout. Il n'y a là qu'un flot rageur, une irruption fulminante, un magma commotionnel qui rompt les digues de la fraternité entre ces camarades de tribulations avant qu'ils se rabattent plus usés que repus, s'écroulent, essoufflés, s'ébrouent, soufflent, un peu chavirés tout de même d'un tel courroux… exterminateur.

Lorsque s'estompent les palpitations de l'œuvre commune, que rien ne compte plus hors les rancœurs à solder, les blessures à rembourser, les ego à préserver. Il y a les coups, ceux qui vous labourent comme Cindy Blackman déchaînée sur sa percu… Et il y a les doutes. Je présente à chacun mes excuses personnelles, comment ai-je pu ne pas discerner ce qui insidieusement rongeait l'unité et l'amitié… Reconstruire ses forces intérieures… Faire silence pour que s'épuise le tapage.

Manifestement, l'ardeur et la fureur avec lesquelles ils ont mis en scène la démolition réciproque est aussi un appel, un appel au chef. Mais je n'ai jamais eu une âme de chef, je n'aspire à conduire aucune troupe, je ne veux pas qu'on s'accroche à ma jupe, je partage tout ce que je sais, j'offre tout ce que je comprends, je donne tout chaque fois pour que chacun grandisse, que chacun choisisse son pas et que je sois libre de m'en aller quand je le voudrai… Mais je suis ambiguë, je protège, je prends les coups pour tous… Pourtant, je ne veux être la maman de personne, je veux que chacun se veuille libre… encore ici en présentant des excuses personnelles, en ayant souci d'apaiser chacun, de décharger chacun de sa faute, d'aspirer sur moi ces paroles qui ont dévalé sur des esprits ébahis et grinçants, je patauge dans l'ambivalence. Me rendront-ils folle… et me laisserai-je faire ?

Nous nous quittons ; nous devrions être épuisés, je suis vidée, ils sont revigorés ; ils prolongent en petits groupes la réunion sur le trottoir ; je n'ai qu'une envie, trouver un terrier, une grotte, une rade. Je vole vers mes enfants, ma terre ferme.

On peut être totalement honnête, avoir raison, et s'avérer coupable des forfaits des autres, voire de leur forfaiture… avoir tort. Six mois plus tôt, mon époux m'a confié son intention de conduire notre liste aux prochaines élections régionales. « Je sais que tout le monde s'attend à ce que ce soit toi mais j'estime être mieux en mesure de le faire.

— Soit. (J'ai presque envie de dire : pour une fois que vous ne m'y collez pas.) Bien, tu en parles à la prochaine assemblée générale, c'est dans deux semaines.

— Tu n'y penses pas, je ne compte pas supplier des gens que j'ai formés et qui maintenant en seraient à dire si oui ou non je dois conduire la liste.

— C'est pourtant la seule procédure possible, nous aurons des discussions, certains s'y opposeront mais nous avons le temps de convaincre.

— Pas question, tu leur dis que je conduirai la liste.

— Mais cela n'a pas de sens, je n'ai jamais rien imposé à ce parti.

— Ce n'est pas vrai, dès que tu arrives tout le monde est de ton avis.

— Faux, je viens, j'explique, nous débattons, souvent ça dure des heures, et tu vois bien que même si certains disent qu'ils sont d'accord j'exige un vote ; pour ce qui me concerne nous n'avons que des décisions collectives, je n'impose jamais rien.

— Tu leur dis que c'est moi qui conduis la liste.

— Je veux bien soutenir ta candidature mais je ne l'imposerai pas… »

Tout cela m'a semblé clair et rationnel. J'ai encore le défaut de croire que les choses se règlent au raisonnement, de ne rien saisir ni aux rapports de force ni aux subjectivités irritées. Une naïveté en politique, donc une faute. D'autant que je devrais être prémunie. Quelques mois plus tôt, je me suis retrouvée devant un tribunal impromptu. Du genre qui aime bien châtie rude. Des accusations complètement farfelues. L'une d'entre elles, immonde. Celle qui me sauva.

En effet, dopé par le succès de sa cabale, le militant-procureur, déchaîné, ajouta une dernière accusation. Je disposerais de cinquante mille francs par mois du Parlement européen, j'en faisais ce que je voulais, sans compter un gaspillage financier dans des activités pour enfants et adolescents, au lieu de mettre ces moyens à la disposition du parti qui en manque cruellement. Ce fut son erreur.

Évidemment cet argent n'existait pas. Il y avait une dotation mensuelle un peu plus faible qui servait à régler les salaires et charges sociales de mes assistants et que je ne gérais pas moi-même ; rien à voir avec les lignes budgétaires mobilisées pour les opérations incriminées. Surtout tout le monde, y compris ces jurés improvisés, connaît mon rapport à l'argent, clair, distant, d'une extrême rigueur avec l'argent public, indifférent, négligent même lorsqu'il s'agissait du mien propre, portée à la confiance au point de confier, pour divers besoins, des chèques signés en blanc, y compris à des gens assez désinvoltes pour en perdre comme il était arrivé, la direction du supermarché Match ayant appelé à la permanence parlementaire pour signaler avoir trouvé dans le magasin un chèque de moi signé en blanc.

Cette grosse bévue aidera mes juges à se ressaisir, peut-être à redevenir des camarades… à s'interroger sur la validité des autres griefs, de prétendues manipulations de militants, une imaginaire conspiration avec des personnalités politiques… à renifler enfin ce réquisitoire paranoïaque. Je perçois leur trouble, je vois l'échec de l'intrigue, je n'en éprouve ni plaisir ni répit. Je quitte la pièce un moment pour laisser couler mes larmes. Serait-ce mon jardin des Oliviers ? Cette nuit-là, je me suis soulée au *Blue Train* de John Coltrane, ses solos et ses chorus.

A-t-on des excuses à récidiver dans l'angélisme ? Suis-je innocente de n'avoir pas compris que cette réunion de six heures n'avait rien réglé, qu'elle avait juste permis aux guerriers de refaire leurs forces, de s'apprêter pour les prochaines offensives. La période qui suit est celle d'une paix armée.

Et nous voilà dans le hall de la préfecture, à l'orée d'un arrachement qui ne fera aucun vainqueur. Cette nuque, c'est celle de mon époux qui vient déposer sa liste. Deux listes, l'une Walwari, l'autre Walwary. Est-ce une erreur, une liberté avec le créole, une ruse ? La justice passera au mitan de tout ça son glaive, jamais indolore. La secrétaire générale a chargé un avocat de faire valoir la légitimité exclusive de sa liste, l'ancienne mienne, sur le nom. J'apprends par la presse et l'agitation en ville que des dommages-intérêts ont été demandés, probablement une idée de l'avocat... Quel gâchis ! La justice se distrait, elle conclut que l'orthographe n'étant pas la même, les deux listes sont fondées à concourir. Je renonce à savoir s'il y a perfidie... Il y a grande folie, cela suffit. Je me terre.

J'avais exposé jusqu'à plus soif que ma limite, au-delà de mon engagement politique pourtant immense et intense, se situe dans mon éthique de vie, l'amour et le respect de mes enfants, leur dignité et leur honneur. En clair, ils ne subiront pas une guerre publique Maman-Papa. Aujourd'hui encore, c'est le souci de leur honneur qui retient ma plume. Je bannis à la maison radios, télévision, journaux, je sais que leur père a fait quelques déclarations publiques malgré mon retrait, je veux les en épargner...

J'ai oublié que je ne maîtrise pas les cours de récréation. Je réalise à table que mes enfants, les deux petits, les deux grands étant hors de Guyane, sont totalement informés. Avec des mots maladroits qui n'ont aucune emprise sur ce qui se déroule au-dehors, j'explique qu'il n'y a là rien de dramatique. Ma benjamine, huit ans, s'en amuse... à la façon dont son frère, tout juste plus âgé de deux ans, réprimande sa sœur, je comprends qu'il se soucie de me protéger. Mon petit homme.

En réalité cela fait des semaines que le sujet appartient au domaine public. Chacun y allait de son conseil. Madame, c'est vous que veut le peuple. Madame, vous n'avez pas le droit de reculer. Madame, vous ne pouvez nous abandonner. Madame, vous ne pouvez formuler publiquement vos limites, on vous y forcera...

Walwari, l'éventail, fut d'abord un souffle, une bouffée d'air irrévérencieux sur une élite fourbue d'impéritie, puis un rassemblement. Pour la première fois, on a vu œuvrer ensemble l'agent communal et le médecin, l'avocat et le chômeur, le directeur et le docker, l'étudiant et l'agriculteur, l'artiste et l'ingénieur, l'enseignant et l'artisan, la retraitée et le marginal...

Madame, vous avez été la première à parler de la jeunesse et vous êtes seule à lui parler, vous savez nous faire saliver sur l'accès à la terre, vous avez su réhabiliter nos savoirs à travers les plantes médicinales, dédiaboliser le sida, traiter la toxicomanie comme une maladie, non comme une délinquance, dire aux pauvres que les services publics sont pour eux, emmener au cœur des quartiers défavorisés des activités valorisantes...

Vous avez trop dit que la Région doit être un levier politique pour recoudre la cohésion sociale, désenclaver le territoire et faire société, tisser une économie endogène, nous déployer en Amazonie, et alors que nous sommes si nombreux prêts à la mettre entre vos mains, vous reculez !

Lors d'un voyage vers Paris, le recteur d'académie est mon voisin.

« Vous êtes Antigone, me dit-il dans un sourire navré, vous devez affronter votre destin.

— Ah non, Antigone était célibataire, elle n'avait pas à charge la dignité de quatre enfants, les miens sont au milieu de cet embarras. Et Créon n'était pas si légitime, fût-il le plus proche parent d'Étéocle et de Polynice, il avait cautionné le parjure d'Étéocle contre son frère. Qu'est-ce qui s'oppose à la candidature de mon mari, il en a plus envie que moi, il en a les qualités.

— Ainsi sont les peuples madame, ils choisissent leurs leaders, cela n'est pas toujours totalement rationnel mais cela est.

« First they hurt me then they desert me... I'm left alone all alone... There's no house I can call my home... » Je m'enivre de la voie aérienne d'Abbey Lincoln, j'écoute en boucle cette chanson écrite par Billie Holiday, je sombre sous le solo saxo de Coleman Hawkins, *I'm left alone all alone...* Toujours forte, toujours devoir être forte... pour la peine, je suis faible, j'ai décidé d'être faible et triste, même si c'est pour moi seule.

Deux semaines maintenant que la campagne, maussade, patine. Nos adversaires eux-mêmes paraissent désorientés. Mon époux passe à la maison et me demande de déclarer que j'apporte mon soutien aux deux listes, que je les adoube toutes deux, qu'elles sont toutes deux investies et toutes deux légitimes, qu'elles ne sont pas en rivalité mais en complémentarité, c'est vital, tu le dois aux électeurs qui ont besoin de tes instructions...

Comment pourrais-je prononcer une énormité pareille, même sous la pression désespérée d'un électorat qui préfère qu'on lui raconte un conte plutôt que de se résoudre à cet imbroglio ? De vieux amis effectuent la même démarche. Tu ne peux pas laisser tomber cette liste, vous avez fait trop de belles choses ensemble... Tu sais bien que c'est lui qui a raison, qu'il fera mieux que personne, mieux que les sortants, mieux que les prétendants, mieux que les impétrants. Tu dois dire publiquement que tu soutiens sa liste.

Je n'ai besoin de personne pour savoir ce qu'il vaut intellectuellement et politiquement. Mais que deviendrons-nous s'il faut avaliser la transgression délibérée de règles et de procédures quand seul l'orgueil en empêche le respect ? En même temps, comment lui reprocher de vouloir corriger le regard social qui, impitoyable, le rapetisse, rétrécit son espace ? Est-il coupable sans rémission d'avoir succombé aux intrigues de nos adversaires pour l'obliger à s'affirmer, à montrer de l'autorité, à exhiber ses capacités... et à le faire contre moi puisque dans ce jeu de massacre ils me citent cyniquement en référence ?

Je n'adoube aucune liste. Je n'en condamne aucune non plus, et je me mets les deux équipes à dos. Voilà, on vous *escravante* puis on vous appelle à la rescousse et on s'étonne que vous ne soyez pas vite remis sur pied pour venir faire pompier. Cela aurait pu rester une affaire politique... Trop d'affects, c'est un psychodrame.

L'avant-veille du dépôt des listes, nous avons eu à la maison une explication que j'ai crue franche, et des retrouvailles amoureuses. Notre conversation reprit ses hauteurs. « Tu dois y aller me dit-il, j'ai cru que c'était à moi de le faire, j'entends la clameur de ton peuple, c'est toi qu'il veut, c'est à toi d'y aller.

— J'en ai assez, je suis excédée de tout ça, je me sens délabrée... »

Il me rappela à mon devoir. Je protestai encore. « Mais enfin il ne reste que deux jours pour monter une liste, c'est impossible, je n'y arriverai jamais.

— Si, tu sauras le faire, c'est toi que les électeurs veulent, tu trouveras des candidats ; je pars à Roura pour quelques jours, cela me fera du bien et te laissera les coudées franches. »

Et cette nuque dans l'allée de la préfecture... J'ai l'impression de traverser les allées de l'enfer... par pitié, un peu d'air... Césaire m'accompagne :

« Je pousse, comme une plante
Sans remords et sans gauchissement
Vers les heures dénouées du jour
Pur et sûr comme une plante
Sans crucifiement
Vers les heures dénouées du soi. »

Je ne veux pas parler, prendre parti, mais ma conscience m'invente une obligation morale. Je rédige, comme pour une thérapie de choc, un opuscule, *Brûlures*. Mon âme y est à nu sur quelques lignes. Incorrigible, je redonne rapidement le dessus aux analyses. Je ne peux adouber deux listes rivales, je peux essayer de remettre un peu de liant en formulant ce que l'une et l'autre défendront, chacune dans son style. En l'écrivant, je valide. Je ne manque pas de rappeler nos terreurs primordiales, celles qui nous font brûler nous-mêmes nos vaisseaux dès que paraît le rivage.

Si seulement, et tant pis si cette épreuve en est le rite initiatique, nous étions en train de fracasser nos superstitions, sans nous disloquer. Si, confrontés à une épreuve qui laissait tant de place à la volonté, où l'enchaînement destructeur est si évident, nous en finissions avec ces croyances sur la malédiction qui nous poursuit, ces légendes sur le syndrome de l'échec sans voir qu'il concerne des desseins qui nous sont extérieurs...

Pour l'heure, le bilan est limpide. Un parti fracassé. Un couple en miettes.

Damas s'amuse de ma mélancolie

« *Pour toi et moi*
Qui ne faisions l'un et l'autre
Qu'un seul pris hier encore
Au jeu du nœud coulant...
À moins que ce ne fût
Au nœud coulant du jeu
Ou encore au jeu coulant du nœud
Voici que chante pour nous deux
La rengaine de l'un sans l'autre
Tous deux désormais dos à dos »

Jamais nous n'avons fait qu'un. Trop indépendants chacun, trop passionnés par des causes de plein air, trop bien assortis. Nous sommes toujours demeurés distincts. Il est arrivé cependant que nos libertés ou nos vies reposent dans les mains l'un de l'autre. Il y eut cette nuit sans lune de novembre 1980. La législation sur la Sûreté de l'État permet les arrestations d'indépendantistes, jour et nuit ; bientôt un an que c'est l'activité principale des gendarmes. Il était en clandestinité et moi en constante mobilité. Nous nous sommes retrouvés sur la plage de Montjoly. Nos sens aux aguets nous ont signalé une présence embusquée. Son premier réflexe fut de me protéger, le mien de le couvrir... Une seconde d'hésitation puis le sens politique reprit le dessus ; nous ne pouvions courir le risque de le laisser prendre, c'eût été un échec symbolique, et fatal.

*

À son retour à la maison la semaine suivant le deuxième tour du scrutin, je l'informe de ma décision de divorcer. Étonnement. Mais enfin, pourquoi ? Duplicité. C'est tout ? Oui, c'est tout, c'est justement Tout. J'ai l'acceptabilité large, mais le mensonge déloyal m'est incompatible. Il me regarde, incrédule. *« Blasé... Ain't You Daddy You show*[1]*... »*, Jeanne Lee. Je lirai la même incrédulité dans le regard de la juge qui me demandera d'exposer les motifs de ma demande. Je ne l'aime plus. C'est tout ? Oui madame la juge, c'est tout. Mais qu'est-ce que c'est que ce monde ?

Je décidai de changer d'avocat. Le premier avait déposé des conclusions agressives contre mon époux sans me consulter : il en avait assez de perdre, nous avions déjà perdu deux audiences ; mais c'est mon divorce lui ai-je dit, peu m'importe de perdre, ce n'est pas du pénal. Mon époux a commencé à se battre pour domicilier le procès à Cayenne, j'ai voulu Paris, loin de ce que mes enfants pourraient entendre. J'avais interrogé Gisèle Halimi avec qui j'avais sympathisé l'année précédente, sur les chances d'une compétence du tribunal de Paris.

Je dus tenter d'expliquer pourquoi peu m'importait de perdre. J'aurai une vie après, je ne veux pas de remords imbéciles, oui je veux divorcer mais sans rien étaler ni rien lui reprocher sur vingt ans de vie commune. J'ai passionnément aimé cet homme pendant vingt ans... *A Love Supreme* à la John Coltrane avec ses veloutés, ses grincements, ses reviviscences, ses éboulements, il a des qualités exceptionnelles. Je ne connais pas l'équivalent de son intelligence... scientifique rigoureux, une culture historique hors du commun, une intuition hors pair, un visionnaire... Ce pays s'étrangle avec ses propres lianes à ne pas aduler une personne de cette trempe. Nos quatre enfants sont les enfants de l'amour. Je paierai le prix qu'il faut mais je ne gâcherai rien de cela.

Il ne veut pas divorcer mais les conclusions de son avocate m'affublent de tous les torts. Je demande un divorce sans faute

1. « Blasé... Ne l'es-tu pas... »

par consentement mutuel mais sans son consentement. Il refuse le divorce mais fournit mille raisons de le demander. Je le veux mais refuse d'en fournir des raisons. Ubuesque pour les juges. Les avocats n'aiment pas perdre. « Vous êtes un personnage public, vous ne pouvez laisser proférer de tels mensonges sur vous. » Je changeai d'avocat. Cette fois c'est une femme. Ses méthodes furent conformes à ma volonté, n'accuser de rien, juste démonter avec preuves l'inanité des fautes graves qui m'étaient imputées. Le processus fut long, le jugement final me fut favorable. Cette avocate sensible, Martine Trap-Bourgade, est devenue une amie.

Tout occupée à rassurer mes deux grands que la distance ne préserve pas totalement, à épargner mes deux petits avec des phrases de la bibliothèque rose, vous apprendrez à être heureux désormais avec maman d'un côté et papa de l'autre, la vie n'est pas toujours facile, elle est rarement juste, mais c'est notre vie, c'est à nous de la vivre et de la modeler… je croyais avoir conservé l'échine droite.

Me rendant à la Guadeloupe pour une conférence, je préviens Lydie, ma meilleure amie, Guyanaise vivant et enseignant en Guadeloupe. J'ai très envie de la revoir, je lui demande de venir me chercher à l'aéroport. Nous avons fait quasiment toute notre scolarité ensemble, nous étions copines, nous sommes devenues amies, une amorce durant nos études à Paris, puis une relation qui se forme et s'agglomère sans bruit, s'alluvionne, s'enrichit d'un limon d'affection et d'estime, riche de discussions et de gestes, de curiosités partagées en dépit de goûts littéraires et artistiques assez disparates, de périodes de silence, et même d'une très ancienne et très brève rivalité amoureuse.

Lydie, c'est une intelligence vive et subtile, un jugement caustique, une boussole infaillible entre l'essentiel et l'accessoire, une culture phénoménale, un perfectionnisme maladif. Elle m'accueille d'un « Eh bien, tu as failli en mourir ! » qui me révèle ce que de bonne foi je me cachais à moi-même… j'en restai coite.

Ma fille me donnera le coup de grâce. Étant à Ottawa pour la cérémonie de signature de la Convention internationale des mines antipersonnel, au lieu de me rendre aux festivités de la soirée, je prends un vol pour Montréal où elle étudie. Juste un aller-retour de soirée, mais je tiens à le faire car l'année précédente, étant à New York pour une conférence à l'université, je l'ai appelée, j'ai bavardé avec elle puis je suis rentrée à Paris. J'ai su peu après par la mère de famille qui l'hébergeait qu'elle a pleuré à grosses larmes, persuadée qu'étant à une heure de Montréal, j'allais faire le crochet pour venir l'embrasser par surprise. Je m'en suis tellement voulu d'avoir raté cette délicatesse, alors que je l'aime tant…

Je décide donc cette fois de passer la soirée avec elle, je dîne avec eux en famille, je bavarde avec elle dans sa chambre puis je repars. Le lendemain, elle m'avoue au téléphone : « J'ai pleure toute la nuit, je ne m'attendais pas à ce que tu aies autant vieilli en quelques mois. » Rude ! Mais seule une enfant dont l'affection ne laisse nul doute peut aussi spontanément, aussi innocemment, et avec une telle souffrance, dire une si brutale vérité. Désormais je sais dans quel état je suis. J'ai mordu la poussière. Je dois en convenir, j'ai percuté le désastre amoureux et fait une monstrueuse embardée.

Mon fils aîné me reproche d'être trop forte, de ne jamais pleurer… Je lui réponds que je ne pleure qu'enfermée dans ma chambre. Cette éducation qui prend la tendresse pour de l'impudeur, que d'inhibitions… plus lourdes plus on remonte le temps, la génération de mon époux plus brimée que la mienne. Les mots qui freinent, la froideur faisant office de grandeur, libre cours aux remontrances, refoulement des mots doux… Toutes ces caresses réfrénées, ces paroles aimantes étouffées, à force, elles nous implosent… Aimer à perdre la raison. Pas besoin d'apprendre… aimer, même trop, même mal… souvent trop, surtout mal. Je m'abîme dans ces découvertes, « *Cry me a river… I cried a river over you*[1]… »

Néanmoins, je ne ferai pas halte. Ce me serait d'ailleurs funeste. Je sais que si je m'apitoie sur moi-même, je fondrai en un océan de larmes. Je suis défaite mais pas vaincue… quoique pas loin de l'être. Il me faut continuer à marcher. *« So I walk a little too fast / And I drive a little too fast and I'm reckless, it's true*[2]… », Lady Day. Les causes ne manquent pas pour me détourner de mes mal-

1. « Pleure sur moi une rivière de regrets… J'ai pleuré sur toi une rivière de souffrance… »

2. Certes je marche un peu trop vite / Je conduis un peu trop vite, je suis téméraire c'est vrai. »

heurs intimes. J'ai souci de cette jeunesse, délaissée et déroutée. Je veux casser la spirale du départ.

L'histoire politique, administrative et culturelle de la Guyane est émaillée de départs et de carrières remarquables accomplies à l'extérieur. Rejetées, méprisées ou incomprises, des personnalités guyanaises ont commencé ici et rayonné ailleurs, parties sans au revoir, leur *katouri*-dos[1] plein de dépit, secouant la poussière de leurs chaussures en quittant la terre qu'ils n'ont plus envie de partager avec ces compatriotes impitoyables et injustes… Ainsi s'est installée cette croyance, paresseuse mais tenace, que nous cultivons une malédiction…

Je me suis promis de casser la spirale du départ, de démontrer que même adulée chez les autres, désirée par les autres, choyée et réclamée par d'autres, on peut choisir de donner chez soi le meilleur de soi-même. Quelle obstination ! Contre tant de lacérations, tant de lapidations, tant de déchirures. Mais comment faire autrement pour que la génération suivante, filles et garçons, puisse choisir de servir ce pays sans tragédie, échapper à ce tortueux dilemme, souffrir ou partir ? Ma génération s'est gargarisée de notre devoir à tous, le retour au pays. Le monde est devenu une maison commune, d'accès très réglementé. Il ne peut nous être interdit de le parcourir, de nous poser où bon nous semble. Pas davantage de nous poser chez nous.

Or, c'est justement chez elle qu'il est plus difficile pour cette jeunesse de se poser, de se rêver un destin, de se mesurer, à armes égales ou loyales, aux défis immédiats et aux nécessités lointaines. La compétition mondiale vient la braver jusque sur son propre territoire. Elle est massivement livrée à elle-même, sans les codes des lieux de pouvoir, sans tickets d'entrée dans les réseaux de cooptation, sans clés pour les circuits à piston, frappée prioritairement par le chômage, davantage exposée aux addictions et délinquances. Ce désordre social lui vole le plus précieux, le droit au rêve. Combien faut-il d'amour pour arracher un jeune à un bidonville, pour détacher un autre du mur du coin de rue, pour sortir une jeune fille de son quartier… Les regarder retrouver leurs reflets, ne pas s'effaroucher lorsque leurs regards s'éteignent, redoubler d'efforts… et avec rage y parvenir.

---

1. Bagage en liane tressée qui sert à porter sur le dos des légumes lourds.

Un jour, ces jeunes auront une explication avec leurs parents, ces adultes qui les aiment parfois si mal. Cette explication, quand elle surviendra, sera apocalyptique. *« Don't you know… They're talkin about a revolution… It sounds like a whisper… Poor people gonna rise up*[1]*… »*, Tracy Chapman. À moins que nous soyons déjà ontologiquement morts. Je sais les limites de mes efforts, seulement comme le colibri je fais ma part. Et comme clame Antonio Machado, ouvrir le chemin en marchant. J'ai parfois tellement envie de dire pouce… le temps de mourir de désolation. Avant de reverdir.

Seul le silence apaise…

---

1. « L'ignores-tu ? Ils parlent de la révolution… Ça ressemble à un murmure… Les pauvres vont s'insurger… »

Chapitre X

Abysse I
(1998-2001)

Le signal sonore annonçant la fermeture des portes retentit, stridulant. Il me reste une vingtaine de marches à descendre. Un éclair de raison, je relis mentalement l'inscription « Il est interdit de monter ou de descendre dès que »... J'évalue la distance après la dernière marche, une vingtaine de mètres. J'arrive par l'arrière du train, le quai est long. Je réalise confusément que c'est l'heure d'affluence, le prochain métro entrera en gare dans deux minutes. Je ne suis pas en retard, j'ai prévu large. D'ailleurs, je n'ai pratiquement pas dormi. Cela fait six mois que je dors deux heures par nuit.

Depuis un mois mon corps ne tient plus, ma tête non plus sans doute. Je m'écroule vers 23 heures. Mes journées commencent à une heure du matin. Chaque nuit, j'appelle Maman Bertille au secours pour m'aider à sortir du lit. Le réveil sonne à l'heure propice aux rêves, ce moment où le sommeil mêle la fragrance d'une fleur de frangipane à la saveur d'une *caïmite*, éclairé d'un soleil étirant ses nuances bleu-vert-rouge-orangé sur le blanc dense des nuages.

Je me sens l'âme misanthrope. Misanthropique. Mise en tropiques ? J'ai l'enthousiasme déprimé. Pas dépressif, déprimé. Dépris, mais... Ce désamour ne dure jamais. Je ferais bien de m'empresser de l'écrire et le décrire. C'est toujours ainsi. Jetée à corps perdu dans ma mélancolie, je la happe si goulûment que bientôt il n'en reste rien. Je ne flotte jamais longtemps, déprise de ma frénésie d'ouvrage. J'aimerais tant entretenir mon désenchantement. Je voudrais qu'il s'attarde, s'étale... je sais qu'il finira avant le jour.

Je veux qu'il m'enduise tout entière d'un fin voile de torpeur. Je fais mine d'échapper aux emballements du monde en suçotant l'hébétude qui rampe de mon désir jusqu'à ma volonté. Hier soir j'ai écouté Nat King Cole. *Quizás*. L'air est sucré, les paroles remâchées et rabâchées, mais quelle sublime évocation…

On n'a rien inventé de plus bouleversant que l'amour. En ce demi-clair d'un réveil précoce, je savoure ces romances exquises sur lesquelles le passé languissant danse jusqu'à la transe. Keith Jarrett, *Facing you*, *Vienne*, c'est pour la fin du jour. Ou le début de mes nuits, elles sont tangentes au jour. Je me sens lasse. Fourbue. Rompue. Creuse comme un *wapa* vermoulu. Épuisée. Éreintée. Courbaturée comme un vieux guerrier usé. Je voudrais déposer mon paquetage, poser ma tête dans le creux d'une épaule amicale. Lécher les merveilles du monde.

Je rêve d'être à Cayenne pour me rouler dans la vase marine, me repaître des saveurs et des senteurs qui dosent l'épaisseur de l'air et de la terre. Me perdre dans les reflets où miroite la fantaisie du ciel et de la terre. Me fondre dans les clameurs et les chuchotements qui tamisent la complicité de la mer et de la terre. Me glisser sous les pluies débridées et reverdir aux brusques éclaircies qui rincent les caprices de la mer et du ciel. Me vautrer dans l'inutile.

Recenser, pour l'insignifiance du geste, les splendeurs du monde dessinées pour fasciner les ermites intermittents. Me laisser bercer par les bruissements mélodieux du sol. M'étourdir de la samba désordonnée des branches d'amandiers, des déhanchements de filaos dissipés, du roulis sensuel des platanes, des révérences railleuses de *bitayoulis* repentis. Me convertir aux vertus de la contemplation. Errer, désarçonnée, aux lisières de l'oisiveté.

M'égarer quelques bribes d'éternité, sonder, téméraire, le secret de l'inconstance, puis, bien calée dans le hamac de l'indolence, tout larguer. Ne plus porter en bandoulière l'infortune commune. Ni me laisser couronner messie des déshérités. Ne plus être là s'il n'en reste plus qu'un. Ni m'acharner à tenir tête, crête en pavillon, exposée aux alizés contraires. Consentir à l'imparfait et à l'inachevé. Larguer les amarres d'une sujétion inventée, lever l'ancre d'une solidarité effrénée, démâter la barque des soucis insolubles. Larguer. Relâcher. Inspirer. Expirer. Et dormir aussi voluptueusement que si j'étais passagèrement morte…

Mais il faut mettre pied à terre. Quitter la couette. C'est l'hiver. Même bien chauffé, un appartement est froid. Où le corps réclame des attentions plus douillettes. Un surplus pour réchauffer l'âme, la rassurer. Elle est écorchée, l'âme.

Que de coups, depuis six mois. Délibérés ou fortuits, également douloureux. Des réunions à une cadence effrénée. C'est moi qui l'ai voulu… Avec insistance. Pour que cette proposition de loi franchisse toutes les étapes et soit officiellement publiée avant la fin de l'année. 1998. C'est le cent cinquantenaire de la deuxième abolition de l'esclavage. On ne parle jamais de la première abolition. Est-ce un moyen de taire le rétablissement de l'odieux système ? Après la publication, il sera temps de livrer la bataille pour l'inscription du texte à l'ordre du jour.

Déjà en la publiant, l'Assemblée nationale accomplira, avant même le fond, un acte symbolique qui corrigera un tant soit peu le désastre des commémorations officielles en grandes œuvres et grandes pompes. Au palais de l'Élysée, le président de la République, Jacques Chirac, a convié le 27 avril une société mondaine qui largement n'éprouve ni curiosité ni souci pour le sujet. Dans la foule huppée, quelques enfants. Excellente idée. Mais qu'entendent-ils ? Il n'est question que du décret d'abolition rédigé par Victor Schœlcher, promulgué le 27 avril 1848. Le tableau de François-Auguste Biard célébrant l'abolition a provisoirement quitté le musée du château de Versailles pour trôner au palais présidentiel. L'esclavage n'existait pas. Il n'y eut que l'abolition de l'esclavage. Fers retournés dans nos plaies. La France fut abolitionniste. On n'imagine pas un instant sous ces ors et ces tapisseries précieuses qu'elle pût avoir été esclavagiste.

Entre discours et petits-fours, ils n'ont rien commémoré, ils se sont rassasiés. D'eux-mêmes, de leur grandeur, de leur gastronomie. Le Premier ministre, Lionel Jospin, a choisi de se rendre en abondante délégation à Champagney. Les habitants de ce petit village de Franche-Comté ont adressé au roi une supplique dans leur cahier de doléances lui demandant, en termes touchants et grandioses, liberté pour « nos frères esclaves ». Ils n'en avaient point vu hors quelques gravures présentées par leur prêtre. Ils en connaissaient les malheurs par les récits d'un fils du village, Jacques-Antoine Priqueler, capitaine de navire à Nantes, offusqué par ce commerce honteux.

Nuit culturelle dans ce village enclavé, un ciel étoilé, une soirée baroque entre citadins en goguette et villageois étonnés ; au moins savions-nous pourquoi nous étions là. À l'initiative de René Simonin et sous la constante vigilance des époux Olivier, Champagney a choisi, dès 1971, de faire vivre la mémoire de l'esclavage à travers un musée de la Négritude et des Droits de l'homme

La lumière commence enfin à s'épandre sur les petites gens au cœur immense. Il faut y associer les ouvriers de Paris et leur pétition pour l'abolition, les canuts lyonnais et leur grève de solidarité. *Les Canuts*... Quand je les découvre, je crois que je les aimais déjà. *« Nous sommes les canuts / Nous allons tout nus... Nous tisserons le linceul du Vieux Monde... »*, Aristide Bruant. Et tous les humbles, anonymes, souvent plus généreux que certains dont le buste décore les couloirs feutrés et luxueux.

La ministre de la Justice, Élisabeth Guigou, s'est rendue au Panthéon pour y apposer une plaque au nom de Toussaint Louverture et de Louis Delgrès, hommage au général et au colonel, Haïtien et Guadeloupéen, officiers de l'armée française, qui se sont opposés par les armes au rétablissement de l'esclavage... L'insurrection, versant radiant du combat abolitionniste. L'Assemblée nationale, sous la présidence de Laurent Fabius, présente une exposition, Déchaîne ta citoyenneté ; elle durera jusqu'au cinquantenaire de la Déclaration universelle des droits de l'homme, le 10 décembre.

Mais l'épaisse couverture du non-dit continue de s'étendre sur cette horreur, sa durée, son ampleur, le rôle qu'ont joué dans sa démolition les esclaves, les nègres marrons, les empoisonneuses, les incendiaires et saboteurs multiples de l'ordre esclavagiste.

Le slogan officiel surgit sur une affiche, « Tous nés en 1848 ». Surgit, c'est le mot. On ne voit ni la photo ni les couleurs, juste ces quatre mots absurdes, furieux, déments qui bondissent de murs devenus soudain malveillants et vous agrippent au larynx comme un brigand embusqué. Le commissaire aux commémorations est pourtant guadeloupéen, écrivain, érudit, bien décoré.

Bientôt, en juillet, la France baignera dans l'euphorie, toute à l'équipée glorieuse de sa sélection Black Blanc Beur championne du Mundial. Elle se gavera de fraternité chantilly, fade et vaporeuse. La République paradera, main sur le cœur. Ses enfants arc-en-ciel auront osé s'aventurer sur les Champs-Elysées. Quelques mois plus tard, dès octobre, les mêmes seront traités de sauvageons. Est-ce le même tropisme superficiel et artificiel qui inspire cet acte de naissance malséant ? Les autorités, ignares et fourvoyées, ne perçoivent pas la charge d'agressivité de ce slogan « Tous nés en 1848 » qui, une fois de plus, nie l'Histoire, brouille le passé de millions de personnes, referme brutalement la lucarne par laquelle ce temps longtemps enfoui tentait de chevaucher un timide rai de vérité.

Nous n'habitons pas la même planète. Depuis le début de l'année, en France, ici même, pas seulement en Guyane où depuis 1997 j'ai lancé un cycle de conférences, Les Mardis du savoir, sur les créations de la période esclavagiste, pas seulement en Martinique où Médecins du monde organise des colloques, pas seulement en Guadeloupe où le Comité international des peuples noirs propose des actions et des projets, pas seulement à Haïti où se retrouvent des universitaires d'Afrique, des Amériques et d'Europe, pas seulement à Montréal ou au Sénégal, pas seulement…

Ici même, en Île-de-France et d'autres régions de France, une effervescence à la fois douloureuse et prolifique traverse les universités, les associations, les mitoyens, les citoyens, les élus de proximité, les élites de quartier, qui se serrent de plus en plus nombreux dans des salles mal chauffées, des amphithéâtres mal sonorisés, des halls mal décorés et parcourent ensemble le ventre de cette histoire, d'où ils ressortent humides de désolation, étourdis, ahuris.

Édouard Glissant, Wole Soyinka, Patrick Chamoiseau ont publié un appel, *Ensemble nommons la traite et l'esclavage perpétrés dans les Amériques crime contre l'humanité.*

Une cinquantaine d'associations et de syndicats réagissent au slogan officiel, elles organisent la marche du 23 mai. Dans un silence digne et lourd sans être triste, en hommage aux ancêtres demeurés sans sépulture, des banderoles proclament en défi douloureux : « Nous sommes fils et filles d'esclaves » et affirment le « crime contre l'humanité ». Des milliers sommes-nous, Martiniquais, Guadeloupéens, Guyanais, Réunionnais, Caribéens, Africains nés en France ou ailleurs, peu habitués à prendre possession des rues de la capitale, plutôt enclins à la discrétion et à l'humilité, des milliers accompagnés ce jour-là de Français dont ni le teint ni l'existence ne sont contestés, d'origines, de cultures, de confessions diverses, charriant ou non une mémoire de souffrance, solidaires par l'histoire et la citoyenneté, des milliers sommes-nous battant ce jour-là les pavés de Paris.

Pour la plupart, ces marcheurs sont des hommes et des femmes aux métiers ingrats, aux espoirs rétrécis, à l'autorité chancelante. Ils sont ce jour-là plus épanouis que jamais, tout surpris de se voir si nombreux, de se sentir si forts, de ne pas s'écrouler sous l'indicible filiation.

En 1940, une affiche du secrétariat d'État aux Colonies montrait un Arabe, un Noir et un Asiatique sous le slogan « trois couleurs, un drapeau, un Empire ». La majuscule pour le seul « Empire ». Déjà en ces années-là des autorités imperméables aux sentiments et aux désirs des sujets de l'Empire qui s'apprêtaient à l'ébranler à Sétif en 1945, à Madagascar en 1947, à Diên Biên Phu en 1954.

1998, « Tous nés en 1848 ». Un slogan récidiviste, des réminiscences affligeantes, un *remake* intolérable. Mais où nichent-ils ces imprésarios improvisés, depuis janvier que la société civile morcelée en associations, comités, clubs, amicales et autres collectifs, s'est emparée de cette année du souvenir, a commencé à la célébrer à sa manière, ébouriffante, festive, volubile.

Dans le foisonnement des manifestations, rencontres, débats de qualité inégale, au goût parfois douteux, s'opérait une catharsis, avérée, inattendue. De tous âges, de toutes conditions sociales, presque de toutes origines culturelles, envahissant des lieux étrangers à leur univers, des descendants d'esclaves, dont certains ignoraient tout de cette histoire quand d'autres la ressassaient en bribes et en boucle depuis des décennies, se sont retrouvés, abasourdis, aux côtés d'universitaires, de juristes, d'historiens, à entendre des abominations, à vivre d'insupportables reconstitutions de voyages et d'enchères, à comprendre ensemble et en public dans la plus nue brutalité… qu'ils en venaient. Que parmi ces bêtes-là, ces meubles-là, ces choses que l'on pouvait confisquer, ils avaient des ancêtres. Que de là vient la nuit qui recouvre leur généalogie au-delà de trois générations. Que des Blancs pouvaient être horriblement cruels.

En même temps, auprès d'eux, avec eux, des Blancs, souvent instruits et cultivés, mais aussi gens ordinaires simples et attentionnés, aussi furieux et malheureux qu'eux, se raidissent, implacables et offensifs contre les manipulations et contre l'oubli.

Trouble et confusion. Ils craquent parfois. Plus bruyamment les femmes mais aussi sûrement les hommes. Cette souffrance s'écoule en flots muets, gicle en cris déchirants, jaillit en imprécations, martelle que la source en est trop profuse et violente pour se tarir seule, que le deuil ne se fera pas si le crime n'est pas nommé.

J'ai croisé cette détresse et ce chagrin partout, Martinique, Guadeloupe, Guyane, dans plusieurs grandes villes de France. Les dissonances entre ceux qui tonnaient leur exigence de reconnaissance et ceux qui l'imploraient non comme une aumône mais comme un droit déconcertant, ne donnaient que plus de résonance à cette peine sans boussole. J'étais interloquée.

J'avais conclu depuis plusieurs années un pacte avec cette histoire. Je la ferais connaître inlassablement mais, juré sacré, elle ne m'écraserait pas. Pas de sauvetage par naufrage. J'avais éradiqué ma haine. Je cultivais ma rage parce que je la crois encore féconde. Elle me maintient en vigilance contre les injustices. La traite négrière et l'esclavage furent et sont un crime contre l'humanité. Je n'avais nul besoin qu'une parole officielle le déclarât.

Je découvrais que cette parole officielle était indispensable à des centaines, des milliers de personnes. Parmi elles des hommes, des femmes au crépuscule de leur existence, pourfendus en leur mitan par le tourment d'avoir longé leur vie sans percer ses mystères. Parmi elles des jeunes, pousses d'herbes fébriles qui pressentent qu'elles peuvent grandir et résister aux souffles erratiques des souffrances autant que des préjugés, et le veulent. Que pouvais-je faire ? Que devais-je faire ? Siégeant en un lieu où se disait, où se gravait cette parole solennelle demandée et due, je perçus que malgré l'apparente impossibilité de l'œuvre, c'était une injonction morale que de l'entreprendre.

Son sort dépendrait de la sensibilité et du courage des députés. Je n'avais aucune raison, ni aucune envie d'ailleurs, de les sous-estimer. Je n'avais surtout pas le droit d'envisager la moindre concession susceptible d'édulcorer la réalité du système esclavagiste et sa traduction dans le quotidien des esclaves. Sous peine de contribuer à les ensevelir.

J'ai rédigé un exposé des motifs peu conforme aux usages de l'exercice mais tout maillé de mots tendus vers une vérité hérissée d'épines, qui par à-coups se cabrait. Il se déversa d'une traite en bouillonnant de mon esprit supplicié au bout de mes doigts enfiévrés.

Il se déclina tout naturellement dans les sept articles proposés. Le premier nomme les coupables, situe le temps, signale les lieux, constate la déportation, proclame au présent de l'indicatif le crime contre l'humanité constitué. Première des réparations, symbolique et solennelle, donner nom et statut au crime.

L'article suivant en constitue la colonne vertébrale. Les programmes scolaires s'ouvriront à cette histoire à sa mesure, trois continents, à sa durée, quatre siècles et demi, à son ampleur, des millions de personnes, tous les maîtres du monde d'alors, des économies qui se transforment et prospèrent, des échanges qui explosent. La recherche et la coopération seront stimulées. Cet article stipule les fins dernières de cette proposition de loi. Enseigner, expliciter, élucider ces faits, en prendre la régence, pour qu'ils ne l'apprennent ni par lambeaux ni par hasard, ces enfants, ces adolescents qui naviguent seuls ; qu'ils soient accompagnés et soutenus, éclairés ; qu'ils y puisent le goût de la vérité, la force du courage, l'exigence de justice, le sens de la fraternité.

J'eus de cette conviction une brûlante démonstration, dans un lycée où, quelques mois après la première lecture, j'avais été invitée par des professeurs à m'adresser à leurs élèves. Après l'exposé, un adolescent, heurté, a sifflé entre les dents : « Pourquoi vous nous dites tout ça ? Moi, ça me donne la haine. » Si je viens jusqu'à vous pour « dire tout ça », c'est justement pour combattre la haine parce que tôt ou tard vous tomberez sur des morceaux de cette histoire. Seuls, vous serez exposés à la haine, à l'esprit de vengeance, vous risquez de vous perdre.

J'avais dix-huit ans et j'errais dans ma quête exaltée d'identité, lisant tout partout, en librairie, en bibliothèque, gambadant d'essais en romans, de revues en journaux militants, d'archives en tracts... quand j'ai buté sur cette histoire. Prise au dépourvu, je fus étourdie par ces fragments qui refusaient de s'emboîter, abrutie par l'accumulation d'horreurs, engourdie par un sentiment d'impuissance rétrospective, alourdie par ces fers et entraves d'une fine brutalité technique, engloutie sous la charge de souffrance que dégageait le regard de ces enfants, de ces femmes, de ces hommes désemparés, regards saisis en ces instants ignobles de la vente sur le marché aux esclaves.

Je m'ébrouai. Hurlant au secours sans le moindre son. Je voyais poindre le naufrage. Je partis, désespérée, en perquisition. Il me fallait trouver des lueurs, où qu'elles fussent, pour qu'elles m'éclairent, pour avoir raison et des raisons de ne pas m'expulser moi-même d'une espèce humaine aussi désolante. Il me fallait à tout prix me sauver de la haine qui menaçait de me consumer.

Ces lueurs, je les ai trouvées d'abord dans les révoltes d'esclaves au premier jour, dans la solidarité des habitants des villages traversés, dans le corps à corps désespéré que livraient les captifs, malgré leurs entraves, contre les matelots armés sur le pont des navires négriers ; je les ai trouvées chez ces paysans de Champagney, ces ouvriers de Paris, ces canuts de Lyon, ces abolitionnistes opiniâtres, chez les quakers, chez tous ceux qui prêtèrent main-forte aux esclaves, aux marrons, aux insurgés, aux saboteurs de toutes sortes qui inventaient dans les plantations des Caraïbes et des Amériques les plus insolites résistances.

Je les ai trouvées parce que je les ai cherchées, obstinément, passionnément. Que serais-je devenue, sinon ? Une boule de haine, recroquevillée sur moi-même, les yeux et l'entendement rivés sur un cliché en noir et blanc figurant un monde monstrueux qui, au demeurant, ne fut jamais lisse ni dans la perfection ni dans l'horreur. Ces lueurs projetèrent sur le monde les rais de ses lumières, l'étendue de ses ombres, ses splendeurs et ses macules, en fait toutes les nuances de l'âme humaine. C'est parce que je veux t'éviter cette traversée de ronces et de rocaille, rude et mutilante, que je viens « te dire tout ça ». Pour que cette histoire te grandisse au lieu de t'écraser, qu'elle éveille ta conscience plutôt que ta rancœur. Mon obsession est qu'aucun d'entre vous ne la découvre seul et que toi et ceux qui te ressemblent ne la croisent pas à un moment où vous n'êtes qu'entre vous.

C'est une histoire commune. Elle doit être recueillie comme telle et partagée. Aucun d'entre nous n'est dépositaire d'une seule part, héritier d'un seul camp. Votre génération doit façonner le monde. C'est ensemble que vous le ferez car ce monde sera plus beau si vos rêves s'entremêlent. « Ressentiment ? Rancune ? Haïr c'est encore dépendre et j'ai, une fois pour toutes, moi, refusé d'être esclave. » Ces mots d'Aimé Césaire parurent l'apaiser.

De tels moments et ces paroles échangées renforcèrent ma détermination à mener le combat pour l'enseignement.

L'article 3 de la proposition de loi propose une date de commémoration nationale, en France, là, non plus dans chaque département d'outre-mer comme dans des enclaves, mais ici au cœur de la République, non plus seulement en réjouissances autour de l'abolition mais en souvenir des esclaves, de leurs souffrances, de leurs luttes.

Ces deux articles et les suivants, sur une commémoration universelle et la pénalisation du négationnisme, ont fait entrevoir les difficultés qui allaient s'ensuivre. Vent de panique. Bref mais puissant. Des députés réputés, faiseurs d'opinion, sentant percer les gênes et les contestations, me suggèrent d'éviter les frictions qu'ils pressentent et jugent inutiles. Pour faciliter l'inscription du texte à l'ordre du jour, il vaudrait mieux renoncer à tous les articles hors le premier, ne conserver qu'un texte court et fort, à l'instar de celui qui, d'un article unique, reconnaît le génocide arménien.

Je sens venu le moment où se fend le sol pour marquer la frontière entre nos volontés. La France peut reconnaître le génocide arménien et s'en tenir là, un acte d'une grande portée éthique qui ne la contraint pas, ce crime ayant été perpétré par une autre nation. Je n'insiste même pas sur ce que disent les Arméniens, à savoir que les troupes françaises qui gardaient un camp de réfugiés ont enroulé dans des chiffons les sabots de leurs chevaux et quitté le camp silencieusement de nuit, ce qui permit aux génocidaires d'exterminer ces Arméniens…

Pour ce qui nous occupe, la France fut la troisième puissance négrière après l'Angleterre et le Portugal, supplantant l'Espagne au siècle des Lumières. La traite négrière et l'esclavage ont nourri et diversifié son économie, favorisé l'émergence et l'échange des technologies, créé les conditions de sa révolution industrielle. Elle a rédigé, promulgué et appliqué un Code noir. Elle ne peut en être quitte par la seule reconnaissance solennelle, pompeuse, creuse… finalement insultante.

Je sais la charge rude… elle est à la mesure de la grossièreté de la suggestion, même si j'en admets la bonne foi. Je refuse de désosser le texte, que le groupe s'en charge lui-même. La chose fut entendue très vite. Le texte resta en l'état. Dans l'ambiance, ce fut de la part du groupe un acte de courage. Ces députés avaient plus d'audace qu'ils ne pensaient eux-mêmes. Infiniment plus que ceux qui aujourd'hui, se laissant intimider par des historiens du ronronnement confortable ou des juristes du précambrien, rabâchent qu'ils sont contre les lois mémorielles, appelant ainsi par paresse, et pour conjurer tout débat, des lois portant des dispositions normatives.

Dès que j'ai eu transmis la proposition de loi au groupe socialiste auquel je suis apparentée, des députés ayant ascendant et rayonnement, Laurent Fabius, Yvette Roudy, Jack Lang, Catherine Tasca, Jean-Marc Ayrault, président du groupe, maire de Nantes, pionnier d'un face-à-face fécond avec l'Histoire, ont annoncé qu'ils la cosigneraient.

C'est Jean-Marc Ayrault lui-même qui prononcera l'explication de vote au nom du groupe lors de la séance publique du 19 février 1999. Un geste, un engagement. Louis Mermaz, agrégé d'histoire, ancien ministre, ancien président de l'Assemblée nationale, accepta et se dit fier d'être responsable du texte, une fonction lourde qui demande une grande disponibilité pour organiser les travaux, les suivre, arbitrer.

Les permanents du groupe, sensibles aux textes à forte dimension humaniste, s'y sont consacrés sans ménager ni leur temps ni leurs efforts pour créer de bonnes conditions d'examen. Des députés discrets et assidus, habitués à travailler dans l'ombre et sans bruit, ont reproduit l'exposé des motifs et la proposition de loi et les ont diffusés dans les lycées de leur circonscription.

Certains m'ont invitée après la première lecture à rencontrer ces jeunes, avec l'accord des proviseurs. Je garde de ces échanges un souvenir inaltérable, et une immense gratitude envers ces adolescents, notamment des lycéens de section littéraire qui m'ont parfois révélé sur mes mots des choses que j'ignorais. « Les mots savent de nous plus que nous n'en savons nous-mêmes », confirmaient-ils après René Char.

Le groupe a déclaré assumer pleinement autant l'exposé des motifs que les articles. Il a décidé à l'unanimité que bien qu'en étant l'auteur, je devais en être le rapporteur. J'étais membre de la commission des affaires étrangères, et la commission des lois étant saisie sur le fond, je ne pouvais être nommée rapporteur. Véronique Neiertz, ancienne ministre, connue pour sa pugnacité et sa loi soulageant le surendettement des ménages, a spontanément proposé une permutation ; démissionnant de la commission des lois pour me remplacer aux affaires étrangères, elle a permis, le temps de l'instruction et du débat public, que je sois nommée rapporteur ; nous avons renouvelé l'opération pour la deuxième lecture en mars 2001.

Le bureau du groupe a consenti à toutes les bousculades de calendrier nécessitées par les multiples séances de groupe, sous-groupe, secrétariat législatif, ajustement aux contraintes du gouvernement… C'était un beau gouvernement, rappelez-vous. Et notre groupe, un joli groupe parlementaire, revoyez sa composition… de belles personnes.

L'opposition de droite elle-même, à part quelques personnages peu fréquentables, avait de la tenue. Les députés de notre majorité étaient de plus en plus nombreux à s'y intéresser et à s'associer aux travaux. Tout ne fut pourtant ni simple ni rose. Je n'ai jamais su quelle part de mauvaise foi ou de mauvaise conscience, toutes deux déplacées, inspirait certaines questions.

Ces questions pouvaient être énoncées sur des tons inattendus. L'air perfide, « Mais enfin, s'il y a eu acheteur, c'est parce qu'il y avait vendeur ! Ce sont bien les Africains qui vendaient des Africains ? » Candide, « L'esclavage a toujours existé, pourquoi reconnaître celui-ci ? » Dans une jactance procédurière, « On ne peut pas dire que ce fut un crime contre l'humanité, le concept n'existait pas ! » Ou contrition à la boutonnière, « Oui, mais à qui doit-on demander pardon ? » Il y en eut de sournoises jusqu'à la lie, « Mais le Code noir a été rédigé pour protéger les esclaves contre certains maîtres trop féroces ».

Je sentais vibrer mes instincts meurtriers… tous, ataviques, innés, acquis ; je me voyais déracinant ces langues infâmes, défenestrant, écorchant vif, suspendant par douzaines et par un pied ces faux naïfs faussement surpris. Je ravalais une salive acide, j'encaissais la douleur de lame qui me traversait le bas du dos de part en part. Puis je me rappelais à l'ordre. Cette cause n'était pas mon affaire personnelle, nul ne m'en avait chargée… j'avais perdu tous mes droits d'humeur.

Alors, presque patiemment, presque poliment, j'expliquais qu'il y eut effectivement des vendeurs africains, mais qu'il n'y a pas de commune mesure dans l'organisation d'un tel système entre les États qui le conçoivent, le mettent en œuvre, le conceptualisent, en alimentent leurs budgets… et quelques prébendiers, crapules, affairistes cyniques, minables intermédiaires parfois victimes de rivalités savamment orchestrées, traîtres que l'on retrouve dans toutes les causes.

On n'a jamais condamné ni une nation ni un peuple, jamais banalisé leur tragédie au motif qu'ils auraient compté dans leurs rangs de méprisables collaborateurs. J'enrageais que l'Afrique ne fût pas alors peuplée de saints, mais quel continent l'est, même si comparaison n'est pas raison ?

J'enrageais parce que je n'entendais pas absoudre ceux qui, à quelque échelle que ce fût, avaient participé au vil trafic. Les absoudre eût renié ceux qui avaient eu le courage et l'honneur de combattre. Mais j'entendais moins encore laisser prospérer la maligne fourberie qui vise à confondre les niveaux de culpabilité et de responsabilité sur un crime aussi grave.

Je rectifiai aussi que l'esclavage n'a pas toujours existé, que là où il fut commis il n'a pas toujours été aggravé par la traite, l'esclave n'a jamais été aussi systématiquement ravalé au rang de bête, cerné par l'État, par la force, le droit, la religion, par toutes les sciences humaines et même la géographie. Quant au crime contre l'humanité, je demandai les dents serrées, les mots sifflant, comment font les justes lorsque les actes précèdent les catégories juridiques ?

Quels autres mots peut-on inventer pour rendre compte de cette entreprise méthodique de négation de l'humanité de millions d'êtres humains ?

Je rappelai, baissant le ton, honteuse d'avoir à le faire, que s'agissant du crime pour lequel le concept fut créé, les faits avaient également précédé les mots. Je réaffirmai qu'il n'y a nulle revendication de pardon, encore qu'elle se pût justifier, que nos responsabilités sont au sein d'institutions de la République, que la repentance est affaire d'autorités religieuses, l'Église dit et fait ce qu'elle veut, ici il est question non d'attrition mais d'éthique, non de repentir mais de justice, non de mortification mais de vérité.

Il est simplement demandé à ceux qui parlent au nom de la République de ne pas la faire comparse du banditisme monarchique, de ne pas la souiller par un silence complice sur les actes répréhensibles de l'Empire et de l'Ancien Régime.

Je priai enfin qu'on m'instruisît, l'idée en étant reprise, puisque les rédacteurs du Code noir prétendaient adoucir la condition de l'esclave, quelle était cette condition pour qu'un code fût plus clément en déclarant l'esclave « bien meuble », en menaçant de le « confisquer » si le maître ne lui faisait pas enseigner la « vertu chrétienne » de l'obéissance, en le condamnant aux oreilles coupées et à la fleur de lys marquée au fer rouge sur l'épaule pour sa première évasion, au jarret coupé et à une deuxième fleur de lys pour la deuxième évasion, à la mort par écartèlement, pendaison, bûcher, ensevelissement vif… la troisième fois, le maître étant indemnisé par l'État pour sa valeur marchande.

Et pour les maîtres se faisant justice, ce droit de mort privatif, l'absolution de leurs crimes leur était accordée « sans qu'ils aient besoin d'obtenir lettres de grâce royale » ? Code noir.

Pourquoi se soucier de cet esclavage-là ? Pas par indifférence pour les autres, misérable suggestion. Parce que cet esclavage-là fut racial et justifié comme tel, qu'il fut l'affaire des États, qu'il fut massif et dura continûment plus de quatre siècles, qu'il transforma l'océan Atlantique et l'océan Indien en immenses cimetières, qu'il permit l'accumulation des richesses, le développement des connaissances, les prouesses techniques qui engendrèrent les révolutions industrielles européennes. Parce que ses séquelles sont dans le quotidien de millions de personnes et que les représentations qu'il a produites agissent encore contre le lien social.

Je vécus presque comme un soulagement la passe d'armes qui advint avec Robert Pandraud, ancien ministre de l'Intérieur. Nous en étions presque à la fin de l'instruction du texte, l'une des dernières séances d'examen en commission des lois. Monsieur Pendraud est arrivé manifestement décidé à en découdre. Comme un général sûr de sa puissance de feu qui vient en finir avec une bataille inégale qui n'a que trop traîné, l'arrivée de la cavalerie.

Il assistait pour la première fois à une séance de travail sur ce texte. Il avait dû lorgner nos travaux préparatoires comme on jette distraitement un œil par la baie vitrée sur un défilé de carnaval. Tout cela avait dû lui paraître bien folklorique jusqu'au jour où il devint évident que cette dangereuse affaire prenait un tour sérieux, tout portant à croire qu'on risquait bien de voir inscrire un tel monstre juridique et une telle faiblesse morale dans l'arsenal judiciaire français. Enfer et damnation !

Il s'agrippa à l'article 4. Déjà, l'article 3 instaure une date de commémoration nationale, une hérésie. Ce quatrième fait pis, il prévoit une date de commémoration universelle, il charge la France d'entreprendre des démarches auprès des organismes internationaux et, facteur aggravant, il propose la date du 8 février, celle du congrès de Vienne où la traite fut abolie, au motif qu'elle « répugnait aux principes d'humanité et de morale universelle ».

Monsieur Pendraud fulmine, scandalisé que la défaite de Napoléon et son affaiblissement face au tsar de toutes les Russies, puissent être considérés comme une occasion de liesse... sacrilège en ce lieu !

Et moi, ravie enfin de cet accroc à l'unanimité dont je percevais ce qu'elle contenait de condescendance, de négligence, de molle renonciation, de capitulation, trop contente d'avoir enfin un vrai conflit, bien prémédité, bien malintentionné, bien hostile, je me délectai en rappelant que Napoléon avait rétabli en 1802 l'esclavage que la Convention avait aboli en 1794, que cela m'interdisait toute vénération à son endroit ; je pérorai en évoquant les chausse-trappes de l'Histoire qui parfois entrebâille un espoir pour les uns sur l'infortune des autres.

Je ne m'attardai même pas sur l'oxymore entre le souvenir de l'esclavage et la liesse. Je m'étais réconfortée moi-même par mon insolence, je me régalais de l'effet que lui infligeait ce qui devait lui apparaître comme ma barbarie. Ne pas éprouver de dévotion pour Napoléon devait être le signe d'une anomalie apocalyptique, l'écroulement d'un monde, une décadence. Et sans remords !

Furieux, il quitta la salle après avoir grogné quelque exécration. Je tenais là une petite satisfaction, pas si mesquine que cela, et à la vérité fort revigorante.

Je songeai à ces paroles que Clemenceau prononça aux funérailles de Victor Schœlcher. « L'abolition de l'esclavage paraît aux réactionnaires eux-mêmes une chose toute simple aujourd'hui. Mais si l'on faisait revivre dans un tableau tragique les haines féroces aiguisées jusqu'à la folie, que suscita la lutte de l'homme blanc pour la possession de l'homme noir à titre de bétail avili, on saurait ce qu'il fallut de noblesse de cœur, d'implacable énergie, de mépris des clameurs, d'insouciance des périls, pour accomplir l'œuvre de Schœlcher. »

J'eus des frissons en pensant que j'aurais pu naître à cette époque. Néanmoins, ce petit exercice m'a dopée. *Backlash Blues* de Langston Hughes chanté par Nina Simone, *« Mr Backlash the world is big... big and bright and round... and it's full of folks like me... black, yellow, beige and brown... »* Je convins cependant, par devers moi, que l'Histoire est complexe et qu'il y a lieu d'être attentive aux sensibilités diverses qu'elle génère.

Sans me convertir à Napoléon, et certainement pas par égard pour monsieur Pendraud, mais considérant que des citoyens français instruits partiellement de l'œuvre de Napoléon pourraient se trouver blessés par ce qui ne serait même pas une subversion, juste une vérité ; estimant que cet effet serait contraire à ma démarche d'inclusion et de lien ; sachant bien que le congrès de Vienne n'avait pas accompli un colossal exploit humaniste, interdire la traite sans abolir l'esclavage n'étant qu'un milieu de gué, j'offris moi-même et sans avoir à m'en expliquer de supprimer cette proposition du 8 février.

Je choisis de confier par la loi au gouvernement la détermination d'une date après une large consultation, le Conseil d'État en définissant les modalités par décret. Je déduisis de cet incident que les questions venant de mon camp, qui paraissaient alors provocatrices, indécentes, n'atteignaient pas l'obscénité de ce mépris flagrant pour les autres, de cette assurance murée dans des certitudes éventées. Je décidai de percevoir chez mes compagnons d'idéal une gêne, un cri étouffé, un refus d'être plongés d'un coup dans ce monde qui revient dans ses oripeaux noirs et blancs, les submergeant de clichés contre lesquels ils se croyaient prémunis.

Ce malaise, traduit par des remarques parfois rincées à la désinvolture, paradoxalement, me parut encourageant en ce qu'il exprimait une compassion, une émotion aux faits, comme une prière murmurée pour que leurs valeurs reprennent pied sur leurs préjugés, qu'elles reviennent habiter leur identité politique. À droite certains députés semblaient se démener dans les mêmes tourments.

Arithmétique majoritaire, leur accord n'était pas nécessaire à l'adoption de la loi. Les responsables de groupes firent cependant très vite savoir qu'ils étaient favorables à ce débat. Le seul réticent fut le groupe Démocratie libérale, au prétexte fallacieux que c'est si évidemment un crime contre l'humanité qu'il n'est nul besoin d'en faire une loi. La belle implication de Renaud Donnedieu de Vabres qui, contrairement à d'autres, n'a pas retroussé les lèvres et s'est plu à rappeler la part que son grand-père Henri, professeur, juge à Nuremberg, a prise dans la définition du crime contre l'humanité, rendit ces sophismes dérisoires.

Le groupe communiste avait déposé deux propositions de loi, l'une visant à la construction d'un mémorial aux victimes de l'esclavage, l'autre en faveur d'une date de commémoration nationale. Les trois députés réunionnais qui siégeaient au groupe des Républicains et Verts avaient déposé en fin d'année une proposition contenant un article unique de reconnaissance. J'ai souhaité associer tous ces textes à nos débats pour la séance publique. Notre président de groupe l'entendait ainsi ; cette procédure permit aux autres textes d'être officiellement enregistrés et cités en référence.

*

Nous avançons gaillardement. L'aventure prend belle allure. Le gouvernement offre de transformer la proposition en projet de loi qu'il reprendrait à son compte. Jean-Marc Ayrault s'y oppose fermement, ce texte doit rester une initiative parlementaire. Avec le recul des débats, je compris ce que nous devions à sa pugnacité, nous l'avons échappé belle.

En acceptant de le céder au gouvernement, nous avions plus sûrement la garantie de son inscription à l'ordre du jour mais nous aurions perdu le contrôle du texte. Le risque était réel, en attestent les séances de travail qui suivirent. D'avoir gardé la main a maintenu la démarche au bénéfice des députés, surtout, nous a donné de la marge pour affronter le gouvernement pris parfois dans l'étau de ses dissensions internes (il en fut ainsi pour l'article 2) ou de ses obligations d'État (vis-à-vis de ses partenaires européens, ce fut l'angle d'attaque contre l'article premier).

Le gouvernement mit un point d'honneur à être prestigieusement représenté par deux ministres, la garde des Sceaux, ministre de la Justice, Élisabeth Guigou et le ministre de l'Outremer, Jean-Jack Queyranne. Les séances de travail avec les cabinets ministériels ne furent ni fluides ni bucoliques. Moins brutales qu'avec les députés, plus feutrées, elles se déroulent dans une double inégalité. Les fonctionnaires montrent à l'égard des élus une révérence qu'ils éprouvent peut-être mais qui relève plus vraisemblablement des rapports protocolaires. En contrepartie, ils portent en eux la tranquille assurance de ceux qui répondent de la continuité de l'État, habitués à conclure. Un mot explosif, la « déportation », provoqua des chocs frontaux… son usage dans ce texte étant simplement jugé inconcevable. Ils n'imaginaient pas avoir à s'en justifier, l'implicite était tellement patent. Je demandai s'il existait une préemption, un *copyright*, une exclusivité sur ce mot terrible réservé à une seule des terribles tragédies humaines.

J'interrogeai. Existe-t-il un autre mot pour cet arrachement à la terre natale, ce voyage transatlantique à fond de cale, ce traitement en marchandise, en meuble, en cheptel ? Non, il n'y a pas d'autre mot. Mais ce mot-là ne peut convenir, pas ici. Personne ne l'avoua aussi clairement, mais il en fut ainsi. Point.

Puis, ce furent des échanges acerbes sur le nom des coupables. « Puissances européennes », avais-je écrit. C'est que ce serait une mauvaise manière faite aux autres membres de l'Union européenne que de les accuser ainsi dans une loi française ! La France ne peut se le permettre, ses relations dans l'Union en seraient affectées. Mais enfin, les faits sont établis ! Les ouvrages d'historiens crédibles sont légion qui détaillent les dates, les dispositifs, les règles de droit, les retombées, la part prise par chaque puissance européenne impliquée. Et sur le moment, les mouvements abolitionnistes sont à la fois la conscience de ces nations et la preuve des faits. Sans doute, mais la France ne peut les accuser. Point à la ligne. Ils sont sourds. Moi aussi.

L'article demeure tel quel, avec la « déportation » et les « puissances européennes ».

Enfin arrive la botte secrète, le dernier revers, l'ultime stratagème : la Constitution interdit au Parlement de faire injonction au gouvernement. Or, et hormis le premier article qui stipule que la République reconnaît le crime, tous les autres enjoignent le gouvernement à agir, adapter les programmes scolaires, engager des démarches auprès du Conseil de l'Europe et de l'ONU pour une reconnaissance universelle, installer un comité de personnalités qualifiées pour étudier le préjudice, ainsi de suite. Je suis donc prévenue que tous ces articles tomberont pour motif constitutionnel.

Étaient-ce réellement des discussions, étions-nous dans un état d'esprit d'échange, de coopération ? J'étais incisive, ils étaient didactiques. Il n'y a chez eux aucune fourberie, leur rôle n'est pas de m'affronter, plus vraisemblablement de me faire connaître les points de divergence, les sujets de négociations. Qu'à cela ne tienne. Dans la nuit je m'attelle au texte et rédige à nouveau les six articles incriminés, les mêmes autrement vêtus, sans injonction, énonçant des faits qui seront. L'État ne modifiera plus les programmes scolaires, injonction. Les programmes scolaires accorderont à cette histoire la place… C'est de toute façon une responsabilité gouvernementale.

Ces obstacles contournés, je discerne maintenant le lieu où se produira l'affrontement brutal. L'incident Pandraud a replacé les lignes. Ce ne sera pas sur le champ sémantique où la gauche et la droite ont marqué leurs territoires respectifs à gros traits fluorescents. Ce sera dans la zone de turbulences de l'humanisme, là où l'Éthique croise le Politique. Il faudra manœuvrer pour traiter avec les réactionnaires… Il y en a dans chaque camp. La lutte promet d'être redoutable pour déjouer les intrigues d'affadissement, contrecarrer les manigances dilatoires, dissoudre les attirances naturelles entre calculateurs et prudents.

*

Voilà pourquoi je dors si peu. Ce texte occupe le plus clair de mon temps. J'accomplis d'autres tâches, je réponds à d'autres urgences, je cède aux contingences quotidiennes mais je lui consacre l'essentiel de mes efforts. Je veux être irréprochable. Nul orgueil. Cette cause n'est pas la mienne, nul ne me l'a confiée, nul ne m'en a chargée, je n'en avais personnellement nul besoin. Je me dois et je lui dois de la porter avec toute la dignité possible, toute la force nécessaire, toute la clarté souhaitable. J'y chemine depuis une vingtaine d'années et je dispose dans ma bibliothèque d'un fonds documentaire conséquent. Pour l'occasion, je l'ai décuplé. J'ai voulu tout lire, tout croiser, tout vérifier, m'interdisant, sur quelque point que ce soit, d'être plus approximative que ne le permet l'état précis des connaissances.

Pour un fait, un chiffre, un lieu tenus pour sûrs, incontestés ou admis, combien de centaines de pages me fallut-il lire et relire, pister, écorner ; combien de données et de présupposés fallait-il retenir pour argumenter, circonvenir, parfois après avoir déduit par rapprochements successifs. Les sources, les théories, les appréciations diffèrent. Plus les travaux de recherche sont rigoureux, plus ils rendent évident le travail monumental qu'il reste à accomplir pour documenter le crime.

Des invraisemblances dispersées par des auteurs désinvoltes ou imprécis nourrissent les thèses qui suggèrent que ce commerce fut ordinaire, l'exploitation banale, les complicités symétriques, l'oubli bien fondé. Je devais m'économiser. Trier. Répartir mes forces. Abandonner ces analyses futiles auxquelles je me livrais sur les motivations inqualifiables que je supputais tapies derrière les questions qui m'horripilent ou me lacèrent. Cesser d'échafauder des hypothèses hasardeuses sur les ressorts que je devinais derrière les ruses qui ramenaient les mêmes débats en boucle. Je me répète que je dois concentrer mes capacités, les mettre au seul service de l'efficacité.

Je continue à fréquenter les milieux associatifs et universitaires, vagabondant de réunions en cérémonies, de fêtes en colloques. Le hiatus entre ces mondes éruptifs, ardents, impatients et l'univers poli et ouaté des institutions publiques me saute à la gorge plus encore que d'habitude. J'alerte cette société civile en cours, j'appelle au secours. Manifestez votre existence, votre intérêt pour cette cause, dites l'impérieuse nécessité de ce texte... Une carte postale, deux lignes sur papier libre, une phrase par Internet, un dessin éloquent, un poème poignant... tout fera l'affaire.

Qu'ils sachent à l'Élysée, à Matignon, à l'Assemblée nationale, au Sénat que vous êtes là... et que vous voulez.

J'ignorais alors que je m'adressais à cette « étrange foule » dépeinte par Aimé Césaire, « qui ne s'entasse pas, ne se mêle pas : habile à découvrir le point de désencastration, de fuite, d'esquive. Cette foule qui ne sait pas faire foule, cette foule, on s'en rend compte, si parfaitement seule sous ce soleil... ». C'était une foule qui ne savait pas vouloir. Pas encore. Et qui avait été si souvent déçue qu'elle s'interdisait de croire.

Parmi cette foule, les Cassandres maussades ne sont qu'une poignée, mais quelle ardeur ! Ils entretiennent l'incrédulité, sans imagination... « Ça, c'est une comédie, ça n'ira nulle part. » Ils garrottent la combativité. Sceptiques, grincheux, ils font des gammes. Et d'ailleurs pourquoi elle ? Et c'est quoi ça, Schœlcher a déjà tout dit tout fait... Parole d'historien adoubé. Les premières protestations d'historiens viennent de chez nous, ceux de l'Hexagone se réveilleront plus tard. C'est aigreur et déraison.

Les attaques me sont adressées *ad hominem*. Virulentes. Elles sont censées être humiliantes, elles révèlent le désordre qui règne dans l'esprit d'élites croupissant dans l'inertie, ne pensant que par répétition, des chambres d'écho. Il en reste encore trace dans des tracts, revues, archives audiovisuelles, dans des actes de colloques. Résultat de cette ambiance, aucun secours ne viendra, aucune manifestation d'existence collective, aucune expression de désir, ni individuel ni collectif. Un doute dévorant, paralysant, rampant comme un ver solitaire.

La France reconnaissant la traite négrière et l'esclavage comme crime contre l'humanité ? Impensable. Inimaginable. Inconcevable. L'instruction du texte progresse ? Il finira par finir dans une impasse. Et moi, têtue, volant à mes nuits le temps de tout revoir, de tout savoir, de tenter de tout comprendre, je m'enfonce dans cet enfer, je remonte pour des goulées de légèreté. Je n'en peux plus de brider mon tempérament impétueux et querelleur, de congédier mes envies de démantibuler ceux qui font trois repas chaque jour, dorment huit heures chaque nuit et viennent jacasser sans vergogne sur les mânes de ceux qui furent expulsés de la famille humaine, précipités dans un désespoir débraillé et qui, phénix anonymes mais brasillant, innervent encore le monde de leurs inventions de résistance, de leurs prodiges de résilience.

Merci Miles Davis pour la rage domptée, Miles pourquoi es-tu mort, suis-je coincée dans l'ascenseur pour l'échafaud ? Merci Keith Jarrett pour la douceur répandue sur le monde et au diable ceux qui détestent tes sommations de silence ; merci Herbie Hancock pour ces lancinements enchanteurs et ces revirements de style, Barbara Hendricks pour ta grâce vivifiante, Billie Holiday pour cette désespérance vaincue, Ron Carter, ces grincements syncopés, Mario Canonge, ce jazz biguinant et jubilant. Oh ! Nina, *Young Gifted and Black*, comme elle claque ta voix, *A soul intact*… Merci Bob Marley pour ces aspérités apprivoisées, pourquoi n'as-tu pas soigné ton pied… Merci Michel Petrucciani pour cette sérénité cavaleuse, Claude Nougaro pour ces mots migrateurs, oh ! Ella, Ella, *I'm so solid as a rock*. C'est grâce à vous que je n'ai pas péri dans ces nuits infernales, par vous que j'ai survécu. Et merci à toi Louis Armstrong, Satchmo génial et agaçant, *you rascal you !* J'ai bien louché sur les ternes couleurs du monde en écoutant *West End Blues*…

*

D'ordinaire, il s'écoule une pincée de secondes entre la fin de la sonnerie et la fermeture des portes. Je tiens en bandoulière mon sac à main, un vrai sac de femme, presque de mon poids, bourré de ces choses apparemment inutiles mais toutes indispensables. Dans ma main droite un porte-documents, lourd le papier, toujours... et ces documents-là, chargés d'affliction, pèsent dix fois plus. Sous le bras gauche, un volumineux dossier. Pas de main libre, à vrai dire c'est sans importance puisqu'il n'y a pas de rampe à droite, du côté où je dévale les escaliers. Juste le mur pour se rééquilibrer en cas de besoin.

J'allonge le pas, la marche est un état permanent de déséquilibre. Au bout de six marches, ma cheville gauche flanche, mon pied se tord, ma chaussure à talon mi-haut accentue la torsion avant d'être catapultée, ma chute s'interrompt contre le mur, la jambe gauche pliée de travers. Deux passants bienveillants m'aident à me relever. Ils ramassent mon dossier heureusement tellement enserré qu'il ne s'est pas éparpillé. Chaussure, sac à mains, porte-documents, tout s'en est allé. Je me redresse péniblement. La sonnerie de la fermeture des portes a déjà retenti, le métro s'éloigne. Le temps d'être à nouveau sur pied, la rame suivante est entrée en gare. Bondée. Je voyage debout, retenue par la foule compacte et ensommeillée ; quarante minutes, une longue correspondance à Concorde, couloirs blafards et plafond bas, mornes à cette heure, sans musiciens, humides.

Nous avons une séance de commission avant le débat public. Je m'enfonce en claudiquant dans nos couloirs interminables. Cette séance ultime que nous appelons article 88 est consacrée aux amendements présentés par des députés qui ne sont pas membres de la commission saisie sur le fond. Les députés réunionnais se présentent avec une batterie d'amendements. Trop nombreux pour être utilement discutés. Cette séance est toujours très brève. Placée juste avant le débat public elle dure en moyenne trente à quarante-cinq minutes.

Une anomalie de fonctionnement peut-être, mais c'est une disposition de notre règlement et nous savons habituellement la contourner. Il m'est arrivé sur plusieurs textes de solliciter un député titulaire de la commission dont je ne suis pas membre pour lui demander de signer mes amendements afin qu'ils soient présentés et traités dans les séances « normales ». Tout député peut siéger dans toutes les commissions et y prendre la parole, il n'a droit de vote que dans la sienne ; cette procédure permet de défendre soi-même ses amendements, même si seul le nom du député titulaire apparaît en signature.

C'est un choix d'efficience, le nom de l'auteur pouvant être réinscrit lors de la séance publique. On peut être, pour des raisons symboliques, politiques ou autres dont nul n'a à juger, attaché à conserver son nom sur tout le parcours d'un amendement. Ce choix intègre le risque, réel, de la séance dite article 88. En tout cas il n'est pas d'usage de s'armer d'une batterie d'amendements, comme c'est le cas ce matin.

La présidente de la commission, Catherine Tasca, rappelle d'emblée que la durée de la séance n'est pas extensible compte tenu du débat public qui se tient aussitôt après. Un député réunionnais ouvre le feu, il faut prendre en compte les populations indiennes... Suit un long exposé sur les migrations indiennes à la Réunion. La présidente s'impatiente. Les députés présents écoutent, intéressés mais signalent qu'à cette vitesse, on n'examinera pas tous les amendements.

Consultée en ma qualité de rapporteur, je dis entendre et accueillir favorablement ce point de vue, mais je ne sais pas bien où on va à ce rythme.

J'essaie de comprendre. Voilà six mois que le texte est en instruction. Nous avons eu toutes sortes de séances de travail et de commission. Contrairement aux habitudes de la maison j'ai veillé à rendre le rapport disponible plusieurs jours avant la séance publique... J'ai envie de pleurer. Ce ne sont pas les élancements de ma cheville, j'ai l'habitude de ne pas écouter les cris de mon corps, de m'accommoder de ses accrocs, je change de position lorsque j'ai trop mal. J'ai habitué ce corps à attendre... ce n'est pas lui qui me malmène et là, maintenant, j'ai vraiment envie de pleurer.

Deux jours plus tôt, l'article 5 visant la mise en place d'un comité de personnalités qualifiées chargées d'apprécier le préjudice et de construire des propositions de réparation, avait été réécrit par la commission des lois. Ce comité de réflexion sur la réparation s'était transformé en officine de propositions d'actions et lieux de mémoire.

Dans mes pérégrinations, de manifestations en débats, j'avais été assourdie par les demandes de réparation. D'abord récalcitrante, j'ai fini par les comprendre incontournables, au sens qu'Édouard Glissant donne au pays de naissance, lieu incontournable, impossible d'en faire le tour et impossible de l'évacuer. Des motions fantaisistes servaient d'écrans de fumée. D'autres plus méthodiques témoignaient d'une réflexion dépassant la simple thérapie. Dans ces procès lancés en agora, foisonnants, dans une incohérence et un désordre assez dissuasifs, se profilait nénamoins en termes dérangeants l'aune à laquelle se mesurerait la bonne foi des pouvoirs publics. Lubies, bravades, funambuleries mutent déjà, macèrent, gagnent en gravité. Elles donnent corps à une exigence de lutte contre ces injustices et ces inégalités dont la source et les mécanismes de reproduction émanent bien du système esclavagiste et de la façon dont on en est sorti... en figeant des destinées ethno-culturelles.

D'éminents juristes ont écrit sur les crimes sans châtiment, l'imprescriptibilité du crime contre l'humanité, la différence entre l'imputabilité, la culpabilité et la responsabilité. Ils fournissent de la matière pour mieux appréhender ce qui, en cet instant, nous préoccupe. Je sais le concept de réparation inapproprié, le crime étant irréparable. Mais comment y répondre ? Je suis convaincue qu'il faut y faire droit.

L'indemnisation financière serait une estimation de la souffrance de nos ancêtres, une injure, une mutilation mentale, une concession à la logique marchande, celle qui prétendit justement que tout, jusqu'à l'homme, était marchandise ; celle qui triompha des siècles durant. De telles procédures sont en cours aux États-Unis et au Brésil, qu'ont-elles à voir avec nous ? Mon refus catégorique fut jugé intempestif par les calculeux qui réclamaient déjà des indemnités.

Un nouvel épisode diffamatoire suivit. Il fut mené par ceux qui savent protester de tout mais furent incapables d'adresser aux institutions la moindre carte postale dans la période précédant les débats. Ils se sont trouvé un rôle durable. Quelques années après l'adoption de la loi, persuadés que le temps a effacé leur scepticisme et leur inaction, ils vont se proclamer auteurs de l'initiative législative (!) puis livrer une féroce bataille assimilationniste par une requête monomaniaque de date, rétrécissant cette tragédie au seul maelström de la souffrance, biffant toute trace de la colossale épopée créatrice que fut ce cataclysme transcontinental, le ramenant comme le génie de la lampe d'Aladin dans sa petite enclave d'outre-mer.

J'avais clairement conscience que cet article 5 était pour les institutions la souche embarrassante, le chicot d'arbre au milieu du chemin. Chaque député nouveau venu sur le texte trébuchait sur cette intention inconfortable. À chaque fois j'explique. En y mettant plus de patience et de pédagogie que pour les autres articles. Je conviens que celui-ci est délicat, j'estime les inquiétudes légitimes. Je prends le temps de démontrer comment le système esclavagiste a condamné des générations. À l'abolition, les maîtres furent indemnisés. Ils ont pu conserver les terres des immenses plantations qu'ils avaient accaparées, avec ou sans l'aval de l'État monarchique.

Leurs descendants sont encore de nos jours grands propriétaires fonciers détenteurs de patrimoines financiers et immobiliers considérables. Les descendants d'esclaves restent chevillés à la pauvreté, totalement dépendants, pour les plus modestes, de l'ascenseur social et de ses grippages. Quant aux classes moyennes volontaristes à escalader l'échelle sociale, elles sont exposées à d'interminables endettements.

Lors de l'abolition, les États-Unis ont estimé que la puissance publique devait accomplir un geste pour compenser le préjudice subi par l'esclave ; le gouvernement fédéral a promis à chacun « une mule et quatre acres de terre ». Imposture notoire puisque cet engagement ne fut jamais honoré. Néanmoins, en l'écrivant, il en actait le droit. Par réparation, je vous parle moi de politiques publiques expressément ciblées sur les conséquences éducatives, culturelles, foncières, agraires, économiques, financières contemporaines de l'esclavage et du système post-esclavagiste. Je vous parle de budgets publics spécifiques dont l'exécution serait soumise à évaluation.

Des remugles empestent l'air. Ils proviennent de cette peur écœurante qui semblait murmurer « On veut bien reconnaître tout ce que vous voulez, mais on ne va pas vous payer vous aussi. » J'entends déjà les ricanements et les persiflages de ceux qui observent depuis plusieurs mois en attendant impudemment que tout cela se casse la figure sous les contradictions de bienveillances irréfléchies. L'article, menacé chaque semaine pendant six mois, fut cependant maintenu, faute sans doute de contre-argument crédible.

*

Nous sommes à deux jours de la première lecture en séance publique. Dans la salle des pas perdus, tout près de l'hémicycle, je suis abordée avec mille précautions par des collègues de la commission des lois qui m'informent que la commission travaille à une nouvelle rédaction de cet article.

« En quel honneur, je vous prie ?

— Tes collègues d'outre-mer n'en veulent pas. Ils se sont réunis hier, ils ont décidé de voter le texte à condition que soit supprimé l'article sur la réparation. »

Je fais, méchante :

« Ah ! ils se réveillent enfin, mes collègues d'outre-mer ? Depuis six mois que ce texte est à l'ouvrage. Que s'est-il passé, ils déambulaient par là par hasard ? »

Le temps d'expurger ma fureur, je suis devenue mesquine… Je me souviens soudain que je me le suis interdit sur cette cause. J'essaie de me rattraper : « Mais enfin, il ne s'agit que de la mise en place d'un comité de personnalités qualifiées ! » Le verdict est sans appel : « Ils ont dit qu'ils n'en veulent pas. » J'ai envie de pleurer. Je les déteste. Je n'ai pas encore mal à la cheville, je n'ai pas encore dévalé l'escalier du métro mais je les déteste. Avoir résisté si longtemps pour être abattue à la lisière. Et par qui ! Si on m'avait opposé un argument indiscutable, je me serais inclinée… Non, il s'agit juste d'un souverain refus. On ne peut les suspecter de mauvaise foi ou d'arrière-pensée puisque ce sont des personnes « concernées ». Tout de même… Je ne les déteste pas seulement, je les maudis.

Je pressens que, balourds dans leurs airs hiératiques, ils ouvrent grand le corridor où vont s'engouffrer les cracheurs de fiel, esprits lugubres ou pervers, qui vont prétendre que cette reconnaissance n'est que supercherie, vous voyez bien toutes les victimes de crime contre l'humanité ne sont pas égales, il y a des degrés dans l'indignation, comme par hasard c'est encore les Nègres les plus mal lotis, nous n'avons jamais droit à rien… C'était il y a deux jours. Je n'ai même pas encore eu le temps d'en guérir, ni même de m'y faire et voilà ceux-là, ce matin avec leurs Indiens, pas les Sioux caricaturés dans les westerns, ici ce sont de pauvres « coolies » que d'autres ont si longtemps méprisés et qu'ils instrumentalisent ce matin.

C'est l'heure de leur show, leur entrée en scène. Ils n'ont pas trouvé une heure ces six derniers mois pour nous faire découvrir avec respect les réalités humaines et historiques de leur pays…

ils ont juste attendu ce matin pour nous gaver. Purée, comme je les hais ! Échaudée et encore endolorie, j'essaie à peine de comprendre ce qu'ils trament avec leur batterie d'amendements. J'ai envie de pleurer. De m'asseoir au mitan d'un désert, le soleil au zénith, et de pleurer à chaudes larmes comme si je venais d'être orpheline.

Nous avons rejoint l'hémicycle. Je dois être décomposée. Car sans rien savoir de rien, le président me regarde, hésite à ouvrir la séance, m'interroge d'un signe de tête. Je me tourne, désemparée, vers Catherine Tasca et Élisabeth Guigou. Je croise leur regard, cordial, amical. J'avoue d'un seul jet : « Je n'ai pas eu le temps de réfléchir à mon intervention. Je suis saturée. Je ne sais plus rien de rien. »

D'une voix douce, Catherine Tasca m'encourage : « Vas-y ça ira, tu nous diras de belles choses. » Tout aussi doucement Élisabeth Guigou ajoute : « Vas-y, ce sera bien comme d'habitude. » Je me dirige alors en boitillant légèrement vers la tribune et, d'une voix probablement embuée, je commence à décliner ce que ne sont ni la loi ni ses intentions.

« Le sujet dont nous nous sommes emparés n'est pas un objet froid d'études. L'acte que nous posons aujourd'hui n'est pas un acte d'accusation parce que la culpabilité n'est pas héréditaire. Il n'est pas une requête en repentance parce que nous nous adressons à la République laïque dont les valeurs fondatrices nourrissent le refus de l'injustice. Il n'est pas un exercice cathartique parce que les arrachements intimes nous imposent de tenaces pudeurs. Pourtant, nous allons décrire le crime, l'œuvre d'oubli, le silence et dire les raisons de donner nom et statut à cette abomination. »

Les débats sont d'une grande tenue. Jean-Marc Ayrault et Louis Mermaz sur le pont sans faillir ; les interventions des députés à la mesure de notre audace commune. Ceux qui à droite sont présents sont avec nous en altitude. La parole du gouvernement portée par Élisabeth Guigou, à belle hauteur, superbe. Lors des débats cependant, elle se montrera butée, crispée sur l'article 2.

En séance de travail et lors de son audition en commission des lois, elle m'avait demandé si je consentirais à retirer cet article. Je promis pour le débat public, pas avant ; ce n'était pas par caprice que je m'étais obstinée à le maintenir durant toute l'instruction ;

je voulais des garanties. Sa demande était fondée, le contenu des programmes scolaires relève de dispositions réglementaires, c'est la compétence de l'Exécutif, pas du Législatif. Chaque fois que la question revint, je répondis que j'étais prête à retirer l'article si le gouvernement s'engageait formellement dans les mêmes termes, assortis par ailleurs d'un calendrier d'exécution.

Cet article est fondamental : « Les programmes scolaires et les programmes de recherche en sciences humaines accorderont à la traite négrière et à l'esclavage la place conséquente qu'ils méritent. La coopération qui permettra de mettre en articulation les archives écrites disponibles en Europe avec les sources orales et les connaissances archéologiques accumulées en Afrique, dans les Amériques, aux Caraïbes et dans tous les territoires ayant connu l'esclavage, sera encouragée et favorisée. »

Il prévoit de mettre un terme au silence, à l'ignorance, aux raccourcis ; il s'inspire de l'idée que les meilleurs temples et musées de l'histoire humaine sont l'esprit des jeunes générations, leur cerveau, leur culture, leur érudition ; leur compréhension du monde étant la condition et la garantie de leur liberté. Cet article fait devoir à l'État d'encourager la recherche ; il jette les bases de la coopération qui permettra de documenter les innombrables événements ayant jalonné ces siècles d'économie, d'histoire, de science, de philosophie, de religion, en énonçant que les sources orales, archéologiques qui contiennent la parole des captifs et des esclaves, sont d'égale valeur que celles, nombreuses dans les centres d'archives, qui transmettent la parole des négriers et des maîtres ; leur traitement appellera pareillement, bien entendu, les précautions, vérifications, distances que les chercheurs savent exercer envers leurs sources.

La garde des Sceaux me passe un mot pendant la discussion générale me demandant si je confirme mon accord pour le retrait, ce que je fais en rappelant : « Aux mêmes conditions. » C'est un geste de bonne intelligence de ministre à députée appartenant à la même majorité, un balisage pour éviter toute méprise, une démarche avisée. L'équivoque a pourtant lieu.

Il y a fort à parier que la ministre n'aurait pas demandé publiquement le retrait de l'article si je n'avais fait aucune ouverture. Terribles, les malentendus. Garcia Marquez, *Chronique d'une mort annoncée.* Tout le monde sait, et pourtant, le meurtre aura lieu.

Catherine Tasca, présidente de la commission des lois, combative et responsable, accompagne nos confrontations. Je veux être efficace car l'éducation est un enjeu prioritaire et urgent. Le rapport de force nous est pour l'instant favorable ; je suis prête à céder à condition que le gouvernement apporte des garanties en béton. La ministre, ayant pris ses précautions, demande publiquement le retrait. L'enseignement est de la compétence du gouvernement, on ne doit pas l'inscrire dans la loi, le rapporteur a dit qu'elle était prête à retirer cet article. Je confirme ce que je vous ai répété ce matin, je suis prête à le retirer si le gouvernement le reprend intégralement à son compte, le journal officiel de nos travaux faisant foi.

Elle ne peut le reprendre *in extenso*.

Manifestement, nous ne percevons pas de la même façon l'engagement formel de l'État. L'éducation est le territoire de Claude Allègre. Elle patine. Nous comprenons, connaissant son collègue, qu'elle n'a pas de marge sur ce terrain. Je ne cède pas. Pour l'instant, c'est la circulaire du 23 novembre 1983 de faible force juridique qui invite les écoles primaires, collèges et lycées à consacrer le 27 avril, date de l'abolition, une heure à la réflexion sur l'esclavage et son abolition. Cette circulaire n'est guère suivie que dans les Outre-mers, et encore bien partiellement ; l'insuffisance de supports pédagogiques ne facilite pas son exécution. Je réponds que le retrait est acquis si le gouvernement s'engage sur le contenu et un calendrier d'exécution.

La garde des Sceaux paraît surprise, elle rappelle son discours introductif à la discussion générale, elle a dit combien il est regrettable que cette histoire ne soit pas enseignée, elle confirme ce propos. Je profère que ce n'est pas là un engagement formel. Je ne conteste pas que l'article empiète sur la compétence réglementaire, j'observe que ce ne serait pas le premier texte à le faire, les précédents obéissaient à des raisons morales ou pratiques, il en est de même ici… Je suis sûre que l'importance de l'enjeu ne vous échappe pas.

À aucun moment je n'ai mis en doute la bonne foi d'Élisabeth Guigou, elle s'est montrée d'une ouverture et d'une correction exemplaires durant toute l'instruction du texte. Mais je sais les gouvernements coutumiers de pétitions de principe qu'ils n'honorent pas. La ministre répète sa conviction que cet enseignement doit être dispensé. Louis Mermaz s'entremet à bon escient. Il postule, avec une ironie imparable, que pour ce qui concerne la compétence réglementaire sur les programmes scolaires, ceux qui l'exercent en réalité sont des personnes qui siègent au Conseil national de l'enseignement ou d'autres structures ; elles sont désignées par l'Exécutif et légitimes à se mêler des programmes scolaires, du seul fait de cette nomination ; la source de leur légitimité est donc en fait du fait du prince ; les seuls non légitimes semblent les députés élus au suffrage universel.

Il invite la ministre avec courtoisie et insistance à engager le gouvernement comme demandé par le rapporteur. La réponse reste identique. Louis Mermaz revient à la charge, « nous savons bien que vous n'êtes pas ministre de l'Éducation nationale mais sur ces bancs, vous représentez l'ensemble du gouvernement », et à ce titre vous pouvez l'engager. Je maintiens mes conditions pour le retrait de l'article. La discussion tourne en toupie. Le président annonce qu'il va soumettre l'article aux voix. Les députés de notre groupe prennent très au sérieux cet acte de reconnaissance… Ils n'entendent pas louvoyer, il faut en tirer les conséquences dignement. Nous votons à l'unanimité le maintien de l'article.

De belles heures pour le Parlement. À ces moments, je vous le dis, il fait bon vivre la loi comme une construction collective. Un baume après le déchirement que me procura l'article premier.

Consciente du désagrément de ce moment, j'adresse le lendemain à Élisabeth Guigou un splendide bouquet de fleurs avec un mot de remerciement et d'estime.

L'acte ne restera pas lettre morte, y compris de la part du gouvernement au terme de l'adoption définitive deux ans et demi plus tard. Claude Allègre n'est plus au gouvernement, c'est Jack Lang le nouveau ministre de l'Éducation nationale. En quelques mois, le gouvernement attribue deux bourses d'études, réunit le comité de personnalités qualifiées, installe sa présidente Maryse Condé, organise une rencontre avec les cinq principaux éditeurs de manuels scolaires et toujours en application de l'article 2, l'édition 2001-2002 du concours René-Cassin des Droits de l'homme qui s'adresse aux collégiens et lycéens de France et d'outre-mer et à ceux des collèges et lycées français à l'étranger, aura pour thème « l'esclavage d'hier et d'aujourd'hui ». Jack Lang m'a prévenue. Je me presse de rédiger *L'Eclavage raconté à ma fille*, de façon à rassembler dans un même ouvrage de lecture aisée, la matière indispensable susceptible d'être utile à ces adolescents. « *Straight ahead the road keeps winding*[1]... », Abbey Lincoln.

*

C'est la fin de la séance. J'ai dû si souvent me lever pour présenter articles et amendements, répondre aux questions et arguments, que ma cheville est en feu. Je ne peux presque plus poser la jambe. Deux collègues me soutiennent jusqu'au service médical. Le médecin, après m'avoir reproché de venir si tardivement, me fait un strapping et m'adresse à un spécialiste. Double entorse. J'en aurai pour deux mois de béquilles. Quelques semaines plus tard, un ami sénégalais surpris de mes béquilles et informé des circonstances me gratifie d'une initiation mystique. « Tu as vu c'est ta cheville gauche, ça correspond à l'esprit des ancêtres... Réalises-tu seulement ce que tu as porté sur tes épaules ? Ils ont agi ainsi pour te protéger. » Je le croyais musulman, je le découvre animiste. Du syncrétisme comme on en fabrique aux Amériques. Au risque de le froisser, je le prie de demander à ses ancêtres, la prochaine fois qu'ils se mêleront de choses temporelles qui ne sont ni de leur époque ni de leur ressort, de bien vouloir s'entraîner ailleurs et d'éviter de massacrer ma cheville. Il veut le dernier mot. Doctoral, il m'éduque... « En t'infligeant ce désagrément les ancêtres ont détourné le désastre qui se serait abattu sur toi. » Voilà ce qui m'avait échappé... ces ancêtres prévenants m'ont épargné de plus lourdes tribulations, une petite misère pour conjurer de grands maux. Alléluia !

1. « Droit devant, le vent souffle toujours sur la route... »

Chapitre XI

Abysse II

C'est une expérience humaine. Totale. Ni la nature, ni le sort, ni Dieu. Même s'ils furent tous convoqués.

La nature… Les tropiques prédisposaient les Noirs aux rudes travaux. Dans la réforme intellectuelle et morale de Renan, « la nature fit des Chinois une race d'ouvriers, des Nègres une race de travailleurs de la terre, des Européens une race de maîtres et de soldats. »

Dieu… Noé maudit son fils Cham sur dénonciation de ses autres fils Sem et Japhet ; il condamna la descendance de l'un des quatre fils de Cham, Canaan – ni Kush l'Éthiopien, ni Micrayim l'Égyptien, ni Phout le Libyen, Canaan seul –, à servir la descendance des oncles délateurs. Quant à l'Église, elle prétendit relever de la volonté de Dieu que la colonisation permît de disposer des richesses inconsidérément « laissées sans emploi entre les mains de peuples sauvages ». Et même après, Victor Hugo l'immense, s'exclamant lors d'un banquet commémoratif de l'abolition de l'esclavage. « Dieu offre l'Afrique à l'Europe » !!!

Enfin le sort… ou la déveine. Christophe Colomb est arrivé aux Amériques en se trompant de route… C'est en cherchant un chemin vers l'océan Indien que les Portugais découvrirent le Kongo. Les Amérindiens mouraient comme des mouches, ils ne résistaient pas aux maladies…

En dépit de ces diversions, mauvaises et ravageuses, ce fut une expérience humaine. Totale.

Je percevais bien l'élan de compassion. À l'honneur des députés. Mais je le savais inachevé, infécond. Il me revenait de veiller avec délicatesse à ne pas ébrécher cette compassion dédiée aux millions de victimes sans sépulture, en même temps à ne pas la laisser saturer tous les champs d'appréhension. Les périls sont multiples.

Il y a l'apitoiement qui évapore l'étoffe humaine… Ces millions de destinées individuelles broyées, anéanties ; ces millions de sourires éteints ; ces millions de regards consumés ; ces millions de rêves mort-nés ; ces millions d'actes accomplis dans l'obstination quotidienne de la survie, l'entreprise opiniâtre de la liberté, le refus têtu de vivre ; ces millions d'existences charnelles et spirituelles qui ne deviennent plus que millions… Statistiques. Non plus hommes, femmes, enfants ayant chacun un dessein à sa mesure, une idée du monde, un projet de vie. Non, juste des nombres.

Il y a la quantophrénie qui déplume l'affaire dans une échauffourée de chiffres. Combien furent-ils… était-ce autant… oh ! je croyais qu'il y en avait eu davantage… mais les Arabes en ont raflé à peine moins… et les Africains eux-mêmes, combien en vendirent-ils, les razzias européennes les arrangeaient bien pour se débarrasser des prisonniers de leurs guerres fratricides… n'a-t-on pas exagéré leur entassement à fond de cale… ce « bois d'ébène » confit dans sa sueur et ses excréments, étaient-ce encore des hommes ?

L'économisme aussi guette, avec ses dissensions sur les chiffres d'achats et de vente, le nombre de morts et de suicides durant le Middle Passage, la fiabilité des carnets de bord, les enchères sur le marché aux esclaves par lots ou par « pièce d'Inde », l'achat de riz, le trafic d'or, les registres douaniers, les coefficients de pondération, les données gonflées pour obtenir des lettres patentes ou mobiliser les assurances, celles minorées pour réduire la contribution fiscale, l'opacité sur la « part du capitaine », le tonnage de sucre brut ou « terré », le volume de rhum, le poids de café, cacao, rocou, indigo, tabac, coton, la quantité d'épices, la valeur des lingots d'or et d'argent…

Le darwinisme moral quant à lui ne désarme pas, ne jugeons pas les choses de ce temps avec la sensibilité de notre temps.

Je connais tous ces périls. Au moins, je les suppute. Je sais l'entêtement de l'ignorance, la puissance des clichés ancrés dans une connaissance fragmentaire et un conditionnement pluriséculaire. Je sais y répondre. Du moins je m'applique à des lectures et relectures, m'exerçant à la distance critique ; j'apprends à confectionner les arguments les plus structurés et les mieux construits. Je m'y prépare surtout. Je dors peu, voulant tout réviser et tout savoir, ne jamais être surprise en flagrante ignorance. Je me suis fixé que toute interrogation doit recevoir une réponse honnête.

Pourtant, lorsque fusent questions, observations, poncifs, lieux communs, je suis toujours d'abord éberluée, prise de court, décontenancée par la brutalité de leur nudité crue, par ce qu'ils révèlent du gouffre entre ce qui fut – l'arrachement à leur terre quatre siècles et demi durant de millions de personnes traitées en bétail, vendues en marchandises, réduites en esclavage, proclamées meubles – et ce que nous nous apprêtons à faire : dire qu'elles ne cessèrent jamais d'appartenir à la famille humaine, que ceux qui les en exclurent commirent un crime.

Il me faut rétablir ce que fut cette expérience humaine. Dans sa totalité. Rendre intelligible cette abomination, la faire saisir dans toutes ses dimensions, l'apprivoiser et lui faire rendre gorge, tout avouer de ce qu'elle fut, de ce qu'elle fit. La traite, ce commerce triangulaire. Commerce d'êtres humains. De gens. De personnes. Le commerce peut-il être crime ? Comment les associer dans nos esprits imprégnés de raison, de culture juridique, du confort humaniste des causes entendues ? Il fut triangulaire. Ce n'est donc pas une histoire enclavée, celle des Outre-mers comme il est réflexe de croire, ou celle de l'Afrique comme il est condescendant de penser.

C'est celle de l'Europe, de ses premiers empires coloniaux et des chocs en retour sur son territoire ; celle de son droit à la traite autorisée par la bulle papale *Romanus Pontifex* dès 1454 ; celle de ses rivalités arbitrées par le Vatican sous le traité de Tordesillas en 1494 ; c'est l'histoire du financement de ses guerres intracontinentales et celle de la flibuste professionnelle et belliqueuse ; c'est celle des villes et ports de la côte atlantique ravissant au bassin de la Méditerranée le centre nerveux des économies d'Europe de l'Ouest ; c'est l'histoire de ses chantiers navals, de ses navires rendus plus performants grâce au cuivre des colonies ; celle de ses ports de commerce et de redistribution, Londres et Liverpool en tête avec leurs douzaines de trois-mâts, Nantes cumulant 40 % du trafic français et rayonnant sur toute l'Europe ; c'est l'histoire de sa métallurgie stimulée par la demande de barres de fer et de fusils, de son industrie textile et ses nombreuses manufactures d'indienne, produits de cargaison pour les échanges sur les côtes africaines. C'est la source de milliers d'emplois. C'est l'histoire de l'expansion du capitalisme, de l'essor de la recherche scientifique, de spectaculaires progrès techniques, des prémices de ses révolutions industrielles.

C'est aussi l'histoire de l'Afrique. Celle du démantèlement des grands ensembles géopolitiques – l'empire mandingue du Melli après l'empire du Wagadu, opulent et rayonnant aussi vaste que l'Europe de l'Ouest, le bassin régional du fleuve Kongo s'étalant sur plus de deux millions de km^2, les royaumes Yoruba du Haut-Delta du Niger.

C'est, sur plusieurs générations, le saignement d'un continent privé de ses habitants les plus vigoureux, les plus créatifs, transportés en Europe puis aux Amériques, aux Caraïbes, dans l'océan Indien pour y bâtir des économies florissantes, des fortunes dynastiques, des rentes d'État, des patrimoines d'actionnaires privés dont Voltaire le grandiose. Ces hommes, ces femmes, ces enfants réduits en esclavage œuvrèrent à moderniser des procès de production et de transformation sur les habitations et dans les distilleries ; ils surent innover… comme ce jeune esclave de douze ans, Edmond Albius, qui découvrit à la Réunion comment féconder la vanille à la main, lui restant esclave puis pauvre à l'abolition tandis que s'ouvrait pour les maîtres planteurs une ère d'enrichissement durable. Cette histoire est, en passant, celle du glissement des centres d'échanges vers les golfes et les côtes, entraînant par inadvertance le déclin de la ville universitaire de Tombouctou.

C'est l'histoire des Amériques et des Caraïbes, alors peuplées d'Amérindiens de communautés diverses. De quatre-vingts millions au début du XVIe siècle, les Amérindiens n'étaient plus que dix millions soixante ans plus tard. Pour le seul Mexique, ils furent réduits sur la même période de vingt-cinq à un million. « Un record, non seulement en termes relatifs, une destruction de 90 %, mais en termes absolus, on parle de 70 millions d'êtres humains », selon Tzvetan Todorov. Un génocide.

Pour les trois Amériques et les Caraïbes, c'est l'entame de bouleversements en chaîne. Seront modifiés en profondeur le rapport au territoire et aux autres civilisations, les logiques économiques, l'environnement ; des végétaux provenant d'Afrique et les plantes endémiques vont se diffuser, maïs, manioc, igname, dachine, taro, pomme de terre ; les savoirs et les secrets de la pharmacopée vont s'échanger, s'ouvrant aux plantes d'empoisonnement, d'avortement, aux hallucinogènes.

Les métissages, strictement réglementés, voire interdits par décrets ou sénatus-consulte, éclosent sans égard pour ces épouvantes administratives d'un processus de créolisation se mettant en route, par la violence et le viol, les errements sexuels et les errances amoureuses, l'amour, la passion et l'affection, avec ses imprévisibles et ses complications. Il entraînera le droit français dans des considérations psychédéliques sur le statut et la place des mulâtres, des gens de couleur, des indigènes, des quarterons, octavons et autres subdivisions de carnation, dans une obsession raciale qui obstrue la capacité d'appréhender le maelstrom qui s'invente.

C'est bientôt l'histoire de l'Asie avec ces *engagés* ramenés des côtes de Malabar, Calicut, Pondichéry, Colombo, d'Indonésie, de Chine et de Java pour maintenir une pression à la baisse sur les salaires. Ces engagés seront pour nombre d'entre eux impitoyablement aspirés dans le système esclavagiste.

C'est l'histoire de la première mondialisation avec son droit coutumier issu de la force, ses règles arbitraires, son idolâtrie matérielle, ses compétitions, ses protestations, ses constructions philosophiques, ses définitions de l'humanité, ses contradictions sur les libertés, ses ambivalences sur l'égalité.

Fondamentalement, ontologiquement, c'est l'histoire d'une démence altéricide. L'autre différent, repérable à la couleur de la peau, à la religion, à un imaginaire nez busqué, l'autre indésirable, l'autre que l'on peut asservir ou exterminer, enchaîner, enfumer ou déporter, que le profit en soit la cause ou la conséquence, l'autre, voilà l'objet, voilà l'ennemi. Une même matrice conceptuelle pour la gésine monstrueuse de crimes, incomparables, jalonnant les obscurités tenaces de la relation entre les humanités, récusant leur égale essentielle condition. Et au bout, une même invincibilité, têtue, par-delà les millions de cadavres.

*

Ce fut, c'est un crime. Un *Yovodah*.

Un crime… et une expérience humaine. Celle des incendies de villages au petit jour, du massacre de ceux qui résistent, de la capture de ceux qui, stupéfiés et désorientés, se dispersent ; de la longue marche, entravés, jusqu'aux *barracons* ; de l'humiliation et de la souffrance, de l'abandon des faibles et des malades, de la promiscuité, de l'éparpillement des fratries. C'est celle du tri, des marchandages et transactions, de l'empilement avant l'embarquement, de l'entassement dans les cales, des plongeons d'impossible évasion, de suicides entêtés. Celle des corps enchevêtrés dont Eric Williams observa qu'ils prenaient « moins de place qu'un mort dans un cercueil ». Celle du face-à-face entre ce captif anonyme, gréviste de la faim, et le capitaine du vaisseau négrier *Loyal George*, Timothy Tucker, qui menace de le tuer s'il refuse encore de manger.

Vaincu par la détermination du captif qui le défie, le capitaine se croit contraint de l'assassiner pour dissuader d'autres captifs d'user de cette arme insaisissable et létale. Mais cet *uncommon murder* décrit par le jeune matelot Silas Told provoque la colère des autres captifs, leur révolte et, face au tir groupé des marins, des plongées en groupe dans l'océan et des efforts insistants pour finir dévorés par les requins escorteurs de navires. Autoritaire mais désarçonné par une grève de la faim solitaire et implacable, le capitaine Tucker a ainsi récolté un martyr, une insurrection et un suicide de masse conclut Told.

Cette expérience humaine, c'est aussi celle de ces enchaînés, de langues différentes, qui trouvent un langage pour synchroniser leurs mouvements et leurs actes, prendre d'assaut avec génie combien de navires avant la célèbre et magnifique mutinerie de Cinquez sur la goélette *Amistad.*

C'est celle de l'abasourdissement au débarquement sur les côtes américaines et caribéennes, la lumière qui brûle les paupières, le bruit, l'agitation, toutes ces langues inconnues. C'est celle du nouvel arrachement, la séparation en ces terres inconnues d'avec les compagnons d'infortune qui partagèrent des mois durant la pénombre putride de la cale. Le travail, pénible et éprouvant, six à dix ans d'espérance de vie dans la plantation. Les sévices corporels. La cruauté des maîtres, au point que le Code noir rédigé sous l'autorité de Colbert et promulgué par Louis XIV est réputé adoucir la condition de l'esclave contre la férocité des maîtres.

Expérience humaine. Totale. Et personnelle.

Black Bart Roberts. Matelot sur un navire négrier capturé par des pirates. Il se reconvertit en flibustier avec un équipage « multiracial ». Mauvais exemple ! Qui conduit le Parlement britannique à intensifier les patrouilles navales sur la côte ouest-africaine. Capturé, Roberts sera pendu avec ses cinquante-deux membres d'équipage.

Gabriel, chef Amérindien de Nègres et Indiens marrons en Guyane dans le bassin de la rivière Oyac. 1700. La mission de Saint-Paul en Oyapock indique que, décimés par la maladie et l'esclavage, les Amérindiens ne sont plus que cinq cent en 1786 contre mille cinq cent en 1768. Ils se battent encore.

Olaudah Equiano, Ottobah Cugoano dont les autobiographies nous stupéfient. Frederick Douglass, vingt ans esclave, neuf ans nègre marron, qui tança la nation nord-américaine sur son exultation au jour de sa fête d'Indépendance. « Vos cris de liberté et d'égalité ne sont que vain simulacre, la traite et l'esclavage, des crimes qui feraient honte à une nation de sauvages. » Harriet Tubman qui effectua trois cents fois l'aller-retour de l'Underground Railroad, risquant trois cents fois d'être capturée et pendue, pour conduire des milliers d'esclaves vers les territoires du nord des États-Unis et jusqu'au Canada.

James Field Stanfield. Après une traversée sur l'*Eagle* de Londres à la Gold Coast, il raconta le traumatisme des marins confrontés à l'horreur de la traite.

Mary Prince vendue à douze ans aux Bermudes, soutenue par l'abolitionniste Thomas Pringle d'Aldermanbury. Elle saisit la justice et mit en lumière les contradictions du système esclavagiste qui, en fixant des prix pour le rachat de la liberté, se trouvait empêtré dans ses échafaudages de vénalité.

John Newton. Étonnant cheminement. Il voyagea six ans comme matelot puis comme capitaine ; ayant échappé à une tempête il se fit prêtre anglican, écrivit les paroles d'*Amazing Grace* dont la dernière mélodie, célèbre, est un gospel d'Afrique du Sud. Il devint un farouche abolitionniste.

Solitude. Compagne de résistance de Louis Delgrès contre le rétablissement de l'esclavage en Guadeloupe. Elle sera pendue au lendemain de son accouchement, son fils étant offert en dédommagement à son maître.

Marthe-Rose Toto. Compagne saint-lucienne de Delgrès. Blessée, elle sera transportée sur un brancard pour être pendue.

Delgrès... Plutôt que de livrer la guerre totale à Richepanse, soucieux de la vie et des biens des civils blancs, il se retire aux forts de Capesterre et Matouba pour ne livrer la guerre qu'en des lieux de guerre. Un colonel noir en guerre contre l'oppression la plus infâme, épargnant les civils blancs dans un monde où l'homme noir est marchandise. Militaire et philosophe.

Et cette adolescente demeurée sans nom, flagellée à mort par le capitaine Edward Kimber pour avoir refusé de danser nue. Le capitaine fut acquitté par la justice au prétexte que les deux membres d'équipage qui rapportèrent les faits avaient un contentieux avec lui.

Léon-Robert de l'Astran. Savant naturaliste. Il reconvertit à d'autres commerces la flotte dont il hérita de son père, armateur négrier rochelais.

Ces milliers d'esclaves en Guyane. Ils gagnèrent la forêt dès le rétablissement de l'esclavage en 1802, sous l'autorité de Simon sur la Haute-Comté, de Jérôme et Adome à Tonnégrande, de Boni sur le Maroni, de Pompée, André, Kwachy, Kwakou sur la montagne Plomb.

Sojourner Truth. Elle prêcha pour la liberté des esclaves et les droits des femmes blanches jusqu'à l'éclatement de ses lèvres gercées.

Toussaint Louverture, général de l'armée française. Il fut trahi par le général Leclerc, déporté au fort de Joux dans le froid Jura, consigné dans une cellule assombrie par obstruction de l'étroite fenêtre sur ordre de Napoléon Bonaparte pour le punir d'avoir pris les armes contre le rétablissement de l'esclavage, d'avoir soutenu Simon Bolívar dans son projet de Grande Colombie, d'avoir inscrit dans la première Constitution d'Haïti la liberté pour toute personne foulant la terre d'Ayiti, principe de droit favorable aux Nègres marrons venant des autres îles de la Caraïbe.

Toussaint Louverture savait que « les hommes naissent et demeurent libres et égaux en droit », il a cru que ceux qui l'ont écrit y croyaient. Il a voulu changer l'ordre du monde alors en noir et blanc. Inacceptable. Les treize colonies américaines pouvaient s'affranchir de l'Angleterre – ce qu'elles firent avec leur *Tea Movement* près de vingt ans avant Haïti –, l'ordre du monde était sauf, la domination restait blanche et l'esclavage maintenu.

Toussaint Louverture le moins inconnu, une lucarne peut-être pour faire surgir l'univers des insurgés, leur détermination, leurs chefs militaires, leurs fins stratèges, et jusqu'aux équivoques liées aux nécessités de pouvoir ou aux alliances de survie.

Expérience humaine, totale, personnelle.

Aqualtune. Princesse du Kongo capturée à trente ans, déportée au Brésil. Elle rejoint le Quilombo, ville-forteresse libre de Sagrados au Pernambuc.

Obeah Nanny, l'Ashanti. Dès l'accostage du bateau à la Jamaïque elle se précipite vers les montagnes, échappant définitivement au marché aux esclaves.

Anastasia arrachée à l'Angola. D'abord docile, elle devient à Bahia la voix du marronnage, est vendue à un marchand de Rio de Janeiro, continue à prêcher la liberté, et périra dans un cachot les chairs meurtries, bâillonnée d'un masque, enchaînée par un collier, entraves métalliques et garnies de pointes.

Amy Spain. Elle eut l'outrecuidance de se réjouir de la promesse de liberté lors de la guerre de Sécession. Elle fut pendue à un sycomore devant le palais de justice, dans la liesse vengeresse des habitants de Darlington, Caroline du Sud.

Zabeth, Créole de Port-au-Prince. Capturée, recapturée, marronnant encore.

La belle Dandarah. Née esclave à Puerto Calvo, hautaine sachant sa grâce et sa beauté. Elle deviendra un grand chef militaire du Quilombo de Palmares aux côtés de Zumbi.

Susie King Taylor. À quatorze ans, elle fut le plus jeune soldat dans l'armée de l'Union.

Lumina Sophie. Elle se révolte contre le système esclavagiste maintenu à la Martinique par les békés vingt-deux ans après l'abolition. Elle est emprisonnée jusqu'à la naissance de son enfant, comme Solitude. À vingt ans, elle est envoyée au bagne de Saint-Laurent-du-Maroni où elle succombe de misère et d'abus huit ans plus tard.

« Si nous devons mourir
Que ce ne soit pas comme des pourceaux
Chassés et parqués dans quelque infâme recoin
Et pour leurs mille coups, frappons un coup mortel
Acculés dos au mur, mourant mais combattant. »

Claude McKay.

*

Une expérience humaine, totale, des hommes, des femmes, des lieux, des moments, des morceaux d'histoire dans des vies intenses d'espérance, de résistance, d'accablement. Comment faire parler ces destins qui paraissent si lointains dans le temps et l'espace, pourtant si proches et si présents pour avoir par leur chair et leur sang, donné corps et vérité, sens et contenu aux idéaux de liberté, d'égalité, de dignité après en avoir enduré les applications captieuses, les ambivalences ?

C'est dans les colonies que ces valeurs se sont exacerbées par l'extrême de leur portée pratique. C'est dans les colonies que d'abord et malgré le statut économique et juridique d'esclave, on refusa d'obéir à un ordre humiliant, on courut le risque de la mort pour la liberté, on se tourna, souvent en vain, vers la justice. C'est dans les colonies que s'affina jusqu'à l'obscène le droit de propriété. *« How many roads must a man walk down / Before you call him a man »*, Bob Dylan).

Pulsions de vie. Nécessités du quotidien. Les langues créoles, qu'on veuille les appeler créole, pidgin, papamiento, créées dans la tension et la relation entre le maître et l'esclave, après les premiers ajustements dans la cale entre langues, cultures et croyances, se sont structurées en présence sensorielle et poreuse de l'amérindien. Elles témoignent de la rencontre, du contact forcé autant que du besoin de lien, de la conscience d'un destin amarré au même lieu au même moment, fût-ce dans un corps à corps âpre et poignant.

Les cultures, faites de bric et de broc, de souvenirs tronqués, de trous comblés, d'inventions bricolées, de réminiscences trompeuses, d'ajustements instinctifs, de ces pépites et de ces débris de connaissance emportés par les captifs, de ces rognures d'explications du monde, de ces fragments de réponses à la commune angoisse existentielle, de ces éclats aussi, trésors des initiés mêlés aux infortunés et dont la parole illuminait le doute et apaisait la terreur... Ces cultures sont d'insondables mystères de rationalité et d'intuitions qui se recomposent sans cesse en nos terres dans une souplesse extraordinairement créative.

Les arts, contraints par un dépouillement extrême, ont explosé en métamorphoses protéiformes, chants, danses, rythmes de tambour, dolos, mythes et sagas, dessins, sculptures, peintures aux pigments végétaux, arts éphémères aux traces pérennes charriées par les mémoires, la parole et les gestes, recréés. Picasso, Van Gogh, Miró parmi d'autres en seront fulgurés.

Les religions forgées en ces lieux d'exil sont des miracles. Les doctrines monothéistes exclusives et belliqueuses, actives en colonies (alliance du sabre et du goupillon, « l'un brandissant le glaive et l'autre le ciboire, l'un jouant du clairon l'autre de l'harmonium », Jean Ferrat), furent contournées, bernées, subtilement supplantées par les syncrétismes d'une cohabitation rusée entre saints chrétiens, divinités païennes et yorka animiste.

Imperceptiblement ces syncrétismes se sont transformés en ce qu'ils sont depuis, un système de croyances cohérent, tonique, plus humain que divin, holiste et hédoniste. En colonies, dans ce Nouveau Monde, vrai monde nouveau, les savoirs se partagent, s'accumulent, s'affinent.

Les Amérindiens transmettent, noms de plantes, d'arbres, d'animaux, de lieux, d'objets ; les chamanes, les *deeshiman*, les *obiaman*, les guérisseurs se consultent et s'instruisent.

Les guides spirituels préservent la cohésion de ces êtres désorientés mais non perdus qui, d'un amas disparate d'individus épars, feront un peuple en chacun de ces territoires.

Les femmes improvisent, elles donnent le change, enjôlent, esquivent, affrontent, elles séduisent, elles piègent, elles empoisonnent, elles avortent, parfois en se perçant le ventre. Elles transportent du riz dans leurs cheveux pour nourrir leurs enfants ou approvisionner les marrons. Elles incendient les plantations, y introduisent des chenilles dévoreuses ou des fourmis dévastatrices.

Elles campent, invincibles, même violées, même mutilées, même avilies. Elles se blottissent parfois dans la folie, avalent leur langue, s'empoisonnent à l'acide de manioc, convolent avec la mort par mille feintes. Elles ne connaissent pas le bonheur d'être grand-mères, leurs enfants leur sont tôt arrachés.

Broyées mais indomptées, elles éclairent, elles entraînent. Elles ont nom Quasheba, Juba, Quamina, Amalia, Rosanna, Sarah, Ann, Betty Cole, Lilly Allen, Palmyre, Songy, Mimba, Trelawny… Elles sont accusées d'être sorcières, brûlées vives. Invaincues, elles défient.

Voilà ce qu'il en fut.

Pour avoir résisté sous si diverses formes, avec des moyens tellement inattendus, pour n'avoir pas été l'objet que l'on croit, le sujet passif, la victime muette. Le captif, la captive, l'esclave appellent sans doute la compassion, mais tout autant respect et curiosité.

*

L'acte digne, dire le crime.

En rappeler la nature… imprescriptible.

« Pourront les esclaves être poursuivis criminellement avec les mêmes formalités que les personnes libres », article 32 du Code noir.

Les négriers qui les traitaient comme du bétail, l'État qui les a déclarés « biens meubles », les maîtres qui les classaient au cheptel mais leur confiaient des tâches difficiles, parfois la garde de leurs enfants… savaient tous qu'ils étaient des hommes. Ils en attendaient des initiatives, les instruisaient « dans la religion catholique, apostolique et romaine », ils en exigeaient compréhension et soumission aux interdits, n'autorisaient le port d'armes qu'à la chasse pour le maître, prohibaient tout attroupement, déterminaient le statut de leur progéniture, les jugeaient, les punissaient, violaient les femmes. Savaient bien que c'étaient des hommes.

Un déni… pour raisons vénales !

« Ain't got no winnings to lose / I ain't got nothing but the blues[1]*… »*, Ella.

Oui, il faut proclamer le crime contre l'humanité.

Réfuter les arguties.

La notion fut conçue dans et pour des circonstances particulières, le génocide des Juifs durant la Seconde Guerre mondiale. Pour la traite négrière et l'esclavage, les faits sont antérieurs au droit.

Ils l'étaient aussi pour la Shoah.

Oui, mais c'était seulement quelques années après.

La question n'est pas le délai mais le principe, la non-rétroactivité est un principe, pas un calendrier.

Oui, mais la sentence du crime contre l'humanité fut prononcée en présence des nazis.

Mais alors, les jugements par contumace sont illégaux.

Du temps de l'esclavage, aucun code pénal ne le qualifiait de crime contre l'humanité.

Du temps de la Shoah non plus.

Exaspérants ! Quelle indigence. Et vous chercherez sans succès les vibrations d'empathie pour la cause qu'ils font semblant de protéger. Juste un babillage de conservateurs démunis, vautrés comme des rapaces sur la cause emblématique dont ils s'emparent comme d'une proie. Opposant systématiquement la Shoah à toute

1. « Il n'y a pas de biens à préserver / Je n'ai rien d'autre que ma mélancolie… »

autre définition de crime contre l'humanité. Une instrumentalisation cynique, et sordide. Ce sont les mêmes qui brament sur une prétendue guerre de mémoires.

Ignorent-ils que le droit est une matière vivante ? Qu'il évolue avec les faits ? Que l'homme oppresseur soit ingénieux interdit-il de punir le crime ? Qu'il mobilise l'appareil d'État pour créer des compagnies de monopole et rançonner comptoirs et protectorats, établir des plantations domaniales, édicter un Code noir, prescrire des baptêmes lucratifs, élaborer un dispositif fiscal prédateur, que ces actes soient perpétrés au nom de l'État absout-il ou aggrave-t-il ?

« Que l'opinion ne flétrisse point ce genre de crime ; que la loi du pays le tolère ; ni l'opinion ni la loi ne peuvent changer la nature des actions », dit Condorcet. S'en souviennent pas et persistent.

Pourtant le code pénal français reconnaît le génocide comme paradigme mais énonce d'autres crimes contre l'humanité. Les conventions internationales, obsessionnellement, interdisent l'esclavage. L'article 6 du statut du tribunal de Nuremberg de 1944 qualifie l'esclavage de crime contre l'humanité. Ils ne capitulent pas.

Arme suprême, la lutte contre l'anachronisme.

Ne jugeons pas les faits de ce temps avec la morale de notre temps ; l'esclavage a toujours existé, partout, « c'est un fil rouge » assènent d'éminents historiens et philosophes, babillards, respectés et vénérés ; rien de choquant à cela, c'est maintenant que nous avons la sensibilité à ces questions, c'est « une moralisation rétrospective ».

Faux ! La résistance des esclaves et les troubles qu'ils provoquaient ont alerté les grandes consciences européennes. L'abbé Grégoire qui a rédigé le décret de la première abolition française en 1794 parlait de « crime contre l'homme ». William Wilberforce, riche propriétaire terrien, défenseur des enfants et des pauvres, ardent abolitionniste mort un mois avant l'abolition en 1833, exaspérait les planteurs. Buxton, Bathurst, Shrewsbury furent la hantise des colons de la Caraïbe sous domination britannique. Sonthonax et Polverel furent celle des colons de Saint-Domingue.

Victor Schœlcher, rédacteur du décret de la deuxième abolition française considérait cet « attentat contre la dignité humaine » comme un « crime de lèse-humanité ». Condorcet l'affirme, « réduire un homme à l'esclavage, l'acheter, le vendre, ce sont de véritables crimes ». Le pape Nicolas V a autorisé le roi du Portugal à pratiquer la traite en 1454, le pape Pie II a désigné la traite *magnum scelus*, « crime énorme », en 1462.

Le vocabulaire est clair. Si le darwinisme moral existe, des hautes voix d'antan à celles d'aujourd'hui, il est à rebours.

À rebours des considérations philosophiques, de la littérature d'Olympe de Gouges et de madame de Staël, de Victor Hugo, de Lamartine, de Mirabeau. Et à combien d'années-lumière des *Essais* de Montaigne, 1580 !

Quant aux citoyens ordinaires... les ouvriers de Paris et leur pétition à la chambre des Représentants en janvier 1844, les canuts de Lyon et leur grève de solidarité, les villageois de Champagney en Franche-Comté et les habitants de Barbechat à Nantes dont les cahiers de doléances réclamaient en 1788 l'abolition de l'esclavage de leurs « frères noirs ». À rebours !

De la Charte des quakers de 1676. Des Écossais et Gallois qui furent treize pour cent à signer une pétition d'abolition. Des habitants de Manchester, tous engagés dans le boycott des produits coloniaux, les hommes signant les pétitions, les femmes sans droit de signature choisissant de se priver de sucre. Et quelles pétitions ! Celle de Birmingham en 1792 qualifie sans détour « la traite, ce commerce contraire à l'expérience commune de l'humanité ». À rebours !

L'esclavage fut long et répandu mais il n'a pas toujours existé ni partout... et seul cet esclavage-là fut organisé en système économique rationnel, justifié par un corpus sophistiqué de doctrines philosophiques et religieuses, de théories scientifiques raciales et racistes. Césaire parle du « pédantisme chrétien ».

Ce qui a toujours existé, c'est la résistance à l'esclavage partout où il fut instauré.

La plus familière de ces résistances est l'insurrection conduite par Spartacus en l'an 71 avant l'ère chrétienne ; il fut vaincu par Crassus parce que, comme Delgrès face à Richepanse dix-sept siècles plus tard, Spartacus refusa de sacrifier ses valeurs éthiques aux nécessités tactiques. Ils reculèrent tous deux devant le risque de massacres civils, ils y perdirent la vie. Tel est le fil vert.

*

Par où qualifier le crime ? Allons-nous attendre que s'éteigne la querelle de chiffres sur le nombre de captifs et d'asservis ?

Allons-nous patienter de savoir mesurer la profondeur des souffrances ? « Ce n'est ni le nombre des victimes ni l'intensité de leur souffrance, mais la négation de la part d'homme éternel qui est en chacun » qui définit le crime, tranche Pierre Truche sans prendre part à la dispute.

Et définitivement, « la réduction en esclavage de populations africaines pour travailler dans les colonies d'Amérique réglementée par le Code noir était un crime contre l'humanité ». Pierre Truche encore. Ainsi va la morale universelle, ainsi se conçoit le droit des gens, avant ou selon le code pénal.

*

Le crime qualifié, est-ce faire repentance ? Comment et pourquoi le Parlement qui légifère, le gouvernement qui accompagne et exécute, le président de la République qui promulgue seraient-ils concernés par la repentance ?

Ce sont des institutions de la République. Elles sont interpelées au titre des valeurs et des idéaux proclamés de la République, la *res publica*, la chose publique, le bien commun, le gouvernement des lois, la vertu civique. Nous parlons de la République et sa devise, Liberté, Égalité, Fraternité, celle qui abolit l'esclavage, celle qui prend en charge le lien social. Quel rapport avec la repentance ? Aucun. Le repentir, la repentance sont l'affaire des Églises.

Le pape Jean-Paul II, lors d'un voyage à Gorée au Sénégal en 1992, s'est prosterné, a demandé pardon pour la part prise par l'Église dans la traite et l'esclavage. Il était dans son rôle, encore qu'il lui fût reproché de demander pardon à Dieu, pas aux victimes. Je n'ai pas la teneur de son propos, et qu'importe, je suis ailleurs.

J'attends de la République qu'elle se prononce au nom de l'organisation par l'État d'un système économique, fiscal, juridique et prétendument moral basé sur l'exil massif forcé et sur le meurtre légal. J'attends qu'elle refuse d'être complice du brigandage monarchique d'État. J'attends qu'elle achève le travail entrepris par l'abolition de l'esclavage, qu'elle ose enfin qualifier le crime.

Il restera à dire qu'il n'est pas juste d'avoir autorisé les maîtres à conserver leurs immenses propriétés foncières octroyées, ou accaparées, qu'il fut indécent de les indemniser pour la perte de leur « cheptel d'esclaves ». Qu'en les contraignant à consacrer un huitième de l'indemnité à l'acquisition de parts au capital bancaire, la République les a forcés, oligarchie foncière, à devenir en plus une oligarchie financière, consolidant durablement leur domination sur les territoires coloniaux.

Dire que c'eût été une piètre réparation mais un geste digne d'indemniser les esclaves pour les années de travail gratuit fourni par plusieurs générations, et pour les incalculables préjudices moraux.

J'attends que la République reconnaisse qu'en agissant ainsi elle a fragilisé l'ordre qu'elle préconisait de liberté et d'égalité, fondé sur le respect de lois justes ; qu'elle a institutionnalisé une injustice de rapports de force ; qu'en promulguant des lois contre le vagabondage elle a contraint l'esclave à demeurer sur la plantation pour un salaire de misère, qu'elle l'a livré à la rapacité de maîtres qui avaient tant protesté et intrigué contre l'abolition.

Par ces inachevés, la République a contribué à l'entropie qui la mine. Elle fut *ultimately unfinished* selon l'expression insolite mais extraordinairement précise de Barack Obama définissant la Constitution américaine issue du débat non tranché des pères fondateurs sur l'abolition de l'esclavage.

J'attends que la République convienne avoir atteint aujourd'hui à une maturité suffisante pour s'engager résolument dans l'accomplissement de la citoyenneté pour tous. Qu'elle proclame que nous sommes tous dépositaires de cette histoire, tous comptables de ses effluves, ses rémanences, ses récurrences… ses effets.

Qu'elle dise clairement que sont pleinement citoyens ceux que les représentations forgées par les théories raciales et racistes du temps de la traite exposent aux préjugés et à la suspicion. Qu'elle s'oppose à ce que leur destinée personnelle soit pulvérisée par les discriminations qui restreignent leurs droits à l'éducation, à l'emploi, au logement, à la circulation sur le territoire, à l'accès aux responsabilités. Et qu'elle agisse en conséquence.

Alors quittons ce débat misérable sur la repentance, sur les fils qui ne doivent pas répondre des fautes et des crimes de leurs pères. Il nous serait pourtant possible d'être mesquins et revanchards et de rappeler qu'ils répondent bien de l'héritage des fortunes de traite.

Le bruit et la fureur ne nous détourneront pas du principe de la culpabilité individuelle. Les pères, grands-pères, arrière-grands-pères sont responsables de leurs actes, coupables de leurs méfaits, de leurs délits, de leurs crimes. Eux seuls. Toute cette bafouille sur les pères et les fils est hors sujet. Ce n'est pas affaire de filiation, ni de legs, ni de culpabilité génétique.

Ceux qui jouissent encore de fortunes provenant de ce commerce peuvent accomplir des gestes en contribuant à des prix, des bourses, des parrainages. Ceux qui détiennent des archives et des objets peuvent en faire don à des musées ou des bibliothèques. Ils pourraient réclamer l'anonymat, je n'en serais pas choquée.

Feint-on d'ignorer qu'aujourd'hui encore, des héritiers préfèrent recourir à des enchères privées, plus lucratives, plutôt que de vendre à des musées. Éthique… et liberté. Pour nous, définitivement, la question n'est pas le nom de famille mais les politiques d'État.

Voilà de quoi procède la qualification du crime par la République. Pas de la repentance. De la responsabilité et de l'harmonie entre les actes et les valeurs.

Le crime qualifié, qu'en est-il ? Il faut le documenter. Enseigner ce que l'on sait, s'inscrire dans les dynamiques en cours dans plusieurs pays, approvisionner en archives et en savoirs l'espace multinational investi par l'UNESCO, l'ONU, prendre part aux manifestations transnationales. Consentir aux divergences et aux oppositions vives, aux défiances. Ce sera le prix pour connaître et comprendre le monde, ses dialectiques et ses familiarités, saisir les logiques en œuvre dans le monde, entendre et décrypter les dynamiques régionales, les alliances lointaines, les langues de parenté et de connivence, les flux migratoires, les routes commerciales, les inerties récalcitrantes, les reproductions inégalitaires, les rivalités persévérantes. Y aideront l'histoire, l'économie, les sciences sociales et humaines, l'étude des technologies, les controverses philosophiques, la géopolitique.

Voilà pourquoi il est nécessaire de l'inscrire dans les programmes scolaires et accompagner la recherche et la coopération. Le crime fut contre l'humanité, contre toute l'humanité. C'est ainsi, chaque fois qu'un seul homme est éjecté de la famille humaine, car « tout homme est tout l'homme », dit Sartre.

*

Nous sommes concernés en tout point de la terre, c'est notre histoire commune, la source épouvantablement fertile de nos capacités d'horreur. C'est aussi la preuve, formidablement réconfortante, de l'invincibilité de l'homme, de sa créativité dans l'adversité, de sa joie inextinguible, de sa puissance d'enchantement au mitan des malheurs. *« I sing just to know that I'm alive / I play just to feel that I'll survive »*, Nina Simone.

Un devoir, tout passer au crible de notre connaissance et à l'épreuve de nos valeurs. Y compris cette objection récurrente : « S'il y eut des acheteurs, c'est parce qu'il y avait des vendeurs, les Africains ont vendu leurs frères. » Les Européens qui se firent deux mille ans de guerre, se sentaient-ils « frères » ? L'esclavage sur le continent européen, au détriment des « Slaves », est-il excusable parce qu'il se pratiquait entre Européens ? Faut-il sombrer dans le recensement nauséeux des intermédiaires, collabos, courtiers, commissionnaires ayant prospéré dans toutes les oppressions ? Ils se proposent ou sont créés, ils sont une condition d'efficacité du système ou du projet, justement parce qu'appartenant au même camp que les victimes.

Ces considérations s'enracinent dans l'artifice, la supercherie d'un monde en noir et blanc. La réalité, c'est qu'il s'agit d'un commerce : « Les Noirs d'Ambriz sont accoutumés à recevoir les marchandises sans les mesurer, ce qui fait qu'on les coupe toujours, le morceau qu'on en retire sert à acheter autre chose ; c'est donc une très grande économie. On y a d'ailleurs l'avantage de faire passer les marchandises avariées ; on retranche la partie endommagée, et le reste passe pour pièce entière », Louis de Grandpré, officier de la marine française, 1786.

Parce que c'est un vrai commerce, il est presque toujours inégal, l'inégalité variant dans le temps. Louis de Grandpré encore : « Au lieu de s'entendre, chacun est là pour soi, cabale avec les Nègres et souvent hausse la traite sur son concurrent. De là vient le prix exorbitant des captifs ; je les ai vus payer vingt-deux marchandises [au lieu de quatorze] car les courtiers savent admirablement profiter de la zizanie qu'ils sèment souvent entre les Blancs. » C'est un commerce, avec ses règles, ses stratagèmes, sa fourberie, sa prévarication. Un commerce florissant.

En 1700, la proportion est de deux Noirs pour un Blanc dans les colonies ; elle passe à dix Noirs pour un Blanc en 1780. « Les esclaves nègres que nous avons aux Îles nous viennent pour la plupart des deux Compagnies d'Afrique et de Sénégal autorisées par le Roi. » Cette fois, c'est le révérend père Jean-Baptiste Labat à la férocité proverbiale, étrangement vénéré dans des musées de Martinique, qui parle. Il poursuit : « Pour la plupart, car dans le temps de guerre nous avons souvent des Nègres qu'on prend sur les vaisseaux ennemis qui viennent d'autres parties d'Afrique ou qu'on enlève dans les pillages de leurs îles et de leurs habitations ; et pendant la paix il nous en vient bien davantage par le trafic secret qu'on fait avec les Anglais, les Hollandais et les Danois de l'île de Saint-Thomas. »

Il s'agit principalement de troc, esclaves contre fusils, barres de fer, poudre, balles, tissus, papier, chapeaux, pièces de verre, eau-de-vie… Toutes ces marchandises vont stimuler l'économie européenne, la pousser vers l'industrialisation, la production en grandes quantités pour ces vastes marchés.

Il arrive que ces transactions se fassent en unités monétaires, les *cauris* également appelés *bouges*, coquillages en provenance d'Océanie, des îles Maldives, et qui furent l'ancienne devise commerciale de Chine trois millénaires avant l'ère chrétienne. Les *cauris* servaient de monnaie tout le long de la « Côte des esclaves » dans le golfe du Bénin. « La traite des esclaves n'est pas le seul commerce qu'on fait sur les côtes d'Afrique. On y négocie encore beaucoup d'or, des dents d'éléphant qu'on appelle du *morphy*, de la cire, des cuirs, des gommes, de la *maniguette* qui est une espèce de poivre. On en apporte aussi des perroquets, des singes, des étoffes ou pagnes d'herbes et autres choses. » C'est toujours le révérend père Labat.

Tel est l'ordre de ce monde auxquels participent les États à travers leurs compagnies de monopole et leurs plantations domaniales. Y participent également les officiers de la marine nationale, les Églises et les prêtres, les aristocrates, les armateurs, les banquiers, les actionnaires, qu'ils soient capitalistes rompus et repus, petits porteurs ou grands philosophes.

Que vient faire la couleur, là ? Rien. Sinon que massivement les victimes l'ont en partage. Et que les États en prennent acte. Code noir. Alors ces Africains qui ont vendu leurs « frères » ? Pas excusables. Mais pas plus que maillons minables d'un système dont les concepteurs, organisateurs et principaux bénéficiaires sont en Europe et pour l'essentiel dans les appareils de pouvoir, États, Églises, banques. Sur un continent dont l'économie se diversifie.

La répartition est rodée et se maintiendra. L'Europe où se créent des milliers d'emplois et s'accumule le capital, le continent africain qui se vide de millions d'hommes robustes, de femmes fécondes, d'enfants pour la relève. Il n'en était pas ainsi avant la traite industrielle. « On monte à cheval à Gao » affirment admiratifs des diplomates européens éblouis par la prospérité et le faste des cours africaines, émerveillés par l'urbanisme et l'organisation de la vie sociale dont ils témoignent à grand renfort de chiffres.

D'ailleurs, si la collaboration était si massive et si évidemment acquise, pourquoi tant de forts français, anglais, portugais, hollandais, danois dans ces villes africaines ?

L'essentiel est cependant ailleurs. Que disons-nous des voix qui s'élevèrent, de ceux qui se dressèrent contre la traite ? Les Africains qui participèrent au négoce pour la traite, qu'ils aient été trompés sur le sort réservé aux captifs, motivés par des considérations de sécurité due aux rivalités entre royaumes, ou inspirés par la cupidité, font piètre miroir aux choix de ceux qui résistèrent : le roi du Kongo qui écrivit plusieurs fois au pape, persuadé que ce dernier ignorait cette ignominie ; les révoltes de villages au passage des cohortes de captifs entravés ; les attaques de navires sur la côte ; la *Cenis* encerclée par vingt pirogues en Gambie ; le *Jeune-Louis* du capitaine Saint-Pé pris d'assaut après repérage par deux pirogues venues prétendument vendre une poignée d'esclaves ; le *Furet* par les habitants de Saint-Louis ; le *Nécessaire* en Sierra Leone ; le *Roy-de-Salum* dont le capitaine et les officiers furent mis aux fers trois jours puis libérés sans leur cargaison de captifs ; l'*Aimable-Victoire* pillée en pays mandingue, dissuadant de nombreux navires de s'approcher des côtes ; les révoltes en mer par un usage ingénieux de l'espace exigu de l'entrepont, contre le *Noé* au large de Fernando Pó, sur *l'Aimable-Louise* du capitaine François Doré, sur le *Ville-de-Basle*... Et combien d'autres.

Comment expliquer, sinon par la solidarité, que la plupart des captifs évadés n'étaient pas retrouvés malgré des battues immédiates et des promesses de récompense ; quand les marins blancs déserteurs étaient retrouvés et livrés ? Que retenons-nous des résistances armées contre cette colonisation et la suivante ? La reine N'Zinga contre les Portugais. Dona Béatrice brûlée vive pour s'être rebellée contre les autorités du Kongo ayant pactisé avec les

Portugais. Yaa Asantewa l'Ashanti du Ghana contre les Anglais. Muganzirwazza contre les Arabes et les Anglais en Ouganda. Ranavalona 1re à Madagascar contre les Français et les Britanniques. Béhanzin face aux Français, au royaume du Dahomey. Lamine le Soninké contre la pénétration française. Chaka l'empereur zoulou contre les marchands d'esclaves. Nehanda Nyakasikana contre les Britanniques au Zimbabwe…

Ces résistants ont leurs références. La bulle du savant Ahmed Baba du pays songhaï en 1585 démontant les arguments avancés par des religieux musulmans pour justifier la traite des Noirs. La *Dunya Makilikan, Injonction au monde*, proclamée en 1222 par l'empereur mandingue Soundjata Keïta, charte des droits de l'homme, de la femme, de l'enfant, manifeste de solidarité, récusation de l'esclavage, serment contre la famine…

*

Imaginons qu'un historien patenté ait l'idée d'évacuer la Résistance au prétexte qu'il y eut des collaborateurs, qu'il atténue la responsabilité du système nazi au motif que ces derniers ont pu agir grâce aux collaborateurs français. Imaginons la chaîne des migrations clandestines actuelles, et déclarons le rabatteur aussi responsable que le passeur, plus coupable que l'entreprise qui exploite les migrants…

Le monde n'était pas en noir et blanc et cette histoire n'est pas celle, manichéenne, de vainqueurs et de vaincus. Les captifs et les esclaves, comme tous les opprimés de tous lieux et de tout temps, résistèrent. Y compris lorsqu'ils semblaient plier totalement sous le joug de la servitude.

Ils retournèrent mille situations à leur avantage. Ils affirmèrent et affichèrent leur humanité niée. « Haïti où la négritude se mit debout pour la première fois et dit qu'elle croyait en son humanité », Césaire. Au quotidien, observant le maître, scrutant ses moindres traits de caractère pour la nécessité de sa survie, l'esclave apprend à le connaître maître. Nul ne peut sortir indemne d'une telle proximité, fût-elle de coercition. Celui qui en a conscience prend l'avantage sur celui qui s'habitue à croire cet ordre naturel.

C'est ainsi que l'esclave apprit à connaître le maître dans tous ses tours et détours et sut instaurer quelques remparts astucieux pour sa survie. À son insu, il digéra aussi le maître... Là se trouve peut-être une part de l'explication, d'ordre sensoriel, à la mixité culturelle foisonnante et insaisissable des sociétés créoles post-esclavagistes, tandis que les sociétés européennes se débattent dans une espèce de grand dérangement tour à tour strident ou aphasique face à l'expérience de la diversité, de la pluralité, de l'interculturalité, bref, de l'altérité. *« This land is your land / This land is my land... This land was made for you and me*[1] *»,* Woody Guthrie.

Les négationnistes sont des clients pour prétoire. Les dénégationnistes sont plus perfides, ceux-là qui prennent des airs pénétrés et une plume vipérine pour ergoter sur l'économie en prenant soin de congédier et l'éthique et le droit. « La traite et l'esclavage n'étaient pas un génocide, les négriers ne cherchaient pas à tuer mais à rentabiliser. » D'abord quelle voix sérieuse a dit que c'était un génocide ?

Mais puisque la négation est si péremptoire, voyons ce qu'il en est. Estimation d'historiens, et il en est de sérieux, Daget, Liauzu, Dorigny, Deveau : pour un esclave arrivé aux colonies, il en périt quatre à six, sous les razzias, lors de l'acheminement des lieux de capture jusqu'aux *barracons* de vente, dans les captiveries d'entrepôt, dans la cale des navires par suicide, maladies, chagrin, lors des révoltes pendant les moments de « dégourdissement » sur le pont.

L'espérance de vie dans les plantations était de six à dix ans, entretenant la demande et maintenant le commerce. Témoignage d'époque : « Nos habitants qui ne viennent aux îles que pour cela tirent des Nègres tous les services possibles. Ils les font travailler du matin au soir et une grande partie de la nuit, particulièrement à la saison où on fait le pétun. Chaque Nègre, chaque Négresse et chaque enfant de plus de douze ans reçoit sept ou huit aulettes de pétun à éjamber. Ils finissent bien après minuit et ont-ils dormi trois ou quatre heures qu'on les éveille pour retourner au travail... Et une infinité de Nègres meurent en nettoyant le pétun, en sarclant la terre, en faisant d'autres ouvrages, et la plupart sont morts avant que leurs maîtres soient au courant de leur indisposition. » Révérend père Jean-Baptiste du Tertre, 1667.

1. « Cette terre t'appartient / Cette terre est mienne... Cette terre fut créée pour toi et moi. »

Les sévices sont codifiés, paraît-il pour tempérer la cruauté des maîtres. Victor Schœlcher écrit : « Un propriétaire de la Martinique, vieil homme respectable et bon, conserve de ses ancêtres une cage en bois plein, haute tout au plus de trois pieds, véritable bière dans laquelle on ne peut entrer qu'en rampant. Je fis remarquer à un jeune homme que l'air ne pénétrait dans cette horrible boîte qu'au moyen de quelques trous, il me répondit calmement : "Monsieur, ils ne sont pas là pour avoir leurs aises !" » C'était en 1842... une pratique qui a donc survécu au Code noir de 1685 censé adoucir le sort des esclaves. Vous savez, ce Code noir qui vise à modérer l'ardeur répressive des maîtres.

Article 33. L'esclave qui aura frappé son maître, sa maîtresse, ou le mari de sa maîtresse, ou leurs enfants sera puni de mort.

Article 35. Les vols qualifiés, même ceux des chevaux, cavales, mulets, bœufs et vaches par les esclaves ou les affranchis seront punis de mort si le cas le requiert.

Article 38. L'esclave fugitif aura l'oreille coupée et sera marqué de la fleur de lys sur une épaule, le jarret coupé et la fleur de lys la deuxième fois et la troisième fois sera puni de mort.

Article 40. L'esclave puni de mort sera estimé avant l'exécution et le prix de l'estimation sera payé au maître.

La mort, partout la mort, et le dédommagement du maître-propriétaire. Non, le génocide n'est pas dans l'intention. Mais comme il escorte !

Un crime contre l'humanité, incontestablement, que cet esclavage racial, raciste, servi par les techniques de navigation et les technologies de pointe, justifié par des fables et des théories, codifié, rationnalisé.

Oui, d'autres esclavages ont existé, avant et pendant. Il en subsiste encore. La Rome antique, la Grèce, l'Égypte, l'Assyrie, la basse Mésopotamie, Babylone pratiquent l'esclavage de guerriers vaincus, les femmes et les enfants étant utilisés comme butins de guerre. Les citoyens de ces royaumes pouvaient être réduits à l'esclavage pour dettes ou infraction de certaines lois.

Il existait parfois des mécanismes permettant aux esclaves d'accéder à la liberté, voire à la citoyenneté. L'esclavage, partout, tout le temps, est une prédation de l'homme sur l'homme. Cette prédation prendra de l'ampleur au fur et à mesure de l'expansion des activités économiques.

La traite d'alors utilise les routes transsahariennes, la corne de l'Afrique, les côtes de l'océan Indien, celles de l'Inde, de la Malaisie, de l'Insulinde ; elle alimente l'industrie du sel et la culture d'huîtres perlières dans la mer Rouge, l'agriculture en Mésopotamie, la culture de palmiers au Maroc, la canne à sucre en Europe méditerranéenne, l'exploitation d'or et de pierres précieuses dans le Monomotapa en Afrique du Sud.

La traite orientale est liée au commerce de l'or, de l'ivoire, de l'ambre gris, des animaux sauvages. Des millénaires de malheurs abattus sur l'Afrique.

Dans les Amériques, les Amérindiens subissent l'esclavage sans la traite. Un génocide.

La traite frappe des populations arabes, européennes, qui sont exploitées, parfois asservies, sans qu'il s'agisse d'un système organisé et officiellement encadré.

L'esclavage est une privation totale de liberté, le vol intégral de la force de travail… Aucune forme d'asservissement, désordonné ou coordonné, n'est acceptable et tous ces esclavages sont condamnables.

*

Avec l'arrivée des Portugais en 1416 sur le Rio de Ouro, les concurrences européennes, les autorisations papales, la mobilisation des États, les compagnies de monopole, la construction de forts, les innovations juridiques telles que les *asientos* en Espagne, lettres patentes en France, Codes noir en France, en Espagne, au Portugal, avec l'usage de monnaie, les *cauris*, dans les transactions, le système devient rationnel, encadré ; les alliances sont soumises aux enjeux géopolitiques.

De vieux philosophes, Aristote et Platon, sont appelés à la rescousse par les idéologues de cet ordre économique, les Livres saints des trois monothéismes sont pris en référence. Ce système accompagne un capitalisme en quête de débouchés et de matières premières.

Stimulé par l'appropriation d'immenses territoires, par le hold-up de ressources naturelles, brutalement enrichi par la confiscation de gisements d'or, d'argent, de cuivre, le capitalisme européen élargit sans cesse son champ géographique et diversifie ses activités économiques. Il aiguise quatre siècles durant d'implacables rivalités qui le mèneront à des guerres mondiales d'une indicible cruauté.

Pour la première fois, la traite et l'esclavage sont aussi intimement liés. Aussi méthodiquement organisés. Le procédé cesse d'être sauvage, esclavage de vaincus, rapt occasionnel, asservissement pour dettes, travail forcé pour une durée déterminée...

Ce capitalisme conquérant construit un chaos qui déstructure les pouvoirs et les sociétés, provoque d'impitoyables concurrences entre prédateurs, réglemente les arrangements inévitables, désamorce les insurrections, surplombe. Il rationnalise la capture, le pillage, le négoce, la traversée, la vente aux enchères. Il formate la production dans les plantations, le conditionnement des marchandises d'exportation. Il divise le travail, instaure des calendriers, énonce des normes sur la rentabilité d'une expédition, le tonnage des navires, la cargaison d'esclaves, les unités de mesure. Il étudie les routes maritimes et les sélectionne. Il spécialise horizontalement le travail d'approvisionnement sur le continent africain comme fera le taylorisme au XXe siècle. Il standardise les navires, les équipages, les récoltes, les distilleries comme fera le fordisme. Il favorise la polyvalence des esclaves, mettant leur intelligence et leur habileté au service de ses intérêts, comme procèdera le toyotisme à la fin du XXe siècle. Il met au service d'une activité effroyablement archaïque des méthodes extraordinairement modernes.

Qu'est-ce qui, en effet, caractérise l'actuelle mondialisation, paradigme de la modernité ? La spécialisation de territoires en fournisseurs de matières premières dans un échange toujours plus inégal, en poubelles pour déchets radioactifs ou dangereux des anciennes métropoles, en destinations d'affaires et de tourisme.

Ils caractérisent aussi la circulation des produits bruts du Sud au Nord et des produits finis du Nord au Sud, la circulation des personnes du Nord au Sud, du Sud au Sud, et des freins à leur circulation du Sud au Nord ; la fluidité circulaire des capitaux ; les flux migratoires qui suivent les circuits des dominations et de l'Exclusif colonial, le Brésil vers le Portugal, la Colombie, la Bolivie, l'Équateur, le Pérou vers l'Espagne, le Surinam, Aruba, Bonnaire, Curaçao vers la Hollande, le Guyana, la Jamaïque, Trinidad, la Barbade vers l'Angleterre, La Martinique, Haïti vers la France... ; y contribuent les conclaves des maîtres du monde à l'ONU à l'image des conférences de Berlin et de Yalta ; y participe la biopiraterie par les multinationales européennes et nord-américaines de pharmacologie, cosmétiques, biotechnologies, flibuste scientifique contemporaine.

Les puissances moyennes qui émergent et convoitent de participer à l'emprise sur le monde n'en changeront pas l'ordre, elles visent à élargir le club des dirigeants.

Ce qui bouscule l'ordre, c'est l'accession à la magistrature suprême de personnalités qui ressemblent à la majorité du peuple. Dirigeants amérindiens, en Bolivie, Équateur, Venezuela. Anciens militants ou anciens militaires, anciennement parias pour avoir choisi la cause du peuple, au Chili, en Uruguay, au Honduras ou au Pérou.

Ce qui ébranle l'ordre c'est une gouvernance qui rompt avec le huis clos entre des élites aliénées et les puissants du monde, qui inclut les masses autochtones et rurales, amplifie et rend lisible la houle des « Indignés ».

L'irruption de nouveaux dirigeants de cette trempe n'est pas un choix ethnique, c'est une chance politique, sociale, éthique portée par des hommes et des femmes de dévouement et de probité, sur un continent où la dictature, la corruption, la sujétion ont souvent servi de méthode de gouvernement. Ces bouleversements qui se vivent en Amérique du Sud et en Amérique centrale percutent les doctrines et les intérêts des États-Unis qui ne laissent pas faire… même sous Obama.

Le Brésil est un cas particulier. L'arrivée à la présidence de cette République fédérative de Luiz Inácio Lula da Silva, ancien métallo, gréviste tenace et récalcitrant, a réhabilité les doctrines de redistribution ; il a réservé les surplus aux plus démunis sans fragiliser la caste des affaires ; par ses initiatives sur l'exploitation des ressources naturelles et par sa diplomatie offensive il a confirmé son pays comme puissance régionale dans un ordre mondial dont il connaît les règles ; il veut les amender au service des nouveaux venus parmi les pays riches. Les pays pauvres ne sont que des supplétifs dans cette bataille – ce qui n'interdit pas l'empathie à l'endroit du Brésil. Dilma Rousseff n'en modifiera pas les lignes de force, même si elle devait en changer le style.

*

C'est au moment où elle était en train de s'armer et de s'équiper pour asseoir sa suprématie sur le monde que l'Europe a reçu de

Christophe Colomb, d'Amerigo Vespucci, de Vincent Pinzón, etc., la connaissance de ces territoires vastes et richement dotés.

Elle perçoit alors l'étendue du monde, entrevoit une fortune facile et rapide, se prépare très vite à s'accommoder du saccage humain qui en constituera le prix. Elle s'enrichira matériellement mais, bien qu'ayant répandu ses langues, elle se perdra culturellement et moralement à vouloir scinder le monde en centres et périphéries. Elle en sortira de mauvais gré et couverte de macules.

Ces corps nus mis en vente, examinés, scrutés, tâtés, soupesés, cette promiscuité, ce pouvoir absolu sur leurs semblables vont instiller chez les colons-maîtres une sensualité, une volupté, une brutalité, un empire des sens qu'ils s'avéreront incapables de domestiquer. Ils en garderont un goût profond mais contrarié pour l'exotisme, une difficulté considérable à accepter la diversité sortie de leurs reins.

Cette Europe saura plus tard entendre les alertes, protestations et controverses, prêter attention à la parole de ses philosophes, de ses prêtres dissidents, à la solidarité de ses travailleurs, à la compassion de ses citoyens ordinaires. *« How many years can some people exist / Before they're allowed to be free… The answer my friend is blowing in the wind »* chante Dylan.

Les pratiques, les innovations, les barbaries affinées à cette époque préfigurent les dérives et atrocités, les drames et crimes à venir sur le continent européen. L'appareillage, viol d'adolescentes par les matelots pour le plaisir et pour la valorisation du capital grâce à une grossesse à l'arrivée, préfigurait le viol systématique des jeunes femmes dans les réseaux contemporains de traite. Les prisons surpeuplées. Les bagnes spécialisés. Les châtiments sadiques. Déjà en gestation. L'assassinat de Marthe-Rose Toto, arrachée à son brancard pour être pendue, sera le *modus operandi* appliqué aux soldats de la Première Guerre mondiale blessés, redressés de leurs brancards, fusillés pour désobéissance à un officier irresponsable et carriériste. Étranges et dérangeantes similitudes.

Les cales de navires négriers, l'*Albaroz*, le *Brooks*, scientifiquement étudiées pour « parquer » chaque captif dans un espace de six pieds et dix pouces – « trois pieds et quatre pouces », écrivait Mérimée –, en transporter le plus possible, plus de trois cents sur cent mètres carrés pour une traversée de trois à neuf mois, précéda l'entassement inhumain dans les wagons plombés.

L'aménagement des captiveries de Ouidah pour l'empilement séparé d'hommes, de femmes, d'enfants, leur transit durant trois semaines en cave totalement obscure pour les accoutumer à la pénombre, les captifs présentant des pathologies ophtalmiques étant jugés inaptes à la traversée et jetés dans la fosse aux crocodiles contiguë... et les dortoirs exigus des baraquements des camps nazis de concentration... Étranges ressemblances.

Le captif et l'esclave ont forgé des résistances selon les circonstances. Suicides de désespoir, suicides de défi, en plongeant dans l'océan sûrs de couler alourdis par leurs chaînes. Les négriers fous de rage devant cette marchandise qui leur échappait aménageront des filets autour du navire.

Grèves de la faim, solitaires ou concertées. Avortements, infanticides. La violence d'abord contre eux-mêmes. Puis ils la retournèrent contre les négriers. Ce furent les soulèvements sur le bateau, les révoltes dans l'habitation, la rébellion contre le maître par l'empoisonnement du bétail, l'incendie des plantations, l'empoisonnement du maître lui-même.

Ne pouvant pas toujours attaquer frontalement ce système d'oppression, ils sonnèrent la charge sur le flanc de la rentabilité, par sabotages multiples. Le marronnage, rupture absolue, leur procurait la liberté, les soustrayait au capital des maîtres-propriétaires, sapait la croyance dans la puissance de l'ordre économique et répressif. Pas à pas une conscience émergea de l'horreur, de la torpeur, de l'opacité, de l'inintelligible.

De la capture, cet effondrement, à la traversée, univers concentrationnaire avec son humidité invasive et ses épidémies ravageuses, puis jusqu'à la plantation, cet enfer, ainsi mûrit l'insurrection... Une résurrection. Enfin perçu comme un tout, le système appelait une guerre totale. Tous les fronts, toutes les armes, toutes les méthodes.

Usure de l'intérieur, rupture et harcèlement de l'extérieur, cohésion culturelle, prise de parole, ébranlement de la machine judiciaire, appel à des alliés extérieurs, soulèvement armé jusqu'à la destruction de cet ordre social ignoble. Ainsi, par stratégies ou perspicacité, ils en vinrent à bout. Ils peuvent toujours, les moralistes félons et baveux, décrire, horrifiés, les sanglants affrontements de l'insurrection de Saint-Domingue. Où et quand est-on jamais sorti d'un système de violence, sourd et buté, par la douceur, la palabre, la patience ?

La violence est circulaire. Acculés, fragilisés, les maîtres reculent. Puis, sous d'autres atours ils reprirent la main. Ce fut l'économie salariale, arbitraire et abusive, aux Antilles. Ou le banditisme d'État, Haïti contrainte par Louis-Philippe à une rançon d'Indépendance équivalant à la moitié du budget annuel de la France cinq ans durant. « Imposer une indemnité à des esclaves vainqueurs de leurs maîtres, c'est faire acquitter à prix d'argent ce qu'ils ont déjà payé de leur sang », selon Victor Schœlcher.

*

Ce crime est fondateur d'identités. C'est le paradoxe de la plantation. C.R.L. James l'a subtilement perçu : « Elle [la plantation] a exercé l'influence la plus civilisatrice mais aussi la plus démoralisatrice qu'ait subie le développement caribéen. »

Ce crime est constitutif de mémoires antagoniques forgées dans le même lieu. Sur le navire, la mémoire de la cale et celle du pont. Dans la plantation, la mémoire des champs de canne sous le soleil ardent et celle de la résidence avec ses fêtes mondaines. Sur l'habitation, la mémoire des cultures, des usines, des baraquements et celle de la maison du maître. Dans la *fazenda*, la mémoire d'un monde sans loi et sans recours et celle de l'impunité du maître contre les habitants de la *senzala*. Dans la forêt, la mémoire de la liberté et de la sécurité et celle de la poursuite. Au palais de justice, celle d'un encerclement et celle d'un ordre protecteur des privilèges. Dans l'espace public, celle des sévices et celle des exemples.

Une même histoire, deux mémoires. Il s'agit de les mener l'une à l'autre car aucune ne peut se dissoudre ; elles sont structurellement liées, solidaires, éclairantes l'une de l'autre. La gageure est de les rendre fraternelles.

En s'interposant, la loi évite le vis-à-vis. En énonçant la règle générale et impersonnelle, elle réintroduit dans le récit national des parties de la mémoire nationale alors cantonnées, bouillonnantes, dans des périphéries rétives. Elle rend intelligible la complexité de la nation.

La loi domicilie le cœur de la mémoire dans les lieux de décision, lui ouvre la voie pour la rencontre féconde avec l'histoire. C'est la loi qui peut dire « Bienvenue » aux exclus de la citoyenneté, ceux que les représentations refoulent encore dans l'ombre close des discriminations.

Nulle demande de compassion. La proclamation d'une vérité. La reconnaissance d'un droit.

Nos élans, faire vaincre la vie, attraper nos peines au collet, laisser la joie les avaler, crues, recuites. « Entends-tu des détonations ? Quelle raison ou déraison fait que la pluie pleure sa joie ? Quels oiseaux dictent l'ordre à suivre ? Où le colibri suspend-il sa symétrie éblouissante ? », Pablo Neruda.

Cette traite-là et cet esclavage-là, paroxystiques et précurseurs.

Ceux qui disent que c'est de l'histoire ancienne ? Des navrants.

Chapitre XII

Abysse III

Encore un cri de Damas :

« Pardonne à Dieu qui se repent
De m'avoir fait
Une vie triste
Une vie rude
Une vie âpre
Une vie dure
Une vie
Vide
Car
À l'orée du Bois
Sous lequel nous surprit
La nuit d'avant ma fugue afro-amérindienne
Je t'avouerai sans fards
Tout ce dont en silence
Tu m'incrimines »

Nous sommes ainsi. Nous voyageons encombrés. Ballots, valises, cantines, containers même. Nous voyageons en grand arroi. Nous avons tant à transporter de nos peines et de nos blessures, de nos tourments et de notre ressentiment. Ainsi devenons-nous parfois les fossoyeurs accidentels, les fourriers maladroits de nos prouesses impromptues.

L'article premier de la proposition de loi que je rédigeai nommait les puissances européennes, qualifiait la déportation, attribuait au présent de l'indicatif un nom et un statut au crime.

« La République française reconnaît que la traite négrière transatlantique et l'esclavage perpétrés à partir du XVe siècle par les puissances européennes contre les populations africaines déportées en Europe, aux Amériques et dans l'océan Indien constituent un crime contre l'humanité. » Un rythme d'apnée, un ton incisif, des mots tranchants. Ce qui me paraissait convenir.

Nous sommes au matin du débat public. La commission des lois se réunit pour la dernière fois. Elle doit examiner, en application de l'article 88 du règlement de l'Assemblée, les amendements de députés appartenant à d'autres commissions. Nos députés réunionnais sont venus lestés. C'est une malle d'amendements qu'ils ouvrent, un bric-à-brac précieux mais tardif, une caverne portative d'Ali Baba dont les merveilles, faute de temps pour les apprécier, paraissent de bric et de broc.

Le premier de ces amendements défendus par l'un des auteurs vise à ajouter les populations indiennes, part importante de la population de l'île ; ces Indiens sont généralement réputés être arrivés sous *engagisme*, mais des travaux historiques font apparaître que nombre d'entre eux subirent la traite et l'esclavage.

Combien de séances précédentes se seraient prêtées avec plus d'efficacité à cet épisode pédagogique et à l'examen de la forme que prendrait cette insertion, nous laissant le temps d'une nouvelle rédaction qui ne compromettrait pas l'essentiel ? Cet ouvrier de la onzième heure, consciencieux et zélé, s'offre une demi-heure, la totalité de la durée normale de la séance, pour en présenter l'exposé des motifs. Un quart d'heure supplémentaire est consommé, cette fois sur le bien-fondé de nommer les Malgaches.

La discussion s'engage. Je lance la première salve de riposte. Si l'on parle des Indiens et des Malgaches, que fait-on des Amérindiens ? Ils furent les premiers à accuser le choc violent des conquêtes coloniales. Venant de Guyane, je suis en position privilégiée pour le rappeler.

La présidente fait un point d'ordre ; une telle séance ne peut se prêter à de si longues explications ni à des discussions sur des thématiques totalement nouvelles ; elle informe qu'elle devra y mettre fin, les intéressés pourront défendre directement leurs amendements en séance publique ; puis elle m'invite à m'exprimer en tant que rapporteur sur tout ce qui fut dit.

J'estime légitime de nommer toutes les victimes, sauf que ce n'est pas le corps de l'article premier, dont l'angle est celui de l'acte, de ses auteurs, de la période, des lieux et des victimes du principal bassin de prédation, le continent africain. Il n'est pas absurde d'envisager une déclinaison des victimes mais on voit bien le risque, gigantesque comme un glacier : qu'adviendra-t-il si nous en oublions ? J'ai lu Vaxelaire, Fuma, Chaillou, je suis sensible à la souffrance de ces Indiens embarqués sous tromperie depuis l'Inde, arrivés à la Réunion où je sais qu'ils furent placés en lazarets, surexploités, asservis bien des années après l'abolition de l'esclavage.

Je suis toujours extrêmement vigilante à ne pas laisser établir, même par inadvertance, une échelle de la souffrance. C'est d'ailleurs là que réside le risque de « concurrence des victimes », tel que l'a défini Patrick Chaumont ; entre les victimes d'un même drame, non prises en compte avec la même attention, plutôt qu'entre les victimes de tragédies différentes, comme se plaisent à le laisser entendre, par ignorance ou manipulation, les grands prédicteurs de la guerre des mémoires.

Je déplore l'absence de ces députés aux séances précédentes, plus longues, plus efficientes. Ils auraient pu y venir ou prendre l'initiative de convoquer d'autres réunions. Je vais plus loin. Pour ce que je sais de l'histoire de la Réunion, même si ma culture n'est pas considérable, d'autres populations y furent déportées ou transportées dans des conditions pénibles et inhumaines ; je pense aux Mozambicains, aux Comoriens, aux Mauriciens, aux Chinois même.

Qu'en faisons-nous ? Nous les nommons ou nous les ignorons ? Que sommes-nous en train d'entamer ? Chaque territoire peut énoncer la litanie déchirante des épisodes douloureux de ces migrations forcées.

En Guyane il vint des Javanais, des Indiens de Pondichéry, des engagés européens aussi. Il nous vint des bagnards pendant la période esclavagiste, il en provenait de France, puis plus tard de l'empire colonial, Indochine, Algérie… Après les fers les écrous. On pourrait aussi évoquer le roi Béhanzin du Dahomey, déporté avec sa famille en Martinique puis en Algérie, près d'un demi-siècle après l'abolition.

Essayons de ne pas tout confondre. Nous sommes sur une tragédie complexe qui ne s'est pas interrompue brusquement au soir d'une proclamation. Que sommes-nous en train de faire ? Nous inscrivons dans la loi la stigmatisation d'un système économique qui a délibérément et méthodiquement transformé en marchandises des hommes, des femmes, des enfants. Nous y ajoutons la claire condamnation d'un crime.

Ce n'est pas un huis clos de plus entre la France et l'Outre-mer, c'est une histoire transcontinentale. Ce n'est pas la promotion de nos territoires, c'est la qualification d'un crime... qui fût demeuré crime, d'où qu'aient été enlevées les victimes. Nous nous raccordons au monde par où nous lui fûmes jadis arrachés puis rattachés. Nous nous y raccordons alors que notre concours aux langues, aux religions, aux arts, aux savoirs, durant des siècles, a été engrangé au patrimoine de l'humanité comme des œuvres d'auteurs inconnus.

L'un des signataires des amendements, en réalité le seul à s'exprimer, le plus vindicatif, proteste vigoureusement menaçant des foudres de l'enfer tous ceux qui adopteraient cette proposition de loi sans accorder toute la considération nécessaire aux Indiens et aux Malgaches.

Le responsable politique du texte, Louis Mermaz, voit venir l'incident. Cet homme est, mieux qu'un médiateur, un conciliateur. Il propose un aparté avec les intéressés aux fins de convenir d'une rédaction de compromis. J'ai mal à la cheville, j'ai encore plus mal à la nuque. Ma nuque, c'est mon antenne, à coups d'élancement elle me prévient d'imminents désagréments.

*

Nous rejoignons l'hémicycle, la séance publique va commencer. L'atmosphère est pesante. Nous sommes en retard. Exceptionnel ! De mon expérience parlementaire, c'est la première fois. Les députés, habituellement allant et venant, toujours à discuter de derniers détails ou de sujets divers, sont calmement installés, attendant patiemment.

Jamais vu une ambiance pareille. Le président hésite. Je dois être fantomatique. La séance commence. Sous l'amicale attention de la garde des Sceaux et de la présidente de la commission des lois, je gagne la tribune. Élisabeth Guigou ne sait rien de ce qui vient de se passer, Catherine Tasca sait ce que je viens de vivre en commission des lois avec la batterie d'amendements réunionnais. Elles se montreront également cordiales et attentionnées. Après mon intervention, le président appelle la discussion générale, comme il se doit. Puis c'est l'examen des articles.

Article premier. La rédaction de compromis est lue à haute voix par le député réunionnais : « La République française reconnaît que la traite négrière transatlantique ainsi que la traite dans l'océan Indien d'une part, et l'esclavage d'autre part, perpétrés à partir du XVe siècle aux Amériques et aux Caraïbes, dans l'océan Indien et en Europe contre les populations africaines, amérindiennes, malgaches et indiennes constituent un crime contre l'humanité. » J'ai l'impression d'un infâme machouillis. Ma cheville incendie la moitié de mon corps mais cet article premier, défiguré, me taillade l'âme.

Que pouvait-il sortir de brillant d'un aparté à la sauvette ? Quelle solennité peut émaner d'un énoncé contenant « d'une part et d'autre part » ? Ai-je bien entendu ? « Puissances européennes », disparu, « déportées », éjecté. Je me suis donc braquée plus de quatre mois contre leur suppression, résistant autant aux pressions affectueuses qu'aux avertissements sentencieux, pour les voir sombrer ainsi sens et âme, sacrifiés à des dividendes de brève échéance.

C'était bien la peine de me montrer insoucieuse des incidents diplomatiques que craignait le gouvernement s'il nommait ses partenaires européens ; de refuser l'intimidation par les fonctionnaires qui présageaient une levée de boucliers et un irréfragable courroux de susceptibilité si je m'obstinais à garder le mot « déportées ».

J'ai tenu bon parce que je savais d'où venait le malaise, tout simplement de la vérité avouée par ces mots. Pendant tous ces mois, je me suis obligée à rester stoïque, refoulant vigoureusement la tentation de faire des rappels à l'ordre et d'alimenter de malsaines rivalités. Et voilà le crime redevenu orphelin. Doit être content le gouvernement, ravis les fonctionnaires, Taubira exécutée par les siens.

Les miens ? J'ai déjà dit que tous les Noirs ne sont pas mes frères et tous mes frères ne sont pas noirs. D'ailleurs qui est Noir là ? Une bande de métis, nous tous, Créoles dont les nuances de teint, du beige le plus hâve au marron crépusculaire, côtoient le jaune sable, le cuivre, l'orangé, la terre de sienne, le gris bis, le camée d'onyx...

Pommettes perchées ou bajoues en gésine, nos yeux ronds ou creux, en amandes ou en épagneul, paupières lourdes et sensuelles ou tirées comme une harde de cabane, nous portons cent mille marques témoignant que les traces des viols et des amours furent semées et dispersées depuis longtemps, en terre et aux quatre vents, perdues hors mémoire…

Et qu'il est chimérique de s'adonner à la chasse aux racines ou de rechercher un bouc émissaire. Une expérience humaine. Totale, vous dis-je. Et puis… ce sont bien des députés blancs qui feront le compte pour voter cette loi, ce sont eux que j'ai vu y travailler tous ces mois écoulés. *« Un jour futur puis des millions de jours / J'avancerai parmi des millions d'hommes / Brisant les murs de ce siècle trop lourd… »* chante Jean Ferrat.

*

En attendant voilà le gouvernement rasséréné… il ne voulait pas accuser ses partenaires européens. Accuser ? De faits attestés et largement décrits par leurs propres historiens ! *Exit* les puissances européennes, *exit* la déportation parce qu'il faut faire place à la déclinaison de populations victimes, sans être capables d'être exhaustifs, et nommer deux fois l'océan Indien. Pitoyable précédent.

D'autres viendront réclamer à leur tour, amers, aigris. « Voyez la preuve que la France ne veut pas admettre nos cultures, elle n'a pas nommé les Martiniquais et les Guadeloupéens. » Rien à voir, évidemment… Lorsque se déroulait ce drame, ce sont bien les Africains qui étaient arrachés à leur terre. Mais allez mettre de la raison et de la rigueur dans cette thérapie sans protocole. Bon, il faut de tout pour faire un magma.

Cette fois encore, l'arme fatale est venue des Outre-mers. Je reste persuadée que cet article premier devait conserver un ton solennel, ciselé plutôt que dilué ; que les auteurs devaient être nommés en gravité pour établir l'implication des appareils d'État ; que la violence des faits, la déportation, devait être formulée, pas seulement supposée.

Nous avions commencé à faire œuvre juridique pour construire le cadre de renseignement du crime… nous en sommes à un *lamento* historique et sentimental, même pas élégamment taillé, un manquement envers ces gens qui ont su bricoler des langues ductiles, subvertir des dieux et divertir des religions, inventer des chants, des rythmes, des arts, suturer leurs pleurs, lustrer un rire inextinguible.

L'élaboration de la loi est une aventure collective. Je suis désespérée et un peu embrouillée. De la vanité serait-elle mêlée à mon aigreur ? D'avoir tant souffert ces derniers mois, serais-je devenue susceptible, acariâtre ? Je n'ai pas le temps de poursuivre mon introspection, il faut voter.

L'article premier est ainsi adopté. J'en conserve un arrière-goût d'absinthe.

Tout de même, je les trouve odieux. Pas un qui ait pointé le nez dans l'une des nombreuses réunions où pourtant nous discutions ferme. Pas un qui en ait convoqué une seule. Pas un qui ait rédigé et fait circuler une bafouille pour nous édifier de son éblouissant point de vue, de son intarissable savoir, de ses irrépressibles désirs, de ses indiscutables exigences, de ses inébranlables conditions. Ils ont disposé du texte avant tout le monde. Sitôt déposée la proposition de loi dans mon groupe parlementaire, je l'ai adressée à tous les députés d'outre-mer, plusieurs jours avant qu'il ne commence à circuler au sein de mon propre groupe. Vouloir arracher cette histoire et ses mémoires aux territoires où elles restent encloses ne m'interdisait pas de réserver la préséance aux députés des Outre-mers.

Seul me répondit Ernest Moutoussamy, député de Guadeloupe. Il le fit dans la journée, enthousiaste, précisant qu'il souhaitait la cosigner. Son intervention ce matin a été magnifique, c'est un poète il est vrai, de grande curiosité historique de surcroît. Lui seul répondit jamais. Les autres, indifférents ou campés dans leur superbe, peut-être simplement sceptiques, en firent un non-événement.

Chez moi en Guyane, l'opinion publique estimait tout cela bien futile, inopportun, anachronique, contraire à tout sens pratique. Il devait en être de même chez eux. Y a mieux à faire, m'assénait-on. Nous ne sommes pas sortis indemnes de cette longue traversée de terres, d'océans, du temps, de châtiments, d'humiliations, d'affronts, d'ontologique outrage. Nous en couvons un orgueil nombriliste, un doute quintessentiel, un désordre affectif intrinsèque, une frénésie de la singularité.

D'une façon générale, les petites gens ont su s'aménager un équilibre, une paix mentale de survie, elles s'en sortent mieux que les élites. Elles ne sont pas ignorantes de tout, elles en savent parfois plus que de moyenne, mais elles ont choisi de composer, sans céder ni pactiser, juste composer pour que coure le quotidien... Elles ne veulent pas d'efforts ni inutiles ni incertains. Le moment viendra bien, et viendra probablement seul, où un moyen indolore permettra de solder la contradiction collective de nos statuts et de nos rapports ambivalents à la France.

Les élites sont davantage en proie aux désordres. Ces désordres, qui sont en fait des aliénations, jaillissent sous toutes formes. Jusqu'aux plus imprévisibles. Ils habitent et hantent des personnages qui en deviennent caricaturaux. Des hommes, des femmes à responsabilité, chargés de ballots de frustrations, de malles de kéloïdes, portent des kilomètres de plaies béantes qui suintent encore et coulent sur les yeux de l'esprit, aveuglantes.

Des élus locaux, matois, à l'affût de l'occasion, sont prêts à toutes contorsions, à toutes alliances pour monter sur scène. D'autres, introvertis, silencieux un quart de siècle, se mettent subitement à hurler, radotant qu'ils furent pionniers.

Des intellectuels qui accomplissent de brillantes carrières professionnelles se montrent soudain étrangement obtus, accrochés comme cataleptiques aux barreaux d'une prison doloriste, cabrés, balayant de coups de pied furieux ceux qui voudraient ouvrir les fenêtres pour laisser entrevoir l'étendue du ciel. Ceux-là, pugnaces, vont consacrer une énergie phénoménale à vouloir partager leurs sanglots, à culpabiliser ou flatter des financeurs, non pour des programmes ou des lieux culturels, juste pour que nul n'ignore, même pas les fleurs sauvages, le nom exhumé de leurs ancêtres particuliers.

Lancés à corps perdu dans une bataille de dates, ils pansent à n'importe quel prix les lésions qu'ils se sont fouillées à vif. Une aubaine pour des pouvoirs publics enchantés de s'affranchir des obligations de la loi. Vous voulez une deuxième date, parfait, deux dates c'est mieux qu'une, on va les reconnaître toutes deux, n'avoir d'égards pour aucune, du répit pour quelque temps. Ça tombe bien cette affaire commençait à paraître sérieuse, sanctifiée, enfin une bonne raison, incontestable, de prendre des distances.

C'est ce que fait le président de la République durant les deux années qui suivent l'octroi par circulaire ministérielle en 2008 de cette deuxième date. Il prend ses distances au point d'être absent en 2009 et 2010 aux cérémonies officielles du 10 mai. Qu'importe ! Fût-ce par circulaire, le maître aconsenti. Oh, le bonheur suprême pour l'esprit assimilé, l'approbation du maître… son œil engraisse les chevaux.

Croyez-vous qu'ils auraient l'idée de batailler pour un mois de la mémoire et des cultures afro descendantes, par exemple, comme il en existe depuis trois quarts de siècle aux États-Unis, depuis trente ans au Canada, vingt ans en Angleterre ? Non, il leur faut une date, un jour, leur jour. Gouffres narcissiques.

Imaginez nos ancêtres se comportant ainsi… ils eussent été emportés comme les peuples qui ont disparu. Où serions-nous ? Dans les limbes. Pas plus vivants qu'une improbabilité non advenue.

Les blessures sont profondes. Je le sais, je porte les mêmes, taraudantes. Les miennes aussi sont inassoupies ; mais l'enjeu n'est ni nos personnes ni nos douleurs. Et nous ne sommes pas les moins armés pour y faire face.

Il s'agit des jeunes générations. Qu'il faut instruire de la source des préjugés qui les écrasent et les excluent. Qu'il faut protéger par le droit contre l'arbitraire. Qu'il faut ramener à la confiance par une meilleure connaissance de l'ingéniosité individuelle et du génie collectif qui surgirent de cette nuit interminable. « L'avenir ne sera pas maudit », Jean Ferrat. L'avenir ne sera pas mourir. Ni pleurer.

*

Ce n'est pas le moment de l'apitoiement, c'est celui de l'article 2. Une autre bataille s'annonce, âpre. Au moins celle-ci sera-t-elle gagnée. « Il n'est point de désespoir si fort soit-il qui ne trouve au carrefour sa mort à l'aube », Léon-Gontran Damas. Leçon de vie. Pas fini mon chemin de Damas.

Car il viendra l'article instaurant un comité de personnalités qualifiées pour proposer des lieux et des actions de mémoire. On s'en souvient avec de gros pincements, c'est ce qu'est devenu le comité prévu de personnalités qualifiées pour étudier le préjudice et proposer des actions de réparation. Sa dernière rédaction, celle de la commission des lois inspirée par mes « collègues d'outre-mer qui ne voulaient pas de l'article sur la réparation » est tellement neutre qu'il devrait être voté sans commentaire. Croyez-vous ?

L'un de mes « collègues d'outre-mer » se lève. Il faut qu'il cause. Pour dire ? Qu'il a beaucoup insisté pour la transformation de cet article, il ne peut concevoir qu'on lui offre une réparation pour ses ancêtres. Beaucoup insisté ! Quarante-huit heures avant ! Ça mérite d'être su. Purée !

A-t-il seulement lu cet article ? A-t-il seulement pris le temps de s'inquiéter de ses intentions et ses présupposés avant de les supposer et les récuser ? Il refuse la réparation ! On n'en est qu'à l'idée, malin. Et on a déjà éliminé celle, l'indemnisation financière, qui te dicte ta déclamation de sénateur romain relevant d'un geste offusqué sa toge immaculée. Je vais les tuer.

A-t-il pensé un instant à tout ce que nos artistes nous passeraient du patrimoine enfoui, de ces trésors de résistance et de créativité, à ce qu'ils saisiraient d'expressions étonnamment semblables d'un continent à l'autre, Aimé Césaire, Wifredo Lam, Pablo Picasso, un des multiples triangles, si on leur en donnait les moyens.

A-t-il songé à ce que serait le monde sans le jazz ? Sait-il seulement tout ce que racontent de souffrance et d'immortalité le blues et les spirituals… *« Oh my Lawd, God, what happened when Adam took the apple*[1]*… »* A-t-il songé une seconde à ces enfants, ces adolescents, ces adultes mêmes qu'on instruirait des beautés, des mystères, des ratés du monde d'avant, du monde pendant, du monde de ce temps. Avec quelques budgets, quelques moyens, quelques programmes.

S'est-il soucié de l'impossible accès à la terre pour des millions de personnes, des milliers rien que chez lui ? Ah, vous, tous les saints du ciel et du purgatoire, seriez-vous en vacances ? Vous ne pouvez pas faire un tour dans l'esprit de ces gens-là ? *« Why must we wait / Until the morning light / To wake up and be*[2]*… »*, Nina Simone.

Le pis c'est que ce n'est pas lui que je détesterai le plus. Encore lui s'est-il démasqué. Car je n'ai pas cherché à savoir qui étaient

1. « Oh Seigneur, mon Dieu, qu'advint-il lorsqu'Adam accepta la pomme ? »

2. « Pourquoi devons-nous attendre / Jusqu'au lever du jour / Pour nous dresser et être… »

ces « collègues d'outre-mer » évadés du bois dormant. Hors lui, je ne sais toujours pas quels autres ont participé à cette expédition de censure. L'action létale est venue des Outre-mers, c'était assez pour tout ce dont j'avais déjà à guérir. Entracte… *Flute Fraternity, Give a Little Whistle*[1], Buddy Collette et Herbie Mann.

La France ne fut pas seule. Troisième puissance négrière, elle fut surpassée par l'Angleterre et le Portugal ; suivie par l'Espagne, le Danemark (première abolition européenne en 1792) ; la Suède en fut, les Pays-Bas également ; la Norvège exhuma récemment sur son territoire des épaves de navires négriers ; la Suisse, qui n'est pas dotée de port maritime, a découvert que des fortunes nationales furent édifiées à partir de capitaux investis dans des compagnies négrières.

On vous le dit, c'était bien toute l'Europe. La reconnaissance par la France appelle tout naturellement un acte égal des autres anciennes puissances esclavagistes. L'article suivant l'invite à en prendre l'initiative auprès du Conseil de l'Europe et des Nations unies.

Cet article 3 prévoit également une date de célébration officielle, pour le souvenir, les résistances, les abolitions, une date internationale qui exprime la dimension universelle de cette tragédie. La date de commémoration nationale est instaurée par l'article 4, le même que celui de l'insolite comité mémoire.

Maryse Condé, écrivain guadeloupéen, première présidente du comité pour la mémoire de l'esclavage fera étonnamment vivre cette structure qui, dans sa première version, conglomérait des tempéraments incompatibles.

Françoise Vergès qui prendra le relais de la présidence quelques années plus tard le fera transformer en un comité pour la mémoire et l'histoire. J'avais été bien avisée de renvoyer à un décret du Conseil d'État les modalités de constitution de ce comité. Cela permet une évolution en souplesse. Aucun mérite, c'est juste que je nous connais, nous avons besoin de temps… Toujours nous macérons et toujours nous bonifions. Un atavisme de survie.

De même ceux qui, comme des poulpes, s'étaient cramponnés à leur date, après avoir tétanisé des esprits crédules en les enfermant

1. « Flûte de la fraternité, gratifiez-nous d'un son. »

dans un mobile unique à tous leurs maux, après avoir amoindri nos hommes en les accusant sans nuance de vagabondage sexuel, finiront par se consacrer à l'inventaire méticuleux d'ancêtres inimaginés. Ils en trouveront de toutes sortes, rétablissant des généalogies rompues ou brouillées, raccrochant par une filiation tangible, des indifférents et des réticents à des branches nourricières de leur histoire. Un choc souvent, une thérapie sans doute, un apaisement presque toujours.

« *We will never die* », Ben Hecht.

Nos débats sont achevés. Les députés sont à la fois fiers et graves. Nous ressentons enchevêtrés la grandeur et l'inachèvement de l'œuvre. Nous savons tout à la fois l'audace de notre commencement et la fragilité de ce dénouement en désinences pointillées. Nous percevons sans doute que la langueur des atermoiements fut fatale à la magnificence de l'acte.

*

J'ai invité et pris en charge depuis la Guyane une dizaine de jeunes pour constituer une chaîne de fraternité, leur offrir de se connaître et d'assister ensemble à cette séance publique, amorce d'une aventure qu'ils devront colorier. Ils sont arrivés à Paris ce matin, accompagnés d'un copain de lycée, Bernard. Je ne les ai pas encore vus. J'ai salué leur présence depuis la tribune. Je n'en connais encore aucun, j'avais demandé à des amis de repérer des jeunes pour qui cette expérience aurait grand sens.

J'ai seulement précisé que je veux qu'ils soient amérindiens, bushinengue, créoles, blancs, jaunes et autres. Ils le sont. Natifs de Guyane ou venus des Caraïbes, d'Asie, d'Europe, enracinés en cette terre de rencontres, leur lieu de vie et de rêve.

Nous nous retrouvons à la fin de la séance, bouleversés et amoureux. Ils sont beaux, garçons et filles, dans leur diversité et dans leur émotion. Je les ai aimés chacun. Nous avons ri, parlé, pleuré un peu. Je suis submergée par ces mots de Damas :

« Il n'est plus bel hommage
À tout ce passé
À la fois simple
Et composé

Que la tendresse
L'infinie tendresse
Qui entend lui survivre »

Sur la photo, mon corps repose sur ma jambe valide. Ils font face, tous plus grands que moi, m'entourant comme un douar bienveillant. Leurs visages sont lumineux, leur jeunesse un défi. L'un d'eux a péri, depuis, dans un accident de la route.

*

Le temps prochain est celui du Sénat. Un détour par la Chambre haute me paraît s'imposer. Je prends très vite contact avec Claude Estier, président du groupe socialiste, qui m'assure de son soutien.

J'appelle Robert Badinter, éminent juriste et inlassable militant humaniste pour qui j'éprouve une profonde estime et une admiration que j'imagine assez répandue. Il est d'abord réticent, sur les lois mémorielles en général, me dit-il. Je propose de lui envoyer le texte. À notre deuxième conversation il convient que les dispositions normatives sur l'enseignement et la recherche notamment en font plus qu'une loi mémorielle et, après discussion, déclare n'avoir pas d'objection.

J'ai sollicité un entretien auprès du président du Sénat, Christian Poncelet, et du président de la commission des lois, Jacques Larché. Ce n'est pas l'usage ; cependant ils m'ont reçue chacun. Courtois, cordiaux, mais aucun ne posa aucune question après ma présentation du texte.

20 mars 2000, un peu plus d'un an après notre première lecture à l'Assemblée nationale, celle du Sénat est enfin inscrite à l'ordre du jour.

Le texte soumis à examen est une version extraordinairement désossée. Il est sorti essoré de leur commission des lois. Il ne reste plus qu'un article, le premier, amaigri, devenu : « La République française reconnaît que l'esclavage est un crime contre l'humanité. » Redondant ! Le nouveau code pénal de 1994 a déjà fait en cette matière dans le général et l'imprécis. Superfétatoire. Inutile donc ! Et osons-le… ridicule ! Je suis éberluée en découvrant ce charcutage monumental. J'avais eu l'idée de solliciter plusieurs sénateurs pour obtenir des invitations afin de permettre à des personnes intéressées de suivre les débats. J'en avais obtenu une quarantaine.

Cela fait un joli public pour assister à la mise à mort. J'observe, équanime, bien déterminée à rétablir l'intégralité du texte à l'Assemblée nationale en deuxième lecture. Coup de théâtre. Les sénateurs sont moins d'une dizaine présents dans l'hémicycle. Le président de la commission des lois, rapporteur du texte, jeta un œil vers la tribune du public. Elle lui fit un effet inattendu.

Il se mit à fustiger ces sénateurs qui, à la commission des lois, sont venus avec force raisonnements voter des suppressions d'articles et ne se sont pas donné la peine d'être présents en plénière pour défendre leur vote de commission. Sa gêne m'a paru pathétique, son embarras réel devant son texte mutilé. Il proposa de rétablir l'article premier dans son intégralité, ce que les quelques sénateurs présents acceptèrent de bonne grâce.

J'avais aimé l'altercation avec Robert Pandraud, elle avait été frontale. Ici, l'homme rude en son milieu, exposé à l'opinion publique, s'avérait vulnérable. J'éprouvai un pincement au cœur en vérifiant le pouvoir de cette présence. Si seulement mes appels au secours pour la réparation avaient été entendus...

Finalement, la petite loi sortie du Sénat, rescapée du grand sabrage de la commission des lois, se compose de l'article premier reconstitué et, encore un effet du public, a retrouvé en second article le rétablissement d'une date nationale de commémoration. *« We shall not / We shall not be moved... We're fighting for our freedom... our children... »* (*Spiritual song*).

Nous l'inscrivons très vite en deuxième lecture à l'Assemblée nationale, nous rétablissons le texte, nous précisons qu'un collège sera réservé aux associations au sein du comité pour la mémoire.

Un an plus tard, le 10 mai 2001, en deuxième lecture, le Sénat vote la loi conforme à la version reconstruite par l'Assemblée nationale. C'est donc l'adoption définitive, à l'unanimité. Les sénateurs ont eu l'air de se débarrasser d'une corvée. J'ai éprouvé un léger regret.

Le cabinet du ministre m'avait fait savoir que le gouvernement était disposé à introduire un amendement, sur une disposition mineure. L'effet en aurait été de faire revenir le texte à l'Assemblée nationale pour l'adoption définitive. Elle aurait été plus solennelle chez nous, plus cérémonielle, plus rituelle, plus festive. Nous, nous la voulions vraiment cette loi.

J'avais décliné l'offre. Jouant les puristes anachroniques, j'avais estimé qu'une loi d'une telle charge symbolique et porteuse de tant d'espoirs ne devait souffrir aucune manœuvre tactique. Scrupules déplacés. Ainsi acheva-t-elle sa course dans un Sénat pressé d'en finir. Tant pis. L'émotion était à son comble, chevauchant les gradins, transportant ceux qui avaient assisté à cette dernière séance.

Des hommes, des femmes, des jeunes filles m'ont attrapée dans les escaliers, serrée dans leurs bras, ont pleuré jusqu'à ce que moi-même, je fonde en larmes. « J'ai séché mes cours pour venir », me dit une adolescente. « Je savais que c'était plus important d'être ici. » « Vous m'avez rendu ma dignité, merci », sanglota une jeune femme.

Je l'enlaçai et lui dis : « Je ne vous ai rien rendu parce que vous n'aviez rien perdu. Seulement cette victoire que nous avons remportée ensemble défait des nœuds, nous en avions tous à l'intérieur. Merci à vous d'être là aujourd'hui. » Le soir, Christian Paul, ministre de l'Outre-mer, nous a laissé à totale disposition la salle Félix-Éboué du ministère pour célébrer l'événement.

J'avais eu l'idée d'un multiplex avec les quatre Régions d'outre-mer. Le ministre l'avait approuvé et avait totalement pris l'événement en charge. Je l'avais organisé avec des maires et des associations.

Nous avons commencé par la Réunion, pour le décalage horaire. Nous avons poursuivi toute la nuit avec des contes, des danses, des chants, de courtes allocutions de Guyane, Martinique, Guadeloupe… et d'époustouflantes improvisations sur place à Paris. Les ressortissants des Outre-mers vivant en Île-de-France étaient nombreux et insomniaques. Christian Paul est resté avec nous jusqu'au milieu de la nuit.

Nous, incapables de nous séparer, nous nous sommes tenu compagnie, au chaud, comme dans un carbet… jusqu'au devant-jour.

Déjà le matin, sur le parvis du Sénat, j'avais éprouvé un contentement « grand comme un besoin de changer d'air, beau comme une rose, fort comme l'accent aigu d'un appel dans la nuit longue », la nuit de Léon-Gontran Damas.

Chapitre XIII

Contrée périlleuse
(2002)

J'ai appris à *tchater* en un clin d'œil. Un vendredi soir d'octobre 2001. Le matin, *Le Parisien* avait publié une fuite sur l'intention de la direction du Parti radical de gauche de me solliciter pour courir la présidentielle, sous une photo d'un format impossible à rater. Panique.

J'en étais au troisième entretien mais encore d'une grande indécision et à dire vrai assez peu soucieuse de l'affaire. Dans un premier temps j'avais dit non, refusant tout délai de réflexion. J'avais une excellente raison : je venais de décider après mûre réflexion et croyais-je, irrévocablement, de quitter la politique.

Mes motivations étaient claires. J'en avais fait le tour et, j'en étais sûre, il n'était pas possible de faire de la Politique en politique. N'étant ni sadique ni masochiste, j'en avais assez de ces conflits avec mes amis politiques, assez de répéter que nous perdions notre chemin.

Je commençais à trouver ridicule et vain d'écrire au président de notre groupe parlementaire, au vrai le harceler, pour faire savoir que je ne voterais pas tel texte, ni celui-ci ni celui-là y compris lorsqu'il s'agissait de votes à main levée. Je suis ainsi, incapable de composer avec les malentendus, parlant lorsqu'il suffirait de me taire.

À force de récriminer et de protester, j'apparaissais au mieux comme une saouleuse, au pire donneuse de leçon.

Juin 2001. Un ami universitaire, Bernard Castagnède, vice-président du PRG, me transmet l'offre de la direction de ce parti, porter leur étendard à la présidentielle.

Neuf ans que je suis élue. Un journaliste du *Monde* écrira après une enquête de terrain éclair, « à un moment ou à un autre, elle a insulté chacun des élus de Guyane ». Alibi de complaisance prétendant expliquer pourquoi si peu d'élus guyanais m'auront offert leur parrainage.

Cette métropole nostalgique réserve toujours une grande indulgence à ceux qui confortent par leur comportement l'image exotique de gens toujours empêtrés dans des querelles vénielles, insensibles aux occurrences majeures, enlisés dans leur frivolité ordinaire, résignés à consentir au monde tel qu'il est sans lui déranger un cil.

Car je n'ai jamais insulté personne, en aucune conjoncture. J'enseigne à mes enfants qu'on peut tout dire à condition de respecter les formes. Je m'exécute la première. En toutes occasions j'ai dit ce que j'avais à dire sans avoir jamais été ni discourtoise ni grossière. Excessive peut-être, déraisonnable sans doute, partiale parfois, impertinente souvent, jamais impolie. Et ces élus guyanais, qui furent avares de leur parrainage, sont probablement ceux avec lesquels je me suis le moins disputée, vu qu'ils parlent de tout sauf de politique.

Je confesse volontiers avoir sévèrement critiqué des choix, des décisions, des actions sans m'embarrasser des précautions et des nuances qu'exige la connivence ambiante. Douloureux exercice. J'attaque les choix et les actes, jamais les personnes. Et ce n'est pas faute d'avoir été moi-même fréquemment calomniée, diffamée, insultée. L'on ignore souvent que c'est une grande souffrance.

Certes, j'y mets de l'ardeur, j'avouerai d'ailleurs prendre plaisir à l'effort intellectuel nécessaire pour argumenter et convaincre. Cependant je préfère de loin expliquer ce qui me paraît correspondre aux enjeux du lieu, aux exigences du moment, aux priorités de situation. Idéaliste, j'étais encore une incurable rêveuse, prête à croire que le monde peut devenir lisse et beau ; que chacun n'a qu'un souci lorsqu'il a les moyens d'agir, servir l'intérêt général, soulager les plus vulnérables.

Voilà quelques années déjà que mes champs principaux d'affrontement ne sont pas mon village. J'y avais vu surgir d'effarantes coalitions pour me « barrer la route » selon l'expression de l'un des membres après qu'il eut pactisé avec un ancien ennemi. Non, ce n'est pas un abus de langage. Du temps d'avant mes prétentions à servir mon pays ils étaient ennemis, pas seulement adversaires. Leurs sbires en venaient aux mains au plus tendu des campagnes électorales ; ils s'accusaient mutuellement des plus exécrables intentions et des plus néfastes agissements.

Ces coalitions eurent un heureux effet de loupe sur les petits arrangements de certains à se partager zones d'influence géographiques et institutionnelles, depuis vingt ans qu'ils géraient les collectivités en coexistence pacifiée par les mêmes procédés clientélistes et prédateurs. Avec mon émergence sur la scène politique, *exit* l'équilibre de la terreur. Le temps était venu de la nouvelle alliance. Ces ligues étranges allèrent jusqu'à des listes communes et des triangulaires entendues. Des supplétifs, dont les indépendantistes électoralistes, les ont rejoints. Contre quelques menus dividendes.

Ce sont toujours les mêmes qui ramassent le gros lot, mais les acolytes sont satisfaits de leurs lots de consolation ; ils n'auraient rien récolté de mieux en restant fidèles à leur ligne politique. Tout ceci se déroule sous l'œil bienveillant du pouvoir d'État, de droite ou de gauche. De la droite que l'on connaît depuis plus longtemps, le positionnement est dans l'ordre des choses, les méthodes éprouvées. La gauche ne fit pas la délicate. Elle enfourcha les mêmes rossinantes.

Le préfet ne faisait plus de tournées d'inaugurations et de signatures de contrats en grande pompe en pleine campagne électorale pour désigner au choix légitimiste le candidat officiel. Les apparences de l'obligation de réserve étaient sauves. Méthodes plus discrètes mais non moins efficaces.

Sous la gauche, on vit miraculeusement débloquer à trois semaines d'un scrutin des crédits permettant de titulariser des personnels de collectivité, consolidant ainsi la position du maire ou du président sortant. La gauche s'est commise également dans des cérémonies inopportunes de promotion d'élus-candidats en panne d'aura, en les nommant dans des comités creux vendus avec force bagout comme structures prestigieuses enterrées sans tambour ni trompettes quelques années plus tard, avant que l'on n'en perçoive ni les missions ni l'utilité. Je dois admettre avoir été prévenue.

Dans un ministère à Paris, on m'avait discrètement entretenue de l'inconvenance d'un audit de gestion, comme j'en annonçais l'intention, si je gagnais les municipales. « C'est la gauche qui était aux affaires, ça ferait désordre. » Déjà infirme en diplomatie, j'éructai : « Moi, je ne m'installe pas dans la crasse des autres. Il n'y a pas de gauche qui tienne. Les gestions aventureuses et douteuses de fonds publics seront dénoncées, m'en fous de l'étiquette des auteurs. »

Ayant commencé à soulever la poussière, j'ai poursuivi sur ma lancée, citant les marchés publics suspects, les études fantômes, les missions douteuses, les frais inexpliqués signalés dans le rapport de la chambre régionale des comptes dont personne n'a cure.

Je fis grand tapage autour de photocopieurs jamais déballés ni vus par personne pourtant livrés et payés au prix de ce qu'aurait coûté la formation de quatre cents agents ; je dénonçai le laxisme et l'inertie. Me sachant encerclée, j'invitai les citoyens à se réapproprier les institutions publiques, à faire de la mairie leur maison, je leur martelai qu'ils doivent se mêler de leurs affaires, forcer les élus à s'atteler aux problèmes collectifs, les contraindre à la transparence.

Je m'attelai moi-même à dire par quoi commencer. Exiger un service d'accueil pour les victimes d'agressions devenues pluriquotidiennes, occuper l'espace public, l'éclairer, l'animer, l'enfiévrer pour l'arracher aux fripouilles, aux arsouilles, aux fripons, aux brigands et aux truands.

Et de leur raconter cette ville et ses bruits, ses légendes, ses profondeurs, ses énigmes et ses cabales. Et d'expliquer ce qu'il est possible de faire depuis la capitale de cet immense territoire, de ses ressources naturelles, sa richesse humaine, son savoir technique, son potentiel financier.

Et d'énumérer ces compétences restées en sommeil, et d'esquisser ce nouvel horizon que nous pourrions tracer à l'audace et au courage. Et de galvaniser ces enthousiasmes qui se mettent à croire à une ère nouvelle de citoyenneté active, de méritocratie, d'élan collectif. Et d'enchaîner les bravades publiques.

Et de perdre les élections locales dans un mouchoir de poche.

Voilà ce qu'il en coûte de refuser de courber l'échine et d'assaillir tous les fortins en même temps. Trop de fers au feu. Pour autant ce n'est pas là qu'eut lieu le gros de mes querelles.

Plutôt dans mon action législative car telle est bien ma seule responsabilité élective et mon premier devoir de faire.

*

Un jour, un collègue me dit avec un agacement très marqué : « Tu dis souvent moi, j'ai des principes, comme si nous nous n'en avions pas. » Je compris que « moi » était de trop. Alors que je m'opposais à un rapprochement ponctuel de notre groupe parlementaire avec d'autres élus d'un positionnement politique contestable au regard des valeurs républicaine, un autre m'intima : « Tu nous pompes l'air. Avec tes grands principes tu te condamnes à l'impuissance. » Hautain, le ton acrimonieux.

Nettement plus en hauteur, Jean-François Hory, professoral, m'avait asséné, j'y repense souvent : « Je t'écoute parler, tu n'as pas compris grand-chose à la politique. Dans la même phrase, tu fustiges les arrangements et les compromis. Il faut que tu apprennes que le compromis est un mode pacifique de résolution des conflits. »

À même culminance, Louis Mermaz jugea ma réaction à l'argument d'un rapporteur qui tronquait un texte au prétexte que « Bruxelles » rejetterait cette disposition : « Christiane a raison de refuser que Bruxelles serve d'épouvantail contre une mesure lorsqu'elle est bonne, mais si j'aime l'air de sa chanson, je n'en approuve pas toutes les paroles. » Ma vie parlementaire s'écoulait ainsi, bondissant d'empêchements en embarras dans des différends épuisants.

Facteur aggravant, n'étant pas rancunière, je n'adopte après mes altercations aucun comportement de repli. Affective mais point subjective je suis capable, à l'égard de ceux que j'ai exaspérés, de gestes conviviaux. Lucide en dépit des apparences, je savais reconnaître la qualité des critiques d'un Hory ou d'un Mermaz et j'en faisais mon miel dans un apprentissage douloureux.

Totalement loyale, j'accourais au moindre danger et, bien que me montrant sans pitié *urbi,* j'œuvrais solidaire *orbi*. Hors normes et sans schémas. Usant. J'en avais assez de tous ces éclats. J'étais excédée. Je ne voulais plus, même malgré moi, même protestant et pestant, me faire complice d'une gauche qui s'égarait dans de mauvais chemins de traverse, m'accommoder d'un désamour populaire dont elle n'entendait pas les craquements, faire fi de la désolation accrochée au bout des renoncements.

Quatre ans de cohabitation Chirac-Jospin. J'avais pris en horreur ces lois « équilibrées ». Collusion. En rampant équilibré, on commence à restreindre les libertés individuelles. C'est turbulent, les peuples. Surtout quand ils ne se résignent pas dans leurs territoires relégués. Depuis le temps qu'ils sont exclus ! Trois bonnes générations. Ils auraient dû être habitués pourtant.

Et voilà le terrorisme qui s'y met. Twin Towers. Belle aubaine. Bush Jr. a ouvert grand les vantaux. Toutes les démocraties peuvent s'y précipiter. Pour protéger les victimes innocentes du terrorisme, il n'y a qu'à suspecter tout le monde. Donc multiplier les contrôles ordinaires. Loi sur la sécurité quotidienne. Et comme il y a beaucoup plus de citoyens que de policiers, les contrôles se feront forcément par priorité sur ceux dont l'apparence laisse penser qu'ils sont susceptibles de commettre un acte répréhensible. Jurisprudence de la clinquante doctrine Poniatowski née trente ans plus tôt.

Je ne supportais pas ce « pouvoir modeste ». J'étais prise de rage contre cette gauche « comme il faut », ces cohabitants raisonnables.

Au motif fallacieux de ne pas diviser la voix de la France, ils concluent des traités funestes.

Sous le calcul inconsistant de donner des gages de gouvernants sérieux, ils cèdent le pas et la parole, confondent l'acte et l'action, laissent le dernier mot à ceux qu'ils sont censés combattre par incompatibilité d'idéal. Et s'en drapent sous prétexte de modestie.

Ah ! *Caligula* : « À quoi sert le pouvoir si ce n'est donner ses chances à l'impossible ? »

Le champ est libre. Débarquent en grand apparat experts et techniciens. Ils grignotent d'abord, testent la résistance, rongent, puis engloutissent, envahissent, ils commencent à prendre le dessus. Évidemment. Puisque le politique a capitulé. La politique devenue penaude se croit vertueuse. Modeste, disent-ils. Foutaises. Reddition, oui. Débandade en rase campagne et en pleine ville.

Un débat politique sur l'éducation, en vue de la présidentielle. L'élu, flanqué à gauche d'un inspecteur général d'académie écriveur de livres, à droite d'un rapporteur de comité Théodule. Ce sont eux qui causent. Péremptoires. Effectifs d'élèves, salaires d'enseignants, rythmes scolaires. Sujets majeurs, certes. Moins éminents cependant que la question centrale et première de savoir à quoi sert l'école. Ils sont savants, ils sont allés voir comment ça se passe ailleurs, pas forcément en se déplaçant d'ailleurs, à notre époque, ça se peut de tout savoir sur les autres sans aller vraiment voir, suffit d'interpréter ce qu'ont écrit ceux qui déjà ne sont allés voir que sur Internet.

Donc ailleurs ça se passe mieux, y a qu'à copier (y en a bien qui font toute leur scolarité comme ça, en copiant). Le politique est aphone mais pas totalement muet, pas encore. Un timide « il faut redéfinir les missions de l'école »... Le rappel à l'ordre technique est cinglant. « On ne réforme pas comme ça ! La résistance sociale est énorme !!!! » Ainsi sermonnent nos clercs. Fermez le ban. La riposte politique ? Drapeau blanc.

La crue des égoïsmes ? On se poste sur la berge comme un douanier et on regarde passer. Tant pis pour ce qu'elle charrie, les dernières chances des exclus, le reste de confiance qu'en désespoir de cause les plus démunis conservaient à la puissance publique, le rêve de réparation de l'ascenseur social... autant en emporte la crue.

La fortification des corporatismes ? Faut pas énerver le corps électoral. Revenons donc aux choses sérieuses, les stages d'enseignants pendant les heures de cours, le mode de calcul des primes, la grille indiciaire...

Et le journaliste animateur qui veut une idée, une mesure, une réforme, juste une, il faudra bien résumer ce débat, alors votre réforme, celle qu'il faut absolument faire, sur quoi ? Il nous faut du concret... Eh bien... la semaine des quatre jours, ça ne marche pas, il faut la réformer. Bingo. Du concret !

Pas concret, peut-être, l'avenir d'une génération, pas concret le recul de l'égalité, pas concret le sujet du lien social, pas concret le dessein de se mettre ensemble pour faire pays ? Bon, bon, concret peut-être, mais pas immédiat, en tout cas pas visible, pas aveuglant.

C'est la dure loi de la vie depuis que nous sommes revenus au temps des pithécanthropes. Réfléchir et vouloir ne sert à rien. Il faut suivre le cours des choses (déjà !). Et voilà comment un débat politique finit en réunion syndicale. Les experts savent tout et parlent haut. Évoquez le lien social, la cohésion du pays, ça ricane. Ça reste perchés à califourchon sur leur savoir bancal. Pas un qui aille se colleter avec les baffes des électeurs, mais savent mieux que personne ce qui convient aux gens.

L'école, selon leur *vade-mecum*, pas plus qu'une usine Ford, y a qu'à mieux organiser le travail. Qu'en est-il des missions de l'école ? Quelle ambition pour les générations qu'elle formera ? Quel rôle dans cette société qui s'effiloche, où chaque catégorie se met en garde contre les autres, où l'État n'est plus guère qu'un arbitre dilettante lorsqu'il n'est pas carrément prédateur ?

Et voilà pour cette école de France, ce lieu de tensions parfois enragées entre ceux qui raisonnent sur une société égalitariste et ceux pour qui la transmission des savoirs n'est qu'un mécanisme de reproduction sociale, avocat fils d'avocat, médecin fils de médecin, cuiller d'argent et *stock options*.

Voilà ce qu'elle vaut l'école de la République, un semblant de zones prioritaires à effort public modique, un simulacre de suivi individualisé, un vague encouragement aux profs tenaces. Elle ne mérite pas plus de querelles que ça. Les pères fondateurs de la République lui avaient assigné de réaliser les idéaux républicains en assurant l'émancipation individuelle par l'acquisition des connaissances et l'initiation à la raison critique, et d'apprendre à faire nation.

Ils ont institué l'Éducation nationale qui a unifié les programmes, les manuels, les examens, les conditions d'accès. Obligatoire et gratuite, l'école. Danton n'a pas cédé sur les soi-disant résistances des paysans, ruraux présumés individualistes. L'État doit pourvoir, adapter si besoin, ne pas rendre impossible le travail des champs, ne pas davantage condamner ces enfants à ne reproduire que la vie de leurs parents, vous savez, vivre au rythme immuable des saisons et risquer ainsi de ne jamais « entrer dans l'Histoire ». Ils étaient d'une autre trempe, ces hommes d'État.

L'école, c'était le chemin pour s'évader, se hisser, marronner des voies toutes tracées par la famille, la classe sociale, le terroir, les religions, les superstitions, les préjugés. Convenons-en, ces pères fondateurs ont fait des dégâts considérables. Cette école a disqualifié les cultures et les identités régionales, contraint les langues à la clandestinité, elle a parfois déchiré des familles entre le prêtre lorsqu'il était récalcitrant et l'instituteur pugnace. En même temps, elle a instruit et elle a enseigné l'esprit civique. Ce fut un conflit de pouvoirs, entre l'emprise sur les consciences et la liberté par la connaissance.

Et maintenant que les identités régionales reviennent en force, que les mémoires coloniales font irruption et donnent à lire des identités composites, que le migrant, travailleur ou errant, sert de figure répulsive aux manipulateurs cyniques, maintenant que le plus inculte des hâbleurs ne peut ignorer que la société est plurielle, quel projet pour l'école ? La modulation des primes !

Chez moi en Guyane, c'est pis encore. La large majorité des enseignants ignorent tout des enfants assis en face d'eux, leur histoire, leurs histoires, leurs univers culturels, leurs inhibitions. Pas étonnant, c'est aux primes et sursalaires que l'État s'obstine à les recruter. Et il va en supprimer la formation. Préfère inventer de nouvelles primes, y compris de productivité. Comme si n'existaient plus ni vocation, ni goût des autres, ni plaisir d'aider à grandir. Un écrémage.

Jean Jaurès : « On n'enseigne pas ce que l'on veut, on n'enseigne pas seulement ce que l'on sait, on enseigne tout autant et peut-être davantage ce que l'on est. »

Alors, parlez-leur de dénicher les prix Nobel qui seraient nés par hasard dans un village perdu, un quartier paumé, une commune dépourvue, un bidonville, un squat ou même un quartier chic. Ils vous louchent comme on toise les déments.

Sont tombés du ciel les Modibo Diarra, les Nelson Mandela, les Toni Morrison, curieux et brillants. Furent pas élèves, sont des ovni. Sont passés où les hussards de Péguy ? Passés de mode. Contrat social ? Connaissent pas.

Ces enseignants qui y vont parce qu'ils y croient, ceux qui y restent parce que malgré la déréliction générale, ces enfants c'est comme les méduses échouées sur le rivage, on essaie de les sauver toutes, on ne sait pas si on y arrivera, mais on essaie, l'une après l'autre, il ne s'agit pas de les porter, seulement de les remettre à l'eau, leur donner leurs chances, et quelle différence pour celles qui l'auront eue ! Cette passion-là, ça ne compte pas, ça ne fait pas de bruit.

D'ailleurs, obsolètes les techniciens et les experts, déjà la roue tourne, au vertige, venu le temps des épiciers et des apothicaires. Ah ! Condorcet, qui voulai que « l'école forme des citoyens difficiles à gouverner », ressuscite mon vieux.

J'en étais tout à fait sûre, impossible de faire de la Politique en politique. Paraît que Mitterrand lui-même disait que le pays est à droite. Ah ! bon, tant pis pour le peuple de gauche, et même pour le peuple de droite dont les enfants, quand ils sont pauvres, ont le droit de *soiffer* une autre vie, de s'offrir le bonheur, de s'inventer une destinée.

Qu'y puis-je ? La politique comme ça, c'est bon pour les gens qui ne savent rien faire d'autre. Qu'ils se crétinisent c'est leur affaire, moi je m'en vais.

Voilà ce que je savais en 2001 de mon long désappointement, et aussi que subrepticement il pouvait virer en désabusement.

*

Il était temps de m'en aller, de « reprendre une activité normale ». J'en étais si sûre que je l'avais déjà annoncé à mes enfants. J'ai conservé, de quelques mésaventures de mes années d'innocence, l'obsession taraudante qu'on ne doit jamais laisser un enfant rêver sur une promesse incertaine.

J'ai donc bien réfléchi, pensé, soupiré avant d'en parler. Ma décision était prise. Je l'avais interrogée sous toutes ses coutures, j'étais persuadée qu'elle s'imposait. Je craignais, en restant, de me perdre dans l'aigreur ou la lassitude. Mes fils accueillirent la nouvelle avec soulagement. Ils étaient depuis plusieurs années convaincus, comme mes frères, que la politique était pour moi un puits de souffrance, un nid d'injustices et que puisque je ne savais pas mesurer mes engagements, il valait mieux que je reprenne ma vie d'avant.

Bien entendu je savais pour ma part que ce ne serait pas un retour vers une vie d'avant mais un chemin vers d'autres tribulations. Mes filles n'exprimèrent aucun débordement de joie. La plus grande m'avait toujours soutenue, y compris dans les moments de grande privation familiale, assurant qu'ils sauraient faire face, quant à moi je devais continuer à répondre à l'espoir des gens.

Elle se contenta de me dire : « Je crois que tu as assez donné, il est peut-être temps maintenant de laisser faire les choses. » La plus jeune, de ses douze ans enjoués, a toujours considéré que si je continuais c'était bien, si j'arrêtais c'était bien aussi, que c'était à moi de choisir, ajoutant : « Tout ce que je sais, c'est que je suis fière d'être ta fille. »

Ce qui ne l'avait pas empêchée deux ans auparavant de me moquer après m'avoir interrogée : « Tu travailles toujours tard la nuit, qui te donne tout ce travail ? », s'esclaffant à ma réponse, « moi-même, parce que c'est un travail nécessaire » et riant plus fort encore lorsque m'ayant demandé qui m'impose les délais, je lui indiquai « moi-même, parce que c'est à ce moment-là qu'il faut le faire ». Elle ponctua son rire par un définitif « moi je veux bien travailler, mais pas comme ça ». Je les respecte profondément. Je sais quels sacrifices je leur ai infligés, souvent sans y prendre garde. Ils sont courageux et généreux. Ils ont appris très tôt à être autonomes et responsables.

Étant quatre, ils ont construit un mode de vie tribal qui les a renforcés chacun, et ils prennent soin de moi en de nombreuses circonstances. Je leur avais donc confié mon intention de me remettre à l'enseignement et de reprendre la recherche parce que c'est ce que j'aime le plus, avant de m'orienter vers une activité privée plus lucrative.

J'avais continué de donner à titre gracieux des conférences universitaires à New York, Paris, presque partout en France, en Amérique du Sud, dans la Caraïbe anglophone, en Afrique, je me délectais infiniment de ces moments d'effort et de partage. Mon retrait politique était donc entendu.

Et voilà qu'un article de presse allait m'enfoncer dans un embrouillement familial avant même que je sois parjure de ma décision. J'avais dit non à Bernard Castagnède, premier émissaire du Parti radical de gauche, au motif sans appel de ce changement de vie à venir. J'avais encore dit non lorsqu'il me relança au mois d'août. J'étais plongée jusqu'au cou dans l'effervescence de la préparation de la Conférence internationale contre le racisme, la xénophobie et l'intolérance convoquée par l'ONU à Durban.

Cette conférence menaçait de capoter sous des ultimatums multiples. Les États-Unis conditionnaient leur participation à l'interdiction de toute mise en cause d'Israël, l'Inde refusait de mettre en discussion la question des castes, l'Angleterre s'opposait à tout débat sur la réparation de l'esclavage, des collectifs exigeaient une meilleure part pour les peuples autochtones, des pays arabes se braquaient contre toute session consacrée aux droits des femmes.

J'avais vraiment la tête ailleurs. Je devais y tenir deux conférences, l'une organisée par Matignon et le Quai d'Orsay pour présenter la loi française reconnaissant la traite négrière et l'esclavage comme crime contre l'humanité, l'autre à l'invitation de l'Unesco sur les racines du racisme. J'aime plonger intensément dans l'instant. « *There is no need to watch the bridges that were burning*[1] », Al Green.

La présidentielle française me paraissait alors évanescente, mon sens de la démesure happait toute mon énergie me faisant tressaillir sur l'échec probable de la Conférence, comme s'il s'y jouait l'avenir du monde. Qui, dans une certaine mesure, en dépendait.

*

Premiers jours de septembre, je reçois un appel de Jean-François Hory. J'insiste sur mon refus, il en prend acte et me propose de nous revoir pour le plaisir lors de son prochain séjour à Paris. Nos dates coïncidant, j'accepte volontiers. J'ai toujours goûté avec bonheur à sa conversation, subtile et fort érudite, à son humour implacable, à son absence absolue de complaisance. C'est un déjeuner. Il se déroule agréablement. Onze jours après le 11 Septembre. Nous en parlons, inévitablement.

Je lui confie ma déception après le débat à l'Assemblée nationale. Dans sa déclaration, le Premier ministre exposa la philosophie qui devrait inspirer les prochaines initiatives législatives et réglementaires du gouvernement. C'était un débat thématique, comme on en réserve aux grands événements. Ces séances sont engoncées dans un rituel inachevé où s'enchaînent les monologues, moroses lorsque le sujet est comme cette fois, les attentats contre les Twin Towers et leurs milliers de morts, trop douloureux pour tolérer anecdotes ou plaisanteries. Les désaccords politiques sont remisés comme s'ils n'étaient qu'écarts de politesse.

C'est la cohabitation, une invention de Lucifer. La politique officielle, c'est la religion du consensus, les prêches mâchouillés sans anathèmes, une mixture tiédasse de lieux communs et d'intentions communiantes. Je lui dis que le Premier ministre a réussi à

1. « Il n'y a aucune utilité à s'attarder sur les ponts qui étaient en train de brûler. »

tenir un discours de plus d'une heure sans prononcer une seule fois le mot laïcité.

Ce jour-là, à mon sens, il aurait dû dire que la laïcité est la condition d'une citoyenneté égale, qu'elle est l'espace où les identités se magnifient pour atteindre à l'universalité par la curiosité et le dialogue, qu'elle est le sésame de l'émancipation hors des destins écrits par la famille, la classe sociale, les croyances, qu'elle reste la garantie des promesses républicaines de liberté pour chacun, d'égalité pour tous, de fraternité par des solidarités en acte. Il aurait dû s'engager à combattre résolument l'impéritie des appareils de la puissance publique, fracasser leurs trahisons, dissoudre leurs insuffisances car leurs incapacités invalident la devise républicaine et il est criminel de rendre la République félonne.

Il aurait dû s'envoler du VIIe arrondissement et s'adresser à ces gamins des banlieues qui risquaient bien de voir dans cet attentat spectaculaire un exutoire à leurs frustrations quotidiennes, aux humiliations qu'ils endurent à longueur de contrôles d'identité, à ces rêves qui leur sont interdits. Ils pourraient bien prendre ces matamores assassins pour des héros. Il fallait les ramener ces gamins, leur dire qu'ils sont d'ici, que leur avenir n'a rien à faire dans ces impasses.

Jean-François me répliqua : « Tu vois que tu as des choses à dire aux Français. »

À la fin du repas, il parvint à me faire promettre de réfléchir à cette candidature. Je le quittai en persistant sur mon refus et en évoquant la très forte probabilité que je le maintienne. J'étais ébranlée, néanmoins. On planifie sa vie, on décide tranquillement de changer de route et, comme un battement d'aile de papillon qui bouleverserait l'ordre du monde, un acte désespéré d'une brutalité raffinée commis aux antipodes vient vous cueillir dans vos cogitations et vous écarteler entre un sens archaïque du devoir et le respect intemporel de la parole donnée à vos enfants. Je décidai de ne pas m'affoler.

C'était chez moi le signe d'une maturité soudaine. J'étais jusque-là plutôt du genre à réfléchir pendant deux jours avec migraine au bien-fondé de chacun de mes votes, les bonnes dispositions d'un texte que j'avais rejeté n'auraient-elles pas justifié un vote positif, les carences d'un autre que j'avais voté à contrecœur n'auraient-elles pas nécessité un vote négatif ? Alambiqué.

Je m'empoisonnais à l'aspirine pour survivre à ces tourments de conscience d'autant plus extravagants que ces votes n'étaient jamais acquis ou menacés à une voix près. À chacun ses manies. Persuadée que ma décision de quitter le monde politique l'emporterait, je réfléchis sereinement, examinant la question plus intellectuellement que politiquement.

J'acceptai de rencontrer Jean-Michel Baylet, le président du PRG que je n'avais pas vu depuis plusieurs années. C'était un dîner avec Yvan Collin, sénateur, et Élisabeth Boyer, secrétaire générale. Avant de nous rendre au restaurant, j'ai tenu à faire une mise au point. J'étais très flattée d'entendre qu'à travers mes propos et mes combats j'incarnais les valeurs radicales, mais étant plus vivante et remuante qu'une incarnation, j'attachais beaucoup d'importance à préciser que cette rencontre ne valait engagement ni de part ni d'autre, répétant que j'étais en train de tirer ma révérence à la société politique.

Ces hommes sont de fins diplomates. Lorsqu'une femme parle trop ou trop tôt, ils sourient, conciliants, le temps est leur allié. À moins que, fieffés machistes, ils ne prennent ces déclarations superfétatoires pour babillage inutile. À l'usage, je penche pour les deux. Cette soirée fut pleine d'entrain. Quelques plaisanteries caustiques, « cette campagne sera difficile si tu continues à manger si peu et ne boire aucun alcool, quelle faute de goût, ce n'est pas radical, ça, les radicaux c'est la convivialité, les banquets républicains, la bonne chère ». Je découvrirai un jour dans le Nord-Pas-de-Calais que le propos n'était pas totalement inconvenant.

Après une rencontre fructueuse et cordiale de plus de trois heures avec des militants et des habitants, ayant été la seule à ne pas commander une boisson alcoolisée, j'en ai pris pour mon grade. Un journaliste dépité écrivit, « elle a dédaigné le Picon local pour un jus d'abricot industriel ». Voilà comment on se fait des ennemis. Après ce premier incident diplomatique, nous mettrons en place un dispositif simple mais performant avec Anne-Marie Vignon qui m'accompagnera avec une efficacité époustouflante. Parmi ses habiletés, elle s'évertuera à subtiliser mon verre, champagne ou vin, et à me glisser furtivement un verre d'eau pour me permettre de trinquer. La plupart du temps la compagnie n'y verra que du feu.

Incorrigible pendant ce premier dîner, j'ai des réflexions hors sujet, à me demander si, me décidant à livrer cette bataille, j'aimerai les gens avec qui je la ferai.

Ma réflexion demeurait intermittente. Je n'avais aucune idée des raisons pour lesquelles la plupart des candidats, à quelque scrutin que ce fût, entraient tôt en campagne, ne démarrant moi-même invariablement que les dernières semaines. Un rallye court et intense, toujours. Ce n'était ni par choix ni par goût, simplement j'ai toujours eu grand mal à interrompre mes activités pour me lancer dans une campagne, surtout les miennes. Retenez cependant qu'une fois le coup d'envoi donné, il faut du souffle pour me suivre.

Ces courtes campagnes n'empêchaient pas la violence des attaques, leur brièveté ne facilitait pas la cicatrisation des blessures. En devenant la première femme élue députée de Guyane dans un pays où les femmes tissent depuis des générations la carrière politique des hommes, sans jamais s'aventurer en première ligne, en gagnant une circonscription réputée imprenable, en battant le candidat d'un parti réputé invincible, en déjouant les codes, les usages, les pièges, les pronostics, les effrois j'avais commis la plus impardonnable des transgressions à l'ordre mâle. J'en essuyai une bourrasque d'injures et de calomnies, je fus considérée comme un très mauvais exemple pour les femmes, traitant de sujets virils tout en restant féminine et ouvertement solidaire des femmes, je mettais en jeu l'équilibre des partis, la carrière des hommes. Cela ne pouvait rester impuni.

Cependant, je n'avais pas manqué de percevoir ce qui pouvait fleurir d'inattendu dans le jardin des espérances. J'avais connu une victoire imprédictible, je savais que les campagnes étaient des rendez-vous, des saisons de grande écoute et d'échanges, et qu'il arrivait qu'il en surgît des instants magiques. J'ai souvent pensé que la violence des coups reçus en Guyane m'avait façonné une solide carapace et préparée à survivre dans n'importe quelle jungle humaine.

*

Je réfléchissais donc, sans hâte et sans affres. Jusqu'à ce vendredi intempestif. De ces moments où l'on comprend qu'il faut « se pencher, s'enfoncer, se tendre vers le spectre, gober sa vie de jet velu », René Char. Le plus urgent, impérieux, éviter que mes enfants ne l'apprennent par la presse ou par des tiers. Ils sont quatre, dans trois lieux différents.

Je décide de commencer par ma fille, étudiante au Canada. À l'ère d'Internet elle n'est pas plus à l'abri que les autres. Nous avons toujours été en complicité. Sa franchise et la pertinence de ses commentaires sont toujours bienvenues, même s'il arrive qu'ils soient difficiles à entendre. J'ignore pourquoi, par intuition peut-être, au lieu de téléphoner comme d'habitude, je lui propose de discuter par *tchat,* ce que je ne sais pas faire au moment de ma proposition. Elle accepte, persuadée que je suis en train de faire ma révolution technologique, que j'ai remisé mes théories fumeuses sur le droit à l'absence contre le portable, le charme des errances contre le GPS, la beauté des lettres manuscrites avec leurs lignes qui dansent sur le papier que l'on peut choisir en couleur et parfumé, l'imagination contre la webcam, le stylo-plume contre le clavier.

Ce n'est pas le moment de lui dire que je suis très en deçà de toute performance technique. Je ne sais d'ailleurs pas d'où m'est venue cette idée saugrenue. Je me fais initier par mon fils, je comprends l'essentiel assez vite, et je me lance. En fulgurance, je perçois que ce moyen m'épargne le danger des réponses du tac au tac alors que je ne tiens pas vraiment le sujet en main. Cette conversation écrite, même instantanée, laisse du temps à la réflexion.

Je démarre dans un style ampoulé pour expliquer la demande du PRG, en précisant très vite que je n'ai pris aucune décision, que leur avis à tous les quatre sera déterminant. Honnête jusqu'à la ciguë, j'avoue que c'est l'article du *Parisien* qui m'a poussée à leur en parler maintenant. Je me perds en considérations de toutes sortes, présentant autant d'arguments sur l'importance de l'enjeu que sur son extériorité à ma vie, affirmant que ma décision de quitter la politique n'est pas remise en cause tout en fulminant contre l'exclusion galopante dans la société française. Je me ridiculise.

Sa réaction fut totalement inattendue. Elle a toujours considéré qu'on ne doit jamais déserter les champs de bataille. Elle avait consenti aux tensions familiales et tenté d'atténuer la vigueur des protestations de ses frères. Elle s'était engagée très jeune dans une organisation humanitaire, volant partout au secours de la veuve et de l'orphelin. Cette fois, elle m'interroge d'emblée sur ce que je vais faire là, m'assurant que je n'y ai aucune place, « c'est un milieu conservateur et conformiste, avec tes idées et ta passion, tu feras vieillir le discours de Chirac et Jospin, sois bien sûre qu'ils ne te le pardonneront pas. Tu auras mis sur la table des sujets qu'ils refusent d'aborder, et après qu'en restera-il ? Tu auras encore pris des coups, c'est tout ».

La charge est rude. J'en suis stupéfiée. Je sens bien, malgré la grisaille de l'écran et la neutralité de l'écriture, l'irritation vibrante qui anime le bout de ses doigts. Je finis par reprendre le téléphone et nous poursuivons la conversation de vive voix. Je reste sous le choc, je n'arrive pas à ficeler mes idées. Ça commence bien.

En même temps l'incident me révèle à moi-même. Je réalise avoir intimement espéré qu'elle m'aiderait à voir clair sur les enjeux politiques de nos temps étranges, sur l'intolérable violence de la société dans laquelle sa génération est appelée à grandir.

Plus perspicace, elle m'alerte sur les enjeux de pouvoir, sur le jeu que je risque de perturber. Son hostilité est indéniable. C'est assez pour ce soir. Comme un *riff* martelant mes tempes *« God bless the child that's got his own / God bless... her own*[1] », Billie Holiday. Je n'ai approché aucun autre de mes enfants. Cette conversation m'a ôté une part du courage dont j'ai besoin pour affronter mon fils aîné. Des années qu'il me dit « cette vie, c'est trop de souffrances, trop de sacrifices ». Il m'adjurait de cesser de me consacrer aux autres, de penser un peu à moi « même si tu fais bonne figure, tu es atteinte par toutes ces expériences, ces bagarres, ces désillusions ».

Le pire pour moi fut ce jour où avec une sourde sévérité il me cisela : « Depuis que nous sommes petits, tu nous dis d'accepter les sacrifices de tes absences, de te pardonner de ne pas être là à nos anniversaires, à la rentrée, à la fête de l'école, pour nos matchs et nos compétitions. C'est pour le pays, pour qu'il soit meilleur lorsque nous serons grands. Tu as tout abandonné pour ne faire

1. « Que Dieu bénisse l'enfant qui trouve son chemin par lui-même / Dieu bénissent... son propre chemin »

que ça. Tu as vu dans quel état il est, le pays ? » Sonnée, pitoyable, je n'avais rien trouvé de mieux que « tu es en train de me dire que j'ai dilapidé neuf années de ma vie ?

— Je ne te dis pas ça, mais je pense que ça suffit. » Wahoo !

Après la déconvenue de ma discussion avec ma fille que j'avais toutes raisons de croire mieux disposée à cet égard, je ne me sentais pas la force de recevoir de mon fils un abordage comme celui-ci qui m'était revenu en mémoire. En toute lâcheté, je décidai de le garder pour la fin, réservant les deux plus jeunes pour la journée de samedi.

Ma benjamine, entretenant son rapport ravi à la vie, y vit une aventure nouvelle qui lui réserverait sans doute d'agréables surprises. Elle aimait l'effervescence des campagnes électorales en Guyane. Nous l'emmenions souvent avec nous, elle s'infiltrait partout. Jolie comme une rose porcelaine, gaie comme un colibri, elle était la coqueluche des militants. Ce fut sans accroc avec elle. Elle éluda mes hésitations insignifiantes, elle tenait la perspective pour probable, la prémisse d'une campagne suffisait à la transporter.

Elle était loin d'imaginer que je les verrais peu presque cinq mois durant, rentrant trop tard, partant trop tôt pour les embrasser et leur parler. Je discutai plus d'une heure avec mon fils cadet. Avec lui aussi je fus maladroite. Coupable de parjure à venir. J'étais sincère en déclarant que ma décision n'était pas prise. En même temps, je ne voulais pas me duper sur le processus en cours. Et le seul fait d'envisager de revenir sur un engagement aussi ferme me glaçait d'infériorité.

Il fut généreux, cette fois encore. Il regretta qu'il me fût à ce point difficile de quitter ce milieu ingrat et éprouvant, puis ajouta très vite : « C'est ta vie, c'est toi qui décides de tes combats. » Puis il baissa le ton, et cette fois de nous deux c'est lui qui parut timide, « tu ne pourrais pas faire cette campagne sous ton nom de jeune fille ? » Je marquai un temps d'arrêt et de surprise. Était-ce si pénalisant d'être mon fils ? Mes batailles bruyantes étaient-elles donc si lourdes à assumer ?

Il est arrivé, de ci de là, qu'un professeur se montre manifestement injuste envers l'un de mes enfants, mais pour la plupart ils avaient une attitude correcte, exigeante, égale, parfois bienveillante.

Puis je réalisai. Mon fils était scolarisé depuis peu à Paris. Je les avais embarqués, ces deux plus jeunes, pour tenter un divorce sans tapage. Ils sont passés de mes absences pour Paris à mes absences pour Cayenne.

Il désirait l'anonymat partout et tout le temps tant que possible. Mes deux plus grands avaient quitté la Guyane dès l'âge de quinze ans chacun, à deux années d'intervalle l'un pour Paris, l'autre pour Montréal. J'ai mis plus de deux ans à comprendre qu'ils s'étaient éloignés en quête d'une vie à eux, de regards sur eux, d'amitiés pour eux. J'acquiesçai.

Je lui promis de n'utiliser que mon nom de jeune fille, pas le sien. Quelques jours après une émission télévisée, il m'a lancé, tout guilleret : « Tu sais que tu as la cote chez les jeunes ? » J'en fus mille fois plus heureuse que lui. Sans le savoir, il dissipait un fond de désarroi resté enfoui à sourdre dans un recoin de mon cœur.

Je n'ai toujours pas bravé mon fils aîné. Un soir enfin, mon courage plein les mains, je me résous à l'entreprendre. Surprise ! Sa réponse, imprévisible : « Ah ! enfin, on reconnaît ta valeur ! » J'ai vacillé sous le coup de l'émotion, sous le contrecoup de la tension, sous le charme de la déclaration.

Il ne put s'empêcher d'ajouter : « Pour le reste, tu sais ce que je pense de la politique. » Laconique. Je savais à quoi m'en tenir. Je savais surtout ce qu'il pensait de la politique car je savais combien il en avait souffert, de si injuste et sadique manière. C'est par lui qu'ils ont toujours cherché à me frapper.

Ces entretiens avec mes enfants m'ont ramenée à ma responsabilité première. Cette décision ne doit pas peser sur leurs épaules, c'est à moi qu'il revient de la prendre quelle qu'elle doive être. Je m'en expliquerai si besoin. Le *tempo* s'est accéléré. La presse commence vraiment à s'intéresser à cette hypothèse tellement insolite.

Fidèle à mes travers, je veux traiter du fond avant de considérer l'habillage. Aucune aptitude décidément à la diplomatie. Ni sens pratique. À la rencontre qui suit, je demande à la direction du PRG des séances de travail.

Je veux bien croire une fois de plus que j'incarne les valeurs radicales, je veux, avant de répondre définitivement, m'assurer que nous n'avons pas de profond désaccord sur des sujets majeurs, les politiques publiques d'éducation, de santé, de logement, sur la décentralisation, sur l'Europe, sur les rapports Nord-Sud. Je préviens que je n'adhérerai pas à ce parti à la faveur de la campagne, je n'assumerais pas une relation ressemblant à un marché. Personne ne me contredit. Tactique.

*

La convention d'investiture approche, la date en a été fixée indépendamment de ma réponse. Ils ont une carte de rechange, le président en personne, à laquelle ils ne croient pas eux-mêmes.

Quand ai-je vraiment formulé mon accord, je ne saurais le dire. Bourrique comme je suis, si j'y avais été hostile, je n'aurais pas fait un pas. Mais en toute sincérité je n'ai pas gardé le souvenir précis du moment où je suis passée de l'état d'expectation et d'exploration à celui de candidate putative.

Je déplaçais plusieurs pièces dans le même mouvement. J'avais demandé un entretien à Jean-Marc Ayrault, président du groupe socialiste auquel je suis apparentée. Je lui dis franchement n'avoir pas encore pris de décision, jugeant encore les choses à égale distance du oui et du non, mais qu'à toutes fins utiles je préférais lui en parler et quitter le groupe pour ne pas me sentir en porte-à-faux après chaque commentaire de presse. Il me mit en garde contre les risques de volte-face radicale et me suggéra de rester au sein du groupe jusqu'à ma décision. Je confirmai par écrit ma démission du groupe.

J'avais également demandé à rencontrer François Hollande qui me reçut rue de Solférino et me dit en substance, « on sait que tu es à gauche, on n'a aucune crainte ». Nous sommes en novembre, le propos tient son relief de la campagne offensive de Jean-Pierre Chevènement qui a déjà déclaré que pour battre Chirac il lui faut d'abord battre Jospin. « La question, poursuivit François Hollande, est de savoir si le nombre de candidats de gauche ne gênera pas Jospin pour atteindre au premier tour la barre symbolique de 20 %. En même temps, tu mobiliseras des électeurs qui ne voteraient pour personne d'autre. On ne devrait pas voir clair avant début février. On se revoit d'ici là et avant si nécessaire. »

Nous n'en avons plus jamais parlé. Christian Paul, ministre de l'Outre-mer pour qui j'ai grande estime, me propose un entretien en décembre. Il se montre plutôt dubitatif sur la collecte de parrainages, se soucie des risques d'émiettement en ajoutant qu'on ne peut être sûr de rien. Il m'a paru surtout tenir pour improbable que je parvienne à recueillir les cinq cents parrainages. Ai-je manqué à comprendre quelque chose ?

J'allais apprendre en janvier par des députés dont certains m'ont dit le regretter parce qu'ils appréciaient mes interventions et ma présence dans la campagne, que les élus socialistes avaient reçu consigne de ne pas me parrainer. Christian Paul est fin politique, il peut avoir anticipé.

La convention a lieu. L'investiture est votée à 82 %. Du savoir-vivre ! Si ce parti s'était fendu en son milieu, s'il avait limité son choix à un score médian, j'aurais tiré ma révérence.

La convention fut de haute tenue, de grande émotion. Ces militants ouverts, curieux, perplexes aussi, ces femmes, ces hommes qui ne me connaissaient qu'à peine ou de très loin, se révélaient capables d'accueillir en altérité, d'exprimer une tranquille confiance, ils m'offraient l'hospitalité en leur maison, un radieux courant de pensée. Je les remerciai pour leur somptueuse audace.

De ce jour, je décidai que je ne ferais jamais de violence à ce parti. Sa direction ne manquera pourtant pas de m'en fournir des raisons des années durant. Je me suis promis qu'en dépit des péripéties, démêlés, disputes qui pourraient m'opposer à l'un ou l'autre, j'épargnerais le parti. Sans ménager mon courroux envers l'intéressé.

Dans cette atmosphère fraternelle et festive, je rappelai en premier que je venais de l'Outre-mer éblouissant d'Édouard Glissant. Je fis profession de foi en ce que je suis, syncrétisme vivant de l'harmonie possible entre identité et valeurs universelles.

Je dis ce que je savais de l'attente de ceux que j'avais rencontrés, militants ou simples citoyens qui chaque jour, en mille lieux, font reculer le désarroi, la désespérance, souvent l'injustice. Je racontai ce que je chéris des espérances du monde.

Je mis au grand jour mon lot d'engagements, les traces profondes des expériences que nous avions partagées dans nos précédents compagnonnages comme la législature européenne de 1994 à 1999. Mêlant humilité et fierté, je fis voir que je n'arrivais pas mains nues. Ni en fausse modestie. Je dis aussi combien j'étais consciente de l'histoire de ce parti, de la force de son patrimoine de valeurs, de la verdeur de ses témérités.

Je scandai que mes mobiles sont politiques. Totalement. Exclusivement. Je n'ai rien à marchander. Rien non plus à sacrifier. J'assurai que nous allions faire gagner la gauche, pas petitement, pas mesquinement, pas honteusement, mais avec la flamboyance qui sied à ses missions et à ses ambitions.

*

Les séances de travail que j'avais souhaitées eurent lieu. C'est l'excellent Thierry Jeantet le chef d'orchestre, il préside l'atelier des idées, un bouillonnement. Je constate quelques nuances, pas de dissonance sur les grands sujets. Il fut entendu que s'il advenait une divergence sur quelque thématique, je défendrais ma conviction. Loyale, je proposai en telles situations de préciser la position du PRG.

La première fois que j'eus à me livrer à cet exercice, ce fut sur la drogue. Le PRG était très libéral, favorable à la dépénalisation du cannabis. Je n'étais pas convaincue de la frontière entre drogues douces et drogues dures. En sud-Amérique nous nous trouvons sur la route des cartels, les pires produits dégoulinent d'abord chez nous. J'étais témoin tourmenté de la déshérence de jeunes cumulant exclusion et désespoir, proies désarmées pour les vendeurs de névroses et de mort.

Faute de temps, faute d'articulation surtout, je délivrai un message des plus confus. Il fut convenu que cette formule n'était pas efficace et je devrais désormais exposer mes convictions, sans me soucier du reste. Les parrainages commencèrent à affluer dans les dix jours qui suivirent ma lettre aux élus sollicitant leur promesse de signature. Il en vint de toute la France.

Des parrainages souvent accompagnés d'une lettre, de messages magnifiques, venaient de la France urbaine, de la France rurale, d'élus tout frais, d'élus chevronnés, de ces discrets qui se dévouent, croient en la noblesse de la politique, saisissent les circonstances, les pollinisent.

Nombreux, ils constituaient près de deux tiers des signatures obtenues. Ces élus m'ont alertée sur des sujets, proposé de me recevoir dans leur commune ou leur département, encouragée à me battre.

Je n'ai pu aller partout où je fus si aimablement invitée, impossible, la logistique du PRG n'étant pas calibrée alors pour une campagne nationale. Ces parrainages n'étaient pas seulement une signature, ils furent un geste, une relation. Quelques-uns de ces élus rejoignirent le PRG.

Presque tous les élus radicaux que la loi habilitait à parrainer signèrent, à l'exception notable d'un député et de quelques élus locaux de même sensibilité dont le ralliement au Pôle républicain de Jean-Pierre Chevènement défraya la chronique pendant quelques semaines.

Une députée radicale, Chantal Robin-Rodrigo, que je ne connaissais pas encore, dont j'appris qu'elle appartenait au groupe d'élus vent debout contre une candidature radicale aux présidentielles, m'accorda son parrainage. Je l'appelai personnellement pour l'en remercier. Elle me répondit tranquillement : « C'est normal, il y a le temps du débat, mais mon parti a pris une décision, je m'y range. » J'ai beaucoup aimé cette droiture. J'ai appris à la connaître, c'est chez elle à la fois un trait de caractère et une morale.

*

Des Outre-mers, les parrainages tardèrent un peu. Il faut se réunir, aviser, supputer sans se tromper l'humeur du grand frère national. Ils ne furent que vingt-deux en Guyane. Le premier parrainage provenait d'une femme libre, enseignante de profession, mariée aux grands rendez-vous, elle est devenue par la suite ma suppléante, Eugénie Rézaire. Ces vingt-deux parrains furent l'honneur de la classe politique guyanaise. Leur dignité étouffa le caquetage de ceux qui n'étaient jamais que commérages, s'adonnant une fois encore à leurs penchants, jaser, l'occasion est trop belle, les médias nationaux cherchent des malveillants.

Nous avons tous un passé, parfois des contentieux. Savons-nous la gravité du présent ? Ferons-nous l'avenir plus médiocre que le passé ? En Guyane, la question pend encore aux branches d'un fromager.

La Martinique fut généreuse dans sa diversité. Le parti d'Aimé Césaire fit les choses en grand ; il débattit ouvertement. Il avait tissé depuis plusieurs années un rapport qui l'avait fait partenaire du Parti socialiste français. Camille Darsières, célèbre avocat, député, ancien président de région, mit un point d'honneur à me remettre le premier, devant caméra afin que nul n'ignore, son parrainage.

Quant à l'accueil populaire en Martinique et en Guadeloupe, à chacun de mes deux déplacements, ce fut liesse. Une pincée d'intellectuels sur place se montrèrent agressifs. L'un d'eux qualifia la candidature de « macaquerie », insulte violente, les maîtres aimaient à traiter les esclaves de « macaques ». En l'autre bord de l'océan, ils eurent parmi nos migrants quelques répétants, de ceux qui ont tant besoin de grafigner et mordre afin d'exister.

Défoulements de grincheux sur la radio Média Tropical. Indifférence. Mépris. Je me souviens d'une soirée à Sarcelles. Cette campagne m'épuisait, corps et nerfs. Je suis arrivée par un froid arctique dans une manifestation festive. Chercher un peu de chaleur, de la sécurité psychologique, recharger les batteries en terrain connu, en milieu ami, une halte du guerrier, le temps de repartir.

Accueil chaleureux à l'entrée. Tant qu'ils me disent « restez là, on prévient les organisateurs, ils vont vous annoncer, vous pourrez saluer la salle, les gens seront contents ». Retour penauds. Désolés, les organisateurs ont dit qu'ils ne veulent pas de politique ici. Pas grave, je ne suis pas venue faire meeting. Sacrée capacité d'autodestruction. Refus de sa propre visibilité. *Hadriana dans tous mes rêves,* toute la nuit à courir, à frapper, de porte en porte... sortie de son cercueil... Nous en personne déjouant notre sort de zombie... impossible ! Passe ton chemin *Hadriana.* (René Depestre.)

Ici et ailleurs ils eurent cependant faible écho. Nos peuples comprirent autre chose qu'eux. Les chiffres du scrutin le disent, 27,80 % à la Martinique, 37,22 % en Guadeloupe, 52,73 % en Guyane. Ah, pardon, 2,10 % à la Réunion, pour ceux qui seraient tentés de voir dans ces résultats un réflexe communautariste plutôt qu'un choix politique.

En Île-de-France, six cents associations de Maghrébins se réunirent et adoptèrent pour mot d'ordre, premier tour Taubira pour son message sur la diversité et sur la République, deuxième tour chacun fait ce qu'il veut.

Aux Antilles, ce sont des intellectuels d'envergure qui présidèrent les comités de soutien, Jean-Claude William à la Martinique, à ses côtés Jean Bernabé ; Maryse Condé en Guadeloupe, présidente d'honneur, Thérèse Pépin à la manoeuvre.

Les débats ont porté sur la symbolique de cette candidature, davantage encore sur le fond et le sens. Quelqu'un ayant dit sa fierté de me voir tenir tête dans les débats radio et télé, et ayant ajouté : « En plus une Négresse et de chez nous. ». Un autre lui répliqua aussitôt : « Tu te serais engagé si la candidate avait été madame Michaux-Chevry ? » La question de la couleur fut ainsi enterrée. Pour de bon.

Ceux qui connaissent les Outre-mers savent la qualité des débats qui s'y déroulent, leur caractère pionnier, la vigueur des confrontations, la puissance des arguments. Édouard Glissant m'invita à son domicile aux abords du parc Montsouris. Il me prédit d'incroyables difficultés mais m'assura que j'étais seule capable de les surmonter.

*

Je fais mon premier lumbago. À la lecture d'un article de *Libération* et d'un autre du *Monde* publiés le même jour. Cette candidature est ravalée à une péripétie de chantage et de marchandage à circonscriptions, une manœuvre d'enchères. J'apparais comme complice ou instrument du forfait.

Quelqu'un m'a gentiment prévenue : « Ne t'inquiète pas, les missiles des médias ne sont pas contre toi, c'est le président qui est visé. Il a de très mauvais rapports avec les journalistes qui ne lui pardonnent pas d'être à la fois élu et patron d'un organe de presse. » Merci ! C'est quand même ma tête la cible !

Je découvre donc le lumbago, ce mal étrange qui projette dans le bas du dos les déflagrations de la tête. Jusqu'alors, mes fureurs et contrariétés s'abritaient sous des rhumes, des angines, sous ma nuque rendue raide. Je change de gamme. Et mon stress de siège. Pour longtemps.

Aux élections régionales de 2004 en Guyane, confrontée à un grand désordre entre les deux tours, c'est pliée en deux et soutenue par deux amis que j'arriverai chez une ostéopathe qui affirmera n'avoir jamais vu personne bloquée à ce point : « Désolée je vais juste vous soulager mais je ne peux rien faire de durable, mécaniquement vous n'avez rien ; vous savez d'où vient l'expression en avoir plein le dos ? Vous feriez bien de changer de vie. »

Je découvre donc le lumbago, et je conserve l'idiote manie d'en faire et d'en refaire, pendant la campagne, après, après encore, dans l'hémicycle la nuit, il faut dire que depuis 2002 le gouvernement est très exaspérant.

La presse me déclare imprévisible, ce que je confirme refusant une vie de ver de terre au parcours tout tracé dans de tortueuses galeries souterraines. Elle me dit également incontrôlable, ce que j'assume ne reconnaissant pour maître que ma conscience.

D'illustres inconnus radicaux goûtent à une gloire soudaine, brève comme l'avait prédit Andy Warhol, mais décisive pour leur notoriété. Des journaux qui n'avaient point jusqu'alors remarqué leur existence leur ouvrent grandes de larges colonnes. Ils se répandent sur l'erreur de leur parti, la faute de m'avoir choisie, moi communautariste, championne de la différence, candidate de l'Outre-mer, marginale, je ferai le plus grand tort à leur parti – justement connu comme marginal, hein, la cabine téléphonique, et le radis ! J'en suis dégoûtée.

C'est quoi ces gens qui viennent me chercher dans ma vie de combat où je ne demandais même de l'aide à personne, qui me supplient et maintenant viennent bavasser un tissu d'inepties. Que croient-ils, que je les cambriole ? Enfin, nous sommes en 2001, je ne suis pas en bizutage, j'ai déjà fait de belles choses. Demande rien, moi, je me tire, qu'ils se le gardent leur parti, que veulent-ils que j'en fasse ? Âpre mais belle ma vie, pas besoin de leurs chicayas.

C'est Jean-François Hory qui me calme. Qui les connaît ces gens-là, au nom de qui et à qui parlent-ils ? Que pèsent-ils face à l'enjeu ?

Mais Jean-Michel Baylet est sur la défensive, même s'il fait mine de poursuivre, imperturbable. Il m'a envoyé un photographe pour l'affiche. J'ai une sainte horreur des séances de photos ; résultat, il en sort toujours des catastrophes.

Ça ne loupe pas. La seule photo potable fut prise pendant le réglage de l'appareil, personne n'était prêt, ni le photographe ni moi, je parlais je riais. Cette photo fera l'affiche en noir et blanc, la première. D'aucuns disent que j'évoque une chanteuse de jazz. Flattée, vu l'admiration que j'éprouve pour les grandes voix féminines du jazz, Ella, Sarah, Billie, Nina, Shirley, Betty… cliché sur un cliché, évidemment.

La veille de la conférence de presse convoquée pour officialiser ma candidature nous quittons tard le siège du PRG sans être parvenus à un slogan. Baylet récuse toutes les propositions centrées sur la lutte contre les inégalités, au motif qu'elles apportent de l'eau au moulin des détracteurs. Je suis estomaquée par le souci qu'il met, prioritaire, à garantir la paix interne à son parti. Mais bon.

J'arrive le lendemain, une heure avant la conférence, pour un dernier point. Je suppose, sans affolement, le slogan ce sera pour une autre fois. Mon directeur de campagne, Bernard Castagnède, est présent. Un pilier. D'une solidité et d'une fidélité sans faille… et une sensibilité qui souvent servira de bouée pour quitter le radeau de la Méduse.

Baylet dévoile le grand panneau reproduisant l'affiche qu'il présentera aux médias. Avec un slogan. Blanc sur fond noir. D'épaisses lettres. « Ma patrie, la République ». Bien en évidence au-dessous de mon sourire.

Je crois que je blêmis. Je déglutis. Je me dis qu'il est à l'ouest. Castagnède comprend et me fixe. Comment puis-je porter un slogan pareil ? Mes combats d'étudiante, mes engagements jamais reniés, ma sensibilité internationale. Je n'ai jamais imaginé que « patrie » entrerait un jour dans mon vocabulaire, serait mon panache. Me traverse en fulgurance, comme un point de côté, cette définition de Mahmoud Darwich, « la patrie c'est de boire le café de sa mère et de rentrer au soir ». Je m'affaisse mentalement. Et Baylet… tout content. Je sens venir ma folie. J'ai dû verdir.

Castagnède voit venir le clash. Les journalistes ne vont pas tarder à arriver. Il prend les devants. « Cette photo est vraiment très éloquente, prétend-il, elle a vraiment un côté jazz et *soul*, elle rappelle les combats des Noirs américains, pas seulement pour les droits civiques, pour le respect. Tu te souviens de cette chanson d'Aretha Franklin ? me demande-t-il. *Respect !* » De toute façon, je suis muette, plus de corde vocale, plus de gorge, plus de larynx, tout parti, Taubira *kaput*.

La presse est là, étonnée, intéressée. Demain est un autre village, je fais contre mauvaise fortune bon cœur, je parle beaucoup espérant détourner l'attention de l'affiche. À la fin, Castagnède me console : « On ne fera pas toute la campagne avec cette affiche, la photo est belle mais elle n'est pas politique, on en reparlera forcément. » Bien vu. Sauf que les militants qui prennent très au sérieux cette campagne la reproduiront et feront un collage d'affiches d'enfer.

Je suis affublée d'un chargé de communication, un jeune homme sympathique quoique superficiel, assez vif mais plutôt inculte, qui communique à ma place. Ce n'est pas assez, il communique contre moi. J'avais vaguement entendu une ou deux choses sur les bonnes grâces dont il jouissait, mais j'ai le défaut de ne pas prendre garde aux ragots, non plus donc à la petite part d'éclairage qu'ils peuvent apporter aux choses qui m'échappent.

Un jour que je crapahutais en voiture avec Anne-Marie Vignon sur les routes de France, je reçois deux appels de journalistes de grands quotidiens : « Souhaitez-vous réagir aux déclarations de votre chargé de communication ? Il reconnaît que votre campagne ne prend pas et qu'il vaudrait mieux arrêter tout de suite. » Hallucinant ! Si je veux réagir ? Je vais me gêner, peut-être ? Je veux bien toutes les précautions et toutes les conciliations en débat interne, mais tant pis pour qui frappe en public.

Dans ses déblatérations, sans m'en avoir jamais parlé, ce jeune homme décrète que ma campagne est mal positionnée, que « faire porter la République par une Noire n'est peut-être pas le meilleur choix », et quelques autres balivernes de même calibre. Je me lâche sur ses compétences dont j'attends encore qu'elles se manifestent, sa non-compétence à positionner ma campagne, l'inanité de son bavardage sur des choses qui le dépassent. Le président Baylet m'appelle le lendemain, il regrette que j'aie répondu à la presse, nourrissant, m'accuse-t-il, une polémique qui nous dessert.

Je fais alors une mise au point. Je lui explique qu'il vaut mieux que les choses soient fixées, qu'il le sache et qu'on se le dise, je n'emporte jamais les coups. Je les rends. Je continuerai à ne jamais frapper la première mais je terrasserai qui tentera de saborder cette campagne.

Ce fut le signal d'une sourde période de fortes turbulences. Ce parti n'a jamais connu une telle orgie d'articles et d'interviews. Ils ont tous la parole, subitement. Celui qui déplore sous anonymat cette candidature des minorités sans lien avec l'image de son parti ; cet autre qui me trouve de très grandes qualités mais, constatant que je ne parviens à convaincre ni la presse ni les électeurs, ce qui sous la tyrannie des instituts de sondage revient au même, estime qu'il serait sage que je me retire.

Personne ne se formalise des multiples appels reçus au siège du parti (pas de siège de campagne, Baylet serrant déjà les cordons de la bourse), ainsi qu'à mon bureau, de personnes indiquant qu'elles ont été sondées, qu'elles ont dit vouloir voter pour moi, qu'il leur fut répondu : « Elle n'est pas sur la liste, choisissez un autre candidat. » Bien entendu, sondages publiés, Taubira, c'est 0 %, figurez-vous, ça se mesure 0 %.

Des journalistes, mieux informés que moi comme le veut leur métier, font état de pourparlers avec le Parti socialiste, étalant des hypothèses de répartition de portefeuilles ministériels.

On ne m'en parlera directement qu'une fois. C'est mon directeur de campagne qui, offusqué de telles méthodes, me dit un jour : « On ne sait qui négocie quoi avec qui, mais il semblerait qu'il y ait des discussions avec le PS et qu'il s'y attribue des postes ministériels, dont un pour toi. La moindre des choses serait que tu y participes. » À quoi je réponds : « Poste ministériel ? Même pas Premier ministre. Pour moi, la politique n'est pas marchandage. » Il parut soulagé.

J'en suis à mon troisième lumbago. La douleur est fouisseuse, elle creuse jusque vers l'os, elle est expansionniste, s'étale en étoile, mes omoplates s'y mettent, elles crissent, se bloquent.

Je vois épisodiquement un kinésithérapeute qui grogne de ne pouvoir faire son travail dans la continuité, « vous n'êtes pas fichue de prendre soin de vous et vous voulez que je vous confie la République ? » Je reste polie. Je garde au bout de la langue que la République n'est pas entre ses mains, qu'à la rigueur, il pourrait envisager de me confier l'État. Mais je ne vais pas bravacher un soignant sympathique qui se montre mordant pour mon bien.

Cette campagne sans moyens, c'est vingt heures d'éveil par jour, quinze heures de socialité, du transport éreintant, jeûne et gêne, le tournis. C'est moi qui l'ai voulu. Je ferai une campagne de terrain, j'irai jusqu'aux gens, je parcourrai pays et paysages, je toucherai aux réalités. A-t-on à moins le droit de parler d'avenir aux gens ?

À Lyon, un masseur de shiatsu doté de mains magiques me remet sur pied avant un meeting, une rencontre inoubliable que des participants prolongeront en me retenant et en m'accompagnant. Miloud et ses équipes vont en renouveler le plaisir en créant de magnifiques occasions de partage.

À Paris, un soir ou l'autre, je vais nager au *Ritz* dont la piscine ferme à vingt-deux heures. Ça fait aussi un sujet de cancans.

Trois semaines de ce délire, de paroles *massibol* folles échappées du fortin schizophrène. Veulent. Veulent pas. Veules.

*

Trois semaines à en prendre plein la tête tous les jours, sans pouvoir prévoir d'où viendra le prochain Scud… c'est long. Jean-Luc Benhamias m'appelle, « je trouve infâme ce qui est en train de se passer, je voulais te dire mes amitiés ». Joli geste. Le président se décide à convoquer un bureau national pour mettre un peu d'ordre dans ces débordements.

En réalité, il y est poussé par l'ébullition qui règne sur le réseau intranet submergé de débats et discordes. Les militants veulent poursuivre, c'est leur campagne. Ils le disent sans détour. Parfois sans ménagement. Il se signifie là, incontestablement, un désir d'exister, d'être soi, d'agir ensemble, de prendre part à la vie commune, d'infléchir le cours des événements, un désir fidèle aux frémissements que j'avais perçus lors de la convention d'investiture.

Pour la plupart des militants et présidents de fédérations, c'est leur première campagne présidentielle. La précédente remonte à Michel Crépeau en 1981, un bail, une génération. Ils commencent par envisager de s'immoler, c'est leur sens du dévouement. Nous, militants et cadres, nous démissionnerons si… Puis se ressaisissant, retrouvent leur fibre combative, nous vous démissionnerons vous les barons si…

Ce bureau national sera pour moi l'occasion de régler cette affaire de « Noire qui ne peut porter la République ». Mon distingué chargé de communication explique qu'il n'avait que de bonnes intentions en essayant d'anticiper un virage pour booster la campagne.

Je voulus bien lui faire crédit et tenir ses propos publics pour un raccourci de sa pensée perspicace et raffinée. Le problème, lui expliquai-je, c'est que les victimes de ces philosophies approximatives et brumeuses sont toujours les mêmes, ceux qui me ressemblent. Alors, ça suffit. Je ne peux laisser faire.

J'assène un cours d'histoire à vif avec ses lacérations, sa cruauté, ses flétrissures, ses ambivalences. Je parle de la république de Palmares édifiée par Zumbi, chef de Nègres marrons où chaque citoyen était en charge de l'intégrité d'un autre, où régnait l'égalité la plus stricte, où les femmes participaient à parité aux décisions. C'était en 1670. Je raconte les autres *quilombos* de liberté, je chante Palenque de San Basilio. J'enchaîne sur Toussaint Louverture, l'insurrection victorieuse de Saint-Domingue contre les troupes napoléoniennes, la première Constitution accordant liberté et nationalité à toute personne foulant le sol d'Haïti. 1791.

J'embraie sur ces Outre-mers qui demeurèrent colonies un siècle après l'abolition de l'esclavage, dont les sujets s'insurgèrent contre le pouvoir pétainiste, entrèrent en dissidence, rejoignirent les Forces françaises libres, pour que triomphe la République contre le monstre nazi. Je salue ces centaines de milliers de tirailleurs d'Afrique noire qui voyaient la France éternelle plus belle qu'elle n'est, patrie des droits de l'homme, ils y vinrent en allégresse donner leur sang pour la liberté. Leurs pensions sont encore cristallisées.

Tout d'un coup, je me souviens qu'ils aiment les chiffres. Pensée rationnelle, cartésienne, géométrique, arithmétique. Statistiques, 1943. Troupes combattant pour la Libération. Françaises, 18 %. Légion étrangère, 26 %. Troupes coloniales, 56 %. J'évoque ces jeunes hommes qui partirent de nuit sur des yoles, passèrent la barre de haute mer où certains périrent.

Pour sauver la mère patrie, ils s'en allèrent souvent sans embrasser leur maman de peur d'être retenus par les suppliques et les larmes. Frantz Fanon était du lot. À dix-sept ans. Il partit le jour du mariage de son frère. Il rejoignit par Sainte-Lucie, puis la Dominique, puis les États-Unis, puis l'Afrique du Nord, le bataillon V des volontaires de la Caraïbe au sein des Forces françaises libres. Ainsi firent Sonny Rupaire et d'autres.

J'insiste sur ces hommes mûrs qui reprirent du service, parfois en faisant changer la loi pour autoriser leur mobilisation. Gaston Monnerville.

À propos, le lieutenant Joséphine Baker qui, clouée sur son lit d'hôpital à Casablanca, transforme sa chambre en quartier général et poursuit son travail de renseignements pour le général de Gaulle tandis que d'autres à Paris chantent sous l'Occupation, pas assez noire ou pas assez républicaine ?

La Légion franche des Américains et du Midy, ce régiment de mille fantassins et cavaliers antillais et africains spécialement créé par la loi en février 1792, commandé par le chevalier de Saint-George, colonel d'armée qui à Lille, en avril 1793, sauva la

République de la conspiration, mit Dumouriez en déroute et vainquit l'Autriche, assez noirs pour l'héroïsme, pas assez pour l'honneur ?

Et le général Alexandre Dumas qui servit dans la cavalerie du chevalier de Saint-George, comblé de surnoms, « terreur de la cavalerie autrichienne », « homme d'humanité » pour s'être opposé aux massacres en Vendée, « Horatius Coclès » du nom de ce héros de la république romaine cinq cents ans avant l'ère chrétienne ? Peut mieux faire sur la République ?

Dumas déchu pour avoir refusé d'aller mater l'insurrection de Saint-Domingue quand Napoléon rétablit l'esclavage. Noir et républicain, oxymore ? Son fils écrivit que « les Haïtiens n'ont cessé d'être Français qu'après avoir fourni leur contingent de gloire à la France ». Bien vu. Trop noirs pour être frères.

Et combien d'autres, gueules et bras cassés, estropiés ou hébétés, rentrés chez eux sans titres, ni gloire, ni gratitude.

Le gouverneur général Félix Éboué, vous connaissez, il était franc-maçon. Il offrit aux Forces françaises libres un territoire, des hommes, des armes, de quoi rendre le général de Gaulle crédible aux yeux des Américains, supplanter Giraud, ouvrir la voie de dégagement de Fort-Lamy au Tibesti pour la deuxième division blindée et ceux que l'on nomma « les clochards épiques » de Leclerc. Le Noir qui soutient le général de Gaulle après que le maréchal Pétain a aboli la République. Celui que Senghor appelle le Lion au cri bref, debout, qui dit non. Encore une anomalie ?

Essoufflée. Il me vient à l'esprit d'autres vers de Senghor, implorants : « Oui, Seigneur, pardonne à la France qui dit bien la voie droite et chemine par les sentiers obliques / Qui m'invite à sa table et me dit d'apporter mon pain / Qui me donne de la main droite et de la main gauche enlève la moitié / Oui Seigneur, pardonne à la France... » Je ne prends pas le temps de les citer, je me dis que ce charmant fumiste, bombardé conseiller en communication, n'en est même pas là.

Je conclus à son intention qu'en attendant la révolution de 1848 et la devise Liberté, Égalité, Fraternité, nous, les Noirs, nous avons deux siècles d'avance sur la République. Pourrais même remonter encore. Noire ? Des Noirs comme moi, les Mandingue, conduits par Soundjata Keïta, ont édicté en 1222 une charte des Droits de l'homme.

Explosé en vol. Je ne l'ai plus revu. Parti sans me dire *tchao*.

Je poursuis, puisque c'est un bureau national.

« Je lis et j'entends mille et une choses, je ne sais rien de précis car officiellement ou formellement, personne ne m'a rien dit. Vous faites ce que vous voulez, moi, je continue. Je ne suis l'instrument de personne. Il y a un temps pour les négociations, un autre pour le combat. J'irai au bout de cette bataille. Et je ne suis pas totalement démunie. La dotation d'État indexée sur les parrainages me revient puisque la plupart des signatures sont hors parti ; vous l'avez dit vous-même, votre capacité maximale de parrainages est de deux cent soixante-dix signatures, défaillances non déduites. Je suis sûre que la très grande majorité des élus du parti confirmeront leur parrainage, et je vais continuer à en recevoir indépendamment de toute appartenance politique. Cette dotation n'est que de cinq millions de francs mais comme je fais une campagne de terrain, que je circule à vélo, en train et en voiture, cela devrait convenir pour le matériel obligatoire, bulletins, affiches, programmes. Et si nous ne trouvons pas un accord amiable, je déléguerai deux huissiers en médiateurs. »

Je n'ai pas haussé le ton. Le président, dont l'humour affleure toujours dans les situations critiques, ponctue : « Heureusement que je n'ai pas laissé entrer la presse ! »

À la porte de la salle de réunion se tiennent en effet Nicolas qui réalise pour Caroline un film sur ma campagne, et une équipe de Serge Moati qui tourne les coulisses de campagne de tous les candidats. Ils se contenteront d'essayer de deviner pourquoi le brouhaha de la sortie paraît plus léger que celui, dru, qui précéda la séance.

Avant moi, des présidents de fédérations et des militants se sont exprimés. Dans le ton consensuel de la maison. Dignes. Y compris ceux qui traduisaient leurs doutes, confrontés à la difficulté de faire entendre nos messages dans cette campagne. Certains déclarent avoir été alertés par des personnes sondées, Taubira ne figure pas sur la liste des candidats proposés par les enquêteurs, il faut protester officiellement, sinon comment indiquer l'intention de vote pour elle ; or, pas d'intention de vote pas d'invitation média, c'est comme ça, ça marche à l'endogamie. Pas de média, pas d'audience.

À la fin de mon propos, j'ai croisé plusieurs regards amicaux, certains semblaient reconnaissants. Le président conclut la séance en martelant que dorénavant tout le parti doit bien montrer son unité derrière la candidate ; il invite chacun à se rendre, comme lui, au prochain meeting à Lille. « *Take the A train*[1] », Ella, chère Ella… Duke, « *sure you will be on sugar hill*[2]… »

*

Ce n'est pas seulement mon tempérament de pouliche sauvage qui m'a permis de franchir ces moments difficiles. J'avais auprès de moi une équipe, minuscule, une petite poignée de personnes, mais du nectar humain. Un directeur de campagne, Bernard Castagnède, d'une rare intégrité, disponible sur tous les fronts, fidèle à son parti au point de le rappeler à l'ordre sur ses principes, très attaché aux valeurs de respect et de probité.

Je présume qu'il connut quelques moments de grand trouble à vouloir préserver les intérêts du PRG tout en refusant de couvrir des comportements fourbes. De tempérament plutôt conciliant, il ne dédaigna pas le conflit lorsque ce fut la seule manière d'obtenir des moyens ou des actes indispensables. En toutes circonstances, il veilla au grain.

Anne-Marie Vignon quitta son poste de chef de cabinet dans une grande collectivité pour se tenir à mes côtés durant ces cinq mois de campagne. Pratiquant auprès des personnes ressources qu'elle identifiait au sein et hors du parti un harcèlement élégant, elle parvenait à me procurer à temps les données utiles, statistiques, notes, études sur les sujets que je souhaitais approfondir pour les rencontres de terrain. Increvable, vive, fine, déterminée, conquérante, Anne-Marie est une étrange libellule qui vole partout, repère les obstacles, dégage la voie puis revient l'innocence intacte. Belle de surcroît. Une énergie inoxydable, une fiabilité à toute épreuve.

Paul Giacobbi, érudit et caustique, sillonna les communes corses, m'introduisit auprès de maires ruraux, un régal pour le dialogue des cultures. Il mit sa notoriété et son autorité politique au service de cette campagne.

---

1. « Prends le train. »
2. « Sûr que tu atteindras la colline de culture. »

Jean-François Boutet, redoutable avocat au Conseil d'État et à la Cour de cassation, mon mandataire juridique, prenait en charge difficultés et imprévus sans frémir, sans ciller, exerçant sur moi un surprenant effet d'apaisement, inestimablement précieux lors de l'enregistrement des clips vidéo toujours programmés au dernier moment, sans préparation.

Jean-François Hory, maître ordonnateur, penseur politique, stratège et tacticien hors pair, farouche partisan de l'autonomie de la voix radicale, s'oubliant lui-même, organisait l'efficacité de près à Paris ou de loin depuis Mayotte, intarissable pourvoyeur d'analyses. Il n'hésitait pas à se moquer. Il m'appela après une prestation télévisée, s'étonnant d'avoir vu une femme rose à la télé alors qu'il avait voté à la convention pour une Noire ; le barbouillage me rendait folle, les maquilleuses n'ayant guère de produits adaptés à mon teint. Elles me faisaient des joues et des lèvres roses. Dans le couloir entre la cabine et le studio j'effaçais les lèvres, je ne pouvais rien contre les joues. Hory ajouta qu'il était fier d'être de mon équipe de campagne. Inhabituelle humilité.

Éric Montès a débarqué un matin. « Ça ne va pas ça, ça n'ira nulle part, ce n'est pas possible, ce n'est pas dans ces endroits-là qu'elle doit aller, ce n'est pas une tournée des popotes, elle n'est pas candidate à la présidence du parti, c'est notre candidate à la présidence de la République. À partir de maintenant, c'est moi qui établis le planning de déplacement. » Il connaît les fédérations comme personne. Ménageant les uns, secouant les autres, il changea le rythme et la densité de la campagne. Lorsque nous sommes entrés dans la zone de turbulences et que se profila le péril du verrouillage des parrainages, quelques signatures tardant à remonter de départements tout à fait repérables, Éric Montès à pied d'œuvre, jour après jour, s'employa à appeler chaque élu ayant fait promesse de parrainage.

Parrains extraordinaires. Indifférents aux lamentables cafouillages étalés dans la presse, ils confirmèrent tous leur signature.

Sur le terrain, bien sûr, ceux qui avaient embarqué avec enthousiasme et sérieux se donnaient sans compter dans leur canton, leur département, leur région ; les JRG, Jeunes Radicaux de gauche, joyeux, méthodiques, inventifs, Julien, Johan, Cécile, Honoré et tous les autres firent des merveilles tout en grandissant. Sur le terrain toujours, les infatigables, Salvador Pancorbo, Gérard Cosimi, Ahmed Laouedj, Aïcha Khaldi, indépassables artisans de meetings, orfèvres de virées improvisées en banlieues, en Corse et ailleurs, se fixèrent d'incroyables défis et se surpassèrent.

*

Je résistai aussi parce que j'ai choisi de me soumettre aux loyautés qui m'incombent.

Envers moi-même. Ne jamais brader mes engagements, ne jamais maltraiter ma dignité. Envers mes enfants de qui j'exige toujours qu'ils aillent au bout de leurs convictions et de leurs entreprises. Envers les Guyanais, envers ces hommes et ces femmes de tous les Outre-mers propulsés à travers moi sur la ligne de front, qui auraient payé cher mes fautes et ma chute, car ceux qui nous jugent décrètent nos mérites individuels et toujours s'en étonnent, tiennent nos erreurs et nos faiblesses pour collectives, et toujours s'en offusquent. Envers les Radicaux de gauche qui m'avaient sincèrement fait confiance en voulant le bien de leur parti. Envers ces Français qui se font une belle idée de la politique et savent qu'un idéal vaut bien quelques désagréments. Envers ceux dont la vie suit un chemin sinueux et rocailleux, un layon de sous-bois, une manière de pénombre qui musarde, et que toute renonciation désespère. Je devais être loyale à ceux qui tentent de gravir l'escalier social quatre à quatre, avec le risque de dégringoler. À ceux-là dans le monde, interdits d'expression, de lieux publics, de choix de vie. Aux femmes en général, aux femmes politiques en particulier. Aux Radicaux de gauche qui avaient eu cette somptueuse audace. Je ne devais en aucun cas aider à la biffer, voire seulement l'égratigner.

J'ai eu raison de m'accrocher à une campagne de terrain. Avec Anne-Marie, nous avons sillonné la France dans des conditions rocambolesques. Il m'est arrivé de descendre précipitamment du train, bottes à la main, mes pieds meurtris ayant besoin d'aises.

Nous sommes parties une nuit d'un village perdu, ignorant qu'il faudrait huit heures en voiture pour regagner Paris. Nous avons traversé la France livrées à un chauffeur qui se prenait pour Ayrton Senna, le charme et la dextérité en moins ; nous luttions contre le sommeil, l'une veillant sur l'autre, aucune ne voulant prendre le risque ni d'abandonner l'autre aux voltiges de cet allumé ni de nous retrouver par mégarde au paradis, comme si cette vigilance dérisoire nous protégeait des frasques de notre conducteur. Une espèce d'intuition, pas totalement fanstasmatique, vu que peu après la campagne cet individu fut impliqué dans une sordide histoire de complot de famille dans l'affaire du bagagiste de Roissy, et tâta de la prison. Voilà à quel énergumène nous fûmes livrées !

Mais au bout toujours, des fédérations vibrionnantes, ravies de ces aventures et mésaventures, confectionnant d'invraisemblables banderoles, dénichant des photos dont j'ignorais l'existence, les militants fabriquant eux-mêmes d'astucieux supports.

Ces randonnées fructueuses ne furent pas toujours bien organisées. Oh ! cette après-midi où je suppliai pour un jus d'orange, s'il vous plaît, pouvez-vous m'apporter un jus d'orange, ou même du pamplemousse amer, je sens venir l'hypoglycémie, le malaise, sept heures d'affilée à rouler, parler, pas une escale, merci ma vessie, pas un sandwich, une barre de chocolat, un Mars, un bâton de céréales, ne sais pas moi un verre de coca même si je n'aime pas, une réglisse à mâchouiller, un carreau de sucre. Le corps est finalement bien obéissant. Avant cette campagne, je ne supportais pas de lire en voiture, maux de tête terribles. À quel autre moment pouvais-je étudier les dossiers que cette fée d'Anne-Marie me dénichait toujours juste juste à temps ? Au bout de deux semaines, mon corps, ma tête plutôt avait capitulé, je n'avais plus besoin d'aspirine, et depuis je peux lire en voiture à satiété, y compris dans les virages.

Militants, sympathisants, curieux, tant que nous étions moins de trois cents personnes, nous transformions les meetings en débats, parfois assis en cercle, afin d'entendre autant que dire.

Ce furent d'inépuisables sources de bonheur. J'ai fait le plein de leçons de vie. Puisé dans le courage des anciennes salariées de Moulinex, gardé le contact, les ai revues en 2003, pris en charge le dossier sur le décret amiante et les cellules de reclassement. Un gâchis humain considérable, un mépris gouvernemental confondant.

Attendrie devant ces mineurs, gens simples, hospitaliers, dignes et sans rancœur – pourtant leur délaissement est grand – qui m'ont reçue dans leur maison modeste, proprette, chaude comme un *tepee* et m'ont offert la dernière gaillette de la mine de Sainte-Barbe à Mazingarbe.

Éblouie par ces femmes chefs de petites et moyennes entreprises, bon chic bon genre, encore soucieuses d'autrui. Partagé la rage de ces animateurs de quartier fustigeant la gauche, la maudissant de n'avoir pas arrêté l'hémorragie des services publics.

Troublée dans cette banlieue de Besançon où un homme me dit, l'accent alourdi par l'écœurement : « On nous dit de nous intégrer, nous intégrer à quoi, nous sommes entre nous dans la cité. Il n'y a pas un seul Français blanc ici. Nos enfants, ils connaissent qui ? Nous autres et personne d'autre. » Consternation.

Dans cette cité en périphérie de Toulouse, je visite des ateliers où se donne à voir comment les habitants sont ingénieux à se prendre en charge.

Dans ce quartier de Lyon s'entrecroisent avec même ardeur proclamations de foi en la République et postulats sur la supériorité morale du Coran dans des joutes d'agora.

Je partis deux fois en voyage de ressourcement outre-mer. Là, je savais pouvoir baisser la garde, avancer sans armes.

À Rennes, ambiance électrique, les régionalistes rassemblés démontrent magistralement la nécessité de faire place aux cultures et langues de France, une fête.

À Perpignan, le goût pour les arts. Pause chez les bobos des grandes villes, ils ont tout, n'ont besoin de rien et par idéal consacrent du temps et de l'énergie à défaire les injustices du monde, proche et lointain.

Dans un quartier de Marseille-nord, je ne pus retenir des flots de larmes devant le délabrement, les rats, le regroupement pernicieux de familles vulnérables, Maghrébins, Comoriens, Malgaches, Roumains, terreau pour les semences de haine qui germeront dans le cœur de ces enfants de France lorsqu'ils découvriront que c'est bien le même pays qui parade dans les quartiers résidentiels et se gargarise d'égalité.

Des femmes me prirent dans leurs bras pour calmer mes sanglots, j'en reste inconsolable. Dieu des petits riens et des grands cataclysmes, comment effacer cette violence, comment jamais oublier ce courage, comment supporter encore la désinvolture de ceux qui jacassent, dépeçant le monde, la bouche pleine ?

Ce jour-là j'ai raté le train de retour sur Paris et du même coup une invitation de RMC. Rares les émissions. Irremplaçables pour parler au plus grand nombre. Mais briser un instant pareil aurait participé de la violence.

J'ai empli mes yeux de la diversité des paysages, j'ai saturé mes sens du dynamisme des territoires, de la vigueur des cultures, de la force des identités.

Dans le Sud-Ouest, chez le président du PRG, le rendez-vous fut manqué. Je carbure au feeling. Ce soir-là je n'ai pas trouvé le *tempo*. Fréquence brouillée. Un flux n'est pas passé. L'atmosphère et l'humeur, glaciales toutes deux. J'y suis retournée depuis, le dialogue est plus prometteur.

Plus les disparités culturelles et territoriales me réjouissaient par leurs inattendus, plus je comprenais qu'il n'y avait que la République pour faire tenir tout ça ensemble. Pas la République figée, le regard rivé sur la ligne bleue des Vosges, effrayée par les dissemblances et la pétulance de ses enfants. Pas davantage la République désincarnée, incantation impuissante comptant sur une mécanique surnaturelle pour supprimer l'obligation d'agir. Pas la République confisquée par ceux qui font escale dans leurs chimères, piquent-niquent sur leur balcon ressassant un pays imaginaire sans risque ni danger, sans différences ni divergences, sans passé, donc sans avenir, un pays perdu dans le temps, suspendu dans l'espace, un pays fade et terne, sagement cloîtré derrière un cordon de sécurité. Laissons-les à leurs nostalgies.

Il est bien arrivé à la République de se faire éclabousser par des canailles au pouvoir. Quand le suffrage universel exclut les femmes. Le bagne et les travaux forcés pour les pauvres, les petits escrocs, des enfants mineurs. Aux colonies, le code de l'indigénat, la confiscation des terres, des massacres de civils de tous âges firent de vastes entailles à la fraternité. La République a son vitiligo.

Pourtant, qu'avons-nous de mieux ? Chaque fois qu'elle fut abattue, les libertés individuelles et publiques se trouvèrent en grand péril, naufragées. La Ire République décapitée, l'esclavage fut rétabli. La IIe République bannie, la censure resurgit, les associations ouvrières et sociétés de secours furent interdites, le délit d'opinion restauré, multipliant les prisonniers politiques. La IIIe République anéantie, les lois racistes refleurirent, la messe fut imposée aux fonctionnaires civils et militaires. Les partis politiques furent décrétés hors la loi, la police devint police d'État au service des putschistes et de la personne du chef. La République se conjugue à l'imparfait. Pourtant faut-il s'entêter à la conjuguer.

*

Nous avons fait une nouvelle séance de photos. Pas mieux que la précédente. Le seul cliché utilisable est cette fois aussi celui de la surprise. Le photographe, un autre, règle son appareil, je suis encore en manteau, je parle et je ris. Il me fera enlever mon manteau trois quarts d'heure, m'exposant à la crève de l'hiver finissant, pour résultat néant vu que le problème c'est le modèle lui-même. La première séance avait eu lieu dans un sous-sol de l'Assemblée nationale, cette fois nous sommes sur la pelouse du Champ-de-Mars. En plein air, mi-mars. Aucune photo n'est bonne. Je suis figée, je grelotte.

J'ai une nouvelle équipe de communication, des pros, trois originaux, Bertrand, Marc et Patricia. Sympas, un peu têtus ; après deux ou trois disputes il fut entendu que mon directeur et moi nous gardions la main sur la conduite de la campagne, que la communication ne serait que la mise en forme de mes messages, pas leur substitut. Nous avons cogité et trouvé un nouveau slogan, « Une République qui vous respecte ! »

Ainsi sont ponctuées mes nouvelles affiches. Suffisait de patienter pour Aretha Franklin. Notre trio s'est emparé de la seule photo à peu près acceptable, celle où je ris dans mon manteau noir. Ils ont le sens pratique, tant pis, si c'est tout ce qu'il y a, on en fera quelque chose.

Ils en firent une affiche sur fond rouge vif, en incruste de jolis mots en jaune doré, liberté, dignité, éducation, égalité, Europe, logement, culture, environnement… Sur le programme, les banderoles, les *flyers* et tracts nous défions, « France plurielle, République fraternelle ». Une exigence accolée à une évidence, ma profession de foi.

Je n'ai toujours pas les faveurs de la presse. Ni des sondeurs. Sur le terrain mon programme intéresse de plus en plus. Je savoure les belles résonnances réservées à mes grandes thématiques : la politique de confiance sociale entre les peuples et terres de France ; la sécurité, la jeunesse, l'égalité des droits et des chances ; le respect de la diversité ; les institutions de la VIe République ; le renforcement de l'État dans ses missions régaliennes ; l'extension des compétences locales ;

la réforme fiscale ; l'économie sociale et solidaire ; le fédéralisme européen ; la République-monde pour une mondialisation civique, solidaire, équitable ; les solidarités internes et internationales.

Je participe à de multiples réunions sur l'économie au service de l'homme, le handicap, l'emploi, la justice, la santé publique. Les médias ne voient ni n'entendent. Lorsqu'il survient qu'exceptionnellement je sois interviewée, je n'ai droit qu'à deux questions, invariables, au ton affirmatif. Vous êtes la candidate des minorités, des Outre-mers… Avec ma tête, assurément, vous ne m'imaginez pas représentant tous les citoyens et tous les territoires ! C'est pourtant ce que je fais dans cette campagne. Deuxième curiosité, vous faites campagne pour la présidentielle, mais vous avez été militante indépendantiste ? Absolument, et sans regret. Ah, que je n'oublie, il est une question subsidiaire, êtes-vous franc-maçon ? Non, mais quel rapport et quelle utilité pour votre travail d'information sur la campagne ?

Nous sommes déjà début avril. Un article du *Monde* me définit toujours candidate de l'Outre-mer. Je me trouve dans l'île de la Réunion où j'ai tenu à me rendre bien que sachant les accords entre la puissante Région et la *Nomenklatura* du PS ; le respect dû aux électeurs ne se filtre pas par les plans de leurs dirigeants.

Depuis l'océan Indien, j'écris au *Monde*, m'inquiétant de savoir si mon teint, ma coiffure, mon nez aplati sont si bruyants qu'ils les empêchent d'entendre mon programme et mon discours. « Ce que vous êtes parle si fort que je n'entends pas ce que vous dites », Emmerson, je crois.

Quant à l'hebdomadaire *Marianne*, sans que j'en connaisse la raison, seul un petit encart m'est réservé, d'une extrême brutalité. Qu'est-ce qu'elle fait là, elle n'a rien à dire, elle a vu les autres, elle est donc venue aussi faire son petit tour. C'était signé DB, je n'oublierai jamais, une charge de division blindée.

Nous sommes le mardi suivant le week-end de Pâques. La rue est étroite, une impasse, elle est bondée. Caméras, micros, bousculades. Je viens déposer mes parrainages. Six cent trente et un. Il en fallait cinq cents. Je suis qualifiée. Madame Taubira, on a beaucoup parlé de votre retrait de la campagne, aviez-vous peur de ne pas obtenir vos cinq cents parrainages ? Pas une seconde ! Je n'ai jamais douté de la parole des élus qui m'avaient envoyé leur promesse de parrainage. Le soir du scrutin, nouveau cadeau, j'ai recueilli des voix partout sur le territoire. Des scores inégaux mais des voix partout, une merveille… et un camouflet pour les excommunicateurs en communautarisme.

Je tiendrai mon premier et seul meeting au cœur de Paris. Palais de la Mutualité. L'affaire est montée par mon directeur de campagne avec l'équipe imbattable Cosimy-Pancorbo-Laouedj. Ils voient grand. Ce sera grandiose. Deux semaines plus tôt, Mario Canonge, grand pianiste de jazz-biguines-reflexions, expliquait dans une longue interview au *Monde* pourquoi il votera pour moi au premier tour et s'abstiendra au second. Ce n'est pas par tendance ethnique, il ne croit plus en la gauche, il partage les idées que je porte et veut leur apporter de la force.

Des artistes s'engagent. Comme Mario que nous contactons après cette interview, ils participeront gracieusement au meeting de la Mutualité, Princesse Erika, et d'autres qui se sont toujours tenus à grande distance de la politique. La Mutu est comble, corbeille et mezzanine. Un public chaleureux et attentif, pluriel, beau comme la France à l'aurore. J'arrive sous des huées de vivats ; d'abord surprise, j'en suis transportée.

C'est un jour de campagne comme un autre, j'ai circulé toute la journée. Je suis rentrée à Paris juste à temps pour me changer dans une chambre d'hôtel et me rendre à ce meeting. J'avance dans l'allée, bientôt happée par l'enthousiasme, la fougue de ce public qui m'accueille et me cueille ; je ne sais pas encore ce que je lui dirai mais tant d'amour me raccorde à lui du tréfonds de moi-même, je lui parlerai. De ce qui m'habite, m'émeut, me fait frémir.

« Ce soir, je vais vous faire aimer la République. » Ovation. Ils ne demandent qu'à l'aimer. Ma-gni-fi-que ! Car ceux qui sont là ce soir ont mille raisons de désamour. Soit qu'ils s'impatientent de la voir lambiner à les reconnaître pour ses enfants, soit que, sans être personnellement concernés, ils ne soient pas disposés à composer avec ses atermoiements. Je ne cache rien de ses flétrissures.

Depuis qu'elle est née, elle a essaimé, prêtant parfois son nom dans la confusion et l'incohérence à des aventures peu glorieuses. La IIIe République fut coloniale, en même temps qu'elle votait en France les grandes lois de libertés, presse, syndicats, association, qu'elle rendait l'école obligatoire et gratuite, séparait l'État de l'Église. Elle réprimait aussi la Commune, condamnait Dreyfus au bagne, le graciait, le réhabilitait, promulguait le code de l'indigénat.

Ailleurs aussi elle félonna. Celle de Rome déjà tolérait l'oppression de milliers d'esclaves. Celle de Venise se dévergondait entre les mains des doges, tyrans élus à vie. À Florence, elle ne servait que l'aristocratie. En Angleterre, celle de Cromwell fut une dictature militaire, ne valant guère mieux que la monarchie abattue.

Aujourd'hui encore, il arrive qu'elle dissimule des régimes autoritaires, des pouvoirs criminels, elle est parfois bananière et pas seulement dans les pays ensoleillés.

C'est qu'elle a germé partout, la République. Sur tous les continents. Elle est universelle non qu'elle vienne d'un lieu avant d'avoir envahi le monde, elle vient de partout, porte les traces de tous les hommes, toutes les cultures, toutes les visions du monde, toutes les espérances séculières.

On en parle souvent comme si elle avait une nationalité. C'est ignorer que nos racines communes, lointaines, profuses plongent profondément dans ces grandes places rayonnantes qui ont illuminé le monde Samarcande, l'Andalousie, Ségou, Grenade, Kerma, Palenque, Palmares, Xaragua. Nous descendons tous d'Akhenaton, de Salomon, d'Averroès, d'Hatchepsout, de Manco Capac.

De tous les continents ont éclos des civilisations prestigieuses. En Europe, celles d'Italie et de Germanie, celles des Slaves et des Celtes. Toutes ces civilisations furent, fût-ce avec éclipses, régies par des lois de liberté et d'égalité. Elles ont diversement pratiqué la fraternité. Tous les peuples ont apporté leur obole à la république. Ainsi est-elle des hommes et à tous les hommes. Elle a fleuri sur tous les continents. Elle a inspiré les luttes contre l'injustice et la domination, opéré les ruptures, préparé un nouveau contrat social.

Notre République, *res publica*, la chose publique, le bien commun, ne doit pas faire l'effarouchée. Elle ouvre l'espace où nous faisons société, pour nous mettre ensemble tous différents, tous égaux. Elle ne fut jamais parfaite, elle n'est pas indemne de ses macules. Il n'y a pas de modèle à retrouver, c'est notre pleine liberté.

Les salves d'applaudissements, les éclats de voix, la mystérieuse cadence du dialogue de l'estrade à la salle révèlent à quel point nous sommes reliés en fréquence.

Il y a l'empreinte que nous y poserons, c'est notre pleine responsabilité. Pas d'autre liant que la confiance, entre les identités, les cultures, les langues, pas d'autre voie que celle des droits, les mêmes pour tous.

*

J'éprouvais cependant comme une mutilation à parler de la République vivante, vibrant de tous les défis d'une vie commune, alors que je la sais fragmentée, ignorant délibérément les fossés d'inégalités qui se creusent et qu'elle creuse. *« Oh Lord, please don't let me be misunderstood*[1] », version Nina Simone.

Ma grande frustration fut de ne pouvoir autant que nécessaire dire les contours de ces inégalités, leurs contours ethnoculturels, leurs contours géographiques, leurs contours sociaux ; non pour les figer, pour les mettre en lumière, les dissoudre ensemble. Mais il ne restait pas de temps pour dire et défaire. Quatre mois passés à essayer de gommer cette image de « candidate des minorités ».

Je n'avais pas le droit de me laisser assigner. Ils sont des millions dans ce pays dont l'apparence, le « faciès », prédétermine leur filière scolaire, leurs capacités professionnelles, leur lieu de résidence, en clair leurs limites, leurs bornes, enclos hors *zollverein.* Ceux qui ont un pays de rechange, que ce soit outre-mer ou ailleurs, une autre terre où leur enfance a bourgeonné, ceux-là peuvent dans leur tête ou dans les faits déguerpir des lieux assignés, s'en évader. Ceux qui sont nés dans ces quartiers gris des banlieues nues de France n'ont que ces paysages comme décor à leur éveil, ils ne peuvent s'offrir le luxe de l'indifférence.

Pour eux, j'ai le devoir d'inculquer avec force que me revient pareillement ce qui va de soi pour les autres candidats, la représentation de tous les citoyens et de tous les territoires. Une candidature à la magistrature suprême est la seule circonstance d'une telle relation. Me laisser enclaver, seule exposée à ne représenter ou à ne parler qu'à une catégorie géographique ou ethnoculturelle serait consentir à la violence désinvolte de la discrimination, la laisser prospérer, larguer entre pont et fleuve ceux qui sont moins armés pour la récuser.

Et face à l'incompréhension butée, interroger franchement. Il y aurait des minorités dans la République ? La loi républicaine s'en arrange-t-elle ? De quelles minorités parlez-vous ?

---

1. « Oh Seigneur, ne me condamne pas aux malentendus. »

Devant la stupeur feinte, les contraindre soit à se découvrir soit à louvoyer au grand jour. Ironiser puisque personne n'ose définir ou nommer ces « minorités ». Faire la bête. S'agit-il de la minorité des patrons ? Celle des contribuables à l'impôt sur la fortune ? Celle des fumeurs de havanes ? Celle des hommes qui font la vaisselle ?

Allez un effort, dites-le à haute et intelligible voix, c'est la faute à mes cheveux crépus, à la cambrure de mon dos, à mes lèvres pulpeuses, à toutes ces étrangetés qui me font percevoir comme une enclave exotique, une diversion pittoresque, une baroquerie dans cette compétition trop solennelle pour une personne pigmentée ? Ainsi je fis. La rengaine fut rengainée.

C'est malheureusement déjà presque la fin de la campagne. Tous les saints du paradis savent, fussent-ils occupés ailleurs, s'il y a à dire sur ces inégalités et discriminations qui serpentent autour de la couleur et de la religion supposée, comment elles se sont durablement installées dans ce pays… et s'il faut les combattre. Il faut les combattre. D'abord les repérer, les identifier, les décortiquer. Et je dois moi-même commencer par les scories. Je le dis haut et clair. J'essaie de le dire vite et bien. Je suis noire, soit. Pour dire plus juste, je suis une Noire. Ce n'est pas une couleur, c'est un kaléidoscope. Et une catégorie sociopolitique. Nulle raison de s'y attarder si ce n'est pour peindre ces aires sociales d'appartenance fécondées par les entrelacements de toutes les cultures du monde.

Ceux qui nous traitent de minorités oublient que nous peuplons un continent entier, que partout s'épanouissent des sociétés afro-américaines, afro-caribéennes, afro-européennes, afro-asiatiques même. Je le proclame sans provocation, avec une volupté frémissante, je n'appartiens à aucune minorité ni visible ni invisible. J'appartiens à la majorité de l'humanité, les femmes. J'appartiens à la majorité des femmes dans le monde, au Nord, au Sud, qui refusent l'exclusion, l'oppression, les violences, les inégalités, les injustices.

Et ce ne sont pas là que des mots, même si ceux que notre présence effraie nous traitent de « marmonneurs de mots ». « Des mots ? Quand nous manions des quartiers de monde, quand nous épousons des continents en délire, quand nous forçons de fumantes portes, des mots, ah oui, des mots ! mais des mots de sang frais, des mots qui sont des raz-de-marée et des érésipèles, des paludismes et des laves et des feux de brousse, et des flambées de chair et des flambées de villes… », Césaire.

Nous sommes partout et partout incontournables dans l'histoire des civilisations autant que dans la construction du monde. Depuis la traite négrière et l'esclavage, première et violente mondialisation, toutes les sociétés ont leur part de métissage, elles sont toutes plurielles. « Le monde entier se créolise », soutient Édouard Glissant. Non qu'il devienne créole partout, mais partout les cultures, les langues, les imaginaires s'approchent, se frôlent, s'effleurent, s'entrecroisent, s'entrechoquent, chancellent puis se reprennent à resplendir. Partout le contact, la tangence, le coudoiement, la présence.

Le monde, qui un temps avait cru se poser, redevient de migrations, d'errance, d'emballements curieux, d'espérances nomades délirantes. Une fois ce panorama dressé, qu'il soit bien entendu que c'est dans le pays où nous vivons, où nous avons colorié nos rêves d'enfants, où nous aimons, où nous souffrons, c'est là que nous amarrons solidement nos enracinements. De ce lieu nous portons les grandeurs et les laideurs. C'est là que nous voulons habiter l'esprit de citoyenneté en toute plénitude, en occuper le corps en toute ampleur.

Eh bien oui, il me faut dire qu'en ce pays de France un urbanisme violent a bâclé des forteresses au bord des autoroutes, que des politiques de logement discriminatoires, des services publics squelettiques ou déserteurs ont refoulé des populations, toujours les mêmes, aux marges des villes, les ont durablement négligées, livrant l'espace public à la loi du plus fort.

Eh bien oui, je dois répéter qu'il faut cinq, dix, vingt fois plus d'efforts à ceux qui résident dans ces lieux abandonnés pour saisir les chances qu'offre une école, qui en ces lieux offre moins de chances, trouver une formation à son goût, décrocher l'emploi mérité, choisir le quartier, la ville où l'on voudrait prendre son envol. Eh bien non, malgré cela, il n'y a toujours pas de minorités.

Oui, les inégalités sont flagrantes, immenses, pour accéder au savoir et aux connaissances, à l'emploi, au logement, aux soins, pour simplement bouger, quitter son quartier, son faubourg, son ghetto, circuler sur le territoire. Des cultures, des langues sont ignorées, qu'elles aient deux mille ans d'âge ou quelques décennies. Tels sont les horizons ratatinés. La rage en exutoire.

Comment expliquer sans justifier ces carcasses de voitures carbonisées, ces magasins pillés, ces lieux publics vandalisés, ces bus canardés, ce métro devenu inhospitalier ? Comment raconter, sans pontifier, sans absoudre, que c'est coup rendu à une société impunément hostile ? Je sais être là, pour dire. Je veux croire que nous n'avons pas encore perdu la guerre des modèles.

Les identités composites doivent cesser d'être conflictuelles et niées, la diversité culturelle donne fragrance à la variété des territoires. Urgence, rétablir l'égalité des droits et des chances, même si je sais bien qu'elles ne furent jamais. Alors seulement nous pourrons sereinement rappeler à ces enfants éperdus, déçus, déchiquetés par les « fous-le camp chez toi », qui hurlent leur dépit en sifflant la *Marseillaise*, que le drapeau aux trois couleurs fut l'emblème de la révolte contre l'oppression et l'inégalité, la bannière d'espoir pour une société de justice et de liberté, l'étendard des valeurs éternelles qu'il faut chaque jour reconquérir fraternité, égalité.

Les pouvoirs publics sont maîtres du chantier. Le moins serait la création d'une haute autorité indépendante de lutte contre les discriminations, avec des compétences d'observatoire, de médiation, de saisine judiciaire. Et surtout ne pas faire semblant.

*

Mes parrainages m'ayant qualifiée, je suis enfin traitée à égalité par les médias. J'ai droit aux mêmes temps de parole, ah ! délicieuse démocratie, que les fameux grands candidats, ces dinosaures. Suis au même traitement dorénavant, ferai ce que je peux pour rattraper le retard.

Je sélectionne, j'essaie en ces douze jours de dire l'essentiel, ces histoires, ces cultures, ces langues, ces environnements, ces patrimoines que doit accueillir l'enseignement scolaire, haut lieu d'agrément ou d'invalidation des univers. Reprendre la laïcité aux « soutanosaures » d'une république pétrifiée, rappeler qu'elle garantit la liberté de conscience à même hauteur que le libre exercice des cultes, qu'elle est un principe de concorde, qu'elle nous permet de faire pays, qu'elle n'est pas une machine à exclure. Les chantiers sont considérables, mais avec un peu de courage et d'audace, on pourra moderniser l'État.

Dernier jour de campagne. Dernier meeting. Bondy. Terrain amical. L'équipe de choc Pancorbo-Laouedj-Cosimi-Khaldi est à la manœuvre. Je peux lâcher prise. La température en ce mois d'avril est presque polaire mais le public est chaleureux, expansif, l'ambiance est prodigieusement cordiale et bienveillante. Je me livre. Je raconte en riant les attentats symboliques qu'on m'infligea et je conclus : « Ils ne savent pas que je suis immortelle ! » Le journal *Le Monde* en fera le lendemain le titre de son article.

Cette campagne fut athlétique. Pendant cinq mois, j'ai dormi deux heures par nuit. Parcourir le territoire et ses au-delà des mers par les moyens les plus sommaires, plonger dans dossiers et cartes, œuvrer à tout comprendre, actualiser les connaissances, en acquérir de nouvelles. On avance aux nerfs. Une fois posé, le corps présente la facture.

Dans les dix mois suivant le scrutin, je fus évacuée huit fois aux urgences hospitalières, dont une nuit depuis l'Assemblée nationale. Vertiges violents, dérèglement hormonal, hypertension artérielle, formule sanguine chahutée, oreille interne détraquée...

On refuse les traitements à vie, histoire de garder son moral, on n'a pas pu prendre un tel coup de vieux en si peu de temps, tout rentrera dans l'ordre, pas irrationnel vu qu'on en connaît la cause. On se recroqueville au séjour suivant parce que les médecins qui vous ont repérée se plantent à trois devant vous, vous tancent sévèrement, « encore vous ! », et jugent qu'il serait peut-être temps d'atteindre l'âge de raison.

Ils sont debout dans des blouses impeccables, les poches ornementées de stylos à capuchons de couleur, vous êtes vêtue d'une camisole en tissu grossier, allongée, vous êtes en infériorité physique, scientifique, affective. La placidité d'une infirmière vous sauve un jour, et pas seulement du ridicule. Étendue sur un brancard, dans le couloir des urgences. Un vertige violent. Vous implorez, aidez-moi je vais tomber, « non madame, vous êtes couchée et il y a des barres ». Ça vous rééquilibre mieux que n'importe quel médicament.

Quelques jours après ma première excursion aux urgences – le scrutin avait eu lieu un mois plus tôt – Jean-François Hory, attentionné, appelle pour prendre de mes nouvelles : « J'ai appris que tu as eu un malaise. » Je lui explique posément mes soucis de vieille dame ayant abusé de ses capacités physiques. Compassion ? Pensez donc ! « Oh ! ça, c'est le syndrome des élections. Souviens-toi, Mitterrand est mort dès qu'il a quitté le pouvoir. » Délicat et réjouissant.

Mes enfants me furent d'un grand réconfort. Ils auraient pu me plaquer, me laisser me dépêtrer dans mes déboires, après tout je m'y étais fourrée seule. Ils furent attentionnés, me gratifiant de messages affectueux sans me reprocher d'être courant d'air. Dans ma tête, sans aucun rapport, *St. James Infirmary* ; pure mélancolie.

Ma fille étudiante au Canada qui avait réprouvé ce combat s'inquiétait des rigueurs de la campagne et de mon moral. Le décalage horaire se prêtait à nos conversations, plus brèves que d'habitude, tellement oxygénantes. Ses démarches pour se faire inscrire sur la liste électorale de l'ambassade de France n'ayant pas abouti, elle a décidé de se rendre à Paris sur ses économies pour voter le 21 avril.

J'eus beau lui dire que traverser l'Atlantique serait trop de fatigue, un risque inutile sur ses épreuves d'examens du lendemain lundi, que je savais son vote acquis de cœur, elle fut inébranlable. Elle venait d'avoir dix-huit ans : « C'est le premier vote de ma vie, j'ai la chance de le réserver à ma mère, je viens voter. » Elle est arrivée à Paris dimanche matin ayant voyagé toute la nuit, a voté puis repris l'avion en début d'après-midi. Lorsqu'elle eut connaissance du séisme électoral, elle commenta : « Je suis encore plus contente d'avoir fait l'effort de venir voter. » Déroutant ? Effarante sagacité !

*

Quel qu'ait été et quel que doive être le prix de cette aventure, je n'ai aucun regret de l'avoir vécue. Je la tiens pour un privilège.

On m'a fielleusement accusée d'avoir fait perdre Jospin. Des plumes bilieuses et vitriolées se sont déchaînées dans *Le Monde*, dans *Métro* et ailleurs ; des voix respectées se sont déshonorées. L'hallali. J'avais exécuté une victime innocente et fragile.

Qu'il ait déclaré « mon programme n'est pas socialiste » et démobilisé ses troupes, c'est ma faute. Ses propos sur Chirac usé, vieilli, fatigué qui l'ont fait paraître vaniteux et sans pitié, ma faute. Qu'il ait tenté de talonner le cirque sécuritaire manigancé par la droite, *idem*, ma faute. Qu'il ait annoncé qu'il réviserait la législation sur le port d'armes suite à un fait divers, *ibidem*, ma faute. Que les deux fois où nous nous sommes trouvés dans la même ville, il y eut plus de militants socialistes dans mon meeting que dans le sien, encore ma faute. Que la Constitution de la Ve République à laquelle il s'est gardé de toucher offre aux électeurs des choix de cœur et de projet au premier tour avant le rassemblement du second, c'est ma faute.

C'est probablement moi aussi, de connivence avec le RPR dans un calcul roublard pour contourner la nouvelle manie d'alternance des Français, qui ai inversé le calendrier électoral pour que la présidentielle remorque les législatives.

Enfin, qu'il ait ébréché sa stature d'homme d'État en larguant ses troupes en rase campagne le soir du séisme, c'est aussi ma faute, encore là, c'est moins grave, c'était après. « Les feuilles mortes se ramassent à la pelle... » J'en suis navrée car j'ai beaucoup d'estime pour l'homme, sa probité nous fait grand bien, sa raideur, quoi qu'on ait dit, rappelle que la politique se mêle de la vie des gens et que c'est une affaire sérieuse.

Je déteste toujours sa vision « modeste » et son « L'État ne peut pas tout » lâché aux désespérés de l'usine Renault à Vilvorde. Mais il fut ce que la France a connu de mieux comme Premier ministre depuis longtemps. Pour autant je ne suis pas disposée à ramasser ses péchés, je ne suis pas une benne à écrouelles, qui plus est désignée par lapideurs.

Je me suis interrogée néanmoins. Sans fioritures. Besoin d'être au clair avec ma conscience. J'ai revécu cette campagne, l'ardeur que j'y ai mise, ces quartiers où je suis revenue trois fois pour déconstruire puis dénouer le désenchantement envers la gauche, défaire le ressentiment, tenter de ramener des citoyens vers l'espoir en passant par les urnes.

Je me suis remémoré la loyauté avec laquelle j'ai défendu la législature en son entier alors que j'avais si souvent protesté contre les derniers textes. Je me suis souvenue du calcul prosaïque de ceux qui comptaient ramasser au deuxième tour les voix que j'aurais mobilisées au premier. J'ai un bon profil de bouc émissaire. Je viens de loin, semi-nomade de surcroît, je suis censée n'avoir ni réseaux d'influence ni assise sociale.

On peut me crucifier, ça soulèvera peu de remous. Ceux qui me lapident se présument à l'abri, j'ai si peu accès à la parole. Les télévisions ont reçu plusieurs fois les anciens candidats aux présidentielles, invités sur toutes sortes de sujets. Je n'existe pas.

Avant la campagne officielle je n'étais pas candidate, après le scrutin je ne suis pas ancienne candidate. Je ne fus candidate que le temps d'accomplir le méfait suprême.

Tel fut mon traitement général. À l'exception notable de *Ripostes* qui m'invita une fois sur les combats féministes, une autre sur la recomposition de la gauche. Une voix discordante, bienvenue, celle de Julien Dray, déclara chez Serge Moati : « Je n'accuse pas Christiane ; dans ma circonscription, elle a ramené aux urnes des gens qui ne votaient plus depuis longtemps. » Lorsque, refusant de me laisser faire, je demande à exercer mon droit de réponse, on me traite comme si ce droit était censitaire, je n'y ai pas droit.

En 2004, dans une interview au *Monde* consacrée aux élections européennes, le leader socialiste explique le mauvais score de son parti en Île-de-France par la présence de Taubira venue rééditer son mauvais coup des présidentielles. Je crois encore que le droit de réponse s'applique sans discrimination – il reste toujours un fond d'innocence aux réchappés des naufrages –, j'adresse à ce quotidien quelques lignes où j'interroge la peur que dissimule la brutalité d'un tel propos pour que je sois la cible d'un des exercices favoris de ce parti, la recherche à l'extérieur d'un coupable pour incuries internes. Ne s'agirait-il pas, après avoir caporalisé un parti, de discipliner un électorat ? Le mantra du « vote utile » est à venir, il point déjà. Silence. Je m'inquiète du sort réservé à ma réponse, la mise en cause étant nominative. Je téléphone six fois en deux jours, on me promet de me rappeler. J'attends encore.

Mon impertinence et ce qu'ils prennent pour mon indiscipline exaspèrent, je sais. Qu'importe. Vais-je me soucier des fâcheux et des affreux ? Je n'ai pas d'ambition de carrière, aucune appétence pour les cénacles, il ne me peine en rien de n'y être pas admise. Il y a tant de bonheurs à butiner chaque jour.

*

Cette expérience m'a profondément dilacérée. Hachée menue. J'en suis sortie en lambeaux. Elle m'a aussi intensément régénérée. Un chambardement. Lorsque je n'en pouvais plus, je confiais mes hurlements au vent.

Ce fut un défi déraisonnable, un pari impossible. Dans le combat politique rien n'est épargné. L'esprit est exposé, l'âme dénudée.

Lorsque s'abat la dégelée de coups, on sait à leur brûlure que l'on fait face à un choix crucial.

On peut battre en retraite. Et donner corps aux préjugés, entraîner la défaite d'une pleine génération. Ou alors on s'arc-boute, on s'agrippe, on tient bon sur le pont du navire, on résiste à la tempête, à la foudre, aux courants contraires, on scrute obstinément, il se dégage l'horizon, l'opiniâtreté le fait naître.

Quand retombe l'harmattan, on est épuisée. On se touche... partout. On sent à fleur de peau les blessures et les cicatrices qui croûtent encore, l'exsudation des coups reçus violemment ou sournoisement. Pour avoir osé pénétrer en territoires interdits, on s'est fait taillader les flancs. On ressent encore les courbatures. On se redresse, prudemment d'abord, puis énergiquement, on est tout étonnée de se sentir si bien campée. On vérifie... tout y est, les jambes, les bras, l'échine, la nuque, la tête, la tête surtout, intacte, légère, et l'âme, l'âme vigoureuse, bosselée mais déliée, gracile. On comprend qu'on a vaincu.

Le champ de bataille ressembla parfois aux allées de l'enfer, la traversée est achevée. On a vaincu. Démontré que rien n'est hors d'atteinte, il faut vouloir. Tout est à notre portée, il faut oser. « L'homme lutte, souffre et espère, pour des gens qu'il ne connaîtra jamais, beau au milieu des malheurs lui seul peut trouver sa grandeur, sa plus haute mesure dans le royaume de ce monde », Alejo Carpentier.

Dans ce pays de France où la couleur de la peau a la vertu mystérieuse et déconcertante de rendre invisible, ce fut une belle prouesse que d'être une saison sur l'estrade, à être vue... et un petit peu entendue.

On pense à cette jeunesse qui soudain se redresse, plus sûre d'elle-même, elle se tient plus droite, mesure son potentiel, aperçoit ses talents, découvre ses ressources, cette jeunesse pour laquelle on vient d'abattre un mur, un de plus.

On est seule, avec ses élancements suris et ses joies incrédules. Comme une bête blessée on lèche ses écorchures... puis on s'élance vers d'autres conquêtes.

Chapitre XIV

INSURRECTIONS (2005)

Nous sommes en 2005. Et je suis noire. Pour de vrai, pour de bon. Février, le Parlement a adopté une loi relative à la reconnaissance et à l'indemnisation des anciens combattants de la guerre d'Algérie. Quelques députés zélés ont introduit à l'article 4 un alinéa recommandant « l'enseignement du rôle positif de la présence française outre-mer ». Les députés socialistes présents, pour la plupart membres de la commission de la défense et maires de villes où s'affairent des associations de rapatriés d'Algérie, n'y trouvent rien à redire.

Le Sénat confirme le texte, toutes sensibilités confondues. La IIIe République, celle des radicaux et des socialistes, qui fut celle des dernières conquêtes coloniales, des occupations de territoires, des confiscations de terres, du pillage des ressources naturelles ; celle du code de l'indigénat et du travail forcé ; celle du discrédit jeté sur les cultures, du rapt de patrimoines, du saccage des lieux de culte et de sépulture, de l'évangélisation finissante et de l'assimilation contrainte à la seule civilisation qui vaille, l'européenne ; celle des massacres au fil de l'épée selon Loti ; cette république de la grande prédation qui fut aussi dans la France profonde celle de puissants notables consolidant leurs fiefs, nous réserve encore quelques éclairages pour comprendre le rapport ambigu de la gauche française à l'héritage de l'empire. Ceci étant un autre chapitre.

Dès avril 2005, je sillonne le sud et le nord de la France avec Claude Liauzu, historien, et Gilles Manceron, historien et vice-président de la Ligue des droits de l'homme. Nous courons d'un débat à l'autre. Les échanges sont argumentés et passionnés sur l'incongruité de cette disposition et les périls qu'elle contient.

Nous formons une constellation improbable, militants de la mémoire, militants des Droits de l'homme, militants de l'égalité dans les quartiers laissés en déshérence, historiens travaillant sereinement à enrichir le récit national de toutes les pages d'histoire de France, dirigeants d'associations de harkis, citoyens sans engagements choqués par la frénésie des poseurs de stèle en hommage aux activistes de l'OAS.

C'est un tourbillon de protestation, de contestation, de réflexion sur nous-mêmes. L'affaire fait encore peu de bruit. Et voilà qu'en octobre, le président algérien Abdelaziz Bouteflika se saisit de cet alinéa pour, sans nuance, accuser la France de révisionnisme. Panique en socialie. Les élections présidentielles auront lieu dans dix-huit mois, les inquiétudes fusent. Version prosaïque : « Si nous revenons au pouvoir, cette loi va compliquer nos relations avec l'Algérie. » Version optimiste : « Quand nous reviendrons au pouvoir... »

Cette croyance fétichiste dans une alternance automatique est alimentée par les excès de la droite qui en fait tant à instrumentaliser l'insécurité, à rétrécir les droits civiques, à démanteler les droits sociaux, qu'elle paraît condamnée à exploser en plein vol.

Les socialistes jusque-là davantage occupés à affûter les couteaux domestiques contre leurs ennemis au sein de la tribu, se mirent enfin à meuler les dagues guerrières contre leurs adversaires du dehors, à rêver de leur chute électorale. En vain, on le sait depuis. Ils recommenceront pourtant.

La gauche poursuit sa mue pragmatique. Elle l'a inaugurée en 2001, s'attelant comme le fit George W. Bush à rogner les libertés individuelles au nom de la lutte contre le terrorisme. Ce fut la loi sur la Sécurité quotidienne en novembre 2001.

Tony Blair, sa référence totémique, en faisait autant avant d'entraîner l'Angleterre dans le cul-de-sac de la « guerre préventive » et mensongère en Irak. Déjà en 1998, quelques mois à peine après la liesse du Mundial Black-Blanc-Beur, la gauche française avait amorcé cette mue avec les « sauvageons » du ministre de l'Intérieur. Ce grand républicain devant l'Au-delà n'avait pu se retenir de stigmatiser indifféremment les populations des banlieues déshéritées au prétexte d'actes délictueux commis par quelques délinquants.

Ces actes répréhensibles sont pourtant d'une gravité et d'un impact social moindres que la délinquance fiscale et financière des « cols blancs », que la gauche n'a pas autrement importunés. Comme c'était la gauche, les déclarations musclées furent accompagnées de quelques gestes de conciliation. Ainsi fut créé le corps d'adjoints de sécurité et initié un cycle de formation ouvert aux jeunes de banlieues. Dix ans plus tard, il n'en reste presque rien. Il est vrai que le grand démolisseur tient le timon depuis cinq ans.

N'empêche, la gauche avait déclaré son hostilité, globale et aveugle, envers des citoyens auxquels elle n'avait pas su ouvrir les portes de la cité, ni celles d'écoles performantes ; elle n'avait pas amélioré l'accès à des emplois valorisants et qualifiés, aux charges électives, aux responsabilités publiques, aux institutions, pas facilité le contact ni avec les entreprises privées ni avec les médias.

Cédant aux fourbes jacasseries de la droite, elle a poursuivi sa mue par la révision intempestive et complaisante, racornissante, de sa belle loi sur la présomption d'innocence, élargissant le statut de « suspect », préparant ainsi le terrain pour la loi Perben II de 2004 et son « plaider coupable » favorable aux puissants. Pas étonnant qu'elle demeurât sourde huit mois tant qu'elle était interpellée sur les principes et ne recouvrît son ouïe et sa volonté qu'à l'appel démagogique du président Bouteflika.

*

Réveillée en sursaut, la gauche socialiste s'interroge soudain, se répond, se secoue, s'exprime. Elle s'associe à une conférence de presse unitaire à large spectre, de Fabius à Laguiller. Jusqu'au PRG qui s'y trouve dûment représenté par son trésorier ; j'y participe, invitée *intuiti personae*, je siège en milieu de table entre Dominique Strauss-Kahn et François Hollande, Olivier Besancenot étant trois sièges plus loin. Le Parti socialiste s'affaire enfin. Il dépose une proposition de loi de suppression de l'intégralité de l'article 4.

Je signale que ce n'est pas la seule infamie du texte. L'article 13 ouvre droit à indemnisation aux personnes ayant fait l'objet de condamnations et de sanctions amnistiées. C'est l'OAS disculpée et indemnisée tandis que la pension des soldats coloniaux reste cristallisée. Notre responsabilité est politique pas diplomatique, notre action doit avoir un sens, pas juste de la gueule.

Évidemment, je crie dans le désert, ça fait moins de bruit qu'une ruée de criquets. Il faut savoir être raisonnable. Sauf que même le raisonnable, c'est encore trop. Cette proposition de loi programmée dans une fenêtre d'initiative parlementaire ne sera jamais inscrite à l'ordre du jour.

Le président de la République, Jacques Chirac, prend tout le monde de vitesse, y compris son ministre de l'Intérieur qui a lancé à grand tapage une mission d'étude après avoir été contraint d'annuler un déplacement aux Antilles, l'irréductible Aimé Césaire ayant bruyamment fait savoir qu'il ne le recevrait pas à la Martinique à cause de cette loi contrevenant à tous ses combats. Le président de la République saisit le Conseil constitutionnel qui, très aimablement, censure dans l'article 4 l'alinéa coupable. Cette victoire qui comble la gauche de satisfaction ne suffira pas à éteindre les débats.

Les médias ont fini par comprendre qu'il se passe quelque chose. Les émissions se multiplient, elles vont vite tout mélanger. Seront confondues les deux périodes coloniales ; celle des aventuriers, géographes, hommes de sciences et cupides amasseurs européens, qui à la suite de Christophe Colomb toucheront les Indes occidentales, en réalité les Caraïbes que le génial navigateur génois a prises pour les Indes d'Asie ; et celle qui, après la traite et l'esclavage dans les colonies américaines les mènera à occuper l'Afrique aux deux franges du Sahel.

Soudain, silence rompu, tout se vaut, se percute, extermination des Amérindiens, traite des Noirs, esclavage, travail forcé, code de l'indigénat, massacres, attention attention, pas massacres, pacification, il y a des mots interdits… génocide, déportation… confiscation de terres, non ces territoires étaient français on ne peut parler de confiscation, expropriation peut-être…

D'ailleurs dans un rapport datant de 2003, le député UMP Diefenbacher assurait : « Les terres ont été mises en valeur… » Les spoliés ont apprécié. Et Mesquida, député PS, il salue bien à la tribune « nos compatriotes qui ont contribué à l'œuvre civilisatrice de la France » ! Vocabulaire de IIIe République.

Car cette loi a des racines abyssales. À regarder de près, ce simplisme ne fut pas toujours de mise. En juillet 1833, Louis-Philippe créa une commission d'enquête sur l'Algérie. Louis-Philippe, fils de Philippe Égalité, entretint des rapports ambigus dans son jeune âge avec la Révolution française. Pour autant ce ne sont pas des élans progressistes et anti-impérialistes qui l'animent en cette année 1833. Sous son règne influencé par Guizot, les pauvres s'appauvrissent. Plus sûrement l'habite le souci de la prospérité de l'empire. Il nomme dans cette commission quelques personnalités qui n'ont pas totalement renoncé à réfléchir.

Florilège. « La manière dont nous avons traité les indigènes est en contradiction non seulement avec la justice mais avec la raison… Nous avons commencé l'exercice de notre puissance par une exaction… Nous avons massacré des gens porteurs de sauf-conduits, égorgé sur un soupçon des populations entières qui se sont ensuite trouvées innocentes. » *Permente* ! Encore une seconde, ce n'est pas fini… « En un mot, nous avons débordé en barbarie les barbares que nous venions civiliser, et nous nous plaignons de ne pas avoir réussi auprès d'eux. »

Ce n'est pas que j'éprouve une particulière sympathie pour ce Louis-Philippe qui fut Altesse Royale de Charles X, celui-là même qui imposa à la jeune République indépendante d'Haïti cette scandaleuse rançon pour indemniser les anciens maîtres après l'insurrection victorieuse des esclaves.

Au moins ne fit-il pas semblant de croire que la France y apportait des lumières. La République qui relaiera la monarchie dans la brutale aventure coloniale prendra sa part dans les quatre cent cinquante mille hectares de terre confisqués, les trente-cinq millions de francs or exigés pour réparer les pertes de guerre, et le sixième de la population algérienne qui périra dès les vingt-cinq premières années d'occupation.

Ceux qui tirèrent profit de la domination coloniale et ceux qui continuent de penser que c'est une belle manière d'établir le contact et de faire monde ne peuvent se réclamer du dévouement, réel et admirable, d'instituteurs et de médecins. De même qu'ils ne peuvent accaparer les fruits de la résistance et de l'inventivité des peuples dominés pour y puiser, ultime dépossession, un « rôle positif » de la colonisation. Rien ne fera balance avec les enfumages et les boucanages perpétrés et reconnus par Pélissier, Saint-Arnaud, Bugeaud parmi d'autres.

Et voilà cette loi en 2005 qui inspire des envolées sur la « mission civilisatrice ». Ses défenseurs sont maladroits, « c'est un copier-coller de la loi de 2001 », clament des députés incultes et paresseux. Copier ! Argument de cancre. Qui plus est, faux ! La loi de 2001 prescrit « l'enseignement, la recherche et la coopération », nullement comment enseigner. Tant pis, l'appât est lancé. Zoom sur la loi de 2001. Bonne pêche, diversion bienvenue.

France Culture une après-midi. Duplex en cours d'émission avec un président d'association de rapatriés d'Algérie résidant dans le sud de la France, dans les parages d'Aix et d'Orange, là où des nostalgiques agressifs se démènent pour ériger des stèles à la mémoire de l'OAS.

« Madame Taubira, vous salissez la France, vous racontez que la France a pratiqué l'esclavage, c'est faux, la France a aboli l'esclavage.

— Monsieur, la France a aboli l'esclavage qu'elle pratiquait, elle fut même la troisième puissance négrière au XVIIIe siècle.

— C'est faux, vous mentez, vous mentez ! (touchez pas à votre radio s'il vous plaît, ces grésillements et ces crissements ce n'est pas technique, c'est vocal).

— Désolée, monsieur, je crois que votre cas ne relève pas du débat mais du divan. »

Encore, ce président est-il dans l'activisme associatif. Dommage et tant pis s'il utilise la dénégation et le mensonge comme instruments, mais il ne fait pas profession de transmettre, en milieu éducatif public, aux frais de tous. C'est par contre le cas d'un enseignant en université qui affirme, également sur Radio France, que l'article 2 de la loi de 2001 vaut l'article 4 de la loi de 2005 et qu'il prescrit pareillement une histoire officielle.

Je lui réplique que s'il parle ainsi c'est qu'il n'a pas lu la loi de 2001. Il répond, accrochez-vous... « Non je ne l'ai pas lue mais je sais que... » Eeeeeeeehhhhh ! Pauvres étudiants. Véridique, vous pouvez vérifier... Attendez, *one more for the road*, ce journaliste qui me demanda : « Alors, madame Taubira, venant de Guyane, là-bas, la polygamie, vous devez connaître ? » Au-thentique. En plus c'était cordial... Forcément, Noire, je connais la polygamie qui selon l'académicienne Hélène Carrère d'Encausse explique les émeutes de novembre 2005. J'avoue que, ton cordial ou pas, je n'ai pas laissé passer la plaisanterie, ces crétineries-là ça fait trop de ravages.

J'ai inscrit une règle dans mon éthique personnelle, ne jamais prendre la moindre agression pour soi, à l'orgueil, car blessé, on s'affaiblit. Mais ne rien banaliser. Tout considérer symboliquement car ces violences nous sont spécifiquement réservées, et si je ne fais pas rempart, je livre les plus démunis au bûcher.

En fait, je suis devenue noire dans une année de grandes divagations.

La tragédie de la mort de Bouna Traoré et de Zyed Banna à Clichy-sous-Bois, gamins de quinze et dix-sept ans poursuivis par la police et réfugiés dans un transformateur EDF le 27 octobre 2005, a révélé l'étiage d'intelligence et de compassion où se complaisent les voix hautes de l'*intelligentsia* française.

Le ministre de l'Intérieur, celui-là même qui en juin de la même année promettait à La Courneuve de nettoyer les cités au Karcher, l'innovateur ès charter, celui qui voit de la racaille partout, a donné le premier le ton. Sans égard pour la souffrance des parents, pour le désarroi des habitants de la cité, pour le sort de Muttin Altun seul rescapé du transfo, hospitalisé et sous coma, il affirme dès le soir du drame que ces gosses étaient bien connus des services de police, qu'ils étaient poursuivis pour cambriolage.

Calomnie d'un bout à l'autre que démentira… l'enquête de la police des polices.

C'est un ministre de la République ? Non seulement incapable de compassion, mais encore étranger à la justice ! Trois ans déjà qu'il utilise les mots comme des lances et des obus creusant des sillons d'amertume et de rancœur dans le cœur de ceux que les politiques publiques écrasent et discriminent.

Il a commencé dès juillet 2002 avec sa loi d'orientation sur la sécurité. Un ramassis de poncifs insidieux et suspicieux, une cavalerie verbale contre ceux qui font tache dans le paysage de Paris VIIe et de Neuilly. Traque dans les halls d'immeuble, racolage passif, prison pour ci, prison pour ça, jeunes, prostituées, gens du voyage, une fragmentation de la société, nulle part des citoyens, partout des groupes, potentiellement fautifs. Une charte pour la guerre civile.

Il fait rimer sécurité et propriété, privatise du patrimoine immobilier d'État, instaure des fichiers sur les internautes. En un mois le projet est adopté en Conseil des ministres, voté à l'Assemblée nationale, voté au Sénat, promulgué loi de la République. À croire qu'y avait le feu en ce juillet 2002. Il a poursuivi avec son flot d'attaques. Et il l'a mis, le feu…

L'académicienne Carrère d'Encausse a vite embrayé. Elle séjourne en Russie. De là-bas, la perspective doit être plus limpide. Les émeutes, c'est la faute de la polygamie, la polygamie, vous dis-je ; c'est comme les poumons du malade imaginaire de Molière.

Toni Morrison nous éclaire : « Le pillage systématique du langage peut être repéré là où ses usagers ont tendance à abandonner ses propriétés nuancées, complexes, accoucheuses et à les remplacer par la menace et l'asservissement. Un langage oppressif fait plus que représenter la violence, il est une violence en soi ; fait plus que représenter les limites du savoir, il met des bornes à ce savoir… que ce soit le langage malveillant de la loi-sans-éthique, ou le langage inventé pour l'aliénation des minorités, qui cache son butin raciste derrière son culot littéraire, il faut le rejeter, le changer, le dénoncer. C'est le langage buveur de sang… »

C'était dans son discours à Stockholm pour la remise de son prix Nobel de littérature, en 1993. On aurait cru… n'est-ce pas ? C'est ce qu'a partiellement perçu ce jeune homme qui commenta à la télévision le discours du ministre de l'Intérieur, « un ministre, ça ne doit pas parler comme un voyou, il a une charge officielle, il doit parler correctement ». Ministre, académicienne, philosophe et d'autres qui parlent et qui écrivent, c'est la loi-sans-éthique, le butin raciste, le culot littéraire, le langage buveur de sang…

*

Ces émeutes, ce fut la guerre des sciences sociales. L'anthropologie réhabilitée, pas pour longtemps, vite dépassée. La philosophie fit un petit tour sur le mal-vivre dans les banlieues de France puis s'en alla. La sociologie appelée à la rescousse, bonne fille, explique à profusion l'empilement des inégalités, des injustices, des discriminations, la montée du chômage, la désertion des services publics, le découragement des éducateurs et médiateurs ; elle perçoit tout, presque tout, ne saisit pas pourquoi ni comment un tel degré d'écœurement, elle est perplexe, ils brûlent et détruisent le peu qui reste d'institutions publiques, les écoles, étrange… tellement irrationnel.

Out la sociologie. L'ethnologie tient le haut du pavé. C'est une *intifada*… non finalement, cette fois les jeunes Noirs sont plus nombreux que les jeunes Arabes, de toute façon c'est un repaire de dealers, de voleurs, de violeurs, de voileurs... mis à part peut-être quelques rappeurs, et encore, pas les NTM, la Meute, ces noms-là, ça ne dit rien qui vaille. Pourraient faire un effort et s'entraîner au football...

Il faut dire que le chômage dans ces lieux est tel qu'on ne peut les imaginer en travailleurs, ni récents ni futurs. D'ailleurs les syndicats ont déserté eux aussi, on ne va pas dire « chômeurs », on sait bien que des emplois ne vont pas débarquer demain matin, donc, donc... pas d'identité professionnelle...

Ah ! la géographie, voilà qui va sauver la situation. Immigrés et jeunes issus de l'immigration. Troisième génération, immigrés quand même, ces gens-là ça vient forcément d'ailleurs. Nul ne saurait dire quelle ou quelles ethnies fourmillent dans ces banlieues où sont relégués depuis plus d'un demi-siècle les abandonnés des reconversions agricoles, les oubliés des friches industrielles, les immigrés des Trente Glorieuses, les réfugiés d'Europe de l'Est.

Quelle ethnie ça donne, ça ? Bamilékés, Tswanas, Khirgizes, Ouïgours, Anishnabe, Latinos, Auvergnats ? Fait rien, toute protestation venant de ces lieux est ethnique. Point trait. Au commencement était le verbe, ce sont ceux qui causent qui définissent. *« Est-ce que les gens naissent égaux ou pas / À l'endroit où ils naissent / Est-ce que les gens naissent pareils ou pas ? »* chante Maxime le Forestier.

On les croit coupés du monde... Ils savent que le monde bouge. Evo Morales est devenu président de la République de Bolivie. Il est amérindien, aymara. Ancien leader syndical. Ancien *cocalero*. Il avait tout fait avant, peintre en bâtiment, maçon, boulanger, musicien même, trompettiste comme Miles Davis, Dizzy Gillespie, Chet Baker, Hugh Masekela... à son niveau bien sûr. Et comme il faut gagner sa vie, il est devenu agriculteur, planteur de coca.

Ils savent dans ces banlieues où le « faciès » désigne le dealer qu'un petit paysan planteur de coca n'est pas un trafiquant de cocaïne. Ils raillent la posture morale, qu'ils jugent grotesque, de l'Europe et des États-Unis qui, avec leurs comparses au Sud, organisent un monde d'exploitation, se rachètent en diabolisant les pauvres des pays appauvris, tout en recelant sur leurs territoires les plus grands labos et les plus grands réseaux. *« Me matan si no trabajo... y si trabajo me matan... siempre me matan me matan oh... siempre me matan*[1]... » Nicolás Guillén, Atahualpa Yupanqui.

Mais le Sud bouge. Morales, Lula, Chavez, Correa, Bachelet, Ortega... sans compter la percée d'Umala et d'Obrador... Des élus qui ressemblent à la population et parfois à la grande masse des pauvres. Certains d'entre eux ont été très pauvres, ils ont dû travailler tôt pour nourrir frères et sœurs. La plupart ont repris les richesses du pays, pétrole et gaz naturel, pour les mettre au service des gens du pays. L'horizon peut paraître sombre ici, des lueurs surgissent ailleurs qui disent le possible. *« No no no. They can't take that away from me*[2]... », Sarah Vaughan.

*

Déjà depuis plus d'un an traînaille l'affaire Dieudonné, suite à un sketch dans l'émission de Marc-Olivier Fogiel. Antisémitisme pour d'aucuns, géniale impertinence pour d'autres. Sans contexte, une blessure. Au pays de l'irrévérence, peu d'observateurs peuvent prétendre avoir imaginé ce qu'il en découlerait, de blessure pour d'anciens et d'ébahissement pour d'autres ; puis d'anathèmes et de surenchère, de menaces et de dérapages, d'intolérance et d'une hystérique dérive ; deux perditions parallèles, une spirale de provocations, un vis-à-vis guerrier, une accolade létale.

L'on m'invite par-ci par-là et l'on me somme de prendre position pour ou contre Dieudonné. Mon travail parlementaire, dense, peu importe. Mes combats, lourds, peu leur chaut. Même couleur, alors... pour ou contre ? J'essaie de casser l'encerclement. Je ne viens pas des mêmes lieux que l'intéressé, nous n'avons pas grandi dans les mêmes imaginaires, nous n'avons aucun parcours commun, rien, rien...sauf... Pourquoi ne puis-je analyser, me positionner par rapport au contenu du propos, pourquoi suis-je assignée à me déterminer par rapport au personnage ? Pourquoi dois-je me sentir concernée non par le propos mais par le personnage ? Venant d'un autre, le propos serait-il acceptable ? Ils

1. « Ils me tuent si je ne travaille pas... et si je travaille ils me tuent... toujours ils me tuent me tuent oh... toujours ils me tuent... »
2. « Non, ils ne peuvent me voler cela. »

dénichent un Kelman qui, bon client, joue le jeu de l'offuscation sans nuance. Gages. Mais pour les gamins qu'on refoule ainsi dans une culpabilité de couleur, quelle échappée sinon vers la complicité de couleur ? Certains rendront la monnaie en faisant un triomphe au saltimbanque qui gaspille son talent dans des vilénies et des pitreries lamentables, part en vrille et finit, révoquant tout honneur, par s'acoquiner à cet odieux forban de Le Pen.

*

Marie-Léonie a besoin d'un médecin. Et probablement d'affection et d'amour. Avant qu'on s'en rende compte, des voix de gauche, communistes, ont fustigé les « nazillons de banlieues ». La gauche socialiste est à peine un cran en dessous.

Quant à la droite, trop heureuse d'avoir toujours eu raison de se méfier et de condamner en bloc cette racaille qui pourrit les banlieues pourries dans lesquelles on l'a reléguée, elle parade et pérore. Une ministre jusque-là inconnue du grand public reçoit du même coup Marie-Léonie et une brève notoriété. Les pourfendeurs sur médias publics s'en donnent à cœur joie.

Les journaux rivalisent de superlatifs. L'émoi est gigantesque. De quoi s'agit-il ? Marie-Léonie, tenant son bébé contre elle, vêtements déchirés, marque cabalistique au nombril, s'est présentée avec ecchymoses et tremblements au commissariat de police, pour avoir été agressée par un « groupe d'Africains et de Maghrébins », deux Noirs et quatre Arabes, dans le RER D. Pure affabulation.

Elle présentera des excuses publiques aux personnalités qu'elle a trompées, oh comme elle le regrette ! Pas un mot pour les « Noirs » et les « Arabes ». Il est vrai que ni les politiques bavards, ni les chroniqueurs bouffons, ni les journalistes jaseurs n'ont regretté leurs outrances. Il s'en est même trouvé pour affirmer que l'important n'était pas que l'agression eût eu lieu mais que selon toute vraisemblance elle *aurait pu* avoir lieu. Si ce n'est toi, c'est donc ton frère. Culpabilité collective. Et a priori.

Les seules paroles posées et responsables, ce sont des « Africains » et des « Maghrébins » de banlieues qui les prononcèrent. Sans ressentiment, s'apitoyant de surcroît sur la détresse de cette pauvre jeune fille. Des saints, ces gens-là. Doivent même pas lire la Bible et le Coran ceux-là.

Pourtant qu'est-ce qu'ils s'étaient pris peu avant ! Pas seulement la polygamie. La délinquance. Voyous. Cambrioleurs. Dealers. Étrangers, ah ! Étrangers ! On les renverra chez eux, parole de ministre de l'Intérieur, il faut en débarrasser la France. Karcher et charters. C'est quoi ton ambassade, c'est où ton pays ? Ben, c'est là-même, ici même, Clichy, Rosny, Montfermeil, Vénissieux…

Pas Le Raincy, non. Pas là où il n'y a pas de quartiers populaires mais où monsieur le député maire Éric Raoult a appliqué quand même et avant tout le monde le couvre-feu. Vous savez, cette loi de 1955 promulguée pendant la guerre d'Algérie pour tenir les bougnoules en respect. État de siège, « la seule négociation c'est la guerre », Mitterrand *dixit*. La voilà ressuscitée, la loi de guerre, pour le symbole et pour faciliter les fouilles, mains en l'air, plaqué contre le mur, vos papiers, ouvrez votre coffre, où se trouve la cave à prières, où est votre arsenal, qui sont vos complices ?

La gauche, talonnant la droite, a commencé le travail de restriction des libertés, la droite revenue aux responsabilités sans avoir quitté son bercail idéologique n'a qu'à consolider. C'est parce qu'ils n'avaient pas leurs papiers sur eux que Zyed et Bouna ont couru en apercevant les policiers censés protéger les faibles. Et qu'ils sont morts. C'est donc vrai, « le corps humain est l'ultime territoire de l'identité », Toni Morrison. Et le renvoi permanent au corps sans doute l'inexpugnable enfermement. Quel attachement peut-on en attendre ?

Alain Finkielkraut qui, dans un passé dont il a lui-même perdu tout souvenir, nous régalait de belle ouvrage littéraire, de fine intelligence, d'une pensée vive et prompte loin des assignations identitaires, d'une plume alerte quoique déjà triste et rauque, macère dorénavant dans des aigreurs exécrables. Il est en marcescence.

S'égarant dans des analyses brumeuses et venimeuses sur les émeutes de novembre, il déclare au journal *Haaretz* en Israël : « Le problème c'est que la plupart de ces jeunes sont des Noirs ou des Arabes avec une identité musulmane… cette révolte a un caractère ethnique et religieux. » Vous imaginez que des études de philosophie coûtent ce qu'elles coûtent à une famille ou à l'État pour aboutir à des propos d'un tel tonneau ? Pour des idées aussi claires et sophistiquées, on peut rester le coude levé au comptoir, non ?

Et ce n'est pas tout : « Les gens disent que l'équipe nationale française de football est admirée par tous parce qu'elle est black-blanc-beur. En fait elle est black-black-black et provoque des ricanements dans toute l'Europe. »

Bien entendu il s'énerve que sa parole énerve. Pas compris que l'insurrection des banlieues fut, en densité, un moment social de grande civilité, le hurlement d'une appartenance. Un des slogans : « On est chez nous. » Un acte politique. « Le rêve, possible encore, dans le poing qui se lève (sans s'abattre) », Bertolt Brecht.

*

Détour par la perfide Albion, août 2011. Chez les Anglais, les petits pois sont plus verts. Le pays flambe. Ils rentrent de leurs vacances. Ils rouvrent leur Parlement. Ils regroupent leurs policiers. Ils mobilisent leurs télévisions. Ils généralisent leur délation. Ils jugent, non dans leur prétoire, mais dans leur Chambre, sans défense et sans appel. « Ce n'est pas la pauvreté, c'est une culture de la violence ! » Péremptoire et définitif.

« Dans ce pays, il y a des jeunes qui grandissent, sans apprendre la différence entre le bien et le mal. » Le bien et le mal. Leçon de Bush. Et les employeurs racistes, connaissent le bien et le mal ? Les traders et leurs bonus ? Les parlementaires et leurs notes de frais ? Les P-DG et leurs piscines ? Les milliardaires évadés fiscaux ? Les musées et leurs collections issues de pillages ou de contrebande ? Les banques renflouées avec l'argent des contribuables ? Les *hedges funds*, les achats-ventes fictifs, les portefeuilles alimentaires, les fonds vautours ? Et Murdoch et ses écoutes… Et le Premier ministre anglais lui-même et ses accointances avec Murdoch. Et les patrons de Scotland Yard couvrant les écoutes Murdoch. Connaissent le bien et le mal tous ces gens ? L'impunité !

Ce n'est pas la pauvreté, non ! Ce sont les services publics allés voir ailleurs, les transports bradés aux copains, le système éducatif démantelé, les logements inaccessibles, l'avenir réduit à de petits morceaux de verre cassé. Et l'indifférence. Ce n'est pas la pauvreté, non… c'est la riposte. Le miroir. Violence contre violence, cynisme contre cynisme, sauvagerie contre barbarie. Ils sont pourtant prévenus depuis longtemps. « *Poor people gonna rise up / And take what's theirs...* », Tracy Chapman.

Retour chez Marianne. Les radios libres ont perdu leurs capacités subversives. L'économie a tout envahi, y compris le territoire de la parole insolente. On est toujours libre de les regarder dans leurs télévisions. Les écouter, même les injurieurs, dans ces grandes radios, celles qui reçoivent des injuriés leur obole à la redevance. On peut tout voir et tout entendre dans leur télévision. Troisième génération d'immigrés, immigrés quand même ! Ne sont pas d'ici, ne seront jamais d'ici.

La première génération a travaillé, l'échine courbée, la bouche close. Elle a osé, dans un éclat héroïque, protester contre ses conditions d'hébergement. Après les bidonvilles du *Gone du Chaâba*, ce fut la grève des loyers des foyers Sonacotra. Elle a forcé sa pudeur pour laisser voir les conditions indignes et honteuses de ces dortoirs surpeuplés et boueux. La deuxième génération a étudié, s'est syndiquée, elle a marché pour l'égalité. Ne croyait pas seulement à la démocratie, chérissait la République. La troisième génération se révolte. Comme elle sait, comme elle peut, comme on ne lui a pas appris, et pas comme ce qui n'a pas marché, marcher pour l'égalité. Leur vie ? « On a compris qu'on peut être effacé, comme ça... », expliquait Ilhem.

Ils n'ont pas vingt ans et connaissent le chemin du cimetière, une fois, deux fois, cinq fois... pas pour les rituels, pour des copains « effacés ». « Pas vingt ans et déjà pères », écrit le journaliste. Leur corps est leur seul espace de souveraineté. La paternité, le seul statut qui ne dépende ni d'un pouvoir hostile et suspicieux, ni d'un patron à préjugés.

On fait beaucoup de lois contre eux. Ah ! les lois... Et ces députés qui ne sortent de l'anonymat de leur insignifiance qu'en jouant les tarés. Ils sont diplômés, souvent instruits, parfois cultivés, non sur la vie ni sur le monde, mais dans une matière. Arrêt sur délire. Celui-là en particulier, Éric Ciotti, qui fait de la surenchère sur les allocations familiales et se retrouve dans un reportage partiellement bidonné. De la frime et du bluff. Ils inventent. La réalité ne convient pas à leurs obsessions crapuleuses, alors ils la montent. Tellement occupés à se regarder entre eux, à se parler entre eux, surenchérir entre eux, ils ne se rendent pas compte qu'on les voit sur scène, en pleine lumière, leurs faux nez, leurs faux cols, leurs fausses dents. Voilà, une caste de menteurs et de tricheurs qui crachent des leçons de morale. C'est comme les cracheurs de feu. Rien qui vienne de l'intérieur, juste du pétrole dans la bouche... et de l'esbroufe.

Le Finkielkraut n'est pas seul empêtré dans des communautés fictives, identité religieuse, identité ethnique, identité de quartier. Le CRAN se crée. Novembre 2005. Les maires continuent à faire au mieux pour accompagner les habitants de leurs villes qui s'acharnent à recoudre le tissu social.

Des artistes se déplacent dans les cités. Ils y rencontrent des jeunes, participent à des espèces d'agoras cathartiques, mènent campagne pour l'inscription sur les listes électorales, le pouvoir civique comme expression du mécontentement et des choix, une alternative à l'affrontement, l'inclusion dans le jeu démocratique. Un pari sur la citoyenneté.

Le CRAN, lui, vient ouvrir une nouvelle séquence ethnique. Une planche à voile, par grands vents. Pas besoin de boussole, le plan est déjà tracé à traits épais, le canevas existe déjà. Conseil représentatif. Dîner annuel. Invité d'honneur, un puissant, nécessairement. Siège au cœur de la capitale. Ambition : le sérail. Lobbying politique. Candidature législative au cœur de la capitale. Partenariats privés. Une revendication-phare : les statistiques ethniques. Se compter. Les compter. Nous compter. Pour quoi faire ?

Qui fallait-il compter, les quatre fillettes mortes dans l'attentat de Birmingham, Addie, Carole, Cynthia, Denise, ou les criminels du Klu Klux Klan ? Fallait-il compter le nombre d'enfants de Medgar Evers ou les membres du White Citizens Council à Jackson d'où venaient ses tueurs ? Et James Meredith, c'était vite compté, tout seul encadré des *US Marshals* pour franchir l'université Ole Miss... Plus vite compté que le gouverneur Barnett, son lieutenant Johnson et les *white citizens* qui lui barraient l'accès de l'université, plus vite compté que les membres du White Power qui lui ont tiré dessus à Hernando le deuxième jour de la Marche contre la peur.

Qui compter... Zyed et Bouna, deux en moins... Les jeunes fauchés par les balles policières au Mirail-Toulouse, à la Grande-Borne-Grigny, à Vaux-en-Velin, à Sartrouville, au Chêne pointu, à Trappes, à Montbéliard, à Nîmes, à Villiers-le-Bel... ? Fallait-il compter les Algériens qui marchaient dignement ce 17 octobre

1961 ou ceux qui les jetèrent dans la Seine ? Nous compter, nous ? Mais ce ne seront pas des statistiques, plutôt un registre nécrologique ! Fallait-il compter les lynchés ou les lyncheurs dans l'East Saint Louis ce funeste 2 juillet 1917, on ne sait toujours pas combien de Nègres, deux cents... trois cents... torturés et pendus, certains fusillés, par des Blancs même pas déchaînés avec l'aide de policiers, sous l'œil complaisant du maire.

Fallait-il compter Emmett Till, son frère et ses cousins ou les meurtriers monstrueux de cet adolescent, restés impunis à Money, Missisipi ? Tiens, John Whitten a accusé la maman d'Emmett d'avoir fait assassiner son fils pour percevoir le capital-décès. L'injure et la calomnie ajoutées en mépris aux morsures de la souffrance. Whitten n'était pas ministre, c'est vrai, il était avocat cynique des assassins tranquilles.

Pourrai-je jamais penser à Emmett Till sans pleurer ? Suis-je inconsolable parce que j'avais trois ans et que ce jour-là, sans doute, je jouais insouciante, aux instants mêmes où ces brutes, ces primitifs, pervers, se mettaient à plusieurs pour torturer ce gamin de quatorze ans ? Nina Simone n'apaise pas, elle calme un peu. « *Missisipi Goddam / School children in jail / All I want is equality / For my sister my brother my people and me*[1]... » Chanter la rage pour ne pas sombrer dans l'abîme.

A-t-on le droit, en quelque lieu que ce soit, d'enfermer qui que ce soit dans une prison de couleur ?

La question n'est pas simple. Aussi retorse que pour la race. Suffit-il de dérouler les travaux scientifiques, même en les vulgarisant, attestant que les races n'existent pas ? Que fait-on dès lors face aux actes et aux propos racistes ? Comment les qualifier et les sanctionner une fois qu'on a détruit l'unité de mesure ? C'est un étroit layon bordé de pièges.

En face, ils ne savent pas mieux comment faire. Canal+, *Le Grand Journal.* Denisot commence une phrase, il ne l'a pas assez pensée, normal, c'est une conversation. « Mais vous qui êtes... qui êtes... », il est figé au milieu du gué, je souris, c'est attendrissant, je lui tends la corde depuis ma rive, moi qui suis quoi... noire ? Euh enfin...

1. « Missisipi Goddam / Des écoliers en prison / Je ne demande que l'égalité / Pour ma sœur mon frère mon peuple et moi... »

Suis pas noire, monsieur, suis marron. Comment décrit-on le sourire et le regard d'un journaliste à la fois soulagé et contrarié ? Les choses dites, je peux répondre à la question.

Je sais que je gagnerais à jouer à la Noire. Ayant été candidate aux présidentielles, étant encore députée, je combinerais une légitimité de présence avec la simplicité d'un positionnement, cocktail idéal sous le règne médiatique. Et ce serait sans risque. Je vis sur l'autre rive de l'Atlantique. Mon quotidien n'est pas exposé. Il l'est d'une autre manière chez moi où les transferts de population tiennent lieu de stratégie géopolitique. Mais c'est une œuvre sournoise et lente. Ici, c'est la brutalité de l'exclusion sans appel à laquelle s'éveille, dans une conscience que l'on imagine frappée d'effroi, l'adolescent qui réalise que ses choix sont confinés aux filières sans issue, aux métiers sans éclat, aux logements sans décor, aux lendemains sans poésie… C'est lui qui récolterait les éclaboussures des clichés que je contribuerais à conforter en participant à ce jeu de rôles.

*

Le bal continue. Après la guerre des disciplines interprétatives et la valse à cinq temps des sciences humaines, le droit s'en mêle. Le gouvernement adopte une loi ripolinée, « Égalité des chances » ; il y fourre le contrat première embauche ; il crée des zones franches urbaines, cadeau d'impôts aux entreprises ; il autorise des agents municipaux à dresser contraventions, une vaste police à ciel ouvert après qu'il eut supprimé la police de proximité ; il y ajoute une horreur juridique, le « secret partagé » et le droit de suppression des allocations familiales plus quelques autres billevesées hypocrites et exploiteuses… Et le CV anonyme.

Les compteurs approuvent. Pas idée de compter les patrons qui pratiquent racisme et discrimination, bafouent l'égalité, opèrent un attentat contre la devise de la République. Patrons, vous discriminez ? Au lieu de vous punir avec la sévérité prévue par les lois qui interdisent toute distinction fondée sur la race, la couleur, l'origine, les croyances, on va juste vous bander les yeux… quelque temps… vous aurez le loisir, n'ayant pas guéri miraculeusement, de discriminer un peu plus loin un peu plus tard plus furtivement dans le processus d'embauche. Connivence ! Et ça veut compter !

Commencez par compter les patrons qui fracassent la destinée de ces garçons et ces filles qui ont cru à la méritocratie républicaine et se sont arrachés – par quels efforts ! – aux déterminations qui les engluaient dans leur cité. Et puisque vous avez la manie de la calculette, comptez le nombre de policiers condamnés pour avoir rétabli la peine de mort lors des courses-poursuites dans les cités. Combien de condamnés pour les morts « accidentelles » pendant les gardes à vue ? Combien pour les « Fous l'camp chez toi » ? Combien de propriétaires de logements coupables non condamnés, combien de plaintes classées sans suite, de jugements non exécutés, combien de dirigeants et agents HLM complices du rangement des dossiers homme noir, famille blanche… Il y a là déjà assez à compter pour épuiser le système décimal.

*

Georges Frêche n'est pas loin avec son « équipe de France, neuf Blacks sur onze… et bientôt onze Blacks sur onze ». Pascal Sevran fera écho, « la bite des Noirs est responsable de la famine en Afrique… » Le virus est sournois. 2011, Laurent Blanc, pourtant peu suspect de préjugés, se surprendra lui-même à acquiescer à l'idée de trier des gamins de douze ans pour « équilibrer » les équipes de foot.

La couleur, un confort pour les imbéciles.

Être noir, un colossal rétrécissement. Une identité rabougrie, dictée par l'inculture d'autrui.

Keith Jarrett sursauta lorsqu'on le désigna comme pianiste noir. Il portait encore la coupe afro, mais se vivait artiste.

Miles Davis, qui avait tant aimé Juliette Gréco à Paris, est renvoyé à sa couleur ce soir à New York où, sorti *round about midnight* fumer une cigarette pendant la pause d'un concert, il est interpellé, tabassé et conduit au commissariat par un agent de police ignare. Il est pourtant déjà célèbre, il n'a pas grandi dans le Bronx, son père était chirurgien-dentiste, sa mère violoniste et il roule en bolide de sport. Ceci étant, le racisme, il connaissait, né dans le Mississipi et ayant grandi dans l'East Saint-Louis.

Barack Obama, sur le point d'être écartelé entre ceux qui le jugent « pas assez noir » et les partisans de la *one drop*, la goutte de sang noir, se dégage en prononçant ce magnifique discours

De la race en Amérique évoquant cette Constitution *ultimately unfinished.*

Ce défi, je le reconnais à mille lieues. Il me fut infligé sans sommation lors de la campagne présidentielle de 2002. Comment s'assumer sans se laisser assigner ? Une performance de funambule. La seule pourtant. Car le sujet, c'est l'altérité. Quand et comment la France saura-t-elle se penser, se lire et se dire en prenant la mesure de la part du monde qu'elle porte en elle ?

Elle tient cette part de son histoire. Plutôt que de s'éreinter à rechercher d'inexistants pays d'origine à ses enfants, elle doit admettre qu'ils sont d'elle, qu'ils lui ressemblent autant qu'elle leur ressemble, c'est juste qu'elle ne s'est pas encore posée pour voir sur elle les effets du temps, ces jolies rides tracées par l'étonnement et la saveur des syncrétismes qui se bricolent dans ces lieux de rencontre.

C'est bien là, dans ces banlieues peuplées de Français aux appartenances multiples qui se débrouillent comme ils peuvent avec leur identité composite, c'est là que se pose et qu'on lui pose la question centrale, essentielle, quel monde partageons-nous ? C'est là que des expériences humaines impromptues préparent à la vigilance pour partager le monde, contourner ou détourner les tentations de haine, apprivoiser la défiance, désamorcer les égoïsmes. Là, parce que ces identités plurielles sont arrimées à plusieurs loyautés, qu'elles sont porteuses des subtilités qui les branchent sur toutes les fréquences du monde. Les révoquer ? Quel gâchis. Des perles venues d'ailleurs côtoient celles d'ici, elles détiennent la science des ressorts intimes de tout ce qui peut advenir dans ces ailleurs. Fils conducteurs de tous les langages, formulés ou implicites.

Là, dans ces lieux et banlieues, et… chez les artistes, ceux-là poreux à la polyphonie des émotions, à l'irruption des beautés et au frôlement des désespoirs, qui savent que leurs créations, au moment où elles éclosent, sont tangentes aux œuvres et aux arts dispersés dans l'espace et le temps, en effleurement de toutes les cultures du monde.

« Nous vivons dans un monde indivis », répète Amartya Sen.

Ces intuitions connaissent déjà une forte résonnance, malgré le brouhaha de diversion, dans de nombreux autres lieux du territoire parce que l'expérience interculturelle y est déjà ordinaire. En se décidant à s'entendre telle qu'elle est, la France trouverait de nouvelles et belles raisons à ses penchants narcissiques. Elle aurait à nouveau des choses à dire au monde.

Quoi qu'en pensent ministre à langage de voyou et académicienne à raisonnement tordu, « la langue maternelle, la langue dans laquelle on rêve, c'est bien là le "chez soi"», Toni Morrison.

Voilà pourquois [1] je ne peux jouer à la Noire.

1. Ce « s » est délibéré

ÉPILOGUE

Ces expériences advinrent pour la plupart d'événements qui ont percuté ma vie comme des météores.

Lorsqu'elles se présentèrent, bien sûr j'aurais pu me précipiter sous mon lit. Je choisis chaque fois de monter sur le pont et d'affronter la lumière, fût-elle d'une aveuglante brutalité. Je me devais à ces défis. Pour moi-même. Pour ceux qui me ressemblent de l'extérieur. Pour ceux qui, plus nombreux, partagent de l'intérieur la conscience d'une vie à vivre et d'un monde auquel dire des choses sur lui-même.

Il en tomba des trombes de coups. J'en recueillis une intime maturation, une intuition de l'accessoire et du détachement qui lui revient. Une claire notion des loyautés dues.

J'ai mené cinq vies. Avec une inégale maîtrise.

Je suis partie d'Amazonie, j'ai voulu y rester. Je me suis imposé de casser cette spirale du départ qui aspire les Guyanais vers l'ailleurs dès qu'ils intéressent autrui. En même temps je veillai à me rendre aux rendez-vous imprévus, pourtant prévisibles car suscités en marchant.

Je fus vite happée par des combats nationaux. J'aurais pu fuir. Faire la sourde oreille. Mais que valent nos engagements s'ils s'arrêtent à notre porte ? Défendre ici et là les mêmes causes me confronta à l'embarras, les équilibres sont tellement différents. Imagine-t-on, à moins d'un culturalisme de bazar, que s'agissant des libertés, des droits, de la dignité d'hommes l'on puisse considérer que « vérité en deçà des Pyrénées » vaille « erreur au-delà » de l'Atlantique ? Rester obstinément ancrée aux principes fut ma morale et mon salut.

Ainsi je pus conserver ma cohérence sur les idéaux humanistes, articuler dans un même allant d'ancrage en Amazonie et d'existence au monde mes combats locaux, mes engagements nationaux et mes solidarités internationales. Trois champs enchevêtrés. C'est ainsi que, de l'un aux autres, j'empoignai des causes collectives ou orphelines, soulageai des quotidiens, amortis des violences institutionnelles contre les citoyens. Agir et dire. Je battis les pavés de Paris. Pour les femmes en compagnie de Danielle Mitterrand, pour d'autres causes aux côtés de sans-logis, de sans-papiers, de sans-emploi, de sans-connivence, de sans-reddition, de sans-peur, ou contre la guerre préventive en Irak. Je me suis mêlée des querelles entre la droite et la gauche tout en sachant les verrues de la gauche sur l'aventure coloniale et ses évitements présents.

Dans ma vie d'avant, professionnelle, et dans ma vie d'avant avant, étudiante, j'avais déjà plaisir à embrasser le monde. Aux premiers temps pour l'apprendre et l'embellir. Après, pour l'entendre et lui dire, le dé-brutaliser par l'économie. Je ne rompis pas avec ces salutaires et chimériques desseins.

Simplement, je pris davantage les chemins de la politique et des solidarités. Avec les armes de la loi et la rigueur du verbe, je fis de mon mieux contre les mines antipersonnel, les bombes à sous-munitions, les essais et les accidents nucléaires, la dette racket, les conventions rançons, les conspirations alimentaires, les arnaques fomentant la dépendance économique… Je marchai à New York pour le jeune Diallo, abattu de quarante et une balles par des policiers qui le prirent – à tort – pour un violeur. Je marchai à Durban, à Maputo, à Accra… Je me recueillis à Kigali.

Mener ces trois vies fut au prix de multiples traversées d'océans et de terres, d'une tension permanente pour m'ajuster à des univers disparates, avec la conscience éruptive que seule une éthique exigeante, roide parfois, m'épargnerait de me perdre. Quel qu'en dût être le coût politique et affectif. Ce fut aussi au prix de la sournoise maltraitance d'un corps incroyablement résilient.

Trois vies et une impossible absence. Nulle part. Jamais. Une présence des autres en jets continus. Partout.

La cohérence et la constance appellent en résonance l'espoir des désespérés. Un jour où nous étions submergées de suppliques d'urgence, je pestais contre tous ces gens en détresse qui ne vont voir ni leur député, ni leur maire, ni leur conseiller général, ni leur sénateur, ni leur assistante sociale, ni leur directeur, ni leur syndicat, ni leur ambassadeur, ni un avocat… et pourquoi moi, ma circonscription serait-elle universelle ? ma compétence générale ? ma compassion infinie ? L'une de mes assistantes me répliqua avec une placidité effarante, « mais madame, vous avez un karma christique ! Les gens s'imaginent qu'il suffit de vous approcher pour guérir des écrouelles ». Spirituel ! Cette assistante, brillante, ardente et drôle est devenue magistrate. Je regarde comment elle se débrouille (pas mal du tout !) avec les écrouelles dans le prétoire. En tout cas la preuve du contraire de ma sainteté ? C'est le déluge que j'appellerais sur tous ceux qui me dévorent.

*

Il restait peu d'énergie et bien peu de temps pour la vie personnelle et la vie familiale. Je fis de ma famille un havre, le lieu de repos du guerrier. À tort. Je demandai pardon. Ma vie personnelle fut négligée, rudoyée, au nom de l'urgence. Sauf lire, écouter de la musique, rire… tous les jours. Cinéma et théâtre par intermittence. Consentir à parcourir des centaines ou des milliers de kilomètres pour un ou deux concerts si c'est Keith Jarrett, B. B. King, Ahmad Jamal ou une nouvelle diva dans le jazz vocal, comme c'était pour Miles Davis et Nina Simone. Et autant que possible ne pas rater LA soirée jazz de l'année, *You and the night and the music* de TSF jazz, pour naviguer en belle compagnie entre les étoiles. Tôt, mes enfants se mirent à veiller sur moi.

J'ai ainsi maintenu mon sort lié à celui des Guyanais. Dans le même temps, j'ai appris à vivre des moments d'intense émotion et de grandes colères avec des Français de tous lieux, grandes villes, banlieues, villages ; il bouillonne partout dans ce pays de France un caractère insoumis, une curiosité aux autres, une réconfortante aptitude à se ressaisir lorsque, les cracheurs de haine aidant, la peur et les égoïsmes grignotent du terrain. Ayant conservé mes fidélités au monde, j'ai pu ajouter quelque utilité à des causes transverses.

*

La terre est un univers fini. C'est justement le fleuron spatial européen en Guyane qui l'a confirmé avec Spot, après le satellite russe Spoutnik et l'américain Landsat. Magellan savait déjà qu'elle est sphérique et Galilée qu'elle tourne autour du soleil. Nul n'ignore donc que ses ressources sont limitées et ses flancs fragiles. Pourtant une minuscule élite financière tire créance sur le bien commun, le pressurant jusqu'à son dernier jus. Entre terrorisme financier et terrorisme atomique, une même démence ; une cupidité ou une perversité qui nous charrieront tous comme de vieux débris, leurs auteurs inclus. Pendant ce temps, le reste des terriens a appris à se parler, à se donner rendez-vous à Seattle ou à Gênes, à Porto Allegre ou devant Wall Street, à interpeller les maîtres du monde en attendant de les détrôner.

Nous vivons un temps de grand cynisme et de petite honte chez les puissants qui savent qu'ils ont tout abîmé et tout corrompu, et dont les relais politiques à la tête d'États prédateurs osent imposer des sacrifices aux pauvres et prochains pauvres et en requérir l'assentiment muet. Ils proposent, pour faire diversion, qu'on leur inflige une fluette fiscalité sur leurs rentes colossales et ces profits obèses qui ne leur serviront même pas de linceul. C'est leur petite honte, aussi étriquée et vile que leur morale.

Comme il presse de transfuser ce monde !

*

Chacun répond du lieu où se livre cette lutte entre les adorateurs de veaux d'or et ceux qui savent que l'or ne nourrit ni l'esprit ni le corps.

Il faut se réhabituer à la lutte pour le Pouvoir. Afin de pouvoir. D'abord en refaisant de l'État une institution publique. Le reprendre donc à ceux qui l'ont confisqué. Se battre avec la fougue et le sang-froid qu'exige l'urgence vitale de mettre un terme à la violence institutionnelle, celle qui nappe la violence des dépouillements légaux, des ententes illicites, des positions dominantes, des brigandages de toutes sortes qui cernent les citoyens ordinaires.

En France, la grossièreté et la vulgarité se sont installées au sommet de l'État. Tout débat est travesti en controverse par les plus polis, en séance d'éructation par les autres. De l'art d'expulser la Politique du champ public. Jusqu'aux femmes qui sont presque toutes devenues des mégères. Certaines ont goûté à l'exercice du pouvoir de la plus vilaine façon. Du fait du prince. Et pour exécuter des actes qui creusent les inégalités et renforcent les injustices, contraires à l'histoire d'oppression subie par les femmes et à la mémoire de résistance et de solidarité qu'elles ont forgée. Ces femmes du gouvernement sont acculées à tenir leur rang au prix d'une farouche compétition avec les deux plus braillards, un homme et une femme érigés en étalons d'allégeance au Chef.

Ce président aura beaucoup fait contre les femmes.

Sachant la puissance des symboles, connaissant l'espérance d'inclusion des « gueules de métèque[1] », le président a placé bien en vue dans le protocole républicain trois femmes de tempérament. Elles le méritaient, deux d'entre elles un peu plus, elles avaient fait campagne. Une fois le décor planté, il a créé son ministère du dévergondage de l'identité nationale. Il a opéré une dernière diversion en instrumentalisant un Comité de personnalités respectables. Puis il est passé à autre chose, un spécieux débat sur l'islam en même temps que la panthéonisation d'Aimé Césaire. Vint vite le moment où la diversité, comme l'écologie, commença à bien faire. Comme ces femmes n'eurent ni l'intuition ni le bon goût de s'en aller, il les jeta. Toutes trois. Ce président aura beaucoup fait contre l'égalité.

Pour autant, la plus grande vulgarité n'est pas la grossièreté verbale. On se doute bien qu'on ne sort pas indemne de la subordination à un président qui karchérise les exclus avec une virilité de chef de gang et sécurise les nantis sous le motif fallacieux de rapatrier les fortunes évadées. Il prétend donner aux rentiers le goût de l'investissement pour ramener la prospérité. C'est la doctrine fumeuse du *trickling down*. Zéro preuve.

La grande escroquerie fut d'abord le hold-up sur les auteurs, les valeurs, les références de gauche. Commencé durant la campagne présidentielle, ce cambriolage s'est poursuivi dans des slogans mensongers, des promesses mystificatrices dans les usines, des mirages servis aux artisans et aux petits patrons, des cadeaux-alibis aux petits patrimoines, des rodomontades au G8.

D'aucuns ont pu se réjouir d'un apparent triomphe idéologique de la gauche puisqu'il fallut au candidat de droite de telles contorsions doctrinales pour gagner. Mais que pouvait-on attendre d'un quinquennat commençant sur l'esbroufe ? La vulgarité est dans ce

1. Titre d'une chanson de Georges Moustaki.

braquage de la morale publique, dans ce sentiment d'impunité, dans le bourrage d'espoir, dans l'opulence et le lucre opposés aux travailleurs pauvres, dans les insultes aux plus vulnérables, le mépris jeté aux femmes auxquelles manquent des points de retraite pour avoir subi le temps partiel. Dans un rapport hautain au reste du monde.

Tout un pays à recoudre !

*

Passant sur des offres électorales nationales et des propositions professionnelles y compris à l'étranger, je m'obstinai. Je m'étais promis, comme une mission de génération, de casser la spirale du départ. J'avais fait de la Guyane mon centre de gravité. Ce ne fut pas toujours sans une pointe de regret. Néanmoins, j'ai gagné mon pari, accompli cette mission, démontré que l'on peut être sollicité ailleurs et choisir de rester chez soi, s'obstiner à donner aux siens le meilleur de soi-même. Même quand c'est si difficile et hors de raison. Démonstration faite. J'ai conquis le droit de m'en aller.

Mes engagements militants m'avaient conduite à m'interroger longuement sur l'exil intérieur. Être entièrement chez soi et n'y avoir aucune prise. En 2006, Toni Morrison a effectué une résidence au musée du Louvre sur le thème, qu'elle a choisi, Étranger chez soi, *Foreigner's home*, en jouant sur la polysémie Étranger chez soi et Chez soi de l'étranger. Une exploration vertigineuse.

Le Guyanais est étranger chez lui. Et il y consent.

À ne pas disposer du pouvoir économique. Qu'au demeurant il n'eut jamais ni vraiment ni longtemps, en dépit de quelques intrusions volontaristes, quelques expériences foireuses, et décriées ; celles qui furent probantes furent sabotées ou sabordées.

À se laisser dessaisir du pouvoir politique. Il ne l'eut jamais au-delà des marges. Au moins occupa-t-il des espaces tribuniciens qui permirent, bon an mal an, d'infléchir quelques politiques publiques.

Exerce-t-il le pouvoir administratif ? Il ne l'eut jamais, malgré des fenêtres entrebâillées sur une demi-promotion, le temps de constater que les chefs guyanais étaient souvent plus performants que les chefs détachés, normal, il fallait aux seconds le temps de comprendre où ils étaient. L'expérience ne dura pas. Le pouvoir administratif, en ces lieux lointains, c'est Le pouvoir, à la fois intendance, cavalerie et pilonnage aérien. Comme s'il fallait tenir au collet des sujets remuants de peur que, la distance aidant, ils se mettent à rêver d'émancipation. Ou simplement de responsabilité. Les administrations en nos lieux sont une citadelle. Leur principal marqueur, une inaptitude à la confiance.

Quelle emprise sur le territoire ? Elle fut toute perdue en 1930 lorsque l'État créa le territoire de l'Inini, subtilisant neuf dixièmes du pays à l'autorité du conseil général pour la confier à celle du gouverneur. Il s'ensuivit le reflux vers le littoral des trois quarts de la population. Puis une autorisation préfectorale devint indispensable au Guyanais désireux de se rendre dans son hinterland. Contraire au droit, cette restriction administrative à la liberté de circulation est de fait une entrave à la liberté de vivre chez soi. Il en résulta le déclin des activités agricoles, forestières, aurifères, cynégétiques, artisanales, l'éloignement des communautés culturelles les unes des autres.

Depuis 2007, c'est un fonctionnaire nommé directeur du parc national par le Conseil des ministres qui exerce des pouvoirs de police et d'administration sur quarante pour cent du territoire, trois millions quatre cent mille hectares, couvrant une dizaine de communes (habitées !) riches en ressources naturelles, minières, biologiques et génétiques. Du jamais vu nulle part. À part ici même, c'est-à-dire un nouveau territoire de l'Inini et un second préfet, plus gouverneur que préfet ; il ne vient pas de la préfectorale, ses pouvoirs relèvent peu de la loi, beaucoup du décret, largement d'un rapport de forces et de réseaux. Doté d'une arme fatale, un budget supérieur à celui de plusieurs communes, il dispose d'une capacité d'intervention polymorphe, une puissance de feu propice à la dépendance, une force de frappe qui inspire la docilité. La démocratie tropicalisée par l'État.

Qu'en est-il du pouvoir médiatique ? Les Guyanais servent quelques fois de paravent. Mode ou poudre aux yeux. De cette fonction de dire et de montrer émanent depuis longtemps des paroles, des images, des attitudes, souvent arbitraires, hostiles et dédaigneuses. Une forteresse d'assiégeants, pas plus professionnels les uns que les autres, sauf rarissimes exceptions. Avec Internet la liberté de discréditer et de calomnier s'étendit. Avec Internet aussi, heureusement, émergent des pratiques d'informations et d'analyses plus soucieuses de donner à comprendre les faits que de se constituer un fief d'intimidation et de captation financière. C'est notamment le cas de quelques sites particulièrement dynamiques. Une espèce de contre-pouvoir civique.

*

À quoi consent-on donc ? À regarder échapper le pouvoir de transmission ! C'est le plus grave des forfaits. Sur plusieurs générations, le Guyanais assura la cohésion entre tous transmettant mémoires, valeurs, codes et savoirs en même temps que les connaissances, habile à lier les cultures entre elles plutôt qu'à les juxtaposer. Et lorsque l'on mesurait l'échec scolaire, on en cherchait les causes...

Qui enseigne aujourd'hui aux enfants et aux adolescents qu'il est insensé et insultant de traquer les Amérindiens entre paternalisme et misérabilisme ? Qu'il est condescendant et absurde de leur envoyer depuis la préfecture un convoi de psychologues pour endiguer une désolation suicidaire ? Que d'avoir traversé ces milliers d'années, ces abominations et ces tribulations sans trop perdre en chemin de leurs langues, leurs cultures, leurs arts, leurs savoirs, leurs rituels, ces hommes et ces femmes ne sont ni des pièces de musée ni des rescapés languissant de la compassion de Samaritains d'occasion ?

Qui enseigne qu'avant de céder l'autorité sur leurs territoires les Bushinengue surent faire prospérer des modes de vie frontaliers et qu'ils n'ont pas tout perdu de leurs manières d'être ?

Qui enseigne que si les scientifiques peuvent s'ébaubir devant la préservation de la forêt amazonienne, c'est parce que plusieurs générations d'Amérindiens, de Bushinengue, de Créoles ruraux partagèrent leurs savoirs et leurs coutumes pour prélever sans épuiser, chasser sans exterminer, pêcher sans détruire, cultiver sans polluer, longtemps, longtemps avant l'arrivée des donneurs de leçons d'écologie ?

Qui enseigne qu'après le grand maelström de conquête du Nouveau Monde, fuyant d'inopinés malheurs, cédant à des hasards prodigieux et à d'orageux désirs, ils affluèrent en cette terre d'Amazonie, hommes et femmes de toutes trempes, de la Caraïbe, d'Europe, d'Asie, d'Afrique, assez résolus pour refuser la misère, assez téméraires pour échapper aux persécutions, assez fantaisistes pour chercher si loin une autre façon de vivre et de fréquenter, assez étourdis pour caresser des ambitions de richesse et de puissance, assez entreprenants pour croire à des rêves de pionniers, assez curieux pour apprendre, assez libres pour partager, assez inventifs pour entremêler leurs bagages culturels et enrichir ce qu'ils trouvèrent sur place, sans renoncer à ce qu'ils étaient, en acceptant que leurs enfants soient autre chose qu'exactement eux.

Ainsi sommes-nous. Au moins connaissons-nous autant notre fortune que nos risques. La chance d'être un creuset du monde, toutes les cultures, toutes les morphologies, toutes les beautés et tous les travers, toutes les hardiesses, toutes les mystiques, toutes les séductions du monde, toutes les façons d'aimer, de haïr. Le malheur d'oublier parfois que si rien ne lie les hommes, pas un rêve, pas une querelle d'histoire, pas un souvenir conflictuel, pas un récit glorieux, encore moins cette « erreur commune sur leurs ancêtres[1] », ils se perdent dans les rivalités mortifères et dans l'indifférence. Ainsi sommes-nous, mouvants et pourtant solides grâce à ces cadeaux qui nous sont venus de partout. Longtemps, longtemps avant l'arrivée des donneurs de leçons d'humanité. Cette terre reste de rencontres, elle est encore assez meuble pour que ceux qui le souhaitent s'y enracinent. Il n'existe pas de peuple irréprochable, mais les défauts n'ont jamais justifié la négation d'existence.

Qui enseigne tout cela ? Pour l'enseigner encore faut-il… le savoir. Et en convenir.

*

Ils ont la parole haute, ceux qui croient pouvoir surplomber la société. Ils la toisent à coups de dénégation de tout ce qui fut avant eux et demeure malgré eux. Ils profèrent et subliment l'ignorance des héritages de culture, de convivialité, de patrimoines. Ceux-là qui passent en amassant disent que nous ne sommes pas. Et figent chacun d'où il vient. Fils de H'mong tu es, H'mong tu resteras. Fils de Haïtien tu es, Haïtien tu resteras. Ainsi de suite. Babel. La condition pour que dure cet ordre de l'arbitraire et de l'arbitrage, qui consigne l'altérité en compartiments, réduit

1. Karl W. Deutsch.

l'étrangeté au folklore, contestant aux individus leurs mystères, leurs énigmes, leurs invites, leurs promesses de devenir, leur droit d'échapper aux trajectoires collectives.

Néanmoins, ce que disent et font les autres est dérisoire. Aussi longtemps qu'ils opèrent, à l'échelle de l'histoire des peuples, ce n'est toujours que du court terme. Douloureuses parenthèses, qui n'ont cependant que la longévité des digressions.

Ce qui peut être impardonnable… et fatal, ce n'est pas de n'avoir aucun pouvoir, c'est d'avoir renoncé à être. Et à se dire soi-même. Étranger chez soi. Étranger en soi.

Ainsi est-il, ne s'interrogeant même pas, comme Bertène Juminer : « Rien ? C'est donc cela mon pays ! Rien qui m'appartienne sur une terre que je croyais mienne ! Sommes-nous locataires de notre propre sol ? »

Dans la rude planète militante, il ne vient pas souvent du nouveau intéressant et désintéressé. Et voilà que depuis trois ans, une cuvée, une belle, rassemble des jeunes gens, comme on disait naguère, garçons et filles en éveil ou à l'orée de leur vie. Ils sont tous d'ici. De toujours ou pour toujours. Nés ici de parents d'ici ou d'ailleurs, arrivés encore innocents ou déjà espiègles, ils sont dans leur lieu, sans même s'en préoccuper. Installés sans état d'âme dans des identités campées ou composites, ils regardent le monde sans ciller, ils savent qu'ils sont. Je les accompagnerai différemment.

C'est bien bête mais je ne veux plus souffrir. Pas de cette souffrance-là. Je ne veux pas continuer à voir de si près un tel gâchis. Tous les coups reçus n'ont fait que m'érafler, si peu, comparé au supplice intime d'être de ce peuple qui assiste, passif, à son effondrement. De côtoyer « ceux qui renoncent une pleine vie d'hommes d'être autre chose qu'ombre d'ombres », Léon-Gontran Damas. Pour ne plus souffrir, il faut ne plus aimer. Je ne veux pas cesser d'aimer. Je ne veux rien faire sans amour. On ne reste pas jusqu'à ce que s'en aille l'amour.

Alors que fait-on, que dit-on à un peuple qui a si profondément renoncé à lui-même ?

On trouve un jour la force de le quitter.

Remerciements

Merci à Teresa Cremisi pour son hospitalité intellectuelle, sa fermeté caustique, et pour avoir mobilisé à mes côtés Thierry Billard, tortionnaire bienveillant, Lucile Gasseau, enthousiaste et méticuleuse, Marie-Catherine Audet, iconographe spéléologue.

Mes remerciements à Christian Seranot qui fut le passeur.

Table

Composition et mise en page

NORD COMPO
multimédia

Cet ouvrage a été imprimé
en mars 2012 par

FIRMIN-DIDOT

27650 Mesnil-sur-l'Estrée
N° d'édition : L.01ELKN000425.N001
N° d'impression : 109884
Dépôt légal : mars 2012
Imprimé en France